Glaube – Sprache – Erfahrung

Regensburger Studien zur Theologie

Herausgegeben von den Professoren
Dr. Franz Mußner, Dr. Wolfgang Nastainczyk,
Dr. Norbert Schiffers, Dr. Joseph Staber

Band 15

PETER LANG
Frankfurt am Main · Bern · Las Vegas

Josef Meyer zu Schlochtern

Glaube – Sprache – Erfahrung

Zur Begründungsfähigkeit der
religiösen Überzeugung

PETER LANG
Frankfurt am Main · Bern · Las Vegas

CIP-Kurztitelaufnahme der Deutschen Bibliothek

Meyer zu Schlochtern, Josef
Glaube – Sprache – Erfahrung: zur Begründungsfähigkeit d. religiösen Überzeugung. – Frankfurt am Main, Bern, Las Vegas: Lang, 1978.
 (Regensburger Studien zur Theologie; Bd. 15)
 ISBN 3-261-02675-8

ISBN 3-261-02675-8

© Verlag Peter Lang GmbH, Frankfurt am Main 1978

Alle Rechte vorbehalten.
Nachdruck oder Vervielfältigung, auch auszugsweise, in allen Formen wie Mikrofilm, Xerographie, Mikrofiche, Mikrocard, Offset verboten.

Druck: Fotokop Wilhelm Weihert KG, Darmstadt
Titelsatz: Fotosatz Aragall, Wolfsgangstraße 92, Frankfurt am Main.

VORWORT

Die vorliegende Arbeit wurde im Wintersemester 1977/78 vom Fachbereich Katholische Theologie der Universität Regensburg als Dissertation angenommen.

Vielen weiß ich mich zu Dank verpflichtet, die mich durch Rat und Ermutigung oder durch technische Hilfe unterstützt haben. Herrn Prof. Dr. Norbert Schiffers danke ich für die bereitwillige Betreuung der Arbeit, Herrn Prof. Dr. Kurt Krenn für kritische Ratschläge und die Übernahme der Begutachtung. Herrn Prof. Dr. Traugott Koch, Hamburg, gilt mein herzlicher Dank für seine stete Bereitschaft, Themen dieser Arbeit mit mir zu diskutieren. Viele Anregungen und Hinweise verdanke ich seinem kritischen Interesse.

Frau Johanna Boy, Regensburg, besorgte die Reinschrift des Manuskripts.

Danken möchte ich nicht zuletzt dem Bischof von Osnabrück, Herrn Dr. Helmut Hermann Wittler, der die Drucklegung dieser Arbeit mit einem Zuschuß gefördert hat.

Regensburg, im März 1978

INHALTSVERZEICHNIS   Seite

I   Die religiöse Überzeugung im Spannungsfeld
    von Vernunft und Erfahrung   11

    1. Verwissenschaftlichte Vernunft und Erfahrungs-
       verlust   12
    2. Dimensionen und Aspekte der Fragestellung   33

II Zur Kritik der Idee der Glaubensbegründung
    in der sprachanalytischen Religionsphilosophie   43

    A Die Auflösung des theologischen Begründungsproblems
       durch nichtkognitive Deutungen des Glaubens   43

       1. Die theologische Problematik von Glaube und
          Erkenntnisanspruch aus sprachanalytischer Per-
          spektive   43

          a) Die theologische Bedeutsamkeit einer sprachlo-
             gischen Klärung des religiösen Sprachgebrauchs 45
          b) Der neopositivistische Sinnlosigkeitsverdacht 49

       2. Glaube als nichtkognitives Wirklichkeitsverhält-
          nis nach R.M. Hare. Eine Fallstudie   57

    B Das theologische Begründungsproblem aus der Sicht
       einer gebrauchstheoretischen Bedeutungsbestimmung
       der religiösen Sprache   65

       1. Der Ansatz der Konzeption von D.Z. Phillips   65

          a) Glaube als Sprachspiel und Lebensform   65
          b) Verstehen als Partizipation an Sprachspielen   72

       2. Glaubenskritik und Glaubensbegründung - zwei
          sprachlogische Mißverständnisse?   78

          a) Sprachspielautonomie und Nichtkritisierbarkeit 78
          b) Der Erkenntnisanspruch des Glaubens und die
             religiöse Möglichkeit seiner Begründung   85

III Modelle der Glaubensbegründung   95

    A Glaube und Glaubensbegründung bei Thomas von Aquin   97

       1. Der Glaube als Zustimmungsakt des Verstandes   97
       2. Der Nachweis der Glaubwürdigkeit der Offenbarung 104
       3. Zur bleibenden Dringlichkeit der thomasischen
          Fragestellung   109

		Seite

B Die Erkenntnisstruktur des Glaubens als Ort und Instanz seiner Begründung. Die Position von J. Hick — 118

   1. Glaube als interpretatives Element der religiösen Erfahrung — 119
   2. Die nichtpropositionale Struktur und der Erkenntnisanspruch des Glaubens — 126
   3. Rationalität und Erfahrungsgewißheit — 137

C Die Befriedigung religiöser Bedürfnisse als Grund für den Glauben. Die Positon von D. Allen — 150

   1. Zur Möglichkeit der Applikation des Bedürfnisbegriffs auf Glaubensüberzeugungen — 152
   2. Christlicher Glaube ohne Metaphysik? — 160
   3. Die Beziehung gläubiger Selbsterfahrung zum Erkenntnisanspruch des Glaubens — 167

D Theopoiesis und narrative Vergewisserung des gläubigen Selbst. Zum Verlust des Begründungsthemas in der narrativen Theologie — 175

   1. Anliegen und Programm der narrativen Theologie — 175
   2. Die narrativ-memorative Theologie von J. B. Metz — 182
   3. Die zeitliche Struktur der Erfahrung und parabolische Theologie — 197
      a) Die narrative Beschaffenheit der Erfahrung — 197
      b) Theopoiesis und parabolische Theologie — 202
   4. Selbstidentität und autobiographische Theologie — 212
      a) Selbstbewußtsein versus lebensgeschichtliche Identität — 212
      b) Die Lebensgeschichte als Thema einer autobiographischen Theologie — 227
   5. Zum Stellenwert der Erfahrung in der Theologie — 238

IV Zur gegenwärtigen philosophischen Diskussion über die Idee der Begründung — 247

  A Zur Auflösung des Begründungspostulats im kritischen Rationalismus — 249

    1. Der Dogmatismusverdacht gegenüber der Idee der Begründung — 249
    2. Zur Unverzichtbarkeit der Begründung von Geltungsansprüchen — 253

	Seite

B Die konstitutive Bedeutung der Subjektivität für
Erkenntnis und Begründung nach M. Polanyi ... 260

Vorbemerkung: Die Auflösung des Szientismus in
der zeitgenössischen Wissenschaftsphilosophie ... 260

1. Die unausdrückliche Dimension allen Wissens und Erkennens ... 264

   a) Die bipolare Struktur des Integrationsaktes der Wahrnehmung ... 265
   b) Die Rationalität unausdrücklichen Wissens bei der Ausübung von Fertigkeiten ... 270
   c) Die Formalstruktur unausdrücklicher Erkenntnisleistungen ... 273

2. Die Veränderung und Stabilisierung von Sprache, Kultur und Begriffsrahmen als Leistungen unausdrücklichen Wissens ... 281

3. Die personale Struktur des Wissens: Selbstverpflichtung und Erkenntnisleidenschaft ... 289

   a) Erkenntnisleidenschaft: Antrieb des Entdeckens, Erkennens und Überzeugens ... 291
   b) Die Affirmation des Wissens als Selbstverpflichtung an einen universalen Geltungsanspruch ... 296

4. Wahrheit, Geltung und Begründung ... 301

   a) Zur Problematik der nichtdeskriptiven Deutung von Wahrheitsanspruch und Wahrheitsurteil bei Polanyi ... 303
   b) Grenzen der Einlösbarkeit von Geltungsansprüchen ... 312

      ba) Die unausdrückliche Erfüllung selbstgesetzter Normen als unthematischer Bestandteil der Begründung ... 313
      bb) Zur Problematik des Verhältnisses von verantwortlicher Selbstverpflichtung und intersubjektiven Gründen ... 319

		Seite
V	Die Begründungsfähigkeit der religiösen Überzeugung	325

1. Ein Vorschlag zur Reformulierung des theologischen Begründungsproblems   325

    a) Unstimmigkeiten der philosophischen und sprachanalytischen Kritik   325
    b) Unstimmigkeiten der theologischen Kritik und die Möglichkeit der Glaubensbegründung   329

2. Die kumulative Begründungsfähigkeit des christlichen Glaubens   333

    a) Die Struktur einer kumulativen Begründung   333
    b) Kumulative Begründung in der Literaturwissenschaft   335

3. Die Eigenart des theologischen Begründungsproblems   338

    a) Eine Parallele: Das Problem der Rationalität von Paradigmenwechseln   342

4. Glaubensbegründung als kumulative Einlösung des christlichen Wahrheitsanspruchs   345

| VI | Erfahrung und Begründung | 355 |

1. Der Begriff der Erfahrung   356
2. Sinnerfahrung   365
3. Gotteserfahrung   374

    a) Religiöse Erfahrungsweisen   374
    b) Erfahrung und Erkenntnis   379

4. Erfahrung als Argument   387

EINLEITUNG

Diese Arbeit unternimmt den Versuch, den Zusammenhang von religiöser Überzeugung und Begründung zu klären. Sie erörtert in systematischer Absicht, ob der religiöse Glaube mit Recht jenen Vollzügen zugerechnet werden kann, von denen eine Begründung verlangt wird; sie prüft in Auseinandersetzung mit theologischen und philosophischen Stellungnahmen, wie eine solche Begründung inhaltlich zu konkretisieren wäre. Unsere Absicht ist es, einsichtig zu machen, daß der religiöse Glaube als eine Überzeugung mit Geltungsansprüchen die Begründungsforderung auf sich beziehen und ihr nachkommen muß. Der Anspruch der Begründungsfähigkeit wird als ein sachliches Element der Glaubensüberzeugung selber charakterisiert; ein Vorschlag zur inhaltlichen Durchführung der Glaubensbegründung sucht diesen Anspruch als berechtigt auszuweisen.

Glaubensbegründung steht in der zeitgenössischen Theologie nicht mehr für den Kanon präziser Fragen und klarer Antworten, die den klassischen theologischen Topos auszeichneten und ihm durchreflektierte Bestimmtheit gaben. Das Anliegen der Glaubensbegründung ist heute selbst fraglich geworden; diese entbehrt schon als Frage weitgehend der inhaltlichen Bestimmtheit. Die Fundamentaltheologie von heute erweckt angesichts der Vielzahl diskutierter Theorien entsprechend den Eindruck einer konturlosen Häufung erdachter Möglichkeiten.

Diese Orientierungslosigkeit theologischer Grundlagenreflexion spiegelt die Einschätzung religiösen Glaubens im Bewußtsein der Moderne wider; Säkularisierung, Pluralisierung, Verwissenschaftlichung und andere historische Bewegungen in Vergangenheit und Gegenwart haben dem Glauben jene wesentlichen Voraussetzungen entzogen, die ihm eine rationale Begründung ehemals ermöglichten. Solchen Hinweisen auf den Zerfall der Verbindlichkeit theologisch-traditioneller Grundlagen eignet ein gewisser Erklärungswert, aber sie zeigen nicht, daß das Problem der Glaubensbegründung unlösbar geworden und als Anliegen der Theologie aufzugeben wäre. Im Gegenteil, die lebenspraktischen Bedingungen der religiösen Existenz heute fordern nachdrücklich dazu auf, sich dieser Thematik zu stellen. Gerade weil das tradierte philosophisch-theologische Deutungssystem, das die Begründung des religiösen Glaubens vornehmlich leistete, zunehmend zerfällt und einer neuen Sprache und anderen Kategorien weicht, stellt sich die Frage nach der möglichen Begründung des Glaubens um so dringlicher. Inwieweit kann sich die religiöse Überzeugung über den puren Entschluß hinaus auf Einsicht gründen? Jene Geltung und Verbindlichkeit, die der religiöse Mensch den Inhalten seines Glaubens zuspricht, ist verstehbar und einsichtig zu machen, soll der Glaube als ein verantwortbarer Vollzug bestimmt und in der Gegenwart praktiziert werden können.

Die Begründungsthematik steht in einer besonderen Beziehung zu den Begriffen der Vernunft und Erfahrung. Sie ist heute nicht zuletzt auch darum so schwer zu bewältigen, weil Vernunft und Erfahrung in ihrem gegenwärtigen Verständnis das Anliegen der Begründung des Glaubens nicht decken. Dennoch ist das Beziehungsgefüge von Vernunft und Erfahrung jener Raum, in dem die Glaubensbegründung expliziert werden muß. Weil diese Begriffe einen erheblichen Bedeutungswandel aufweisen, setzen wir mit einer Präzisierung dieser Veränderungen ein, um den Ort der Fragestellung, ihre verschiedenen Dimensionen und Aspekte zu verdeutlichen (Kapitel I).

Die grundsätzlichste und konsequenteste Kritik des theologischen Begründungsthemas wird heute von der sprachanalytischen Religionskritik formuliert. Diese leugnet nicht Religion als solche, lehnt aber ihr kognitives Verständnis als verfehlt ab und löst mit der nichtkognitiven Deutung religiösen Glaubens auch die Begründungsthematik als Problem der Theologie auf. In Auseinandersetzung mit diesen Positionen muß sich klären lassen, ob der religiöse Glaube sich legitim als ein begründungsbedürftiger Anspruch formulieren kann (Kapitel II).

Läßt sich dieser Anspruch nachweisen, dann ist die Ebene erreicht, auf der die Begründungsfrage inhaltlich diskutiert werden kann. Verschiedene Modelle der Glaubensbegründung werden erörtert, die jeweils einen spezifischen Aspekt des Themenfeldes repräsentativ formulieren. Den Traditionsbezug stellen wir mit den Aussagen von Thomas von Aquin her; die Konzeption J. Hicks bringt das Thema der religiösen Erfahrung in der Glaubensbegründung zur Geltung, D. Allen thematisiert in seinem Modell die Beziehung von Glaube und Glaubenspraxis als ein Problem der Begründungskonzeption selbst, und die Ansätze der narrativen Theologie bringen die religiös – theologischen Vorbehalte gegenüber der Begründungsforderung zur Geltung (Kapitel III).

Die zu besprechenden Modelle der Glaubensbegründung verwenden den Begriff der Begründung nicht einheitlich, setzen aber die Möglichkeit und Sinnhaftigkeit des Begründens voraus. Die darin sichtbar werdende Einschätzung der Begründung als Mittel rationaler Verständigung und Weg der Erkenntnisfindung wird heute von manchen Richtungen der philosophischen Diskussion als gänzlich verfehlt abgelehnt. Diese These von der Unmöglichkeit, einen stimmigen Begriff der Begründung formulieren zu können, zwingt die Theologie dazu, diesen Begriff selbst zu entfalten (Kapitel IV).

Die beiden letzten Kapitel suchen das theologische Begründungsproblem zu reformulieren. Kapitel V resümiert die Ergebnisse der vorangegangenen Diskussionen und präzisiert, als was und in welchem spezifischen Sinn der Glaube eine Begründung fordert. Die kumulative Begründungsform wird begründungstheoretisch als das richtige Konzept vorgestellt und verteidigt, da es den Forderungen der Begründungsidee gerecht wird, die Eigenart des Glaubens aber zugleich zu wahren vermag. Kapitel VI stellt die Frage, ob religiöse Erfahrung als Begründungsinstanz gelten kann und untersucht die Möglichkeiten, sie als Argument in eine kumulative Glaubensbegründung einzubringen.

I DIE RELIGIÖSE ÜBERZEUGUNG IM SPANNUNGSFELD VON VERNUNFT UND ERFAHRUNG

Für die meisten Menschen hat die Frage nach dem Grund ihres Glaubens etwas Ungewöhnliches. Stellt man ihnen die Frage, ob sie gläubig oder religiös seien, so ist in der Regel ein Ja oder ein Nein die etwas unsicher gegebene Antwort. Verlangt man aber von den Gläubigen unter ihnen darüberhinaus zu erklären, warum sie eigentlich an Gott glauben, was sie zu ihrem Glauben bewegt, werden nicht nur die einfachen Menschen etwas einsilbig; diese Frage stößt zumeist auf Zurückhaltung und kaum verhüllte Verlegenheit - sie sei "so einfach" nicht zu beantworten, man habe darüber noch nicht recht nachgedacht, das lasse sich mit wenigen Worten nicht sagen.

Es wäre gewiß falsch, das Ausweichen gegenüber dieser Frage so zu deuten, als zeigte sich in ihm lediglich die Gedankenlosigkeit und Gleichgültigkeit einer ausgezehrten und kraftlosen Religiosität. Diese Unsicherheit ist anders als die Irritierung angesichts von unerwarteten Folgen einer unbedachten Entscheidung. Die Vorbehalte und das Zögern gegenüber der Begründungsforderung belegen vielmehr die Problematik dieser Fragestellung selbst. Das Unbehagen an der argumentativen Begründung des Glaubens bekundet einerseits das unartikulierte Empfinden, daß diese anders gemeint ist, als wenn nach Gründen für Behauptungen oder Handlungen verlangt wird. Es läßt zugleich spüren, daß die Strukturen und Merkmale öffentlichen Redens und Denkens als der Glaubensbegründung eigentümlich inkongruent empfunden werden. Der Legitimationsdruck wird wohl bemerkt - es ist nicht mehr selbstverständlich, Christ zu sein. Zugleich ist aber das Bewußtsein der Unfähigkeit spürbar, die Frage nach der Begründung zufriedenstellend beantworten zu können.

Der Frage "Warum eigentlich?" haftet etwas umstandslos Herausforderndes an. Sie formuliert sich mit der Entschiedenheit des Unproblematischen; sie unterstellt und vermittelt schon in der Form die Erwartung, sie könne ebenso klar auch beantwortet werden. Zudem kann sie darum verunsichern, weil sie eine Erwartungshaltung präsentiert, der der Gläubige in seiner Lebenspraxis in dieser Strenge nicht häufig begegnet. Warum man Christ ist, warum man an Gott glaubt, ist nicht das, wofür heute gemeinhin Begründungen gefordert werden. Die Begründungsfrage steht so zugleich in einem gewissen Kontrast zur öffentlichen Einstellung gegenüber religiöser Praxis. Vor dem Hintergrund der Tendenz, religiöse Überzeugungen als ein ganz persönliches Engagement aufzufassen und sie dem Bereich des Privaten zuzurechnen, ist die Aufforderung zur Rechtfertigung wie eine Zumutung, fast indiskret, denn das Private ist per definitionem das, wofür man öffentlich nicht Rede und Antwort zu stehen braucht. Die Struktur der Öffentlichkeit fordert dem Glaubenden eine explizite Rechtfertigung seiner Überzeugung nicht mehr ab.

Das Thema der Glaubensbegründung scheint demnach doppelt verstellt: die Alltagserfahrung separiert den Glauben zunehmend von dem, wofür Begründung gefordert wird, und nach einem unartikulierten Empfinden unterscheidet er sich von dem, für das "Vernunft" in Anspruch genommen werden müßte. Die Beziehungen zwischen Glaube, Vernunft und Erfahrung sind mithin eigentümlich verzerrt; Begriffspaare, die ehemals eng miteinander verbunden waren, sind auseinandergetreten: Glaube und Vernunft, Glaube und Erfahrung. Nun ist aber der christliche Glaube ohne Erfahrung und ohne eine Beziehung zur Vernunft nicht denkbar. Ohne bestimmte Erfahrungen kann eine Überzeugung sich nicht entfalten; sie begründen heißt, Vernunft dafür in Anspruch zu nehmen, daß man sie vertritt. Die beobachtete Dissonanz zwischen Vernunft und Erfahrung einerseits, religiösem Glauben andererseits ist näher zu klären, bevor das Begründungsproblem entfaltet werden kann. Sie soll im folgenden als das Ergebnis von Bedeutungsverschiebungen und Einstellungsänderungen dargestellt und erläutert werden, die ein Spannungsverhältnis erzeugen, in dem der religiöse Glaube heute seinen eher unbehaglichen Ort hat. Die einzelnen Phänomene, die dabei benannt werden, sind seit langem Inhalt der Diskussionen über Säkularisierung, Verwissenschaftlichung, Erfahrungsverlust oder technische Rationalität. Es besteht nicht die Absicht, sie zu wiederholen oder ihre Deutungen zu problematisieren. Die eher skizzenartigen Hinweise auf bekannte Gegebenheiten wollen vielmehr auf einen Sachverhalt aufmerksam machen, den sie im Zusammenhang konkretisieren können. Die gestörte Beziehung des religiösen Glaubens zu Vernunft und Erfahrung ist durch das Aufzeigen deren immanenter Veränderungen als eine Spannung zu verdeutlichen, die unartikuliert in der Alltagswirklichkeit des Glaubens empfunden wird. Läßt sich das beschriebene Unbehagen an der Begründungsforderung auf diese Weise begrifflich fassen und klären, kann anschließend Notwendigkeit und Möglichkeit einer Glaubensbegründung entfaltet und diskutiert werden.

1. Verwissenschaftlichte Vernunft und Erfahrungsverlust

Vernunft wird für die verschiedensten Tätigkeiten in Anspruch genommen; Handlungen, Entscheidungen und Stellungnahmen gelten unter bestimmten Bedingungen als "vernünftig". Aber auch Sachverhalte und Einstellungen werden als "vernünftig" charakterisiert, und eine bekannte Formel definiert den Menschen als "animal rationale". In philosophischer Terminologie sind Ausdrücke wie "instrumentelle" oder "kritische" Vernunft geläufige Wendungen. Die Bedeutungsunterschiede solchen Sprachgebrauchs liegen auf der Hand; was in einem emphatischen Sinn als vernünftig gelten darf, hat sich zeitgeschichtlich gewandelt und wird unterschiedlich bewertet. Mit solchen Auffassungswandlungen ist häufig eine Vereinfachung oder Verabsolutierung einer bestimmten Form von Vernunft gegeben: sie beansprucht alleinige Geltung, gibt vor, Vernunft schlechthin zu sein und drängt andere Kräfte der Vernunft ins Vor- und Irrationale ab. Das Verdikt des Irrationalen kann darum auch als Folge einer Verengung von Vernunft verstanden werden. Die Abwertung, die das aus dem Bereich der Vernunft Ausgeschiedene so erfährt, kann es nur dadurch aufheben oder relativieren, daß es den Totalitätsanspruch der verengten Vernunft bestreitet und ihm ein nur partielles Recht zuerkennt. Diese Formation eines Streits um die Vernunft läßt sich kulturgeschichtlich z.B. zu Beginn der Romantik oder der Lebensphilosophie beobachten: gegenüber dem Vernunfterkennen wird das Gefühl, gegenüber dem Allgemeinen das individuelle vitale Leben hervorgehoben, um diese als Aspekte von Vernunft selbst ins Recht zu setzen (1).

Ähnliche Polarisierungen sind in der Gegenwart zu beobachten. Die Frankfurter Schule setzt die "emanzipatorische Vernunft" gegen die "technisch-rationale" oder "instrumentelle Vernunft". Wo Theologie im geläufigen Vernunftverständnis keinen Platz findet, verwahrt sie sich gegen den Vorwurf der Irrationalität z.B. dadurch, daß sie die abstraktwissenschaftliche Vernunft abwertet und sich auf eine "vernehmende Vernunft" beruft, die "nicht dem Kalkül einer szientifisch-technischen Vernunft pariert"(2). Umgekehrt lassen sich auch Stimmen finden, die die Theologie als Ganze von einem ihr unverträglichen Vernunftbegriff in Beschlag genommen sehen - ein Vorwurf, wie ihn jüngst H. Böll formuliert hat: "Die Geringschätzung des Poetischen, das seine eigene Sachlichkeit und seine eigene Vernunft hat, ist ein grober Irrtum der Theologen" (3).

In einem zuvor ungekannten Ausmaß wird das Denken der Gegenwart von einer Spannung zwischen der Vernunft und Erfahrung der Wissenschaft und nichtwissenschaftlicher Erfahrung und Vernunft beherrscht; das wissenschaftliche Denken und die verwissenschaftlichte Praxis schlagen fortwährend mehr Handlungs- und Erfahrungsbereiche in ihren Bann. Der Drang, sich dieser Tendenz anzupassen, ist groß, die Möglichkeiten, sich ihm zu entziehen, gering, denn die Formen des Protests tragen selbst noch oft die Zeichen der verwissenschaftlichten Welt (4).

Das Selbstverständnis der Wissenschaft hat sich entscheidend gewandelt. Von den Ortsanweisungen durch die Philosophie hat sie sich endgültig emanzipiert und weiß sich jeder philosophischen Legitimation überlegen. Grundlegend für die Art ihres Einflusses auf das Verständnis und die Erfahrung der Gegenwart ist ihre Selbstauffassung als institutionalisierter Forschungsprozeß und die Nutzanwendung ihrer Erkenntnisse in Technik und Lebenspraxis.

Von Aristoteles ausgehend, hatte sich die klassische Wissenschaftsbestimmung bis in die Neuzeit durchgehalten. Diese hatte einen Begriff von Wirklichkeit zur konstitutiven Voraussetzung, demzufolge die Wissenschaft deren naturhafte, zeitinvarianten Eigenschaften erkennt: sie war Wesenswissenschaft. Sie bezog sich "grundsätzlich auf unveränderliche, ewige Strukturen, auf unmittelbar einsichtige Axiome und Prinzipien, auf ein Wesensallgemeines, das durch Vernunfteinsicht und begriffliche Fassung klar und deutlich expliziert wird und in dem die Wahrheit aller abgeleiteten Aussagen gründet" (5). Das ganze System der wissenschaftlichen Aussagen konnte seine Wahrheit und Gültigkeit an der Schlüssigkeit der Ableitungen und der Evidenz der Prinzipien dartun. Diese wesentlichen Voraussetzungen sind heute nicht mehr in Geltung. Das heutige Wissenschaftsverständnis zeichnet sich dadurch aus, daß es die Idee der

Erkenntnis des Wesens von Wirklichkeit zugunsten der Idee des wissenschaftlichen Erkennens als Forschung aufgegeben hat. Forschung meint eine Form der erkennenden Auseinandersetzung mit der Wirklichkeit, die sich nicht mehr als feste Beziehung des Subjekts zur Gegenstandswelt der naturhaften Dinge bestimmen läßt. Forschung fragt nicht nach Wesenseigenschaften, nicht nach der Wahrheit der Wirklichkeit, sondern erforscht, wie das Wirkliche sich unter bestimmten, vom Menschen gesetzten Bedingungen verhält. Der Gesichtspunkt der Wissenschaften sind die Funktionsweisen des Wirklichen; sie erkunden diese, indem sie experimentieren. Hypothesen werden experimentell geprüft; wenn sie sich bewähren, können sie zu Gesetzeshypothesen verallgemeinert werden, und diese Generalisierungen wiederum können Einzelereignisse erklären. Dieser Vorgang des Aufstellens und Testens von Hypothesen ist im Prinzip endlos; darum ist die Geltung wissenschaftlicher Aussagen selbst hypothetischen Charakters. Mit diesem Prinzip einer grundsätzlichen Überholbarkeit und dem Selbstverständnis als Forschung ist das Ziel eines Erfassens des Wesens des Wirklichen aufgegeben.

Die Auflösung eines festen kosmologischen Bezugrahmens bekundet sich ebenfalls in dem Interesse, das die Forschung wesentlich motiviert. Dies ist nicht ein kontemplatives Betrachten des harmonischen Kosmos, sondern die Nutzanwendung der Erkenntnisse bei der Beherrschung der Natur. Auch früher hat man Mittel und Gerätschaften entwickelt, die zur Naturbeherrschung befähigen. In der vorwissenschaftlichen Welt mußte das Herstellen jedoch in den Kategorien des in der Praxis erworbenen Wissens begriffen werden. Die Wissenschaft der Moderne ist nicht in diesem engen Sinn auf Praxis bezogen. Die Unanschaulichkeit wissenschaftlicher Theorien des Mikro- und Makrobereichs führt dazu, daß diese rein theoretischen Erkenntnisse in die Praxis übersetzt werden müssen. Die unübersehbare Vielfalt von Erkenntnissen und Informationen hat mit der Technologie selbst eine Wissenschaft etabliert, die die Verwertung des Wissens selbst wissenschaftlich organisiert und steuert. Sie ist die wissenschaftlich betriebene Instrumentalisierung von theoretischen Erkenntnissen mittels einer wissenschaftlich organisierten Strategie ihrer Verwertung.

Mit dem sich fortwährend beschleunigenden Fortschritt der technischen Wissenschaften - und darauf wollen diese Ausführungen zum Wissenschaftsbegriff nur hinweisen - expandiert auch der ihnen inhärierende Vernunftbegriff. Aufgabe der Vernunft ist hier nicht das Ergründen von Wesenszügen, weil dieses Anliegen für die wissenschaftliche Fragestellung irrelevant bleibt. Die experimentelle Forschung setzt die Überzeugung voraus, daß Erkenntnis durch das Experiment gewonnen werden kann; dieser Vorgang ist aber bereits ein von der Frage nach dem "Wesen" sich entfernendes Herstellen einer Erkenntnissituation, die ihre Erkenntnisbedingungen selbst präpariert. Diese Orientierung am Experiment ist, wie H. Arendt sagt, "der Überzeugung geschuldet, daß man nur wissen kann, was man selbst gemacht hat" (6). Die Nachahmung der Naturprozesse durch ihre Vergegenständlichung im wissenschaftlichen Experiment verschiebt die Frage von der Wesenserkenntnis auf die nach funktionalen Zusammenhängen.

Dieses schon der wissenschaftlichen Erkenntnis anhaftende Moment des Herstellens setzt sich durch bei der Anwendung gewonnener Erkenntnis. Diese Verwendung ist vor allem Instrumentalisierung und Produktion nach Plänen und Modellen; "rational" ist solche Produktion dann, wenn sie bei gegebenem Zweck den Aufwand an Mitteln minimalisiert. Der Vorgang der Ersetzung herkömmlicher Arbeitsverfahren durch Methoden von höherer Produktivität heißt "Rationalisierung". Es ist nun wichtig zu sehen, daß diese Zweck-Mittel-Rationalität sich nicht nur auf den Vorgang der Herstellung bezieht, sondern den erreichten Zweck auf eine bestimmte Weise einschätzen muß. Sie kann ihn nicht anders denn als ein Mittel für weitere, neue Zwecke beurteilen; Zwecke werden entweder in Bezug auf Mittel oder als mögliche Funktionen anderer Zwecksetzungen betrachtet. Die Inanspruchnahme von Vernunft für die Erreichung von Zwecken durch Mittel und die effiziente Organisation dieser Mittel meint also immer möglichen Nutzen. Vernunft ist hier Nützlichkeitserwägung, die Einschätzung der Angemessenheit und Dienlichkeit von Mitteln für Zwecke. Der Sachverhalt, daß diese planende, technische oder zweckrationale Vernunft nicht den Gedanken einer eigenen Sinnhaftigkeit zweckrationaler Orientierung fassen kann, sondern der endlosen Dialektik von Mittel und Zweck verhaftet bleibt, sei hier nur erwähnt; seine Konsequenzen werden noch erörtert.

Nun ist die wissenschaftlich-technische Zivilisation der Gegenwart dadurch gekennzeichnet, daß das technisch-rationale Denken zunehmend in die Strukturen der Lebenspraxis selbst eingreift und diese in den Kategorien der zweckrationalen Vernunft erfaßt und gestaltet. Die Verwissenschaftlichung der Lebenspraxis ist zu einem solchen Ausmaß fortgeschritten, daß man geradezu von einer "hypothetischen Zivilisation" (Spaemann) sprechen kann. Dieses Phänomen einer Verwissenschaftlichung der Lebensgestaltung ist nun kurz zu charakterisieren.

Im Umgang mit der Welt und in der Gestaltung seiner sozialen Beziehungen war der Mensch früherer Epochen auf die Erfahrung angewiesen, die ihm dieser tätige Umgang selbst einbrachte. Im praktischen Handhaben der Dinge, aus der Erfahrung mit den Menschen entwickelte er sein Wissen über sie und sich selbst durch Verarbeitung von Erfahrungen, die er mit ihnen selbst machte. Er interpretierte sie vor dem Hintergrund eines tradierten kulturell-religiösen Wirklichkeitsverständnisses, das dem einzelnen seinen sinnhaften Ort in dieser Ordnung anwies. Heute wird das Wissen, dessen der Mensch zu seiner Lebensgestaltung bedarf, primär nicht im Umgang mit der selbsterfahrenen Wirklichkeit gewonnen, sondern institutionell in der Form theoretischen Wissens vermittelt. Die Theorien der Wissenschaft über die verschiedenen Gegenstandsbereiche übernehmen in fortschreitendem Ausmaß, was die eigene Erfahrung einst leistete. Die individuellen und sozialen Beziehungen in den Erfahrungsbereichen Kultur, Politik und Religion stellen sich dem gegenwärtigen Bewußtsein weniger in den Erfahrungen dar, die der einzelne in ihnen selbst gewonnen hat, sondern in der Form ihrer wissenschaftlich-theoretischen

Vermittlung. Diese Verwissenschaftlichung der Lebenswelt impliziert
eine Distanzierung von unmittelbaren Lebensvollzügen. Sie ist für die
Erfahrung der Lebenswelt und für den Charakter dieser Erfahrung selber von weitreichender Bedeutung.
In dem Umfang, in dem ein tradiertes Weltbild und die mit ihm gegebene Kultur ihre Verbindlichkeit verlieren, werden die ehemals durch
sie bestimmten Formen und Normen sozialen Verhaltens disponibel. Daß
die Verwissenschaftlichung der Lebenswelt einen solchen Wandel andeutet, wird in der Kulturkritik häufig mit Hinweisen auf den Wandel der
Bildungsinhalte und des Bildungserwerbs verdeutlicht. Die Organisation
von Schule und Bildungsinhalten war ein durch Tradition und Kultur bestimmtes Aneignen dieser Tradition und Kultur selber. Neue Erkenntnisse konnten aufgenommen werden, aber solche Veränderungen wurden
nach Maßgabe der Bestimmungen der tradierten Normen und Werte vorgenommen. Dies gehört heute der Vergangenheit an. Die Masse verfügbaren und vermittelbaren Wissens, das Wissen um die historische Relativität von kulturellen Gegebenheiten, die auf die Kultur übergreifenden
Zwänge der technisierten Arbeitswelt nötigen heute zur "Bildungsplanung"
und höhlen die Verbindlichkeit des tradierten Bildungsgutes aus. Die fraglos zugestandene Verbindlichkeit und unterstellte Vernünftigkeit des tradierten Bildungsgutes haftet ihm unter diesen Umständen nicht mehr an.
Vernunft muß jetzt von Festlegung und Planung der Bildungsinhalte beansprucht werden. Die Praxis des Planens setzt die Entscheidbarkeit zwischen verschiedenen Möglichkeiten voraus; die Gegenstände der Planung
sind nicht an sich selbst verbindlich, denn die Planung entscheidet über
ihre Verbindlichkeit. Daher bedarf das, was durch Planung verfügt wird,
der Legitimation. Die Diskussion um die Verbindlichkeit des Religionsunterrichts in den Schulen hat diese Problematik in den letzten Jahren
veranschaulicht.
Die Umsetzung dessen, was zuvor eine eigene Verbindlichkeit selbst
aussagte, in den Bereich des Planbaren und Planungsbedürftigen impliziert eine Verschiebung zur Zweckrationalität. Was in den Sog der Verwaltung und Planung gerät, ist kontingent und unterliegt der Setzung von
Zwecken. Was geplant wird, hat nicht mehr eigene, unanfechtbare Verbindlichkeit. Planbarkeit bedeutet Verfügbarkeit, aber wo das Planen
seine Grenzen finden soll, ist von der Logik der Planung her nicht zu
entscheiden. Der expansive Ausgriff einer planenden Daseinsgestaltung
ist heute erfahrbare Wirklichkeit. Von Umweltplanung, Städteplanung,
Wirtschaftsplanung und anderen "äußeren" Bereichen greift diese Entwicklung immer stärker in die Lebensgestaltung des Menschen ein: Familienplanung, Freizeitplanung, Erziehungsplanung usw. Der bedenkliche Aspekt dieser Entwicklung besteht darin, daß die Eigendynamik
des Planungsprozesses nicht hinreichend gesehen wird. Was nicht Korrelat von Zwecksetzungen ist und vernünftigerweise nicht sein kann, wird
vom planenden Denken gleichwohl in Beschlag genommen; der Glaube an
die unbegrenzte Machbarkeit liegt ihm voraus. "... der Rationalisierungsprozeß (mündet) nun immer deutlicher in den Anspruch, die gesamte Wirk-

lichkeit durch überlegte Veranstaltung und nach umfassendem Konzept unseren Zwecken zu unterwerfen. Von diesem Zugriff kann nichts verschont bleiben, was sich nicht vor dieser Forderung legitimiert" (7).

Nun können aber menschliches Glück, das gute, sinnerfüllte Leben nicht nach der Logik von Mittel und Zweck gänzlich begriffen, geplant oder produziert werden - diese irrige Erwartung täuscht über deren eigenen Charakter hinweg; soweit man sie meint planen und herstellen zu können, werden sie nur verfehlt. In dem Ausmaß, in dem Zweckrationalität sie strategisch zu vermitteln sucht, gleichen sich die Verhältnisse der Vision Huxleys von der "Schönen neuen Welt" an; diese würde als eine fortwährend präzisere Beschreibung der Wirklichkeit einzuschätzen sein.

Nicht nur der Gedanke einer nicht zweckmäßigen, aber gleichwohl vernünftigen Tätigkeit, einer in sich gegebenen Vernünftigkeit von Handlungen und Vollzügen wird durch das zweckrationale Denken gefährdet; die Verwissenschaftlichung wirkt sich zugleich tief auf die Einschätzung von Erfahrungen und auf die Erfahrungsweisen selbst aus. Damit ist der zweite Sachverhalt angesprochen, zu dem der religiöse Glaubensvollzug in erheblicher Spannung steht: die Tendenz des Erfahrungsverlusts durch die Hypothetisierung und Entwertung von Erfahrungen. Erfahrungen einen anderen Wert als den beabsichtigter Zwecke zuzuerkennen, sie in anderen als in zweckrationalen Kategorien zu bedenken, wird zunehmend erschwert, weil das zweckrationale Denken eine nicht bezweckte Sinnhaftigkeit nicht wahrnehmen kann. Tendenzen des Erfahrungsverlusts lassen sich an vielen Lebensbereichen ablesen; einige Hinweise mögen diesen Vorgang illustrieren.

Der Erwerb des lebensorientierenden Selbst- und Weltverständnisses hatte in den vorwissenschaftlichen Epochen die Struktur des Einlebens in vorgegebene Lebensformen. Diese explizierten sich dem Menschen im Horizont seines Wirklichkeitsverständnisses; der Zusammenhang dieses Verständnisses und der eigenen Erfahrung war ungebrochen. In der verwissenschaftlichten Welt wird dagegen dieses Einleben selbst wissenschaftlich gesteuert. Soziologie, Psychologie und Pädagogik formen und beeinflussen die Sozialisation von der frühesten Kindheit an; ihre Aussagen beeinflussen die Einschätzung von Erfahrungen und können die Struktur der Erfahrungsweisen tendenziell verändern. Erfahrungswissenschaftliche Aussagen treten in Gegensatz zur eigenen, individuellen Erfahrung, denn solche Erfahrungen, die der Mensch selbst macht, decken sich nicht mit jenen, die die Wissenschaft ihren Erklärungen zugrundelegt. Sie verlangen die kontinuierliche Verarbeitung von Eindrücken, besinnliche Auseinandersetzung mit Widerfahrnissen und tragen darin subjektive, individuelle Züge. Bestimmten Erfahrungen mißt das Subjekt zudem eine qualitative Werthaftigkeit bei. Aber gerade diese Aspekte muß die Erfahrungswissenschaft ausschalten. Der Einmaligkeit des Erlebens steht die Wiederholbarkeit des Experiments, der individuell gewonnenen Einsicht die objektiv-wissenschaftliche Aussage gegenüber. Die Geltung und die Sinnhaftigkeit von Erfahrenem und die Stimmigkeit der gewonnenen Einsicht sind bei individuellen Grunderfahrungen nicht beliebig demonstrierbar;

die Probe, das wiederholende Experiment würde Voraussetzungen zerstören, die selbst Bedingungen von lebensorientierenden Grunderfahrungen sind. Auf solchem quantifizierenden Nachweis beruht aber die Geltung der wissenschaftlichen Aussage. Ihr Geltungscharakter impliziert und beruht auf der Ausscheidung der subjektiven und qualitativen Faktoren; diese erscheinen unter dem Vorzeichen des Willkürlichen, Unverbindlichen und Unverläßlichen. Eine solche Gefährdung und Entwertung von nichtwissenschaftlichen, nicht quantifizierbaren Erfahrungen ist mit der Verwissenschaftlichung der Lebenspraxis in einer steten Ausweitung begriffen. Im Bereich der Lebensgestaltung verliert die eigene Erfahrung, die im Nachdenken gewonnene Einsicht ihre lebensorientierende Potenz; was ehemals zur Lebenserfahrung gerann, wird zusehends stärker durch "wissenschaftliche Lebensberatung" ersetzt. Die Dienstleistungen in Erziehungsberatung, Berufsberatung, Eheberatung usw. vermitteln Rezepte zur Lösung von Konfliktfragen, deren Ursachen oft selbst durch die Lebensumstände in der verwissenschaftlichten Gesellschaft erzeugt werden. Lebensführung und -gestaltung nimmt die Struktur eines durch die Sozialwissenschaften instruierten lebenslangen Lernprozesses an; die ihm eigene Logik ist das rationale, d. h. wissenschaftlich rezeptierte Problemlösungsverhalten. "Lebensweisheit", die in eigenen Erfahrungen erarbeitete und gewonnene Einsicht findet keinen Rückhalt an der Realität; sie wird entbehrlich.

Der durch die Wissenschaften vorangetriebene Prozeß der Beherrschung der Natur hat seine Entsprechung in der wissenschaftlich geplanten und gesteuerten Organisation menschlichen Zusammenlebens. Dieser Tatbestand hat Sozialwissenschaftler veranlaßt, von der "nachindustriellen Gesellschaft" (8) zu sprechen, weil die politische Ordnung jetzt selbst technologisch gesteuert und verwaltet wird und "Technik" nicht mehr vorrangig auf die industrielle Produktion von Gütern bezogen ist. Die technologische Organisation gesellschaftlichen Zusammenlebens beschleunigt eine Differenzierung und Aufspaltung der sozialen Wirklichkeit, deren verschiedene Bereiche für den einzelnen immer undurchschaubarer werden. In den Sozialwissenschaften wird dieser Vorgang als "Pluralisierung der Lebenswelt" (9) bezeichnet. Der Lebens- und Erfahrungsraum, in dem der einzelne sich auskennt, dem er vertraut ist und dessen Verhaltensregeln er beherrscht, zersplittert und drängt den Menschen auf eine sich verengende private Welt zurück. Die Ausweitung verfügbaren Wissens, die fortwährend subtiler gestaltete Planung und Steuerung menschlichen Zusammenlebens durch die Verwaltung, dieser Optimierung zweckrationaler Effizienz korrespondiert auf der anderen Seite eine Tendenz der Entmündigung. Auf immer mehr Dinge und Informationen muß der Mensch sich einlassen, ohne sie selbst überprüfen zu können. Die Erfahrung der sozialen Wirklichkeit wird unklar und diffus; sie gestaltet sich immer unverstehbarer und wird anonym. Die Lebenspraxis vollzieht sich nicht vor dem Hintergrund eines von allen geteilten Weltbildes, das das soziale Verhalten prägt und verstehbar macht; der einzelne lebt in einer relativ geschlossenen privaten Welt und tritt zur Öffentlichkeit, ihren Institutionen und Verwaltungsinstanzen nur oberflächlich in Kontakt - er durchschaut ihre Eigengesetzlichkeit nicht. Dies verhält sich allerdings nicht nur im Bereich der öffentlichen Verwaltungen so; kein Wissenschaftler kann mehr die Masse verfügbaren Wissens übersehen und den Fortschritt der Forschung in verschiedenen Bereichen verfolgen. Die Differenzierung der Forschungsbereiche treibt die Professionalisierung voran; jeder ist Spezialist im eigenen, aber Laie im fremden Fach.

 Diese Pluralisierung in den Bereichen der öffentlichen Wirklichkeit wirkt auf den privaten Bereich in einer Weise zurück, der sich der einzelne Mensch kaum verschließen kann: Massenkommunikation durch die Massenmedien schließt jedermann an die Segmente der gesellschaftlichen Wirklichkeit an. Er wird "umfassend informiert", was in Wirklichkeit jedoch nur in einer Überhäufung mit oberflächlichen Einblicken und flüchtigen Kenntnisnahmen besteht, die in ihrer Masse nicht verarbeitet werden können. Anonymität und Fremdheit bleiben die Hauptmerkmale der Welterfahrung in der Moderne. Die arbeitsteilige Struktur von Ökonomie und Verwaltung fordert verstärkt Mobilität, Flexibilität und reibungslosen Rollenwechsel. Umschulungs- und Ausbildungsprogramme übernehmen die Funktion, "das Individuum von einer sozialen Welt in eine andere hinüberzuführen, den einzelnen in Sinnordnungen einzuweihen, die er vorher nicht kannte, und ihn in sozialen Verhaltensmustern auszubilden, auf die ihn seine bisherige Erfahrung nicht vorbereitet hatte"(10). Auf diese Weise greift die Pluralisierung der Lebenswelt in die Einheit der Lebensgeschichte ein und gefährdet die Ausbildung einer festen Identität.

 Die Einheit der Persönlichkeit, die erlebte Übereinstimmung mit sich selbst, verlangt feste Beziehungen und stabile Bindungen; an diesen bildet das Individuum sein Selbstverständnis aus und in solchen Bezügen stehend, kann es sich selbst bejahen - es erfährt sich als identisch. Die Pluralisierung der Lebenswelt erschwert nun die Ausbildung und Aufrechterhaltung dauerhafter Bindungen und konstanter Selbstwahrnehmungen. Die zunehmende Zahl von Bezugspersonen, die Kurzlebigkeit von Beziehungen und die geforderte Bereitschaft zur Rollendistanzierung sind Ursachen dafür, daß wesentliche Momente der Identitätsbildung nicht dauern. In die Erwartung des Lebensverlaufs müssen daher alternative Möglichkeiten 'eingebaut' werden. Berger veranschaulicht diese Vorstellung der eigenen erwarteten Lebenslaufbahn sehr plastisch mit einem Fahrplan. Daß jedermann fährt, ist unerläßlich, aber wohin er fährt, kann zu Beginn der Fahrt niemand mit Sicherheit sagen. Daher ist äußerst wichtig, in den Plan möglichst viele Umsteigestationen und alternative Reiserouten einzubeziehen, um sich auf ein neues Ziel umstandslos einstellen zu können. Dies hat zur Folge, daß die Lebensplanung "so kompliziert wird wie eine schwierige Mathematikaufgabe" (11). Die Kennzeichen des Selbstverhältnisses in der Moderne sind daher Offenheit, Unbestimmtheit und Flexibilität. Die Öffentlichkeit honoriert dies mit erhöhter Wertschätzung der Fähigkeit zur Umstellung und zur schnellen Anpassung an neue Situationen. Weil die äußere Erfahrungswelt als instabil und wechselhaft erlebt wird, erhält die Subjektivität einen höheren Stellenwert. Aber deren konkrete Verfaßtheit ist gleichfalls nur vorläufiger Zustand, nur Episode. "Etwas sich fortwährend Wandelndes soll das ens realissimum sein. Es ist daher nicht überraschend, daß der moderne Mensch an einer permanenten Identitätskrise leidet"(12).

Diese Hinweise auf die Dominanz zweckrationalen Denkens, auf Verwissenschaftlichung und Pluralisierung wollen - um an die Ausgangsfrage zu erinnern - eine bestimmte Verschiebung im Verständnis von Vernunft und Erfahrung verdeutlichen, die zur Frage der Glaubensbegründung in einer signifikanten Beziehung steht. Beide Begriffe werden im gegenwärtigen Denken nicht aufgegeben, sondern auf eine charakteristische Weise ausgelegt. Wie die Inanspruchnahme von Vernunft nicht etwa aufgegeben, sondern vorherrschend zweckrational gedacht wird, so ist das, was zuvor als Erfahrungsverlust gekennzeichnet wurde, nicht ein Auslöschen von Erfahrung überhaupt; vielmehr treten bestimmte Erfahrungsweisen zurück, andere dominieren. Dies trifft in der Gegenwart insbesondere für die empirisch-wissenschaftlichen und sinnlichen Erfahrungen zu. Dieses Phänomen einer Versinnlichung von Erfahrung kann als Konsequenz und Gegenreaktion auf die zweckrationale Organisation der technischen Zivilisation verstanden und erklärt werden. Habermas etwa interpretiert die gegenwartsspezifischen Phänomene auf diese Weise. Er sieht die spätkapitalistische Gesellschaft ihre legitimierenden Werte selbst überfordern und aushöhlen, die sie selbst jedoch nicht zu erhalten vermag und daher durch andere, systemkonforme Werte zu ersetzen sucht. Soweit sie den Sinn von Politik, Arbeit, Bildung und der gesellschaftlichen Umstände nicht mehr einsichtig machen kann, "um so mehr muß der verknappte Sinn durch konsumierbare Werte ersetzt werden" (13). Diese methodische Problematik der Erklärung dieser Phänomene ist hier nicht von vorrangigem Interesse; sie wird lediglich erwähnt, um auf einen kulturtheoretischen Ansatz aufmerksam zu machen, der die erwähnte Tendenz einer Versinnlichung der Erfahrung zwingender beschreibt, als dies dem marxistischen und wissenssoziologischen Erklärungsmuster gelingt. Der amerikanische Sozialwissenschaftler D. Bell setzt nicht einlinig bei der ökonomisch-gesellschaftlichen Situation oder beim Alltagswissen zur Erklärung der Entwicklungstendenzen an, sondern vertritt die Auffassung, daß die drei Bereiche technisch-ökonomische Sozialstruktur, Politik und Kultur einander zwar berühren und beeinflussen, aber nicht determinieren. Er sucht deren Entwicklung vielmehr von derem jeweiligen "axialen Prinzip" (14) her zu verstehen. Als axiales Prinzip der modernen Kultur wertet Bell das "Selbst", die Vorstellung "eines Ausdruck suchenden, sich wandelnden Selbst, das Selbstverwirklichung und Selbsterfüllung anstrebt. Dieses Bestreben leugnet alle Erfahrungsgrenzen und -schranken" (15). Die Entfaltung dieser Vorstellung von Autonomie und Selbstverwirklichung durch Erfahrung in der Kultur der Moderne läßt die Tendenz des Erfahrungsverlusts durch Versinnlichung von Erfahrung besser verständlich werden als ihre Zuordnung zu den Merkmalen der bürgerlichen Konsumgesellschaft.

  Das Hauptmerkmal der westlichen Kultur ist die Auffassung von der individuellen Autonomie, vom Menschen als freiem Individuum. Ihre historischen Wurzeln hat sie im Christentum, in Motiven der frühen Neuzeit, der Reformation und im rechts- und sozialphilosophischen Denken der Aufklärung; ihre politische Prägekraft setzte das Bürgertum und der Liberalismus durch. Seither beherrscht sie in mannigfaltigen Schattierungen das Denken als die Grundidee, daß "der autonome Mensch ..., indem er über sich selbst bestimmt, Freiheit erlangen (kann)" (16). Diese Idee der Freiheit als des uneingeschränkten Rechts auf Selbstbestimmung und Selbstverwirklichung hat unter systematischer Rücksicht eine bestimmte Zweideutigkeit. Entscheidend für den Inhalt dieser Auffassung ist, als was und in welchem Sinn Selbstbestimmung die Freiheit bewirken soll. Sie kann als Verwirklichung eines inhaltlich bestimmten Begriffes des Selbst gefaßt werden, aber andererseits auch als voraussetzungslose, ungebundene Setzung des Selbst, das sich in solcher Setzung erst manifestiert. In dieser individualistisch-voluntaristisch verabsolutierten Form einer Leugnung jeder inhaltlich verbindlichen Bestimmung des Selbst beherrscht der Gedanke der Autonomie nach Bell die Kultur der Moderne. Das moderne Bewußtsein kenne "kein gemeinsames Wesen mehr, sondern nur noch ein Selbst, das sich mit seiner individuellen Authentizität befaßt" (17). Dies bedeutet nichts anderes, als daß es keinen Maßstab einer vernünftigen Willensbildung akzeptiert, weil dieser als eine allgemeine Verbindlichkeit auftritt und über die spontane, gefühlsmäßige Willensäußerung hinausgeht. Dieser Freiheitsbegriff ist dezisionistisch und voluntaristisch; er definiert sich gegen feste Werteinstellungen, Bindungen und überindividuelle Verpflichtungen, die für eine vernünftige Freiheitspraxis konstitutiv sind. Wenn Freiheit schon darin sich realisiert, daß sie setzen, entscheiden und zwischen beliebigen Möglichkeiten wählen kann, ist sowohl jenes Moment unterschlagen, das die Entscheidung als eine vernünftige auszeichnen könnte als auch die Haltung, die eine feste Willensorientierung erst gestattet. Das Wissen um Gründe ist unerläßlich, wenn freie Entscheidungen nicht um ihr rationales Motiv gebracht werden sollen. Dazu bedarf es eines Standpunktes, eines verbindlichen Wertmaßstabes, den die freie Entscheidung als solchen anerkennt. Wird diese hingegen nur im beliebigen Entscheiden selber, im ungerichteten Agieren gesehen, so kann auch von "Selbst"-Verwirklichung nicht mehr die Rede sein. Durch solches impulsgesteuerte Tun entwickelt der Mensch nicht Authentizität, sondern bleibt beziehungslos und leer: er verzehrt sich selbst. T. Koch hat eine solche individualistisch verabsolutierte Autonomie, welche Freiheit "als Lebenserfüllung in nichtfestgelegtem Wählen-Können" expliziert, auf ihren asozialen und antipolitischen Charakter hin durchsichtig gemacht. Sie kennt kein verbindliches Allgemeines, denn sie erstrebt "die Unabhängigkeit, nicht festgelegt zu sein: die Unabhängigkeit von den anderen und dem Nicht-Eigenen, Fremden, und also von Forderung und Verpflichtung und so von jeder definiten Bindung" (18).

Charakteristisch und für unsere Fragestellung bedeutsam ist nun, daß als Korrelat dieser Vorstellung von Selbstverwirklichung Erfahrungen dominieren, und zwar vornehmlich jene, die die uneingeschränkte Freiheit selbst empfinden lassen: Erfahrungen der Spontaneität, der vorrationalen

Impulse, der gefühlsbetonten Sinnlichkeit. Bell analysiert den "Heißhunger nach unbegrenzter Erfahrung" (19) als ein entscheidendes Movens der kulturellen Entwicklung des Bürgertums. Die anfangs herrschende Beziehung der Erfahrung auf feste Formen des Erlebens, auf vorgegebene Muster der Artikulation habe sich seither umgekehrt: vor allem in der Kunst wurde gegen die von der puritanisch-protestantischen Ethik inspirierten Vorstellungen revoltiert. Diese haben sich in der Wirtschaft behauptet, nicht aber in der Kultur; nicht die Kontrolle von Trieben und emotionalen Regungen, nicht Leistung oder Verzicht besitzen die oberste Stelle der Wertetafel, sondern der ungehemmte Impuls, die freigegebene spontane Regung, Gefühl und sinnliches Empfinden. Diesem Begehren konnte die kapitalistische Wirtschaftsordnung nicht nur nachgeben, sondern es sogar verlangen und fördern. Der ungehemmte Verbrauch von Konsumgütern wurde Kennzeichen dieser Epoche: "Der Hedonismus ist die kulturelle, wenn nicht gar moralische Rechtfertigung des Kapitalismus geworden - das Vergnügen als Lebensstil" (20).

Bell beschreibt mit unerbittlichem, zuweilen beißendem Spott die Logik dieser Entwicklung, vor allem in Kunst und Literatur. Bezog Kunst einst ihren Sinn aus ihrer Aufgabe der Formgebung des bleibend Schönen, so ist sie in der Gegenwart zum Protest gegen jedwede Form geworden. Als die klassische Idee der Form aufgegeben war, folgte die moderne Kunst der Maxime, "daß die Erfahrung in sich und für sich höchstes Gut sei" (21). Der Protest gegen bürgerliche Formvorstellungen verlagerte sich zur Aufwertung des Erfahrungsvollzugs und des aktualen Empfindens selber: "An die Stelle von Kontemplation werden Sensation, Simultaneität, Unmittelbarkeit und Wirkung gesetzt" (22). Wenn aber das aktuale, unvermittelte sinnliche Empfinden von höchstem Vorrang ist, hat die Darstellung nicht nur ihren Sinn verloren, sondern widerstreitet der neuen Kunstbestimmung, da sie auf das Bewahren und Formen von Erfahrung angelegt ist. Sinneserregungen verflachen, werden zur Gewohnheit, und Wahrnehmungsmuster verbrauchen sich, was zum Aufspüren ständig neuer Empfindungen zwingt. Die Neuigkeit selbst gelangt daher zu höchster Wertschätzung. Unter diesen Umständen besteht die "Mission" der Kunst nur in einem: "offiziell und unablässig nach einer neuen Sensibilität zu suchen" (23). Vom Fortschrittsdenken in der Wissenschaft beflügelt, in Übereinstimmung mit dem Glauben an die Machbarkeit der Dinge und die Vollendbarkeit des Menschen, gab die Kunst der Moderne der Auffassung Ausdruck, dazu bedürfe es nur der Destruktion der Bindungen und Fesseln, die den Menschen daran hindern, sich selbst zu überschreiten. Die Kultur erhielt daher selbst ein teleologisches Gepräge; sie verfocht ein Ziel, "das immer jenseits liegt: jenseits der Moral, jenseits der Tragödie, jenseits der Kultur" (24). Solches Überwinden von Schranken muß die Idee der Form nicht notwendig dementieren, sondern kann sie neu schaffen wollen. Dieses Moment sieht Bell in der Kunst der sechziger Jahre, dem "Postmodernismus", jedoch verabschiedet und "die ästhetische Lebensrechtfertigung gänzlich durch die triebhafte ersetzt"; Wirklichkeitsempfinden vermitteln "einzig Impuls und Lust;

alles andere wird als Neurose und Tod betrachtet" (25). Das Sinnwidrige dieser Bewegung besteht darin, daß sie in dem Ausmaß, in dem sie die Auflösung des Selbst zu einem Bündel von Triebimpulsen betreibt, kommunikationsunfähig und völlig unverstehbar wird. Ihre letztmögliche Konsequenz ist die Bewußtlosigkeit und der Wahnsinn, und auch diese werden nach Bell von einigen Autoren bereits als "höhere Form der Wahrheit" (26) betrachtet. Ob die Kunst und die wesentlichen Bereiche der zeitgenössischen Kultur noch verhaltensorientierende Kraft entwickeln können, ist für Bell angesichts ihres gegenwärtigen Zustands eine müßige Frage. Nach seiner Auffassung ist die Gegenwart "Zeuge vom Ende des bürgerlichen Denkens" (27), das seinen Höhepunkt bereits um die Jahrhundertwende überschritten habe.

Die verächtliche Abrechnung Bells mit den Wünschen, Idolen und Idealen der modernistischen Lebenseinstellung braucht im einzelnen nicht diskutiert zu werden (28); die Frage einer Beziehung zwischen der verwissenschaftlichten Lebenswelt und der Konzentration auf unvermittelte Erfahrung wird noch im folgenden aufgegriffen. Die von Bell aufgezeigte Tendenz einer Auflösung von kulturellen Erfahrungsformen, der Trend zur Versinnlichung der Erfahrung und der Akzent auf ihren triebhaften Anteilen hingegen ist unbestreitbar. Sie kann als Versuch der Befreiung von kulturellen Konventionen, als Protest gegen eine entsinnlichte, abstrakte Öffentlichkeit verstanden werden, und in diesem Sinn stellt sie eine Bewegung dar, die in jenen Positionen in Kunst, Literatur und Philosophie ihre historischen Vorläufer hat, die gleichfalls vom Protest gegen verbrauchte Formen, steril gewordene Erfahrungsroutinen und lebensfernes Denken ihren Ausgang nahmen. Die Spannung zwischen Vernunft und Erfahrung ist also keineswegs neu; wann immer das Denken der Vernunft die spontanen Regungen und Gefühlsimpulse durch das Festhalten an nur noch konventionellen Formen erstickte und niederhielt, hat ein "Aufstand der Spontaneität" (29) diese aufgebrochen und kreativ umgeformt. Diese Spannung von Vernunft und spontaner Erfahrung hat jedoch tiefere Ursachen als das gelegentlich auftretende Unbehagen an erfahrungsverfremdenden Formen; Landmann interpretiert sie als einen "natürlichen" Gegensatz in den Strebungen kulturschaffender Menschen selbst. Es ist das Widerspiel der menschlichen Grundkräfte des Schöpferisch-Produktiven einerseits und der kultur- und traditionsbildenden Kräfte andererseits, die die spontanen Regungen und Impulse steuern und sie an einer gänzlichen Destruktion der gebildeten Formen hindern. Die produktive Potenz des Protests der Spontaneität gegen alles, was durch Vernunft in den Formen, Stilen und Artikulationsweisen bestimmt, geordnet und geregelt ist, vermag dem artikulierte Geltung zu verschaffen, was die verfestigten Formen beeinträchtigen. Die Kritik und der Versuch der Auflösung bestehender Ausdrucksformen hat ihren tieferen Sinn darum in einer angemesseneren, treffenderen Artikulation des Empfindens, Erfahrens und Erlebens.

Dieser produktive Gestaltungssinn, der die Formgebung von Empfindungen, Regungen und Gefühlen in den vielfältigen Ausdrucksformen der

Sprache, der bildhaften oder symbolischen Darstellung gegenüber den gängigen Formen authentischer zu leisten sucht, ist in weiten Bereichen der zeitgenössischen Kunst nicht mehr erkennbar oder wird gar bestritten. Die widersinnige Konsequenz eines folgerichtigen Formnihilismus ist die Sprachlosigkeit - ein animalisches Vegetieren; sie brauchen wir nicht zu erörtern. Doch auch jene popularisierten Formen praktizierter Spontaneität, die sich in der Gegenwart ausbreiten, sind nicht folgenlos. Die Aufwertung der sinnlichen Selbsterfahrungen, der emotionalen Impulse, der ungehemmt spontanen Lebensäußerungen mag im Sinn des Verzichts auf tradierte Formen und deren Destruktion in der Tat befreiend wirken, in der Form einer "neuen Sensibilität" neue Selbstwahrnehmungen gestatten und neue Erfahrungsräume eröffnen. Aber diese Bewegung fordert auch ihren Preis. Mit dem Versuch, durch das Außerkraftsetzen von internalisierten Erfahrungsweisen dem Gefühl, der spontanen Regung und triebhaften Impulsen Raum zu geben, wird ein Erfahrungsverständnis favorisiert, das wesentlich auf der Auflösung von gegebenen Formen, von gegebenen Vermittlungsstrukturen der Erfahrung beruht und so den Erfahrungsbegriff verengt: den festen Formen soll ihre bestimmende Kraft genommen und das spontane, empfindungsgeleitete Erfahren soll eingeübt werden. Den zuvor beschriebenen Erfahrungsverlust sucht man durch die Unmittelbarkeit der Selbstempfindung auszugleichen. Es ist unverkennbar, daß der Mensch damit zur Ausbildung der Fähigkeit, Erfahrungen zu machen, nicht mehr herausgefordert wird und zunehmend den Zugang zu solchen Erfahrungen verlieren muß, die im spontanen, vorrationalen und triebhaften Empfinden nicht aufgehen. Dazu gehören vor allem jene Erfahrungen, die fragile Beziehungen zu ihrer Grundlage haben: Erfahrungen der Liebe, der Freundschaft, der Verantwortung oder des Vertrauens. Solche Erfahrungen schließen Spontaneität, Sinnlichkeit und Empfindsamkeit freilich nicht aus, aber sie verlangen ihre Kultivierung durch disziplinierte Aufmerksamkeit und die Fähigkeit der Kontrolle des gefühlsmäßigen Empfindens. Wir werden später noch auf den Erfahrungsbegriff zu sprechen kommen, nur dies sei hier angedeutet: Erfahrungen, die dem Menschen eine Einsicht erbringen, bei denen er etwas lernt, etwas erfaßt, was ihm zuvor nicht bekannt war, sind auf Sprache und das sich in ihr formulierende Wirklichkeitsverständnis angewiesen. Ohne solche Voraussetzungen kann keine Empfindung zu einer Erfahrung werden; sie bleibt unverstanden und dunkel. Die Sprache ermöglicht, etwas zu benennen und zu artikulieren; erst in diesem vermittelnden Rahmen ist es überhaupt möglich, Erfahrungen zu machen. Die Tendenz einer einseitigen Betonung von Gefühl und Selbstempfinden kann als der irrige Versuch verstanden werden, den Vollzug von Erfahrungen, ihre unmittelbaren Aspekte, d.h. den Akt und das Selbstempfinden, gegen die Vermittlungsstrukturen von Sprache und Kultur auszuspielen, das Unmittelbare also auf Kosten der es erst ermöglichenden Vermittlungsstrukturen zugänglich machen zu wollen. Wenn aber der Begriff der Erfahrung nicht antikognitiv verkürzt werden soll, ist Erfahrung nur unter diesen vermittelnden Strukturen möglich. Erfahrungen machen heißt nicht, Spontaneität, Gefühl und Affekt ausschalten zu müssen. Wenn man aber etwas durch eigene Erfahrung erkunden, in einer Sache erfahren werden oder mit etwas Erfahrungen machen will, dann erfordert dies auch, die Beschaffenheit des zu Erfahrenden als Bedingung seiner möglichen Erfahrbarkeit anzuerkennen. Dies verlangt die Verarbeitung von flüchtigen Eindrücken, die konzentrierte Aufmerksamkeit und in diesem Sinn auch Selbstkontrolle und Verzicht. Die Lebensorientierung dem spontanen Einfall, unbestimmten Impulsen und Antrieben zu überlassen, bedeutet letztlich, zum Verzicht auf diejenigen Erfahrungen aufzufordern, die deren Einordnung und gestaltende Bestimmung verlangen: dauerhafte Beziehungen, feste Bindungen und nichtepisodische Überzeugungen. Es versteht sich von selbst, daß damit auch jene wesentlichen Voraussetzungen bestritten würden, die die Ausbildung der religiösen Überzeugung durch das Subjekt einzig gestatten.

Blenden wir hier kurz auf die angedeuteten Tendenzen der Bedeutungsverschiebungen von Vernunft und Erfahrung zurück: Vernunft tendiert verstärkt dazu, als technische Rationalität begriffen zu werden, die Verwissenschaftlichung provoziert Erfahrungsverlust und eine Pluralisierung der Lebenswelt, die verabsolutierte Autonomie schwächt die Fähigkeit zur Aufrechterhaltung bestehender Bindungen, die Versinnlichung der Erfahrung erschwert den Zugang zu bestimmten Erfahrungsbereichen. Zusammengenommen fördern diese Tendenzen die Auflösung jener Voraussetzungen, auf denen das tradierte Verständnis von Glaube und Glaubenspraxis ebenso wie die Glaubensbegründung aufbauen konnten. Sie erschweren zunehmend die Möglichkeit der Lebensgestaltung aus der Orientierung an verbindlichem Sinn. Die Bindung, die der religiöse Glaube verlangt, wird von dominierenden Erfahrungsweisen nicht mehr bestärkt; innerhalb des zweckrationalen Denkens ist die Sinnhaftigkeit der religiösen Überzeugung nicht einsichtig zu machen - die zweckrationale Vernunft kennt für sie kein Argument. Die Verbindlichkeit von Sinngehalten, zu denen man sich nicht ihres möglichen Nutzens wegen bestimmt, ist nicht die eines zweckrationalen Imperativs. Dieser ist mit einem Zweck gesetzt und gebietet die Angemessenheit und Effizienz der Mittel seiner Realisierung. Im Rahmen von Nützlichkeitsbestimmungen ist der Zweck nur als Mittel für einen anderen Zweck verbindlich zu machen, wie zuvor schon angedeutet wurde. Das Nützlichkeitsprinzip kann von sich selbst her nicht anders beurteilt werden als durch eine Bestimmung möglichen Nutzens - es perpetuiert sich selbst. Das zweckrationale Denken ist unfähig, diesen Kreis zu durchbrechen; die Konsequenz dieses Sachverhalts hat H. Arendt zwingend beschrieben:

> "Die Aporie des Utilitarismus besteht darin, daß er in dem Zweckprogressus ad infinitum hoffnungslos gefangen ist, ohne je das Prinzip finden zu können, das die Zweck-Mittel-Kategorie rechtfertigen könnte, bzw. den Nutzen selbst. Innerhalb des Utilitarismus ist das Um-zu der eigentliche Inhalt des Um-willen geworden - was nur eine andere Art ist zu sagen, daß, wo der Nutzen sich als Sinn etabliert, Sinnlosigkeit erzeugt wird." (30)

Nutzen und Sinn sind nicht konvertibel; Überzeugungen, die sich nicht auf möglichen Nutzen, sondern auf Werte, auf Sinn oder auf Gott beziehen, sind darum zweckrational nicht begründbar. Dies nicht nur, weil z.B. die Inhalte des Glaubens sich dagegen sträuben, Gott als "Mittel" der eigenen Zwecksetzungen zu denken. Zu bedenken ist vielmehr, daß die Expansion zweckrationalen Denkens in der wissenschaftlichen Welt die "Vernünftigkeit" sinnorientierter Überzeugungen aushöhlt. Deren Verbindlichkeit verschiebt sich im Sinne der von H. Arendt angedeuteten Richtung, weil die Ausweitung zweckrationalen Begründens diese Überzeugung zweckrational zu betrachten gestattet. Damit setzt eine Bewegung ein, die Habermas als durch strategisches Denken verursachte Schwächung der Verbindlichkeit "naturwüchsiger Traditionen" bezeichnet hat: "Legitimatorische Kraft behalten Traditionen offensichtlich nur, solange sie nicht aus kontinuitätssichernden und identitätsverbürgenden Deutungssystemen herausgebrochen werden" (31). Eine solche Ablösung von verbindlichen Traditionen wird durch das zweckrationale Denken vorgenommen; was Sinngehalte betrifft, erzielt ihre zweckrationale Begründung darum das Gegenteil dessen, was sie bezweckt: "... es gibt keine administrative Erzeugung von Sinn... Die(se) Legitimationsbeschaffung ist selbstdestruktiv, sobald der Modus der "Beschaffung" durchschaut wird" (32). Die Ausweitung des hypothetisch-wissenschaftlichen Denkens, die Rationalisierung der verschiedenen Lebensbereiche, die Segmentierung, die technische Verfremdung und Anonymität der sozialen Welt bewirken jedoch verstärkt diesen Effekt: "Sinn ist eine knappe und immer knapper werdende Ressource" (33). Die Wahrnehmung von Sinngehalten und die Anerkennung ihrer Verbindlichkeit ist auf deren sinnfällige Formung und Gestalt angewiesen. Zur Sinnerfahrung gehört, daß Sinn nicht an Verbindlichkeit und Beständigkeit verliert, wenn er bejaht und anerkannt wird; er muß wahrnehmbar, d.h. tradierbar sein. Solche Sinnhaftigkeit konnte der Mensch der mittelalterlichen Welt als einer in sich stimmigen, gottgestifteten Ordnung ihr unmittelbar ablesen. Der Kosmos wird heute kaum unter anderen als unter wissenschaftlichen Gesichtspunkten betrachtet, die gesellschaftliche Wirklichkeit ist in die undurchschaubare Vielfalt fremder Erfahrungswelten zersplittert; Lebensstile, Auffassungen und Bedeutungssysteme haben sich zu Welten eigener Gesetzlichkeit und eigener Logik entwickelt. Die integrative Kraft, die die Religion einmal entwickeln konnte, ist geschwächt, die umfassenden Wirklichkeitsdeutungen gehen in der Pluralisierung von Erfahrungs- und Sprachwelten unter; diese konfrontieren den einzelnen mit gegensätzlichen Überzeugungen, unverständlichen Lebensstilen, fremden Werthaltungen. Die Pluralisierung und Parzellierung des Wirklichen im "Räumlichen" entspricht einem Wirklichkeitsverlust im "Zeitlichen"; Traditions- und Geschichtsverlust sind ihr zunehmend weniger bemerktes Pendent (34). Das Resultat dieser Entwicklungen ist ein umfassender Sinnverlust; Berger hat dies als kosmische Heimatlosigkeit des modernen Menschen umschrieben:

"Der moderne Mensch litt und leidet an einem sich dauernd vertiefenden Zustand der 'Heimatlosigkeit'. Das Korrelat des Wandercharakters seiner Erfahrung der Gesellschaft und des Selbst ist, was man einen metaphysischen 'Heimatverlust' nennen könnte" (35).

Bei diesen nur umrißhaft beschriebenen Veränderungen und ihren Beziehungen zu einem sich ändernden Vernunft- und Erfahrungsverständnis darf nicht unberücksichtigt bleiben, daß es sich um dynamische gesellschaftliche Entwicklungen handelt, die von verschiedenen Voraussetzungen abhängen und sich in den verschiedenen Bereichen mit unterschiedlicher Wirksamkeit durchsetzen. Sie sollten hier nicht als das Ergebnis einer Bewegung beschrieben werden, die an ihr Ende gekommen und nun als unabänderlicher Zustand hinzunehmen wäre. Nur dies war einsichtig zu machen: Die Glaubensbegründung setzt in ihrer tradierten Form ein bestimmtes Verständnis von Vernunft und Welterfahrung voraus, das in der Gegenwart durch dominierende Denk- und Erfahrungsweisen nicht bestätigt wird. Das Anliegen der Begründung steht darum vor der Alternative, entweder die tradierten Argumente beizubehalten und unverstanden zu bleiben, oder dieses Thema neu in Angriff zu nehmen und sich der Situation der Gegenwart zu stellen.

Eine kritische Haltung gegenüber den Entwicklungstendenzen der spätbürgerlichen wissenschaftlichen Zivilisation, die dem christlichen Glauben abgefordert ist, macht sich zunehmend in anderen Bereichen bemerkbar. Von verschiedenen Absichten bewegt, verschafft sich eine Gegenströmung Geltung, die die Übermacht funktionalen Denkens, seine angedeuteten Konsequenzen und die Wertprioritäten der modernistischen Lebenseinstellung ablehnt und bekämpft. Berger hat diese Tendenzen als Bewegung der "Entmodernisierung" analysiert. Auch diese Entwicklungen sind nicht ohne Beziehung zu dem hier zu behandelnden Problem. Wiederum beschränken sich die Hinweise auf jene Phänomene mit einer signifikanten Beziehung zu Vernunft und Erfahrung und deren Relation zum religiösen Glauben. Eine nähere Klärung ihrer Ursachen, ihrer inneren Dynamik, der Chancen ihrer Durchsetzbarkeit usw. wird nicht unternommen.

Die von Wissenschaftlern behauptete exponentielle Expansion industriellen Wachstums hat in den letzten Jahren die Fortschrittstechniker die Grenzen möglichen Wachstums erkennen lassen und dem Gesichtspunkt Raum gegeben, daß der ungehemmte Perfektionierungsdrang und die Fortschrittsideologie auch als parasitärer Raubbau an der Natur, als kürzester Weg zur universalen Katastrophe gesehen werden können. Die möglichen direkten und indirekten Folgen des technischen Fortschritts rücken ins allgemeine Bewußtsein, die die Moderne nicht ohne die Berücksichtigung der begrenzten natürlichen Reserven lösen kann. Die Bevölkerungsexplosion wird in absehbarer Zeit die größten Versorgungsprobleme aufwerfen, die ungehemmte Vermehrung hochgezüchteter Konsumgüter kostet die Vergiftung und Vernichtung der natürlichen Umwelt und der natürlichen Lebensbedingungen, die psychischen und sozialen Belastungen nehmen zu. Diese Entwicklung zwingt dazu, bislang unbefragte Wertdominanten zu problematisieren; sie verschafft dem Sachverhalt Geltung, daß die zweckrationale Rechnung die Legitimation von Zielen und Zwecken nicht allein bestreiten kann. Die Absichten und Zielsetzungen verlangen eine Rechtfertigung, die die Frage beantwortet, was vernünftigerweise ihr Inhalt sein kann. Dies ist in unserem Zusammenhang von Interesse, weil die zweckrationale Vernunft hier an Grenzen stößt. Die Verunsicherung des unqualifizierten Fortschrittsbegriffs läßt sich an den heute geläufigen Wendungen von der Lebensqualität und vom qualitativen Wachstum ablesen.

Ihren sinnfälligsten Ausdruck findet die Entmodernisierung in den Bewegungen der Gegenkultur, die in Deutschland sich zunächst in der Politisierung der Studenten artikuliert hat, in Amerika und dann in der westlichen Welt in den verschiedenen Schüben der Beatnik-Hippie-Drogen-Rock- und Popkultur bis hin zu den Jesus-People das Unbehagen an der modernen Gesellschaft lautstark und unübersehbar zum Ausdruck bringt (36). Ein wesentliches Merkmal dieses Protests ist die Ablehnung des bürgerlichen Individualismus und Privatismus; er bekundet sich ebenso in der Hinwendung zum Gruppenleben und zu überschaubaren Gemeinschaften. Das Bestreben, der Anonymität und Abstraktheit des öffentlichen Lebens zu entgehen, motiviert gleichfalls den Drang zum Kollektiven. Im Rahmen der Kapitalismuskritik wird das individuelle Leistungsethos als wesentliche Ursache der Entfremdung in den sozialen Beziehungen gesehen; an deren Stelle soll die freie, authentische Beziehung in der Gruppengemeinschaft treten, welche die Abstraktheit der Öffentlichkeit und die Einsamkeit des Individuums aufheben soll. Die Bewegung der religiösen "Basisgemeinden" ist gleichfalls von dieser Vorstellung geprägt: die bürokratisierte Großkirche ist nicht der Raum authentischer Spiritualität.

In diesen Zusammenhang gehört auch der Protest gegen die Dichotomie von öffentlich-privat. Die Kennzeichen der bürgerlichen Selbstdarstellung in der Öffentlichkeit wie Fleiß, Ordnung, Sauberkeit oder Regeln des "Anstands" werden in der Gegenkultur als Fassade eines sterilen, konventionalistischen und verkrampften Lebensstils ebenso emphatisch abgelehnt wie die öffentlichen Institutionen:

> "Die Bourgeoisie ... ist von Habsucht besessen; ihre Sexualität ist geprägt von Äußerlichkeit und Prüderie; die Familienbindungen sind heruntergekommen; ihre sklavische Konformität in Kleidung und Verhalten ist deprimierend; ihre käufliche Daseinsroutine ist unerträglich; ihr Lebensentwurf ist eintönig und freudlos" (37).

In einer Gruppe soll der einzelne Befreiung von anerzogenen bürgerlichen Verhaltens- und Denkweisen finden und zu unverstellten, aufrichtigen Beziehungen gelangen. Diese neue Sensibilität wird mittels Sensitivity-Training, Meditation und Selbstanalyse eingeübt, oft so unterbittlich betrieben "wie die 'Gewissenserforschung' in der katholischen Kirche" (38).

Dieses Betreben, eine Fähigkeit vertieften Empfindens, eine neue Sensibilität auszubilden, entspricht dem zuvor erwähnten Trend der Versinnlichung der Erfahrung. Berger plausibilisiert dieses Phänomen als Reaktionsverhalten gegenüber der funktionalen Betrachtungsweise der Modernität in Wirtschaft, Politik und Verwaltung. Die Rückbindung dieser Tendenz an das moderne Verständnis individueller Autonomie und ihre Beziehung zu einer bestimmten Auffassung von Erfahrung durch Bell konnte die Spannung zwischen der abgelehnten Rationalität und der zunehmend antikognitiv verstandenen Erfahrung in kulturgeschichtlichen Zusammenhängen bereits verdeutlichen. Welche der beiden Interpretationen diesen Sachverhalt angemessener erfaßt, braucht hier nicht problematisiert zu werden. Gemeinsam ist ihnen die Charakterisierung der Veränderung in Richtung einer gefühls-, sinnlichkeits- und spontaneitätsbetonten Erfahrungsweise. Dieser polemische Gegensatz von Vernunft und Erfahrung beherrscht auch die eloquente Verteidigung der Gegenkultur durch Roszak. Die Ablehnung des gegenwärtigen Zustands der zivilisierten Welt wird von ihm als Ablehnung all dessen formuliert, "was in unserer Kultur als vernünftig und wirklich gilt" (39). Die Gegenposition wird auf den Nenner einer Rückkehr zur Erfahrung gebracht; sie versteht sich als Behauptung "des Primats der nichtintellektuellen Kräfte" (40). Gefühl, visionäres Erleben, vorrationales Empfinden und Drogenerfahrungen sollen die durch "Technokratie" und rationales Denken verursachte Entfremdung des Menschen von sich selbst beheben und sein Leben neu orientieren.

Das Spannungsverhältnis von Vernunft und Erfahrung sowie die Gegenbewegung einer Kritik der zweckrationalen Vernunft und die veränderten Auffassungen von Erfahrung ließe sich an weiteren gesellschaftlichen Vorgängen dokumentieren. Ebenso könnten die Aussagen zeitgenössischer Kulturkritik referiert werden, die auf die Verwissenschaftlichung und ihre Konsequenzen für die Lebensgestaltung seit langem hingewiesen haben: Personalismus, Existenzialismus und als einflußreichste philosophische Richtung die Frankfurter Schule. Deren Stellungnahmen und Analysen zu erörtern, ginge an der mit diesen Hinweisen verbundenen Absicht jedoch vorbei. Ausgehend von der Frage nach der Glaubensbegründung sollten sie lediglich das Unbehagen an dieser Frage als Folge des Lebens in einer verwissenschaftlichten Welt verständlich machen, deren Strukturen, Denk- und Erfahrungsweisen sich verändern und gewisse Voraussetzungen nicht mehr ungebrochen bestehen lassen, die der Glaube und die Glaubensbegründung ehemals in Anspruch nehmen konnten.

Um dem falschen Eindruck vorzubeugen, diese Entwicklung werde als eine einlinige Entwicklung des Verfalls interpretiert, sei nochmals bemerkt, daß gesellschaftliche und kulturelle Hintergründe nur soweit angesprochen wurden, wie sie die Behauptung einer inhaltlichen Verschiebung des Vernunft- und Erfahrungsbegriffs veranschaulichen können. Die Faktoren, die zur vorrangig zweckrationalen Auffassung von Vernunft und zu einer Akzentuierung des Sinnlichen und Spontanen in der Erfahrung geführt haben, sind ungleich vielfältiger und aspektreicher, als sie hier zur Sprache kamen. Ebenso ist nicht zu unterschlagen, daß diese dominierenden Denk- und Erfahrungsweisen jene anderen nicht gänzlich verdrängen konnten, die sich nicht im beschriebenen Sinn verengt haben. Die Charakterisierung von Gegebenheiten, in die der Aussageabsicht wegen Wertungen notwendig einfließen, verführt im Interesse des Kontrastes der darzustellenden Gegensätzlichkeit leicht dazu, bestimmte Sachverhalte zu idealisieren und andere zu karikieren, sie im Sinne der Aussage zu vereinfachen. Die Ausführungen zum vorneuzeitlichen Weltverständnis und seiner Kultur sowie zu den Tendenzen des Sinn- und Erfahrungsverlustes in der Gegenwart wollten - wo dieser Eindruck entstehen mochte - beides nicht gegeneinander ausspielen, als wäre zwischen ihnen zu wählen oder gar zum mittelalterlichen Weltverhalten zurückzukehren. Versucht wurde vielmehr, sich der heute charakteristischen Einschätzung von Vernunft und Erfahrung zu vergewissern, um vor diesem Hintergrund das Thema der Glaubensbegründung als eines durch gegenwärtige Auffassungen in einer bestimmten Weise akzentuierten Problems darlegen zu können. Von diesem Standpunkt war auf bestimmte Verengungen im Verständnis von Vernunft und Erfahrung kritisch aufmerksam zu machen; nicht, um vergangene Geschichtsepochen zu verklären, sondern um im Vergleich verschiedener Auffassungen und Einstellungen Begriffsinhalte zu präzisieren, die für ein angemessenes Verständnis der Glaubensbegründung unerläßlich sind. Unter dieser Rücksicht läßt sich nun die Beziehung des theologischen Begründungsthemas zu Vernunft und Erfahrung systematisch herausstellen.

Eine systematische Erörterung der Begründungsproblematik muß sich den beschriebenen Veränderungen stellen, ihre Bedeutung für den Glauben und seine Begründung reflektieren und ein für Glaube und Begründung konstitutives Verständnis von Vernunft und Erfahrung gegebenenfalls gegen sie verteidigen. Wenn der christliche Glaube sich selbst zu vernünftiger Selbstverständigung bestimmt weiß, erfordert dies eine solche Reflexion unter Bezugnahme auf die konkrete Lebenswelt als sein eigenes Anliegen. Die dominierenden Denk- und Erfahrungsweisen sind daraufhin zu untersuchen, wie in ihnen die religiöse Überzeugung sich darstellt, wie sie ihrerseits auf den Glauben einwirken, wo sie ihn gefährden oder beleben, ob sie seine Voraussetzungen auszehren oder stützen. Eine solche Vergegenwärtigung der veränderten lebenspraktischen Bedingungen des Glaubensvollzugs und der Glaubensbegründung darf nicht auf das Vorhaben hinauslaufen, sie in den jeweils aktuellen Denk- und Erfahrungsmustern selbst aussagen zu wollen. Dies wäre lediglich der erste Schritt einer rückhaltlosen Anpassung und enthielte bereits den Schlüssel zur Selbstauflösung (41). Zudem bietet die Situation der Gegenwart angesichts der beschriebenen Zersplitterung und Pluralisierung kaum die Möglichkeit, sie nach einem einzigen Prinzip zu begreifen, das alle Aspekte gegenwärtigen Bewußtseins aus sich entfalten und auf die theologische Fragestellung der Begründung beziehen könnte. Vor allem K. Rahner hat in den letzten Jahren immer nachdrücklicher darauf hingewiesen, daß das Ansinnen der Glaubensbegründung diese Situation als die einer "gnoseologischen Konkupiszenz" (42) anerkennen muß, aber gleichwohl die Glaubensbegründung nicht aufgeben darf. Diese ist daher so zu entwickeln, daß sie die Forderung der Verantwortung und Begründung des Glaubens in den praktischen Lebensverhältnissen des Gläubigen vom Standpunkt des Glaubens her einsichtig und einlösbar macht. Dies erfordert, das Begründungsthema in Auseinandersetzung mit jenen Denkströmungen zu behandeln, die es in einer in der Alltagswelt spürbaren Weise prägen und beeinflussen.

Ein wichtiges Merkmal der technisch-wissenschaftlichen Lebenswelt ist in Beziehung zur Glaubensbegründung darin zu sehen, daß sie verstärkt dazu verleitet, die religiöse Überzeugung nur noch als Überzeugung, nicht aber von ihrem spezifischen Inhalt her zu sehen. Die zuvor angedeuteten Phänomene der Pluralisierung wirken auf den Glauben zurück; sie begünstigen eine Lebenseinstellung, die dazu neigt, sich über das eigene Denken und Tun nicht mehr Rechenschaft zu verlangen. Es ist nicht zu verkennen, daß die Tendenzen einer Subjektivierung und Versinnlichung der Erfahrung diese Haltung ihrerseits unmerklich verstärken und zur Verantwortung des Glaubens sich selbst und der Welt gegenüber nicht mehr herausfordern. Weil der Sinn von Begründung hier nicht mehr angemessen wahrgenommen wird, ist es heute auch Aufgabe der Theologie, diesen als ein theologisches Anliegen selbst zu verdeutlichen.

Der negative Beiklang, der im Wort "apologetisch" heute zumeist mitschwingt, darf nicht darüber hinwegtäuschen, daß der gesellschaftlich partikulare Glaube des Urchristentums die Glaubensbegründung niemals negativ-abschätzig als ein aggressives, verbohrtes Überreden des Nichtchristen angesehen hat, das diesem keine Gelegenheit der Einsicht verschafft. Das universale Sendungsbewußtsein motivierte es vielmehr, sich mit anderen Glaubensüberzeugungen auseinanderzusetzen, den eigenen Glauben zu bezeugen und darzulegen, worauf er sich gründet. Die darin gelegene Problematisierung der eigenen Auffassung galt nicht als Verstoß gegen den Glauben, sondern als von ihm selbst gefordert. Man hat dieser Einstellung "in einem Maße Raum gegeben, daß man die 'Apologie' als die Grundgestalt der altchristlichen Theologie bezeichnen kann" (43). Diese Haltung gegenüber der Begründung ist der Situation der Gegenwart bei weitem angemessener als der Versuch, Vernunft und Glaube gänzlich zu dissoziieren. Jene Schriftstelle, die zur Bezeugung und zur verantwortenden Reflexion auf den Glauben in der Tradition christlichen Denkens immer wieder anregte (44), besitzt darum heute die uneingeschränkte Bedeutung, die die kirchliche Tradition ihr beigemessen hat: "Seid allezeit bereit zur Verantwortung jedem gegenüber, der von Euch Rechenschaft fordert über die Hoffnung, die in euch lebt" [1 Petr 3,15].

Weil die Idee einer nicht nur zweckrationalen Vernunft unter dem Einfluß von Verwissenschaftlichung und Planung zunehmend aus dem Blick gerät, kommt es um so eher der Theologie zu, die Vernünftigkeit des Glaubens als einer nichthypothetischen Überzeugung einsichtig zu machen. Wenn der christliche Glaube behauptet, das Ganze des Wirklichen sei von umfassendem Sinn getragen, dann entscheidet sich das Recht einer solchen Überzeugung auch an der Denkbarkeit und Einsichtigkeit ihrer Inhalte, denen gegenüber die vorläufige Annahme oder die hypothetische Zustimmung nur unangemessene Einstellungen sein können. Die Geschichte der Fundamentaltheologie weiß, daß die Aufgabe der Begründung auch ihre spezifischen Gefährdungen kennt und z.B. in einen lebensleeren Rationalismus absinken kann (45). Um einem Sichverlieren im Abstrakten zu entgehen, ist das Thema der Glaubensbegründung in jener Beziehung zu erörtern, deren zeitgenössische Ausdeutungen sie oft nur in entstellter Form sichtbar werden lassen: in der Beziehung von Vernunft und Erfahrung. Das eigene, sachliche Gefälle christlichen Glaubensverständnisses fordert dazu auf, in systematischer Reflexion den Anspruch der Vernunft an den Glauben zu thematisieren und einzulösen, ohne darum in wirklichkeitsenthobenes Grübeln zu verfallen. Sie ist in jener Relation zu halten, die K. Krenn als Nutzen und Gefährdung systematischen Denkens in der Theologie verdeutlicht hat. Richtig verstanden, beabsichtigt die Reflexion in der Theologie letztlich nur, ihren Gegenstand zu klären und auf eine Weise darzulegen, die zum Verstehen befähigt und die Freiheit gewährleistet, sich zu ihm auf Grund von Einsicht zu bestimmen:

> "... die richtige Durchführung des Systematischen bedeutet nicht Übersicht, sondern Einsicht und Verantwortung. Dabei mag das Systematische durchaus in der Strenge geordneter Verhältnisse und Argumente erscheinen; die Verantwortung des Systematischen besteht darin, jeden Fortschritt der Vernünftigkeit, jede Konklusion darin zu prüfen, ob nicht die Verwurzelung im Faktischen verloren ging, so daß eine theologische Aussage nur mehr aus der Tautologie eines zweifelhaften Ganzen lebt" (46).

Diese Verwiesenheit auf die konkrete geschichtliche, erlebte Erfahrung muß in der Glaubensbegründung erkennbar sein. Die zuvor angedeuteten Akzente einer Erfahrungsweise, die im Protest gegen eine verfremdete und abstrakte Welt nach Erfahrungen sucht, in denen der Mensch unverstellt und ganz bei sich selbst sein kann, haben in diesem Bestreben zugleich ein theologiekritisches Recht. Erfahrungen machen heißt in einem unverkürzten Sinn stets, daß der einzelne sie selbst machen muß. Hier kann und will er sich nicht vertreten, sich nicht mit Erfahrungen zweiter Hand abspeisen lassen. Entsprechend darf es nicht die Absicht einer theologischen Erörterung der religiösen Erfahrung oder der Gotteserfahrung sein, die Erfahrung selbst durch das Denken ersetzen zu wollen. Sie hat vielmehr, was das Thema der Glaubensbegründung betrifft, die Bezugnahme auf Erfahrung so zu gestalten, daß der Glaubende und der Nichtglaubende ihre Hoffnungen und Sehnsüchte, ihre Fragen und Ratlosigkeiten, ihre Zuversicht und Freude, kurz: ihre konkrete Wirklichkeitserfahrung selbst angesprochen und zu Sprache gebracht sehen. Freilich erfordert dies auch, den Begriff der Erfahrung präzis darzulegen, seine Implikationen zu entfalten und mögliche Verkürzungen zu kritisieren. Aber dies nicht im Interesse spekulativen Wissens, sondern um einer Klärung willen, die das Erfahrene angemessener zu verstehen gestattet, seine Mitteilbarkeit fördert und seine Beziehung zum Glauben aufscheinen läßt. Be -

zugnahme auf Erfahrung meint daher nicht nur, diese lediglich als Gegenstand theologischer Reflexion zu behandeln, sondern verlangt auch, die Ergebnisse der Reflexion in die Erfahrungsweisen hineinzutragen. Die Klärung und Rechtfertigung des Geltungsanspruchs des Glaubens, die die Glaubensbegründung sich zur Aufgabe macht, müssen sich daher im konkreten Lebenskontext selbst auslegen und bewähren können. In diesem Sinn gilt nicht zuletzt von der Glaubensbegründung, was N. Schiffers von der Gnadentheologie fordert. Wenn die christliche Überzeugung beansprucht, von einer "Sinngebung von Gott her" zu wissen, "dann muß ihr Anspruch vor der Sinnfrage bewährt, das heißt erfahren und der Erfahrung ausgesetzt werden" (47).

In diesem Rahmen von Vernunft und Erfahrung soll das Thema der Glaubensbegründung aufgeworfen und diskutiert werden. Dies verlangt zunächst, die verschiedenen Aspekte der Fragestellung im einzelnen zu entfalten.

2. Aspekte und Dimensionen der Fragestellung

Das Problem der Glaubensbegründung kann von verschiedenen Standpunkten aus betrachtet werden. Seine theologischen, philosophischen und begründungstheoretischen Aspekte formieren einen Problemkomplex von Einzelfragen, die ihrerseits verschiedene Themen in Theologie und Philosophie berühren. Inhaltlich ist von der Formulierung des theologischen Begründungsproblems verlangt, ganz grundsätzlich zu bestimmen, ob der religiöse Glaube die Idee der Begründung auf sich beziehen und als verbindlich anerkennen muß. Es wäre denkbar, daß er dies ablehnt, weil er gemäß seinem Selbstverständnis einer Begründung nicht nur nicht bedarf, sondern eine Begründung den wesentlichen Charakteristika des Glaubens oder der religiösen Einstellung sogar widersprechen würde. Wenn demgegenüber aber die Begründungspflicht auch für den Glauben gilt, stellt sich die Frage, wie diese Begründung inhaltlich durchgeführt werden kann. Diese wiederum muß sich der Prüfung ihrer Stimmigkeit und Schlüssigkeit aussetzen, womit weitere begründungstheoretische Fragen aufgeworfen sind. Diese Andeutungen lassen bereits verschiedene Dimensionen des Problems der Glaubensbegründung sichtbar werden: Sein theologischer Ort ist die Fundamentaltheologie, aber zugleich dehnt es sich aus auf Fragen der Sprachphilosophie, der Erkenntnis- und Wissenschaftstheorie und der philosophisch-theologischen Propädeutik. Ohne schon näher zu differenzieren, sind die verschiedenen Aspekte und Dimensionen der Frage nach der Glaubensbegründung vorab unter der Rücksicht vorzustellen, wie sie das Begründungsproblem strukturieren. Die Anordnung und die gegenseitigen Beziehungen der Einzelfragen dieses Problemkomplexes werden jedoch nicht ausschließlich von diesen selbst festgelegt. Die Problemstellung gestaltet sich vielmehr auch nach Maßgabe der inhaltlichen Bestimmungen des Glaubens- und Begründungsbegriffs. Die nach unserer Auffassung angemessene Formulierung des Problems wird darum zunächst in groben Zügen entfaltet; wir projektieren damit zugleich die wesentlichen Schritte des Gedankengangs dieser Untersuchung.

Nicht für alles, was der Mensch sagt, tut oder glaubt, ist von ihm eine Begründung zu fordern. Von verschiedenen Autoren wird die Auffassung vertreten, daß auch der religiöse Glaube jenen Vollzügen zuzuordnen sei, die nicht begründungspflichtig sind. Die Begründungsforderung gelte nicht für den Glauben - zumindest nicht in der Form ihres üblichen Verständnisses. Hier ist einzuräumen, daß es verschiedene Begründungsformen gibt: die Wahl von bestimmten Mitteln wird etwa mit dem Hinweis auf deren Effizienz für den beabsichtigten Zweck gerechtfertigt; eine Behauptung dagegen muß den Nachweis erbringen, daß die in ihr getroffene Aussage wahr ist, oder sie hat Gründe darzulegen, die den Wahrheitsanspruch und die Aufforderung zur Zustimmung rechtfertigen. Ebenso ist zuzugestehen, daß das Leben des Menschen sich nicht im Wählen von Mitteln und Aufstellen von Behauptungen erschöpft, sondern Vollzüge kennt, die nicht begründet zu werden brauchen.

Diese Unterschiede berechtigen zur Frage, ob der Glaube die Begründungspflicht überhaupt auf sich beziehen muß. Um sie zu beantworten, ist die Beziehung zwischen der Begründungsidee und dem religiösen Glauben zu klären. Die Verbindlichkeit der Begründungsforderung für den Glauben läßt sich dadurch eruieren, daß klargestellt wird, als was und in welchem spezifischen Sinn der Glaube eine Begründung gegebenenfalls verlangt oder abweist. Ob er als Überzeugung, als Lebensweise oder als Handlung zu begreifen ist, bestimmt die möglichen Relationen zur Begründungsidee. Die Erörterung des theologischen Begründungsproblems hat daher mit grundsätzlichen Aussagen zum Glaubensbegriff selbst einzusetzen. Die Begründungsfrage setzt die Bestimmtheit des zu begründenden Gegenstandes voraus: Die grundlegenden Charakterisierungen des Glaubens müssen feststehen, bevor das Begründungsproblem als eine theologische Frage diskutiert werden kann.

Die in dieser Absicht vorgenommenen theologischen Bestimmungen des Glaubensbegriffs unterscheiden sich in einzelnen Akzentsetzungen bis hin zu exakt gegensätzlichen Auslegungen. Auch in der Philosophie gehen die Bestimmungen auseinander: erkenntnistheoretisch wird der Glaube als ein Akt der Zustimmung, als spezifische Sehweise oder als Gefühl charakterisiert. In der Sprachphilosophie finden sich Bestimmungen des Glaubens als einer spezifischen Klasse von Sprechakten oder als Sprachspiel eigener Logik; andere Auffassungen begreifen ihn als Form der Lebenspraxis, als Prinzip der Wirklichkeitskonstruktion oder als ethische Lebenseinstellung. Diese Deutungen des Glaubens werden jeweils als Prämissen der Stellungnahme zum theologischen Begründungsproblem formuliert und entscheiden entsprechend über die Möglichkeit und Gestalt der Glaubensbegründung. Der einfachste Weg, hier Klarheit zu schaffen, ist eine Unterscheidung dieser Konzeptionen nach dem Maßstab, ob der Sprachgebrauch des christlichen Glaubens als kognitiv oder als nichtkognitiv beurteilt werden kann. Wenn der Glaube überhaupt eine Beziehung zur Begründungsidee aufweisen soll, dann muß er kognitive Geltungsansprüche formulieren, die die Begründungsforderung aufwerfen. Es ist also zu fragen, ob der Glaube Aussagen über die Wirklichkeit trifft und Geltung für sie beansprucht. Vom Standpunkt der Theologie ist damit letztlich nur die Frage formuliert, ob der Glaube an Gott als Relation zwischen Mensch und einer von ihm unabhängigen Wirklichkeit verstanden wird, oder ob er als eine Einstellung gelten muß, die ihren vermeintlich realen Bezugspunkt selbst erzeugt.

Diese Frage möglicher Begründungspflicht ist vom sprachphilosophischen Standpunkt aus sehr viel schwieriger als aus der Perspektive der Theologie zu entscheiden. Die Theologie gäbe der Religionskritik umfassend recht, wenn sie den Sprachgebrauch in der Religion als ausschließlich nichtkognitiv verstünde. Der Nachweis des kognitiven Charakters dieses Sprachgebrauchs dagegen ist nicht voraussetzungslos zu formulieren, denn dies verlangt eine Theorie der Bedeutungsbestimmung sprachlicher Äußerungen, welche die religiösen Sprechakte berücksichtigt. Weil die Theorien der Bedeutung den religiösen Sprachgebrauch nicht einheitlich bestimmen, verlagert sich das Problem auf eine der Begründungsthematik vorgeschobene Ebene: auf die der Sprache. In der sprachanalytischen Religionsphilosophie werden z.B. Positionen vertreten, die dem religiösen Sprachgebrauch durchaus kognitive Funktionen zusprechen, aber nicht beinhalten, daß religiöser Glaube sich im erwähnten Sinn auf Wirklichkeit bezieht. Eine kognitive Deutung des religiösen Sprachgebrauchs kann ihm daher zugleich den Wahrheitsanspruch bestreiten. Ohne auf die sich damit ergebenden Probleme jetzt schon einzugehen (48), soll die Unterscheidung zwischen kognitiv und nichtkognitiv hier in der Weise verwendet werden, daß die Kennzeichnung "kognitiv" zugleich einen Wahrheitsanspruch beinhaltet. Die Charakterisierung des religiösen Sprachgebrauchs als kognitiv attestiert ihm also, daß zumindest einige seiner Äußerungen nicht nur Gefühle ausdrücken oder einen begrifflichen Inhalt lediglich vorstellen, sondern von diesem zugleich behaupten, daß er wahr sei. Die Frage nach dem kognitiven Status des religiösen Sprachgebrauchs ist mithin so zu formulieren, ob etwa die Äußerung "Gott ist gut" als nichtkognitiver Ausdruck eines Gefühlszustandes, als verstehbare Symbolisierung einer bestimmten Welteinstellung oder als eine Aussage zu nehmen ist, die einen Wahrheitsanspruch erhebt. Es scheint nun ganz offensichtlich zu sein, daß der religiöse Sprachgebrauch im tradierten Verständnis sich immer im letztgenannten kognitiven Sinn verstanden hat. Angesichts gegenteiliger Auffassungen ist diese Frage im Zusammenhang mit dem Begründungsproblem immerhin zu diskutieren. Als Ergebnis einer solchen Erörterung müßte bestimmbar sein, ob der Glaube selber intendiert, Aussagen über die Wirklichkeit mit Wahrheitsanspruch zu behaupten.

Von dieser Frage nach der kognitiven Selbstauffassung des Glaubens ist die weitere Frage zu unterscheiden, die das Problem der Berechtigung dieses Anspruches thematisiert. Legitim wäre dieser Anspruch dann, wenn der religiöse Sprachgebrauch die Bedingungen kognitiver Aussagen erfüllt. Eine Entscheidung dieser Frage berührt die bedeutungstheoretische Problematik des Kriteriums kognitiv bedeutungsvoller Aussagen. Damit ist noch vor der Frage nach einer angemessenen Begründung des Glaubens das ihr vorausliegende Problem angesprochen, ob der religiöse Sprachgebrauch Aussagen enthält, denen bedeutungstheoretisch legitim die Begründungspflicht zugeschrieben wird, weil sie berechtigt als kognitive Aussagen gelten können. Wenn ein solches Bedeutungskriterium formulierbar ist und die religiösen Aussagen diesem Maßstab nicht gerecht werden, dann ist auch der Anspruch auf Kognitivität hinfällig. Das Problem stellt sich allerdings in einer zweifachen Weise: Wenn es ein einziges Kriterium kognitiv bedeutungsvoller Aussagen gibt, das für alle möglichen Aussagen unabhängig davon Geltung hat, ob diese zum Bereich der Umgangssprache, der Wissenschaftssprache oder der der Religion gehören, stellt sich das Problem nach der Verbindlichkeit dieses Kriteriums für den religiösen Sprachgebrauch. Die zweite Möglichkeit formuliert die Gegenposition; es ist denkbar, daß Bedeutungskriterien nur in jenem Bereich verbindlich sind, in dem sie faktisch verwendet werden. Eine theologische Auseinandersetzung mit beiden Konzeptionen ist gefordert, denn beide berühren die Frage der Stimmigkeit der Selbstauslegung des religiösen Glaubens. Dieser Fragekomplex bildet den Ausgangspunkt unserer Überlegungen und wird in Auseinandersetzung mit repräsentativen Positionen der sprachanalytischen Religionsphilosophie durchgeführt.

Läßt sich erkenntnistheoretisch und sprachphilosophisch die Berechtigung des Anspruchs von Kognitivität nachweisen, stellt sich die Frage nach der Begründung des Glaubens als die nach der Möglichkeit der Begründung einer religiösen Überzeugung mit Wahrheitsansprüchen. Dieser Ausgangspunkt grenzt den Bereich möglicher Glaubensbegründungen ein, legt ihre inhaltliche Durchführung aber nicht im einzelnen fest. Um die sich hier aufwerfenden Fragen zu lösen, empfiehlt sich eine Diskussion verschiedener Begründungsmodelle und deren kritischer Vergleich.

Die traditionelle Apologetik bestimmt den Glauben in Bezug auf das Wissen und formuliert das Begründungsproblem als Frage nach der Berechtigung der Zustimmung zu den geoffenbarten Glaubenswahrheiten. Soweit diese ihre Wahrheit nicht selbst belegen, verschiebt sich die Frage ihrer Glaubwürdigkeit auf die anderer Gegebenheiten, die ihrerseits die Wahrheit der Glaubensinhalte bezeugen können. Diese Begründungskonzeption erfordert zum einen, die Beziehung äußerer Gegebenheiten zum Wahrheitsanspruch der Offenbarung zu klären; diese müssen als faktische Bezeugungen der Wahrheit des Glaubens ausgewiesen werden. Zum anderen ist die Wahrhaftigkeit dessen nachzuweisen, der dieses Zeugnis gibt. Wenn nun Gott selbst die Wahrheit der Offenbarung bezeugte, entfiele die Fragwürdigkeit des Zeugnisses und auch das Problem der Wahrhaftigkeit des Zeugen, denn Gott kann nicht täuschen. Unter diesen Denkvoraussetzungen bleibt dann nur die Faktizität der Offenbarung als göttliche Selbstmitteilung nachzuweisen. Die traditionelle Apologetik verlegt diesen Nachweis nun "nach außen"; er soll an öffentlichen, dem Glauben äußerlichen Gegebenheiten vorgenommen werden, um die Argumentation nicht von Glaubensvoraussetzungen abhängig zu machen. Diese Bedingungen sind nach Auffassung der Apologetik mit den Zeichen der Wunder und Prophezeiungen gegeben: wenn Wunder und Prophezeiungen nur als von Gott gewirkt verstanden werden können und wenn sich nachweisen läßt, daß Wunder geschehen sind, dann ist der christliche Glaube an den göttlichen Ursprung des Glaubens wahr.

Die Struktur dieser Begründungskonzeption zeichnet sich dadurch aus, daß sie dem Glauben äußerlich bleibt; dies konnte im Streit mit rationalistischen Positionen als ein Vorteil gewertet werden, da in der Problemstellung keine unterschiedenen Voraussetzungen bestehen. Sie läßt die Einstellung des Glaubenden selbst unberührt, denn sie beabsichtigt keine Vertiefung des Glaubensverständnisses. Ebenso bleiben die Charakteristika der religiösen Glaubenseinstellung weitgehend unberücksichtigt; die Möglichkeit, daß die Wahrheit des Glaubens selbst ein fundamentales Interesse des Menschen sein kann, dem die Offenbarung optimal korrespondiert, wird von dieser Argumentation nicht angesprochen. Das Subjekt und sein konkreter Erfahrungsraum bleiben im Interesse der Schlüssigkeit des Gedankengangs ausgespart. Diese Divergenz zwischen der Argumentation der Vernunft und der Erfahrung des Gläubigen ist in dieser klassischen Form der Glaubensbegründung von vornherein angelegt. Das Unbehagen daran motivierte bereits in der Mitte des 19. Jahrhunderts dazu, vermittelnde Positionen der Glaubensbegründung zu entwickeln (49); zur Auseinandersetzung um solche Begründungskonzeptionen kam es jedoch erst um die Jahrhundertwende und in den folgenden Jahrzehnten beim Streit um die Immanenzapologetik (50).

Auf eine andere Weise reflektiert die Kritik der Immanenzapologetik an der klassischen Form der Glaubensbegründung selbst die zuvor anhand anderer Beobachtungen aufgezeigte Spannung zwischen Vernunft und Erfahrung. Sie sucht die "äußeren" Relationen der herkömmlichen Begründungsfigur und die Selbsterfahrung des Menschen so zu verschränken, daß sich die menschlichen Selbstvollzüge als ein immanentes Angewiesensein auf eine göttliche Offenbarung deuten lassen. Unter dieser Voraussetzung versteht der Mensch sich selbst nur dann in einer seinen Selbstvollzügen angemessenen Weise, wenn seine impliziten Erwartungen und Hinordnungen auf Offenbarung im expliziten Glauben entfaltet werden und so ihre Erfüllung finden. Die Offenbarung wird dem Menschen als das nahegebracht, wonach der Mensch unausgesprochen schon immer fragt, als das seinem Streben in Wahrheit einzig entsprechende Gut.

Dieses Bemühen um eine Verknüpfung von Erfahrung und Vernunft in der Glaubensbegründung selbst hat an Aktualität nicht verloren. Sie ist vielmehr von besonderer Relevanz, weil sie zu berücksichtigen vermag, daß das Phänomen des Unglaubens nachdrücklich in den Gesichtskreis des Glaubens getreten ist und ihn selbst nicht unbehelligt läßt. Dieser ist ihm als die eigene Gefährdung selbst ständig präsent (51). Unter systematischer Rücksicht sind die immanenzapologetischen Ansätze von der Möglichkeit abhängig, daß die Voraussetzung einer auf Offenbarung ausgreifenden Erwartung und Offenheit der menschlichen Existenz sich auch nachweisen läßt. Dies haben vor allem M. Blondel und K. Rahner auf verschiedene Weise zu zeigen versucht. Da diese Denkformen und ihre Probleme in der Theologie hinlänglich bekannt sind, wird die Frage einer existenzanalytischen Nachweisbarkeit eines Vorgriffs auf eine göttliche Offenbarung im Rahmen unserer Überlegungen nicht aufgeworfen. Zur Erörterung von Begründungsformen, die nicht von "objektiven Fakten" ausgehen, um die Voraussetzungslosigkeit der Argumentation zu wahren, sondern die Erfahrung des Glaubenden selbst zum Ausgangspunkt der Begründung machen, werden andere Begründungsmodelle diskutiert, die die Beziehung von Erfahrung und Begründung jeweils anders bestimmen und auf diese Weise verschiedene Aspekte der Erfahrungs- und Begründungsproblematik beleuchten können.

Wenn Erfahrung Erkenntnis vermittelt, läßt sich der Glaube erkenntnistheoretisch daraufhin befragen, ob er als eine spezifische Erfahrungsweise bestimmbar ist, die Erkenntnischarakter beanspruchen kann. Eine solche Charakterisierung würde der scholastischen Tradition und ihrer Entgegensetzung von Glauben und Wissen widersprechen, so daß bei einem solchen Ansatz auch der Glaubensbegriff selbst zu bedenken wäre. Unter der Voraussetzung, daß der Glaube gewisse Bedingungen des Erkennens erfüllt, könnte die Begründung des Glaubens darin bestehen, daß sie den Anspruch des Wissens rechtfertigt, indem sie dieses behauptete Wissen intersubjektiv zugänglich macht.

Eine solche Begründungskonzeption, die z.B. der Religionsphilosoph J.Hick vertritt, wahrt den Rahmen der traditionellen Apologetik, insofern sie zentrale Wahrheitsansprüche des Glaubens behauptet; Ziel und Methode dieser Begründungsform bestehen darin, den Gehalt des Wahrheitsanspruches selbst einsichtig zu machen. Den sich mit diesem Vorhaben des Nachweises der Wahrheit einstellenden Problemen erkenntnistheoretischer Art könnte eine Begründungsform ausweichen, die den Wahrheitsanspruch des Glaubens behauptet, die Berechtigung dieses Anspruches aber nicht an seiner Einsichtigkeit zu belegen sucht, sondern auf Beweggründe und Motive hinweist, die zum Glauben hinführen. Bei diesem Begründungsmodell rücken nicht die Inhalte des Glaubens ins Zentrum des Begründungsthemas, sondern die Frage, ob eine Glaubensbegründung denkbar ist, die statt auf Argumente für die Annahme seiner Wahrheit auf die faktischen Antriebe und Motive rekurriert, die in der Lebenspraxis zum Glauben veranlassen.

Bei der zuvor angedeuteten Begründungskonzeption wird die Erfahrung als Erkenntnisrelation auszuweisen versucht; hier kommen auch solche Erfahrungen in Betracht, die nicht direkt auf die Erkenntnis der Glaubensinhalte bezogen sind, sondern die Glaubenspraxis im ganzen umfassen. Gegenüber dieser Position, die anhand der Aussagen von D.Allen diskutiert wird, machen in jüngster Zeit andere Erfahrungstheologien auf sich aufmerksam, die das Begründungsthema nicht unmittelbar zum Thema haben, aber bedeutsame Aussagen zum Erfahrungsbegriff treffen und daher in diesem Zusammenhang relevant sind. Sie explizieren den Glauben im Rahmen seiner geschichtlichen, subjektiven "Welt" und veranschaulichen diese anhand der Strukturen der Erzählung und des Erzählens. Dieser narrative Mundus von Gott und Mensch ist Ort der gläubigen Selbstvergewisserung; deren Charakterisierung kann einige Aspekte der Dynamik des Selbstverhältnisses in Bezug auf religiöse Erfahrung klären helfen.

Eine kritische Erörterung der hier angedeuteten Begründungsmodelle ist geeignet, das Thema der Begründung aus der Sicht verschiedener Glaubensbestimmungen zu bedenken und Ansätze eines Glaubensverständnisses zu erarbeiten, das die Verbindlichkeit der Begründungsidee für den Glauben nicht bestreitet, sondern konstruktiv in die Glaubensbestimmung aufnimmt. Die verschiedenen Charakterisierungen des Glaubens und die jeweils korrespondierende Entfaltung des Begründungsbegriffs gestatten, dieses Thema vor dem Hintergrund jeweils anderer Aspekte differenziert zu behandeln und mit der Diskussion zeitgenössisch repräsentativer Ansätze ein angemessenes Problemniveau zu gewinnen. Eine solche Erörterung müßte klären können, ob der religiöse Glaube eine Begründung von sich aus ausschließt oder ob er sie und in welchem spezifischen Sinn er sie fordert. Dabei bleibt jedoch zu berücksichtigen, daß die hier vorausgesetzte Sinnhaftigkeit des Begründens selbst umstritten ist; über die angemessene Konkretisierung des Begriffs der Begründung besteht kein Konsens. Dieser Begriff kann darum nicht unbefragt als stimmig vorausgesetzt werden; das theologische Ansinnen der Rechtfertigung des Glaubens hat sich folglich selbst um eine stimmige Explikation des Begründungsbegriffs zu bemühen.

Die Vernünftigkeit der Begründungsidee scheint unbestreitbar: Der Sinn des Begründens liegt darin, Ansprüche der Verbindlichkeit und der Geltung nicht unbesehen der Annahme und Bejahung zuzumuten, sondern ihre tatsächliche Geltung dem Verstehen einsichtig werden zu lassen. Die Zustimmung, die der Geltungsanspruch einfordert, soll nicht willkürlich, sondern auf Grund von Einsicht frei gegeben werden können. Dieser Sinn der Ermöglichung freier Zustimmung durch das Begründen schien der Tradition mit dem Hinweis auf Evidenz verwirklicht zu sein; wenn der Anspruch auf Wissen als zweifelhaft galt, war er auf unmittelbar einsichtige Sachverhalte selbst zurückzuführen, die keinen vernünftigen Zweifel gestatten. Diese Auslegung der Begründungsidee, durch die Angabe von Gründen die Freiheit der Zustimmung und die Wahrheit der Erkenntnis zu sichern, wird heute nicht mehr uneingeschränkt geteilt; das Begründen wird oft nicht mehr als Garant freier, vernünftiger Kommunikation betrachtet, sondern gilt z.B. dem kritischen Rationalismus im Gegenteil als probate Methode, sich ihr zu entziehen. Darum plädiert dieser dafür, die Begründungsidee und die ihr verbundene Vorstellung sicheren Wissens aufzugeben und alles Wissen als vorläufig und als von hypothetischer Geltung einzuschätzen. Unter den Voraussetzungen dieser Position wäre gefordert, auch die religiöse Überzeugung als Hypothese zu begreifen, die unter gewissen Umständen aufzugeben ist. Diese Kritik des Begründungsbegriffs zwingt dazu, schon die Notwendigkeit des Begründens als ein Erfordernis

vernünftiger Kommunikation darzulegen und einsichtig zu machen.
Die Einsicht in die Notwendigkeit der Einlösung von Geltungsansprüchen bestimmt nicht schon selbst die Methoden, nach denen diese Einlösung vorgenommen werden kann. Die Vorbehalte und Einwände des kritischen Rationalismus sind nicht einfachhin zu bestreiten, sondern lassen sich nur mit der Darlegung einer stimmigen Begründungskonzeption zurückweisen. Der Vorgang des Begründens ist darum selbst unter erkenntnis- und wissenschaftstheoretischer Rücksicht zu klären und als Möglichkeit auszuweisen, der Begründungsidee in der Begründungskonzeption entsprechen zu können. Zu einer Reflexion auf den Begründungsbegriff bieten sich Ansätze der "New Philosophy of Science" an. Diese weist selbst Berührungspunkte zu den Auffassungen des kritischen Rationalismus auf, hält im Gegensatz zu ihm aber an der Möglichkeit des Begründens als einem Mittel der vernünftigen Verständigung und der Wahrheitssicherung fest. In Auseinandersetzung mit solchen Auffassungen ist zu prüfen, ob sich hier Ansätze einer stimmigen Begründungskonzeption formulieren lassen.

Die Begründung religiösen Glaubens kann nicht unbesehen nach Begründungsverfahren vorgenommen werden, die für andere Anwendungsbereiche bestimmt sind. Wenn sich aber Möglichkeiten des Begründens als Wege vernünftiger Wahrheitssicherung und als Ermöglichung freier Zustimmung zu Geltungsansprüchen konzipieren lassen, wenn zudem Verantwortung und Rechtfertigung sachliche Forderungen des Glaubens selber sind, dann hat auch der religiöse Glaube die Einlösbarkeit seiner Geltungsansprüche darzulegen. Seine Begründung ist so zu entwerfen, daß sie die Einheit und Eigenart des Glaubens nicht zerstört, aber den Forderungen der Begründungsidee gleichwohl in vollem Umfang Rechnung trägt. In den letzten Kapiteln dieser Untersuchung wird eine solche Reformulierung des theologischen Begründungsproblems unternommen. Diese nimmt die Ergebnisse der Diskussionen der hier problematisierten Begriffe von Glaube und Begründung auf und sucht darzulegen, daß religiöser Glaube sich als ein umfassendes Wirklichkeitsverständnis zu legitimieren hat. Die Begründungsfähigkeit dieses Wirklichkeitsverständnisses wird durch die Charakterisierung einer kumulativen Begründung erläutert. Die Unterschiede dieser Begründungsform gegenüber dem schlüssigen Beweis werden präzisiert, und es wird dargelegt, daß sie gleichwohl den Erfordernissen der Begründungsidee gerecht werden kann.

Gegen die verschiedenen Entwürfe der Glaubensbegründung, zuweilen schon gegen das Anliegen als solches, wird oft der Vorwurf erhoben, das Begründen von religiösen Überzeugungen sei erfahrungsdistanziert und verkenne die Eigenheiten authentischer Religiosität. Diese lebe nicht von Vernunft und begrifflichem Denken, sondern aus unmittelbarer Erfahrung und der Gewißheit religiösen Selbsterlebens. Die Frage nach der Vernünftigkeit habe mit dem Wesen von Religiosität nichts gemein und ende darum notwendig in einer räsonnierenden Problematisierung dessen, was für den wahrhaft Gläubigen entweder ohne Belang sei, oder sie laufe auf einen Glaubensbegriff hinaus, der den authentischen Glaubensvollzug nicht mehr treffe. Solche Einwände haben als Fragen ein sachliches Recht. Jede Konzeption der Glaubensbegründung muß sich auch daran bewähren, wie sie ihren Anspruch in der Praxis, in Kommunikation und bei Überzeugungskonflikten, einzulösen vermag. Aus diesem Grund wird im letzten Kapitel die Beziehung von Erfahrung und Begründung eigens thematisiert. Rückblickend auf die eingangs problematisierten Zusammenhänge von Vernunft und Erfahrung soll der theologische Erfahrungsbegriff erörtert und gefragt werden, welchen Stellenwert religiöse Erfahrung in der Glaubensbegründung einnehmen und ob die Berufung auf Erfahrung als ein Argument gelten kann.

II ZUR KRITIK DER IDEE DER GLAUBENSBEGRÜNDUNG IN DER SPRACHANALYTISCHEN RELIGIONSPHILOSOPHIE

A Die Auflösung des theologischen Begründungsproblems durch nichtkognitive Deutungen des Glaubens

1. Die theologische Problematik von Glaube und Erkenntnisanspruch aus sprachanalytischer Perspektive

Der Einfluß einiger neopositivistischer Strömungen in der Philosophie, die erst in unserem Jahrhundert umfassende Breitenwirkung erreichten, trug dazu bei, daß geläufige Vorstellungen vom Glauben und der Möglichkeit seiner Begründung sehr viel grundsätzlicher problematisch wurden, als dies in der Theologiegeschichte bis dahin der Fall war. Bis in die Neuzeit galt auch außerhalb der Theologie der mit dem christlichen Glauben verbundene Gottesbegriff als eine weithin selbstverständliche Vorstellung. Man dachte Gott als Schöpfer, als vom Menschen unabhängige Wirklichkeit und verwendete diesen Begriff etwa in dem Sinn, wie J. Hick ihn bestimmt: "Gott ist das einzigartige, unendliche, personale Geistwesen, das alles außer sich selbst aus Nichts erschaffen hat; er ist ewig und ungeschaffen, allmächtig und allwissend, und seine Haltung gegenüber seinen menschlichen Geschöpfen ist eine von Gnade und Liebe" (1). Diese Gottesvorstellung blieb auch für die neuzeitliche Religionskritik normativ. Wenn sie die Existenz Gottes leugnete oder Theorien darüber entwickelte, aus welchen Beweggründen und Antrieben der Mensch dazu gelange, diese Illusion auszubilden, verwendete sie den Gottesbegriff als eine verstehbare, sinnvolle Vorstellung.

Diese Kommunikationsebene wird von der sprachanalytischen Religionskritik unterlaufen (2). Sie bestreitet, daß Aussagen über Gott einen sinnvollen, vorstellbaren Gedanken überhaupt formulieren können. Der angesprochenen Debatte über den Glauben oder über die Existenz Gottes wird damit der Boden entzogen; Glaubende und Atheisten werden gleichermaßen aufgefordert einzusehen, daß nicht nur die Behauptung der Existenz Gottes, sondern auch ihre Verneinung unterschiedslos Äußerungen ohne kognitive Bedeutung sind. Theologie und Religionskritik haben sich dieser Position zufolge der erstaunlichen These zu stellen, daß sie in ihrem Streit einander nicht widersprechen. Sprachlichen Äußerungen, die den Anschein erwecken, sie teilten etwas über Gott mit, eignet angeblich nicht der geringste Erkenntnisgehalt.

Veränderte philosophische Voraussetzungen trugen dazu bei, diese These von der völligen Bedeutungsleere religiösen Sprachgebrauchs abzuschwächen. Die Vitalität religiöser Praxis und die ungebrochene Kontinuität religiöser und kirchlicher Traditionen stellten ein unübersehbares Argument gegen die Sinnlosigkeitsbehauptung dar. Jene sprachlichen Äußerungen der Religion, die grammatisch die Struktur von Behauptungen und Wahrheitsansprüchen aufweisen, wurden nun als Ausdruck von Intentionen und Motiven interpretiert, die nicht die Behauptung, Darstellung oder Mitteilung von Erkenntnissen beabsichtigen. In den nichtkognitiven Funktionen religiösen Sprechens manifestiere sich seine wirkliche Bedeutung. Der religiöse Sprachgebrauch kann demnach z. B. Gefühlszuständen Ausdruck geben, eine bestimmte ethische Lebenseinstellung verkörpern oder grundlegende Erfahrungen symbolisieren. Die Bedeutung religiösen Sprechens wird auf diesen nichtkognitiven Bereich seiner möglichen lebenspraktischen Funktionen beschränkt; damit bleibt die These der Unfähigkeit, Erkenntnis darzustellen und auszusagen, implizit bejaht. Die Möglichkeit von Aussagen über Gott im herkömmlichen Sinn entfällt; religiöse Äußerungen sagen nichts über Wirklichkeit aus, sie können daher nicht wahr oder falsch sein, sondern haben nichtkognitive Bedeutung. Mit der Bestreitung des Wahrheitsanspruches taucht als ihre Konsequenz auch das Begründungsthema nicht mehr auf, denn der Geltungsanspruch wird dem Glauben damit genommen.

Eine solche Position hat selbst den offenkundigen und herkömmlich unproblematischen Erkenntnis- und Wahrheitsanspruch als ein Selbstmißverständnis des Christentums einsichtig zu machen. Sie hat zu zeigen, daß Glaube und Theologie, wenn sie "Gott" sagen, in Wirklichkeit etwas anderes tun, als eine Aussage mit dem Anspruch zu äußern, daß diese Aussage wahr ist. Daß dem Christentum zumindest in seiner historischen Gestalt der Anspruch im Ernst nicht bestritten werden kann, mit Gott eine Wirklichkeit bezeichnen zu wollen, die in den menschlichen Existenzbezügen nicht aufgeht, kann der Hinweis auf einige Probleme der Theologie zeigen, die auch heute noch nicht zu ihrer mythologischen Vorgeschichte zu rechnen sind.

Die in der Tradition der philosophischen Gotteslehre ausgebildeten Gottesbegriffe "actus purus", "ens a se" oder "summum bonum" suchen eine Erkenntnis begrifflich auszusagen; in der Analogielehre werden diese Aussagen als analog qualifiziert, um sie von univoken und äquivoken Prädikationen zu unterscheiden. Ebenso werden die Topoi der Schöpfungslehre, des Theodizeeproblems oder der Gotteserfahrung erst als sinnvolle Themen und echte Probleme ansichtig, wenn die Wirklichkeit eines wie auch immer erkennbaren Gottes vorausgesetzt wird. Dem religiösen Sprachgebrauch und der Reflexion zu unterstellen, sie täuschten sich über ihre "wirklichen" Absichten und intendierten gar nicht, kognitive Aussagen zu äußern, ist als historische Beschreibung darum schlicht falsch. Es ist nicht zu sehen, wie das überzeugend bestritten werden könnte. Aussagen über Gott erheben wie andere Aussagen den Anspruch, wahr oder falsch zu sein. Sie fordern die Anerkenntnis ein, daß ein erkannter Sachverhalt so beschaffen ist, wie die Aussage ihn beschreibt. Was den Erkenntnisanspruch betrifft, ist N. Clarke daher Recht zu geben:

> "Die Bedeutung der religiösen Sprache ist in dieser Theorie einfach nicht jene, die von den Menschen intendiert wird, die sie faktisch gebrauchen. Ob nun fälschlicherweise oder nicht, der religiöse Gläubige, der über Gott spricht und sich im Gebet an

ihn wendet, ist fest überzeugt, daß er über und zu einem wirklichen Wesen spricht, das von ihm unabhängig und ihm überlegen ist" (3). Bei dieser Stellungnahme liegt eine metasprachliche Behauptung über die Eigenart objektsprachlicher religiöser Aussagen vor. Sie beschreibt den religiösen Sprachgebrauch und bestätigt deskriptiv die Faktizität des Anspruches auf Erkenntnis und Wahrheit. Die hier anstehende Frage betrifft jedoch nicht die Deskription religiösen Sprachgebrauchs, sondern das Problem, ob der metasprachlich konstatierte Anspruch religiösen Sprechens, kognitive Aussagen über Gott zu äußern, erkenntnistheoretisch und sprachphilosophisch legitim ist. Die Berechtigung dieses Anspruches ist nun weitaus schwieriger nachzuweisen als seine faktische Gegebenheit. Das Bemühen, die Legitimität dieses Anspruches darzutun, sieht sich zwei Problembereichen konfrontiert. Erstens ist eine Bestimmung der Eigenart und des logischen Status von Glaubensaussagen notwendig. Diese sind insbesondere unter der Rücksicht zu prüfen, wie ein Nachweis, daß es sich bei ihnen um kognitive Aussagen handelt, formuliert werden kann; es ist in diesem Zusammenhang auch zu fragen, ob sie sich nicht gerade dadurch auszeichnen, daß sie eine solche Prüfung von sich aus verbieten. Damit ist -zweitens- auch die Forderung angesprochen, erkenntnistheoretisch bzw. sprachlogisch ein Kriterium zu benennen, das über die Kognitivität von Aussagen im religiösen Sprachgebrauch entscheiden kann. Das Ziel des Nachweises der Kognitivität von Aussagen ist also nicht, ihren Wahrheitsanspruch zu begründen. Es geht vielmehr um die logisch vorausliegende Frage, ob religiöse Äußerungen überhaupt als kognitive Aussagen zu qualifizieren sind, ob sie einen legitimen Wahrheitsanspruch erheben, ob sie möglicherweise wahr oder falsch sind. Dann erst läßt sich das Thema der Begründung stellen, wie dieser Anspruch inhaltlich eingelöst werden kann. Die sich in den angesprochenen Problembereichen aufwerfenden Fragen sind nun näher zu erörtern.

a) Die theologische Bedeutsamkeit einer sprachlogischen Klärung des religiösen Sprachgebrauchs

Eine erste, sich vom religiösen Sprachgebrauch her ergebende Schwierigkeit seiner sprachlogischen Klärung manifestiert sich in der Mannigfaltigkeit seiner sprachlichen Formen. Religiöser Glaube beansprucht die ganze Person des Menschen in all ihren Lebensvollzügen. Er umfaßt den Intellekt, die Gefühlswelt und das Handeln; in ihm verschränken sich Devotion, Erkenntnis und Tat. Er behauptet einen transzendenten Gott, eine geschichtliche Offenbarung und formuliert ethische Handlungsmaximen. Die Vielfalt religiösen Sprachgebrauchs kann daher nicht erstaunen. Diese verschiedenen Beziehungen zur Philosophie, zur Historie, zu Ethik und Politik bieten den sprachanalytischen Interpretationen allererst die Möglichkeit, die religiöse Sprache von einem dieser Bezüge her zu deuten und funktional zu bestimmen. Abgesehen von dieser Vielfalt der Sprachformen ist theologisch jedoch die Frage entscheidend, ob das religiöse Sprechen einer Prüfung seines kognitiven Anspruches überhaupt fähig sein kann. Es ist möglich, daß es seiner eigenen Logik widerspräche, eine solche Kontrolle und einen solchen Nachweis der Kognitivität zu leisten. Eben dies wird von manchen Theologen behauptet. Der religiöse Sprachgebrauch wird von ihnen durch den Glauben gleichsam eingeklammert, so daß er eine neue, spezifische Einheit und Eigenart gewinnt, die den gesamten Bereich religiösen Sprechens als qualitativ anders zu sehen verlangt. Gegenüber dem Ansinnen, einzelne Aussagen aus diesem Komplex zu lösen und ihren möglichen Erkenntnisgehalt zu belegen, wird die eigene Logik diesen Sprachgebrauchs herausgestellt. Ein solcher Absonderungsprozeß verfälsche zugleich die religiöse Aussage, bringe sie um ihren religiösen Charakter, denn dieser zeichne sich wesentlich dadurch aus, daß er sich intersubjektiven Prüfverfahren widersetze.

In seinem brillanten Essay "The Logical Status of Religious Belief"(4) legte A. MacIntyre einen äußerst konsequent durchgeführten Versuch vor, den religiösen Sprachgebrauch als ein eigenständiges System von Aussagen und Sprechakten darzustellen, das sich jedem allgemeinen Nachweis seines kognitiven Gehalts verweigere. MacIntyre erreicht diese Position, indem er zielstrebig alle Beziehungen abbricht oder unterläuft, die den Glauben und die nichtreligiöse Erfahrungswelt verbinden. Rahmen und Voraussetzung bildet dabei eine Bestimmung der Glaubenshaltung des Subjekts, die dessen gesamte Erfahrung unter dem Blickpunkt der Verehrung Gottes sieht. Die Unbedingtheit der Glaubenseinstellung soll alle anderen Bereiche der Erfahrung normieren und deren Eigengehalt aufheben, sobald sie in den Bereich des Glaubens einbezogen werden.

Falsifikationskriterien können auf religiöse Aussagen nicht angewendet werden, weil Glaubensaussagen sich darin von Hypothesen grundsätzlich unterscheiden, daß ihr Erkenntnisgehalt nicht nachträglich erst festgestellt werden muß. Würde der Glaubende ein solches Verfahren zulassen, hätte er seinen Glauben schon aufgegeben. Würde andererseits der Erkenntnisgehalt religiösen Sprechens nachgewiesen, wäre die Glaubensentscheidung nicht mehr frei. Vielmehr sei der Glaube sich dieses Gehalts vor jeder Bestätigung schon gewiß. Daraus folgt: Aussagen über historische Ereignisse gehören dem Glauben zwar unaufgebbar zu, aber historische Forschung vermag aus sich selbst ein Ereignis nicht als Handlung Gottes auszuweisen; der Glaube bedarf eines solchen Nachweises nicht. "... alles, was für den religiösen Glauben von Bedeutung ist, liegt außerhalb des Bereichs historischer Forschung" (5). Was "von außen" als innerer Widerspruch des Glaubens erscheint, verliert damit für den Glaubenden seine Problematik. Das Theodizeeproblem etwa beinhaltet nach MacIntyre nur für den nichtglaubenden Philosophen eine Schwierigkeit, denn das Böse konstituiert für den Glaubenden "nicht Evidenz gegen, sondern ein Motiv für den Glauben" (6). Die ihrem äußeren Anschein nach deskriptiven dogmatischen Aussagen über Gott stellten sich dem

Glaubenden nicht als Darstellungen im engen Sinn dar. In ihnen werde vielmehr implizit ausgedrückt, wie der Mensch sich selbst vor Gott verstehe: "Beim Formulieren der Lehre versuchen wir zu sagen, was wir tun, wenn wir beten" (7). Aussagen über Gott sind demzufolge nicht als Darstellungen oder Mitteilungen wie auch immer gewonnener Gotteserkenntnis zu verstehen, sondern sie lassen Gott indirekt erahnen, indem sie in scheinbaren Aussagen über ihn die Einstellung des Glaubenden zu ihm umschreiben.

Entziehen sich Glaube und Gotteserkenntnis so grundsätzlich jeder äußeren Kritik, dann kann über die Wahrheit ihres Anspruchs nicht anhand von allgemeinen, außerreligiösen Maßstäben befunden werden. Das Verhältnis zwischen Glaube und allgemeiner Wirklichkeitserfahrung ist nur als Negation jeder Beziehung, als reine Beziehungslosigkeit denkbar. Kommunikation, die diese hermetische Grenze überwindet, kann nur die Form der Selbstdarstellung annehmen: "Glaube kann mit dem Unglauben nicht streiten: er kann ihm nur predigen" (8).

Diese Strategie, durch die Voraussetzung einer unanfechtbaren Glaubensgewißheit und die Konstruktion einer dem Glauben eigenen, von äußeren Gesichtspunkten nicht problematisierbaren Logik die Erkenntnisproblematik zu unterlaufen und das Begründungsproblem im herkömmlichen Sinn ad absurdum zu führen, erreicht die Unangreifbarkeit des Glaubens durch die Eliminierung jeder inhaltlichen Beziehung zur allgemeinen, mit ihm nicht identischen Wirklichkeit. Indem sie diese Separation zum Wesenszug des Glaubens selbst erklärt, zwingt sie zu unterstellen, daß der Glaubensinhalt wie die subjektive Überzeugung sich in dieser Beziehungslosigkeit bilden und erhalten können. Ersteres trifft für die Geschichte des Christentums offenkundig nicht zu; ebenso können die Glaubensüberzeugung des einzelnen und die Gemeinschaft der Glaubenden als soziale Institution nicht so vorgestellt werden, als partizipierten sie nicht auch an anderen Erfahrungsbereichen und Lebensvollzügen. Christliche Lebenspraxis kann nicht umhin, zu dem ihr Nichtidentischen anders in Beziehung zu treten als in der puren Selbstaffirmation. Theologie hat darum die Erfahrungen, Begegnungen und Konfrontationen mit dem nichtreligiösen Bereich zu klären und in ihrer Bedeutung für den Glauben dem Verstehen zu erschließen. Wenn der christliche Glaube beansprucht, um den Sinn des Ganzen der Wirklichkeit zu wissen, kann kein Offenbarungspositivismus seine Basis und Voraussetzung sein. Im Gegenteil, hat seinen Anspruch auch darin zu rechtfertigen, daß er ihn in der Auseinandersetzung mit allgemeinem Erleben, Erfahren und Wissen dem Verstehen öffnet, ihn einsichtig werden läßt und in diesem Austausch selbst gewinnt. Als ein zwar nicht zentrales, aber doch unverzichtbares Moment gehört zu dieser Aufgabe auch, den Status einiger Glaubensaussagen als Anspruch darzutun, Gott als wirklich zu behaupten. MacIntyre bestreitet dem Christentum Möglichkeit und Notwendigkeit dieser konstruktiven Beziehung zur allgemeinen Wirklichkeit. Der christlichen Lebensgestaltung nimmt er dadurch jede Möglichkeit, sich in der Welt anders als fremd und ortlos zu erfahren. Er entfremdet sie gänzlich den allgemeinen Lebensvollzügen und läßt nicht zu, daß sie ihnen gegenüber eine andere Stellung als die der Negation einnehme. Sinnerfahrungen und Werterleben darf der Glaube unter diesen Voraussetzungen nicht als eigene Bereicherung in sich aufnehmen; sie werden nur als potentielle Gefährdung seiner selbst sichtbar.

Die fatalen Konsequenzen dieser Position wurden deutlich, als MacIntyre sie später - nun als skeptischer Religionskritiker - aus soziologischer Perspektive betrachtete. Eine sich von allen ihr äußeren Erfahrungsbereichen isolierende Religion wird zum Fremdkörper in einer Umwelt, von der sie sich stets distanzieren muß und von der sie selbst zunehmend weniger verstanden wird. Indem sie sich von der sozialen Lebenswirklichkeit radikal abtrennt, verschließt sie sich auch jenen Erfahrungsbereichen, durch deren kritische Aufnahme sie als mögliche Form der Lebenspraxis allererst erkennbar würde. MacIntyres Programm entleert den Glauben systematisch seines Gehalts - als Soziologe konnte er dessen Ende voraussagen: "... die logische Unverletzlichkeit des Christentums scheint mir eine Position, die aufrechterhalten werden kann. Aber nur um einen Preis. Dieser Preis ist Nichtigkeit" (9).

Diese Konzeption hat ihr Konstruktionsprinzip in dem Bestreben, die Aufforderung zum Nachweis der Kognitivität religiösen Sprechens und die Begründungsforderung abzuweisen. Mittels einer überzogenen Interpretation der Unterschiedenheit des religiösen Weltverhältnisses wird versucht, sich dieser Probleme als theologisch illegitimer Fragestellungen zu entledigen. Die sprachlogischen und begründungstheoretischen Probleme so zu unterlaufen, ist jedoch schon aus theologischen Gründen nicht überzeugend. Gewiß kann man MacIntyre darin zustimmen, daß Unterschiedenheit und Eigenart des religiösen Glaubens gegenüber anderen Wirklichkeitseinstellungen deutlich zu markieren und gegenüber Fragestellungen, die sie aufzulösen suchen, zu verteidigen sind. Aber diese Besonderheit kann nicht in der hier veranschaulichten Weise durch die Negation aller weltlichen Beziehungen verdeutlicht werden. Wenn die Eigenart des religiösen Glaubens und die seiner Sprache zu bestimmen ist, dann können die Fragen nach dem kognitiven Charakter und nach der Berechtigung des Wahrheitsanspruches nicht auf diese Weise abgedrängt werden. Die sprachlogische Reflexion kann die Verständlichkeit christlichen Sprechens von Gott sichern, seine Eigenarten klären, und darin gewinnt sie selbst theologische Bedeutsamkeit. Die Frage der Nachweisbarkeit der Kognitivität des religiösen Sprachgebrauchs ist darum selbst ein theologisches Problem. Bevor wir darauf näher eingehen, bleibt noch eine Argumentationsfigur zu erläutern, die bei der Kritik nichtkognitiver Glaubensdeutungen häufig anzutreffen ist, sich dem mit ihnen gegebenen Problem aber nicht wirklich stellt. Sie lehnt diese Interpretationen als "Reduktionismus" ab, weil der Glaube hier auf seine nichtkognitiven Funktionen "reduziert" werde(10).

Der Ausdruck "Reduktion" bezeichnet gemeinhin die Rückführung einer komplexen Größe auf ihre einfacheren Teile oder Voraussetzungen. Bei dem theologischen Vorwurf des Reduktionismus ist darüber hinaus zugleich gemeint, eine Vorstellung oder ein Glaubensinhalt werde darum auf seine "wirklichen" Voraussetzungen reduziert, weil diese Vorstellung angeblich falsch, unglaubwürdig oder widersprüchlich sei. Der Denkschritt der Rückführung auf Voraussetzungen ist auch in den "nichts-als" Wendungen gegeben, etwa wenn behauptet wird, Religion sei nichts als eine durch unbewältigte Ängste verursachte Sinnprojektion, oder Liebe sei nichts weiter als eine libidinös besetzte Triebbeziehung. Formal lag dieses Argument auch den Vorwürfen gegen die Theologie Bultmanns zugrunde, er reduziere den Glauben auf bestimmte existenzielle Lebensvollzüge. Auch Hare, Braithwaite und anderen wird vorgeworfen, ihre nichtkognitiven Glaubensinterpretationen reduzierten den Glauben auf gewisse Funktionen und seien darum abzulehnen. Der Glaube, so heißt es, werde auf seine Funktionen derart zurückgeführt, daß diese allein seine Bedeutung ausmachten. Solche Argumentationen sind soweit korrekt, wie sie eine Differenz zwischen dem herkömmlichen christlichen Selbstverständnis und einer nichtkognitiven Konzeption herausstellen. Wenn daraus gefolgert wird, sie seien abzulehnen, kann auch das legitim sein. Aber dazu reicht der bloße Hinweis auf die Unterschiede zum traditionellen Selbstverständnis nicht aus, denn er zeigt nicht, daß diese Interpretationen falsch sind und ebensowenig wird damit schon begründet, warum jenes Verständnis das richtige ist. Eine vom herkömmlichen Verständnis des Christentums abweichende Interpretation wird nicht dadurch schon widerlegt, daß gezeigt wird, sie weiche vom traditionellen Verständnis ab. Für eine Identifizierung mit dem herkömmlichen kognitiven Verständnis kann es gute Gründe geben, aber diese sind in einer solchen Auseinandersetzung auch aufzuzeigen und einsichtig zu machen. Wird also der Anspruch des kognitiven Status wenigstens einiger Aussagen des religiösen Sprachgebrauchs nicht aufgegeben, so ist es weder mit der Deklamation dieses Anspruchs noch mit dem Hinweis auf die Tradition allein getan; der Anspruch selbst ist einsichtig zu machen und zu begründen.

b) Der neopositivistische Sinnlosigkeitsverdacht

Das zweite damit angesprochene Problemfeld, das der Nachweis des kognitiven Charakters religiöser Aussagen zu bewältigen hat, ergibt sich mit dem heute umstrittenen Verständnis des Begriffs der kognitiven Aussage. Wenn die traditionelle Theologie Aussagen über Gott machte, setzte sie einen Zusammenhang von Gott und Welt voraus und damit die Möglichkeit von metaphysischen Aussagen. Gerade diese Fusion der Glaubensaussagen mit einer bestimmten Art der Ontologie war der Grund dafür, daß der Sinnlosigkeitsverdacht des Neopositivismus gegenüber jedweder Metaphysik auch die Aussagen des Glaubens und der Theologie betraf. Die Überzeugung, über Gott lasse sich nichts sagen, führte ihrerseits zu nichtkognitiven Interpretationen des religiösen Sprachgebrauchs. Der Aussagenproblematik ist hier darum näher nachzugehen (11).

Der sich um die Jahrhundertwende in Europa etablierende Neopositivismus suchte in skeptischer Reaktion zum tradierten philosophischen Selbstverständnis die Philosophie als eine streng wissenschaftliche Disziplin zu konzipieren. Unter Aufnahme empiristischer Traditionen und angeregt durch Moore, Russell und Wittgenstein bildete sich in den dreißiger Jahren um Schlick der Wiener Kreis. Die von ihm ausgehende philosophische Bewegung entwickelte eine explizit antimetaphysische Philosophie. Nur durch eine konsequente Destruktion aller Formen der Metaphysik könne Philosophie einen wissenschaftlichen Erkenntnisfortschritt erbringen. Der überall greifbare Nutzwert der naturwissenschaftlichen Disziplinen schien Grund genug für die Annahme, daß die Metaphysik ausgedient habe und philosophische Reflexion nur im Bereich exakt-empirischer Wissenschaften noch eine Daseinsberechtigung finden könne. Um sich nicht unversehens selbst wieder in metaphysische Themen zu verstricken, andererseits aber nicht in praktizierter Wissenschaft aufzugehen, war der Gegenstand jenseits dieser Bereiche zu bestimmen. Ohne sich auf eine inhaltliche Auseinandersetzung um Metaphysik einzulassen, war diese durch eine Art der Kritik aufzulösen, die selbst nicht auf metaphysischen Voraussetzungen basiert. Dazu schien sich die der Metaphysik und den Wissenschaften vorgeschobene Ebene der Sprache anzubieten: Philosophie verwandelt sich in Sprachkritik.

Die Unterscheidung zwischen sinnvollen Aussagen und Scheinaussagen, die zum Programm dieser neuen Philosophie erklärt wurde, konnte durch Anwendung eines Maßstabes getroffen werden, der in Anlehnung an wissenschaftliche Bestätigungsverfahren zu bestimmen war. Mit diesem Kriterium sollten die Bedingungen formuliert werden, unter denen eine Aussage als sinnvoll akzeptiert werden kann oder als sinnlos zu verwerfen ist. Inhaltlich galt eine Aussage als sinnvoll dann, so lauteten sinngemäß die verschiedenen Formulierungen des Kriteriums, wenn sie entweder erfahrungsunabhängig und damit tautologisch ist oder wenn sie erkennen läßt, was der Fall sein muß, um sie als wahr oder falsch bezeichnen zu können. Um eine frühe Formulierung von C.G.Hempel zu zitieren: "Ein Satz macht eine kognitiv sinnvolle Aussage und ist wahr oder falsch nur dann, wenn er selbst entweder nur analytisch oder wenigstens prinzipieller empirischer Prüfbarkeit zugänglich ist" (12).

Unter Anwendung dieses Kriteriums lassen sich alle sinnvollen Sätze in zwei Klassen aufteilen: Sinnvoll sind alle Aussagen über Erfahrungstatsachen, die sich letztlich durch Beobachtung als wahr oder falsch erkennen lassen. Komplexe theoretische Aussagen müssen, um diesen Test zu bestehen, sich auf einfache Beobachtungsaussagen zurückführen lassen. Zu den sinnvollen Sätzen sind also auch jene zu zählen, die nachweislich falsch sind. Die zweite Gruppe machen die sogenannten analytischen Sätze aus, die apriori wahr sind. Sie sagen nichts über die Wirklichkeit aus und haben den Charakter von Tautologien wie die Sätze der Logik oder der reinen Mathematik. Alle anderen sprachlichen Äußerungen, die sich nicht unter eine der beiden Klassen subsumieren lassen, gelten als kognitiv sinnlos. Sie formulieren keinen Erkenntnisgehalt, jede kognitive Bedeutung ist ihnen abzusprechen. Metaphysische Sätze, die sich per definitionem auf Nichtempirisches beziehen, gelten schlicht als unverstehbar. Die durchschlagend restriktive Konsequenz dieses Maßstabs als eines Kriteriums sinnvoller Sätze wird mit dem Sinnlosigkeitsverdikt gegenüber Ethik, Recht und Religion deutlich. Die anhaltende Diskussion stellte bald heraus, daß sich auch eine Reihe allgemein als wissenschaftlich wahr akzeptierter Sätze diesem Kriterium nicht fügten. Diese Folgewirkung veranlaßte zu immer neuen Formulierungsversuchen, bis sich die Auffassung durchsetzte, daß ein einziges Kriterium nicht formuliert werden kann, das zwischen allen möglichen sinnvollen und sinnlosen Aussagen unterscheidet (13).

Auf theologische und religiöse Aussagen wurde das Kriterium systematisch erstmals von A.J.Ayer angewendet; in seinem Buch (14) wird das Kriterium konsequent der Behauptung der Existenz Gottes konfrontiert und herausgestellt, die Wahrheit dieser Aussage könne nicht bewiesen werden, sie sei nicht einmal wahrscheinlich, sie könne sich auf "religiöse" Erfahrungen nicht berufen, denn sie habe keine kognitive Bedeutung. Das Ergebnis dieser Abrechnung wird von Ayer so formuliert:

> Die Behauptungen des Theisten "... können unmöglich gültig sein; sie können aber auch nicht ungültig sein. Da er überhaupt nichts über die Welt sagt, kann man ihn folglich nicht anklagen, etwas Falsches zu sagen oder etwas unzureichend Begründetes ... solange er ... seine 'Erkenntnis' nicht in empirisch verifizierbare Propositionen fassen kann, können wir gewiß sein, daß er sich selbst etwas vormacht" (15).

Die Frage nach einem möglichen kognitiven Status religiöser Aussagen wird von Ayer dogmatisch behandelt: Er stellt lediglich fest, daß sie nach seinem Kriterium nicht unter die Klasse empirisch sinnvoller Aussagen fallen. Etwas offener ist diese Frage noch in der von A.Flew inaugurierten Falsifikationsdebatte behandelt worden (16). Auf diese Auseinandersetzung ist daher etwas ausführlicher einzugehen.

Flew geht von dem kognitiven Anspruch wenigstens einiger theologischer Aussagen aus und formuliert ein Bedeutungskriterium, das die Umstände zu benennen fordert, unter denen eine Aussage eindeutig als falsch erkennbar wird. Entgegen diesem Bestreben, eine Äußerung als kognitive Aussage auszuweisen, meint er bei den Theologen eine Strategie festzustellen, sich dieser Forderung konsequent zu entziehen. Statt falsifizierende Bedingungen ihres Wahrheitsanspruchs anzugeben, nähmen sie bei Gegeninstanzen fortwährend Zuflucht zu neuen Bestimmungen ihrer ursprünglichen Äußerung, um drohenden Widersprüchen zu entgehen. Dieser Vorgang einer beständigen Modifikation der ursprünglichen Behauptung entleere schrittweise ihren Gehalt, bis sie schließlich als Behauptung nicht mehr zu erkennen sei:

> "Einige theologische Äußerungen scheinen Erklärungen oder Behauptungen darzustellen und als solche intendiert zu sein. Nun muß eine Behauptung, um überhaupt eine Behauptung zu sein, den Anspruch erheben, daß die Dinge sich auf eine bestimmte Weise und nicht anders verhalten . ... Und dennoch ... übersehen dies intellektuelle religiöse Menschen leicht und weigern sich im allgemeinen, nicht nur tatsächliche, sondern auch denkmögliche Ereignisse als Gegenargumente gegen ihre theologischen Behauptungen zuzulassen. Aber soweit sie das tun, sind ihre angeblichen Erklärungen tatsächlich bloßer Schein und ihre scheinbaren Behauptungen in Wirklichkeit gehaltlos " (17).

Dieser Vorwurf Flews, religiöse Aussagen würden schon im Prinzip keine Einwände gelten lassen, trifft freilich nicht zu. Die Erfahrung des Bösen ist seit Beginn der jüdisch-christlichen Religion als Widerspruch zum Glauben an den guten Gott empfunden worden, und das Bestreben, ihn zu verstehen und theologisch zu reflektieren, markiert einen kontinuierlichen Strang in der Geschichte des Christentums (18). Nur weil religiöse Äußerungen als Behauptungen intendiert und verstanden werden, kann es das Problem der Theodizee überhaupt geben. Nur die Anerkennung einer Spannung zwischen dem Glauben an den guten und allmächtigen Gott und der Existenz des Bösen konnte die theologische Reflexion immer wieder versuchen lassen, diese Spannung zu akzeptieren und begrifflich zu bewältigen. B. Mitchell hat in seiner Antwort auf Flew darauf hingewiesen (19), und Flew seinerseits gesteht diesen Hinweis als berechtigt zu (20).

Seinen Vorwurf erhält er freilich aufrecht. Der Modifikationsprozeß, so führt er aus, setze erst mit der Erkenntnis der Aussichtslosigkeit einer theologischen Erklärung der gegen die Wahrheit des Glaubens sprechenden Tatsachen ein, um religiösen Äußerungen den äußerlichen Schein der Behauptung zu bewahren (21). Flew präzisiert sein Kriterium zunächst durch die Regel der doppelten Negation: "Nun ist die Behauptung, daß eine bestimmte Sache der Fall sei, notwendig äquivalent zur Verneinung, daß diese Sache nicht der Fall sei" (22). Soweit ist damit lediglich ein logisches Gesetz formuliert, und es macht logisch tatsächlich keinen Unterschied, ob statt der positiven Aussage "Gott existiert" ihre doppelte Verneinung gewählt wird: "Es ist nicht der Fall, daß Gott nicht existiert". Problematisch wird die Argumentation Flews jedoch, wo er diese logische Regel der doppelten Verneinung in ein Bedeutungskriterium von Aussagen über empirische Sachverhalte verwandelt. Denn er fährt fort, um jemandes Äußerung zu verstehen, sei herauszufinden,

> "... was er als Gegenargument oder Widerspruch zu deren Wahrheit ansehen würde. Denn wenn die Äußerung tatsächlich eine Behauptung ist, wird sie notwendig äquivalent zur Verneinung der Negation dieser Behauptung sein. Und alles was gegen die Behauptung spräche oder den Sprecher zu ihrer Zurücknahme und dem Zugeständnis ihrer Falschheit veranlassen würde, muß ein Teil (oder

das Ganze) der Bedeutung der Negation dieser Behauptung sein. Und wenn man die Bedeutung der Negation einer Behauptung weiß, dann kennt man praktisch auch die Bedeutung dieser Behauptung. Wenn daher eine vermeintliche Behauptung nichts verneint, dann behauptet sie auch nichts: und damit ist sie in Wirklichkeit gar keine Behauptung" (23).

Im Zitat wird deutlich, daß Flew Gründe, die gegen die Wahrheit einer Behauptung sprechen, von Sachverhalten, die mit der Behauptung unvereinbar sind, nicht unterscheidet. Seinen Ausführungen zufolge ist alles, was gegen die Wahrheit einer Behauptung spricht [counts against] immer schon unvereinbar [incompatible] mit der Wahrheit dieser Behauptung. Dabei wird ein wichtiger Unterschied übersehen, denn wenn ein Grund vorliegt, an der Wahrheit einer Behauptung zu zweifeln, bedeutet das nicht, der vorliegende Grund widerlege die Behauptung, er sei mit ihrer Wahrheit unvereinbar, d.h. er zeige, daß sie falsch sei. Flew hingegen argumentiert, ohne diese Unterscheidung zu treffen. Nur darum kann er meinen, alles, was gegen eine Behauptung spreche, müsse Teil der Bedeutung der Negation dieser Behauptung sein, was offensichtlich falsch ist. Denn gegen die Behauptung "Hans schreibt einen Brief" spricht z.B. die Behauptung "Hans liest ein Buch"; aber die Negation dieser Behauptung "Es ist nicht der Fall, daß Hans ein Buch liest" ist nicht bedeutungsgleich mit "Hans schreibt", noch ein Teil der Bedeutung dieser Behauptung. Vor allem R.S. Heimbeck hat auf diese Unterschiede aufmerksam gemacht (24), und Flew hat diese Inkonsistenz eingeräumt, ohne jedoch sein Kriterium darum als widerlegt zu betrachten (25).

Damit stellt sich die Frage, ob der Aufweis der Falsifizierbarkeit einer Aussage mögliches Kriterium des kognitiven Gehalts einer Äußerung sein kann. Flew fordert, empirische Sachverhalte zu formulieren, die eine Aussage als falsch erweisen. Solange solche die Aussage falsifizierenden Umstände nicht benannt werden können, gebe es keinen Grund anzunehmen, es handle sich um eine Aussage mit Erkenntnisgehalt. Inhaltlich gewendet, verlangt seine Frage "Was müßte geschehen oder geschehen sein, das ... einen Gegenbeweis gegen die Liebe oder Existenz Gottes darstellen würde?" (26), mögliche empirische Sachverhalte anzugeben, die den Satz "Gott liebt die Menschen" gegebenenfalls als falsch ausweisen.

Damit etabliert Flew ein Sinnkriterium, das als Version eines Verifikationskriteriums wie auch als Formulierung des Falsifikationskriteriums gewertet werden kann. Wird es nur auf den empirischen Bereich bezogen, so hat die wissenschaftstheoretische Diskussion hinlänglich gezeigt, daß ein einziges Kriterium aller sinnvollen empirischen Sätze sich nicht formulieren läßt. Die Geschichte des logischen Empirismus ist eine Geschichte des Scheiterns dieser Versuche (27). Wenn Flew darüber hinaus das Kriterium nicht auf empirische Aussagen eingrenzt, sondern es als allgemeinen Maßstab kognitiver Bedeutung verwendet, fragt sich, ob es in dieser Form auf religiöse Aussagen angewendet werden kann. Plantinga hat darauf hingewiesen, es sei nicht einzusehen, warum Aussagen über Gott ein einzelnes Ereignis oder eine endliche Reihe von Ereignissen ausschließen müßten, um ihnen Bedeutung zusprechen zu können (28).

Flew seinerseits hat den Einwänden mit der Auskunft indirekt Tribut gezollt, er habe keine umfassende Theorie der Bedeutung formulieren wollen; sein Kriterium sei vielmehr als eine Art 'Minimalforderung', als eine 'im Prinzip aufgeschlossene Herausforderung' zu verstehen (29). Es braucht hier der Frage nicht nachgegangen zu werden, ob sich die meisten an der Auseinandersetzung beteiligten Autoren über die Absicht Flews getäuscht haben (30) - es sollte lediglich deutlich werden, daß der Nachweis des kognitiven Status von Aussagen auch erkenntnis- und wissenschaftstheoretisch nicht eindeutig geklärt ist.

Dennoch wäre es unangebracht, die Kritik Flews und anderer Autoren als 'widerlegt' und die Problematik als erledigt zu betrachten, etwa im Sinne der beschwichtigenden Devise, solange die empiristische Philsophie nicht selbst in der Lage sei, ein widerspruchsfreies Sinnkriterium zu entwickeln, bräuchten Glaube und Theologie sich nicht zu beunruhigen. Wird überdies argumentiert, selbst ein konsistentes Verifikationskriterium könne lediglich den Unterschied zwischen empirischen und religiösen Aussagen markieren und zeige keineswegs, daß diese bedeutungslos seien (31), wird die Tragweite dieser Auseinandersetzung unterschätzt. In der Debatte um Verifikations- und Falsifikationskriterien dokumentiert sich nicht nur die philosophische Schwierigkeit, einen Maßstab aller kognitiven Aussagen zu formulieren. Soweit theologische und religiöse Aussagen betroffen sind, bringt diese Debatte auch eine tiefe Skepsis gegenüber religiösem Glauben überhaupt zur Geltung, die nicht von einer Lösung der Verifikationsproblematik allein abhängig ist, noch durch sie hervorgebracht wurde. Ein schon bestehender Sinnlosigkeitsverdacht konnte sich hier lediglich Ausdruck verschaffen. Daher werden auch jene nichtkognitiven Interpretationen des Glaubens, die unter dem Eindruck der Aussagen Flews formuliert worden sind, nicht als bedauerliche Folgelasten einer unverstandenen philosophischen Prämisse einzuschätzen sein. Die Debatte um Flew bot nur den Anlaß, dieses Verständnis des Christentums zu formulieren. Die von Hare, Braithwaite und anderen vertretenen Konzeptionen sind inhaltlich Ausdruck einer geistesgeschichtlich weitaus einflußreicheren antimetaphysischen Tendenz. Das belegt auch die zeitliche Entsprechung dieser Auseinandersetzung mit der "Gott-ist-tot"-Theologie. Eine ausschließlich auf der sprachlogischen und wissenschaftstheoretischen Ebene geführte Diskussion verstellt sich den Blick für diese Zusammenhänge.

Diese Beziehung der Frage nach der möglichen Bedeutung religiöser Aussagen zu einer antimetaphysischen Skepsis kommt in einigen Äußerungen von R.M. Hare deutlich zum Ausdruck (32). Er verzichtet darauf, seine Deutung des religiösen Sprachgebrauchs als Ergebnis einer neutralen philosophischen Begriffsanalyse zu kaschieren. Es erstaunt gleichfalls nicht, daß er in seiner jüngsten Veröffentlichung zum Thema der religiösen Sprache das Kriterium Flews als Artikulation eines empirisch orientierten Standpunktes voraussetzt, ohne die darüber entstandene Debatte auch nur ernsthaft in seine Überlegungen einzubeziehen. Vielmehr wendet er die von Flew den Theologen unterstellte Modifikations- und Erosionsstrategie als Interpretationsprinzip der Entwicklung der neuzeitlichen Theologiegeschichte an.

Dem wörtlichen Verständnis der anthropomorphen Gottesvorstellungen seien in Reaktion auf philosophische und naturwissenschaftliche Entdeckungen Wahrheitskonflikte zwischen Religion und Wissenschaft gefolgt. Um die neuen Einsichten nicht ablehnen zu müssen und das tradierte Verständnis der Religion nicht aufgeben zu müssen, werde der Bedeutungsbereich der religiösen und theologischen Aussagen schließlich eingeschränkt oder bildlich und symbolisch interpretiert. In der Gegenwart ist als vorläufiges Resultat dieser Entwicklung der Modifikationsprozeß für Hare soweit vorangeschritten, daß im religiösen Sprachgebrauch keine Behauptungen mehr erkennbar sind. Die absichernden und mit den Wissenschaften Vereinbarkeit erstrebenden Neuinterpretationen hätten die Glaubensvorstellungen ihres ursprünglichen Gehalts soweit entleert, daß nichts Substanzielles mehr deutlich sei, worüber man noch streiten könne. Der theologische Disput sei zum Streit um Worte geworden.

Von echten, verstehbaren Behauptungen sind für Hare die Bestimmungen des Gottesbegriffs in vage, nicht faßbare Andeutungen umgeschlagen. War der biblische Gott an seinen wunderbaren, kontranatürlichen Handlungen erkennbar, so habe die Theologie zwar diesen Wunderbegriff weitgehend aufgegeben, den Gottesbegriff dem Verständnis aber entzogen, indem sie Gott als absolute Transzendenz bestimme. Eine in den regelmäßigen Verlauf der Naturvorgänge eingreifende Handlung Gottes könne als sinnvolle Behauptung formuliert werden, ein absolut transzendenter Gott hingegen mache keinen Unterschied für die beobachtbare Wirklichkeit. Diese Unwirklichkeit der Rede von Gott wird, so Hare, zur Auflösung der Religion führen, wenn sie ihr Spezifisches nicht in der erfahrbaren Wirklichkeit zu bestimmen weiß: "Ich selbst glaube nicht, daß Religion unter weltoffenen Leuten noch länger bestehen wird, wenn sie nicht sowohl das Kontranatürliche als auch das Transzendentale verwirft" (33).

Damit bindet Hare seine Skepsis an Motive der Aufklärung, und hier tritt der antimetaphysische und areligiöse aufklärerische Impuls, dem die Falsifikationsdebatte konzentriert Ausdruck gibt, deutlich ans Licht. Die verbliebene Vitalität der Religion in der Neuzeit hat nach Hare in der Unbildung der Massen ihren stärksten Rückhalt gehabt. Der heute gegebene Zugang zu Bildung und Information mache die Massen des theologischen Problembestandes bewußt. Zwar fänden sich Philosophie und Religion und ebenso auch Religion und Naturwissenschaft heute bisweilen noch zusammen, aber es sei nicht mehr denkbar, daß alle drei, das philosophisch-kritische Denken, die naturwissenschaftliche Erkenntnis und Religion in ihrer herkömmlichen Form auf Dauer noch koexistieren. Die aufgeklärte Kultur der Zukunft wird für Hare die Formen und Inhalte des orthodoxen Christentums abstoßen und hinter sich lassen.

Nicht um die inhaltlichen Thesen ist es hier zu tun - die mögen dürftig expliziert und abgesichert sein - sondern um eine Andeutung des Motivations- und Interessensyndroms, das manchen nichtkognitiven Interpretationen des Glaubens zugrunde liegt. Die in den Äußerungen Hares zum Ausdruck kommende skeptische und antimetaphysische Einstellung ist als der Hintergrund im Auge zu behalten, vor dem die Ablehnung des Erkenntnis- und Wahrheitsanspruchs des christlichen Glaubens erst plausibel wird. Die im Vorhergehenden angedeutete Problematik, der sich Glaube und Wahrheitsanspruch gegenüber nichtkognitiven Interpretationen konfrontiert sehen, sei unter der Rücksicht dieses Kontextes zusammengefaßt.

In der jüngeren Religionsphilosophie gewinnen Positionen an Einfluß, die den christlichen Glauben derart explizieren, als beinhalte er nicht die Bezugnahme auf einen transzendenten Gott. Der Sprachgebrauch selbst gebe Aufschluß über die Bedeutung religiöser Aussagen, und diese impliziere keine Erkenntnis- und Wahrheitsansprüche im engen Sinn. Diese These ist als Deskription der Intentionen religiösen Sprechens unzutreffend; die Faktizität des Erkenntnis- und Wahrheitsanspruchs ist nicht zu leugnen. Daß dieser Anspruch zu Recht erhoben wird, kann aber weder der Vorwurf des Reduktionismus noch die bloße Berufung auf die Tradition nachweisen; der Theologie stellt sich vielmehr die Aufgabe, ihren Erkenntnis - und Wahrheitsanspruch selbst allgemeinverständlich auszuweisen. Ein solches Vorhaben sieht sich zwei Problemkreisen konfrontiert, die ihm theologische Notwendigkeit und wissenschaftstheoretische Möglichkeit bestreiten. In einer theologischen Selbstverständigung ist darum zunächst klarzustellen, daß der Erkenntnis- und Wahrheitsanspruch des Glaubens nicht als ausschließlich innerhalb eines vermeintlich selbständigen und ohne allgemeine Erfahrungsbezüge existenten Denk- und Sprachsystems bestehend vorgestellt werden kann. Die Aporie der Konzeption MacIntyres ließ erkennbar werden, daß eine solche Position letztlich nur um den Preis der Selbstauflösung des Glaubens bezogen werden kann. Wird hingegen Glaubenserkenntnis als einen allgemeinen Wahrheitsanspruch erhebend verstanden, ist in einer wissenschaftstheoretischen Auseinandersetzung der Status und die Berechtigung dieses Anspruchs zu klären. Die Hinweise auf den Disput um Verifizierbarkeit und Falsifizierbarkeit religiöser Aussagen wollten dartun, daß das Problem der Kognitivität von Aussagen durch eine abstrakte Konfrontation mit diesen Kriterien nicht zu lösen ist, weil die Verläßlichkeit dieser Kriterien umstritten ist und sie ihre Funktion schon bei komplexeren wissenschaftlichen Aussagen nicht leisten. Die Hintergründe dieser Auseinandersetzung würden jedoch völlig verkannt, meinte es die Theologie bei diesem 'tu quoque' Argument belassen zu können. Sie hat sich vielmehr der Beweggründe zu vergewissern, die trotz ungesicherter Voraussetzungen manche Autoren veranlassen, dem Glauben jeden Erkenntnisgehalt zu bestreiten. Dieser oft unausgesprochene Antrieb, der als die einzig mögliche Form des Glaubens sein rein lebenspraktisches Verständnis meint halten zu kön-

nen, stellte sich bei Untersuchung einiger Aussagen Hares als antimetaphysische Skepsis gegenüber theologischen Aussagen und Inhalten heraus.
Die Theologie beginge ihrerseits einen unverzeihlichen Fehler, würde sie die unter antimetaphysischen Prämissen entworfenen nichtkognitiven Deutungen des Glaubens nicht auch als Suche nach Erfahrungen und Lebensvollzügen verstehen lernen, die der religiöse Sprachgebrauch deckt und zum Ausdruck bringen will. Die tradierte theologische Sprache läßt nicht nur für diese Autoren immer schwerer erkennen, welche Empfindungen und Erfahrungen in ihr aufgehoben sind; für viele Menschen klingt sie gleichfalls verbraucht und inhaltsleer. Die Beziehungslosigkeit religiöser Sprache zum allgemeinen Lebenskontext bedeutet Unverständnis und Teilnahmslosigkeit in einem. Theologie erscheint als eine nur Insidern verstehbare Fachsprache, ihr Anspruch vermessen, ihr Gegenstand als elitäres Interesse. Erst wenn Erfahrungen und Lebensvollzüge transparent werden, die zu religiösem Sprechen Anlaß geben, kann der Erkenntnis- und Wahrheitsanspruch allgemein verstanden werden. Man kann sich nicht auf den kognitiven Anspruch versteifen, die nichtkognitiven Glaubensinterpretationen perhorreszieren und zugleich erwarten, die theologische Sprache würde sich schon darum mit Leben füllen. Der bloße theologische Protest verschließt sich der Möglichkeit, in den nichtkognitiven Funktionen religiösen Sprechens die Breite der Erfahrungen und Lebensvollzüge wahrzunehmen, in denen sich Glaubenserkenntnis auslegt und auslegen muß. Der pure Affront gegenüber diesen Konzeptionen verwaltet lediglich den Problembestand, aber die theologischen Inhalte, die er so zu retten meint, zerfließen ihm unbemerkt unter den Händen.
Daher wird die Konzeption von R.M.Hare im folgenden explizit diskutiert. Es ist zu fragen, wie ein Glaube "ohne Gott" sich als nichtkognitive und darum angeblich zeitgemäße Darstellung der religiösen Überzeugung dem Verständnis überhaupt nahebringen kann.

2. Glaube als nichtkognitives Wirklichkeitsverhältnis nach R.M.Hare. Eine Fallstudie

Hare ist Empirist genug, um dem religiösen Glauben und der Sprache, mittels derer er sich Ausdruck verschafft, jeden Erkenntnisgehalt abzusprechen. Religiöse Aussagen sind nicht Darstellung von Wirklichkeit und können darum nicht wahr oder falsch sein; soweit hält Hare an der Sinnlosigkeitsthese fest. Gründet der Glaube somit nicht auf Erkenntnis, die als Behauptung der Wahrheitsfrage konfrontiert werden könnte, ist er andererseits dennoch nicht sinnlos und die religiöse Sprache nicht ohne Bedeutung. Wer von Gott spreche, so Hare, habe etwas anderes im Sinn, als einen Sachverhalt als bestehend oder nichtbestehend zu behaupten.
Jene nichtdeskriptive Bedeutung religiösen Sprechens bindet Hare an das Bestreben, einer fundamentalen, das Verhalten des Menschen vor-

gängig prägenden und bestimmenden Einstellung Ausdruck zu geben. Hare prägt den Terminus "blik" für Grundhaltungen, die selbst nicht als Tatsachenaussagen zu werten sind, sich selbst als Behauptungen nicht formulieren können und daher nicht den Status kognitiver Aussagen besitzen, aber darum nicht als inhaltsleer angesehen werden müssen. Grundeinstellungen wirken sich aus und bringen sich im Handeln zur Geltung. Folgende Sätze fassen die wichtigsten Bestimmungen einer solchen Grundeinstellung zusammen, als die Hare den religiösen Glauben einsichtig machen will:

> "Hume hat uns gelehrt, daß unser ganzer Verkehr mit der Welt von unserem blik über die Welt abhängt und daß unterschiedliche bliks über die Welt nicht durch Beobachtung der Ereignisse in der Welt entschieden werden können ... Es scheint tatsächlich unmöglich, den normalen Weltblik als Behauptung auch nur zu formulieren ... Aber dennoch ist wahr, daß es, wie Hume erkannte, ohne einen blik eine Erklärung garnicht geben kann: denn auf Grund unserer bliks entscheiden wir, was als eine Erklärung zählt und was nicht" (34).

Grundeinstellungen sind also nicht als Behauptung oder als ein System von Behauptungen bestimmbar. Sie beziehen sich auf die Wirklichkeit, doch nicht so, daß sie diese Wirklichkeit oder endliche Sachverhalte in Aussagen zur Darstellung bringen könnten. Ihre sprachlichen Äußerungen falsifizieren und so ihren Erkenntnisgehalt nachweisen zu wollen, mißversteht ihre Eigenart. Das mit Grundeinstellungen umschriebene Verhältnis zur Wirklichkeit ist vielmehr grundsätzlicher Natur. "Grundeinstellung" meint für Hare ein der Erfahrung vorgängiges Einstellungsmuster, das die Erfahrung selbst schon prägt. So ist die Annahme einer Kausalstruktur der Wirklichkeit unabdingbare Voraussetzung für Hypothesenbildung und deren Bestätigung, aber sie selbst kann nicht als Hypothese formuliert und bestätigt werden; sie liegt der Wirklichkeitserfahrung schon voraus:

> "Angenommen wir glaubten, daß alles, was geschieht, rein zufällig geschieht. Natürlich wäre das keine Behauptung, denn es läßt sich mit allem, was geschieht oder nicht geschieht, vereinbaren und dasselbe gilt übrigens auch für seinen Gegensatz. Aber wenn wir dies glaubten, wären wir unfähig, etwas zu erklären, vorauszusagen oder zu planen. Obwohl wir daher nichts anderes behaupteten als Menschen mit einer normaleren Ansicht, bestünde doch ein großer Unterschied zwischen uns. Und diese Art von Unterschied besteht zwischen denen, die wirklich an Gott glauben, und denen, die wirklich nicht an ihn glauben" (35).

Diese formale Charakterisierung der Grundeinstellung ist zu ergänzen durch einen psychologischen Aspekt der Gewißheit. Der Wissenschaftler hält an seiner Überzeugung fest, daß sich Erklärungen auch dann finden lassen, wenn sich die eine oder andere Hypothese nicht bestätigen läßt.

Diese Unbeirrbarkeit ist für Grundeinstellungen wesentlich.

Den religiösen Glauben in diesem Sinn als Grundeinstellung zu charakterisieren, impliziert zunächst eine klare Abgrenzung vom tradierten christlichen Selbstverständnis. Wie schon gesagt, läßt Hare keinen Zweifel daran, daß ein Gottesgedanke, der Gott als subsistente, vom Menschen unabhängige Wirklichkeit vorstellt, für ihn entfällt. Doch dieser Bezug zu vermeintlich aussagbaren Sachverhalten ist nach Hare für den Glauben nicht konstitutiv. Der Säkularisierungsvorgang belegt für ihn nicht nur die Unglaubwürdigkeit einiger Glaubensvorstellungen, sondern zeigt im Gegenteil, daß der Glaube sich nicht auf Inhalte richtet, die bestehen oder nicht bestehen. Das Festhalten an religiösen Überzeugungen trotz ihrer wissenschaftlichen Kritik in der Neuzeit bestätigt ihm, daß die vermeintlichen Inhalte des Glaubens ihm nicht notwendig zugehören. Sie sind zeitgeschichtlich dependent und können vom Glaubenden "aufgegeben oder modifiziert werden, ohne das zu verlieren", was Hare als Spezifikum der religiösen Einstellung wertet; dies aber bezeichnet er als "fundamental für unser ganzes Leben auf dieser Welt" (36).

Die religiöse Grundeinstellung erscheint damit als gänzlich unabhängig von ihren verbalisierten "Objektivationen" und erst recht von konfessionellen Meinungsverschiedenheiten. Die Entschiedenheit, sich in der Einstellung nicht beirren zu lassen, wird als dieses Spezifikum sichtbar. Die Kennzeichnungen Hares bleiben etwas vage, doch diese feste Einstellung zur Wirklichkeit, die sich nicht erschüttern oder widerlegen läßt, wird in allen Ausführungen deutlich. Der Wissenschaftler prüft eine Hypothese, wiederholt dies bei gegebenem Mißerfolg, verwirft sie schließlich, aber er hört nicht auf, Hypothesen zu prüfen. Die zuversichtliche Erwartung, daß die Wirklichkeit erklärbar sei, läßt ihn seine Überzeugung nicht aufgeben, und darin "bekundet er genau jene Verweigerung zu zweifeln, die wir in religiösen Zusammenhängen Glaube nennen" (37). Der religiöse Mensch glaubte einst an Götter, darauf an einen Gott, (mit Hare) schließlich nicht mehr an Gott, soll aber seine religiöse Einstellung nicht aufgeben. Was konstituiert diesen Restbestand? Hare stellt ihn als wirklichkeitssichernde Einstellung vor, als eine Art Grundvertrauen in die Einheit, Beständigkeit und Verläßlichkeit der Wirklichkeit. Diese Einstellung liege den verschiedenen religiösen Formen als deren 'Ursache' voraus. Das ist nicht wenig, wie die Erläuterungen Hares zeigen: ohne diese wirklichkeitssichernde Grundeinstellung gäbe es keine Wissenschaft, keine Moral, nicht die Kontinuität des Handelns und keine Religion, und ohne all das wäre die Welt in der Tat "ein schlechter Ort" (38). Läßt sich das Wesen der Religion in diesem Sinn als affirmative Einstellung zur Wirklichkeit bestimmen, die ihre Einheit und ihren Zusammenhalt sichert, braucht es dazu nicht des Wahrheitsanspruchs des Christentums. Dann sind die verbalen Artikulationen, in denen diese Haltung sich ausspricht, ihr selbst gegenüber kontingent und nicht sonderlich bedeutsam, wie Hare konsequent herausstellt: "Ob die christliche Vorstellungswelt ein angemessener Ausdruck solchen Glaubens ist, ist eine höchst subjektive Angelegenheit" (39).

Andererseits kann diese Einstellung nicht inhaltsleer, nicht ohne Realitätsbezug sein. Ihre Charakterisierung kann durch die psychologische Kategorie der Gewißheit nicht als erschöpfend beschrieben gelten, denn Gewißheit und Unbeirrbarkeit haben einen Inhalt, dessen man gewiß ist, an dem man nicht irre wird. Die Antwort auf diese Frage muß zugleich darüber Auskunft geben, warum es einer religiösen Symbolwelt überhaupt bedarf. Hinweise zu diesem Problemkreis finden sich in den Aussagen Hares zur Bestimmbarkeit von Einstellungen, die sich nicht als Behauptungen formulieren können.

Einstellungen, Überzeugungen und Handlungsmaximen sind für den Empiristen Hare einzig durch das aus ihnen folgende und durch sie motivierte Verhalten bestimmbar. Eine Überzeugung wird erkennbar an dem Unterschied, den es macht, ihr gemäß zu leben. Moralische Prinzipien lassen sich erkennen an dem, was man tut (40). Moralisches Handeln und die Formulierung moralischer Maximen impliziert nun die Berücksichtigung der Folgelasten einer Handlung. Was Handlungen aber im einzelnen bewirken, ist zuvor nicht absehbar. Die Abschätzung der Nebenwirkungen gestaltet sich, wie Hare sagt, weitgehend als "eine Angelegenheit von Mutmaßung und Glaube. Wir müssen Glauben und Hoffnung haben, daß unsere Handlungen zum Besten geraten" (41). Unvorhersehbare Folgen können die lautersten Absichten ihr Gegenteil bewirken lassen, können moralisches Handeln so pervertieren, daß der Sinn moralischen Handelns überhaupt zweifelhaft wird. Sich trotz dieser Gefährdungen und Unwägbarkeiten das Vertrauen in den Sinn moralischen Handelns zu bewahren und die Hoffnung auf die Realisierbarkeit ethischer Wertvorstellungen nicht aufzugeben, kennzeichnet für Hare genau jenen Wirklichkeitsbezug, der sich als eine religiöse Überzeugung manifestiert. Dieses Vertrauen in die Wirklichkeit kann nicht als eine Behauptung formuliert werden, die sich begründen ließe, aber dennoch macht es einen erheblichen Unterschied, ob ein Mensch dieser Einstellung gemäß lebt oder nicht. Würde sie aufgegeben, hätte das "einen radikalen Wandel in unserer Ansicht darüber zur Folge, wie die Welt ist. Wir würden nicht nur aufhören, nach moralischen Handlungsmaximen zu suchen, die nicht aussichtslos sind, sondern das tun, weil wir dächten, daß die Welt so beschaffen ist, daß wir niemals eine finden würden" (42).

Ebenso setzt und verläßt der religiöse Mensch sich darauf, daß sein Glaube und dessen lebenspraktischer Vollzug nicht sinnlos ist. Er beharrt auf seiner Einstellung, z.B. durch Liebe und Versöhnung die Welt verändern zu können und läßt sich durch Enttäuschungserfahrungen nicht anfechten. Er kann die Sinnhaftigkeit seiner Einstellung nicht beweisen, denn er behauptet nichts, was sich falsifizieren ließe, doch ohne seine Gewißheit der 'Richtigkeit' dieser Einstellung lebte er in einer anderen Welt. Gäbe er seinen Glauben auf, würde er nicht nur seine Auffassung revidieren, weil er sie etwa als falsch erkannt hätte, sondern die Wirklichkeit wäre im ganzen anders geworden. Er würde sie als eine Welt erfahren, in der Liebe und Versöhnung keinen Ort haben.

Ob nun die christliche Religion inhaltlich eine 'andere Welt' entwirft, als sie durch eine ethische Einstellung konstituiert wird, läßt dieser Vergleich Hares nicht deutlich werden. Seine Bemerkung, Christ zu sein bedeute "eine völlig andere Vorstellung davon zu haben, was klug oder vernünftig ist" (43), ließe eine inhaltlich unterschiedene Bestimmung des Christlichen erwarten, aber andere Ausführungen zeigen, daß Hare Religion und Moral zwar hinsichtlich der differenten Vorstellungswelt, nicht aber bezüglich ihrer grundlegenden Funktion der Wirklichkeitskonstituierung unterscheidet. Denn beide werden beschrieben als Ausdruck eines affirmativen Wirklichkeitsverhältnisses, als Option für die Verläßlichkeit und Beständigkeit der Wirklichkeit, die die Kontinuität des Handelns und Erwartungshaltungen im Umgang mit der Wirklichkeit allererst möglich machen. Die Formulierung Hares, der Glaube könne solange nicht mit Ethik identifiziert werden, wie diese nicht ein unbeirrbares Vertrauen in die Realisierbarkeit ethischer Handlungsmaximen beinhalte, legt dieses Verständnis nahe. Der gleiche, Glauben und Wirklichkeitsbejahung identifizierende Gedankengang taucht auch dort auf, wo Hare den Begriff der Vorsehung als Glauben an die Beständigkeit der Wirklichkeit entfaltet: Er erwägt, ob es ohne den Glauben an eine Schöpfungsordnung den Gedanken von Faktizität und Wirklichkeit geben könne (44).

Religiöser Glaube ist demnach wesentlich als symbolisierende Selbstdarstellung eines affirmativen, unanfechtbaren Verhältnisses zur Wirklichkeit aufzufassen. Die fundamentalen Bedeutungsstrukturen dieser Wirklichkeit werden durch die Einstellung konstituiert, die der Mensch ihr gegenüber einnimmt. Um diese Erscheinungsweise wegen ihrer Unbegründbarkeit nicht kollabieren zu lassen, erzeugt der Mensch Symbole, die sie sichern und sie als 'wirklich' erfahren lassen. Diese Bestimmung der Religion ist mithin zu unterscheiden von jenen Theorien, die sie als sakralisierende Überhöhung und Verbrämung des Faktischen bestimmen, denn Hare zufolge wird Religion der empirischen Wirklichkeit nicht nachträglich zugeordnet und als eine separate, eigenständige Bedeutung verstanden, die aus diesen Funktionen erklärbar wäre (45). Vielmehr ist das Faktische für Hare von den Einstellungen ihm gegenüber nicht deutlich zu differenzieren; in diesen Einstellungen liegt selbst die Grenze zwischen wirklich und unwirklich begründet: "... es gibt keine Unterscheidung zwischen Tatsache und Illusion für eine Person, die nicht eine gewisse Haltung der Welt gegenüber einnimmt" (46). Die Einstellung konstituiert eine einheitliche Welt und organisiert die Erfahrungen zu einem kohärenten Bedeutungsmuster, das auf eine nicht weiter zu begründende Weise die Differenzierungen der fundamentalen Weisen der Wirklichkeitserfahrung festlegt. Darin, daß der religiöse Glaube die Gesamtheit der Erfahrungen grundlegend prägt, die dadurch ihren Zusammenhalt gewinnen und die Wirklichkeit als eine und ganzheitliche erfahren lassen, hat er seine Notwendigkeit. Hare sieht dies am besten im christlichen Schöpfungsgedanken zum Ausdruck gebracht, den er vorsichtig als Ordnungsprinzip des Wirklichen interpretiert: "Ist es möglich, daß dies unsere Art ist, der Wahrheit Ausdruck zu geben, ohne Glauben an eine göttliche Ordnung - ein Glaube, der in anderen Worten, mittels verehrender Zustimmung zu Prinzipien ausgedrückt wird - könnte es keinen Glauben an Tatsachen oder an wirkliche Gegenstände geben?" (47).

Die traditionellen Gottesbeweise, insbesondere die teleologischen und kosmologischen, denken Gott als Urheber und Schöpfer der Ordnungsstruktur der Welt und der Regelmäßigkeit der weltlichen Veränderungen. Diese Separation von Gott und Welt ist für Hare nicht mehr sinnvoll vorstellbar; bei ihm wird Gott zum Namen für eine bestimmte Struktur der Erkenntnisbedingungen und ihrer Voraussetzungen, die die Welt als ein geordnetes Ganzes, als eine einheitliche Wirklichkeit erst wahrnehmen lassen.

Der Glaube an Gott kehrt sich hier von der Vorstellung einer transzendenten Wirklichkeit in die Beglaubigung und Sicherung jener Grundeinstellung um, die Erkenntnis von Wirklichkeit als Einheit und Ganzheit erst ermöglicht. Devotion und Kult begleiten diese Wirklichkeitsbeziehung und bestärken sie ihrerseits, indem sie durch Symbolisierung der einheitlichen Wirklichkeit den Schrecken einer chaotischen, strukturlosen Welt nicht aufkommen lassen (48).

Diese Charakterisierungen treffen gewiß nicht mehr den Inhalt von Religion, wenn man als allgemeinen Verständnisrahmen voraussetzen darf, daß Religion eine Beziehung zum Heiligen meint, die als solche eine "totale Forderung des Heiligen an den Menschen ..., nicht das Selbstgedachte, sondern das mir Gesagte ist, das als das nicht Ausgedachte und nicht Ausdenkbare trifft, ruft, in Verpflichtung nimmt" (49). Ebensowenig läßt sich die Bestimmung Hares mit dem traditionellen Verständnis des christlichen Glaubens in Einklang bringen, worauf er selbst in aller Deutlichkeit hinweist.

Aber wenn die Theologie sich nicht der Aufgabe entheben will, die Auseinandersetzung mit solchen Positionen als ihre eigene Angelegenheit aufzufassen, dann sind Explikation und Begründung des kontroversen Verständnisses verlangt und so der Kritik und dem Verstehen zu öffnen. Im Sinne einer solchen konstruktiven Auseinandersetzung ist für die Erörterung der Begründungsthematik dies als Ergebnis der Kritik am Sinnlosigkeitsverdacht gegenüber dem religiösen Sprachgebrauch und am Versuch seiner nichtkognitiven Rehabilitierung festzuhalten:

Die sprachanalytische Religionsphilosophie macht mit Recht auf Probleme aufmerksam, die dem Begründungsthema vorausliegen. Indem sie prüft, welchen logischen Status religiöse Sprechakte besitzen, welche Art von Bedeutung religiöses Sprechen begründet beanspruchen darf, hilft sie die Frage zu präzisieren, als was der Glaube legitim einen Geltungsanspruch erheben kann, in welchem bestimmten Sinn er Anerkennung einfordert. Die Antworten auf diese Fragen beinhalten Vorentscheidungen darüber, ob und wie dieser Geltungsanspruch eingelöst werden kann.

Die Deutung des religiösen Glaubens als eine nichtkognitive Einstellung ist vom Standpunkt des Glaubens aus zu bestreiten. Mit Recht wird auf die

Unstimmigkeit der kriteriologischen Prämissen hingewiesen, die Ayer und Hare zu ihrer nichtkognitiven Auslegung des Gottesglaubens veranlassen. Dieses Argument kann den Wahrheitsanspruch erschüttern, den sie für ihre Bestimmung des religiösen Glaubens erheben; es allein sichert aber nicht das Verständnis des Glaubens als einer kognitiven Überzeugung. Dies darf nicht dazu verleiten, die Debatte um den sprachlogischen Status als überflüssig zu betrachten. Gerade bei Hare wird deutlich, daß nicht erst das positivistische Bedeutungskriterium die Auffassung einer nichttheistischen religiösen Wirklichkeitseinstellung hat ausbilden lassen. Diese ist nicht bloß Konsequenz einer bezweifelbaren philosophischen Prämisse, sondern hat ihren letzten Grund in einem tiefgreifenden Verständnisverlust für die tradierten Glaubensinhalte. Selbst eine schlüssige Widerlegung des Verifikationskriteriums oder ein Beweis des kognitiven Charakters des religiösen Sprachgebrauchs würde allein dieses Verständnis nicht sichern können. Die Auseinandersetzung um die Beweggründe, die solche Konzeptionen entwickeln lassen, ist daher auch von theologischem Interesse, weil sie dazu zwingt, das christliche Selbstverständnis gegenüber neuen Fragen darzulegen, was auch als Möglichkeit verstanden werden kann, ein höheres Maß an Verstehbarkeit und inhaltlicher Bestimmtheit zu erreichen. So tauchen in der Konzeption von Hare noch einige Bestimmungen auf, die das Christentum und seine Selbstauffassung zwar entstellen, aber deutlich werden lassen, in welcher Richtung das neuzeitliche Denken sich vom christlichen Selbstverständnis entfernt (50).

Im Gegensatz zu anderen sprachanalytisch inspirierten Konzeptionen ist der Gedanke der Totalität, der mit dem Gottesbegriff gegeben ist, bei Hare verzerrt noch sichtbar. Wenn Gott vom christlichen Glauben als Inbegriff des Sinns allen Seins behauptet wird, kann nicht nur dieses oder jenes Partikulare von diesem Sinn gemeint sein; Gott betrifft die Wirklichkeit als Ganze. Hare löst diesen Inhalt des Gottesgedankens als Beziehung der Welt zu einem ihr nicht Identischen zur Symbolisierung und zur Strukturierung des Wirklichen auf. Die religiöse Einstellung prägt und formt die Erfahrung darin, daß sie als weltkonstituierende Einstellung den Zusammenhalt und die Beständigkeit der Wirklichkeit setzt und durch Symbolisierungen stützt und sichert. Gegenüber einer solchen Erklärung des Ganzheitsgedankens und seiner Beziehung zum Gottesbegriff hat die Theologie einen Gottesbegriff zu formulieren und zu verteidigen, der einsichtig werden läßt, daß Gott und sein Verhältnis zur Welt nicht in jenen Vorstellungen zu denken ist, die Hare dem christlichen Denken unterstellt.

Weiterhin ist an den Ausführungen Hares bedeutsam, daß er den religiösen Glauben als wahrnehmungs- und erkenntnisleitend expliziert. Die von ihm dem religiösen Verhalten zugeschriebene Funktion der Weltkonstitution ist nicht nur als Kernpunkt seiner Auffassung problematisch, sondern bleibt auch als inhaltliche These zu skizzenhaft, als daß sie Entscheidendes zur Bestimmung der Beschaffenheit der religiösen Überzeugung beizutragen vermöchte. Aber mit der Behauptung des Einflusses des Glaubens auf die Welterfahrung ist ganz grundsätzlich ein Problemfeld angeschnitten, das sich der Theologie heute mit den Themen des religiösen

Pluralismus, der Struktur des Glaubensvollzugs, der Glaubens- und Wirklichkeitserfahrung aufdrängt. Hare reduziert diese Problematik auf die weltkonstituierenden Leistungen der religiösen Einstellung und benennt lediglich die Determinanten der Einheit und Konstanz. Wenn aber in der Wirklichkeitserfahrung des Menschen von heute die divergierendsten Strömungen zusammentreffen, ist die Theologie aufgefordert darauf zu reflektieren, wie sich die verschiedenen Erfahrungsströme zu einer Haltung fügen, als die die religiöse Überzeugung begriffen werden muß, soll sie nicht zu eklektizistischen Ausrichtungen auf partikulare Gegebenheiten verkommen.

Hare rechtfertigt das nichtkognitive Verständnis des Glaubens unter anderem auch mit dem Hinweis auf die Sinnlosigkeit nicht falsifizierbarer Aussagen. Seine funktionale Auslegung des religiösen Sprachgebrauchs hat die Anerkennung der neopositivistischen Sprachkritik zur Voraussetzung. Vom religiösen Standpunkt hatte MacIntyre die Zuständigkeit philosophischer Bedeutungs- und Wahrheitskriterien für den Glauben bestritten. Ähnliche Auffassungen werden vom sprachphilosophischen Standpunkt vertreten, auf die wir jetzt näher eingehen wollen.

B Das theologische Begründungsproblem aus der Sicht einer gebrauchstheoretischen Bedeutungsbestimmung der religiösen Sprache

Die Diskussion um den kognitiven Gehalt des religiösen Sprachgebrauchs ergab, daß sich der kognitive Anspruch des Glaubens als Faktum nicht abweisen läßt. Zugleich wurden Probleme deutlich, die sich dem Nachweis der Berechtigung dieses Anspruchs stellen. Neben der mit theologischen Fragen behafteten These, ein solcher Nachweis könne und dürfe kein theologisches Anliegen sein, fragt sich vor allem, welche Bedingungen erfüllt sein müssen, um der Glaubenssprache Kognitivität zuerkennen zu können. Die neopositivistischen Kriterien der Bedeutung konnten die Unterscheidung zwischen kognitiv und nichtkognitiv nicht überzeugend formulieren. Sie sind daher auch nicht ungeprüft zum bedeutungstheoretischen Maßstab für den religiösen Sprachgebrauch zu erheben.

Vor allem in der von Wittgenstein inaugurierten Richtung der sprachanalytischen Philosophie wird dieser Vorbehalt mit Nachdruck betont. Um die Bedeutung von sprachlichen Äußerungen nicht nach ihnen unangemessenen Maßstäben zu bestimmen und zu beurteilen, sei von ihrem Verwendungszusammenhang her ihre Bedeutung zu erfassen. Bedeutungsbestimmungen setzen eine Theorie voraus, die Kriterien und Methoden angibt, wie die Bedeutung von Äußerungen, Sätzen und Ausdrücken festzulegen ist. Die sprachanalytische Philosophie hat Theorien entwickelt, denen zufolge die Bedeutung sprachlicher Ausdrücke nach ihrem Gebrauch bestimmt werden muß. Sie sieht bei anderen Bedeutungstheorien nicht genügend berücksichtigt, daß zur Bedeutung von Aussagen auch gehört, was ein Sprecher näherhin tut, wenn er spricht. Sie geht vom Sprechen als Handlung aus und sucht aus dieser Perspektive die Bedeutung sprachlicher Ausdrücke zu erheben.

Der walisische Philosoph D.Z. Phillips hat die Gebrauchstheorie der Bedeutung zur Grundlage seiner Untersuchungen über die Eigenart religiösen Sprachgebrauchs gemacht. Den Auseinandersetzungen um den kognitiven Gehalt religiösen Sprechens hält er vor, fremde Bedeutungskriterien dogmatisch angelegt zu haben, ohne erst ihre Anwendbarkeit zu prüfen. Seine Position soll hier vorgestellt und diskutiert werden, weil sie das Begründungsproblem vom sprachphilosophischen Standpunkt aus beurteilt und seine theologische Relevanz bestreitet (1).

1. Der Ansatz der Konzeption von D.Z. Phillips

a) Glaube als Sprachspiel und Lebensform

Unter den verschiedenen Gestalten der Glaubensbegründung hatte sich vor allem in Reaktion auf die Aufklärung eine bestimmte Form weithin Geltung verschafft, die das Erfordernis der Begründung als 'Rechtfertigung des Glaubens vor der Vernunft' formuliert. Solle religiöser Glaube ein verantwortlicher, freier Akt sein, dann habe er sich vor der Vernunft zu legitimieren. Als 'vernunftgemäß' konnte der Glaube dann gelten, wenn "die Gewißheit der Offenbarung durch äußere Kriterien" (2) sich nachweisen ließ. Die Äußerlichkeit der Kriterien war für eine überzeugende Begründungsstrategie darum erforderlich, weil der Nachweis der Wahrheit der Kernaussagen des Glaubens diese nicht insgeheim schon voraussetzen sollte. Umgekehrt galt eine Begründung als gescheitert, wenn sich in ihren Voraussetzungen ein Element des Glaubens und damit die vorgängige Annahme der Wahrheit der zu beweisenden Aussagen nachweisen ließ. 'Begründung' war identisch mit der Anstrengung, eine Begründungs- oder Beweisinstanz jenseits jener Wahrheiten zu formulieren, denen sich der Glaube verpflichtet weiß, um einen Zirkel in der Argumentation zu vermeiden.

Diese Argumentationsstruktur läßt sich auch an zeitgenössischen theologischen Auseinandersetzungen aufzeigen. Der Anspruch der Gotteserkenntnis wird beim Problem der Glaubwürdigkeit der Gotteserfahrung kritisch daraufhin diskutiert, ob er in Wirklichkeit nicht subjektiver Gefühlszustand und sein behaupteter Inhalt nicht eine Projektion des Subjekts sei. Solche Auseinandersetzungen akzeptieren einen äußerlichen Maßstab, der über die Wahrheit oder Gültigkeit der Behauptung entscheidet. So rechtfertigt sich etwa die Behauptung der Gotteserfahrung mit dem von dem konkreten Ereignis einer solchen Erfahrung unabhängigen Nachweis der Erkennbarkeit Gottes und sieht die Behauptung dann als berechtigt an, wenn die allgemeinen Bedingungen der Erkennbarkeit Gottes im konkreten Einzelfall erfüllt sind. Ähnlich übernehmen exegetische Forschungsmethoden bestimmte Kriterien der Historizität historischer Ereignisse und suchen nachzuweisen, daß in der Bibel beschriebene Geschehnisse wirklich stattgefunden haben, d.h., die sie beschreibenden Aussagen genügen den Maßstäben historischer Objektivität. Das Postulat der Äußerlichkeit der Begründungsinstanz anerkennt damit die Angemessenheit von nichtreligiösen Kriterien wie Historizität oder Kognitivität als für die Begründung von religiösen Überzeugungen maßgebend.

Die Notwendigkeit und Möglichkeit solcher, dem fraglichen Gegenstand äußerlichen Prüf- und Begründungsverfahren wird von D.Z. Phillips nachdrücklich bestritten. Solche Forderungen setzten die irrige Vorstellung einer allgemeinen, für mehrere oder gar alle Erkenntnisbereiche verbindlichen Prüfinstanz voraus, ohne sich über den Anwendungsbereich solcher Kriterien zuvor verständigt zu haben. Phillips kritisiert all jene Positionen, die die Bedeutungs- und Wahrheitskriterien kontextunabhängig formulieren, mit dem sprachanalytischen Argument, daß Erkenntnisvorgänge vom Sprachzusammenhang, in dem sie sich vollziehen, prinzipiell nicht ablösbar sind. Erkenntniskritik kann daher nicht von der Vorstellung ausgehen, hinter und unter den sprachlich-begrifflichen Überlagerungen den zu erkennenden Sachverhalt unverstellt in den Blick zu bekommen, um von dieser Basis her die Erkenntnisansprüche zu beurteilen und zu kritisieren. Ist aber Erkenntnis unablösbar an Sprache gebunden, kann auch Erkenntniskritik sich nur in der Sprache vollziehen. Die Bedeutung religiösen Sprechens muß sich daher am Gebrauch der Worte und Begriffe selbst zeigen; Erkenntniskritik hat sich an diesem Sprachgebrauch zu orientieren. Der konkrete Sprachgebrauch ist als letzte Bezugsebene der Bedeutungsbestimmung religiösen Sprechens und auch ihrer Kritik anzunehmen. Phillips beruft sich auf folgende Äußerungen von P. Winch:

"Wirklichkeit ist nicht etwas, das der Sprache Sinn gibt. Was wirklich und was unwirklich ist, zeigt sich in dem Sinn, den die Sprache hat. Außerdem gehören sowohl die Unterscheidung zwischen Wirklichem und Unwirklichem als auch der Begriff der Übereinstimmung mit der Wirklichkeit zu unserer Sprache ... Wenn wir also die Bedeutung dieser Begriffe verstehen wollen, müssen wir ihren tatsächlichen Gebrauch untersuchen - ihren Gebrauch in der Sprache" (3).

Wenn das, was als wirklich von unwirklich unterschieden wird, sich nur in der verwendeten Sprache zeigt, muß die Forderung der Äußerlichkeit der Kriterien ein Irrtum sein, da es eine allgemeine, kontextunabhängige Beurteilungsinstanz nicht gibt. Um die Bedeutung religiösen Sprachgebrauchs zu bestimmen und ihn zu beurteilen, ist daher zunächst von dem spezifischen Sprachgebrauch selbst auszugehen. Phillips wendet diese sprachphilosophischen Theoreme konsequent auf den religiösen Sprachgebrauch an und formuliert die These, daß sich in ihm eine eigene, eigenständige Sinnwelt manifestiere: "Religiöse Sprache ist nicht eine Interpretation, wie die Dinge sind, sondern bestimmt, wie die Dinge für den Gläubigen sind. Der Heilige und der Atheist interpretieren nicht dieselbe Welt auf verschiedene Weise. Sie sehen verschiedene Welten" (4).

Verhält sich demnach die Glaubenseinstellung als eine besondere Erfahrungsweise zu einer eigenen, eigenständigen Welt religiösen Sinns, kann die Bedeutung religiösen Sprachgebrauchs nur vor dem Hintergrund dieser Sinnwelt selbst verständlich gemacht und beurteilt werden. Unterscheidet sich überdies der Bedeutungsgehalt religiösen Sprachgebrauchs derart grundsätzlich, daß er nicht als Ergebnis einer spezifischen Interpretation der allgemeinen Wirklichkeit darstellbar ist, erfordert das Erfassen religiöser Bedeutungsgehalte auch, die spezifischen Verstehensbedingungen dieser Bedeutungswelt zu erfüllen. Die Bedeutung religiöser Vorstellungen und religiöser Praxis kann unter diesen Voraussetzungen nicht anders als durch Teilnahme an den Kommunikations- und Handlungsvorgängen der Gläubigen selbst zugänglich werden. Phillips nimmt die Begriffe "Sprachspiel" und "Lebensform" aus der Philosophie Wittgensteins auf, um die Welt des Glaubens als einen einheitlichen, unabhängigen Bereich sinnhaften religiösen Handelns und religiöser Verständigung zu kennzeichnen. Der Sinn, von dem der Glaube spricht, ist folglich nur im Rahmen dieses Sprachspiels und im Kontext der ihm zugehörenden Lebensform wahrnehmbar. Die Bedeutung religiösen Sprechens zu verstehen, wird dem Wissen identisch, wie diese Sprache zu verwenden ist. Unter diesen Prämissen kann Phillips die Gotteserkenntnis als praktisches Beherrschen des religiösen Sprachgebrauchs formulieren: "... zu wissen, wie diese Sprache zu gebrauchen ist, heißt Gott kennen" (5). Diese Identifikation der Kenntnis religiösen Sprachgebrauchs mit dem Erfassen seiner Gehalte führt zu weitreichenden Konsequenzen.

Die oben angesprochene Argumentationsfigur der Begründung und Kritik geht mit der Annahme allgemeiner Kriterien davon aus, daß sich die Bedeutung religiösen Sprechens und religiöser Praxis dem Verstehen ohne besondere Vorleistungen erschließt und sich von anderen Sprachbereichen nicht schlechthin unterscheidet. Eben dies wird von der sprachanalytisch inspirierten Religionsphilosophie ausdrücklich verneint. Ihr zufolge sind die verwendeten Begriffe zunächst sorgfältig nach ihrem Gebrauch zu analysieren, um ihre Bedeutung korrekt zu erfassen. Einzig normative Instanz solcher Analysen ist der religiöse Sprachgebrauch selbst. Den Bedeutungsgehalt als eindeutig vorauszusetzen, gilt als willkürlich und unbedacht; äußere Bedeutungskriterien anzulegen, heißt sich dem Verständnis dieses Sprachgebrauchs von vornherein zu verschließen. Eine Kritik, wie sie von Ayer, Flew und anderen formuliert wurde, muß Intention und Bedeutung dieses Sprechens daher völlig verkennen. Der von Phillips beständig wiederholte zentrale Grundsatz, den er kritisch gegenüber anderen Konzeptionen thematisiert, behauptet die Kontextabhängigkeit der Bedeutungskriterien. Die Bedeutung religiösen Sprechens ist daher nur dem Sprachspiel zu entnehmen und nur von ihm her ist sie zu beurteilen: "Worauf ich bestehe ist, daß die Verstehbarkeit der Familie der Sprachspiele, die vom Terminus 'Religion' gedeckt werden, nicht nach umfassenderen Bedeutungskriterien beurteilt werden" (6).

Diese gebrauchstheoretische Auffassung der Bedeutung der Sprache kann den Vernunftbegriff nicht unberührt lassen. Muß als letzte Berufungsinstanz der faktische Gebrauch von Worten und Begriffen hingenommen werden, ist es nicht möglich, die Berechtigung solcher Begriffsverwendung an einem abstrakten Vernunftbegriff zu bemessen. Phillips behauptet daher konsequent eine "Verschiedenheit von Kriterien der Rationalität" und fordert zu akzeptieren, "daß die Unterscheidung zwischen dem Wirklichen und dem Unwirklichen nicht in jedem Kontext auf das Gleiche hinausläuft" (7). Ist es demnach nicht möglich, die Sprachspiele 'von außen' zu beurteilen, muß sich die philosophische Darstellung und Kritik auch der Wahrheitsfrage enthalten: "Zu sagen, daß die Kriterien von Wahrheit und Falschheit in der Religion innerhalb einer religiösen Tradition zu finden sind, heißt nichts über die Wahrheit oder Falschheit der fraglichen Religion zu sagen" (8). Die philosophischen und theologischen Folgelasten dieses Ansatzes für das Verständnis von Glaube und Begründung deuten sich hier schon an, wenn man an den Ansatz der traditionellen Apologetik, an die Religionskritik oder an die Versuche einer Verhältnisbestimmung von Religion und Wissenschaft erinnert. Um sie angemessen zu beurteilen, sind die Begriffe des Sprachspiels und der Lebensform, auf denen die gesamte Konzeption Phillips' beruht, näher zu erörtern.

Durch die Anwendung des Sprachspielbegriffs auf den religiösen Glauben werden zwei Aspekte besonders betont: das Verständnis religiösen Sprechens als regelgeleiteter Tätigkeit sowie die Einheit und Eigenständigkeit religiöser Bedeutungsgehalte. Wittgenstein hat in seiner Spätphilosophie gelehrt, daß der grundlegende Sinn der Sprache nicht die Bezeichnung und

Darstellung sei; er bestimmt ihn als Mittel und Medium der verschiedenen Weisen der intersubjektiven Verständigung. Um den Aspekt der Tätigkeit zu charakterisieren, prägte er den Ausdruck "Sprachspiel": "Das Wort 'Sprachspiel' soll hier hervorheben, daß das Sprechen einer Sprache ein Teil ist einer Tätigkeit, oder einer Lebensform" (9). Phillips überträgt diese Bestimmung auf das religiöse Sprechen. Nach seiner Auffassung beinhaltet der religiöse Sprachgebrauch alle Formen sprachlicher Verständigung, die innerhalb des vom Glauben gezogenen Rahmens möglich und sinnvoll sind, als ein einheitliches und eigenständiges Sprachspiel. Der Glaube an Gott umschreibt den Bereich, innerhalb dessen gewisse Tätigkeiten und ein bestimmtes Sprechen als religiös sinnhaftes Handeln verstanden werden können. Die Bedeutung ist daran zu erkennen, wie und in welcher Absicht Worte und Begriffe innerhalb dieses Sprachspiels verwendet werden.

Dies bedeutet nicht, jedweder Gebrauch von Worten sei schon korrekt und bedeutungsvoll, sofern er nur als diesem Sprachspiel zugehörig identifizierbar ist. Das Sprechen folgt Regeln, die die Logik dieses Sprachspiels bestimmen. Weil diese Regeln bestimmbar sind, können Fehler der Begriffsverwendung erkannt werden. Die Verständigung innerhalb des Sprachspiels gelingt trotz solcher Gefährdung, wenn die Kommunikationsteilnehmer den Regeln folgen, denn diese legen fest, was innerhalb des Sprachspiels als wahr und falsch, als sinnhaft und unsinnig gilt. An diesen Begriff der Regel binden sich somit die Intersubjektivität des Verstehens und das Verstehen selbst. Als Anwenden und Befolgen von Regeln ist das Verstehen und Sprechen eine wesentlich gemeinschaftliche Tätigkeit. Sprachliche Verständigung gelingt und Verstehen ist möglich, wenn Hörer und Sprecher dieselben Regeln befolgen. Mit den Regeln sind somit auch Öffentlichkeit und die mögliche Bedeutungsbreite von Begriffen gegeben. Die Teilnahme an einem Sprachspiel muß sich den Regeln fügen und kann nur so die Bestimmtheit religiöser Bedeutungsgehalte wahrnehmen: "... insofern als die religiöse Sprache erlernt werden muß, ist Religion öffentlich. Man kann nicht irgendeine Gottesidee haben" (10).

Die Regeln des Sprachspiels können also nicht arbiträr erzeugt oder abgeschafft werden. Wer den Gehalt religiöser Sprache erfassen will, muß sich in die Gemeinschaft derer begeben, die diese Regeln befolgen. Diese Gemeinsamkeit des Befolgens von Regeln konstituiert und sichert eine gemeinsame Welt, deren lebenspraktische Voraussetzungen und Folgen die religiöse "Lebensform" ausmachen. Diese lebenspraktische Beziehung zwischen Sprachspiel und Lebensform bringt Phillips durch seine Kennzeichnung religiöser Vorstellungen als verhaltensorientierender "Bilder" zum Ausdruck. Sie prägen Erfahrungen, bestimmen das Denken, leiten das Handeln und repräsentieren so den lebensbestimmenden Sinn, den der Glaube für den religiösen Menschen hat (11).

Das Beziehungsgefüge zwischen Sprachspiel und Lebensform beinhaltet also eine eigene Logik, eigene Bedeutungs- und Wahrheitskriterien. In Anlehnung an Wittgenstein wird das Regelsystem, das diesem Beziehungsgesamt seine Einheit gibt, "Tiefengrammatik" genannt. Diese liegt nicht als explizit formulierte "Grammatik" offen dar, sondern muß als die dem Sprachspiel und der Lebensform zugrundeliegende Ordnungsstruktur durch Bestimmung der möglichen Verwendungsweisen der Begriffe erst erhoben werden. Dies leistet der Sprachanalytiker, indem er fragt, "was und was nicht von einem fraglichen Begriff gesagt werden kann" (12). Die sprachanalytische Bedeutungsbestimmung kann durch Klärung der Tiefengrammatik die möglichen Verwendungsweisen religiöser Begriffe bestimmen und so auch kritisch falschen Begriffsgebrauch aufdecken und zugleich zu größerer Kohärenz des Sprachgebrauchs beitragen.

Unter diesen Prämissen scheint religiöser Glaube aus bedeutungstheoretischen Gründen gezwungen, die Beziehungslosigkeit zu anderen Sprach- und Lebensbereichen akzeptieren und sich selbst als Enklave einer von außen nicht verstehbaren, nicht kritisierbaren, nicht begründbaren 'autonomen' Sinnwelt begreifen zu müssen. Demjenigen, der diese Sinnwelt verstehen will, wird der Erwerb ihrer Sprache abgefordert, da er sonst die Logik dieses Sprachgebrauchs nicht erfassen kann. Kaum zu überwindende Kommunikationsbarrieren deuten sich als weitere Konsequenzen dieser Darstellung des Glaubens als eigenständigem Sprachspiel an.

Vor einer detaillierteren Diskussion dieser Konzeption bleibt festzustellen, daß die Äußerungen Wittgensteins zu religionsphilosophischen und theologischen Fragen diese Voraussetzungen nicht rundweg autorisieren. Zwar läßt sich die Position Wittgensteins bezüglich der Fragen der Verstehbarkeit, der Begründbarkeit und des logischen Status religiösen Glaubens aus den im Gesamtwerk verstreuten Hinweisen rekonstruieren, aber die divergierenden Interpretationen bestätigen, daß die Berufung auf 'die' religionsphilosophische Position Wittgensteins nicht möglich ist (13).

Eindeutiger als die Haltung Wittgensteins zum Thema Religion läßt sich jedoch zeigen, daß die Begriffe Sprachspiel und Lebensform von ihm nicht als Kennzeichnung ganzer Lebensbereiche gedacht sind und darum ihre Applikation auf Religion und Glaube in der durch Phillips vorgenommenen Weise nicht rechtfertigen. Wittgenstein hat mit dem Wort 'Sprachspiel' nicht die Einheit eines distinkten Sprachbereichs gemeint. Manche Äußerungen erwecken zwar den Eindruck, als könnten Autoren wie Phillips sich zu Recht auf ihn berufen; zur Frage der Begründungsfähigkeit von Sprachspielen heißt es etwa:

> "Unser Fehler ist, dort nach einer Erklärung zu suchen, wo wir die Tatsachen als 'Urphänomene' sehen sollten. D.h. wo wir sagen sollten: dieses Sprachspiel wird gespielt" (14).

> "Du mußt bedenken, daß das Sprachspiel sozusagen etwas Unvorhersehbares ist. Ich meine: Es ist nicht begründet. Nicht vernünftig (oder unvernünftig). Es steht da - wie unser Leben" (15).

Aber diese Übereinstimmungen sind vordergründig. Der Ausdruck "Sprachspiel" soll bei Wittgenstein den Handlungscharakter und die Kontextbezogenheit sowie die Regelorientierung sprachlicher Äußerungen kennzeichnen.

Sprache kann auf höchst vielfältige Weisen verwendet werden, und gegenüber der Auffassung seines "Tractatus" schätzt er in der Spätphilosophie die der Darstellung nur als eine unter vielen ein. Um welche Art von Gebrauch es sich im Einzelfall jeweils handelt, ist wesentlich durch die Sprechsituation bestimmt. Die situative Einheit eines solchen Geflechts von sprachlichen Äußerungen, Handlungen und gegebenen Umständen soll der Ausdruck "Sprachspiel" bezeichnen. Die Einheit und Unterschiedenheit des Sprachspiels wird daher nicht durch die Besonderheit von Sprachbereichen konstituiert; Religion, Wissenschaft oder Literatur fangen die Inhalte dieses Begriffs ebensowenig ein wie natürliche Sprachen. Vielmehr ist an unterscheidbare Kommunikationsvollzüge gedacht, die darum gelingen, weil in ihnen Regeln situations- und handlungsbezogen befolgt werden (16). Die Verschiedenartigkeit und die Eigenart dieser Sprachspiele hebt sich nicht auf, wenn sie im Rahmen religiöser Praxis auftauchen. Die Besonderheit von Religion und Glaube kann darum nicht als die Besonderheit nur eines Sprachspiels bestimmt werden. Will man auf den Begriff des Sprachspiels nicht verzichten, ist er im Rahmen des Glaubens und der Theologie neu zu bestimmen. Das trifft ebenfalls für den Begriff der Lebensform zu (17).

P. Sherry hat aufzeigen können, daß Phillips eine gewisse Zweideutigkeit der Aussagen Wittgensteins zum Thema Sprachspiel und Lebensform bei der Grundlegung seiner Konzeption ausnützt. Es läßt sich von jener Aussagenreihe, auf die Phillips sich stützt und in der beschriebenen Weise auf Religion und Glaube anwendet, eine zweite Aussagengruppe unterscheiden. In ihr läßt Wittgenstein die Sprachspiele nicht einfachhin und unantastbar vorgegeben sein, sondern bezieht sie auf Erfahrung, auf empirische Tatsachen des menschlichen Lebens und Verhaltens. Würden diese Äußerungen von Phillips berücksichtigt werden, könnte er das Konzept der Sprachspiele als logisch 'autonomer' Sprach- und Lebensbereiche nicht beibehalten (18).

Phillips kann sich bei den zentralen Voraussetzungen seiner Position also nicht einfach auf Wittgenstein berufen. Seine Konzeption ist an ihrer eigenen Stimmigkeit zu messen. Erweckt allein ihre Grundlegung einen höchst einseitigen Eindruck, so ist sie nicht darum schon als irrelevant abzutun. Sie stellt die konsequenteste Durchführung der Applikation einer Reihe von bedeutungstheoretischen Annahmen auf den religiösen Sprachgebrauch und die Theologie dar, die auch in der theoretischen Grundlagendiskussion der Psychologie, Soziologie oder der Geschichtswissenschaft diskutiert werden. Darüber hinaus fordert nicht nur Aktualität eine Auseinandersetzung mit den Aussagen Phillips'; die sprachphilosophischen Theoreme betreffen die Theologie ganz allgemein als ein sprachlich verfaßtes Unternehmen und damit auch die Gestalt ihrer Kernprobleme: die Glaubensbestimmung, die Wahrheitsfrage, die Erkenntnis- und Begründungsproblematik (19). Wären die Prämissen der von Phillips entwickelten Konzeption stimmig, sähe sich die Theologie bei der Erörterung dieser Themen ganz anderen Fragen und Problemen konfrontiert.

Dies insbesondere bezüglich der Begründungsproblematik, wie eingangs die Erinnerung an herkömmliche Argumentationsfiguren verdeutlichen wollte. Wenn Bedeutungskriterien nur für ein spezifisches Sprachspiel gültig sind, wenn weiterhin Verstehen die Partizipation am Sprachspiel beinhaltet, dann beruht nicht nur die herkömmliche Apologetik auf völlig falschen Prämissen. Unter der Voraussetzung, daß sich die Wahrheitsfrage nicht von außen an das Sprachspiel richten läßt, muß die Begründungsidee selbst einer Revision unterzogen werden, weil sie die allgemeine Einlösung von Geltungsansprüchen fordert. Phillips sieht sich zur Kontextualisierung der Bedeutungskriterien durch die Theorie einer gebrauchstheoretischen Bedeutungsbestimmung des religiösen Sprachgebrauchs veranlaßt, was als der Ansatz seiner Position hier zunächst herauszustellen war. Die Charakterisierung des Glaubens als einer eigenen, abgeschlossenen Bedeutungswelt impliziert die Konsequenz der Identifizierung von Glauben und Verstehen. Weil die Begründungsidee Kommunikabilität des zu Begründenden fordert, ist in einem weiteren Gedankengang die Charakterisierung des Verstehens als Partizipation am Sprachspiel zu bedenken. Wir diskutieren dieses Thema inhaltlich am Phänomen des Atheismus, weil dieser der These von Phillips zu widersprechen scheint, Aussagen über die Inhalte eines Sprachspiels seien außerhalb dieses Sprachspiels nicht möglich.

b) Verstehen als Partizipation an Sprachspielen

Um die Bedeutung religiösen Sprechens zu erfassen, ist der Kontext zu berücksichtigen, in dem es seinen Ort hat und seine lebenspraktische Verwendung findet. Diese sinnfällige Auskunft erhält nun durch die Anwendung der Gebrauchstheorie der Bedeutung einen problematischen Akzent. Weil die Bedeutung von Aussagen und Begriffen ihr zufolge danach zu bestimmen ist, wie sie gebraucht werden, vermag nur derjenige sie zu erfassen, der die Begriffe zu gebrauchen weiß. Ist dieses Wissen zudem als ein dem Sprachspiel spezifisches aufzufassen, gilt für das Sprachspiel Religion: nur wer seine Regeln kennt und sich auf diesen Sprachgebrauch versteht, vermag die Bedeutung religiösen Sprachgebrauchs einzusehen. Diese Kenntnis der Regeln und ihrer Anwendung ist nun zunächst dem Gläubigen zuzuschreiben; eine Identifikation von Glaube als Partizipation am religiösen Sprachspiel und seiner Lebensform und dem Verstehen als der Fähigkeit zu dieser Partizipation ist die Konsequenz. Diese These vom Verstehen als Kenntnis des Gebrauchs von Sprache führt zur Angleichung des Glaubens an die Fähigkeit, den Bedeutungsgehalt religiösen Sprachgebrauchs zu erfassen. Diese Identifizierung muß immer dann fragwürdig werden, wo Einsicht behauptet oder Anerkennung gefordert wird, ohne damit schon Einverständnis, Zustimmung oder die Überzeugung der Wahrheit verbinden zu wollen oder zu können.

Die Verstehbarkeit religiösen Sprechens und religiöser Handlungen wird von Phillips zuweilen streng auf den Bereich religiöser Praxis begrenzt. "Zu verstehen, was mit einem religiösen Geheimnis gemeint ist, heißt zu verstehen, wie der Begriff des Geheimnisses zu gebrauchen ist - zum Beispiel in Gottesdienst und Meditation" (20). Solches Wissen ist dem Glauben zuzusprechen, so daß Glaube und dieses Wissen hier deckungsgleich erscheinen: "Man kann gesondert vom Glauben an den ewigen Gott nicht verstehen, was Verehren, Bekennen, Danken oder Bitten bei der Anbetung heißen" (21). Sind so verstanden die Fähigkeit zum Sprachgebrauch und der Glaube ein Gleiches, scheint dem Nichtglaubenden auch ein nur annäherndes Verständnis religiöser Bedeutungsgehalte versagt zu bleiben und dem, der es behauptet, bestritten werden zu müssen. Diese Identifikation von Glauben und Verstehen läßt jedes äußere Verhältnis zum Glaubensinhalt unmöglich erscheinen. Der Entscheidung zum Glauben wäre eine vorgängige Kenntnis zu bestreiten, wie auch seine Ablehnung ohne Kenntnis und Einsicht erfolgen müßte.

Gegenüber Phillips wurde denn auch bald der Vorwurf erhoben, in seiner Konzeption erhalte der Glaube den Status der Bedingungsmöglichkeit des Verstehens; er bestreite ein Verständnis, das sich der Bejahung versagt, die Wahrheit leugnet oder Kritik am Glauben übt. Die Immunisierung gegenüber jeder Kritik sei total (22). Streng genommen wäre bei dieser Identifizierung sogar die von Phillips vertretene, strikt deskriptive Sprachanalyse nicht durchzuführen. Denn diese soll ja die tiefengrammatische Struktur der Sprachspiele erheben und religiöse Äußerungen auf Übereinstimmung mit dieser Grammatik überprüfen. Wäre die religiöse Überzeugung des Analytikers die notwendige Voraussetzung, einen Zugang zur Bedeutung religiösen Sprachgebrauchs überhaupt zu gewinnen, bliebe diese jedem äußeren und damit auch dem analysierenden Verständnis verschlossen. Demgegenüber beinhaltet aber die sprachanalytische Bedeutungstheorie die Auffassung, daß die Bedeutung religiösen Sprechens am Gebrauch der Begriffe sichtbar wird, der selbst qua definitione öffentlich ist. Dies kommt z.B. deutlich bei dem Verständnis des Gottesbegriffs bei Phillips zum Ausdruck: "... die Bedeutung der Wirklichkeit Gottes ist in seiner Göttlichkeit zu finden, die in der Rolle ausgedrückt wird, die (Gottes)verehrung im Leben des Menschen spielt" (23). Um davon ein Verständnis zu entwickeln, ist aber der Glaube nicht notwendig. Wenn Phillips sich dem Einwand widersetzt, der Glaube werde von ihm als Bedingungsmöglichkeit des Verstehens veranschlagt, geht es mithin nicht nur um eine angemessene Darstellung dieses Verhältnisses, sondern zugleich um die Stimmigkeit seiner ganzen Konzeption. Um deren wesentliche Prämissen nicht aufzugeben, ist er gezwungen, das Verstehen in der Form der gläubigen Partizipation am Sprachspiel von jenem zu unterscheiden, das zur philosophischen Begriffsanalyse notwendig ist.

In dieser Absicht differenziert Phillips zwischen einem "religiösen" und einem "philosophischen" Verstehen (24). Das religiöse Verstehen ist mit dem Glauben gegeben. Der Gläubige verwendet die religiöse Sprache, um sich in seiner Erfahrungswelt zu orientieren und innerhalb der Glaubensgemeinschaft zu verständigen; diese Sprache ist 'seine Welt'. In der

Vertrautheit im Umgang mit religiösen Worten und Begriffen sowie in der Ausübung religiöser Tätigkeiten befolgt er implizit die eingeübten Regeln dieser Lebensform. Sein Wissen ist ausschließlich praktischer Art; er versteht sich auf die Ausübung der in dieser Lebensform selbstverständlichen und ihr angemessenen Verhaltensweisen. Solche gläubige Teilnahme am Sprachspiel verlangt nicht die Fähigkeit einer begrifflichen Darstellung seiner Regeln und Inhalte. Seines ausschließlich praktischen Charakters wegen hat der Glaube das Vermögen zu seiner theoretischen Darstellung nicht zur Voraussetzung, denn als praktische Lebensweise wird er eingeübt und erlernt (25).

Die begriffsanalytische Darstellung dagegen enthält ein theoretisches Element. Sie erfordert ein "philosophisches" Verstehen. Die sprachphilosophische Analyse gewinnt es, indem sie die tiefengrammatischen Regeln des Sprachgebrauchs durch den Vergleich dieser Begriffsverwendung mit der in anderen Sprachspielen erhebt. Auf diese Weise vermag sie Begriffsverzerrungen aufzuzeigen, die durch die Übertragung fremder Begriffe und Denkweisen in das religiöse Sprachspiel auftreten. Sie macht kenntlich, was innerhalb des religiösen Sprachspiels nicht gesagt werden kann. Dieses Verstehen setzt nicht den Glauben an Gott voraus. Über die negativen Abgrenzungen dessen hinaus, was religiöses Sprechen nicht meint, soll die Begriffsanalyse jedoch auch darlegen, was positiv die inhaltliche Bedeutung religiösen Sprechens ist. Diese inhaltliche Bestimmung verlangt jedoch ein tieferes Verstehen, denn sie muß die Sprache zu solchen Erfahrungen und Tätigkeiten in Beziehung setzen, die zu diesem Sprechen Anlaß geben. Um diese Erfahrungen zu erfassen, ist eine gewisse Vertrautheit, "ein gewisses Gefühl für das Spiel" (26) erforderlich.

Phillips' Differenzierung zwischen zwei Arten des Verstehens kann in dieser Form nicht befriedigen. Er nimmt sie vor, um den Einwand zu entkräften, seine Konzeption leugne die Möglichkeit jeden äußeren Zugangs zu religiösen Bedeutungsgehalten. Die von ihm unternommene Unterscheidung bricht diese hermetische Abgrenzung soweit auf, wie das philsophische Verstehen eine Art Sympathiegefühl für den Glauben verlangt, wenn es eine inhaltliche Darlegung erbringen soll. Dieses philosophische Verstehen dringt jedoch nicht zu jener Bedeutung vor, die das religiöse Sprechen und die religiöse Lebensform für den Gläubigen selbst hat, obwohl die Gebrauchstheorie der Bedeutung dies fordert. Nach Maßgabe der Voraussetzungen dieser Konzeption wird Bedeutung nicht anders als durch die aktive Teilnahme am Sprachspiel greifbar; solche Partizipation aber wird von Phillips dem Glauben gleichgesetzt. Ein irritierender Zwiespalt zwischen "gläubigem" und "philosophischem" Verstehen prägt denn auch die verschiedenen theologischen Topoi, die mit diesem Problem in Zusammenhang stehen. Dies wird besonders deutlich an der höchst eigentümlichen Bestimmung der Haltungen des Atheismus und Agnostizismus, zu der Phillips sich durch die Identifikation von Glauben und Verstehen gezwungen sieht.

Phillips bestreitet die Möglichkeit des Atheismus im üblichen Sinn. Die Leugnung der Existenz Gottes, die gemeinhin mit dem Atheismus verbunden wird, ist Phillips zufolge eine sinnlose Vorstellung, denn sie impliziere den vom Standpunkt des Gläubigen sinnleeren Gedanken, daß Gott nicht notwendig existiere (27). Der Atheist widerspricht daher dem Gläubigen nicht, wenn er das Dasein Gottes bestreitet. In seinen Äußerungen bekundet er vielmehr seine Interesselosigkeit am Sprachspiel Religion (28). Dem Einwand, so verstanden könne der Atheismus niemals eine auf Kenntnis beruhende Ablehnung des Glaubens sein, als die er sich doch versteht, entgegnet Phillips, Ablehnung sei hier als die Verweigerung zu nehmen, sich am religiösen Sprachspiel zu beteiligen (29). Phillips bemerkt selbst, daß der kämpferische, militante Atheismus nicht einfach als Bekundung des Desinteresses oder als Ablehnung des für ihn Bedeutungslosen beschrieben werden kann, da ihm die Ablehnung doch offenkundig sehr relevant ist. Um die Identifikation von Glauben und Verstehen zu wahren, wird der Glaubensbegriff von Phillips nun auf die Haltung des überzeugten, aktiven Atheismus selbst ausgedehnt. Der Atheist glaube sehr wohl an Gott, aber seine Einstellung sei eine von Ablehnung und Haß: "Die Liebe Gottes ist in seinem Leben wirksam, aber bei ihm ruft sie Haß hervor. Zu sagen, daß er nicht an Gott glaube, ist absurd, denn wen haßt er, wenn nicht Gott?" (30).

Zu dieser etwas sophistisch anmutenden Ausflucht ist Phillips gezwungen, weil er mit der bloßen Verwendung von Begriffen diesen jene Bedeutung zuschreiben muß, die sie im Sprachspiel haben. Weil der Atheist religiöse Begriffe verwendet, muß ihm diese Konzeption unterstellen, er behaupte implizit die Wirklichkeit Gottes. Wie die Haltung des Atheismus, so wird auch die des Agnostizismus von Phillips verzeichnet. Dieser bezweifelt erkenntnistheoretisch die Möglichkeit, über Erfahrungstranszendentes etwas aussagen zu können und enthält sich darum, die Wahrheitsfrage zu entscheiden. Phillips hingegen deutet diese Einstellung dahingehend, daß der Agnostiker nicht wisse, ob Glaube an Gott irgendeinen Sinn habe (31).

Diese Verzerrungen der atheistischen und agnostischen Position haben in der Verbindung der Gebrauchstheorie der Bedeutung mit dem Begriff des Sprachspiels als Deutungsprinzipien des religiösen Sprachgebrauchs ihren Grund. Als Konsequenz wird die Eliminierung jenes Elements aus dem Glaubensvollzug sichtbar, das in der Glaubenstheologie als Glaubenszustimmung bezeichnet wird. Wird der Glaube als ein eigenständiges Sprachspiel verstanden und die Bedeutung seiner Sprache gebrauchstheoretisch bestimmt, dann verstellt dieser methodische Zugang zur Bedeutungsanalyse die Differenz zwischen dem Gebrauch von religiösen Begriffen und der Frage nach der Wahrheit ihres Inhalts, wie auch die Differenz zwischen Glaube als Lebenspraxis und dem Moment der Zustimmung zu einem aus ihr hervorgehenden, aber von ihr zu unterscheidendem Wahrheitsanspruch. Ist die Bedeutung religiöser Gehalte einzig daran zu erkennen, welchen Unterschied die Verwendung dieser Begriffe im Leben der Menschen macht, ist der Glaubensinhalt für sich selbst nicht mehr wahrnehmbar. Da jedwedes Eingreifen in die religiöse Lebensform als Teilnahme an diesem Sprachspiel gewertet wird, solche Partizipation aber immer schon Glaube ist, werden Wahrheitsanspruch und Glaubenszustimmung zu leerem Beiwerk; ob die Stellungnahme affirmativ oder als leidenschaftliche Ablehnung verstanden wird, macht für diese Konzeption der Glaubensbestimmung keinen Unterschied, weil die Verwendung von Begriffen ihnen immer jenen Bedeutungsgehalt zuschreiben muß, der ihnen gemäß der tiefengrammatischen Analyse zukommt. Die Glaubenseinstellung wird damit ebenso verzeichnet wie die Haltung des Atheisten. Denn dieser glaubt nicht darum an Gott, weil er ja "gegen ihn kämpft". Vielmehr hält er den Glauben für die irrige Einstellung, seine Vorstellungen für illusionär, seine Wahrheitsansprüche für falsch. Er versteht den Glaubenden durchaus, aber gerade weil er ihn versteht, lehnt er dessen Wahrheitsanspruch als falsch ab. Solche Ablehnung ist nicht Glaube. Der lebenspraktische Rahmen braucht nicht geleugnet und die vertrauensvoll-engagierte Haltung als Spezifikum der Religiosität nicht bestritten zu werden, wenn der Unterschied zwischen Glaube und Unglaube dahingehend bestimmt wird, daß das, wozu der Glaube sich bekennt, vom Atheisten als falsch und irrig abgelehnt wird.

Diese Deutung der Haltung des Atheisten gewinnt allerdings in der Konzeption von Phillips eine gewisse innere Plausibilität: Die Aussage, der Atheist leugne nicht die Existenz Gottes, sondern er hasse Gott, wird verstehbar, wenn 'Gott' die religiöse Lebensform als Ganze bezeichnet, die der Atheist als unmenschlich bekämpft. Dieses Verständnis des Atheismus als Haß gegen Gott kann aber Gott nicht mehr als eine vom Sprachspiel unabhängige Wirklichkeit denken. Der Ausdruck 'Gott' wird zum Signum für eine bestimmte Sprach- und Lebenswelt, was nichts anderes heißt, als daß der Gottesgedanke zur Objektivität einer Sprachwelt aufgelöst wird. Dieses Problem ist im Zusammenhang der Ausführungen Phillips' zur Gottesfrage nochmals zu thematisieren.

Der Gegensatz zwischen Glaube und Unglaube wird auch darum so eigentümlich entstellt, weil der sprachphilosophischen Position Phillips' zufolge nur am Rande des Sprachspiels wirkliche Kommunikationsbarrieren auftreten können. Innerhalb des Sprachspiels kann es gravierende Verständigungsprobleme nicht geben, da sich die möglichen Unklarheiten durch Rekurs auf die Grammatik schnell ausräumen lassen. Die Problematik von Glaubenserfahrung und Sprache verschiebt sich auf das Verhältnis von unterschiedlichen Sprachspielen im ganzen. Wie Glaubenserfahrung mitgeteilt, wie Gotteserkenntnis überhaupt möglich ist, wird dieser Position nicht zum Problem. Wer die Sprache verwendet, ist sich über die Bedeutung der Begriffe im klaren; wer die religiöse Sprache zu verwenden weiß, "kennt Gott". Dieser Aspekt der Identifizierung von Glauben und Verstehen hängt mit dem Theorem der prinzipiellen Öffentlichkeit von inneren Erfahrungen in der sprachanalytischen Philosophie zusammen. Die Mitteilbarkeit von Erfahrungen, die das Subjekt für sich selbst macht, stellt darum kein echtes Problem dar, weil zur Bezeichnung und Darstellung privater Erfahrungen immer Worte und Begriffe verwendet werden müssen. Diese aber können nur der öffentlichen Sprache entnommen werden; die sprachliche Mitteilung befolgt notwendig intersubjektiv geltende Regeln. Werden diese Regeln auf ein eigenständiges Sprachspiel eingegrenzt, kann es zwischen den Teilnehmern an diesem Sprachspiel keine Verständigungsschwierigkeiten geben (32). Die Beziehung zwischen verschiedenen Sprachspielen dagegen ist die Verhältnislosigkeit verschiedener Welten.

Gegen Phillips ist darauf zu bestehen, daß die Problematik von Erfahrung und Sprache sich nicht als der Gegensatz von Partizipation und Desinteresse am Sprachspiel formulieren läßt. Das bedeutet nicht, das Plausible dieser Theorie über die Öffentlichkeit der Sprache zu leugnen. Die Frage der Verständigung über die eigene Erfahrung und deren Mitteilung ist nicht nur die Frage der praktischen Kenntnis eines bestimmten Sprachgebrauchs. Sie ist auch die Frage der Individualität der Erfahrungen, die der einzelne mit seinem Glauben selbst macht; diese sind mit der Überzeugung der Glaubensgemeinschaft, der der einzelne angehört, nicht identisch. Diese Differenz zwischen persönlicher Erfahrung und der Gemeinsamkeit des Bekenntnisses, das der einzelne als wahr behauptet, wird bei Phillips wegen der unterschiedslosen Angleichung von Sprachgebrauch, Verstehen und Glauben nicht mehr sichtbar.

Diese Konzeption muß, indem sie den Glauben als Partizipation an einem eigenständigen, von außen nicht wirklich verstehbaren Sprachspiel konstruiert, erhebliche Umdeutungen an religiösen Vollzügen vornehmen, um ihre Voraussetzungen halten zu können. Die Identifizierung von Glauben und Verstehen gibt die Möglichkeit preis, zwischen Verstehen und Einverständnis, zwischen Verstehen und Bejahung oder Ablehnung des Wahrheitsanspruches angemessen zu unterscheiden. Die mangelhafte Differenzierung zwischen verschiedenen Verstehensarten ließ deutlich werden, daß sich die These der Identität von Glauben und Verstehen innerhalb dieser Konzeption selbst kaum durchhalten läßt. Neben den neuen Qualifikationen der Beziehungen zwischen Glaube und Unglaube sind auch jene zu nichtreligiöser Wirklichkeit neu zu interpretieren. Sind Bedeutungs- und Wahrheitskriterien unzweifelhaft vorgegeben, dann ist auch das Denken nicht ein Allgemeines, das die Grenzen zwischen Sprachspiel und nichtreligiöser Wirklichkeit sprengen könnte. Die Beziehungslosigkeit des Glaubens zu allem ihm Äußeren scheint für diese Konzeption konstitutiv. Der Theologie bleibt dann allein die Selbstdeklamation. Diese Probleme müssen sich deutlich bei der Begründungsproblematik und an der Frage des Verhältnisses von Glaube und Kritik zur Geltung bringen.

2. Glaubenskritik und Glaubensbegründung - zwei sprachlogische Mißverständnisse?

a) Sprachspielautonomie und Nichtkritisierbarkeit

Die Bestimmung des Verhältnisses von Glaube und Kritik bei Phillips läßt sich als Interpretation einiger Aussagen Wittgensteins lesen, die er der Erörterung dieses Themas selbst voranstellt:

> "Ein philosophisches Problem hat die Form: "Ich kenne mich nicht aus". Die Philosophie darf den tatsächlichen Gebrauch der Sprache in keiner Weise antasten, sie kann ihn am Ende also nur beschreiben. Denn sie kann ihn auch nicht begründen. Sie läßt alles, wie es ist" (33).

Phillips nimmt diese Gedanken in die methodische Grundlegung seiner Konzeption auf. Wenn nach Maßgabe des Sprachspielbegriffs Wahrheit und Bedeutungskriterien kein möglicher philosophischer Streitgegenstand, sondern mit der Faktizität von religiösem Sprachspiel und religiöser Lebensform als in diesen gültig formuliert hinzunehmen sind, kann Philosophie nur die begriffsanalytische Darstellung des Sprachgebrauchs sein: "Philosophie ist weder für noch gegen Religion: 'Sie läßt alles, wie es ist' ... Es ist nicht die Aufgabe der Philosophen zu entscheiden, ob es einen Gott gibt oder nicht, sondern was es bedeutet, die Existenz Gottes zu behaupten oder zu verneinen" (34).

Diese Bescheidung auf die analysierende Darstellung der Begriffsverwendung bestreitet zwei großen Traditionen philosophisch-religiösen Denkens die Legitimation: philosophische Theologie entpuppt sich als Selbstmißverständnis, Religionskritik im weitesten Sinn wird erkenntnistheoretisch unzulässig. Von den Anfängen der Religionskritik bis zur Gegenwart entwickelten kritische Religionstheorien einen Maßstab, der eine Erklärung oder eine Beurteilung des Wahrheitsgehalts gestatten sollte. Beim Christentum wurden insbesondere die Existenz Gottes, die Möglichkeit von Offenbarung, oder in jüngster Zeit der kognitive Status von Aussagen über Gott bezweifelt. Nach Phillips verlieren diese Positionen, indem sie einen äußeren Maßstab an religiöse Aussagen anlegen, eo ipso ihren religiösen Gegenstand. Da sie die Bedeutungs- und Wahrheitskriterien des religiösen Sprachspiels nicht akzeptieren, setzen sie andere Maßstäbe zu ihrer Beurteilung an und nehmen fälschlich an, diesen könne Religion sich fügen. Jede grundsätzliche Kritik an religiösem Glauben bedeutet für Phillips einen Verstoß gegen die Autonomie des Sprachspiels und ist daher logisch falsch. In der Auseinandersetzung mit Kritik gewinnt der Glaube innerhalb dieser Konzeption eine nicht zu überbietende Unangreifbarkeit. Unter der Voraussetzung, daß die bloße Existenz des Sprachspiels die in ihm geäußerten Wahrheitsansprüche schon legitimiert, ist jede äußere Kritik ein Mißverständnis. Diese Möglichkeit, die Inhalte der eigenen Position vor jedem Ausweis schon als wahr behaupten zu können, kennzeichnet die Schriften Phillips' noch im Formalen (35). Gegenüber jeder Kritik von außen läßt sich der

Vorwurf des Dogmatismus erheben; allein der Zweifel an der Wahrheit des Glaubens berechtigt zu der Behauptung, die Bedeutung religiösen Sprechens sei nicht erfaßt worden: jede Kritik erscheint als Versuch, der religiösen Sprache eine andere, ihre 'wirkliche' Bedeutung aufzudrängen. Jede nichtimmanente Kritik kann nach diesem Verfahren abgewiesen werden, und Phillips verzichtet nicht darauf, der sprachanalytischen Religionskritik anzukreiden, die naturwissenschaftliche Hypothese, die empirische Behauptung oder die Normalsprache zum normativen Bedeutungskriterium religiösen Sprechens erhoben zu haben (36).

Dennoch enträt diese Position für den Bereich des Sprachspiels selbst nicht jeder kritischen Potenz. Sie eruiert die Grammatik religiöser Sprachpraxis und damit die Bedeutung religiöser Kernbegriffe. Der so gewonnene Maßstab kann darüber befinden, ob im religiösen Sprachgebrauch selbst Begriffsverwirrungen vorliegen und ermöglicht, solche Verzerrungen zu korrigieren. Ähnliche Argumentationsfiguren führen Phillips auch zur Kritik theologischer Positionen; sofern sie die Eigenständigkeit des Sprachspiels durch Forderungen und Entwürfe der Glaubensbegründung, durch Aussagen zur Erkennbarkeit Gottes oder durch Anleihen bei anderen Sprachspielen verletzen, wird dies von ihm als theologisches Selbstmißverständnis herausgestellt (37).

Die von Phillips beschworene Sorgfalt der Verständigung über die Bedeutung religiösen Sprechens bleibt unstrittig eine vernünftige Forderung; wird diese Bedeutung jedoch exklusiv im Gebrauch der Begriffe innerhalb des Sprachspiels ausgemacht, führt das zu ihrer Entstellung. Phillips unterstellt die Beziehungslosigkeit des Glaubens zu anderen Erkenntnisbereichen und die kriteriologische Autonomie des Sprachspiels ebenso dogmatisch, wie er anderen Positionen den Dogmatismus meint nachweisen zu können. Die völlige Unabhängigkeit des Glaubens und der Theologie von inhaltlichen Bezügen zu anderen Bereichen kann nicht das Ergebnis einer 'neutralen' analytischen Deskription sein. Der Streit um die theologische Relevanz der Entwicklungslehre Darwins für die Schöpfungstheologie - um nur dieses Beispiel zu nennen - erregt immer noch theologisches Interesse; wie bei den Entdeckungen des Galilei und des Kopernikus hat die Theologen auch bezüglich der Entwicklungslehre intensiv beschäftigt, ob und wieweit der Glaube an die Gottgeschaffenheit des Menschen und der Welt durch Darwins Behauptungen berührt oder gar widerlegt würde. Bei der theologischen Klärung des Verhältnisses von Natur und Schöpfungsglaube wird der Darwinismus im Nachhinein auch als Widerspruch zu bestimmten schöpfungstheologischen Aussagen akzeptiert:

> "Die vor Darwin herrschende Idee der Konstanz der Arten hatte sich vom Schöpfungsgedanken her legitimiert; sie sah jede einzelne Art als eine Schöpfungsgegebenheit an ... Es ist klar, daß dieser Form von Schöpfungsglauben der Entwicklungsgedanke widerspricht und daß diese Ausprägung des Glaubens heute unhaltbar geworden ist" (38).

Verfällt Ratzinger, der hier eine bestimmte theologische Vorstellung als theologisch unzureichend ablehnt, weil sie sich mit den Erkenntnissen der Wissenschaften nicht vereinbaren lasse, einem sprachlogischen Fehlschluß, oder stellen diese Aussagen nicht die vernünftige Anstrengung um eine Klärung der Beziehung von Religion und naturwissenschaftlicher Erkenntnis dar? In jedem Fall wurde und wird mit der Entwicklungslehre ein nichtreligiöses Problem zu einem theologischen Thema gemacht. Wenn aber das Kriterium der faktischen Begriffsverwendung gelten soll, hätte Phillips diese Fragen als berechtigt zu akzeptieren. Lehnt er eine solche Auseinandersetzung als theologisches Mißverständnis ab, kann er sich nicht undifferenziert auf den Sprachgebrauch berufen. Vielmehr hätte er dann theologische Kriterien zu benennen, die die Ausgrenzung dieses Konflikts als theologisch irrelevant oder illegitim erst rechtfertigen. Die Auseinandersetzung mit Ergebnissen der wissenschaftlichen Forschung kann also durchaus auch dazu veranlassen, den Glauben kritisch zu klären, Spuren abergläubischen Denkens zu erkennen und ein Absinken in magische Vorstellungen zu verhindern. Weil damit ein fundamentales Interesse des Glaubens selbst ausgesprochen ist, wird die Nichtkritisierbarkeit des Glaubens, wie Phillips sie behauptet, zu einem weiteren Problem seiner Konzeption.

Da die Bedeutung und die Wahrheit religiöser Vorstellungen und Praktiken nach Phillips von außen grundsätzlich nicht beurteilt werden können, werden sie jeder Kritik entzogen, ob sie dem andersdenkenden Menschen nun "seicht trivial, phantastisch, sinnlos oder sogar schlecht" (39) erscheinen. Wenn man sich aber auch nur einen Augenblick vergegenwärtigt, in welchem Ausmaß Hexenwahn und Aberglaube die Kirche in ihrer Geschichte begleitet haben, verliert die Frage nach der Kritisierbarkeit und die Forderung der Begründungsfähigkeit jeden rhetorischen Schein. Wenn zudem Aberglaube und Magie unbestritten in religiöse Vorstellungen eindringen konnten, heute aber weitgehend der Vergangenheit angehören, liegt der Gedanke nahe, dem Glauben selbst könne das gleiche Schicksal beschieden sein. Wird er von anderen Lebens- und Erkenntnisbereichen so strikt getrennt, scheint es keine Möglichkeit zu geben, sein Selbstverständnis in Auseinandersetzung mit ihnen zu klären und gegebenenfalls zu revidieren. Der Verdacht Nielsens ist berechtigt:

> "... einst gab es eine sich entwickelnde Lebensform, in der Elfen und Hexen für reale Wesenheiten gehalten wurden, aber nach und nach ... gelangten wir dahin, den Glauben an Elfen und Hexen aufzugeben. Daß ein Sprachspiel gespielt wurde, daß eine Lebensform bestand, verhinderte nicht unser Fragen nach der Klärung der involvierten Begriffe und nach der Wirklichkeit dessen, was sie begrifflich faßten" (40).

Die Gefährdung des Glaubens, magische Vorstellungen nicht zu unterscheiden, wird von Phillips nicht übersehen (41). Im Gegenteil, er wirft verschiedensten Religionsphilosophen vor, abergläubischen Vorstellungen anzuhangen, wenn sie etwa religiöses Sprechen nach anderen Maßstäben beurteilen, Anthropomorphismen verteidigen oder Gott als Erklärungsfaktor einer unbestätigten Hypothese ansehen. Ausführlich handelt er über abergläubische Formen des Bittgebets. Dennoch ist seine Methode, diese Unterscheidungen vorzunehmen, dem Gegenstand nicht angemessen. Er behauptet, begriffsanalytisch zu beschreiben; das Ergebnis seiner Aussagen zeigt jedoch tiefgreifende Modifikationen der Bedeutung religiöser und theologischer Aussagen.

Phillips vermag manche Gebetsformen als religiöses Fehlverhalten zu kennzeichnen, weil sie sich als zweckrationales Handeln dechiffrieren lassen. Beten erscheint bei einigen von ihm gewählten Beispielen als ein Mittel zum Zweck. Daß das Gebet hier mißverstanden und seine Idee entstellt wird, ist unbestreitbar richtig; die Voraussetzungen, die Phillips zu dieser Erkenntnis gelangen lassen, sind jedoch ebenso eindeutig falsch. Entsprechend der Annahme einer eigenen Logik des Sprachspiels ist als Konsequenz der Konzeption von Phillips alles das als Entstellung religiöser Praxis zu kennzeichnen, was sich in einer anderen Begrifflichkeit als der religiösen beschreiben läßt. Was aber nach diesem Substraktionsverfahren als Kernbestimmung des Gebets sich herausstellt, muß nicht schon darum das Wesen des Betens treffen, weil es sich nicht in anderen Begriffen und Kategorien beschreiben läßt. Die positiv inhaltliche gebrauchsanalytische Bestimmung dessen, was die Menschen tun, wenn sie beten, vermag dies dann nicht mehr zureichend zu korrigieren.

Lassen sich religiöser Sprachgebrauch oder religiöse Praxis in nichtreligiösen Begriffen beschreiben, muß Phillips sie als irreligiös bestimmen, denn andernfalls könnte die Besonderheit des Sprachspiels nicht mehr behauptet werden. Was als vordergründig echte Religiosität erscheint, aber zugleich auch als Erstreben eines Zweckes, als Handel, Wette oder ähnlich beschreibbar wird, muß als Verzerrung des Religiösen angesehen werden und droht zu entfallen. Aber religiöse Verhaltensweisen können doch nicht deswegen als nichtreligiös charakterisiert werden, weil sie anderem Verhalten und Handeln sehr ähneln oder sich in deren Begrifflichkeit darstellen lassen. Zu solcher Beurteilung ist das ihr zugrundeliegende Kriterium inhaltlich zu explizieren und zu rechtfertigen, um zu entscheiden, was als angemessene Form des Betens gelten kann. Die gebrauchstheoretischen Bestimmungen, die von Phillips in dieser Absicht entwickelt werden, vermögen aber dann wesentliche Aspekte des christlichen Gebetsverständnisses nicht mehr einzufangen. So sind inhaltliche Beziehungen zur Christologie und zur Eschatologie, die dem christlichen Beten doch die spezifische Gestalt geben, nicht mehr erkennbar(42). Diese Dürftigkeit der inhaltlichen Präzisierung ist wiederum in der Handhabung begriffsanalytischer Methoden bei Phillips begründet. Wenn der mögliche Gehalt religiöser Begriffe nur das sein kann, was zum einen nichtreligiös nicht beschreibbar ist und zum anderen im Kontext religiösen Sprechens als mittels **religiöser Begriffe** beschreibbare Handlung ansichtig wird, muß neben anderen theologischen Inhalten auch der Bedeutungsaspekt des Gottesgedankens für das Beten zu dem sich zusammenziehen, was sich als eine dem Akt des Betens korrespondierende Größe mit sprachanalytischen Mitteln rekonstruieren läßt. Diese Fixierung auf die anthropologische Auslegung theologischer Inhalte wird bei der zentralen Aussage über das Bittgebet deutlich sichtbar: "Wenn tief religiöse Gläubige um etwas beten, bitten sie Gott nicht so sehr, dies zu bewirken, sondern erzählen ihm gewisserweise von der Intensität ihrer Wünsche" (43).

Die scheinbar deskriptiven und darum unproblematischen Voraussetzungen bewirken eine nachhaltige Umdeutung religiöser Vorstellungen; der mit dem Ansatz Phillips' verbundene Anspruch der Deskription kann darüber nicht hinwegtäuschen. Die gleiche Tendenz einer anthropologischen Explikation religiöser Vollzüge wird auch bei den Darlegungen über die Hoffnung sichtbar; ihnen enträt jeder sachlich theologische Gehalt. Biblische Verheißung und politisches Handeln, die unter dem Titel Eschatologie diskutiert werden, kommen bei Phillips nicht zum Ausdruck. Hoffnung löst sich in Zuständlichkeit, in das Empfinden von Sicherheit und Selbstbejahung auf: "... des Gläubigen Hoffnung ist nicht Hoffnung auf irgendetwas ... Sie ist einfach Hoffnung, Hoffnung in dem Sinn der Fähigkeit, mit sich selbst zu leben" (44).

Die reduktionistische Atmosphäre seines Buches über das Gebet entsteht, weil die von Phillips in Anspruch genommenen Kriterien zum einen alle nichtreligiösen Analogien des Gebets deutlich ausgrenzen lassen und die theologischen Gehalte an Einstellung und Handlungen des Betenden plausibilisieren. Daß Phillips sich gegenüber dem Verdacht der Legitimation jedweder religiöser Vorstellung faktisch absetzt, ist nicht durch eine überzeugende philosophisch-theologische Fundierung seiner Aussagen erreicht, die zur Unterscheidung des Unangemessenen eine vernünftige Handhabe gäbe. Sie ist vielmehr das Ergebnis einer irritierenden Vermengung deskriptiver Methoden und einer an der Plausibilität empirisch faßbaren Verhaltens sich orientierenden Bedeutungsbestimmung.

Daß die Beziehungen zwischen religiösem Glauben und nichtreligiösen Erfahrungsbereichen durch die Darstellung des Glaubens als eines sich selbst genügenden, geschlossenen Sprachspiels entstellt oder übersehen werden, hat Phillips in einer Antwort auf kritische Stellungnahmen selbst zugestanden (45). Sein Versuch, solchen Verzerrungen zu begegnen, stellt zunächst diese Beziehungen heraus. Das Gewicht der religiösen Überzeugung für die allgemeine Lebenspraxis, so wird ausgeführt, sowie ihre handlungsorientierende Kraft weisen auf Bezüge zwischen ihr und der allgemeinen Lebenspraxis hin. Ein völlig suisuffizientes Sprachspiel Religion wäre für die Lebensgestaltung entbehrlich. Ebenso widerlegen auch Glaubensunsicherheit und Glaubensverlust, die durch außerhalb dieser Lebensform liegende Erfahrungen motiviert sind, eine strenge Separation; das Theodizeeproblem ist geradezu Artikulation dieser Bezüge.

Phillips anerkennt mit diesen Erwägungen die isolationistische Gefährdung seiner Konzeption und übersieht gleichfalls nicht, daß der spielerischesoterische Anstrich, den die Sprachspieltheorie dem Glauben einträgt, ihm den religiösen Ernst zu nehmen droht. Entgegen einem von Autonomieansprüchen diktierten Denken wird jetzt von ihm ausgeführt, "daß Sinn und Stärke religiöser Glaubensansichten zum Teil von deren Beziehung zu nichtreligiösen Zügen der menschlichen Existenz abhängen. Ohne eine derartige Abhängigkeit hätte Religion nicht eine solche Wichtigkeit im Leben der Menschen" (46).

Wenn die Bedeutung religiösen Glaubens partiell in seiner Beziehung zur allgemeinen Wirklichkeit zu suchen ist, scheint die ehemals beschworene Maxime der Bedeutungsbestimmung nach nur für den Bereich des Sprachspiels geltenden Kriterien aufgegeben zu sein. Religiöse Bräuche und Verhaltensweisen werden nun als fehlerhaft und irrig bezeichnet, wenn sie allgemein akzeptiertem Wissen widersprechen. Damit scheinen inhaltliche, das Sprachspiel überschreitende Bedeutungskriterien angenommen zu werden:

> "Was behauptet wird, fällt unter Urteilsnormen, mit denen wir schon vertraut sind. Wenn Behauptungen von Gläubigen gegen Tatsachen verstoßen oder unser Verständnis eines Tatbestandes entstellen, dann kann keine Berufung darauf, daß diese Behauptungen im Namen der Religion gemacht werden, diese Verletzung und Entstellung der Tatsachen rechtfertigen oder entschuldigen" (47).

Diese Kriterien, die die Beziehung des Glaubens zu anderen Lebens- und Erkenntnisweisen thematisieren sollen und die Relation zur Vernunft präzisieren müßten, werden von Phillips jedoch nicht näher bestimmt. Diese Beziehung zum Allgemeinen wird vage dahingehend umschrieben, daß religiöse Überzeugungen "phantastisch" würden, wenn sie das, "was wir schon wissen, ignorieren oder verdrehen" (48).

Die hier zu erwartende Klärung, was über einen bloßen Konsens hinaus von "Wissen" zu sprechen rechtfertigt, wird von Phillips ebensowenig erläutert, wie die Frage, ob die religiösen Inhalte nun umstandslos an dem neuesten Wissensstand zu bemessen sind. Dieser Hinweis auf außerreligiöse Kriterien könnte nur überzeugen, wenn ein die Partikularität der Sprachspiele übergreifendes Allgemeines als normative Instanz benannt und in seinem Anspruch begründet würde. Dies bedeutete aber zugleich, die dem Religiösen zugeschriebene unantastbare Autonomie auf ein Allgemeines hin zu relativieren. Aber eben dieser Schritt wird von Phillips verweigert. Er sieht die Voraussetzungen seiner Konzeption durch diese Hinweise nicht angetastet; darum sind die zuvor formulierten Einwände seiner Konzeption gegenüber nicht zu revidieren(49). So bleibt der Eindruck der Zwiespältigkeit: zum einen scheint der religiöse Glaube sich vor eigenmächtigen Übergriffen der Wissenschaft schützen zu können, zum anderen soll er sich ohne nähere Qualifikation nach dem bemessen lassen, "was wir schon wissen".

Indem Phillips die maßgebende Beziehung wissenschaftlicher Erkenntnis zum Glauben behauptet, hat er die These der Autonomie eines religiösen Sprachspiels schon untergraben. Er kann nicht leugnen, daß sich diese Problematik in der Auseinandersetzung um die Relevanz wissenschaftlicher Erkenntnis für den Glauben einfach zeigen muß. Soll aber der Analyse der faktische Gebrauch als letzter Beurteilungsmaßstab vorgegeben bleiben, dann ist auch die Faktizität dieser Fragestellung als eines theologisch relevanten Problems nicht zu leugnen. Phillips bestreitet dieser Auseinandersetzung ihre religiöse Legitimation. Doch schon indem er sie bestreitet, legt er Maßstäbe bei der Darlegung der Bedeutung religiösen Sprachgebrauchs an, die nicht diesem Sprachgebrauch entnommen sind. Phillips versagt sich nun aber den Schritt, der eine vernünftige theologische Auseinandersetzung erst gestatten würde. Er hätte die inhaltlichen Kriterien anzugeben, nach denen eine solche Beurteilung unterscheidet. Um die Voraussetzungen seiner Konzeption nicht anzutasten, wird das allgemein akzeptierte Wissen als Kriterium eingefordert. Indem er die Vereinbarkeit des Glaubens mit dem Wissen als den unproblematischen Konsens darüber bestimmt, "was wir schon wissen", wird von Phillips überspielt, daß eben dieser Konsens nicht besteht. Es kann im Ernst nicht bestritten werden, daß die Konfrontation von Glauben und Wissen sich nicht als die Übereinkunft nach Kriterien bestimmen läßt, "die nicht strittig sind" (50). Die eigene Position wird von Phillips doch im Streit um genau diese Frage mit Flew, Nielsen und Hick erst formuliert. Weil Phillips das Theorem der logischen Eigenständigkeit und damit der Unverletzbarkeit der Sprachspiele trotz dieser Spannungen weiter voraussetzt, kann die Beziehung von Glaubensaussagen zu Erkenntnissen der Wissenschaft derart unproblematisch hingestellt werden. Faktisch wird es dadurch entstellt.

Dieser Gedankengang zur Möglichkeit von Glaubenskritik hat gezeigt, daß die durch die autonome Selbständigkeit des Sprachspiels erreichte Nichtkritisierbarkeit die Strukturen religiösen Glaubens nicht unberührt läßt, sondern nur den Schein der Deskription erweckt. Der Religionskritik und der natürlichen Theologie werden die für sie konstitutiven Voraussetzungen bestritten, der Konflikt zwischen Religion und Wissenschaft gilt schon im Ansatz als ein Mißverständnis. Die eigentümliche Verschränkung der religiösen Sprachpraxis als Handlung und der sich an ihr orientierenden Bedeutungsbestimmung religiöser Begriffe führt aber nicht nur zur Separation von Religion und dem Bereich des Nichtreligiösen, sondern verändert die Inhalte religiöser Begriffe. Kritik wird begriffsanalytisch darin praktiziert, daß die möglichen Bedeutungsgehalte in den Kategorien der Partizipation am Sprachspiel und des Gebrauchs von Sprache explizierbar sein müssen. Die durch diese sprachpragmatische Deutung verursachten Bedeutungsverschiebungen deuteten sich bei der Charakterisierung der atheistischen Haltung und der des Betens schon an. Ob nach Phillips der Glaube überhaupt einen Erkenntnisanspruch erheben kann, soll abschließend am Thema der Möglichkeit von Gotteserkenntnis und der Möglichkeit der Glaubensbegründung untersucht werden.

b) Der Erkenntnisanspruch des Glaubens und die religiöse
   Möglichkeit seiner Begründung

Wie verschiedenartig in der Theologie der Neuzeit die Glaubensbeziehung von purer Kenntnisnahme auch unterschieden und in den personalen Begriffen der Liebe, des Vertrauens und der Leidenschaft gefaßt wurde, sie war doch immer als Ausrichtung auf eine Wirklichkeit gedacht, die dieser Glaubensbeziehung erst ihren Sinn gibt. Auch die anthropologisch orientierten Theologien tasten diese im Glauben realisierte Beziehung nicht an. Die Erkenntnis, daß sich der Gottesgedanke aus der Erkenntnis der empirischen Welt nicht zwingend ableiten läßt, führt zu Versuchen, den Gottesbegriff neu zu formulieren und den Sinn des Glaubens und des Sprechens von Gott klarer vor Augen treten zu lassen (51), aber auch diese beharren darauf, daß sich die Glaubensbeziehung in der Behauptung der Existenz Gottes zum Ausdruck bringen kann und daß die Leugnung dieser Existenz als das Gegenteil dieser Behauptung begriffen werden muß.

Diese gegenüber Hare hervorgehobene kognitive Dimension des Glaubens, die sich auf der Ebene der Sprache in kognitiven Aussagen zur Geltung bringt, sollte sich durch die Diskussion der Position Phillips' dem Verständnis näher bringen. Seine gebrauchstheoretische Interpretation religiösen Sprechens erschien bei der Darlegung des religiösen Verstehens jedoch unangemessen; die Isolierung der Glaubenshaltung von äußerer Kritik konnte den Anspruch der Beschreibung nicht rechtfertigen. Die Ausführungen zur Gotteserkenntnis, zum logischen Status der Aussagen über Gott und zur Begründungsfrage werfen gleichfalls Probleme auf.

Phillips nähert sich der Frage nach Gott in der gewohnten Weise; er sucht zunächst die Bedeutung dieser Frage zu klären. Ihre begriffsanalytische Auslegung grenzt sie von der Frage nach dem Sein oder Nichtsein der endlichen Dinge ab. Die Frage nach Gott fragt nicht danach, ob das Erfragte der Fall ist oder nicht; sie ist vielmehr die Frage "nach einer Art von Wirklichkeit" (52). Diese Art von Wirklichkeit, die die Frage nach Gott thematisiert, läßt sich in Fragen oder Aussagen, die das Bestehen oder Nichtbestehen ihres Gegenstandes erfragen oder konstatieren, nicht ausdrücken. Die Nichtexistenz Gottes ist nach der Logik des religiösen Sprachgebrauchs folglich ein sinnleerer Gedanke: "Die Gottesidee ist derart, daß die Möglichkeit der Nichtexistenz Gottes logisch ausgeschlossen ist" (53). Der Gläubige räumt die Möglichkeit nicht ein, daß Gott nicht existieren könnte; die Unerschütterlichkeit seiner Überzeugung hat hier ihren Grund.

Es ist ganz unstrittig, daß die Glaubenseinstellung sich von jener Distanz unterscheidet, die für die Haltung zur unbestätigten Hypothese kennzeichnend ist. Diese Unterscheidung bedeutet jedoch nicht, daß die Möglichkeit der Nichtexistenz Gottes und damit die Möglichkeit des Irrtums des Glaubens diese Überzeugung schon zu jener distanzierten Haltung absinken läßt. Das Christentum glaubt an einen ewigen Gott, und in diesem Sinn ist es ein Element des Gottesbegriffs, daß Gott unbedingt und zeitlos ist. Aber man kann daraus nicht den Schluß ziehen, der Gedanke der Nichtexistenz Gottes sei logisch undenkbar. In einer Kritik der Interpretation des anselmischen Gottesbeweises bei Phillips wurde dies von J. Hick deutlich zum Ausdruck gebracht:

> "... der Gottesbegriff ist derart, daß das Existieren oder Nichtexistieren Gottes nicht ein kontingentes Existieren oder Nichtexistieren ist. Das will sagen, Gott wird gedacht als Wesen ohne Anfang oder Ende und ohne Abhängigkeit seiner Existenz von irgendetwas anderem als ihm selbst. Aber daraus folgt nicht, wie Phillips anzunehmen scheint, daß es keine Frage ist, ob es solch ein ewiges unabhängiges Wesen gibt. Es ist ganz gewiß keine Frage, ob Gott kontingent existiert. Aber es ist eine Frage, ob er ewig und unabhängig (i. e. notwendig) existiert, im Unterschied zu ewig nicht existieren" (54).

Auch die feste Überzeugung, daß Gott existiert, schließt die logische Möglichkeit nicht aus, daß er nicht existiert. Darum kann die Behauptung der Existenz Gottes als Aussage des Glaubens als eine kognitive Aussage verstanden werden, die sich der Wahrheitsfrage konfrontieren läßt. Für Phillips hingegen hat solches Fragen keinen Sinn; das Insistieren auf der Zugehörigkeit der Wahrheits- und Bedeutungskriterien zum jeweiligen Sprachspiel ist der Grund dafür, daß der Wahrheitsbegriff letztlich nur noch als Akt der Bejahung und Zustimmung denkbar ist. Religiöse Wahrheit ist für Phillips ausschließlich lebenspraktisch zu nehmen. "Da ist viel Wahres daran" (55) sei etwa die Bedeutung des Wahrheitsanspruchs des Gläubigen. Freilich kann religiöse Wahrheit nicht in der Wahrheit von Propositionen aufgehen. Aber nur um den Preis des Wahrheitsanspruches selbst ist es möglich, Wahrheit im Sinne der Angemessenheit von Handlungen innerhalb eines Sprachspiels zu explizieren, wie dies bei Phillips geschieht: "Zu sagen: 'Dies ist der wahre Gott' heißt an ihn glauben und ihn verehren" (56).

Gewiß hat sich die Problematik des klassischen korrespondenztheoretischen Wahrheitsbegriffs durch die Entdeckungen der sprachanalytischen Philosophie verschärft. Sie läßt sich aber nicht durch eine kriteriologische Relativierung auf vermeintlich eigenständige Sprachspiele lösen, ohne daß der Wahrheitsanspruch zum nichtdeskriptiven Akt der Zustimmung zu Handlungsanweisungen schrumpft (57). Obwohl Phillips den kognitiven Gehalt religiösen Sprachgebrauchs ausdrücklich zu wahren beansprucht, läßt sich bei seiner Konzeption nicht mehr erkennen, worin er außer der praktischen Beherrschung der Sprache noch bestehen könnte. Die Separierung des Glaubens an Gott von anderen Erkenntnisweisen und allgemeinen Kriterien leistet nicht die behauptete Überwindung des Gegensatzes von quasi-hypothetischer Einstellung und einer explizit nichtkognitiven Deutung religiösen Sprechens als Beschreibungen des Glaubens, sondern hebt das in diesem Gegensatz ausgesprochene Problem selbst auf. Die Unterscheidung von Wirklichkeit und Illusion kann hier keine sinnvolle Anwendung mehr finden; es ist nicht zu sehen, wie unter den expressiven, performativen und emotiven Bedeutungsschichten religiösen Sprechens ein kognitiver Gehalt, für den Wahrheit beansprucht wird, noch auszumachen wäre.

Dieser Verlust theologischen Gehalts wird an Phillips' Explikation des Gottesbegriffs unübersehbar deutlich. Das Selbstsein und Personsein Gottes kann hier nicht thematisch werden, weil solche Begriffe Bedeutungsgehalte supponieren, die nicht durch den Filter der von Phillips beschriebenen Verwendung gehen können. Aus dem gleichen Grund wird die Erkennbarkeit Gottes nicht eigentlich zum Problem. Die Identifikation von Glauben und Verstehen kehrt dieses Problem in ein praktisches: es besteht in der Erlernbarkeit des Gebrauchs religiöser Begriffe und der Ausübung religiöser Handlungen. Da die Beziehung von Begriffen und gemeintem Inhalt auf der Ebene der Pragmatik definiert wird, erhält die Frage der Gotteserkenntnis notwendig diese Gestalt. Paradoxerweise vermag Phillips aufgrund der gebrauchstheoretischen Interpretation des Glaubens und der von ihr angenommenen Gewißheit der 'Gotteserkenntnis' als Kenntnis des Sprachgebrauchs alle Versuche als "skeptizistisch" zu beurteilen, die die Gotteserkenntnis anderen Erkenntnisformen vergleichen, denen gegenüber sie einen minderen Grad an Gewißheit besitzt (58). Die Gewißheit um die Wirklichkeit des von religiösem Sprechen Gemeinten kann allerdings kaum zweifelhaft werden, wenn Gotteserfahrung sich wesentlich als Selbsterfahrung darstellt: "Beim Erlernen durch Kontemplation, Aufmerksamkeit und Entsagung, was Vergeben, Danken, Lieben etc. in diesen Zusammenhängen bedeuten, hat der Gläubige an der Wirklichkeit Gottes teil; dies ist, was wir mit der Wirklichkeit Gottes meinen" (59).

Hier wird deutlich, was unter diesen Voraussetzungen der Anspruch Phillips', christlicher Glaube sei "gewiß ein Glaube über alles" (60), inhaltlich noch bedeuten kann. Die christliche Gottesidee faßt Gott als Ursprung und Sinn aller Wirklichkeit; dieser Bezug zur Gesamtheit des Wirklichen wird nicht mehr erkennbar, wenn Gott als die Gesamtheit des sich im religiösen Handeln und Sprechen objektivierenden Sinns gedeutet werden muß. Der Schöpfungsgedanke kann eine ihm angemessene Explikation nicht mehr finden. Die in ihm erkennbare Idee des Selbstseins Gottes als vom Erkennen, Wünschen und Handeln des Menschen unterschiedene und auf sie nicht reduzierbare Wirklichkeit geht in der Konzeption Phillips' verloren. Als Verbindlichkeit der Regeln des Sprachspiels und des Lebensform, denen der einzelne als Inbegriff sinnhaften Handelns sich fügt, kehrt sie wieder. Die Wirklichkeit Gottes, so heißt es, "ist unabhängig von jedem gegebenen Gläubigen ... Sie ist vom Gläubigen unabhängig darin, daß der Gläubige sein Leben nach ihr beurteilt" (61). Das Selbstsein Gottes verwandelt sich in ein Eigenleben der handlungsorientierenden "Bilder", zu denen sich der Gläubige als Inbegriff seines Lebenssinns und als Maßstab seiner Lebensgestaltung verhält (62).

Die Differenz der Konzeption Phillips' zu exklusiv lebenspraktischen Deutungen des Glaubens ist trotz des gegenteiligen Anspruches und trotz des Kognitivität unterstellenden Vokabulars nicht mehr greifbar. Habermas' Vermutungen über die Entwicklungstendenzen religiöser Deutungssysteme können als treffende Beschreibung der Position Phillips' gelten. Er konstatiert in der gegenwärtigen Theologie eine "Einebnung der Diesseits/Jenseits-Dichotomie", die jedoch die Gottesidee nicht 'spurenlos liquidiere'; Glaube an Gott werde einer durch ethische Maximen geprägten Kommunikationsstruktur identisch:

> "Gott wird zum Namen für eine kommunikative Struktur, welche die Menschen bei Strafe des Verlustes ihrer Humanität zwingt, ihre zufällige empirische Natur zu überschreiten, indem sie einander mittelbar, nämlich über ein Objektives, das sie nicht selber sind, begegnen" (63).

Einer solchen Explikation des Glaubens muß die Wahrheitsfrage in ihrer herkömmlichen Form unangemessen erscheinen. Phillips zufolge ist derjenige, der den Glauben verliert, nicht davon überzeugt, daß der Glaube falsch ist; er konstatiert lediglich den Verlust seiner lebensorientierenden Kraft. "... nicht an das Bild zu glauben bedeutet, daß das Bild bei einem keine Rolle im Denken spielt" (64). Dies ist gewiß zutreffend; der Verlust des Glaubens deutet sich darin an, daß er aufhört, dem Leben die Richtung zu geben - aber ist damit dieser Vorgang erschöpfend beschrieben? Glaubensverlust meint hier lediglich die Selbstbeobachtung, daß die "Bilder"des Glaubens nicht mehr verwendet werden; mehr läßt sich darüber nicht sagen. Ein solches Glaubensverständnis muß auch die herkömmliche Beurteilung der Möglichkeit und Notwendigkeit seiner Begründung ablehnen.

Die Ablehnung der Glaubensbegründung stützt sich zunächst auf den Begriff des Sprachspiels. Nach Wittgenstein gehört Unbegründbarkeit zu seiner Definition; es ist einfachin da und bleibt in seiner Faktizität anzunehmen - 'wie unser Leben'. Wird dieser Sprachspielbegriff auf Religion und Glaube angewendet, muß die Vorstellung der Notwendigkeit einer Begründung gänzlich verfehlt erscheinen (65). Die unglückliche Übertragung dieses Begriffs auf den Glauben macht sich bei den Parallelisierungen bemerkbar, an denen Phillips die Unvereinbarkeit von Glaube und Begründung zu veranschaulichen sucht. Er vergleicht das Anliegen der Glaubensbegründung dem Vorhaben, die Wissenschaft legitimieren zu wollen (66). Dieser Vergleich setzt die Suisuffizienz des religiösen Sprachspiels voraus und überspielt, daß religiöser Glaube nicht die Selbstverständlichkeit besitzt, die wissenschaftlichen Erkenntnissen entgegengebracht wird. Die Hinweise auf die Auseinandersetzungen zwischen Religion und Wissenschaft konnten darüber hinaus zeigen, daß es nicht um die Begründung von Religion als anthropologischem Phänomen zu tun ist, sondern um die Wahrheit des Anspruchs, den der Glaube erhebt (67).

Die Bestimmungen des religiösen Sprachspiels als autonom und unbegründbar korrespondieren den Charakterisierungen des Glaubens als einer unanfechtbaren Einstellung des Subjekts. Der Glaube ist etwas, was der

Gläubige nicht bezweifelt; seine Inhalte sind ihm "absolute Werte" (68). Sie können nicht durch andere Maßstäbe beurteilt werden, sondern stellen ihrerseits die Maßstäbe der Beurteilung dar: "Die absoluten Überzeugungen sind die Kriterien, nicht die Objekte der Beurteilung" (69). Per definitionem soll jede Begründung diese Absolutheit zerstören; sie verfälsche "den absoluten Charakter vieler religiöser Glaubensansichten und Werte" (70). Diese Charakterisierung des Glaubens gestattet, das Anliegen der Begründung schon als Bedrohung des Glaubens selber darzustellen. Phillips versteigt sich zu der Bemerkung, die Forderung der Begründung liege dem Aberglauben näher als authentischer Religiosität (71). Das Anliegen selbst wird als Resultat zweckrationalen Denkens perhorresziert. Phillips sucht jede Glaubensbegründung nach dem Muster der Zweck-Mittel Relation zu explizieren: "Der Glaube an Gott wird als ein Mittel zu einem weiteren Zweck hingestellt. Der Zweck ist äußerst wichtig, das Mittel verhältnismäßig unwichtig... ". Ein Glaube, der sich auf Gründe stützt, würde "nicht an Gott glauben, sondern an das, was für ihn selbst das Beste wäre" (72). Auf diese Argumentationsfigur lassen sich aber all jene Formen der Glaubensbegründung nicht zwingen, die seinen Wahrheitsanspruch herausstellen und diesen Anspruch als berechtigt auszuweisen unternehmen. Worauf sie sich berufen, hat weder den Charakter des Mittels noch den des Zwecks. Phillips ist die Auseinandersetzung mit dieser Konzeption verbaut, weil er den Wahrheitsanspruch in dieser Form mit seinen Voraussetzungen nicht vereinbaren kann.

Weiterhin unterstellt er solchen Argumentationsfiguren die Verzeichnung des Glaubens als einer Erklärungshypothese, die die religiöse Einstellung gänzlich pervertiere. Dieses auch andernorts geäußerte Argument unterläßt eine Differenzierung zwischen Glaubensinhalt und Glaubenseinstellung, die der Haltung einer Hypothese gegenüber nicht vereinbar ist. Als Einstellung ist religiöser Glaube eine Haltung von Zuversicht und Vertrauen; auch Phillips wird kaum einen Theologen nennen können, der dies bestreitet. Aber dieses Vertrauen ist nicht ohne Gegenstand, dem es gilt, und es wird nicht durch Gründe zerstört, auf die es sich stützt. Weil es sich von Gründen und Voraussetzungen abhängig weiß, bleibt es gefährdet. Diese Gefährdung erfährt der Gläubige als geheime Ungewißheit und als Zweifel (73).

Darum widerspricht es der Vertrauenshaltung nicht, wenn sie begründen kann, warum sie dieses Vertrauen äußert. Eine Reflexion auf die Berechtigung des Wahrheits- und Geltungsanspruchs muß die Glaubensbeziehung nicht hypothetisieren; sie wird sie im Gegenteil klären und vertiefen können, wenn sie sich ihrer Beweggründe vergewissert. In der religiösen Lebenspraxis steht der Glaube nicht notwendig zur Debatte; aber entgegen der Auffassung Phillips sind auch hier dem Glauben widersprechende Erfahrungen als solche erkennbar; der Gläubige braucht sie nicht zu ignorieren. B. Mitchell hat diese Zusammenhänge einleuchtend formuliert:

> "Es gibt gewisse Fragen, die ein Mensch in der Praxis zu entscheiden hat; jedenfalls muß er so leben, als hätte er sie entschieden. Sie sind keine offenstehenden Fragen mehr für ihn, obwohl sie es einmal gewesen sein mögen und durchaus wieder werden können ... Sie mögen für ihn zu endgültigen und grundlegenden Überzeugungen werden, die seine Prioritäten bestimmen, entscheidend seine Einstellungen und Interessen formen und ihm helfen, ihn zu der Art Mensch zu machen, die er ist. Aber das gibt uns keine Antwort auf die Frage, ob oder bis zu welchem Ausmaß sie gerechtfertigt werden können. Das heißt sicherlich nicht, daß sich die Frage nach der Rechtfertigung nicht erheben könnte. Ein Mensch widerspricht sich nicht, wenn er bereit ist, Gründe anzugeben, warum er letztlich Christ oder Marxist ist" (74).

Abschließend ist nach dem tieferen Grund zu fragen, der Phillips solche Auffassungen ablehnen läßt.

Von Phillips werden der dem Glauben inhärente Erkenntnis- und Wahrheitsanspruch und seine lebenspraktischen Implikationen derart vermittelt, daß diese Unterscheidung im Rahmen der gebrauchstheoretischen Analysen selbst keinen sachlichen Rückhalt findet. Das Verstehen von religiösen Bedeutungsgehalten wird vom Wahrheitsanspruch und seiner Begründung nicht differenziert; als Konsequenz des gebrauchstheoretischen Ansatzes und seiner inhaltlichen Durchführung gehen beide Elemente unterschiedslos im praktischen Wissen um die Verwendung der religiösen Sprache auf. Dieses Wissen wird als Partizipation an einem distinkten Sprachspiel expliziert - dem Konflikt gegensätzlicher Wahrheitsansprüche von Religion und Wissenschaft muß dadurch der Boden entzogen werden. Beide Sprachbereiche sind füreinander ohne jeden Belang. Ein dem religiösen Sprachgebrauch inhärenter, nur für ihn gültiger Kodex von Bedeutungs- und Wahrheitskriterien gibt allen Themen, die mit der Begründungsproblematik in Zusammenhang stehen, eine neue Gestalt: der Glaubenserkenntnis, dem Wahrheitsanspruch, der Kritikfähigkeit und damit dem Begründungsproblem selbst.

Der methodische Anspruch, eine mittels Begriffsanalyse gewonnene 'neutrale' Beschreibung des religiösen Sprachgebrauchs und seiner Bedeutung zu geben, wird von Phillips nicht eingelöst. Die Diskrepanz zwischen dem weithin dominierenden christlichen Selbstverständnis und dieser Darlegung ist auf die hier angewandte Methode der Bedeutungsbestimmung zurückzuführen. Von Phillips wird sie so mit dem Sprachspielbegriff in Verbindung gebracht, daß kognitive Bedeutungsgehalte nur als praktisches Wissen um den Sprachgebrauch sichtbar werden können. Glaube, Hoffnung oder Gebet sind wesentlich selbstexpressive und selbstbezogene Handlungen, da sie nicht mehr in Beziehung zu den Inhalten des tradierten Gottesbegriffs expliziert werden. Der traditionelle Gottesbegriff entleert sich zu einer abstrakten Größe; seine Spuren kehren entstellt in einigen Qualifikationen des Sprachspiels und der religiösen "Bilder" als Inbegriff möglichen Sinns und seiner Verbindlichkeit wieder.

Diese Limitierung der Bedeutung des religiösen Sprechens auf den Bereich der Praxis ist nicht notwendig Konsequenz der sprachanalytischen Gebrauchstheorie der Bedeutung. Weniger noch als in anderen Sprachbereichen dürfte eine ausschließlich referentielle Bedeutungsbestimmung die vielfältigen Bedeutungsschichten religiösen Sprachgebrauchs erfassen können, aber zu dem Gebrauch religiöser Begriffe gehört bei den theologisch zentralen auch die Dimension ihrer Beziehung zur Wirklichkeit. Darum ist das Problem des semiotischen Status der Aussagen über Gott unaufgebbar ein Teil des theologischen Problembestandes. Dies wird von anderen Autoren der sprachanalytischen Richtung sehr viel deutlicher als von Phillips gesehen (75). In seiner Konzeption tauchen diese Fragen hingegen nur als abschreckende Beispiele theologischer Begriffskonfusionen und religiösen Sprachmißbrauchs auf. Ist diese Auffassung nicht notwendig mit sprachanalytisch orientierten Methoden verbunden, fragt sich, warum Phillips sich letztlich zu seinen restriktiven Charakterisierungen gezwungen sieht.

Die Behauptung der kriteriologischen Selbständigkeit des religiösen Sprachspiels gestattet, nichtreligiöse Analogien als Modelle der Gotteserkenntnis und damit die Vorstellung einer analogen Gotteserkenntnis selbst auszuschalten. Diese Ausgrenzung legitimiert Phillips mit der Berufung auf den faktischen Sprachgebrauch. Dessen Grammatik gibt Aufschluß über den korrekten Gebrauch und über dessen Entstellung. Der Vergleich der verschiedenen religiösen Sprachformen, Begriffe und Sprechhandlungen soll über das Regelsystem Aufschluß geben, das diesem Sprachspiel als dessen Grammatik seine Einheit und Struktur verleiht. Die Selektion der Beispiele und Paradigmen muß dann darüber entscheiden, was als diese Grammatik zu gelten hat. Überspitzt formuliert: Der Analytiker konstituiert zu einigem Ausmaß selbst diese Grammatik, denn seine Auswahl, die den korrekten Gebrauch angeben soll, ist keinen weiteren Kriterien als der Vielfalt religiösen Sprechens selbst unterworfen. Diese Auswahl enthält also deutlich nichtdeskriptive Elemente; indem Phillips Fragen nach dem semiotischen Status von Aussagen über Gott und andere Fragestellungen als der Logik des Sprachspiels unvereinbar verwirft, ohne dies weiter zu rechtfertigen, enthüllt er die eigenen dogmatischen Prämissen. In der Ablehnung all jener Fragen, die das Problem der Existenz Gottes nur entfernt tangieren, wird deutlich, daß Phillips selbst einen vorgefaßten Begriff von Religion und authentischer Religiosität in seine Analysen einbringt. Damit verfällt Phillips selbst jenem Grundfehler, den er anderen Autoren zum Vorwurf macht und den endgültig auszuräumen er doch angetreten war (76).

Mit diesen kritischen Bemerkungen zur Konzeption von Phillips schließen wir die Erörterung sprachanalytischer Stellungnahmen zum Thema der Glaubensbegründung ab. Für die weiteren Überlegungen ist dies als Ergebnis sprachanalytischer Kritik des religiösen Sprachgebrauchs festzuhalten:

Das Vorhaben der Glaubensbegründung affirmiert implizit verschiedene Voraussetzungen, die bestreitbar sind und daher einer vorgängigen Klärung bedürfen. Die Konzeptionen der Glaubensbegründung unterstellen Begründungspflicht und Begründungsfähigkeit des Glaubens; sie setzen die Anwendbarkeit des Begründungsbegriffs auf religiöse Überzeugungen voraus. Die sprachanalytischen Fragen zwingen dazu, die Bedeutung dieser Ausdrücke unter Berücksichtigung ihres religiösen Kontextes zunächst präzis zu klären: Was genau heißt "Glaube"; was bedeutet "Begründung" im Bereich religiöser Überzeugungen? Diese Fragen haben nicht nur als Aufforderung zu sprachlogischer Klarheit Berechtigung; ihre Beantwortung liegt einer inhaltlichen Durchführung der Glaubensbegründung logisch voraus.

Die Frage, ob religiöse Aussagen die Bedingungen von Erkenntnis- und Wahrheitsansprüchen erfüllen, um als begründungspflichtige Geltungsansprüche überhaupt in Betracht zu kommen, wird von verschiedenen sprachanalytischen Theorien über die Bedeutung des religiösen Sprachgebrauchs verneint. Eine neopositivistisch verengte Kriteriologie ist das Hauptargument dieser Positionen. Weil das Verifikations- und das Falsifikationskriterium nicht schlüssig sind, brauchen sie nicht als Voraussetzungen einer Bedeutungsbestimmung religiösen Sprechens akzeptiert zu werden. Sie stellen darum kein zwingendes Argument für die Behauptung dar, im religiösen Sprachgebrauch seien keine kognitiven Aussagen enthalten, und sie autorisieren daher nicht die nichtkognitiven und funktionalen Bedeutungsbestimmungen religiösen Sprechens. Aber darum ist diese Debatte nicht schon als überflüssig abzutun. Die Theologie faßt sie angemessen als eine skeptische Anfrage gegenüber dem kognitiven Selbstverständnis des Glaubens auf, die dazu auffordert, den Erkenntnis- und Wahrheitsanspruch allererst als einen begründungspflichtigen Geltungsanspruch verständlich zu machen. Dieses Problem darf die Begründung des Glaubens nicht ersetzen wollen, sondern gehört zu deren Fragestellungen hinzu. Mit seiner Erörterung befolgt die Theologie nicht nur ein Gebot der Sprachlogik, sondern eine Forderung ihres eigenen Interesses: Wenn der Glaube Aussagen über die Wirklichkeit trifft, dann ist gefordert, sie als solche auch auszuweisen und in der inhaltlichen Durchführung der Glaubensbegründung einzulösen.

Die sprachpragmatische Bedeutungsbestimmung religiösen Sprechens thematisiert zu Recht die Problematik der Anwendbarkeit von allgemeinen Bedeutungskriterien auf den religiösen Sprachgebrauch. Ebenso ist die Glaubensbegründung nicht nach Kriterien der Prüf- und Begründungsverfahren anderer Wissenschaften unvermittelt vorzunehmen. Diese berechtigten Hinweise auf eine mögliche Unterschiedenheit der religiösen Überzeugung und ihrer Begründung veranlaßt manche Autoren der sprachanalytischen Philosophie, den Glauben als eine abgeschiedene, eigene Sinnwelt zu deuten, die selbst die Kriterien von Bedeutung und Begründung formuliert. Als Konsequenz dieses Ansatzes ließ sich die Auflösung des allgemeinen Geltungsanspruchs des Glaubens und des Gottesgedankens beobachten.

Beide Reaktionen auf die Frage nach dem logischen Status religiösen Glaubens und seiner Sprache können nicht überzeugen. Die Voraussetzungen der nichtkognitiven Deutungen sind sprachlogisch nicht zwingend; sie stehen zudem im Widerspruch zur Faktizität des kognitiven Anspruchs im religiösen Sprachgebrauch selber. Die sprachpragmatische Position verliert die Möglichkeit, diesen Anspruch als solchen zu wahren; sie läßt ihn entgegen dem Anspruch methodologischer Neutralität in der Objektivität des Sprachspiels aufgehen. Da diesem Anspruch des Glaubens auf Erkenntnis und Wahrheit Faktizität, Legitimität und Inhaltlichkeit so nachdrücklich bestritten werden, bleibt nun zu sehen, ob die Theologie fähig ist, ihn darzutun und einzulösen.

III MODELLE DER GLAUBENSBEGRÜNDUNG

Die Frage nach einer möglichen Begründung des Glaubens berührt zwei Problemfelder, die in diesem Kapitel weiter geklärt werden sollen. Zum einen ist zu erläutern, als was der Glaube, in welchem Sinn er zu begründen ist; zum andern ist zu entwickeln, wie eine solche Begründung durchgeführt werden kann.

Was den ersten Problemkomplex betrifft, ist daran zu erinnern, daß sich Form und Notwendigkeit einer Begründung von den zu begründenden Sachverhalten erst ergeben. Vielen Verhaltensweisen wird keine Begründung abgefordert, weil eine unausgesprochene Übereinkunft sie als selbstverständlich akzeptiert. Allgemein gebräuchliche Verhaltensweisen brauchen nicht gerechtfertigt zu werden; erst die Abweichung provoziert zur Frage, aus welchem Grund das Selbstverständliche nicht getan wird bzw. welchen Zweck solches Handeln verfolgt. Diese Frage zeigt bereits, daß auch nichtbegründete Handlungen Gründe haben können; sie werden lediglich nicht eigens problematisiert. Handlungen werden im allgemeinen durch die Ziele gerechtfertigt, die durch sie erreicht werden sollen. Der Zweck einer Handlung ist zugleich ihre Rechtfertigung; er ist Gegenstand des Willens und als solcher Beweggrund der Handlung. Hier ist Begründung gleichbedeutend mit der Bezeichnung des Handlungsmotivs; sie erläutert, warum etwas gewollt und angestrebt wird. Von solchen Beweggründen des Handelns sind die Geltungsgründe von Behauptungen und Aussagen zu unterscheiden. Wenn Behauptungen aufgestellt werden, kann ihre Geltung strittig oder zweifelhaft sein. Die Begründung des mit der Behauptung geäußerten Geltungsanspruchs löst diesen Anspruch ein. Sie macht die Geltung am Gegenstand selbst einsichtig oder leitet sie von anderem, schon als verbindlich akzeptiertem Wissen ab.

Mit dem theologischen Begründungsthema verbinden sich darum so viele und unterschiedliche Begründungskonzeptionen, weil die Auffassungen darüber divergieren, als was der Glaube zu begründen ist. Religiöser Glaube fordert den ganzen Menschen ein; er umfaßt sein Denken, Fühlen und Handeln. Die Bestimmung der Eigenart des Glaubens legt fest, ob und wie er begründet werden kann. Die traditionelle Apologetik behauptete bestimmte konstitutive Voraussetzungen des Glaubens, suchte deren Wahrheit darzulegen und sah damit den Glauben selbst begründet. Die erste Frage des "Katholischen Katechismus" - "Wozu sind wir auf Erden?" formuliert Problem als Bestimmung des Lebenssinns und begründet den Glauben mit der Zweckbestimmung des Lebensziels: "Wir sind auf Erden, um Gott zu erkennen, ihn zu lieben, ihm zu dienen und einst ewig bei ihm zu leben". Sind diese Begründungsformen schon in sich unterschiedlich, so weitet sich das Spektrum möglicher Konzeptionen aus, wenn der Glaube an Gott mit einer spezifischen Form der Lebenspraxis identifiziert, als eine bestimmte Art der Wirklichkeitsauffassung oder im wesentlichen als Ausdruck von Gefühlen und Stimmungen aufgefaßt wird. Um das Spektrum dieser Auffassungen einzugrenzen, wurde zuvor die Frage nach dem Erkenntnisanspruch des Glaubens anhand der Aussagen zweier Positionen diskutiert, die ihn ausdrücklich oder implizit bestreiten. Die Auseinandersetzung mit Hare und Phillips beabsichtigte, diesen Anspruch als Anspruch des Glaubens nachzuweisen. Wie dieser einzulösen ist, entscheidet sich mit der Art des Begründungsverfahrens.

Damit ist der zweite Problemkomplex angesprochen. Der Glaube ist gemäß dem zuvor Gesagten als eine Überzeugung zu begreifen, die unter anderem die Wirklichkeit Gottes behauptet, bestimmte Aussagen über Jesus macht und andere Erkenntnisansprüche vertritt. Nun erschöpft sich freilich der Glaube nicht in solchen Behauptungen und Annahmen; allerdings wird er ohne sie nicht richtig verstanden. Es ist nun strittig, ob dies zur Folge haben muß, daß bei einem kognitiv verstandenen Glauben seine Begründung die Wahrheit dieser Behauptungen und Annahmen selbst nachzuweisen hat. Wie sind Vertrauen, Liebe oder das von der gläubigen Überzeugung ausgehende Handeln zu diesen Erkenntnisansprüchen bei der Glaubensbegründung in Beziehung zu setzen? Läßt sich die Glaubensüberzeugung auch unter Verzicht der Begründung ihrer impliziten Behauptungen rechtfertigen?

Diesen Fragen will das folgende Kapitel nachgehen, indem es vier verschiedene Modelle der Begründung diskutiert, die einen bestimmten Aspekt dieses Themas aufgreifen, von ihm her die Begründungskonzeption entwickeln und darin für die jeweilige Betrachtungsweise des Problems als repräsentativ gelten können. Die gemeinsame Voraussetzung dieser Konzeptionen ist darin zu sehen, daß sie den kognitiven Anspruch des Glaubens wahren. Aber trotz dieser einheitlichen Annahme erfolgen unterschiedliche Akzentsetzungen. Um diese herauszustellen, wird die Begründungsfrage immer in Beziehung auf die jeweilige Bestimmung des Glaubens diskutiert.

Als erstes dieser Modelle soll die Begründungskonzeption des Thomas von Aquin erörtert werden. Damit wird nicht nur die historisch wirksamste Form der Glaubensbegründung dargestellt, die der klassischen Apologetik den Weg gewiesen hat; sie eignet sich zugleich, das Begründungsproblem selbst differenzierter zu exponieren.

A Glaube und Glaubensbegründung bei Thomas von Aquin

1. Der Glaube als Zustimmungsakt des Verstandes

Thomas greift bei den verschiedenen Bestimmungen des Glaubensbegriffs die in der Scholastik häufig interpretierte Wendung aus dem Hebräerbrief auf, der Glaube sei "argumentum non apparentium" [Hebr 11,1], ein Überzeugtsein von dem, was man nicht sieht. Diese Schriftstelle konnte für das scholastische Denken darum so zentral werden, weil sie die herrschende Theologie in ihren Kernaussagen über den Glaubensakt bestätigte. Der offenkundigste Unterschied zwischen dem Glauben an Gott und dem Erkennen der endlichen Dinge und Sachverhalte schien darin zu bestehen, daß das Wissen die Gegenstände sieht, die es erkennt, während der Glaube auf das Unsichtbare ausgerichtet ist (1). Auch Thomas erachtet diese Stelle aus dem Hebräerbrief als derart grundlegend, daß er sie vor allen anderen Bestimmungen des Glaubens in der Schrift hervorhebt: jene seien lediglich als Erläuterungen dieser Aussage aufzufassen (2). Daher ist nicht erstaunlich, daß an der zentralen Stelle der Bestimmung des Glaubens dieser Gedanke auftaucht: "fides est habitus mentis, quo inchoatur vita aeterna in nobis, faciens intellectum assentire non apparentibus" (3). Es ist naheliegend, die Bestimmungen des Glaubensaktes bei Thomas durch eine Erläuterung der Aussagen dieser Paraphrase der Formel aus dem Hebräerbrief zu entfalten.

Die Bestimmung "habitus mentis" gilt nicht nur für den Glauben. Der Glaube ist vielmehr ein habitus, insofern er zu den drei theologischen Tugenden, den "virtutes theologicae" (4) fides, spes und caritas zählt. Dies ist darum festzuhalten, weil das Bedeutungsspektrum des Ausdrucks "Glaube" in seiner zeitgenössischen Verwendung sehr viel weiter und ungenauer ist als in den Aussagen des Thomas. Während "Glaube" heute vielfach als Bezeichnung der subjektiven Gläubigkeit, der gläubigen Lebenspraxis oder gar der religiösen Lebensform im ganzen gebraucht wird, ordnet Thomas manche dieser Aspekte eher den zwei anderen theologischen Tugenden zu. Seine engeren und präziseren Bestimmungen geraten daher leicht in den Verdacht, wesentliche Aspekte des "Glaubens" zu unterschlagen oder manche einseitig zu betonen. Bei den folgenden Erörterungen ist mithin nicht zu vergessen, daß Thomas mit dem Wort "Glaube" nicht alle Aspekte des christlichen Lebensvollzugs erfassen will.

Der Glaube ist als Tugend ein habitus des Geistes. Die Tugend disponiert zum tugendhaften Handeln. Der Tugendhafte ist fähig und geneigt, bestimmte Handlungen freiwillig zu vollziehen. Diese Geneigtheit ist nicht angeboren, sondern muß durch einübende Wiederholung erworben werden. Die Wiederholung geeigneter Handlungen festigt und bildet die tugendhafte Haltung aus; sie erscheint dann als feste Willensverfassung, als ein habitus. Thomas unterscheidet zwischen den natürlichen und den theologischen oder gotthaften Tugenden. Diese können nicht einfachhin ausgebildet oder angeeignet werden, denn der Mensch bedarf dazu einer besonderen Begnadung. Die gotthaften Tugenden und damit auch der Glaube werden von Gott im Menschen erwirkt. Der Gegenstand, auf den sie sich ausrichten, muß ihm durch Gnade und Offenbarung allererst zur Kenntnis gebracht werden (5).

In dieser Ausrichtung des Glaubenden auf Gott in Glaube, Hoffnung und Liebe stellt der Glaube das kognitive Element dar. Als habitus entläßt der Glaube aus sich spezifische Akte, von denen her er zu bestimmen ist. Als eine gotthafte Tugend bewirkt er näherhin jene freien Akte, die zur Erkenntnis Gottes und seines Heilsplans für die Menschen und damit zum Heil des Menschen führen. Bei diesem dem Glauben spezifischen Akt unterscheidet Thomas zwischen einem inneren und einem äußeren Akt [actus interior, actus exterior]. Diesen Bestimmungen widmet er die zweite und dritte Frage des Glaubenstraktates (6). Der äußere Akt des Glaubens ist das Bekenntnis. Gegenüber dieser Bestimmung erhebt Thomas den Einwand, daß derselbe Akt nicht verschiedenen Tugenden zugerechnet werden könne; darum sei der Akt des Bekennens nicht als ein Akt der Tugend des Glaubens anzusehen. In der Antwort löst er diese Schwierigkeit dahingehend, daß die äußeren Akte jener Tugend zuzurechnen sind, auf deren Ziel sie sich beziehen. Die Akte des Bekennens sind aber auf das Ziel des Glaubens ausgerichtet; sie sprechen öffentlich aus, was der Glaube in seinem Innern bedenkt: "Exterior enim locutio ordinatur ad significandum id quod in corde concipitur" (7). Diese Zuordnung des äußeren zum inneren Akt macht zugleich deutlich, daß das Bekennen auf den inneren Glaubensakt verwiesen bleibt und die Glaubensbestimmung nach den Merkmalen dieses inneren Aktes vorzunehmen ist.

Der innere Akt des Glaubens ist nun jener, den der habitus des Glaubens, wie es im eingangs zitierten Text heißt, den Intellekt dem zustimmen macht, was er nicht sieht. Der Gegenstand dieser Zustimmung sind die Glaubenswahrheiten, wie sie in den Glaubensbekenntnissen formuliert sind, die articuli. Mit dieser Bestimmung des Glaubens als Zustimmungsakt des Verstandes bringt Thomas ein Novum in die scholastische Theologie ein. Wie gerade erläutert, ist der Glaube für ihn ein habitus und als solcher auch mit dem Willen verbunden, aber als der ausschlaggebende Akt, als "principalis actus fidei" (8) muß die Zustimmung des Verstandes zu den Glaubenswahrheiten angesehen werden. Aufgrund der noch zu erläuternden Präzisierungen bestimmt er den inneren Glaubensakt als "zustimmendes Bedenken" [cum assensione cogitare] (9). Mit der Auslegung dieser Behauptung setzt Thomas sich von den in der Tradition vorfindlichen Auffassungen und auch von den zu seiner Zeit üblichen Glaubensbestimmungen ab.

Theologiegeschichtlich hatte man den Glauben bislang nicht als einen Akt des Verstandes begriffen. Die augustinisch-franziskanische Richtung in der Theologie und auch die Theologen der Aristoteles-Rezeption bis einschließlich Albert, dem Lehrer des Thomas, siedelten den Glauben im Bereich des Willens oder des intellectus practicus an. Die Fragen und Voraussetzungen, die Thomas zu der neuen Bestimmung veranlaßten, beherrschten noch nicht das theologische Problembewußtsein. In der Frühscholastik fanden die Fragen nach dem Unterschied zwischen Glauben und Wissen, nach deren theoretischem Status und deren jeweiligen Voraussetzungen noch kein allgemeines Interesse; "das Bewußtsein von der letzten Einheit und dem harmonischen Zusammenklang aller Wahrheit" (10) dominierte. Diese Geisteshaltung bot wenig Anlaß, eine präzise Unterscheidung zwischen Glauben und Wissen und eine diese Unterscheidungen reflektierende Konzeption der Glaubensbegründung zu entwickeln. Die Aufwertung dieser Fragen zu zentralen theologischen Problemen erfolgte mit dem Fortschreiten der Aneignung der aristotelischen Schriften innerhalb der Theologie, weil diese Philosophie eine Unterscheidung zwischen Glauben und Wissen forderte und andererseits auch die Begrifflichkeit enthielt, eine solche Differenzierung zu formulieren (11). Im Rahmen dieser Rezeption faßt Thomas seine Glaubenstheologie ab und reformuliert entscheidende theologische Bestimmungen.

Glauben heißt für Thomas im Kern also, den Glaubenswahrheiten die verstandesmäßige Zustimmung zu geben. Neben diesem Akt des Verstandes ist im Glauben zugleich der Wille wirksam, denn der Glaube ist ein habitus. Dieses Beieinander von Intellekt und Wille im Glauben und ihre genaue Zuordnung wird am ehesten verständlich, wenn kurz die Bestimmung des Wissens bei Aristoteles in Erinnerung gerufen wird, die Thomas bei seiner Glaubensbestimmung aufnimmt.

Nach Aristoteles ist zwischen wissenschaftlicher Erkenntnis [ἐπιστήμη] und der Meinung [δόξα] streng zu unterscheiden (12). Eine Meinung kann, aber sie muß nicht wahr sein, da ihre Urteile jenen Bereich der Wirklichkeit betreffen, der sich wandelt und verändert. Wegen der Veränderlichkeit der Gegenstände, auf die die Meinung sich bezieht, unterliegen ihre Aussagen immer auch der Möglichkeit, falsch zu sein. Eine Meinung ist daher ihrer Wahrheit niemals völlig gewiß. Das sichere Wissen beinhaltet demgegenüber nur solche Erkenntnisse, die sich auf Unveränderliches beziehen und kraft der Wesensnotwendigkeit des Erkannten selbst notwendig und notwendig wahr sind. Das Unveränderliche, das hier als Gegenstand der wissenschaftlichen Erkenntnis bestimmt wird, meint das dem Seienden notwendig Zukommende. Wissenschaftliche, notwendig wahre Erkenntnis bezieht sich also auf wesensnotwendige Sachverhalte. Die Erkenntnis erschließt sich, indem man sie aus den Ursachen [αἰτία] mittels eines wissenschaftlichen Schlusses [ἀπόδειξις] als notwendig ableitet. Daher geht wissenschaftliche Erkenntnis immer über die Erkenntnis von Einzeldingen hinaus. Diese weiß nur, daß etwas ist; wissenschaftliche Erkenntnis weiß zugleich auch, warum etwas ist.

Diese Methode der Ableitung der Erkenntnisse aus den Ursachen führt zur Frage nach den Prinzipien. Die Lehre von den Prinzipien steht in einem engen Zusammenhang mit dem ontologischen Charakter der Erkenntnislehre des Aristoteles. Erkennen bedeutet hier ein Erfassen des Wirklichen, wie es in sich ist. Die Wirklichkeit weist objektive Strukturen auf, die der Mensch als solche zu erkennen vermag. Wenn Wissenschaft ihre Erkenntnisse durch die Ableitung aus obersten Prinzipien gewinnt, gründet diese Bestimmung immer auf der erkenntnisrealistischen Voraussetzung, daß die Wirklichkeitsbereiche selbst nach diesen Prinzipien geordnet sind. Die Deduktion aus obersten Prinzipien bietet daher für Aristoteles ein Abbild der Wirklichkeit, wie sie in sich "wirklich" ist. Das Problem des Anfangs nimmt für Aristoteles darum nicht jene beherrschende Stellung wie in der neuzeitlichen Philosophie ein. Er kann das Problem eines infiniten Regresses dadurch lösen, daß er die Ableitung der Erkenntnisse auf erste Prinzipien [ἀρχή] bezieht, die selbst unableitbar und unbeweisbar sind, aber kraft ihrer Selbstevidenz zum sicheren Ausgangspunkt aller weiteren Schlüsse gemacht werden können. Weil die Prinzipien oder Erstsätze eine offenkundige Notwendigkeit besitzen, hat auch jede korrekte Ableitung aus ihnen den Status eines Beweises.

Dieser aristotelische Wissensbegriff und seine Gegenüberstellung zur Meinung kehrt im Glaubenstraktat des Thomas bei der Unterscheidung von Glauben und Wissen wieder. Mit dem Erkenntnisakt, der sich auf selbstevidente Gegenstände bezieht, verbindet sich unmittelbar Gewißheit. Liegt in anderen Fällen dessen Notwendigkeit nicht offen zutage, kann die dem Wissen eigene Gewißheit durch den schlußfolgernden Beweis erreicht werden. In beiden Fällen ist die Zustimmung des Verstandes zum Erkannten nicht frei; sie erfolgt mit Notwendigkeit: "Assensus autem scientiae non subjicitur libero arbitrio: quia sciens cogitur ad assentiendum per efficacam demonstrationis" (13). Diese Gewißheit zeichnet das Wissen gegenüber anderen geistigen Akten aus. Die Notwendigkeit des erkannten Sachverhalts überträgt sich bruchlos in die Notwendigkeit der Zustimmung. Seine Evidenz läßt der Freiheit keinen Raum; der erkennende Intellekt kann nicht umhin, seine Zustimmung zu geben. Thomas bezeichnet diese vollendete, sichere Form des Erkennens auch als "visio", als Schau (14).

Bei anderen geistigen Akten kann der Mensch sich der Zustimmung enthalten; Zweifel, Vermutung und Meinung sind frei. Der Gegenstand, auf den die Meinung [opinio] sich bezieht, ist nicht eindeutig und vermag daher eine sichere Zustimmung des Intellekts nicht zu bewirken. Thomas bestimmt vielmehr als das Wesen der Meinung, ihr Inhalt könne sich auch anders darstellen, als der Meinende sich vorstellt: "Id quod est opinatum, existemetur possibile aliter se habere" (15). Da die Meinung die Möglichkeit der Wahrheit ihres Gegenteils einräumen, den eigenen Irrtum also in Rechnung ziehen muß, kann ihre Zustimmung zum gemeinten Sachverhalt nicht allein durch diesen selbst motiviert sein. Sie erfolgt vielmehr als ein Willensentscheid: "Intellectus assentit alicui non quia sufficienter movetur ab objecto proprio, sed per quandam electionem voluntarie declinans in unam partam magis quam in aliam" (16). Kann also aufgrund mangelnder Eindeutigkeit der Gegenstand keine Zustimmung des Intellekts hervorrufen, muß der Wille diesen dazu bewegen.

Mittels dieser verschiedenen Qualifikationen von Wissen und Meinen unternimmt Thomas die weiteren Bestimmungen des Glaubensaktes. Nun kann auch deutlich werden, wie Wille und Intellekt im Glaubensakt aufeinander bezogen sind.

Zwei Merkmale müssen für Thomas bei dieser Bestimmung gewahrt bleiben: zum einen die Wahrheit des Glaubens, weil dieser sich auf Gott als die Erstwahrheit bezieht. Zum anderen muß die Unterscheidung zwischen Glauben und Schauen in ihr aufgehoben sein, da der Gegenstand des Glaubens jene Wahrheit ist, "die man nicht sieht". Der Gegenstand, auf den der Glaubensakt sich richtet, ist also Gott als Wahrheit, und zwar als eine solche, die in ihrem Wesen nicht mit den Mitteln der natürlichen Vernunft erkannt werden kann (17). Die Erkenntnis der Wahrheit hat nun für Thomas ihren Ort im schauenden Verstand [intellectus speculativus]. Um die mit dem "Schauen" der Wahrheit verbundene Gewißheit auch für den Glauben zu sichern, obwohl dieser noch nicht "sieht", und um ihm zugleich den Status der Wahrheitserkenntnis zusprechen zu können, bestimmt Thomas den Glauben als einen Zustimmungsakt des Verstandes: "Credere autem immediate est actus intellectus: quia objectum huius est verum, quod proprie pertinet ad intellectum" (18). Andererseits unterscheidet sich der Glaubensakt von den Akten der Wahrheitserkenntnis, da er die Wahrheit seines Gegenstandes nicht "sieht", nicht unmittelbar erkennt. Unter dieser Rücksicht ergibt sich eine Strukturidentität des Glaubens mit der Meinung, die ungewiß und möglicherweise falsch ist. Insofern also der Glaube auf Gott als die Wahrheit sich richtet, ist er ein Akt des Verstandes und seiner Wahrheit gewiß; insofern er seinen Gegenstand nicht unmittelbar vor sich hat, gleicht er dem Meinen. Dem Glaubensakt ist daher eine Mittelstellung zwischen den Akten des Erkennens und des Meinens zuzuschreiben:

> "Sed actus iste qui est credere habet firmam adhaesionem ad unam partem, in quo convenit credens cum sciente et intelligente: et tamen ejus cognitio non est perfecta per manifestam visionem, in quo convenit cum dubitante, suspicante et opinante. Et sic proprium est credentis ut cum assensu cogitet" (19).

An den Akten der Erkenntnis gemessen, besitzt der Glaube deren Festigkeit, bleibt aber unvollkommen, denn er wird nicht durch die Evidenz des erkannten Sachverhalts gänzlich bestimmt. Diese Unbestimmtheit präzisiert Thomas mit dem Ausdruck "cum assensione cogitare", den er von Augustinus übernimmt (20). Aufgrund der Unbestimmtheit des Gegenstandes ist der Glaube ein Denken wie Meinen oder Vermuten; im Gegensatz zu ihnen gibt er jedoch eine feste Zustimmung. Um diese Zustimmung geben zu können, bedarf es wegen der Unsichtbarkeit des Gegenstandes des Willensaktes. Der Glaube kann die Zustimmung nicht aufgrund der Erkenntnis geben, sondern darum, weil der Wille ihn dazu bewegt: "Intellectus credentis determinatur ad unum non per rationem, sed per voluntatem. Et ideo assensus hic accipitur pro actu intellectus secundum quod a voluntate determinatur ad unum" (21).

Die Willensbewegung und der Verstandesakt stehen bei der Glaubenszustimmung nun nicht wie zwei gänzlich disparate Größen beziehungslos nebeneinander. Der Wille ist für Thomas neben dem Erkennen das zweite geistige Vermögen des Menschen. Er bezieht sich auf seinen Gegenstand als sein Gut und Ziel, das er erreichen will. Insofern er im Glauben wirksam ist, sind der Gegenstand der Verstandeszustimmung und der der Willensbewegung identisch: "Actus fidei ordinatur ad objectum voluntatis, quod est bonum, sicut ad finem" (22). Als Akt des Verstandes, der die Wahrheit bejaht, ist der Glaube auf Gott als die Erstwahrheit bezogen; als durch den Willen bestimmter Verstandesakt ist er auf Gott als das Gute bezogen. Obgleich beide Vermögen unterschieden sind, richtet sich die aus ihnen sich konstituierende Zustimmungsbewegung auf den einen Gott als ihr Ziel:

> "Actus autem fidei est credere ... qui actus est intellectus determinati ad unum ex imperio voluntatis. Sic ergo actus fidei habet ordinem et ad objectum voluntatis, quod est bonum et finis; et ad objectum intellectum, quod est verum ... (fides) habet idem pro objecto et fine" (23).

Gott ist also derselbe [idem] Gegenstand des zustimmenden Verstandesaktes und der Willensbewegung. Gibt nun der Wille der Verstandeszustimmung ihre Richtung, so muß das Ziel zuvor bekannt sein, damit der Wille sich und den Verstand ausrichten kann, wie Thomas im Anschluß an Aristoteles sagt: "Voluntas autem non potest recte ordinari in bonum, nisi praeexistente aliqua cognitione veritatis: quia objectum voluntatis est bonum intellectum" (24).

Der Mensch ist auf die Anschauung Gottes als seinem Glück hingeordnet - "Homo enim naturaliter desiderat beatitudinem" (25), aber daß das erstrebte Glück die Anschauung Gottes sei, erkennt er nicht aus eigener Kraft. Dieses Ziel seines Strebens ist ihm von Natur aus nur dunkel und unklar, "sub quadam confusione" (26) bewußt. Die hier angesprochene Lehre vom desiderium naturale besagt nicht, daß der Mensch das Ziel seines Verlangens aus der Eigenart dieses Strebens selbst erkennen könnte. Gemeint ist damit vielmehr die Tendenz des menschlichen Geistes, über alles Endliche hinaus zum Unendlichen zu streben; diese Offenheit ist eine Voraussetzung des Glaubens, aber sie "besteht nicht in einem ausdrücklichen Akt des Verlangens, zu Gott zu kommen" (27). Im Glaubenstraktat spricht Thomas dieses Thema bei der Abgrenzung des Glaubens von natürlichen Strebungen an. Der Glaube gehöre nicht zur Natur des Menschen, "non est in natura humana" (28); "natürlich" sei lediglich, daß der Mensch sich einem inneren Antrieb und der Verkündigung der Offenbarung nicht widersetze: "in natura humana est ut mens hominis non repugnet interiori instinctui et exteriori veritatis praedicationi" (29). Dieses Verlangen identifiziert also nicht selbst schon den Gegenstand, auf den der Wille den Intellekt zur Glaubenszustimmung ausrichten könnte. Mithin kann weder der Intellekt noch der Wille selbständig zum Glauben gelangen. Die Erkenntnis, die beide Akte des Glaubens erst ermöglicht, ist von Gott. Dies in zweierlei Hinsicht: einmal bezüglich des Glaubensaktes, zum anderen in Hinsicht auf den Glaubensgegenstand.

Der Wille ist aus sich selbst unfähig, den Verstand zur Glaubenszustimmung zu bewegen. Als ein natürliches Streben kann er sich selbst nicht auf das Übernatürliche ausrichten. Es bedarf der Gnadengabe, die den Willen befähigt, den Intellekt sich auf Gott beziehen zu lassen. Er muß begnadet werden, um sich zu dem zu erheben, was über seine Natur hinausgeht: "Voluntas hominis praeparetur a Deo per gratiam ad hoc elevetur in ea quae sunt supra naturam" (30). Gegen die pelagianische Auffassung, die Ursache des Glaubens sei allein im Willen gelegen, besteht Thomas darauf, daß die Zustimmung zu den Glaubenswahrheiten, zu der der Wille den Intellekt veranlaßt, durch Gottes Gnade ermöglicht wird:

"Quia cum homo, assentiendo his quae sunt fidei, elevetur supra naturam suam, oportet quod hoc insit ei ex supernaturali principio interius movente, quod est Deus. Et ideo fides quantum ad assensum, qui est principalis actus fidei, est a Deo interius movente per gratiam" (31).

Nicht nur bezüglich der Willensbewegung und des Aktes der Zustimmung, sondern auch hinsichtlich des Gegenstands des Glaubens ist der Mensch auf Gott angewiesen. Um den Menschen seine übernatürliche Bestimmung erkennen zu lassen, ist es notwendig, daß die Glaubenswahrheiten ihm offenbart werden. Nur durch die Offenbarung gelangt der Mensch zu ihrer Kenntnis: "non cadunt in cognitionem hominis nisi Deo revelante" (32). Die eigentliche Verursachung des Glaubens ist also Werk Gottes, ist Gnade.

Dennoch erhebt sich die Frage der Erkennbarkeit des Glaubensinhaltes noch einmal, denn nach dem scholastischen Lehrsatz über die Gnade wird die Natur des Menschen durch sie ja nicht zerstört, sondern erfüllt und vollendet. Wenn die Glaubenswahrheiten nicht erkannt und in sich nicht verstanden werden können, wie ist dieses unter dem Einfluß der Gnade möglich? Thomas beantwortet diese Frage im zweiten Artikel des Glaubenstraktates und führt dazu ein Theorem seiner Erkenntnislehre an: "Cognita sunt in cognoscente secundum modum cognoscentis. Est autem modus proprius humani intellectus ut componendo et dividendo veritatem cognoscat" (33). Wenn Gott als die einfache, geistige Erstwahrheit dem menschlichen Erkenntnisvermögen greifbar werden soll, muß dieser Erkenntnisgegenstand also gemäß den Bedingungen menschlicher Erkenntnisfähigkeit begegnen. Der Mensch kann aber Gott als reine Geistigkeit nicht erfassen. Nur soweit vermag er von ihm Kenntnis zu erlangen, wie es seinem Erkenntnisvermögen entspricht. Vom Standpunkt des Glaubenden aus gesehen, ist Thomas daher genötigt, eine vermittelnde Form anzugeben. Weil der menschliche Verstand "componendo et dividendo" erkennt, gelangt Thomas zur Behauptung, der Glaubensgegenstand sei unter dieser Rücksicht ein Zusammengefügtes nach Art des Aussagbaren: "Ex parte credentis ... objectum fidei est aliquid complexum per modum enuntiabilis" (34).

Der Umstand, daß die Offenbarungswahrheiten in Aussagen vorliegen, gewährleistet also die Möglichkeit der menschlichen Zustimmung. Inhaltlich handelt es sich bei diesen geoffenbarten und im Glauben zu bejahenden

Aussagen um die articuli, die Glaubensartikel, wie sie in den Symbola formuliert sind. Sofern der Glaubensgegenstand dem Menschen in dieser Form vorliegt, läßt sich die Reichweite des Glaubens bezüglich seines Inhaltes bestimmen und aufgliedern. Thomas unterscheidet zwischen dem, was unvermittelt und ursprünglich zum Glauben gehört, und dem, was nur auf ihn bezogen ist. Unmittelbar gehören zum Glauben alle articuli; indirekt sind ihm alle Implikationen und Folgerungen zuzurechnen, die sich aus den articuli ergeben. Die Zugehörigkeit zu diesem Bereich bestimmt Thomas nach einem negativen Vereinbarkeitskriterium. Alles das, bei dessen Negation sich ein Gegensatz zu den Glaubensartikeln ergibt, ist indirekt als Glaubensgegenstand aufzufassen (35).

Damit sind die wesentlichen Konturen und Aspekte des Glaubensaktes, wie Thomas ihn bestimmt, schon umschrieben. Der Mensch glaubt an Gott, indem er der Wahrheit der Offenbarung, die er in der Form der Glaubensartikel erfaßt, zustimmt und darin seinen Intellekt auf Gott als Erstwahrheit ausrichtet. Sein natürliches Erkenntnisvermögen reicht nicht aus, Gott in seinem Wesen zu erkennen, noch vermag er die Glaubensinhalte gänzlich zu verstehen. Der Wille drängt ihn zur Zustimmung zu den Glaubenswahrheiten, doch nicht, weil er dies aus sich selbst vermöchte. Durch die Gnade Gottes wird er über seine Natur emporgehoben, und so erst kann der Glaube das sein, wie Thomas ihn in dem eingangs zitierten Text bestimmt: eine göttliche Tugend, mit der das ewige Leben im Menschen beginnt.

Wenn die Wirklichkeit Gottes und die des Menschen einander so disproportioniert sind, daß diese Kluft erst mit dem Gnadenlicht überbrückt werden kann, scheint es, als sei das natürliche Erkenntnisvermögen im Bereich des Glaubens fast völlig funktionslos. Bei der Frage nach der Glaubensbegründung muß sich entscheiden, wieweit der Geltungsanspruch des christlichen Glaubens auch dem natürlichen Erkennen zugänglich ist. Damit können wir die Frage aufwerfen, wie Thomas das Begründungsproblem formuliert und wie er die Begründung zum Glaubensakt in Beziehung setzt.

2. Der Nachweis der Glaubwürdigkeit der Offenbarung

In seiner Entwicklungsgeschichte der apologetischen Fragestellungen in der mittelalterlichen Scholastik hat Lang(36) nachgezeichnet, wie sich die Beziehung von Glaube und Vernunft langsam verschiebt und wie sich infolgedessen das Begründungsproblem für die Theologen jener Zeit selbst ändert. In der Frühscholastik wurde eine Begründung des Glaubens durch ihm äußere Beweise nicht gefordert, weil ihr Erkenntnisoptimismus die Wahrheit des Glaubens selbst einsehen zu können meinte. Die äußere Vergewisserung der Wahrheit des Glaubens konnte erst dann zu einem theologisch relevanten Anliegen werden, als die Grenzen seiner inneren Einsichtigkeit verstärkt ins Bewußtsein traten; die Unterscheidung von Glauben und Wissen ließ diese Problemformulierung im späteren Verständnis zu dieser Zeit erst entstehen. Das Problem wurde in seinem vollen Umfang sichtbar, als man "die Dunkelheit als eine wesentliche Eigenschaft der Glaubensobjekte erkannte" (37). Die Glaubenstheologie des Thomas und seine Aussagen zur Glaubensbegründung haben ihren Ort in dieser Entwicklung. In manchem hielt er an frühscholastischen Auffassungen fest, in anderem setzte er sich konsequent von ihnen ab und eröffnete Fragestellungen, die der späteren Apologetik ihren Weg bereiteten.

Auch Thomas spricht von der Uneinsichtigkeit und Dunkelheit des Glaubens [obscuritas fidei], die er mit der Unzulänglichkeit des menschlichen Erkenntnisvermögens gegeben sieht (38). Die Bestimmung des Glaubensgegenstandes als das, "was man nicht sieht", die Parallelisierung des Glaubens zu den aristotelischen Begriffen des Wissens und des Meinens als einer Form der Zustimmung, die trotz der Uneinsichtigkeit ihres Gegenstandes gewiß ist, und die Bestimmung der Funktion des Willens im Glaubensakt deuten darauf hin, daß Thomas den intellectus fidei, das innere Glaubensverständnis, recht gering einschätzt. Zudem sieht Thomas in der kognitiven Distanz zwischen Mensch und Gott die Freiheit und das Verdienst des Glaubens gesichert (39).

Trotz dieser schon im Ansatz gelegenen Einschränkungen der Möglichkeit eines Nachweises der Glaubwürdigkeit des Glaubens aus seinen Inhalten wird diese Frage von Thomas doch erwogen. Zwar kann die Rechtfertigung des Glaubens nicht auf der Einsichtigkeit seiner Inhalte aufbauen, aber die Vernunft hat hier gleichwohl angebbare Funktionen. Die Einlösung des mit dem christlichen Glauben verbundenen Geltungsanspruchs vor der Vernunft verschiebt sich damit in den Bereich, der dem Glauben äußerlich ist: seine Berechtigung müßte sich so aufweisen lassen, ohne daß die Glaubensinhalte selbst einsichtig würden. Unter systematischer Rücksicht ist also die Begründungsfähigkeit des Glaubens danach zu beurteilen, ob sie vom Standpunkt der inneren Einsichtigkeit oder der äußeren Glaubwürdigkeit behauptet wird. Im achten Artikel der vierten Frage des Glaubenstraktates behandelt Thomas die Unterschiede zwischen der Gewißheit des Glaubens und der des Wissens und nimmt dabei diese Unterscheidung von subjektiver Uneinsichtigkeit und objektiver Wahrheitsgewißheit vor. Die Glaubensgewißheit kann, so führt er dort aus, einerseits nach der Zuverlässigkeit ihrer Ursache und andererseits nach der Einsichtigkeit ihres Inhaltes betrachtet werden. Was die Ursache betrifft, so überragt der Glaube das Wissen, denn er stützt sich auf göttliche Offenbarung: "fides est certior ... quia fides innititur veritati divinae" (40). Im Hinblick auf das Subjekt bestimmt sich die Gewißheit nach der Begreifbarkeit ihres Gegenstandes, und hier erreicht der Glaube nicht die Gewißheit des Wissens [fides est minus certa], weil er über den Verstand des Menschen hinausgeht [supra intellectum hominis]. Die Frage nach der Begründung stellt sich für Thomas also auf eine zweifache Weise. Wir gehen zunächst auf das Thema der Reichweite von Vernunft und Erkenntnis bezüglich des inneren Verständnisses und anschließend auf die Frage nach den äußeren Glaubwürdigkeitskriterien ein.

Thomas hält daran fest, daß die meisten Glaubenswahrheiten nicht eingesehen werden können. Aber zugleich enthält die Offenbarung auch solche Wahrheiten, die dem menschlichen Erkennen von Natur aus zugänglich sind. Die Glaubensinhalte können also nach dem Ausmaß ihrer Einsichtigkeit und Verstehbarkeit unterschieden werden. Von jenem Bereich von Glaubenswahrheiten, dessen Inhalte nicht erkennbar sind, sondern "omnibus proponitur hominibus ut credendum" (41), unterscheidet er jenen, der im Prinzip vom Menschen erkannt werden kann. Aufgrund dieser Verstehbarkeit ist es möglich, daß manche Glaubenswahrheiten von einem gewußt sind, vom anderen aber geglaubt werden - "visum vel scitum ab uno ... creditum ab alio" (42). Die erkennbaren Glaubensinhalte, die sowohl Gegenstand des Wissens als auch des Glaubens sein können, sind die praeambula fidei. Wer diese im Erkennen erfaßt, so muß Thomas wegen seiner erkenntnistheoretischen Prämissen unterscheiden, für den sind sie nicht Inhalt des Glaubens. Er rechnet sie dem Glauben jedoch zu, weil diese Voraussetzungen von dem, der sie nicht versteht, geglaubt werden müssen: "Ea quae demonstrative probari possunt inter credenda numerantur, non quia de ipsis simpliciter sit fides apud omnes: sed quia praeexiguntur ad ea quae sunt fidei, et oportet ea saltem per fidem praesupponi ab his qui horum demonstrationem non habent" (43). Dies Zitat erläutert zugleich, worin Thomas die Notwendigkeit sieht, daß auch die erkennbaren Glaubenswahrheiten gleichwohl geoffenbart wurden. Soll der Mensch Gott als sein Heil nicht verfehlen, so muß er es erkennen, um sein Wollen und Handeln auf es ausrichten zu können. Da nicht jedermann imstande ist, die fraglichen Wahrheiten zu erkennen, wurden auch die im Prinzip erkennbaren Glaubenswahrheiten geoffenbart. Der Zugang zur Erkenntnis der göttlichen Wahrheit ist auf diese Weise "schneller" [citius], "allgemeiner" [communior] und "zweifelsfrei und gewiß" [indubitata et certa] (44).

Das Verständnis der praeambula fidei als der logischen Voraussetzungen, die den Glauben als eine rationale Entscheidung auszeichnen, hat sich erst später allgemein durchgesetzt, ist aber bei Thomas noch nicht gegeben (45). Inhaltlich grenzt er die praeambula durch das Kriterium ihrer natürlichen Erkennbarkeit und negativen Vereinbarkeit ab. In den ersten Fragen der Summa behandelt Thomas die philosophisch-metaphysische Problematik der Gotteserkenntnis, des Daseins Gottes und seiner Eigenschaften; unter der zweiten Frage "De Deo: An Deus sit" finden sich die quinque viae. Er spricht hier von den praeambula, ohne jedoch das Glaubwürdigkeitsthema damit aufzuwerfen. Der Beweis der Existenz Gottes wird lediglich von den articuli abgegrenzt:"Deum esse, et alia huiusmodi, quae per rationalem naturalem nota possunt esse de Deo ... non sunt articuli fidei, sed praeambula ad articulos" (46). Dies weist darauf hin, daß die von Thomas als praeambula bezeichneten Erkenntnisse von ihm nicht auf die Frage des positiven Nachweises der Glaubwürdigkeit bezogen werden (47).

Die Funktion eines Beweises der praeambula besteht nun darin, den Glauben mit jenen Voraussetzungen zu versehen, die eine Erläuterung seiner Inhalte ermöglichen. Ihr Beitrag bei der Bestimmung des Verhältnisses von Glaube und Vernunft besteht nicht im Nachweis der Wahrheit des

Glaubens, sie "haben mit der Glaubensentscheidung nichts zu tun, sondern sind natürlich erkennbare, metaphysische Wahrheiten. Sie dienen nicht der Begründung, sondern der Erhellung des Glaubens" (48). Sie sind also die Wahrheiten und Erkenntnisse, die zum Umfeld des Glaubens gehören, ohne dessen Voraussetzung verstanden und erkannt werden können und darum einen Zugang zum Glaubensinhalt ermöglichen.

Neben der Begründung der praeambula vermag der Glaube durch Inanspruchnahme der Vernunft, die Glaubensgeheimnisse tiefer zu erfassen. Obwohl Thomas zurückhaltend in der Einschätzung dieser Möglichkeit bleibt, spricht er z.B. davon, die Theologie solle die Glaubensinhalte in ihren Zusammenhängen und gegenseitigen Beziehungen klären und neue Erkenntnisse aus ihnen ableiten. Sie beweist jedoch die Wahrheit nicht, sondern setzt sie mit den articuli voraus, die sie als die nicht hinterfragbaren Denkprinzipien annimmt (49).

Eine weitere Funktion der Vernunft in Bezug auf das Glaubensverständnis besteht darin, den Glauben gegen Einwände, Vorwürfe und Kritik zu verteidigen. Dies betrifft zum einen die möglichen Spannungen des Glaubensgutes selbst, zum anderen die von außen erhobenen Einwände. Thomas fordert von der Theologie, sie müsse durch die Widerlegung solcher Einwände die Schwierigkeiten beseitigen, die sich dem Glauben mit ihnen entgegenstellen: "[rationes] removent impedimenta fidei, ostendendo non esse impossibile quod in fide proponitur" (50). Die Methode solchen Widerlegens der Einwände berührt Thomas in der Frage über die Theologie als Wissenschaft. Er erörtert dort, ob die Theologie nach Beweisen verfahre [utrum haec doctrina sit argumentativa] (51). Gegenüber dem Häretiker, so wird ausgeführt, werde in dem, was er nicht leugnet, ein gemeinsamer Ausgangspunkt der Argumentation gesucht, um ihm von hier aus die Stimmigkeit der anderen Glaubensinhalte und damit das zu beweisen, was er leugnet. Wird hingegen die Offenbarung als Ganze abgelehnt, so ist die Begründung dieser Ablehnung zu entkräften: "Si vero adversarius nihil credat eorem quae divinitus revelantur, non remanet amplius via ad probandum articulos fidei per rationem, sed ad solvendum rationes, si quas inducit, contra fidem" (52).

Die praeambula, die Durchdringung des Zusammenhangs der Glaubensinhalte und die theologische Auseinandersetzung mit Einwänden gegen den Glauben ist, wie hier deutlich wird, auch für Thomas nicht ohne argumentative Kraft. Aber die Wahrheit des Glaubens kann aus seinen Inhalten weder abgeleitet noch affirmativ begründet werden. Hier hält sich die Bindung an frühscholastische Auffassungen darin durch, daß Thomas dieses Thema des inneren Glaubensverständnisses nicht ausklammert, sondern ihm noch systematische Funktionen zumißt. Was die Glaubwürdigkeitsbegründung im engen, apologetischen Sinn betrifft, mißt er jedoch dem äußeren Glaubwürdigkeitskriterium die entscheidende Kraft zu.

Die Notwendigkeit einer solchen äußeren Begründung setzte sich zu seiner Zeit in der Scholastik durch. Wenn den inneren Rationes keine überzeugende Begründungsfähigkeit eignet, müssen äußere, öffentliche Gegebenheiten den Anspruch des christlichen Glaubens beweisen. Die unübersehbare und überzeugendste Tatsache, die das Christentum in seinen Ansprüchen beglaubigen kann, stellt nun die Offenbarung selbst dar; Gott, der nicht täuschen kann, hat sich den Menschen selbst geoffenbart. Ein solches Argument stützt sich auf die Autorität Gottes. Während Thomas mit Boethius den Autoritätsbeweis als die schwächste Beweisform [infirmissimus] ansieht, ist dies in der Theologie gerade umgekehrt: "Locus tamen ab auctoritate quae fundatur super revelatione divina est efficacissimus" (53).

Das höchste Glaubwürdigkeitskriterium ist also die Tatsache, daß die Offenbarung in Gott selbst ihren Ursprung hat. Dies wird nun nach Thomas nicht nur geglaubt, sondern der Gläubige weiß, daß sie von Gott ist. Dieser Wissensanspruch kann ohne Glaubensvorgaben verstanden und in seiner Wahrheit erkannt werden. Im vierten Artikel der ersten Frage des Glaubenstraktates nimmt Thomas die Abgrenzung des Glaubens von Wissen und Meinen vor und bestimmt als Gegenstand des Glaubens die "non apparentia". Diese Aussage wird in der Erwiderung auf die zweite objectio durch eine Distinktion eingeschränkt. Die Schwierigkeit ist dort das Wort "sehen" in der Wendung aus 1 Kor 13,12: "Wir sehen jetzt nur durch einen Spiegel rätselhaft", wobei Thomas das Wort "videmus" aufgreift und es im aristotelischen Verständnis auslegt. Der Glaube im engen Sinn könne nicht "Schauen" sein, aber unter der Rücksicht der Glaubwürdigkeit sei der Glaube ein "Sehen":

"... ea quae subsunt fidei dupliciter considerari possunt. Uno modo, in speciali: et sic non possunt esse simul visa et credita ... Alio modo, in generali, scilicet sub communi rationi credibilis. Et sic sunt visa ab eo qui credit: non enim crederet nisi videret ea esse credenda, vel propter evidentiam signorum vel propter aliquid huiusmodi" (54).

Unter dem Aspekt der Glaubwürdigkeit ist also eine Erkenntnis möglich und gefordert, die aufgrund der "Evidenz der Zeichen" die Vernunft von der Wahrheit überzeugt. Dieser Gebrauch des Wortes "evidentia" ist nicht eine Ausnahme; die Wahrheit der Offenbarung wird durch Gott in seinen Zeichen zwingend beglaubigt. Diese können zwar nicht in sich einsichtig werden, aber sie lassen den göttlichen Ursprung der Offenbarung erkennen, wie Thomas mit Ausdrücken wie "offensichtlich, evident" und durch andere "sehr starke Ausdrücke" (55) verdeutlicht. Das Problem der Begründung stellt sich damit inhaltlich als Frage nach der Möglichkeit des Nachweises der Glaubwürdigkeit der Offenbarung durch Zeichen dar, die unbestreitbar deutlich machen, daß sie von Gott ist.

Die einzigen Zeichen, denen Thomas eine solche Beweiskraft zutraut, sind die Wunder: sie führen den Nachweis göttlichen Ursprungs. Thomas hat eine detaillierte Theorie über die Möglichkeit und Eigenart von Wundern entwickelt. Deren Einzelheiten brauchen nicht aufgegriffen zu werden (56), da hier Struktur und Methode eines solchen Beweises von Belang sind. Diese werden sehr deutlich in der vieldiskutierten Frage nach dem Glauben der gefallenen Engel, an denen Thomas eine Erkenntnisverfassung veranschaulicht, die als ein höheres Erkenntnisvermögen durch die Evidenz der Zeichen zum Glauben gezwungen wird (57). Im Gegensatz zu ihrem durch Zeichen erzeugten Glauben heben diese beim Menschen das Verdienst des Glaubens nicht auf. In diesem Zusammenhang wird die Struktur des Wunderbeweises beschrieben.

Der Geltungsanspruch, den der christliche Glaube erhebt, besteht im Wahrheitsanspruch für seinen göttlichen Ursprung; er behauptet, "doctrinam Ecclesiae a Deo esse" (58). Die Propheten haben nun ihrerseits behauptet, von Gott gesandt und zu ihren Aussagen ermächtigt zu sein. Gott kann durch Wunder die Wahrheit dessen bezeugen, was sie behaupten. Dies ist der Fall, wenn ein prophezeites Ereignis wirklich eintritt. Für den Zeugen eines solchen Zeichens wäre damit bewiesen, daß die Aussagen des Propheten von Gott stammen: "Et hoc signo convinceretur intellectus videntis ut cognosceret manifeste hoc dici a Deo, qui non mentitur" (59). Die Unterscheidung zwischen subjektiver Einsichtigkeit und objektiver Wahrheitsgewißheit wird in die Charakterisierung dieser Begründung inhaltlich aufgenommen; der Verstand wird genötigt, dem Wahrheitsanspruch zuzustimmen, obgleich er den Vorgang des Wunders in sich selbst nicht erfaßt und dieses keine evidentielle Kraft für ihn besitzt: "Intellectus convincitur ad hoc quod iudicet esse credendum his quae dicuntur, licet non convincatur per evidentiam rei" (60).

Damit ist die inhaltlich-affirmative Methode der Beglaubigung des Wahrheitsanspruchs der Offenbarung bei Thomas in ihren Grundzügen vorgestellt. Es ist kaum zu übersehen, daß der Nachdruck, mit dem die Erkennbarkeit der Zeichen und Wunder vertreten wird, eine Spannung zu dem zuvor Erläuterten über den Glaubensakt als Gnade und gotthafte Tugend erzeugt. Wie der Stellenwert der Begründung für den Glauben selbst zu beurteilen ist, soll in Auseinandersetzung mit einigen Stellungnahmen zur Begründungskonzeption des Thomas abschließend erörtert werden.

3. Zur bleibenden Dringlichkeit der thomasischen Fragestellung

Die Glaubenstheologie des Thomas, die hier unter der Rücksicht des Begründungsproblems lediglich in ihren Grundzügen skizziert wurde, markiert den Beginn einer theologischen Wirkungsgeschichte, die bis in die Gegenwart reicht. Die Kommentatoren seiner Texte und die thomistischen Schulen förderten die Auseinandersetzung mit seinen Schriften, und die Kontinuität der Wirksamkeit seines Denkens wurde durch die Betonung seiner theologisch herausragenden Stellung seitens des Lehramtes verstärkt. Die theologische Relevanz dieser Position ist jedoch nicht nur vom historischen Standpunkt ihrer Wirkungsgeschichte zu sehen, und gleichfalls kann ihre Bedeutung nicht von ihrer Inanspruchnahme durch Konzilien und päpstliche Enzykliken als theologisch autoritative Instanz abhängig gemacht werden, so daß mit ihnen gegebenenfalls auch die thomasische Theologie schlechthin überholt wäre. Die Formulierung des theologischen Begründungsproblems, die Bestimmung des Verhältnisses von Glauben und Vernunft durch Thomas vermag das Recht einer Fragestellung einsichtig zu machen, der in den Stellungnahmen seiner zeitgenössischen Interpreten oft nur unzureichend Rechnung getragen wird. Dies soll im folgenden anhand einiger Hinweise auf neuere Interpretationen der Glaubenstheologie des Thomas dargelegt werden.

Thomas bestimmt einerseits den Glauben durch die Kategorien der Gnade, der gotthaften Tugend, als durch die Gnade bewegten Willensakt, der den Verstand die Glaubenswahrheiten bejahen läßt. Andererseits wird den praeambula eine indirekte Funktion der Wahrheitssicherung und dem Wunderbeweis die Fähigkeit des inhaltlich-affirmativen Wahrheitsnachweises der Offenbarung zugeschrieben. Damit scheint eine gewisse Zwiespältigkeit in den Glaubensakt selbst hineingetragen zu werden. Der Glaube wird als frei und verdienstvoll charakterisiert, wenn er sich bedingungslos auf die Gnade Gottes einläßt; die Forderung nach der Rechtfertigung der Glaubensentscheidung vor der Vernunft, die Einschätzung der bindenden Kraft, der "evidentia" der Zeichen und Wunder scheint aber die Freiheit und das Verdienst des Glaubens wieder einzuschränken oder gar aufzulösen. In jedem Fall stellt sich die Frage, wie Vernunft und Glaube aufeinander zu beziehen sind, wenn nach Thomas neben der Vernunft für den Glauben "sowohl eine göttliche Offenbarung als auch eine konnaturale Erhebung der menschlichen Erkenntniskräfte" (61) unabdingbar notwendig ist.

Dieses Problem der analysis fidei war bereits in der Frühscholastik ausführlich diskutiert worden (62). Zwei theologische Theoreme hatten bei diesen Auseinandersetzungen den Status unbestrittener Voraussetzungen: Zum einen galt der Glaube als unvermittelte, begnadete Zustimmung des Menschen zum Heilswerk Gottes. Der rechtfertigungsbedürftige Mensch überläßt sich Gott bedingungslos als seinem Heil. Diesem unbedingten Anhangen an Gott eignet zugleich eine eigenständige Gewißheit; sie ist nicht Produkt einer intellektuellen Anstrengung des Menschen. Auf der anderen Seite wurden zugleich der Vernunft bestimmte Funktionen für den Glauben zugesprochen. Sie erkennt die innere Vernünftigkeit des Glaubens, und an äußeren Zeichen versichert sie sich der Glaubwürdigkeit seiner Aussagen; vor ihr erscheint der Glaube als verantworteter und begründeter Akt. Bei den Theologen vor Thomas war nun problematisch, wie beide Aspekte einander zuzuordnen wären, ohne den Eigenwert der Vernunft anzutasten, noch die Unbedingtheit des Glaubens zu schmälern. Ein Widerspruch schien unvermeidlich, denn um die Vernünftigkeit des Glaubens zu erreichen, mußte die Beurteilung seiner Voraussetzungen und Implikationen durch die Vernunft auch im Glaubensakt selbst wirksam werden. Ginge aber die Erkenntnis der Glaubwürdigkeit in den Glauben als sein Moment ein, würde das seine Bedingungslosigkeit und eigenständige Gewißheit aufheben. Die Eigenständigkeit beider Aspekte könnte nur - dies schien der Ausweg zu sein - durch eine deutliche Unterscheidung gewährleistet werden; diese sorgsame Trennung hatte jedoch einen Dualismus zum Resultat, der sich stringent nicht durchhalten läßt: Wenn es einen natürlichen Glauben [fides acquisita] gibt, so erwirbt er sich durch eine Begründung eine natürliche Gewißheit; der begnadete Glaube hingegen ist unbegründbar, denn durch eine Begründung würde er ausgehöhlt. Beide Auffassungen können kaum nebeneinander bestehen.

Thomas fand diese Problemlage vor. Daß es seiner Theologie nicht gelingt, beide Aspekte unverzerrt dem Glaubensakt zu integrieren und er den Dualismus nicht überwindet, wird bis heute behauptet. Einerseits, so heißt es, sei der Glaube für Thomas Gott-unmittelbar; er sei eine durch Gnade ermöglichte Bewegung zu Gott. Andererseits gewinne er seine Gewißheit auch durch natürliche Erkenntnis und habe selbst Erkenntnischarakter. Die Ebene natürlichen Erkennens schiebe sich belastend zwischen Mensch und Gott und mache den Glauben von Voraussetzungen abhängig. Zudem entstelle die thomasische Entgegensetzung von Glauben und Wissen die Vertrauensbeziehung des gläubigen Menschen zu Gott. Erkenntnistheoretisch gesehen, sei der Glaube für Thomas nicht anders denn als Fürwahrhalten von in sich uneinsichtigen Sätzen denkbar.

J. Hick hat ähnliche Vorwürfe durch seine Kennzeichnung des thomasischen Glaubensbegriffs als Kombination fideistischer, voluntaristischer und intellektualistischer Elemente erhoben. Nur in einem entstellten Sinn sei "der letzte Gegenstand des Glaubens der lebendige Gott, d.h., die Propositionen, die im Glauben geglaubt werden, sind Propositionen über ihn. Aber die unmittelbaren Gegenstände sind diese Propositionen selber, und unsere Erkenntnisbeziehung zu Gott besteht darin, daß wir sie glauben" (63). Den Vorwurf einer intellektualistisch restriktiven Konzeption ergänzt Hick durch die Behauptung, dieser Glaubensbegriff sei fideistisch, weil er die Inhalte des Glaubens dem Wissen als diametral entgegengesetzte, unbegreifbare Geheimnisse gegenüberstelle. Schließlich werde der Glaube voluntaristisch einseitig verstanden, weil nicht der Gegenstand, nämlich Gott, sondern der Wille den Glauben bewirke.

Andere Autoren haben ebenfalls eingewendet, die Aspekte des Vertrauens und der Hingabe an Gott würden gegenüber der verstandesmäßigen Bejahung der Glaubenswahrheiten verloren gehen (64). Zudem werde die Aufspaltung von Wille und Intellekt nicht von einer beide Größen umfassenden Instanz wieder eingeholt; als Folge dieser Zergliederung trete der Glaube in ein Konkurrenzverhältnis zum Wissen. Diesem jedoch bleibe er unterlegen; die Trennung der Willens- und Erkenntnisfunktion führe zu einer "Entäußerung des erkennenden Geistes ... der im Glaubensvollzug in seinem Eigentlichsten frustriert ist" (65).

Man kann aufs erste nicht bestreiten, daß sich bei Thomas Anhaltspunkte für solche Stellungnahmen finden. Andererseits wird seine Glaubenstheologie gegenüber derartigen Deutungen nachdrücklich verteidigt. Man weist z.B. darauf hin, solche Einwände beruhten auf einer einseitigen Interpretation des Glaubenstraktates, oder sie würden Thomas ein heute dominant gewordenes, aber verengtes Verständnis des Willens unterstellen.

O. H. Pesch hat in seinem umfangreichen Werk über Thomas und Luther die geläufige Interpretation der thomasischen Glaubenstheologie nachdrücklich kritisiert. Dem Zugang, der sich allein am Glaubenstraktat orientiere, gelinge nie dessen sachentsprechende Einordnung in den Gesamtzusammenhang der Theologie des Thomas. Eine unaufhebbare Spannung zwischen einem intellektualistisch überbetonten Glaubensbegriff und dem Rechtfertigungsgedanken sei die unausbleibliche Folge, da die von Thomas vorgenommenen, verschiedenen Qualifikationen und Unterscheidungen die ursprüngliche, einheitliche Gestalt des Glaubens dann verdeckten. Aber auch Thomas wollte, wenngleich seine erläuternden Distinktionen diese Intention im Hintergrund verschwimmen lassen, "den Glauben in seiner ursprünglichen Einfachheit und Einheit als Inbegriff des zur Rechtfertigung gehörigen motus liberi arbitrius sehen" (66). Aus dieser Perspektive des Erlösungsgedankens gelangt Pesch zu folgender Deutung des Glaubensbegriffs (67).

Glaube ist für Thomas, so wird ausgeführt, nicht als Kompositum zweier unabhängiger Akte zu sehen, bei dem zunächst der Willensakt vollzogen wird, dem der Akt der Wahrheitszustimmung erst folgt, sondern als eine praktisch einheitliche "von Gott erwirkte Ur-Bewegung der Ich-Mitte zu Gott" (68), deren Einheit nur theoretisch gesprengt und in ihre Elemente und Aspekte aufgegliedert werden kann. Die ganzheitliche Bewegung des Menschen zu Gott ist begnadeter Glaube; auf dieser Basis gründen die im Glauben wirksamen Kräfte. Was der Mensch im Glauben bejaht, sind nicht interesselose, theoretische Wahrheiten; er bezieht sich auf Gott als für ihn absolut bedeutsames Gut, in welchem er die Erfüllung aller Erwartungen und Hoffnungen sich selbst zugesagt glaubt. Diese Wertschätzung des Heils konstituiert sich nicht aus theoretischer Erkenntnis; der Mensch bindet sich mit allen geistigen und affektiven Regungen an dieses Heil. Das heute vorherrschende Verständnis des Willens als Wahlentscheidung, die sich auf eine von alternativen Möglichkeiten festlegt, bringt nicht mehr zum Ausdruck, was "Wille" für Thomas in diesem Kontext bedeutet. Nach Pesch versteht Thomas den Willen als "geistig-personale Liebesfähigkeit" (69), die den Menschen sich selbst Gott entgegenbringen läßt. Diese Heilserwartung bewegt den Verstand zur Zustimmung. Die Verschiedenheit der Akte von Wertschätzung und Verstandeszustimmung wird nicht aufgelöst, aber sie fügen sich harmonisch zu einer einheitlichen, durch Gnade ermöglichten Bewegung. Diese wird von Thomas im Glaubenstraktat nach ihren verschiedenen Aspekten interpretiert, "die jedoch auch in dieser Beschreibung deutlich als Teilakte einer existentiell nur um den Preis einer Fehlform auftrennbaren Akteinheit zu stehen kommen" (70).

Auch St. Pfürtner stellt in seiner Interpretation die die Aussagen des Thomas bestimmende Bedeutungsbreite des Willensbegriffs gegenüber seinem neuzeitlichen Gebrauch heraus. Dieser Bedeutungsgehalt, so wird festgestellt, hat sich zunehmend auf distanzierte, rational gesicherte Entscheidungsakte eingeschränkt; die Bindung des Wollens an affektives und emotionales Streben ist zugunsten eines asketisch-rationalen Akzents verloren gegangen. Für Thomas hingegen bedeute "Wille" nicht nur den durch das Subjekt gesetzten separaten Willensakt; dieser gründe vielmehr in der Wertschätzung des Gegenstandes, den der Wille erstrebt. Der gewollte Wert ruft den Willensakt erst hervor; das Verlangen nach ihm liegt dem isolierten Akt voraus. "Voluntas" ist nach Pfürtner als Zuneigung, als Sympathie für einen geschätzten Menschen zu verstehen. Nach dieser personalen Deutung ist Wille "zuerst und zuletzt Kraft der Zuneigung an den Geliebten" (71). Wird dieses umfassendere Willensverständnis in die Glaubenstheologie eingebracht, erscheint der Glaube auch hier nicht mehr als primär rationaler Zustimmungsakt, der einzig der Erkenntnis der Glaubwürdigkeit wegen den Verstand zum Assens bewegt und als Willensschub zwischen zwei Erkenntnisakten steht. Der Wert, den der Wille im Glauben erstrebt, ist Heils- und Wertwirklichkeit, von der der Wille sich angezogen weiß, den er als für sich selbst von höchstem Wert anstrebt. Um diese Breite verbal einzufangen, spricht Pfürtner von subjektivem Ergriffensein statt von Willenszustimmung bei Thomas.

Die Willensbewegung verknüpft sich unter dieser Voraussetzung dann derart mit dem Assens, daß Gott im Glauben als Fülle der Heilswirklichkeit bejaht wird. Dieser Zustimmungsakt kann darum nicht im Sinne philosophischer Gotteserkenntnis auf der Ebene schlußfolgernden Denkens vorgestellt werden. Der Glaubensakt bezieht sich auf den persönlichen Gott als Heil des Menschen und beinhaltet des Menschen ganzes Engagement. Die dem Glauben verbundene Gotteserkenntnis impliziert wesentlich ein "subjektives Ergriffensein"; mit dem "Begreifen, in dem das Subjekt wesentlich von seiner Affektivität bewegt wird ... vollzieht sich eine Art Evidenzerlebnis, in dem der Mensch die Lebensbedeutsamkeit des sich Offenbarenden begreift und erfaßt: Gott ist in seinen Verheißungen das wahre Heil 'für mich'" (72). Ebenso ist die Glaubwürdigkeitserkenntnis nicht als sachlich distanziertes Befinden über die Verläßlichkeit Gottes, der nicht täuschen kann, vorzustellen, sondern wird nur als ein personales Sich-Verlassen auf das Zeugnis des sich offenbarenden Gottes ganz erfaßt. Die Glaubensbejahung bei Thomas läßt sich Pfürtner zufolge ganz in personalen Begriffen bestimmen: Vernunft ist "auch eine seelische Kraft zur Personenerkenntnis, die zum Erfassen der Wahrhaftigkeit, der Treue und Zuverlässigkeit dessen fähig ist, den ich erkenne ... Intelligere im Glauben ist ein 'Sich-Gründen' in die Vertrauenswürdigkeit Gottes" (73). Obwohl die von Thomas verwendete aristotelische Begrifflichkeit diese personalen Kategorien nicht biete, bewege sich sein Denken unverkennbar in dieser Richtung. Pfürtner sieht dies unter anderem darin zum Ausdruck gebracht, daß Thomas den Glauben als Akt sui generis beschreibt, der sich anderen Erkenntnisformen nicht unverzerrt angleichen lasse (74). Eine solche Entstellung sei kaum zu vermeiden, wenn man den Glaubenstraktat aus ihrem Kontext, der Erlösungs- und Tugendlehre, löse und isoliere (75).

Auch Seckler bezieht die Glaubenstheologie auf ein allgemeineres Thema, durch das der Glaubensbegriff seinen intellektualistischen Anstrich wie auch die Dualität seiner Akte verlieren soll. Der umfassende Rahmen, innerhalb dessen der Glaube seine Bestimmungen erhält, ist mit der allgemeinen Bewegung der Gottesbeziehung gegeben. Gott ist des Menschen Ursprung und Ziel; von ihm fiel der Mensch ab, und zu ihm strebt er als seinem Heil wieder zurück. Glaube muß grundsätzlich als Bejahung dieser Rückbewegung verstanden werden; er ist "das freie Ja zur konvertierenden Bewegung Gottes", er ist "erste, fundamentale, alles umgreifende Urbewegung der Freiheit des Menschen zu Gott" (76).

Die menschliche Erkenntnis gewährleistet kein sicheres Wissen um dieses Ziel; Thomas beurteilt im Vergleich zu ihr den inneren Antrieb als das wesentlichere Element. Seckler ist diesen Aussagen vom inneren Glaubensinstinkt bei Thomas nachgegangen und hat den "instinctus" als einen zentralen Aspekt der Glaubenslehre des Thomas herausgestellt. Der Glaubensinstinkt ist seinen Aussagen zufolge für Thomas jenes Streben, das die Rückkehr zu Gott im Glauben erst ermöglicht. Damit das dem Menschen zugedachte Heil als sein eigenes überhaupt wahrnehmbar wird, bedarf es einer Tendenz im Menschen, die ihn in dieser Richtung bewegt. Dieses Movens ist der Glaubensinstinkt. Er bereitet die Voraussetzungen und Bedingungen, daß der Mensch das ihm verkündete Heil als das ihm angemessene, als sein eigenes erkennt und so zum Glauben disponiert wird. Dieser Instinkt ist eine "ontologische Disposition: der innere Zug und Bezug zu Glaube und Heil, der als solcher eine Dimension der allgemeinen ... göttlichen motio ist, insofern diese an den Menschen ergeht" (77).

Diese Disposition, von der Seckler spricht, wird demnach nicht durch Glaubwürdigkeitsargumente der Vernunft erzeugt; dieser liegt vielmehr eine ontische Dimension im Menschen zugrunde, die vorauszusetzen ist, damit Wille und Intellekt erst wirksam werden können. Diese Tendenz auf Gott hin ist "unmittelbar von Gott gewirkt" (78), und auf ihr kann der Glaube aufbauen. Unter diesen Voraussetzungen fällt es nach Seckler schwerer, Thomas einen propositionalen Glaubensbegriff vorzuwerfen. Die Zustimmung, die der Glaube gibt, gilt Gott als Heilswahrheit, auf die der Instinkt den Menschen schon ausrichtet. Der mit dem Glauben sich verbindende assensus wird von Seckler als "wertgeleitete Urteilsfällung" (79) bezeichnet; "der durch die Wertpräsentation bezauberte Wille zieht gleichsam die Vernunft hinter sich her, die den schweren und langsamen Weg der Argumentation geht und gehen muß" (80).

Pesch, Pfürtner und Seckler gelangen zu diesen Modifikationen der herkömmlichen Interpretation der thomasischen Glaubenstheologie, indem sie den Aussagenkomplex des Glaubenstraktates in einen umfassenderen Zusammenhang stellen oder unter einer bestimmten Rücksicht erläutern. Die Aussagen zum Glauben werden zwar berücksichtigt, aber durch ihre unterschiedliche Zuordnung zueinander erhalten sie im so gewonnenen neuen Relationsgefüge andere Akzente. Ein gewisser eigener Bedeutungsgehalt der einzelnen Elemente dieses Komplexes ist jedoch von allen Autoren vorauszusetzen, und damit ist auch ein grundsätzlicher Bedeutungszusammenhang anzunehmen, der diese verschiedenen Deutungen erst ermöglicht. Zu entscheiden, welche von diesen Interpretationen der Position des Thomas am ehesten gerecht wird, verlangte eine sorgsame Prüfung der einzelnen relevanten Textpassagen. Doch auch ohne eine detaillierte Textanalyse ist bereits deutlich geworden, wie diese Interpretationen den Verstandes-, den Willensakt und die Gnade bei der Beschreibung des Glaubensaktes einander so zuordnen, daß deren zuvor beobachtete Spannung kaum mehr sichtbar wird.

Dies hat bezüglich des Begründungsproblems zur Folge, daß nicht mehr erkennbar ist, wie der eigenständige Beitrag der Glaubwürdigkeitszeichen für die Glaubensentscheidung noch behauptet werden kann. Pesch und Pfürtner neutralisieren in dem Bemühen um eine Parallelisierung einiger zentraler Auffassungen des Thomas zu denen Luthers zugleich die theoretische Provokation der thomasischen Fragestellung, wie Vernunft und Glaube aufeinander bezogen sind, ohne ihre Eigenständigkeit im Glauben aufzugeben. Ebenso geht die Uneingeschränktheit dieser Problemstellung verloren, wenn die Vernunft nur unter der Rücksicht betrachtet wird, was sie nachträglich für die Wahrheitssicherung des Glaubens leisten kann, wohin die Aussagen Secklers tendieren. Sosehr die affektiven Aspekte der Glaubenstheologie in der traditionellen Thomasauslegung vernachlässigt worden sein mögen - deren Korrektur hat dort ihre Grenze, wo Thomas dem Glaubwürdigkeitsargument die Funktion und den Status eines eigenen, erkenntnisbezogenen, affirmativen Arguments zuschreibt.

Dieser Vorbehalt will und kann nicht die Einwände von Hick und anderen unbesehen ins Recht setzen. Diese wären ihrerseits auf ihre Stimmigkeit hin zu diskutieren. Indem sie aber kritisch die Voraussetzungen und Konsequenzen der Position des Thomas erörtern, stellen sie damit zugleich das Problem der Begründung in seiner ganzen Dringlichkeit unverstellt ins Licht. Wenn nach Thomas die Vernunft als ein eigenständiges Moment auf den Glauben bezogen ist, dann ist auch zu prüfen, wieweit der Glaube als ein vor der Vernunft verantworteter Akt begriffen werden kann. Dieses Problem muß unverstellt als Ausgangsfrage der theologischen Begründungsthematik gelten dürfen. Darum ist an einer Harmonisierung der Aussagen des Thomas wenig gelegen. Er wirft vielmehr unverkürzt die Frage auf, und die Kritik an ihm hält sie offen, wie eine mögliche Begründung des Glaubens zu explizieren wäre.

Wie angesichts der zuvor diskutierten Auffassungen von Phillips und Hare erhellt, kann die Begründungsforderung nicht umstandslos erhoben werden; der Begründungsgegenstand ist in seiner Bestimmtheit erst klarzustellen. Der Begründung hat eine Bestimmung dessen vorauszugehen, was präzise mit dem Glauben zu begründen ist. Bei einer solchen Exposition des Problems ist die thomasische Fragestellung weder überholt noch unzeitgemäß. Der Glaube impliziert Wahrheitsansprüche, die nicht selbstevident und darum als solche auszuweisen und zu begründen sind. Die Aufgliederung der Glaubensinhalte in dem Verstehen verschlossene articuli, beweisbare praeambula und die den Wahrheitsanspruch sichernden signa sowie die entsprechende Strukturierung des Begründungsproblems, die Bejahung der articuli durch die ihnen äußeren signa zu rechtfertigen, mag im einzelnen korrekturbedürftig sein, wie auch die Darstellung der Struktur des Glaubensaktes zu modifizieren wäre. Aber dennoch ist festzuhalten, daß darum die Frage nicht abgetan werden darf, unter welchen Bedingungen der Geltungsanspruch des Glaubens als eingelöst zu betrachten ist. Die Begründungskonzeption des Thomas mag abgelehnt werden; auf dem in ihr sich aussprechenden Anliegen ist zu beharren. Wie sich einzelne Aspekte seiner Aussagen in andere Strukturierungen der Begründungsfrage übertragen lassen, sei abschließend mit einigen Hinweisen auf jene Begründungsmodelle angedeutet, die im folgenden diskutiert werden.

Thomas bestimmt das Verhältnis von Glauben und Wissen als Gegensatz und Ähnlichkeit. Die Festigkeit des Glaubens entspricht der des Wissens; im Unterschied zu diesem bleibt das Wesen des Glaubensgegenstandes jedoch unverstanden und dunkel. Der Mensch kann seine Zustimmung zu den Glaubenswahrheiten geben, weil sie seinem Erkenntnisvermögen entsprechend in Artikeln ihm vorgegeben werden. Er ist vor der Vernunft berechtigt, sie zu bejahen, weil die Wunder und Zeichen hinreichend ihre göttliche Urheberschaft ausweisen. Gegenüber dieser Auffassung ist denkbar, daß die Unterscheidung von Glauben und Wissen nicht derart strikt vorgenommen werden muß. Wenn der aristotelische Begriffsrahmen aufgegeben würde, könnte möglicherweise das Verstehen die Glaubensinhalte tiefer erfassen und zu "inneren Gründen" vordringen, die die Begründungsforderung einlösen könnten. Unter dieser Voraussetzung dürfte dem Glauben auch mit größerem Recht Erkenntnischarakter zugesprochen werden, als dies nach Auffassung des Thomas möglich ist. Die Struktur des Begründungsproblems erhielte dann selbst eine andere Gestalt. Wie bei Thomas wäre die Geltung eines Wahrheitsanspruches zu belegen, aber dies nicht über den Nachweis der Glaubwürdigkeit von Sachverhalten, die dem Glauben äußerlich sind, sondern an der Glaubwürdigkeit der Glaubensinhalte selber. Dann ließe sich auch die Frage nach dem kognitiven Status des Glaubens anders fassen. Thomas sieht sich zur Lokalisierung des Glaubens im Verstand und zu seiner Bestimmung als Bejahung von Sätzen aus erkenntnistheoretischen Gründen veranlaßt. Wenn diese entfallen, könnte der Glaube in eine andere Beziehung zum Wissen gesetzt werden, als dies durch die Charakterisierung als einer Zustimmung zu Sätzen geschieht. Damit deuten sich Konturen einer Begründungskonzeption an, die vor allem von J. Hick formuliert worden ist. Sie wird im folgenden ausführlich diskutiert.

Eine weitere Möglichkeit, das von Thomas gestellte Problem der Glaubensbegründung einzulösen, könnte darin bestehen, den Anspruch des Glaubens in seinem Sinn zu wahren, dessen Berechtigung aber nicht auf der kognitiven Ebene selbst nachzuweisen, sondern mittels der Erfahrung der subjektiven Gläubigkeit als berechtigt darzutun. Ein solches Begründungskonzept würde das kognitive Beziehungsgefüge der religiösen Aussagen lediglich behaupten, aber keine Argumente für ihre Wahrheit formulieren. In der Konzeption von Thomas haben diese nichtkognitiven Elemente ihren

Ort im Willen. Die Wertschätzung der Glaubenswahrheiten, die den Willen den Intellekt zur Zustimmung bewegen läßt, wird durch die Gnade erhellt und durch sie geleitet; so erscheint dem Willen die Erlösung als ein schlechthin wünschenswertes, erstrebenswertes Gut. Die Erfahrungen von Erfüllung und Gnade im Glauben könnten als Beweggrund angeführt werden, den Glaubenswahrheiten die Zustimmung zu geben, obwohl sie deren Wahrheit nicht sichern. Einen solchen Ansatz hat D. Allen entwickelt, dessen Konzeption im Anschluß an die von J. Hick erörtert wird.

B Die Erkenntnisstruktur des Glaubens als Ort und Instanz seiner Begründung. Die Position von J. Hick

Die Struktur des Begründungsproblems bei Thomas ist in das Spannungsverhältnis von Glauben und Wissen einbezogen und wird von ihm her verständlich. Weil die Glaubensinhalte im wesentlichen der menschlichen Vernunft nicht zugänglich sind, kenn eine Rechtfertigung des Glaubens sich nicht auf den Nachweis der Wahrheit der Glaubensinhalte stützen. Die Entscheidung zum Glauben findet vielmehr darin ihre vernunftgemäße Begründung, daß die äußeren Glaubwürdigkeitszeichen ihr die göttliche Urheberschaft der Offenbarung verbürgen. Diese zentrale Distinktion zwischen dem Glauben und seinen praeambula ist mit der Erschütterung der traditionellen natürlichen Theologie selbst fraglich geworden. Kann aber der Glaube sich nicht auf solche ihm äußere Glaubwürdigkeitsgründe berufen, so verliert die Problemstruktur der Glaubensbegründung, wie sie von Thomas veranschlagt wird, selbst ihren Rückhalt. Damit stellt sich die Frage, wieweit es möglich ist, den Glauben aus sich selbst zu begründen, wenn auf die Forderung der Begründung nicht verzichtet werden soll.

Eine solche Position, die das Begründungsproblem in der angedeuteten Weise von äußeren Glaubwürdigkeitszeichen in den inneren Bereich des Glaubens verlagert, vertritt der englische Religionsphilosoph und Theologe J. Hick (1). Obwohl er Gottesbeweise, die Idee der praeambula und das mit ihnen verbundene Verständnis der Beziehung von Glaube und Begründung ablehnt, gibt er die Begründungsforderung selbst nicht auf. Er vertritt vielmehr die These, daß der Gläubige auf der Basis seiner religiösen Erfahrung berechtigt sei, an Gott zu glauben. Diese Auffassung hat Hick in mehreren Veröffentlichungen über das Verhältnis von Glauben und Wissen entwickelt, die die Begründungsproblematik reflektiert in sich aufnehmen. Unter den in jüngerer Zeit vorgelegten Erörterungen dieser Thematik kann der Ansatz Hicks als eine der profundesten Konzeptionen gewertet werden, die im Rahmen der empirisch orientierten Philosophie entwickelt worden sind.

In der deutschsprachigen Theologie wird Hick noch immer fast ausschließlich mit dem von ihm geprägten Begriff der 'eschatologischen Verifikation' in Verbindung gebracht; die oft verkürzte und entstellende Rezeption dieses Begriffs sowie seine Ablehnung durch viele Theologen sind wohl die Ursache dafür, daß die bedeutenden Werke Hicks zur Problematik der Gottesbeweise, zur Theodizee und zur Frage der Gotteserkenntnis hier bislang kaum bekannt geworden sind. Die nachfolgenden Ausführungen beabsichtigen in erster Linie eine Diskussion der Aussagen Hicks zur Begründungsproblematik, wollen aber nicht zuletzt über die Position dieses Theologen informieren.

In seinem Buch "Faith and Knowledge" (2) entwickelt Hick eine erkenntnistheoretische Darstellung der Struktur des Glaubensaktes, die er später in weiteren Beiträgen vervollständigt hat. Seine Analyse des Glaubens- und Erfahrungsbegriffs beansprucht philosophisch neutral, d.h. dem Gläubigen, dem Atheisten und dem Agnostiker als Beschreibung des Glaubens gleichermaßen annehmbar zu sein. Er will sie nicht als "eine religiöse oder antireligiöse, sondern als epistemologische Lehre" [144] verstanden wissen. Ausgehend von der Frage, wie Gott, wenn er wirklich ist, vom Menschen erfahren und erkannt werden kann, wirft Hick das Problem auf, wie solche Erkenntnis im Vergleich zu anderen Erkenntnisbereichen einzuschätzen ist [vgl. 1ff; 119] und sucht nachzuweisen, daß der religiöse Glaube eine spezifische Form des Erkennens darstellt, die zugleich eine allen Erkenntnisarten gemeinsame Grundstruktur aufweist. Obwohl Hick jegliches theologisch-apologetische Interesse für sich selbst wie auch als theologisches Anliegen abweist, könnte bei überzeugender Durchführung seines Programms jedoch soweit von Begründung eines allgemeinen Verbindlichkeitsanspruchs gesprochen werden, wie seine Ausführungen den religiösen Glauben als Erkenntnisform transparent werden lassen. Gegen jeden Szientismus, der verbürgte Erkenntnis für einen ausgegrenzten Bereich reklamiert und diesen zum Kriterium von Wahrheitserkenntnis überhaupt erhebt, würde durch den Nachweis einer gleichen Struktur aller Erkenntnisformen der auf der qualitativen Differenz zwischen Glauben und Wissen aufbauenden Religions- und Theologiekritik die Legitimation bestritten.

Entsprechend der schlechthin zentralen Bedeutung, die dem Begriff der Erfahrung in der Konzeption Hicks zukommt, werden auch die Themen des Glaubens und der Begründung aus dessen Perspektive behandelt. Wenn der Glaube seine Begründung nicht 'von außen', sondern aus der Erfahrung der gläubigen Gottesbeziehung selbst gewinnen soll, erhalten diese Begriffe andere Akzente. So wird auch der Glaubensbegriff von Hick anders als von Thomas bestimmt. Wir beginnen das Referat der Position Hicks mit einer Darstellung der Bestimmung des Glaubensbegriffs im Kontext seiner Erkenntnistheorie und weiten die Erörterung anschließend auf das Begründungsthema aus.

1. Glaube als interpretatives Element der religiösen Erfahrung

Hick sucht in allen Veröffentlichungen zum Thema einsichtig zu machen, daß der religiöse Glaube aus erkenntnistheoretischer Sicht am ehesten verständlich wird, wenn man ihn nach Art des Kennens von Personen veranschaulicht. Glaube ist für ihn nicht einfachhin in jene Rubrik einzuordnen, die in der Erkenntnistheorie als 'Wissen durch Bekanntschaft' bezeichnet wird, aber er hat größere Ähnlichkeit mit dem Wissen, das aus zwischenmenschlichen Beziehungen hervorgeht, als mit anderen Formen des Erkennens. Der Gläubige sieht Gott nicht, aber er macht bestimmte Erfahrungen, aufgrund derer er - so Hick - mit Fug und Recht für sich in Anspruch nehmen darf, er kenne Gott. Weil der Glaube sich auf Gott richtet, 'den man nicht sieht', hat die Tradition ihn oft nach

Maßgabe von Annahmen begreifen wollen, deren Inhalt nicht unmittelbar gegenwärtig ist. Unter dieser Voraussetzung wird der Glaubensbegriff schnell als für-wahr-Halten von Aussagen expliziert, das seine Bestätigung nicht in der gläubigen Gottesbeziehung, sondern anderweitig finden muß. Hick sieht hier das Element der Erfahrung der Gegenwart Gottes verloren gehen und fordert, den Glauben nicht nach dem Schema des Glaubens an die Wahrheit von Aussagen, sondern nach dem Modell der Wahrnehmung zu begreifen. Diese sich an der Struktur der Wahrnehmung orientierende Beschreibung des Glaubens grenzt er gegen zwei von ihm scharf abgelehnte Positionen ab: Glaube ist weder unmittelbare (anschauliche) Erkenntnis noch durch deduktive oder induktive Folgerungen gewonnenes Wissen, sondern ein durch die Erfahrung der Welt vermitteltes Bewußtsein der Gegenwart Gottes.

Hick setzt seine Auffassung somit von der von Mystikern behaupteten These der Unmittelbarkeit der Gotteserkenntnis ab. Der Mensch erkennt Gott nicht direkt, nicht abseits seiner konkreten, ihn umgebenden Lebenswirklichkeit: "Es geschieht nicht jenseits des Laufs mundanen Lebens, sondern in ihm und durch es, daß der einfache Gläubige, wie unvollkommen und fragmentarisch auch immer, die göttliche Gegenwart und Aktivität zu erfahren beansprucht" [96]. Die andere abgelehnte Konzeption faßt den Glauben als Resultat von schlüssigen Folgerungen auf. Hick insistiert in allen Schriften mit Nachdruck darauf, daß der religiöse Glaube nicht Konklusio von ihm fremden Prämissen sein kann: "... die ursprüngliche religiöse Wahrnehmung oder der Basisakt der religiösen Interpretation ist weder zu beschreiben als ein begründeter Schluß noch als eine unbegründete Ahnung, daß es einen Gott gibt ... Er ist nicht Folgerung zu einer allgemeinen Wahrheit, sondern eine 'göttlich-menschliche Begegnung', eine vermittelte Begegnung mit dem lebendigen Gott" [115].

Folgerungen leiten aus Prämissen weitere Aussagen mittels logischen Schlüssen ab. Diese neuen Aussagen sind insofern abgeleitet, als sich ihre Wahrheit ausschließlich aus der Wahrheit der Prämissen ergibt. Die in einer Konklusion enthaltene Erkenntnis wird erst durch den Denkschritt des Schließens erreicht. Eine Folgerung gelangt so zu einer in den Prämissen nicht explizit thematisierten Erkenntnis. Daß weder der Glaube, noch seine Genese und auch nicht seine Begründung auf diese Weise begriffen werden können, sucht Hick durch Kritik am thomistischen Glaubensbegriff zu verdeutlichen. Sein Referat der thomistischen Position übergeht die Differenzen zwischen Thomas und den Thomisten, aber es verdeutlicht, gegen welche Vorstellungen Hick sich wendet. Der Glaube wird, so schätzt Hick die thomistisch-katholische Position ein, von ihr als intellektuelle Bejahung geoffenbarter Wahrheiten aufgefaßt. Die in ihnen ausgesagten Glaubensgeheimnisse sind menschlicher Vernunft nicht zugänglich; entsprechend ist zwischen Glauben und Wissen strikt zu unterscheiden, da nach thomistischer Erkenntnistheorie 'Wissen' nur das bezeichnet, was selbstevident ist oder schlüssig bewiesen werden kann. Weil dem Menschen Einsicht in die Glaubensgeheimnisse versagt ist, muß ein Willensakt den Intellekt zur Zustimmung bewegen. Dieser Willensakt beseitigt den Zweifel und nimmt der Glaubenszustimmung den Anstrich des unverbindlichen Meinens: sie ist sich ihrer Sache gewiß. Diese Glaubensentscheidung unterscheidet sich von Willkür durch die Gründe, die sie für sich zu zitieren weiß: die praeambula fidei von den Gottesbeweisen bis zu den Glaubwürdigkeitszeichen rechtfertigen die Glaubensentscheidung vor der Vernunft. Hick bezeichnet diese Bestimmung des Glaubens als "propositionale Einstellung"; er bestehe in der "Zustimmung zu Propositionen" [12]. Nur als Gegenstand der Aussage, die für wahr gehalten wird, ist Gott auf den Gläubigen bezogen und ihm zugänglich. Diese intellektualistisch verstandene Glaubenszustimmung kupiert den religiösen Glauben für Hick um das ihm Spezifische, nämlich die das Leben des Gläubigen bestimmende, vertrauensvolle Hingabe an Gott. Hick verdeutlicht: Der Jude des AT vertraut auf Gottes Gegenwart und seine Verheißungen - die Formulierung dieses Vertrauens in Aussagen ist sekundär. Weil aber Folgerungen, als die ein von praeambula abhängiger Glaube immer erscheint, in Aussagen formuliert werden müssen, erhalte der Glaube hier zunächst immer die Gestalt der Zustimmung zu theoretischen Aussagen. Dies könne nicht als Darstellung des Glaubens gewertet werden, weil die Ebene personalen Vertrauens nicht erreicht wird /vgl. 12ff/ Diese Distanz zur Selbsterfahrung des gläubigen Menschen läßt Hick jede Glaubensbestimmung ablehnen, die den Glauben in seiner ursprünglichen Gestalt als Zustimmung zu wahren Sätzen faßt. Zwischen diesem 'propositionalen Glauben' einerseits und der mystischen Vorstellung andererseits lokalisiert Hick die eigene Konzeption, die den Glauben als Wahrnehmung der Gegenwart Gottes in der Welt entwirft.

Für den Gläubigen ist Gott nicht Ergebnis einer theoretischen Folgerung, sondern "gegebene Wirklichkeit". Die Heiligen und Propheten "erfuhren Gott als erschreckende persönliche Macht, die sie konfrontierte und in den Bann ihrer fortwährenden Pläne zog" (3). Diese Erfahrung der Gegenwart Gottes läßt sich nicht auf einzelne Lebensbereiche eingrenzen; sie prägt die Wirklichkeitserfahrung des Gläubigen im ganzen. Obwohl möglicherweise von Partikularem ausgegangen oder an ihm bewußt geworden, überstrahlt die religiöse Erfahrung die gesamte Lebenswirklichkeit; sie wird zum Blickpunkt und Kriterium, unter dessen Rücksicht das eigene Selbst, die Umwelt und die Wirklichkeit gesehen und beurteilt werden.

"Daß wir 'Gott durch den Glauben kennen' bedeutet, daß wir nicht nur diesen oder jenen Bestandteil unserer Erfahrung, sondern unsere Erfahrung als Ganze theistisch interpretieren; wir erkennen, daß wir in und durch den gesamten Bereich unserer Erfahrung mit Gott zu tun haben und er mit uns" [121].

Glaube ist in erkenntnistheoretischer Sicht also 'Interpretation'; Hick bezeichnet damit die "interpretierende Tätigkeit, durch die wir das Leben als göttlich erschaffen und uns selbst als in der Gegenwart des unsichtbaren Gottes lebend erfahren" (4). Dieser Begriff der Interpretation ist nun näher vorzustellen, denn an ihn bindet Hick die Erfahrung der Gegenwart Gottes und weiterhin wird mit ihm eine gemeinsame Grundstruktur aller Erkenntnisarten zum Ausdruck gebracht.

'Erkennen' bestimmt Hick als Erfassen von Bedeutung. Bedeutung ist das "fundamentale und durchgängige Charakteristikum unserer bewußten Erfahrung, das sie für uns de facto zur Erfahrung einer 'Welt' konstituiert" [98]. Die Wirklichkeit als ein durch Ordnung strukturiertes Ganzes, als bedeutungsbegabte Realität, liegt nicht offen dar, sondern wird seitens des Subjekts durch einen Akt der Interpretation vermerkt, den Hick auch als "erfahren als" bezeichnet. Die Erkenntnisrelation bei solcher Interpretation ist ihrer Grundstruktur nach einheitlich und darin von den verschiedenen Erkenntnisgegenständen unabhängig. Dieser Akt der Interpretation soll auch für die religiöse Erfahrung nachgewiesen werden, denn Glaube ist "wie unser Wissen von der Umwelt ein durch einen Akt der Interpretation erlangtes Erfassen" [121].

Hick verwendet den Terminus der Interpretation also in einem ausgesprochen weiten Sinn. Dieser bezeichnet nicht nur die Auslegung von Texten oder die Deutung ambivalenter Sachverhalte, sondern meint ganz allgemein die der jeweiligen Bedeutung "korrelative mentale Aktivität, durch die sie erfaßt wird" [96]. Die Erkenntnisgegenstände werden nicht 'subjektunabhängig' erkannt, denn in jedem Erkenntnisakt ist das Subjekt an der Konstitution der Art und Weise beteiligt, wie der Gegenstand ihm erscheint. Diese Eigentätigkeit des Subjekts bei der Erkenntnis soll der Terminus 'Interpretation' hervorheben:

> "In jedem Moment der Erfahrung werden ein gegebenes Datenfeld und eine interpretierende Aktivität des Subjekts kombiniert. Der wahrnehmende Geist ist somit immer zu einigem Ausmaß ein selektierendes, beziehendes und synthetisierendes Agens, und das Erfahren unserer Umgebung impliziert eine fortwährende Aktivität der Interpretation" [108].

Hick spricht diesem Interpretationsakt verschiedene Funktionen zu. Deren erste und erkenntnistheoretisch grundlegende ist eine Kenntnisnahme und implizit eine Anerkennung der Existenz der Außenwelt. Erst dieser fundamentale interpretatorische Akt "offenbart" [111] und "erschließt" [108] die Außenwelt. Die Ambivalenz all dessen, was Interpretation fordert und ermöglicht, ist auch bezüglich der Realität der Außenwelt schon gegeben, denn das Wahrgenommene zwingt aus sich selbst nicht dazu, es als Wirklichkeit anzuerkennen. Daher bleibt der Solipsismus eine mögliche Alternative, die sich nicht schlüssig widerlegen läßt. Das Erfassen von Bedeutung ist für Hick der solipsistischen Möglichkeit wegen immer ein "ursprünglicher und unbegründbarer Akt der Interpretation" [97]. Gegenüber jemand, der die Realität der Außenwelt leugnet, kann die Annahme einer objektiven Wirklichkeit letztlich nur behauptet, aber nicht unwidersprechlich bewiesen werden.

Neben diesem realitätsbehauptenden Aspekt bezeichnet Hick mit dem Terminus 'Interpretation' all jene Tätigkeiten des erkennenden Subjekts im Erkenntnisprozeß, die es schließlich zur Erkenntnis eines konkreten Dinges oder Sachverhaltes gelangen lassen. Diesen Vorgang hat Hick später unter Inanspruchnahme von Aussagen der sprachanalytischen Philosophie über den Begriff des 'Sehens als' präzisiert. Wittgenstein und außer ihm andere Philosophen haben in den Wahrnehmungstheorien die Ambivalenz des im Wahrnehmungsfeld 'Gegebenen' herausgestellt und den Umstand hervorgehoben, daß das von den Sinnen Wahrgenommene 'theoriebeladen' sei. Hick nimmt diese Beobachtung auf, daß das sinnlich Gegebene oft auf verschiedene Weisen wahrgenommen werden kann, verwendet den Begriff des 'Sehens als' synonym mit dem der Interpretation und formuliert folgende Definition: "Wir sprechen von sehen-als, wenn das, was objektiv da ist, im Sinne dessen, was die Netzhaut affiziert, bewußt auf zwei unterschiedliche Weisen als von zwei verschiedenen Charakteren oder Naturen oder Bedeutungen oder Bedeutsamkeiten wahrgenommen werden kann" (5). Hick weitet diesen Begriff aus zu dem des 'Erfahrens-als', um damit auf den Umstand hinzuweisen, daß die normale Art, die Wirklichkeit und ihre konkreten Bestandteile so und nicht anders zu erfahren, von verschiedenen, nicht notwendigen und nicht mehr bedachten Voraussetzungen abhängig ist. Die dem normalen Bewußtsein selbstverständlich erscheinende Bezeichnung von Objekten mittels einer festen Begrifflichkeit stellt Hick als Produkt einer sprachgenetischen Entwicklung dar, während der sich Bezeichnungen und Begriffe nach der physikalischen Struktur der Gegenstände, nach ihrer praktischen Funktion und nach dem Kontext, in dem sie auftreten, erst langsam festlegten [vgl. 123]. Um verschiedene Objekte oder Sachverhalte in ihrer Verschiedenheit zu erkennen, setzt dies zudem eine Disposition des Subjekts voraus, die als Erwartungsstruktur bestimmte Merkmale des Erfahrungsfeldes ausscheidet und andere für die Wahrnehmung dominant werden läßt. Um etwa, wie Hick veranschaulicht, einen Bleistift zu erkennen, impliziert dies auch die Erwartung, unter bestimmten Umständen mit ihm schreiben zu können und schließt andere Verwendungsweisen aus (6). Wird ein bestimmter Begriff in einer Wahrnehmungssituation verwendet, geht das durch ihn Ausgesagte über das sinnlich Wahrnehmbare immer hinaus; Begriffsverwendung impliziert ein Vorwissen, das sich in der Erwartungshaltung ausdrückt. Dieser dispositionelle Zustand, wie Hick die Erwartungshaltung auch bezeichnet, bezieht die Erkenntnis von Situationen, in denen Gegenstände sich befinden, in die Gegenstandserkenntnis ein.

Objektbedeutung konstituiert sich also aus der eine bestimmte Deutung gestattenden physikalischen Struktur, den Funktionen eines Gegenstandes und dem situativen Kontext, in dem der Gegenstand sich befindet. Das Gesamt von physikalischer Struktur, praktischer Verfügbarkeit und Einbettung in einen Kontext macht in einem irreduziblen Beieinander schließlich aus, was als seine Bedeutung erfahren wird. Indem der Mensch sich auf diese Art handelnd und interpretierend zur Wirklichkeit verhält, verändert und gestaltet er sie. "Durch das Verhalten gemäß unserer Interpretationen bilden wir eine Vorstellung von der Welt um uns her" [104].

Hick erläutert seinen Erfahrungs- und Interpretationsbegriff weiterhin an der Kenntnisnahme ethischer Bedeutungsgehalte. Die Erfahrung eines moralischen Imperativs in einer konkreten Situation unterscheidet sich von gegebenen physikalisch-materiellen Faktoren. Eine völlig wertfrei konstatierte, einzig durch kausalursächliche Faktoren charakterisierte Darstellung der Situation z.B. eines Ertrinkenden ist von der ethischen Bedeutung, die diese Situation für einen anwesenden Menschen hat, gänzlich unterschieden. Unter ethischem Aspekt ändert sich mit der Disposition des Zuschauenden auch die Bedeutung der Situation; der Beobachter wird um Hilfe rufen, weil er sich zu ethischem Handeln verpflichtet weiß. Die Differenz zwischen beiden Erfahrungsweisen besteht darin, daß die Situation selbst im einen Fall als moralisch signifikant erfahren wird. Dabei werden nicht zunächst wertfrei konstatierte Fakten anschließend ethisch beurteilt, vielmehr hat die gesamte Situation selbst schon ein anderes Gepräge. Diese Erfahrung des ethischen Imperativs in konkreten Situationen verdeutlicht Hick als Wahrnehmung ethischer Bedeutungsgehalte:

"... es geschieht etwas, was der Entdeckung eines auftauchenden Musters in einem Rätselbild vergleichbar ist. Wiewohl die gleichen Linien und Zeichen dort sind, wir aber dahin gelangt sind, sie jetzt als ein wesentlich neues Muster konstituierend zu sehen, so ist auch die gleiche soziale Situation mit den gleichen beschreibbaren Merkmalen vorhanden, aber wir sind nun zu einem Bewußtsein von ihr gelangt, das uns einen unentrinnbaren moralischen Anspruch auferlegt" (7).

Die physikalischen Objekte, die Komponenten dieser Situation sind, erzwingen nicht selbst diese Reaktion ethischen Handelns, noch läßt sich diese von den gegebenen Umständen her als die einzig angemessene Verhaltensweise beweisen. Dennoch werden die Konstituentien dieser Situation als moralisch verpflichtend erfahren und veranlassen direkt ethisches Handeln. Der sittlich verantwortliche Mensch interpretiert und erfährt die Situation als von ethischer Signifikanz.

Das Hauptanliegen Hicks geht nun dahin zu zeigen, daß der Glaube an Gott als eine eigenständige Bedeutungsebene die Bereiche von Natur und Ethik überlagert und durchdringt. In den Grundzügen seiner epistemologischen Konstitution ist der Glaube mit sinnlicher und ethischer Wahrnehmung struktur-identisch. Genügend viele Momente lassen den Glauben von diesen Bereichen erkennbar unterscheiden, aber wie die Sinneserkenntnis und die Erkenntnis ethischer Bedeutungen ist auch der Glaube eine bestimmte Weise, die Wirklichkeit zu erfahren. Durch den Nachweis der Berechtigung dieser Parallelisierung glaubt Hick die in der Religionskritik verbreitete Meinung widerlegen zu können, daß empirische Erkenntnis die Wirklichkeit wahrnehme, wie sie wirklich ist, während die religiöse Erfahrung einen vermeintlich wahrgenommenen Sinn erst willkürlich "in die Welt projiziert" (8).

Wie im Bereich der ethischen Sollenserfahrung die 'Tatsachen' eine andere Bedeutung haben, als eine naturalistische Einstellung dies wahrnehmen kann, so gelangt auch der Gläubige nicht durch theoretische Überlegungen zur Erkenntnis Gottes, sondern erfährt an und innerhalb der ihn umgebenden Wirklichkeit seine Gegenwart. Der religiöse Glaube ist eine spezifische Weise, die Wirklichkeit zu erfahren; der Glaube ist das Organisationsprinzip der Wahrnehmung, oder - in der Terminologie Hicks - das interpretatorische Element in religiöser Erfahrung. 'Interpretation' nicht als nachträgliche Deutung zuvor wertneutral erhobener Fakten verstanden, denn diese Differenzierung ist theoretisches Ergebnis einer epistemologischen Analyse und dem gläubigen Bewußtsein in seinem Vollzug fremd. Der religiöse Mensch behauptet nicht die Möglichkeit eines religiösen Verständnisses der Wirklichkeit - er glaubt, daß die fraglichen Ereignisse "Gottes Handlungen sind" [28]. Dieser Wirklichkeitsanspruch verhindert, die religiöse Wahrnehmung ausschließlich auf der Ebene des Gefühls oder als ästhetische Einstellung zu explizieren. In der Struktur zwar ähnlich, impliziert der religiöse Glaube demgegenüber den Erkenntnisanspruch der Existenz Gottes, die er an der Wirklichkeit zu erfahren behauptet, denn "indem die theistische Religion behauptet, die Welt vermittle göttliches Handeln, muß sie ebenso behaupten, daß Gott als reales Wesen existiert, das unsere Welt transzendiert wie auch uns in ihr und durch sie begegnet" [145].

Diese erkenntnistheoretischen Voraussetzungen Hicks haben deutlich werden lassen, wie seine Aussageabsichten zum Glaubensbegriff auf ihnen aufbauen können. Wenn alle Erfahrung, mithin auch die auf der empirischen und auf der ethischen Ebene, als 'erfahren als' zu bestimmen ist, dann wird einer überzogen empiristischen Auffassung von Erkenntnis der Boden entzogen und damit auch jeder auf ihr aufbauenden Bestimmung des Verhältnisses von Religion und Wissenschaft. Hick ignoriert nicht die bleibenden Unterschiede zwischen diesen Erfahrungsweisen; die religiöse Interpretation der Wirklichkeit unterscheidet sich durchaus von der sinnlichen Erfahrung, was z.B. die Prüfung ihrer Aussagen, ihren Umfang oder den 'Freiheitsraum' der Interpretation betrifft. Diese Unterscheidungen werden im Zusammenhang mit dem Begründungsthema noch erörtert. Hier ist zunächst als erkenntnistheoretische Grundaussage Hicks festzuhalten, daß alle Erfahrung ein Moment der Interpretation enthält und erst von dieser Voraussetzung aus die Aussagen der Theologie und des Glaubens problematisiert und die Begründungsprobleme aufgeworfen werden können.

Zum anderen sollte einsichtig werden, wie Hick bei der Bestimmung des Gottesverhältnisses im Glauben den Gegensatz von Unmittelbarkeit und Distanz zu überwinden trachtet. Die Gottesbeziehung soll nicht in die Teile der Schlußfolgerung zergliedert werden; eine solche Vorstellung trifft nicht die Einstellung und die Erfahrungsweise des Gläubigen. Echter Glaube folgert nicht; er erfährt sich selbst in der Gegenwart Gottes. Hick ist darin zuzustimmen, daß den Glauben diese Direktheit der Gottesbeziehung eher kennzeichnet als die erkenntnistheoretisch unhaltbare Annahme einer Gottunmittelbarkeit oder die Distanz, die von der Bestimmung der Gottesbeziehung als Schlußfolgerung angenommen wird. Wie nun diese Direktheit begrifflich angemessen zu konkretisieren ist, bleibt noch zu diskutieren.

Wenn also zugestanden wird, daß Glaube als Haltung nicht völlig mit der Bejahung von wahren Aussagen zu identifizieren ist, kann diese jedoch auch nicht gänzlich von ihm getrennt werden. Hick will den Erkenntnisanspruch des Glaubens wahren und ihn mit dem Begriff des Erfahrens-als verbinden. Läßt sich aber das Element der Bejahung wahrer Aussagen gänzlich umgehen, wenn die Erfahrung der Gegenwart Gottes ausdrücklich als kognitive Erfahrung verstanden werden soll? Um diese Frage zu beantworten, ist zu prüfen, wie sich dieser Anspruch aus der religiösen Erfahrungsweise ergibt. Wie gelangt der Glaube, der in seiner ursprünglichen Form nicht Zustimmung zu Aussagen ist, zu diesem Anspruch der Wahrheitserkenntnis?

2. Die nichtpropositionale Struktur und der Erkenntnisanspruch des Glaubens

Vor allem in Auseinandersetzung mit sprachanalytischen Untersuchungen des Sprachgebrauchs in Religion und Theologie hat Hick seine Auffassungen bezüglich des kognitiven Gehalts des christlichen Glaubens und der ihm angemessenen Sprachform präzisiert. Den Entwürfen von Braithwaite, van Buren, Hare und vornehmlich den Aussagen von Phillips bestreitet er den Charakter einer philosophisch-deskriptiven Analyse, den sie für sich in Anspruch nehmen. Nach seinem Dafürhalten ignorieren sie alle das kognitive Verständnis der religiösen Sprache im traditionellen Christentum, erklären es für irrelevant oder lehnen es mit dem Hinweis ab, es beruhe auf unerkannten sprachlichen Mißverständnissen. Hick beurteilt diese Positionen, sofern sie dem religiösen Sprachgebrauch einen Erkenntnisanspruch bestreiten, als "radikal revisionistisch" (9). Er selbst dagegen erachtet den kognitiven Charakter religiöser Aussagen als mit dem Christentum unaufgebbar verbunden und erklärt diesen Anspruch angesichts des Einflusses gegenteiliger Auffassungen zum zentralen Problem der heutigen Theologie.

Die Argumente Hicks stellen zunächst das herkömmliche kognitive Verständnis der Sprache von Religion und Theologie heraus. Die Theologen von Paulus bis Luther, so führt er aus, "glaubten, daß sie auf ein reales Wesen Bezug nähmen, das unabhängig von uns existiert, wenn sie von Gott sprachen" (10). Ein nichtkognitives Verständnis der Sprache der christlichen Religion widerspreche zutiefst deren innerer Struktur; die Auseinandersetzungen in seiner Geschichte mit anderen, ihm den Wahrheitsanspruch bestreitenden Weltanschauungen würde zum bloßen Streit um Worte. Ebenso fehlte auch der Religionskritik jeder rationale Gehalt, und die von der Theologie traktierten Probleme wie das der Theodizee, des Verhältnisses von Gott und Welt bis hin zu den Gottesbeweisen entpuppten sich als Selbstmißverständnis grotesken Ausmaßes.

Dieser Einwand hat seine Berechtigung. Gegenüber den sprachanalytischen Konzeptionen beweist er jedoch nur den Anspruch des kognitiven Gehalts religiöser Aussagen; er ist kein Argument für den kognitiven Charakter dieser Aussagen. Hick kommt diesem Anliegen näher, wenn er die nichtkognitiven Deutungen des Sprachgebrauchs in der christlichen Religion als Selbstwiderspruch herauszustellen versucht.

Die tradierte Theologie, so wird erläutert, suchte anhand der Fragen der Theodizee und der Gottesbeweise die Gottesbeziehung als ein Verhältnis des Subjekts zu einem es überschreitenden, von ihm distinkt zu begreifenden Gott zu explizieren. In dem Unvermögen plausibel zu machen, warum diese Aussagen über die Wirklichkeit Gottes überhaupt getroffen wurden, wenn die religiöse Überzeugung keinen kognitiven Anspruch erhebt, enthüllen diese Theorien für Hick ihren tiefen Irrationalismus. Sie leugnen Voraussetzungen, von denen her sie sich überhaupt erst formulieren können. Um was Phillips und Braithwaite das Christentum faktisch kupieren, begreift Hick als sein zentrales, unaufgebbares Moment. Der Anspruch einer kognitiven Erfahrung des anwesenden Gottes strukturiert als irreduzibler Kernpunkt die Gestalt einer sich rational verstehenden Überzeugung, die ihre Differenzen zu anderen Überzeugungen thematisiert und in der Diskussion der möglichen Einwände nicht Gefährdung, sondern die eigene Stärke sieht: "Der transzendente Theismus macht Behauptungen, die logisch fähig sind, entweder wahr oder falsch zu sein ... All die Zweifel an seiner Wahrheit, die in alten und modernen Zeiten entwickelt wurden, sind unentrinnbar relevant und verlangen widerlegt zu werden" (11).

Zu diesen theologisch bedeutsamen Auseinandersetzungen zählt Hick die Fragen der Theodizee, der Kohärenz des Gottesbegriffs und die des Wahrheits- und Absolutheitsanspruchs der verschiedenen Religionen. Wenn der christliche Glaube den Sinn der Wirklichkeit im ganzen aussagen will, ist Hick darin Recht zu geben, daß er sich den Auseinandersetzungen mit Religionskritik und damit der Diskussion der erwähnten Problemkomplexe nicht enthalten kann. Er muß, statt sich das Reservat eines 'autonomen Sprachspiels' zuweisen zu lassen, die Auseinandersetzung mit Gegenpositionen suchen. In diesem Streit hat der Theismus seine Aussagen über Welt, Mensch und Gott vorzubringen und ihre Tragfähigkeit und Kohärenz gegenüber Gegenpositionen nachzuweisen. Diese

Aufgabe kommt dem Theismus und der Theologie selbst zu; aus sich selbst muß er die Mittel entwickeln, den Herausforderungen zu begegnen.

In diesen, der Auseinandersetzung mit Phillips entnommenen Hinweisen streicht Hick mit einem für seinen nichtpropositionalen Glaubensbegriff erstaunlichen Nachdruck die Bedeutung dieser Auseinandersetzung um die Kohärenz des theistischen Aussagensystems heraus. Wenn der Glaube als eine Wahrnehmungsweise im zuvor erläuterten Sinn bestimmt wird, ist die Notwendigkeit der Auseinandersetzung mit gegensätzlichen Positionen nicht unmittelbar einsichtig. MacIntyre und Phillips haben ja von dieser Voraussetzung aus ihre Konzeptionen entwickelt. Zwar geht es ihm nicht darum, die Wahrheit des Christentums zu beweisen, doch fordert er den Nachweis der inneren Rationalität des Christentums, die sich danach bemesse, wieweit es in der Lage sei, vorgebrachte Einwände zu widerlegen. Lasse sich deren Falschheit nicht schlüssig beweisen, müßten diese Probleme jedoch im Prinzip lösbar sein, damit der Glaube "eine offene Möglichkeit bleibt" (12).

Hier wird dem Rationalitätsproblem Bedeutsamkeit für den Glauben selbst zugesprochen. Damit ist die Frage aufgeworfen, wie der Glaube als nichtpropositionale Einstellung zu diesen theoretischen Aussagen sich verhält, die er impliziert oder voraussetzt. Kann man ohne Widerspruch mit Hick fordern, "daß das Christentum, soll es sich nicht selbst verneinen, auf dem echt tatsachenhaften Charakter seiner Grundbehauptungen bestehen muß" (13) und zugleich den Glaubensbegriff wesentlich dadurch bestimmen, er sei nicht Zustimmung zu Propositionen? Selbst wenn diese beiden Marksteine der Hickschen Position sich vereinbaren lassen, ist noch genau zu erläutern, wie die Voraussetzung, daß "Glaube nicht in der Annahme solcher (Gott betreffender) Propositionen, sondern in der konkreten Interpretation des Lebens besteht" [215] zu der anderen sich verhält, derzufolge "in den christlichen Schriften, Bekenntnissen ... vorausgesetzt wird, daß es eine Tatsachenwahrheit ist, daß Gott existiert" (14). Gefragt ist damit nicht nur nach der Vereinbarkeit beider Behauptungen, sondern letztlich nach der Art und Weise, wie für Hick dem Gläubigen die Wahrheit präsent ist. Wenn diese Präsenz nicht im Modus der Bejahung von Aussagen gefaßt werden kann, sichert die bloße Berufung auf das traditionelle Wahrheitsverständnis noch nicht, daß die Aussage von der 'Tatsachenwahrheit' von der Glaubensbestimmung Hicks als Erfahrungsweise auch eingefangen wird. Von der Möglichkeit, diese Thesen einsichtig zu verbinden, ist die Lösung verschiedener Probleme abhängig, vor die sich diese Position gestellt sieht. Es ist zunächst zu fragen, wie der Glaube zu seinen Inhalten gelangt. Wie und was im einzelnen erkennt der Gläubige bei der Erfahrung der Gegenwart Gottes? Ist diese Erfahrung gewiß, sind ihre Inhalte bestimmt und als solche einsichtig? Daran knüpft sich die weitere Frage, ob und wieweit diese Erfahrung der Mitteilung, d.h. der Umsetzung in verstehbare intersubjektive Aussagen fähig ist. Wenn Hick behauptet, das Christentum erhebe mit der Rede von Gott einen wahrheitsfähigen

Erkenntnisanspruch, muß er zeigen können, wie dieser Anspruch sich rechtfertigen läßt. Schließlich tritt hier die Frage nach dem Status dieser Aussagen für den Gläubigen selbst auf, da sie von der Glaubenserkenntnis in ihrer ursprünglichen Form von Hick streng unterschieden werden.

Der Glaube bestimmt die Welterfahrung wie ein Interpretationsprinzip; er strukturiert nach Hick die Einstellung zur Wirklichkeit so, daß diese als Medium der Gegenwart Gottes erscheint. So gelangt etwa der Glaube an Christus nicht über theologische Erwägungen und Argumentationen zur Behauptung seiner Göttlichkeit, sondern erfährt ihn schon als Sohn Gottes [vgl. 220ff]. Solche Erfahrung - für Hick 'Glaube' im ursprünglichen Sinn - wird sprachlich artikuliert und als Überzeugung bekannt. Werden diese Erfahrungen in Aussagen formuliert, bezeichnet Hick sie als "Erstbehauptungen" oder "Basisaussagen" [218] des Glaubens. Sie statuieren die "Glaubenstatsachen" [218], die in Glaubensbekenntnissen das Wesentliche und Unverzichtbare einer bestimmten Religion zusammenfassen. Von diesen Basisaussagen unterscheidet Hick jene der Dogmatik und kirchlichen Lehre. Ihre Aufgabe ist, die Grundbehauptungen zu klären und zu erläutern.

Wie ist nun die fragliche Relation der ursprünglichen Glaubenserfahrung zu ihrer Formulierung in einer Basisaussage vorzustellen? Der ungedeutete 'Gegenstand' erzwingt seine theistische Interpretation nicht; die Welt nötigt nicht dazu, sie theistisch zu interpretieren: Gotteserkenntnis ist nicht "eine zwanghafte Wahrnehmung, sondern wird als ein freier Akt der Interpretation erlangt" [121]. Daß der Gläubige in der Welt die Gegenwart Gottes erfährt, ist daher nicht allein in den 'Daten' begründet. Sein religiöses Verständnis ist nicht selbstevident; es impliziert immer mehr, als die 'Daten' von sich aus nahelegen. Daher bleibt eine kognitive Distanz zum Gegenstand immer bestehen, denn dieser verbürgt die Wahrheit der theistischen Interpretation nicht in irgendeinem objektiven Sinn.

Dieser bleibenden Zweideutigkeit der Erfahrung wegen erstaunt, daß Hick die Formulierung dieser Erfahrung als empirische Beschreibung einstuft: "Die Formulierung der Erstbehauptungen ist ein deskriptiver und empirischer Vorgang, dessen Absicht ist, die vom Glauben wahrgenommenen Basisdaten auszudrücken" [218]. Beschreibungen artikulieren Sachverhalte; sind sie präzis genug, ermöglichen sie unter gegebenen Umständen eine Reidentifikation dieses Sachverhalts. Daß Hick die Formulierung der Erfahrungen als 'empirisch' oder 'deskriptiv' bezeichnet, ist irreführend, denn die Öffentlichkeit empirischer Beschreibungen ist für Hick bei religiösen Erfahrungen nicht gegeben; die Erfahrung ist individuell und das in ihr Wahrgenommene "nur den gläubigen Augen offenbar" [225]. Es scheint, als sei die Basisbehauptung, die religiöse Grunderfahrungen formuliert, nur dem verständlich, der die Erfahrung gemacht hat.

Das Wahrgenommene bietet sich dem Glaubenden also nicht unentrinnbar zwingend dar; die Wahrnehmung ist zugleich auch Interpretation. Unter welchen Bedingungen wird nun ein bestimmter Erfahrungszustand religiös interpretiert, welche Gewißheit ist schon in der Erfahrung gegeben? Hick behauptet, die Erfahrung sei bezüglich ihres Inhalts erkenntnistheoretisch gesehen nicht zwingend, für den Gläubigen aber gewiß. Diese Gewißheit, die er vor allem an Heiligen und Propheten veranschaulicht, sei von einer der Wahrnehmung der empirischen Welt vergleichbaren Intensität. Die Heiligen waren sich "so lebhaft bewußt, in der Gegenwart Gottes zu sein, wie sie sich des Lebens in einer materiellen Umgebung bewußt waren" [209]. Diese Gewißheit kann nicht in Argumentationen oder in Erkenntnissen außerhalb dieser Erfahrung ihren Grund haben, denn dann wäre für Hick die Unbedingtheit der religiösen Einstellung zerstört und stünde damit in Abhängigkeit von der Eindeutigkeit anderer Erkenntnisse; sie könnte nur bedingt angenommen werden. Das Erkannte bleibt in der religiösen Erfahrung vielmehr erkenntnistheoretisch zweideutig, aber diese Ambivalenz berührt die Gewißheit des Gläubigen nicht.

Ob diese Zuordnung von Erkenntnisunsicherheit und Glaubensgewißheit als Beschreibung des gläubigen Bewußtseins gewertet werden kann, bleibt noch zu diskutieren. Zunächst ist zu fragen, ob die Gewißheit der Erfahrung der einzige Grund zur Annahme ist, daß es sich um die Erfahrung der Wirklichkeit Gottes handelt. Läßt sich ein Nachweis führen, daß die Basisbehauptungen tatsächlich echte Aussagen sind und nicht nur deren grammatische Gestalt zeigen? Dieses Problem stellt sich für Hick aufgrund seines Erfahrungs- und Glaubensbegriffs schon in einer eingeschränkten Weise. Die Bestätigung des in den Basisbehauptungen geäußerten Erkenntnisanspruchs kann nicht anhand allgemeiner, objektiver Voraussetzungen vorgenommen werden, auf denen der Glaube dann aufbaute, denn dadurch bekäme dieser die Gestalt einer Folgerung. Daher muß der Nachweis des Erkenntnischarakters der Erfahrungsbeschreibung so formuliert werden, daß objektive, allgemein zugängliche Umstände benannt werden, unter denen die bislang nur dem Gläubigen zugänglichen Erfahrungen allgemein und ihr Gehalt intersubjektiv erkennbar werden. Lassen sich solche objektiven, allgemeinen Umstände formulieren? Die geforderten Bedingungen hat Hick mit seinem umstrittenen Gedanken einer eschatologischen Verifizierung der vom Christentum geäußerten Behauptungen und Erwartungen zu formulieren versucht. Die bis heute anhaltende Debatte um diesen Gedanken ist hier im einzelnen nicht zu erörtern (15), vielmehr soll die Struktur dieser Argumentation kurz verdeutlicht und auf ihren Stellenwert in der Konzeption Hicks hingewiesen werden.

Die Freiheit des Glaubens einerseits, so argumentiert Hick, und die Zweideutigkeit der Erfahrung andererseits verhindern eine Form der Gotteserkenntnis, die absolut sicher wäre und keinen vernünftigen Zweifel gestattete. Könnte aber nachgewiesen werden, daß die Aussagen des

Christentums echte Tatsachenbehauptungen sind, wäre der Erkenntnisanspruch nicht eingelöst, aber die Legitimität des Anspruchs wäre erwiesen. Hick wendet das Verifikationskriterium dahingehend, daß eine Äußerung dann als eine Tatsachenaussage gelten kann, wenn das durch sie Behauptete für den Menschen einen erfahrbaren Unterschied macht. Im Prinzip erfahrbare Umstände müssen angegeben werden, unter denen und durch die sich die Aussage bewahrheitet. Dann wäre ein Grund gegeben, die vermeintlichen Gotteserfahrungen nicht als bloß subjektive Gefühlszustände zu verdächtigen; der Anspruch der Erfahrung der Wirklichkeit Gottes könnte berechtigt vertreten werden.

Zu den wesentlichen Vorstellungen des Christentums gehört die Erwartung eines Lebens nach dem Tod in der unverhüllten Gegenwart Gottes. In diesem Reich Gottes, das jedermann nach dem physischen Tod erfährt, ist jene Situation gegeben, "in der es nicht länger einen Anlaß gibt, die Wirklichkeit Gottes zu bezweifeln" [VIII]. Diese Situation läßt sich hinreichend genau beschreiben, so daß die Umstände einer möglichen Verifizierung angebbar sind und damit das Kriterium für wahrheitsdefinite Aussagen erfüllt ist.

Diese Überlegungen Hicks wollen also weder die Wahrheit noch die Bedeutung religiöser Aussagen nachweisen, wie sie oft mißverstanden worden sind, sondern sie stellen eine sprachlogische Argumentation für den Behauptungscharakter religiöser Aussagen dar. Sie setzen die Glaubensgewißheit, den Bedeutungsgehalt religiöser Aussagen voraus und auch die Überzeugung ihrer Wahrheit. Das gesamte Konzept der eschatologischen Verifikation erfüllt für den Gläubigen und seine Überzeugung keine direkte Funktion. Es soll lediglich die Frage beantworten, ob und wie sich ohne die Wahrheitsgewißheit zeigen läßt, daß religiösen Aussagen kognitiver Gehalt eignet und daß sie Wahrheit beanspruchen. "Es wird hier nicht verneint, daß der religiöse Mensch sich schon genuinen Wissens über Gott erfreut; es wird nicht angenommen, daß er bis nach seinem Tod zu warten habe, um mit Gewißheit herauszufinden, ob Gott existiert ..." [193]. Man muß schon die gesamte Glaubenstheologie und Erkenntnistheorie Hicks ignorieren, um ihm vorzuhalten, er hypothetisiere die Glaubenseinstellung zu einer vorläufig und bedingt angenommenen, unbegründeten Mutmaßung. Ist ihm das auch nicht vorzuwerfen, bringt das Konzept der eschatologischen Verifikation dennoch viele Probleme mit sich.

Zunächst ist auf die eigentümliche Funktionslosigkeit dieses Kriteriums für den Glauben selbst hinzuweisen. Der argumentative Wert der eschatologischen Verifikation besteht in dem Nachweis der Kognitivität des religiösen Sprachgebrauchs; um diesen weiß der Gläubige jedoch schon aus seiner religiösen Erfahrung. Dieses Kriterium scheint darum auf die Glaubensgewißheit zurückschlagen zu müssen und diese zu hypothetisieren, denn das Kriterium weist mittels einer objektiv prüfbaren Angabe lediglich nach, daß die religiösen Aussagen beanspruchen können, möglicherweise wahr zu sein. Ist aber die Wahrheit des Glaubens nur eine Möglichkeit, die sich zwar nicht bestreiten, unter den gegenwärtigen Bedingungen aber noch nicht verifizieren läßt, droht diese Gegensätzlichkeit von Gewißheit des Glaubens und seiner objektiven Ungewißheit die Glaubenshaltung selbst zu untergraben. Dieser Vorwurf wäre berechtigt, wenn Hick die subjektive Gewißheit als völlig beliebig qualifizieren müßte. Wie noch aufzuzeigen ist, sucht er jedoch nachzuweisen, daß diese Glaubensgewißheit selbst ihre Berechtigung auf die eigene religiöse Erfahrung gründen kann. Wenn ein solcher Nachweis gelingt, würde der kognitive Status der religiösen Aussagen nicht notwendig erst durch das Verifikationskriterium gesichert werden müssen, sondern wäre dies schon durch die religiöse Erfahrung. Weil Hick diese Erfahrung aber streng auf den Erfahrenden bezieht, meint er den objektiven Nachweis über die prinzipielle Verifizierbarkeit führen zu müssen. Die Spannung bleibt damit erhalten; es wird nicht einsichtig, aus welchem Grund der objektive Nachweis des kognitiven Charakters religiöser Aussagen, der diese zugleich als Hypothesen qualifizieren muß, die Gewißheit des Gläubigen nicht tangiert.

Den Wirklichkeitsgehalt der Basisbehauptungen an religiöse Erfahrungen zu binden, ihn aber über das Verifikationskriterium als nachweisbar aufzuzeigen, bringt den Glauben zwar nicht notwendig in Abhängigkeit eines umstrittenen wissenschaftsphilosophischen Theorems, hat aber für den Nachweis des kognitiven Gehalts der fraglichen Aussagen die Stimmigkeit eines solchen Kriteriums zur Voraussetzung und diese auch nachzuweisen. Daß es kaum möglich erscheint, die Menge aller sinnvollen Aussagen mittels eines einzigen Kriteriums zu unterscheiden, haben die bislang vergeblichen Anstrengungen, es zu formulieren, zur Genüge gezeigt (16). Auch wenn Hick nur den kognitiven Status dieser Aussagen durch das Kriterium belegen will, fragt sich, ob dies nicht besser auf eine andere Weise als über das umstrittene Verifikationskriterium zu leisten wäre.

Weiterhin muß, um eine im irdischen Leben gehegte Erwartung eschatologisch bewahrheitet zu sehen, ein sich durchhaltendes Identitätsbewußtsein gegeben sein, das die irdischen Erwartungen im nachirdischen Leben nicht 'vergißt'. Eine stimmige Formulierung der eschatologischen Verifikation impliziert daher die Lösung entscheidender Fragen, die sich mit dem Leib-Seele Verhältnis und dem Identitätsbewußtsein verbinden. Wird diese Identität nicht in einer körperlos existenzfähigen Seele gesehen, sondern an einen neuerschaffenen Leib gebunden, fragt sich, wie eine neue körperliche Existenz sich und andere in Umständen erfahren und erkennen kann, in denen die Determinanten von Raum und Zeit (17) nicht gegeben sind. So komplex sich diese Schwierigkeiten hier auch darbieten, es ist nicht ausgeschlossen, daß sie sich lösen lassen. Dennoch scheint fraglich, ob das Anliegen, den Behauptungsstatus religiöser Aussagen aufzuzeigen, ein so kompliziertes Gedankengebäude erfordert.

Weniger die innere Stimmigkeit als vielmehr der Ort und die theologische Funktion der eschatologischen Verifikation sind problematisch. Für den Gläubigen und seine Überzeugung, deren er sich ohne eine widerspruchsfreie Formulierung des Kriteriums gewiß ist, hat diese wenig Bedeutung, denn mittels ihrer soll er lediglich in die Lage versetzt werden, den logischen Status seiner Behauptungen objektiv zu belegen, um den er für sich selbst schon weiß. Für ihn stellt es sich als ein rein sprachlogisches, theoretisches Unterfangen dar, das seinen Glauben kaum berührt. Dagegen geht es demjenigen, der diesen logischen Status erkundet, um mehr als um den Behauptungscharakter einiger Äußerungen des religiösen Sprachgebrauchs. Ihm wird eine gedanklich-abstrakte Überlegung bezüglich des Erkenntnisanspruchs vorgetragen, aber einen Zugang zum Inhalt dieser Behauptungen, eine Kenntnisnahme dessen, warum die Behauptung erhoben wird, ist dadurch nicht ermöglicht. Der Ort, an dem der Nachweis vollzogen werden soll, daß religiöse Äußerungen echte Aussagen und möglicherweise wahr oder falsch sind, ist darum schlecht gewählt. Für die Überzeugung des Gläubigen kann sie nichts wesentliches beitragen, von den Kritikern und auch von jenen Gläubigen, die die veranschlagte Gewißheit in diesem Maße nicht besitzen, wird jedoch eine Fülle von Verständnisvorgaben verlangt, die sie zu leisten kaum imstande sind. Es ist daher nicht erstaunlich, daß die eschatologische Verifikation auch von solchen Philosophen abgelehnt worden ist, die nicht bezweifeln, daß sie stimmig formuliert werden könnte, aber die von ihr geforderten Vorstellungen als schlechthin befremdlich empfinden, und deren Wahrheitsanspruch sie für sich selbst nicht folgen können (18).

Hick hat kürzlich in einem Artikel auf die vielen Einwände gegen das Konzept der eschatologischen Verifikation geantwortet (19). Er nimmt verschiedene Modifikationen an seiner früheren Darstellung des Vorgangs der Verifizierung vor, hält aber an der Notwendigkeit dieses Konzepts fest und verteidigt auch seine innere Stimmigkeit. Weil er auf der Intention und dem argumentativen theologischen Stellenwert dieses Begriffes besteht, ist auch vor dem Hintergrund seiner Reformulierungen die hier angebrachte Kritik nicht zu revidieren.

Das Vorhaben Hicks, den Behauptungscharakter der aus der religiösen Erfahrung hervorgehenden Aussagen über potentielle objektive, eschatologische Erfahrungen zu belegen, vermag daher nicht ganz zu überzeugen. Dieses Verfahren, die Erfahrungen für den Gläubigen als wahr und gewiß zu werten, die diese Erfahrung beschreibenden und erläuternden Aussagen aber nicht an dieser Erfahrung selbst auszuweisen, sondern noch ausstehende Bedingungen zu formulieren, die sie nicht jetzt, aber zukünftig möglicherweise verifizieren, beläßt die zugrundeliegenden Erfahrungen zwar unangetastet, für denjenigen, der sie nicht gemacht hat, aber auch ungeklärt und undurchsichtig. Es wäre doch naheliegend, diese Erfahrungen selbst zu bedenken, wenn ihr Erkenntnis- und Wahrheitsgehalt strittig ist. Was zwingt Hick dazu, den fraglichen Erfahrungen einerseits Bestimmtheit und Gewißheit zuzusprechen, ihre propositionalen Artikulationen aber nicht an diesen Erfahrungen selbst zu messen und zu belegen? Diese Frage führt zu dem eingangs aufgeworfenen Problem zurück, welcher Status den religiösen Basisaussagen im Unterschied zu der Erfahrung der Gegenwart Gottes zukommt. Zuvor lassen sich die verschiedenen Aussagen, die die Nachzeichnung des Gedankengangs von Hick berührte, bezüglich der Beziehung von Erfahrungsweise und Erkenntnisanspruch nunmehr zusammenfassen.

Erkenntnistheoretisch ist Glaube das interpretative Element in der religiösen Erfahrung; der Glaube erfährt die Welt als eine die Gegenwart Gottes vermittelnde Wirklichkeit. Hick grenzt diesen Erfahrungsbegriff dadurch ab, daß er ihn nach Maßgabe der Struktur der Wahrnehmung erläutert. Das in der Wahrnehmung Gegebene und sie Ermöglichende ist zwar ambivalent, aber der gläubig Wahrnehmende erfährt es als inhaltlich bestimmt; er nimmt an der weltlichen Wirklichkeit die Gegenwart Gottes wahr. Trotz der erkenntnistheoretischen Inevidenz des Wahrnehmungsinhalts ist der Gläubige sich seiner Erkenntnis gewiß. Um die Form der direkten, personalen Gottesbeziehung zu wahren, meint Hick alle Begründungsformen ausschalten zu sollen, die sich auf etwas anderes als die Gewißheit stützen oder diese Gewißheit selbst noch zu fundieren unternehmen. Hier ist die Ursache dafür zu suchen, daß das Verifikationsmodell für die religiöse Überzeugung selbst weitgehend funktionslos bleibt und dem Glauben beziehungslos beigeordnet wird. Hick wählt diese Form des Nachweises des Erkenntnischarakters, weil seiner Auffassung nach andere Formen die Glaubensgewißheit und das Gottesverhältnis in ihrer Unbedingtheit untergraben würden. Der Gläubige hegt Erwartungen, von denen er vertrauensvoll hofft, daß ihre Wahrheit einmal aller Welt offenbar werden wird. Die Umstände und Bedingungen dieser Offenbarung zu spezifizieren und so den Behauptungscharakter nachzuweisen, tastet den Glauben nicht an. Würde dieser Nachweis etwa durch Wunder, Gottesbeweise oder durch Bestätigung der Wahrheit der Erfahrungen zu leisten versucht, erhielte damit auch der Glaube eine gänzlich andere Struktur. Würde die Interpretation ihre Gewißheit nicht aus der Erfahrung selbst, sondern auch aus anderen Gründen beziehen, stünde der Glaube in Abhängigkeit zu dieser begründenden Erkenntnisfindung. Diese Abhängigkeit denkt Hick als die versuchsweise, hinsichtlich der Zustimmung noch unentschlossene Mutmaßung über die Wahrheit einer Hypothese. Im Fall eines Wunders z.B. würde Gott als Erklärung eines sonst unverstehbaren und unerklärlichen Phänomens eingefordert. Wenn die Erklärung dieses Phänomens durch einen Eingriff Gottes eher überzeugt als andere, ist die Hypothese bestätigt, und das Wunder kann als Grund für die Annahme der Wahrheit des Glaubens angegeben werden. Aber das hier gegebene konditionale Element überträgt sich für Hick auf die Glaubenszustimmung selbst, denn erst wenn die Erklärung erfolgt ist, kann die Glaubenszustimmung erfolgen. Sie würde nicht gegeben, wenn die Erklärung nicht plausibel wäre. Von der stimmigen Erklärung wird auf die Wahrheit geschlossen; der Glaube erscheint als Resultat einer Folgerung. Gerade dieses Schlußverfahren sucht Hick zu vermeiden.

Auch seine Ablehnung der Glaubensbestimmung als Zustimmung zu wahren Aussagen hat hier ihren Grund. Der Glaube richtet sich nicht auf Satzwahrheiten, ist nicht eine 'propositionale Einstellung', sondern bezieht sich auf Gott selbst. Erklärungen von Phänomenen liegen auf einer anderen Ebene als die Einstellung zu Personen. Erklärungen bestätigen gegebenenfalls Hypothesen; ihre Bejahung ist Zustimmung zu wahren Aussagen. Der religiöse Glaube hingegen umfaßt alle Regungen der menschlichen Person und richtet sich auf den persönlichen Gott als sein Heil.

Sind die Voraussetzungen dieses scharfen Gegensatzes, den Hick zwischen dem Glauben als personaler Beziehung und seiner Begründung, seiner Artikulation in Aussagen und der Beurteilung seines Erkenntnisgehalts statuiert, stimmig, so daß die Unterscheidung in dieser Form vorgenommen werden muß? Unbestritten muß sein, daß der Glaube sich von der Annahme der Wahrheit einer Hypothese unterscheidet. Ist die Distanz und das nüchterne, sachbezogene Prüfen des Wissenschaftlers in der Wissenschaftstheorie auch oft überbetont worden, muß die religiöse Einstellung doch als eine Beziehung zu Personen und jene zu Hypothesen als eine Annahme über Dinge und Sachverhalte bestimmt werden. Aber dennoch braucht der den Ausführungen Hicks zugrundeliegende Gegensatz zwischen ungebrochenem Gottesverhältnis und einer hypothetischen, von Begründungen abhängigen Einstellung nicht als erschöpfende Beschreibung der möglichen Bestimmungen des Glaubensbegriffs akzeptiert zu werden. Es ist nicht einsichtig, daß die Gottesbeziehung, sobald die Glaubwürdigkeit der Gotteserfahrung erwogen und begründet wird, eo ipso zu einer vorläufigen, durch Vorbehalte gekennzeichneten Einstellung absinken muß, die beim Auftreten von Gegeninstanzen sogleich aufgegeben würde. Da Hick alles, was entfernt an Folgerung oder Ableitung erinnert, aus dem Vorgang der Gotteserkenntnis ausschließen möchte, steht er überdies vor der Schwierigkeit, gegen seine erkenntnistheoretischen Aussagen postulieren zu müssen, daß die Gotteserfahrung in ihren Inhalten immer bestimmt und in dieser Bestimmtheit gewiß ist. Seine Auskunft, die Beschreibung der religiösen Erfahrungen sei rein deskriptiv, kann nur so verstanden werden.

Selbst wenn der Erfahrungsbegriff Hicks vorausgesetzt wird, demzufolge Erfahrungen sich als inhaltlich bestimmte zu Bewußtsein bringen, obwohl sie erkenntnistheoretisch den Status von nicht gewissen Deutungen besitzen, tritt das Problem der Bestimmtheit nochmals dort auf, wo er zwischen Basisbehauptungen und den sie erläuternden Lehrsätzen der kirchlichen Lehre unterscheidet. Um diese Unterscheidung in seinem Sinn treffen zu können, müßten die die Erfahrung beschreibenden Grundbehauptungen im wesentlichen unumstritten und eindeutig sein. Solche Eindeutigkeit ist aber auch bei den zentralsten Aussagen des Christentums nicht gegeben. Wenn Hick etwa die Aussage, Gott habe sich in Christus geoffenbart, als ein Urteil bezeichnet, "das schon in den praktischen Einstellungen und Reaktionen ... der Jünger impliziert war"[221], so ist diese Aussage als Deskription von Erfahrungen ohne jegliches folgernde Moment kaum vorstellbar. Wenn zudem ein deskriptiv - empirisches Urteil, wie es die Aussage von der Offenbarung Gottes in Christus für Hick darstellt, seine Interpretationen nur so schwach zu normieren fähig ist, wie diese Aussage die historisch entwickelten und vertretenen Christologien zu normieren imstande war, kann man ihr kaum jene Bestimmtheit zuschreiben, die Hick fordern muß, um alle Elemente einer folgendern Erkenntnisfindung aus dieser Erfahrung und ihrer Beschreibung auszuschließen. Vielmehr ist die Zustimmung zur Basisaussage von der Offenbarung in Christus auch davon abhängig, wie überzeugend die Christologien sie darzustellen und zu begründen vermögen. Die Kohärenz der Interpretation selbst kann ein Grund dafür sein, an die Wahrheit der Grundaussage zu glauben.

Die Absicht Hicks, die religiösen Erfahrungen durch Begründungen in ihrer Gewißheit nicht zu erschüttern, ihren Erkenntnisgehalt nicht erst nachträglich zu entdecken und das Vertrauen der Glaubenseinstellung nicht durch propositionale Elemente zu untergraben, wird von ihm in bemerkenswerter Konsequenz durchgeführt. Die Gotteserfahrung und die sich mit ihr einstellende Erkenntnis ruht in ihrer eigenen Gewißheit, der Erkenntnisgehalt ist für den Gläubigen nicht strittig, die eschatologische Verifikation wird all dies gegebenenfalls bestätigen, soll diese Strukturen von Erfahrung und Gewißheit jedoch nicht anrühren, und die propositionale Formulierung des Glaubensgehalts wird auf einer anderen Ebene als der des Glaubens lokalisiert. Die verschiedenen Überlegungen und Absicherungen, die Hick anstellt und vornehmen muß, um die ursprüngliche Erfahrung von allen weiteren Qualifikationen freizuhalten, sind in sich nicht falsch oder widersprüchlich; an ihrer einfachen Funktion gemessen sind sie jedoch überaus verschlungen und, wie die Mißverständnisse bei der Rezeption seiner Schriften zeigen, schwer zugänglich. Um die Personalität der Gottesbeziehung zu wahren und die Gotteserfahrung nicht zu entstellen, brauchte es jedoch nicht jener rigiden Abgrenzung, die Hick in dieser Absicht vornimmt. Den Erfahrungsbegriff Hicks zu öffnen und die religiöse Gewißheit nicht so hoch zu veranschlagen, wie es bei ihm geschieht, zwingt nicht dazu, seine Position im ganzen zu verwerfen. Eine Rekonstruktion des Glaubensbegriffs und auch der Begründungsfrage könnte hier Anhaltspunkte finden, ohne die Konsequenzen seiner Position ziehen zu müssen.

Wenn es im Gegensatz zur Auffassung Hicks zutrifft, daß Gottes- und Glaubenserfahrung auf ihre Glaubwürdigkeit und Verläßlichkeit geprüft werden können, ohne das in ihnen gegebene Vertrauensmoment zu zerstören und ohne den Glauben zu hypothetisieren, lassen sich die Aussagen Hicks bei der Auseinandersetzung um diese Probleme konstruktiv aufnehmen. Seine bereits erwähnten Thesen zur Erkenntnistheorie sollen in diesem Sinn noch einmal aufgenommen und im Zusammenhang seiner Äußerungen zur Begründungsproblematik diskutiert werden.

3. Rationalität und Erfahrungsgewißheit

Obwohl der Duktus der Hickschen Argumentation eine prinzipielle Ablehnung von Gottesbeweisen erwarten ließe, setzt er sich nicht nur beiläufig mit ihnen auseinander. Das Ergebnis seines vielbeachteten Buches über die natürliche Theologie (20) besteht zwar in der Ablehnung der Gottesbeweise, doch beurteilt Hick die philosophische Kritik dieser Beweise gegenüber der theologisch motivierten Ablehnung als wesentlich relevanter. Die theologischen Einwände, ein Gottesbeweis sei mit der biblischen Gottesvorstellung schlechthin unvereinbar, und zudem zerstöre ein solcher Beweis schon im Ansatz die Freiheit der Glaubensentscheidung, sind ihm nur beschränkt gültig. Diese häufig geäußerten Einwände wurden noch einmal bündig von MacIntyre formuliert: "... der christliche Glaube sieht wahre Religion nur in einer freien, in Glaube und Liebe getroffenen Entscheidung ... Jede objektive Rechtfertigung des Glaubens würde ... jegliche Möglichkeit einer freien Glaubensentscheidung eliminieren" (21). Diese Auffassung hat Hick selbst einmal vertreten (22), doch lehnt er solch prinzipielle Abwehr jetzt ab. Wie das biblische Gottesverständnis nicht die Auffassung begründen kann, daß Gottesbeweise im Prinzip unmöglich sind, so evoziert ein stimmiger Beweis möglicherweise Einsicht in die Plausibilität des Gottesgedankens, muß aber darum noch nicht eine volle religiöse Überzeugung nach sich ziehen, wie Hick mittels Newmans Unterscheidung zwischen realer und notionaler Zustimmung klarstellt. Den in der philosophischen Diskussion der Beweise oft übersehenen Komplex ihrer historischen Genese und ihrer Funktion, einen der allgemeinen Wirklichkeitsauffassung schon selbstverständlichen Theismus den Zweiflern nachträglich noch zu bestätigen, bejaht Hick als Ausdruck eines legitimen Interesses. Ob es vernünftig ist, an Gott zu glauben, ist selbst ein sinnvolles Problem.

Hicks analog zur Wahrnehmung verfahrende Rekonstruktion des Glaubensbegriffs kann und will sich somit der Frage nach einer möglichen Begründung nicht entheben. Die Gottesbeweise sind nicht schlüssig, aber ohne für den Theismus ruinöse Konsequenzen kann der Erkenntnisanspruch nicht aufgegeben werden. Ist die Gotteserkenntnis an den von Hick bejahten erkenntnistheoretischen Kriterien gemessen ambivalent, fragt sich, mit welchem Recht und aus welchen Gründen der Gläubige behauptet, er kenne Gott, er wisse, daß Gott existiert?

Der gesamte Problemkomplex ist für Hick neu zu formulieren. Er faßt seine Aussagen zu diesen Fragen einmal dahingehend zusammen, daß das Begründungsproblem sich von den Gottesbeweisen auf die Frage nach den möglichen Gründen für den Glauben im Bereich der Erfahrung verschoben habe. Er beschreibt seine Aussage als den Versuch,

> "die Aufmerksamkeit von der traditionellen Frage 'Gibt es einen logisch schlüssigen Beweis der Existenz Gottes?' auf die recht verschiedene Frage zu lenken 'Ist jemand, der an der distinkt religiösen Form der menschlichen Erfahrung teilhat, als vernünftige Person auf der Basis dieser Erfahrung berechtigt, an die Wirklichkeit Gottes zu glauben?' Es wird argumentiert, daß er ... tatsächlich kräftige und zwingende Gründe für seinen Glauben hat" (23).

Der von Hick angedeutete Strukturwandel des Begründungsproblems läßt sich hier gegenüber der Position von Thomas präzisieren. Im Unterschied zu diesem lehnt Hick äußere Glaubwürdigkeitsbeweise ab, weil sie für ihn den Glauben in die Abhängigkeit einer anderen Erkenntnis bringen und ihm die Gestalt der Folgerung verleihen würde. Mit Thomas behauptet er bestimmte Funktionen der Vernunft im Dienste des Glaubens. Gegenüber Kritik und Gegenauffassungen hat sie ihn als eine 'offene Möglichkeit' auszuweisen, was Thomas so formulierte, daß die Vernunft zeigen müsse, es sei 'nicht unmöglich', was der Glaube behauptet. Während aber Thomas das Gesamt des Offenbarungsgutes durch äußere Zeichen als glaubwürdig zu beweisen sucht, setzt Hick den 'Glauben an die Wirklichkeit Gottes' als begründungsbedürftig an. Dieser soll nun nicht durch äußere Beweise gerechtfertigt werden, sondern seine Gründe sind mit der Erfahrung selbst gegeben. Andere Begründungsinstanzen sollen vermieden werden, da sie dem Glauben seine bedingungslose und nichtpropositionale Struktur nehmen würden. Dennoch will Hick die Glaubensgewißheit nicht jeder Beurteilung oder Prüfung entziehen. Der Erkenntnisanspruch wird vom Christentum oder vom einzelnen Gläubigen erhoben; daß die auf die Erfahrung sich gründenden Aussagen echte Behauptungen darstellen, sucht Hick durch die Möglichkeit einer eschatologischen Verifikation zu belegen. Das Motiv des Erkenntnisanspruchs liegt in dieser Erfahrung selbst. Dennoch reicht auch für Hick das bloße Gewißheitsempfinden, solange es eines des Subjekts bleibt, nicht hin, den Anspruch der Gotteserkenntnis zu begründen. Aber unter welchen Bedingungen kann die Erfahrungsgewißheit als Wissen gewertet werden?

Die subjektive Gewißheit gehört dem Wissensanspruch zu, doch reicht sie nicht hin, ihn zu begründen. "Der Sprecher muß auch das Recht haben, Sicherheit zu empfinden ... wir verlangen rational oder angemessen begründete Gewißheit" [207]. Wissen zeichnet sich gegenüber subjektiver Gewißheit durch Objektivität aus, d.h. es muß intersubjektiv mitteilbar, zugänglich und einer Beurteilung fähig sein.

> "Wenn wir einer Proposition rational gewiß sind, sehen wir uns damit versichert, daß jedermann anders, mit der gleichen Evidenz oder Begründung konfrontiert, ihrer gleichermaßen gewiß sein kann. Genau hier zeigt Wissen trotz seines subjektiven Aspekts einen objektiven Charakter ... Denn die Gewißheit eines rationalen Wesens impliziert die Annahme, daß die Gründe, die hinreichend waren, Gewißheit in einem selbst hervorzurufen, gleichermaßen hinreichend sind, sie in jedem anderen vernünftigen Geist hervorzurufen, der mit ihnen bekannt ist" [207].

Die Begründung kann demnach nicht so vorgenommen werden, daß von der religiösen Erfahrung auf die Existenz Gottes geschlossen würde, noch kann die Erfahrung eines anderen der Grund für den eigenen Glauben an Gott sein. Die einzig richtige Frage lautet nach Hick vielmehr, "ob das Bewußtsein des religiösen Menschen, in der unsichtbaren Gegenwart Gottes zu sein, einen hinreichenden Grund für den religiösen Menschen selbst darstellt, der Realität Gottes gewiß zu sein" [209] (24).

Mit dieser Feststellung verwandelt Hick die Ausgangsfrage und gibt damit auch der Argumentation eine andere Richtung. Während 'Begründung' die Erwartung eines intersubjektiven, wenigstens im Prinzip öffentlichen Beurteilungsvorgangs nahelegt, wird der zu beurteilende Sachverhalt, die religiöse Erfahrung, ihrem Zugriff wieder entzogen. Die Behauptung der Existenz Gottes und die Behauptung, Gott zu erfahren, sollen auf ihre Gründe befragt werden; zu entscheiden, ob sie gegeben sind, bleibt aber ausschließlich demjenigen vorbehalten, der diese Erfahrung macht. Damit scheint Hick auf das Bewußtsein der je eigenen religiösen Gewißheit als Kriterium zurückzufallen, das er doch immerhin soweit intersubjektiv faßt, als einem andern in der gleichen Situation die Berechtigung zur Behauptung der Existenz Gottes in der gleichen Weise als gegeben erscheinen müßte. Zwar wird der Begriff der Gewißheit von Hick näher qualifiziert, denn es heißt, "daß eine ausreichend intensive (sufficiently vivid) religiöse Erfahrung einen Menschen zu behaupten berechtigen würde, zu wissen, daß Gott wirklich ist" [210]. Die Präzisierung dieser Qualifikation, die Hick mittels der Kennzeichnungen "machtvoll, zwingend, selbstverständlich, unentrinnbar" zu leisten versucht, verbleibt letztlich im subjektiven Bereich. Daß eine religiöse Erfahrung hinreichend intensiv sei, läßt sich nur an einer Norm bemessen, die dem empfindenden Subjekt als erfüllt zu beurteilen belassen bleibt.

Auch bei diesen Ausführungen weicht Hick von den zuvor gegebenen Kennzeichnungen der Gotteserfahrung nicht ab. Die Gewißheit der Gegenwart Gottes ist zugleich der Grund, warum diese Erfahrung als glaubwürdig gelten soll. Inhalt und der Grund zur Annahme der Realität dieses Inhalts sind identisch. Daß dabei die Vorbehalte, die Hick gegenüber anderen Formen der Begründung vorträgt, nicht überzeugen, war schon gesagt worden.

Ein weiteres Argument Hicks, das die Forderung, diese Erfahrung selbst auf Gründe zu befragen, die nicht mit dieser Erfahrung identisch sind, als verfehlt abweist, ist bislang noch nicht berücksichtigt worden. Es beinhaltet die These, es gebe keine von allen Interpretationen unabhängige Instanz, die die Wahrheit der Gotteserkenntnis bestätigen könnte. Jedes einzelne Argument, das dazu vorgetragen wird, ist selbst schon Teil eines Interpretationssystems, das die Wirklichkeit als Ganze umfaßt. Eine Debatte um die Begründungsform gelangt dann notwendig zur Diskussion um die Möglichkeit eines solchen umfassenden Interpretationssystems. Daß es sich bei der christlichen Überzeugung um ein solches umfassendes Interpretationssystem handelt, stellt Hick deutlich heraus: "Der Bereich der fundamentalen religiösen Interpretation ist nicht diese oder jene isolierbare Situation, sondern die einzigartig umfassende Situation, konstituiert durch unsere Erfahrung als einer Ganzheit und in all ihren Aspekten, bis hin zum gegenwärtigen Augenblick" [116f] (25).

Dieser dem christlichen Glauben eigene Ausgriff auf Totalität stellt sich Hick nicht als begründete Einsicht oder begründungsbedürftige Behauptung, sondern unproblematisch als deskriptiv erhebbares Merkmal dar. Das Christentum macht das Ganze der Wirklichkeit zum Gegenstand seiner Aussagen (26). Für die erkenntnistheoretische Beurteilung und die Logik der Begründung des christlichen Glaubens hat diese Charakterisierung erhebliche Konsequenzen. Denn die Bedeutung der Wirklichkeit als Ganze auszusagen, heißt als Ergebnis einer Interpretation ein umfassendes Wirklichkeitsverständnis vorzulegen, das nichts unberücksichtigt, nichts außer sich läßt. Eine solche umfassende Wirklichkeitsinterpretation muß beanspruchen, alle partikularen Elemente der Erfahrung zu einem vernünftigen Gesamt zu integrieren.

Charakteristisch ist, wie Hick darlegt, daß umfassende Wirklichkeitsdeutungen sich nicht begründen lassen: sie können von anderem nicht abgeleitet werden. Umfassende Interpretationen, die die gesamte Wirklichkeit als ihren Gegenstandsbereich betrachten, können nicht wie Aussagen über partikulare Phänomene begründet werden. Erklärungen eines Einzelphänomens z.B. ordnen dieses in der Naturwissenschaft in kausalursächliche Zusammenhänge ein und erklären das Explanandum durch Subsumption unter allgemeinere Theorien. Aussagen über die Wirklichkeit im Ganzen hingegen können so nicht mehr erklärt werden. Zur Bestimmung einer solchen universalen Interpretation führt Hick daher aus: "... das Universum hat keinen weiteren Kontext, mittels dessen es erklärt werden könnte; seine Erklärung kann daher nur in der Wahrheit seiner Bedeutung bestehen" [102]. Aus dem gleichen Grund hält Hick Wahrscheinlichkeitserwägungen über die Wahrheit der christlichen Weltinterpretation für nutzlos. Aussagen über die Wahrscheinlichkeit der Wahrheit von Interpretationen beziehen sich entweder auf numerische Häufung oder auf andere, gesicherte Daten, was im Fall einer Interpretation des Ganzen der Wirklichkeit nicht möglich ist, da diese per definitionem alles umgreift. Daher ist der Begriff der Wahrscheinlichkeit auf "umfassende Interpretationen nicht anwendbar" [151]. Wie ist bei dieser Struktur dann zwischen umfassenden Interpretationen zu entscheiden? Anhand intramundaner Daten läßt sich für Hick ein solcher Streit nicht beilegen, da diese immer schon von den Interpretationsprinzipien in die jeweilige Weltsicht eingeordnet sind. Bleibt den Begriffs- und Interpretationssystemen nichts äußerlich, ist ein übergeordneter, neutraler Standpunkt nicht formulierbar, der zum Kriterium über sie erhoben werden könnte. Aus diesem Grund kann kein den Erkenntnis- und Verstehensbedingungen selbst unterliegendes Geschehen über die Richtigkeit von Gesamtinterpretationen befinden. Hinsichtlich des theologischen Begründungsproblems ergibt sich darum für Hick jedoch nicht, daß der Glaube unbegründbar sei; daß die Begründung einer vermeintlich objektiven Struktur der Welt nicht abgewonnen werden noch in irgendeinem Sinne eindeutig sein kann, ist jedoch Hicks klar formuliertes Ergebnis: "... die beobachteten Fakten sind systematisch zweideutig, stellen gewährende Evidenz (permissive evidence) sowohl für den Theisten wie für den Naturalisten dar" [162]. Lassen sich bei einer solchen

Gegenüberstellung Instanzen oder Kriterien benennen, die einer der beiden Interpretationen den Vorzug geben lassen?

Aufschluß über dieses Problem vermögen einige Hinweise Hicks zur Genese der religiösen Überzeugung zu geben. Wenn der theistische Glaube ein konsistentes, umfassendes Interpretationssystem darstellt, erzwingt diese Konzeption mit sachlicher Nowendigkeit, der religiösen Ersterkenntnis äußerlich die Form der Konversion, die eines radikalen, diesen Vorgang nicht völlig durchschaubaren Wandels zuzusprechen. Der Interpretationsakt, der dem Menschen den religiösen Sinnbereich "enthüllt" [108], ist nicht methodisch zu erreichen. "Des Gläubigen gesamte Sicht des Lebens und seine praktische Antwort auf es werden verändert - nicht, daß der gleiche Geist auf eine neue Welt schaute, sondern ein neuer Geist schaut auf dieselbe Welt und sieht sie als unterschieden" [146]. Ein "interpretativer Sprung" [115] befördert den Menschen in den religiösen Bereich; die erste Glaubenserkenntnis erfolgt "spontan" [156]. Ein das gesamte Sinngefüge der Wirklichkeit umstürzender Interpretationsakt kann für das Subjekt "nur Konversion sein" [134].

Der Anlaß einer solchen Erkenntnis ist daher ohne Bedeutung; er kann ein Ereignis, eine Begegnung oder eine ethische Einsicht sein. Wie im einzelnen der Glaube sich bei einem solchen Umschwung einstellt, bleibt über die Kenntnisnahme einer Konversion hinaus menschlicher Erkenntnis letztlich unzugänglich. Hat sich aber die religiöse Sehweise einmal eingestellt, prägt sie das Verhalten, wird zum Organisationsprinzip und Interpretationsprinzip allen Denkens und Handelns - sie wird schließlich selbstverständlich. "Der theistische Gläubige kann nicht erklären, wie er die göttliche Gegenwart als durch menschliche Erfahrung vermittelt erkennt. Er findet sich einfach so vor, daß er seine Erfahrung auf diese Weise interpretiert" [118f].

Diese Ausführungen erinnern an die Auffassungen Kuhns über den Paradigmenwechsel bei wissenschaftlichen Revolutionen und auch an Phillips' Theorie des Sprachspiels der Religion. Sie erwecken den Eindruck, als hätten sie einen rigiden Begriffsrelativismus zur Konsequenz, der die Vorstellung einer vernünftigen Verständigung zwischen dem Gläubigen und dem Anhänger einer anderen Wirklichkeitsinterpretation zur Illusion macht. In der Tat ist auch Hick der Auffassung, daß ein unbeteiligter, 'neutraler' Diskurs zwischen gegensätzlichen Wirklichkeitsinterpretationen nicht möglich sein kann:

"Wenn der Theist und der Atheist miteinander streiten, versucht jeder, den anderen dahin zu bringen, das Universum so zu sehen, wie er es sieht, indem er dies auf Kosten von jenem betont, indem er dieses ins Zentrum rückt und jenes zur Peripherie abdrängt. Der Unterschied zwischen ihnen ... hängt vom Unterschied zwischen radikal verschiedenen Wegen ab, die Erfahrungen des menschlichen Lebens zu beurteilen und mit ihnen befaßt zu sein. Und ihre jeweiligen Argumente sind lediglich nachträgliche Einfälle, zur Unterstützung und Rechtfertigung von Überzeugungen ersonnen, zu denen man schon auf anderem Wege gelangt ist " [156].

Obwohl die Klärung der eigenen Überzeugung, die Darlegung der eigenen Gründe und Voraussetzungen gegenüber der gegenteiligen Auffassung kaum möglich erscheint, ist Hick nicht mit jenen Einwänden zu konfrontieren, die z.B. gegenüber Phillips erhoben wurden. Hick löst den Wahrheitsbegriff nicht wie dieser in die Überzeugung auf, konzipiert ihn nicht nach Maßgabe des jeweiligen Interpretationssystems. Zwar läßt sich für ihn die Wahrheit des Theismus um nichts überzeugender als die des Atheismus nachweisen, aber der Theismus macht allen verstehbare kognitive Aussagen, deren Wahrheit auf eine objektive Weise allerdings erst ans Licht tritt, wenn eine Situation gegeben ist, in der die Erfahrungen nicht mehr mit ihrer irdischen Zweideutigkeit behaftet sind. Diese erkenntnistheoretisch unzweideutige Situation ist für Hick unter irdischen Umständen nie, sondern erst im Eschaton gegeben. Dann wird sich erweisen, ob die eschatologischen Erwartungen sich bewahrheiten; der Christ ist unumstößlich davon überzeugt, daß sie sich eschatologisch verifizieren. Die Ambivalenz des Erfahrens und Erkennens wird aufgehoben sein; "... die zu interpretierenden Daten werden, statt auf eine verwirrende Art zweideutig zu sein, überall den religiösen Glauben bestätigen" (27).
Wieder stellt sich bei diesen Ausführungen Hicks die Erfahrung als letzter Bezugspunkt der Argumentation heraus, der nicht mehr zur Diskussion stehen kann. Die Behauptungen und Erkenntnisansprüche, die auf sie gegründet werden, sollen unter den gegebenen Bedingungen lediglich geäußert und affirmiert werden können; für den Gläubigen verbürgen sie sich selbst. Auch unter der Voraussetzung, daß Denken und Interpretieren notwendig bedeutet, Begriffe zu verwenden und im Fall einer umfassenden theistischen Wirklichkeitsinterpretation einem Begriffssystem entnommen sind, dessen Kohärenz den Gottesgedanken schon impliziert, muß die Auseinandersetzung zwischen rivalisierenden Interpretationssystemen nicht notwendig auf die Ebene des Emotionalen und der Polemik absinken. Selbst nach Maßgabe der Hickschen Voraussetzungen könnte hier die Kohärenz des Interpretationssystems, seine Einfachheit oder Klarheit und damit seine innere Rationalität für das Verständnis der Erfahrungen dargelegt und erörtert werden. In den jüngeren Veröffentlichungen wird dieser Gedanke auch von Hick angedeutet (28).
Obgleich Hick die Bedeutsamkeit der inneren Rationalität des theistischen Interpretationssystems einräumt, tastet er die eigene Argumentationsbasis dadurch nicht an. Dennoch deutet er im Abweis der Begründungsforderung für umfassende Wirklichkeitsdeutungen noch Konturen einer Begründungsform an, die die von ihm vorausgesetzte feste Relation von Interpretationsrahmen und korrespondierender Erfahrungsweise sprengt. Hick ist darin Recht zu geben, daß eine enge Beziehung zwischen

Erfahrung und Wirklichkeitsverständnis besteht. Ebenso ist zu konzedieren, daß ein 'neutraler' Standpunkt jenseits aller Interpretation nicht formuliert werden kann. Wenn aber - entgegen der Auffassung Hicks - nicht eine hermetische Grenze zwischen den verschiedenen Erfahrungsweisen angenommen werden muß und die Relation zwischen Erfahrung und Wirklichkeitsdeutung nicht derart undurchdringlich ist wie von Hick unterstellt, dann ergäben sich Anhaltspunkte für eine Form der Begründung, die für die theologische Fragestellung fruchtbar sein könnte. Nach Hick sind die fraglichen Erfahrungen innerhalb des Interpretationsrahmens gewiß. Entweder werden sie theistisch erfahren oder nicht; in der Absicht einer argumentativen Vergewisserung können sie weder aus diesem Rahmen gelöst noch in ihrer Gewißheit angezweifelt werden. Wenn aber im Unterschied zur Auffassung Hicks die Erfahrungen ihren Gehalt nicht selbst verbürgen, wäre die jeweilige Interpretation bezüglich ihrer Stimmigkeit selbst zu problematisieren. Wer die Erfahrung macht, sich auf sie beruft oder für Behauptungen begründend in Anspruch nimmt, hätte sie in ihrer Bestimmtheit erst auszuweisen und einsichtig zu machen. Solcher Ausweis wird freilich vor dem Hintergrund eines Interpretationssystems vorgenommen, aber ein Konflikt zwischen divergierenden Wirklichkeitsdeutungen muß nicht notwendig irrational sein. Wenn sich mittels der Begrifflichkeit des Interpretationsrahmens die Erfahrung ausweisen läßt und die ihr verbundenen Erkenntnisansprüche verteidigt werden können, ist bereits ein wesentlicher Schritt in der Begründung der religiösen Überzeugung getan. In der Tat scheint uns die theologische Begründungsthematik in der Form einer umfassenden Wirklichkeitsdeutung angemessen formuliert zu sein. Dieses Thema wird in den letzten Kapiteln wieder aufgegriffen - hier waren lediglich die Anhaltspunkte festzuhalten, die Hick in entgegengesetzter Absicht formuliert.

Für Hick kann der Diskurs zwischen verschiedenen Wirklichkeitsdeutungen in der Begründungsfrage nichts beitragen; vernünftig ist gerade, ihn abzubrechen. Vor diesem Hintergrund bleibt für Hick nur noch ein Argument, das sich auf die Gleichartigkeit der Struktur aller Erkenntnisweisen bezieht. Dem Einwand, die theistische Interpretation der Wirklichkeit gelange über fragwürdige Deutungen zu ihren Aussagen, hält er das tu-quoque Argument entgegen, jedes andere Verständnis der Wirklichkeit beruhe auf gleichermaßen unbewiesenen und letztlich nicht beweisbaren Vorgaben einer Interpretation. Daher stehe die Interpretation des Glaubens mit jedem anderen Wirklichkeitsverständnis erkenntnistheoretisch gesehen auf einer Ebene. Dieser eingangs dargestellte Problemkomplex ist abschließend noch einmal aufzugreifen.

Nach Hick enthält der erkennende Umgang mit der Welt weitaus mehr an Aktivitäten des Subjekts, als diesem in der gewöhnlichen Welterfahrung gemeinhin bewußt wird. Diese Selbstverständlichkeit verdeckt leicht die Komplexität von Wahrnehmung und Erkenntnis, und es wird zumeist sich nicht bewußt, daß die eigene Einstellung zur Wirklichkeit lediglich eine von vielen anderen möglichen Erfahrungsweisen darstellt.

Am Schema von Subjekt und Objekt veranschaulicht, hat der Wahrnehmungsvorgang nach den Aussagen Hicks diese Struktur: Das Subjekt nimmt im Augenblick der Wahrnehmung nicht den Gegenstand an sich selbst wahr, denn als solcher ist er unerkennbar. Vielmehr verhält es sich gegenüber einem Feld von Daten, das es als den wahrgenommenen Gegenstand erfährt. Wenn also das Subjekt zur Wahrnehmung gelangt, hat sich das Datenfeld zu diesem konkreten Gegenstand 'verwandelt'. Es erfährt die Daten als diesen Gegenstand, obwohl die Weise, wie sie wahrgenommen werden, nicht durch sie selbst erzwungen wird. Über die Stimmigkeit der Hickschen Erkenntnis- und Wahrnehmungstheorie entscheidet, wie überzeugend der Vorgang von der Wahrnehmung undifferenzierter Datenfelder zur Erkenntnis eines bestimmten Inhalts expliziert wird.

Nach Hick gelangt das Subjekt durch einen Akt der Interpretation von den an sich strukturlosen Daten zur Wahrnehmung eines kohärenten Bedeutungsmusters und damit zu einer Erkenntnis. Dabei impliziert der Akt der Interpretation auch die Anerkennung der Außenwelt als Anerkennung einer eigenständigen Realität. Diese Anerkennung läßt sich nicht durch einen schlüssigen Beweis erzwingen; der Solipsismus bleibt eine logisch nicht schlüssig zu widerlegende Möglichkeit. Weiterhin gewährleistet der Akt der Interpretation die Wahrnehmung einer geordneten, erkennbaren und objektiven Welt, indem er den Menschen etwas an sich zweideutiges als sinnhaft und bedeutsam erfahren läßt.

Die Verwendung des Begriffs der Interpretation für das Wahrnehmen von Strukturen und Bedeutungsgehalten, die sich als Inhalte wahrer Erkenntnis nicht zwingend beweisen lassen, trägt eine gewisse Vieldeutigkeit in die Argumentation Hicks hinein. 'Interpretation' bezeichnet gemeinhin eine Deutung von Sachverhalten wie Texten oder Ereignissen, die für eine die volle Bedeutung erst festsetzende Stellungnahme noch offen sind. Die Deutung beruft sich dabei auf einen schon gegebenen Bedeutungsgehalt; dieser muß zu einem bestimmten Ausmaß vorgegeben sein, da die Deutung sonst als Deutung dieses bestimmten Sachverhalts nicht erkennbar wäre. In diesem allgemeinen Verständnis von 'Interpretation' wird eine Bedeutung des zu deutenden Sachverhalts bereits vorausgesetzt, die in sich schon intersubjektiv erkennbar, aber noch nicht eindeutig und abschließend bestimmt ist.

Würde der von Hick beschriebene, die Daten als einen festen Bedeutungsgehalt erfahrende Akt der Interpretation auf diese Weise vorgestellt, müßten die Daten in sich selbst erfahrbar und als solche unterscheidbar sein. Der Interpretationsakt wäre dann so aufzufassen, wie ihn z.B. J.W. Robbins in einer Stellungnahme zu den Aussagen Hicks über die Wahrnehmung verstanden hat. Robbins interpretiert Hick dahingehend, daß der Wahrnehmende "etwas, was in und aus sich selbst evidentermaßen unzureichend und zweideutig ist, als Medium der Realität von etwas anderem annimmt" (29). Wahrnehmung werde bei Hick beschrieben als "Interpretation eines Dinges als Medium der Realität von etwas anderem" (30). Wenn die Daten der Erfahrung auf diese Weise von der Erfahrung selbst unterschieden werden, erscheint der Wahrnehmungsakt als die von ihnen ausgehende, ihrer Zweideutigkeit wegen anfechtbare Folgerung, daß sie eine bestimmte Realität erkennen lassen. Nur unter dieser Voraussetzung kann dann der Interpretationsakt selbst als begründungsbedürftig erscheinen. Robbins interpretiert die Wahrnehmungstheorie Hicks in genau diesem Sinn und liest sie als Antwort auf die Frage, wie und warum von den zweideutigen Eindrücken gleichwohl mit Recht behauptet werden könne, durch sie erfahre man ein bestimmtes Objekt: "... wie kann eine Person, die weiß, daß sie sich im angemessenen Wahrnehmungszustand befindet ... von dieser spezifischen Basis je entscheiden, daß sie tatsächlich irgendeinen physikalischen Gegenstand wahrnimmt?" (31).

Hick würde darauf mit dem Hinweis antworten, daß der Erkenntnisvorgang letztlich nicht in seine Bestandteile zergliedert werden und daher nicht wie eine methodisch lückenlos rekonstruierbare Erkenntnisfindung aufgeschlüsselt werden kann. Daher müßte er die Frage in dieser Form als Mißverständnis ablehnen. Denn sein Anliegen geht ja dahin zu zeigen, daß in sich nicht fest umschriebene Daten ihre inhaltliche Bestimmtheit erst innerhalb eines Interpretationsrahmens erhalten. Das der Interpretation Bedürftige und ihr Vorgegebene ist in sich selbst nicht als ein Bestimmtes erfahrbar, sondern immer schon, sofern es überhaupt wahrgenommen wird, in einen Verständnishorizont integriert. Die Differenz zwischen Daten und Interpretationen bei Hick ist daher nicht als eine argumentativ gewonnene Erkenntnis vorzustellen.

Robbins anerkennt dies zu einigem Ausmaß, da er nicht von Interpretation, sondern von einem 'interpretativen Status' des Subjekts spricht. Er berücksichtigt jedoch nur unangemessen, daß Hick weniger von Wahrnehmungszuständen bei Einzelgegenständen handelt, sondern vielmehr die Logik umfassender Erfahrungsweisen veranschaulichen und vergleichen will. Sonst wäre ihm nicht entgangen, daß Hick sich explizit dagegen verwahrt, den Interpretationsakt als eine Kombination von privaten Sinnesempfindungen zu einem intersubjektiven Erkenntnisgegenstand zu verstehen, wie es jene Wahrnehmungstheorien behaupten, die von privaten Sinnesdaten bei der Beschreibung der Wahrnehmung ausgehen (32).

Ist es auch die erklärte Absicht Hicks, den Wahrnehmungsvorgang ohne folgernde Momente darzustellen - einzig darum wird der Glaube ja als der Wahrnehmung verwandt expliziert - so verleiten einige seiner Aussagen selbst zu Auslegungen, die diese Intention verkennen. So ist etwa zu berücksichtigen, daß Hick die Interpretation und ihre Beziehung zu den 'Daten' auf den verschiedenen Bedeutungsebenen jeweils anders charakterisiert. Auf der Ebene der empirischen Wirklichkeit besteht nur eine theoretische Möglichkeit, sie so zu interpretieren, daß die Realität des Sinnlich-Empirischen geleugnet wird. Die physische Realität zwingt selbst dazu, sie als wirklich anzuerkennen. Hier erfolgt die 'realistische' Interpretation gewohnheitsmäßig und wird als Interpretation kaum bewußt [vgl. 123]. Die Möglichkeit zu divergierenden Stellungnahmen ist im ethischen Bereich größer; am ausgeprägtesten findet sie sich im Bereich der Religion. Hier wird der Terminus der Interpretation so verwendet, daß er seinem üblichen Gebrauch am ehesten nahekommt. Während auf der Ebene der Empirie kaum die Möglichkeit besteht, ihre grundlegenden Merkmale zu leugnen, besteht nach Hick im Bereich der Religion zwischen 'Gegenstand' und Deutung eine deutliche Distanz, ein echter Freiheitsraum. Hier ist die Interpretation Ergebnis einer freien, unerzwungenen Stellungnahme, während diese Freiheit gegenüber der physischen Realität nur als eine theoretische Möglichkeit gegeben sein soll (33).

Da es sich hier um sachlich verschiedene Aspekte handelt, ist mißlich, daß Hick sie unter den Begriff der Interpretation subsumiert. Ob sich mit dieser Entsprechung der Freiheit des Glaubens und der Freiheit zur Anerkennung der Wirklichkeit der physischen Welt die Parallelisierung der Erfahrungsweisen begründen läßt, muß sich daran erweisen, wieweit die Freiheit zu einem solipsistischen Skeptizismus wirklich besteht. In allen Veröffentlichungen zum Erkenntnisproblem argumentiert Hick, daß die solipsistische Hypothese eine "mögliche Interpretation unserer Erfahrung als ganzer darstellt" [109] (34). Hick beruft sich auf Hume, der erfolgreich nachgewiesen habe, "daß unser normale, nicht-solipsistische Glaube an eine objektive Welt dauernder Gegenstände um uns im Raum weder ein Produkt philosophischer Begründung noch durch sie zu rechtfertigen ist" (35). Die Behauptung der Realität der Außenwelt stellt sich für Hick als letztlich unbegründbare Setzung dar [vgl. 97]. Gleichwohl mißt er dem Glauben an die Realität der Dinge Rationalität zu: Weil für den Solipsismus die dem normalen Empfinden selbstverständlichen realen Strukturen zur Scheinwirklichkeit kollabieren, die Beziehungen zu Menschen und Dingen unwirklich werden, die Sprache aber nur unter der Voraussetzung einer intersubjektiven, objektiven Wirklichkeit funktioniert, "ist es vernünftig oder sinnvoll, an die Realität der Außenwelt zu glauben, die wir gemeinsam mit anderen Menschen bewohnen, und irrational und unsinnig, es nicht zu tun" (36). Dennoch stellt der Solipsismus eine mögliche Alternative dar; der Druck der Realität läßt die Entscheidung gegen ihn vernünftig erscheinen, aber argumentativ ist diese Position schlüssig nicht zu widerlegen. Wie der Solipsismus ist daher auch die gegenteilige Wirklichkeitsauffassung eine Interpretation, die wie jener ein Moment der Option in sich bewahrt.

Im Gesamtzusammenhang der Begründung des Glaubens ermöglicht diese Einschätzung des Solipsismus wesentlich die Parallelisierung des Glaubens an Gott mit dem an die Wirklichkeit der Welt. Die Erfahrung der Welt als einer objektiven, vom Subjekt unabhängigen Wirklichkeit beruht auf einem Interpretationsakt, der die zweideutigen Daten in dieser Weise erfahren läßt. Ebenso interpretiert der Glaube die Wirklichkeit derart, daß er an ihr die Gegenwart Gottes erfährt. In der Kenntnisnahme der Wirklichkeit wie der Gegenwart Gottes ist dieser

Interpretationsakt als ein grundlegendes Element enthalten.

Durch diese Darlegung des Solipsismus die Parallelisierung der Erfahrungsweisen zu explizieren und so die Gleichwertigkeit der theistischen Welterfahrung aufzeigen zu wollen, überzieht die Plausibilität des Solipsismus als eines möglichen alternativen Wirklichkeitsverständnisses. Die Vernünftigkeit des Glaubens an die Realität der Außenwelt resultiert nach Hick aus der Kohärenz der interpersonalen Bezüge mit denen zur physischen Wirklichkeit, sowie aus dem Gelingen von Interaktionen, die sich auf dieses Wirklichkeitsverständnis gründen. Der Solipsismus dagegen begründet seine Leugnung der Wirklichkeit der Außenwelt mit der Annahme, daß alles Wissen sich auf Erfahrung berufen müsse, diese aber in ihrer verbindlichen Form nur dem individuellen Subjekt gegeben sei. Da die Verläßlichkeit der privaten Bewußtseinszustände und des Selbstempfindens nur durch das Subjekt selbst konstatiert werden könne, gelangt diese Position zu der These, alles, dessen sich das Subjekt bewußt ist, seien lediglich die privaten eigenen Empfindungen. Dieser Skeptizismus gegenüber der Annahme einer objektiven Welt widerspricht seinen eigenen Voraussetzungen, sobald er sich anschickt, seine Position zu begründen und damit öffentliche Anerkenntnis einzufordern. Auch weniger extreme Formen der solipsistischen Position stoßen auf ähnliche Probleme (37).

Für die Parallelisierung von allgemeiner Welterfahrung und religiösem Glauben ist der Hinweis auf die Ablehnung des Solipsismus als implizites, aber unbegründbares Element des normalen Weltverhältnisses ein schwaches Argument. Hick überbetont den Stellenwert einer offensichtlich irrationalen Position. Der Nachweis, daß auch das allgemein als vernünftig akzeptierte Wirklichkeitsverständnis auf unbegründeten und unbegründbaren Vorgaben beruht, ist für das Anliegen, die erkenntnistheoretische Gleichwertigkeit der religiösen Welterfahrung aufzuzeigen, kaum überzeugend, wenn die enthaltene unbegründete Setzung eine bloß denkmögliche, unsinnige Position ablehnt. Der Solipsismus stellt keine echte Möglichkeit des Weltverständnisses dar. Der nichtsolipsistische Glaube an die Realität der Welt wird nicht durch die Denkmöglichkeit seines unvernünftigen Gegenteils geschwächt; die Behauptung seiner Vernünftigkeit wird durch den Solipsismus nicht herausgefordert.

Der Glaube an Gott dagegen muß das nichtreligiöse Wirklichkeitsverständnis auch als die eigene Gefährdung auffassen, und darum ist über einen erkenntnistheoretischen Vergleich und den Nachweis gleicher Strukturen hinaus der Glaube auch affirmativ zu begründen. B. Mitchell hat diesen Gedanken gegenüber Hick präzis formuliert:

> "Es ist nicht einfach so, daß wir uns unter einem psychologischen Zwang befinden, an eine Welt von Personen und Dingen zu glauben; es gibt keine kohärente Alternative ... Solange wie die Existenz Gottes vorausgesetzt wird, wird es in einer ganz ähnlichen Weise wahr sein, daß wir die Möglichkeit einiger illusorischer Gottes'begegnungen' nicht als einen Grund zu verneinen verwenden können, daß eine einzelne echt ist. Aber die Voraussetzung in diesem Fall ist

eine, die herausgefordert werden kann und darum eine Verteidigung verlangt" (38)

Die Behauptung der Gegenwart Gottes in der Erfahrung kann sich nicht auf die gleiche Evidenz wie die der Realität der weltlichen Dinge stützen. Weil dieser Anspruch bezweifelt und auf eine andere Weise erklärt werden könnte, ist er selbst affirmativ zu begründen. Die einzelnen Argumentationsgänge, die Hick für den von ihm vertretenen Glaubensbegriff, für den mit ihm verbundenen Anspruch der Wahrheit und der Rationalität entwickelt, sind hiermit vorgestellt. Einige Bemerkungen wollen abschließend die Vorbehalte gegenüber dieser Konzeption zusammenfassen.

Hick sucht den Glauben an Gott als eine spezifische Einstellung zur Wirklichkeit darzulegen, die diese Wirklichkeit als Medium der Gegenwart Gottes erfährt. Seine Präzisierung des Erfahrungsbegriffs stellt die Relation von erfahrendem Subjekt und Erfahrungsinhalt als Netz von Beziehungen zwischen dem 'Gegebenen' und einer vielfach soziokulturell bedingten Disposition des Subjekts vor, deren definit nicht zu entschlüsselnde 'Wechselwirkung' schließlich einen bestimmten Inhalt erfahren läßt. Nach Maßgabe dieses Erfahrungsbegriffs wird die Gotteserfahrung an religiösen Personen veranschaulicht, die ihres Glaubens unumstößlich sicher waren. Die Überlegung, daß unter der Voraussetzung der Existenz Gottes von ihnen mit Recht gesagt werden dürfe, sie kennten Gott, läßt diesen Ausgangspunkt plausibel erscheinen. Gleichwohl hat diese Verquickung eine herbe Verfestigung der religiösen Erfahrung zur Folge, wenn sie in den Kontexten des Glaubens bedacht wird. Die der Erfahrung zugeschriebene Gewißheit normiert in ihrer Verbindung mit den entsprechenden erkenntnistheoretischen Aussagen alle inhaltlichen Ausführungen Hicks zum Glauben, zu seiner Begründung und der mit ihnen verbundenen Themen.

Der Glaube kann als Gott-unmittelbare Vertrauensbeziehung vorgestellt und erläutert werden; folgernde oder hypothetisierende Elemente sowie Anspruch und Bejahung der Wahrheit von Aussagen lassen sich auf einer anderen Ebene lokalisieren. Diese Aussagen wiederum weisen ihre potentielle Wahrheit nicht durch Rekurs auf die Erfahrung und deren Begründung nach; sie formulieren zum Nachweis der Berechtigung dieses Anspruches eschatologische Bedingungen, die ihn gegebenenfalls bestätigen. Die Erfahrung selbst läßt sich inhaltlich nicht aufschlüsseln; so bleiben für die Begründung die Berufung auf Gewißheit und die erkenntnistheoretische Darlegung der grundsätzlich gleichartigen Struktur aller Einstellungen zur Wirklichkeit, so sehr sie in ihrem Inhalt differieren mögen.

Auf die innerlich äußerst konsequente Ausführung dieser Themen war schon hingewiesen worden; sie bestätigt sich auch in dem Erfolg, mit dem Hick Kritik an seiner Position zurückweisen konnte. Eine konstruktive Auseinandersetzung mit dieser Konzeption, die sie im Prinzip nicht ablehnt, hätte den Erfahrungsbegriff aufzubrechen und der inhaltlichen Verständigung zu öffnen. Sie würde von einer weniger strikt gedachten und weniger resistent begriffenen Gewißheit ausgehen, könnte dadurch auch den Interpretationsrahmen dem Verstehen öffnen und könnte so die Fragen formulieren, die Hick nicht mehr stellen kann: wie Erfahrungen zur Gewißheit kumulieren, wie diese sich in der konkreten Lebenswirklichkeit erhält und trotz ihrer Gefährdungen bewahrt. Sie würde so auch das Interesse dessen, der solche Gewißheit nicht empfindet, nicht von vornherein enttäuschen müssen. Eine Reformulierung des Erfahrungsbegriffs und des Begriffs des Wirklichkeitsverständnisses kann jedoch bei Hick auch Anhaltspunkte einer Glaubensbegründung finden, die diese Fragen in sich aufnimmt.

Wenn wir die wesentlichen Züge dieses Begründungsmodells mit den Aussagen Thomas' vergleichen, so ergibt sich bei allen Vorbehalten und Einwänden, die Hick gegenüber der thomistischen Auffassung äußert, gleichwohl eine wesentliche Gemeinsamkeit: Das Begründungsproblem wird auf die Wahrheit der zentralen Aussagen des Glaubens bezogen. Die Formulierung des Begründungsproblems verbleibt bei Hick unter dieser Rücksicht noch im Rahmen der tradierten Fragestellung: Um den Glauben zu begründen, muß die Annahme seiner zentralen Aussagen dadurch gerechtfertigt werden, daß man Argumente für die Wahrheit dieser Aussagen beibringt. Im Unterschied zu Thomas sind diese Argumente für Hick nicht 'im Vorhof', sondern im Glauben selbst zu formulieren.

Nun ist unstrittig, daß der religiöse Glaube sich nicht in der Annahme der Wahrheit von Aussagen erschöpft; Hick selbst bringt dies nachdrücklich zu Bewußtsein. Glaube ist Vertrauen, eine Einstellung zur Wirklichkeit, eine Form der Lebenspraxis. Unter dieser Rücksicht stellt sich die Frage, ob und wieweit die praktischen Lebensvollzüge des Gläubigen selbst auf die Begründung seiner Überzeugung bezogen werden können. Die identitätsschaffende Kraft des Glaubens, das in ihm gelegene Potential für eine gelingende Lebensgestaltung oder die ethischen Leitvorstellungen des Christentums sind unmittelbare Erfahrungen des Gläubigen, die auch als Motive seiner Glaubenspraxis wirksam sind. Können solche Erfahrungen, solche Motive auch 'Gründe' für den Glauben sein? Gegenüber Hare und Phillips haben wir auf dem kognitiven Status zumindest der zentralen Aussagen des Glaubens bestanden. Demgegenüber kann jedoch nicht geleugnet werden, daß religiöser Glaube zu bestimmten Handlungen motiviert und bestimmte Selbsterfahrungen hervorbringt. Trost, Freude oder Zuversicht sind Empfindungen, die der Gläubige in seinem Glaubensvollzug erfährt; sozialwissenschaftliche Untersuchungen leben geradezu von dieser Gegebenheit. Weil solche Erfahrungen unstrittig auch in die Motivationen des Glaubensvollzugs eingehen, kann unsere Reflexion auf Möglichkeiten der Begründung nicht darauf verzichten, den Stellenwert nichtkognitiven Erlebens für die Begründung des kognitiv verstandenen Glaubens zu untersuchen. Diese Thematik soll im folgenden aufgegriffen und diskutiert werden.

C Die Befriedigung religiöser Bedürfnisse als Grund für den Glauben. Die Position von D. Allen

Entscheidungen und Handlungen können dadurch gerechtfertigt werden, daß sie in Beziehung auf ein Ziel als angemessener oder notwendiger Weg ausgewiesen werden, dieses Ziel zu erreichen. Die Handlung bezieht ihre Notwendigkeit und Angemessenheit von dem gewollten Ziel oder Zweck, auf den sie bezogen ist. In diesem Sinn ließe sich eine Begründung des Glaubens denken, die nicht die Wahrheit seiner Aussagen nachzuweisen sucht, sondern das Begründungsproblem selbst schon auf der Ebene der Glaubenspraxis formuliert. Der Glaube wird dann als eine bestimmte Form der Lebenspraxis durch seine praktischen Werte und Konsequenzen gerechtfertigt. Solche Versuche, den Gottesglauben durch seine lebenspraktischen Implikationen und Folgen zu begründen, sind in der theologischen Diskussion umstritten; sie gelten als anfällig für den Verlust theologischer Gehalte.

Der theologische Argwohn gegenüber den auf der Ebene des Handelns ansetzenden Begründungen ist nicht ohne Plausibilität. Denn hier scheinen der Glaube als Praxis und seine impliziten Wahrheitsansprüche schon im Ansatz so getrennt zu werden, daß das Verhältnis beider nach der Logik der Zweck-Mittel Relation verstanden werden kann. Diese Konzeptionen erwecken den Anschein, als ordne sich der Glaube an Gott seinen lebenspraktischen Wirkungen - den Zwecken - als ein Mittel unter, das sie zu verwirklichen hilft. Ob es sich um individuelle Selbstfindung, um das politische Ideal einer gerechten Welt oder um andere Wertvorstellungen handelt - soll es wirklich darum berechtigt sein, an Gott zu glauben, weil es zur Verwirklichung dieser Zwecke beiträgt, scheint der Glaube dann überflüssig zu werden, wenn andere Mittel und Wege gefunden oder die erstrebten Ziele erreicht sind. Obwohl solche Entwürfe den Glauben zu begründen beanspruchen, bleiben sie von dem Eindruck behaftet, als enthalte schon diese Formulierung des Begründungsproblems das Prinzip der Auflösung des Glaubens in sich. R. Spaemann hat diese Überlegung als Maßstab einer Kritik an der jüngeren Religionsphilosophie formuliert. Für ihn lassen sich viele dieser Begründungsformen nach der Logik von Zweck und Mittel begreifen; durch eine Funktionalisierung der Gottesidee, so lautet sein Vorwurf, leiten sie den Verlust der Gottesidee selber ein:

> "Eine funktionalistische Interpretation der Gottesidee aber, die Gott zu irgend etwas gut sein läßt, hebt die Gottesidee auf ... Der Begriff Gottes, einmal funktional definiert, verlangt geradezu danach, durch Äquivalente ersetzt zu werden, denn er hat das Eigentümliche an sich, seine Funktion gerade nur so lange erfüllen zu können, wie er durch sie nicht definiert ist" (1).

Derartige Bedenken finden sich nicht nur im Bereich philosophisch-theologischer Überlegungen zum Begründungsproblem. M. Horkheimer meinte schon vor längerer Zeit mit dem Begriff der Instrumentalisierung einen längst begonnenen Prozeß der Auflösung von herkömmlichen religiösen Strukturen beschreiben zu können. Die Religion werde in den westlichen Gesellschaften, so führt er aus, zunehmend "als ein Instrument betrachtet":

> "Die Wahrheit, die sie zu vermitteln sucht, wird kompromittiert durch ihren pragmatischen Zweck. Wenn die Menschen einmal dazu gelangt sind, von religiöser Hoffnung und Verzweiflung als von 'tiefen Persönlichkeitsbedürfnissen', emotionell reichen, allgemeinen Gefühlen oder wissenschaftlich geprüften Werten zu sprechen, ist Religion für sie bedeutungslos geworden" (2).

Von den theologisch-inhaltlichen Vorbehalten gegenüber dem Bedürfnisbegriff sei nur jener genannt, den H. U. von Balthasar griffig formuliert. Der Glaube an den erlösenden Gott könne seine Berechtigung nicht an den Bedürfnissen des Menschen messen, denn eine "Reduktion auf 'Bedürfnis' wäre zynische Schändung der Liebe durch Egoismus" (3).

Der Komplex der durch den Glauben erfüllten Funktionen und zumal der Terminus des Bedürfnisses erscheint in der Diskussion des Begründungsproblems also nicht ohne Grund ausgesprochen negativ besetzt. Darum verwundert das Vorhaben des amerikanischen Theologen D. Allen, gerade mit dem Hinweis auf Bedürfnisbefriedigung die Begründungsproblematik zu bestreiten: "Die Befriedigung einiger Bedürfnisse ist ... ein guter Grund für die Behauptung religiöser Ansichten" (4).

Diese These umreißt programmatisch die Intention seines Buches "The Reasonableness of Faith, A Philosophical Essay on the Grounds for Religious Beliefs" (5). Obwohl diese Schrift in der jüngeren Diskussion der Begründungsfrage weitgehend unbeachtet blieb, bietet sie einen originellen und vielen in Auseinandersetzung mit der sprachanalytischen Philosophie entwickelten Entwürfen überlegenen Versuch, das Begründungsproblem zu reformulieren. Die Intention Allens zielt durchaus auf jene der traditionellen natürlichen Theologie; er fragt nach den Gründen für den Glauben und sucht diesen zu rechtfertigen. Doch stellt seine Position keine Modifikation der bekannten Auffassungen dar, sondern formuliert zunächst die Behauptung, daß natürliche Theologie in ihrer tradierten Form für die Glaubensbegründung entbehrlich sei: "Obwohl es einen Gott geben mag, sind keine hinreichenden Gründe für uns gegeben zu schließen, daß einer existiert" [XV]. Diese skeptische Beurteilung des Resultats der Versuche, überzeugende Gründe für die Wahrheit des Christentums beizutragen, verdichtet sich mit der Durchführung seines eigenen Vorhabens, religiöse Überzeugungen mittels der durch sie erlangten Erfüllung zu legitimieren, zu deren Ablehnung. Die philosophischen und theologischen Probleme, mit denen sich jede als theistische Metaphysik konstituierende

Glaubensbegründung belädt, verurteilen sie für Allen von vornherein zur Wirkungslosigkeit. Sein Vorschlag entledigt sich dieser Schwierigkeiten, indem er die Struktur des Problems selbst aufbricht. Er sucht die Wahrheitsansprüche des Christentums nicht durch den Nachweis der Berechtigung dieses Wahrheitsanspruches zu legitimieren, sondern unternimmt es, deren Annahme durch die existenziellen Folgen und lebenspraktischen Konsequenzen des Glaubens zu rechtfertigen.

Damit ist der Ansatzpunkt einer weiteren, von Thomas und Hick unterschiedenen Form der Glaubensbegründung angesprochen. Im Rahmen unserer Diskussion verschiedener Modelle soll die Konzeption Allens als ein für jene Auffassungen repräsentativer Entwurf erörtert werden, die den kognitiven Status des Glaubens wahren, ihn aber nicht durch Begründung seiner Wahrheitsansprüche, sondern durch Erfahrungen der Erfüllung und Befriedigung legitimieren, zu denen gläubige Lebenspraxis verhilft.

Ob das in den obigen Zitaten zum Ausdruck gebrachte Mißtrauen gegenüber dieser Art der Glaubensbegründung zu Recht besteht, soll eine Diskussion der einzelnen Thesen Allens ergeben. Um den Ansatz nicht unbesehen schon abzulehnen, legt sich methodisch eine durchgängige Beurteilung der einzelnen von ihm entwickelten Argumentationsketten nahe. Da augenscheinlich allein die Verwendung des Begriffs des Bedürfnisses nur perhorreszierende Wirkungen auslöst, soll mit dessen systematischer Klärung eingesetzt werden.

1. Zur Möglichkeit der Applikation des Bedürfnisbegriffs auf Glaubensüberzeugungen

"Bedürfnis" bezeichnet gemeinhin das Empfinden eines Mangels und das mit ihm verbundene Bestreben, ihn zu beseitigen. Diese zunächst einleuchtende Bestimmung verdeckt, daß über die Ursachen des Bedürfnisempfindens, über seine Genese und seine einzelnen Merkmale durchaus nicht Einigkeit besteht. Volkswirtschaftliche Disziplinen betreiben unter dem Etikett der Marktforschung die Feststellung von Massenbedürfnissen, um den zu deren Befriedigung erforderlichen Bedarf auszumachen. Umgekehrt bedient sich die Werbeforschung eines subtilen, keineswegs unbedenklichen Instrumentariums, um die Abhängigkeit der Konsumenten von bestimmten Gütern erst zu schaffen, indem sie Bedürfnisse nach ihnen weckt; sie sucht diese durch Versuche einer entsprechenden Konditionierung mittels psychologisch durchrationalisierter Werbung zu produzieren. Die Strategie manipulatorischer Marktbereitung erforscht Bereiche potentiellen, nicht gesättigten Bedarfs, unternimmt in der Werbung Präsentationen befriedigten Bedürfnisses, weckt durch die Suggestion eines Mangels das Empfinden von Unlust und schafft so die Disposition zum Kauf der angepriesenen Waren.

Lassen sich nun der Glaube und die Erfahrungswirklichkeit religiöser Menschen in der Begrifflichkeit von Bedarf und Bedürfnis angemessen verstehen? Obwohl Allen gerade mit dem Hinweis auf Bedürfnisbefriedigung die Legitimation religiöser Überzeugungen zu konzipieren beabsichtigt, beläßt er es bei einer umgangssprachlichen Verwendung dieses Begriffs; erst mit den theologischen Ausführungen gewinnt dieser an inhaltlicher Bestimmtheit. Den angesprochenen kritischen Stellungnahmen zu einer Beschreibung religiösen Glaubens als Bedürfnisbefriedigung eignet unbestreitbar eine gewisse Plausibilität. Um diesen Bedenken Rechnung zu tragen, ist zunächst dieser Begriff selbst zu klären und seine Verwendung bei Allen zu beurteilen. Wir nehmen dazu einige Bestimmungen von M. Scheler auf.

"Im Unterschiede zu einer bloßen Triebregung, z.B. des Hungerns, ist ein Bedürfnis das (Unlust-)Gefühl am Nichtdasein eines Gutes festbestimmter Art oder eines qualitativ festumschriebenen unlustvollen 'Ermangelns' eines solchen Gutes; und auf dieses eigenartige Erleben des 'Ermangelns' aufgebaut das Streben nach einem solchen Gute. Gewiß muß hierbei das positive Was des mangelnden Gutes (oder die Art der Güter) nicht vorgestellt oder gedacht sein ... Wohl aber muß der positive Wert, der die Einheit der Güter, nach denen ein Bedürfnis vorliegt, ausmacht, bereits im Fühlen vorgegeben sein, damit es zu jenem Ermangelnserlebnis kommen kann" (6).

Soll das sich im Erstreben eines Gutes äußernde Bedürfnis überhaupt auftreten, muß dieses Gut also in irgendeiner Weise schon gefühlsmäßig bekannt, schon erahnt sein. Nach Scheler ist weiterhin gefordert, von Bedürfnissen nur dann zu sprechen, wenn sie regelmäßig, zumindest aber wiederholt auftreten. Eine einmalige Wunscherfüllung kann darum nicht als Bedürfnisbefriedigung bezeichnet werden, obwohl sie zur Auslösung eines Bedürfnisempfindens führen kann. Damit ist das von Scheler genannte dritte Merkmal eines Bedürfnisses schon angesprochen. Bedürfnisse sind nicht Moment der Triebstruktur des Menschen. Sie setzen seine natürliche Konstitution voraus, bauen auf ihr auf, sind aber selbst alle "historisch und psychologisch geworden" (7). Die verschiedenen Arten des Bedarfs lassen sich darum nicht reduktiv auf eine 'Natur' des Menschen, auf seine 'natürliche' Bedürfnisstruktur rückschließend bestimmen. Vielmehr ist die Entwicklung von Bedürfnissen durch andere Faktoren als nur die Natur des Menschen bedingt und daher auch durch sie erklärbar. Nur durch diese Abhebung der Bedürfnisse von der natürlichen Konstitution ist auch die Rede von der Weckung eines Bedürfnisses durch animierende Darstellung eines zunächst nicht angestrebten Gutes sinnvoll. Weite Bereiche der Lebensformen der westlichen Zivilisation sind auf diese Weise zu Bedürfnissen geworden, vom Haus über das Verkehrsmittel bis zum Musikinstrument.

Bedürfnisse sind demnach historisch kontingent. Sie entstehen unter bestimmten Bedingungen, sind soziokulturell geprägt, beeinflussen sich gegenseitig und können wieder verschwinden, wenn z.B. die Möglichkeiten ihrer Befriedigung über längere Zeit nicht gegeben sind. Das wird noch deutlich, wenn die Institutionalisierung von Bedarfsvermittlung sich verfestigt, sich selbst als Daseinsform darstellt und diese als ganze fragwürdig wird. Das ist bei bestimmten Aspekten von Kulturkrisen oder bei der Kritik an bestimmten Gesellschaftsformen, etwa an der Konsumgesellschaft westlicher Prägung der Gegenwart, der Fall.

Schelers Bestimmungen tendieren dahin, den Bedarf, den Gegenstand der Bedürfnisbefriedigung, als vom Menschen mittels technischer Verfügbarkeit produziert oder produzierbar aufzufassen. Diese Fixierung auf einen technischen Herstellungsbegriff macht den nicht natürlichen Charakter von Bedürfnissen zwar deutlich, wird aber dort problematisch, wo menschliches Handeln selbst zur Quelle der Befriedigung wird, etwa bei sportlicher oder musischer Betätigung. Hier sind die Gegenstände der Befriedigung und damit die Bedürfnisse zwar 'geworden', aber nicht zu diesem Zweck vom Menschen eigens hervorgebracht. Ob die Unterscheidung Schelers zwischen Triebregung und Bedürfnisbefriedigung hier ohne weitere Qualifikationen sinnvoll verwendet werden kann, berührt jedoch nicht näher die hier angesprochene Fragestellung, denn die Abgrenzung der Bedürfnisse von den mit der Natur des Menschen gegebenen und zur Lebenserhaltung notwendigen Erfordernissen ist hinreichend deutlich, um die Aussagen Allens zu diesem Thema zu diskutieren. In Anlehnung an Scheler wird hier als Bedürfnis also jenes Empfinden eines Mangels bezeichnet, das mit dem Bestreben auftritt, ihn auszugleichen. Bedürfnisse sind von natürlichen Notwendigkeiten der Lebenserhaltung zu unterscheiden. Sie sind unter bestimmten historischen Bedingungen entstanden und treten mit einer gewissen Regelmäßigkeit auf. Um von einem bestimmten Bedürfnis sprechen zu können, muß das es ausgleichende Gut annähernd bestimmbar sein.

Die Absicht Allens, die Legitimation religiöser Überzeugungen durch den Aufweis zu leisten, daß sie bestimmte Bedürfnisse befriedigen, verlangt zunächst zu prüfen, ob dieser Begriff sich überhaupt, und in welchem Sinn und mit welchem Recht er sich auf den Glauben anwenden läßt. Ist 'Glaube' als ein Mangelempfinden bestimmbar, verbunden mit dem Streben, es auszugleichen? Einer solch umstandslosen Identifikation sucht Allen vorzubeugen. Er formuliert sein Anliegen als den Versuch nachzuweisen, daß nur die durch den Glauben ausgelöste Bedürftigkeit und die durch ihn erreichte Befriedigung ein hinreichender Grund sei, an die Wahrheit seiner Inhalte zu glauben. Er beabsichtigt nicht, religiöse Überzeugungen "auf den Ausdruck von Bedürfnissen zu reduzieren. Sie sind nicht ... durch Bedürfnisse geschaffen, noch dem Ausdruck von Bedürfnissen äquivalent" [XIII]. Soll der religiöse Glaube sich nicht auf gewisse von ihm unabhängig schon bestehende Bedürfnisse richten, noch als deren Ausdruck gelten dürfen, kann er nicht als Korrelat eines mit der Menschennatur schon gegebenen religiösen Verlangens nach Gott bestimmt werden. Insofern deckt sich Allens Bedürfnisbegriff mit den Bestimmungen Schelers, der ihn von der natürlichen Konstitution des Menschen abgrenzt. Allen muß daher von jeder Form einer 'demonstratio religiosa' Abstand nehmen. Er verzichtet denn auch auf eine Bestimmung des Menschen, der seinem Wesen nach auf Gott ausgerichtet oder einer Erlösung bedürftig wäre, so daß sich ihm die christliche Erlösungsbotschaft im Schema von inhaltlich bestimmter Frage und christlicher Antwort zuordnen ließe. Anders als transzendentaltheologische Entwürfe, denen zufolge die Struktur menschlicher Subjektivität die Frage nach Gott selbst aufwirft, wird von Allen ein Bereich spezifischer religiöser Bedürfnisse behauptet, die durch die Selbstkundgabe des Glaubens und seiner Rede vom guten Gott erst geweckt werden.

"Eine Überprüfung von religiösen Glaubensinhalten offenbart, daß sie einen neuen Bereich religiöser Bedürfnisse erweckten, die der menschlichen Verfaßtheit nicht gemein sind. Der Begriff eines Gottes, der unserer Sünden wegen erzürnt ist, der ein Mensch wird, um unsere Schuld zu tragen, und der die Gemeinschaft seiner Geschöpfe in einem Reich sucht, das sie weit über ihren gegenwärtigen Status erhebt ... evoziert eine Reihe von Ängsten, Hoffnungen, Erwartungen und Dankbarkeit, die spezifisch ist. Das Evangelium erzeugt Bedürfnisse, die durch eine Studie der menschlichen Verfassung nicht gefunden werden können" [57].

Eine reduktive Rückführung dessen, was zu gläubiger Praxis bewegt, auf etwas anderes, auf das sie sich als Funktion bezieht und dessetwegen sie besteht, ist unter dieser Voraussetzung nicht möglich, denn die Bedürfnisse haben ihren Grund im Glauben selbst. Ein religiöses Bedürfnis ist also an der Menschennatur nicht zu erkennen, sondern es entsteht erst durch die Thematisierung des Evangeliums und verdankt sich einer Kenntnisnahme der Verkündigung über den guten Gott [vgl. 54]. Der Glaube macht nicht ein wesensmäßig schon gegebenes Verlangen transparent, um es christlich zu sättigen, sondern er erzeugt selbst das Bedürfnis nach dem, was er glaubt. Schon hier wird deutlich, daß der Vorwurf einer 'zynischen Reduktion aufs Bedürfnis' gegen Allen nicht erhoben werden kann. Im Gegenteil, es stellt sich vielmehr die Frage, wie die Beziehung jener Hoffnungen und Wünsche, die der Glaube weckt und erfüllt, zu jenen Hoffnungen und Wünschen vorzustellen ist, die der Mensch zuvor schon hegt. Die Auskunft Allens zu dieser Frage läßt sich leichter präzisieren, wenn sie der These Luhmanns hierzu kontrastiert wird.

Luhmann lehnt die von Allen nicht problematisierte, sondern vorausgesetzte Alternative, "ob Religion Angst und Unsicherheit behebe oder ob sie sie erst erzeuge" (8) als unzureichend ab und stellt Religion als Befriedigung natürlicher, aber durch die Religion reformulierter Bedürfnisse und deren Bedingungen vor: "Religion reformuliert die Bedingungen von Unsicherheit. Sie interpretiert Ereignisse und Möglichkeiten in einer Weise, die mit sinnhafter Ordnung korreliert und eine Steigerung tragbarer Unsicherheit ermöglicht" (9). Religion sagt für ihn ein eigenes, eigenständiges Wirklichkeitsverständnis aus; Interpretationsgegenstand ist hier die Wirklichkeit selbst, so daß die religiöse Sinnbestimmung ihr nachträglich zugeordnet erscheint. Anders als bei Luhmann werden von Allen Religion und religiöse Bedürfnisse von 'natürlichen Bedingungen' strikt unterschieden. Sie sind nicht Neuformulierung von etwas ohnehin schon Gegebenem, sondern können nur der inhaltlichen Selbstdarstellung des Theismus entnommen werden, da sie sich an dieser 'entzünden' und hier ihren von Allen nicht hinterfragten Ausgangspunkt haben. Ein von Allen zitiertes Beispiel: Das christliche Todesverständnis läßt sich vom Faktum der Sterblichkeit nicht ableiten. Das Christentum stellt den Tod als Strafe für menschliches Unrecht vor, und daran knüpft sich die Hoffnung auf Verzeihung durch den guten Gott. Die sich in dieser Hoffnung aussprechende religiöse Erwartung ist als Erwartung vollendeter Gemeinschaft mit Gott Befriedigung eines nur durch diese Religion selbst erzeugten Bedürfnisses, das partiell in endlicher Wirklichkeit schon erfüllt ist, für dessen volle Befriedigung jedoch die Erwartung der Verwirklichung eschatologischer Hoffnung vorausgesetzt werden muß. Religiöse Bedürfnisse sind also von anderen unterscheidbar und unterschieden, weil sie vom Glauben erst geweckt werden und ihre Befriedigung "nur durch den Glauben" [58] geleistet werden kann.

Doch ist mit diesen Aussagen noch nicht die Frage beantwortet, wie denn der mit dieser Erlösungszusage erstmals konfrontierte Mensch sie als ein Heilsgebot an sich selbst verstehen kann. Der Verzicht auf eine Reflexion dieser Annahme, die doch die Gestalt einer hermeneutischen Vermittlung haben muß, erweckt zunächst den Eindruck, als ob Religion andere Bereiche menschlicher Existenz überhaupt nicht tangiere. Um diese fatale Konsequenz zu vermeiden, bestimmt Allen den Glauben als Hingabe des Menschen an Gott, "in der die Menschen sowohl ihre natürlichen Bedürfnisse wie die durch das Evangelium erweckten Bedürfnisse befriedigt finden" [55]. Das will eben nicht so verstanden sein, als ob die religiösen Bedürfnisse einer vermeintlich natürlichen Bedürfniskonstitution zugeordnet werden müßten, ihr aber unverbunden gegenüberstünden. Der Glaube "bezieht alle Dinge auf Gott", wie Allen das universalistische Gefälle des jüdisch-christlichen Glaubens oft kennzeichnet; er nimmt manche 'natürliche' Bedürfnisse in sich auf, um sie in seiner Weise zu bestimmen und sie auf eine außerhalb der Religion nicht erreichbare Weise zu befriedigen.

Das Verhältnis zwischen religiösen und nichtreligiösen Bedürfnissen ist demnach so aufzufassen, daß die einmal angenommene Botschaft vom guten Gott zum absoluten Orientierungspunkt menschlichen Denkens und Handelns wird. Alle Ereignisse, Erfahrungen und Erlebnisse werden aus dieser Perspektive beurteilt, und so bildet sich schließlich ein religiöses Verständnis der Wirklichkeit im ganzen. Wie die Rezeption eines nichtreligiösen Phänomens in die Lebensform 'Religion' näherhin vorzustellen ist, sei anhand von Allens Deutung des Wissensbedürfnisses exemplifiziert.

Die traditionelle christliche Metaphysik intendiert Fragen zu beantworten, die den Menschen seit jeher bewegen: Fragen nach dem Woher und Wohin, dem Grund und dem Ziel aller Wirklichkeit. Theistische und atheistische Menschen stimmen darin überein, daß die Welt geheimnisvoll, eigenartig ist und zu Fragen Anlaß gibt, die von den Wissenschaften nicht beantwortet werden. Diese Fragwürdigkeit der Existenz und die Befremdlichkeit der Wirklichkeit sind Ausgangspunkt der christlichen Schöpfungsaussage, die sie zu verstehen und zu deuten sucht, doch ist das an dieser Eigentümlichkeit der Wirklichkeit sich auslösende Interesse nach dem Ursprung und Ziel allen Seins nicht schon selbst religiös. Das Christentum ist nicht die unvermittelte Antwort auf diese Fragen. Erst wenn die diesem 'Erkenntnisinteresse' [vgl. 58] folgende Verwunderung über die Wirklichkeit religiös "behandelt", "interpretiert" [63] wird, bezieht es der religiöse Mensch in seinen, von der Religion geprägten Horizont ein und "transformiert" [63] es zu religiösem Staunen. Vermag er die Befremdlichkeit der Dinge als ihre Kontingenz in dieser Weise schöpfungstheologisch zu verstehen, gelangt sein Fragen an ein Ende und sein Wissensbedürfnis ist zufriedengestellt. Es ist eine "Neugier, die die Welt auslöst und die der religiöse Glaube an Gott als Schöpfer befriedigt" [60].

Die Beziehung zwischen dem natürlichen Erfahrungsbereich des Menschen und dem Glauben ist folglich so zu fassen, daß sich Religion nicht neben ihm ansiedelt, sondern den gesamten Erfahrungsbereich religiös deutet und zu einem umfassenden Wirklichkeitsverständnis formuliert. Der christliche Glaube läßt sich die 'natürlichen Fragen' nicht vorgeben und kann darum nicht als Antwort auf sie bestimmt werden. Vielmehr sieht er den nichtreligiösen Bereich schon aus seiner Perspektive; er formuliert selbst die Fragen, als deren Antwort er sich dem Menschen nahezubringen sucht.

Vor dem Hintergrund dieser Aussagen Allens läßt sich die Problematik der Anwendbarkeit des Bedürfnisbegriffs auf religiöse Überzeugungen so rekapitulieren: Bedürfnisse sind, wie in Anlehnung an Scheler eingangs festgestellt wurde, historisch und psychologisch kontingent und von einer gewissen Konstanz; um entstehen zu können, sind sie auf die Erkennbarkeit des sie stimulierenden und erhaltenden Gutes angewiesen. Diese Bestimmungen fanden sich in den Ausführungen Allens über den Glauben im wesentlichen wieder. Der Glaube ist nicht naturhaft; er gehört dem Wesen des Menschen nicht notwendig zu und läßt sich aus ihm nicht ableiten. Die religiösen Bedürfnisse, die der Glaube befriedigt, werden von seiner Darstellung erst hervorgerufen. Solche Anwendung des Bedürfnisbegriffs, die Voraussetzung der Abhängigkeit der Bedürfnisse vom Glauben selbst, setzt sich in dieser Form nicht den erwähnten Vorbehalten gegenüber diesem Begriff aus. Weil das, was als ein religiöses Bedürfnis gelten kann, vom Glauben selbst hervorgerufen wird, läßt sich diese Auffassung nicht unumwunden auf das Muster der Relation von Mittel und Zweck und damit auf das der funktionalisierenden Reduktion zwingen.

Dennoch besteht das Problem des Auftretens eines ersten Befriedigungserlebnisses, das ohne eine klare Empfindung des Bedürfnisses nach ihm auftreten muß. Scheler löst es mit dem Hinweis, die Befriedigung sei undifferenziert schon erahnt. Da von Allen die religiöse Bedürfnisbefriedigung als Folgeerscheinung der Übernahme des Glaubens dargestellt wird und er sich zugleich jeder Inanspruchnahme von Strukturen der Wirklichkeit als direktem Hinweis auf Gott versagt, scheint er sich zugleich der Möglichkeit zu begeben, einen Anknüpfungspunkt zu markieren, der erklären könnte, warum die Rede von Gott überhaupt zur Kenntnis genommen wird. Der damit angesprochene Komplex des Verhältnisses religiöser Überzeugungen zum nichtreligiösen Lebensbereich wird bei Allen als Einbeziehung nichtreligiöser Themen in die religiöse Überzeugung zur Formulierung des religiösen Wirklichkeitsbegriffs veranschaulicht. Daher ergibt sich für die Frage der Genese der Glaubensüberzeugung, daß die Annahme des Glaubens der Übernahme einer neuen, eigenständigen Lebensform gleichkommt. Da Allen den Verzicht auf die Angabe von Gründen für die Wahrheit des Christentums zu seinem Programm erhebt, hat dies für den hier angesprochenen Bekehrungsvorgang zur Folge, daß sich der mit dem Christentum Auseinandersetzende nur den Behauptungen der Theologie konfrontiert sieht. Die Theologie braucht nicht argumentativ um die Wahrheit und damit für den Nachweis der Berechtigung ihrer Aussagen zu streiten und gibt daher auch dem keine Anhaltspunkte zur Hand, der von der Wahrheit des Christentums nicht überzeugt ist, sich für es zu interessieren. Statt argumentativ ihren Wahrheitsanspruch zu belegen und im Zuge solchen Diskurses Phänomene zu benennen, die den christlichen Glauben stützen könnten, bleibt der Theologie die bloße Selbstdeklamation.

Hier wird deutlich, daß diese Begründungsform wegen der von Allen als Begründungsinstanz angegebenen religiösen Erfüllung nur dem offensteht und damit auch nur dem wirklich verstehbar wird, der solche Erfahrungen selbst gemacht hat. Sie verfügt nur über den von solcher Erfahrung umschriebenen Bereich der Öffentlichkeit. Im Unterschied zu den Gottesbeweisen, die jedermann verstehen kann, da sie von der Welt und ihren Eigenschaften ausgehen, ist die Basis, auf der Allen ansetzt, die religiöse Selbsterfahrung des Gläubigen. Dies hat eine wichtige Konsequenz für diese Begründungsform selbst: Nicht die Annahme des Glaubens wird begründet, sondern das Festhalten der ausgebildeten und durch religiöse Selbsterfahrung schon geprägten Überzeugung. Wenn aber der hier angezielte Kommunikationskreis jener zwischen Glaube und Glaube ist, wie vermag der christliche Glaube dann Anteilnahme und Interesse wachzurufen, wenn er sich nicht auch als Antwort auf Fragen und Erfahrungen des nichtreligiösen Menschen vorstellen kann, sondern diese immer schon im eigenen Sinn interpretiert?

Allen leugnet demgegenüber eine rigide Distanz zwischen beiden Lebenswelten. Sprachbarrieren verhindern für den Ungläubigen zwar ein letztes Verständnis der Religion, doch verschließt sich diese nicht zum Arkanum. Sie berührt nichtreligiöse Erfahrungen und Lebensbereiche, und darin ist der Grund zu sehen, "warum das Evangelium uns nicht 'fremd' bleibt" [54]. Mit der Behauptung einer prinzipiellen Kommunizierbarkeit und Verstehbarkeit religiöser Überzeugungen ist eine wichtige Voraussetzung für eine bewußte und verantwortete Annahme des

Christentums gegeben. Worin aber liegt die mögliche Begründung für einen solchen Schritt? Die Erfüllungserfahrungen können sich ja erst nach der Konversion einstellen.

Allen vergleicht den Beginn der Partizipation am religiösen Leben mit dem im Bereich der Kunst und Musik. Dort versuche man unverständige Menschen zur Beschäftigung mit Musik oder zur Betrachtung von Kunst zu motivieren, indem man den Wunsch wachruft, "eine bestimmte Art der Befriedigung zu erreichen" [87]. Allen konstatiert selbst die gesuchte Vermittlungsebene als Bedingung eines solchen Bekehrungsvorgangs. Das, wozu jemand motiviert werden soll, muß "ihn irgendwo berühren, daß er sehen kann, daß die versprochenen Befriedigungen die von ihm gewünschten sind" [87]. Für eine solche Annäherung verweist Allen auf zwei Möglichkeiten: Die Partizipation am religiösen Leben kann ein Empfinden jener Bedürfnisse hervorrufen, die das Christentum befriedigt, und zweitens können allgemeine Gründe, die keine Argumente für die Wahrheit des Glaubens sind, zu dieser Partizipation bewegen. Allen nennt hier etwa die moralischen Vorstellungen des Christentums oder den Hinweis auf die allgemeine Notwendigkeit, irgendeine Überzeugung zu vertreten [vgl. 88ff].

Diese Auskunft steht den anfangs zitierten Bedenken gegenüber einer Funktionalisierung des Glaubens partiell wieder offen. Denn zur ersten Kenntnisnahme des Christentums soll mit Argumenten bewegt werden, die weder an seine Gehalte noch an deren Wahrheit gebunden sind. Der Hinweis, irgendeine Überzeugung sei zur gelingenden Lebensführung schließlich notwendig, daher solle man es mit dem christlichen Glauben einmal versuchen, impliziert genau jene Gleichwertigkeit und damit die Austauschbarkeit von Überzeugungen gegenüber den durch sie erfüllten Funktionen, die die eingangs erwähnten Stellungnahmen kritisierten. Allen will jedoch durch den Hinweis auf diese Funktionen lediglich ein erstes Kennenlernen, ein erstes Interesse hervorgerufen wissen; die Begründung der Überzeugung berufe sich dagegen auf die Bedürfnisbefriedigung, die durch ihre Inhalte legitimiert und definiert sind.

Gegenüber dieser Unterscheidung ist zu fragen, warum nicht jene allgemeinen Erfahrungen, die der Glaube interpretiert und in sich aufnimmt, bedacht und zum Ausgangspunkt der Beschäftigung und Auseinandersetzung mit dem Christentum gemacht werden sollen. Allen fürchtet, damit die Wahrheitsfrage aufzuwerfen und deren Ausgang zum Beurteilungsmaßstab darüber zu erheben, ob es gerechtfertigt sei, Christ zu sein. Von dieser Debatte möchte er die Begründungsproblematik gerade freihalten. Es ist angebracht zu fragen, worin Allen die Notwendigkeit sieht, ein Begründungsmodell zu entwickeln, das sich von der Wahrheitsfrage freihalten kann.

2. Christlicher Glaube ohne Metaphysik?

Die Absicht Allens, den religiösen Glauben und damit die Annahme der mit ihm verbundenen Wahrheitsaussagen durch die in der religiösen Praxis erlangte Befriedigung zu legitimieren, ist nur durchführbar, wenn die Beziehung zwischen persönlicher Glaubenserfahrung zu dem mit dem Glauben ausgesagten Wahrheitsanspruch befriedigend geklärt ist. Soll die von Allen in der vorgestellten Weise begriffene Glaubensüberzeugung durch die mit ihr gegebene Erfüllung begründbar sein, fragt sich, aus welchen Gründen die traditionellen Versuche der Glaubensbegründung abgelehnt werden. Der erste Teil seines Buches enthält eine umfassend angelegte Argumentation, die ein spekulativ-metaphysisch konzipiertes Christentum als ein Selbstmißverständnis zu entlarven sucht. Es gilt darum zunächst Allens zentrale Behauptung zu prüfen, beim christlichen Glauben handele es sich um die "Art des Wahrheitsanspruches, der als guten Grund für seine Behauptung eine Begründung haben kann, die seine Wahrheit nicht nachweist" [XVII].

Auch für Allen ist das Christentum an einige für es unverzichtbare metaphysische Aussagen gebunden, die beanspruchen, wahr zu sein. Es behauptet einen transzendenten Gott als Schöpfer alles Wirklichen und affirmiert damit zugleich ein bestimmtes Verhältnis Gottes zur Welt. "... einige religiöse Glaubensinhalte sind metaphysische Behauptungen zumindest in dem Ausmaß, als sie auf Gott als transzendent und auf Jesus als menschgewordenen Gott Bezug nehmen" [XVI, vgl. 13; 24]. Gleichwohl können sich um diese als unaufgebbaren Kern des Christentums vorausgesetzten Aussagen verschiedene Interpretationen und Konzeptionen entwickeln. Allen unterscheidet ein Verständnis des Christentums als 'metaphysischer Erklärung' traditioneller Provenienz vom Christentum als 'Medium der Erlösung'. Auf das Problem der Begründung bezogen, entwirft er vom ersten Typus folgendes Bild:

Das Christentum versteht sich hier als umfassendste und klarste, als die wahre Erklärung der Wirklichkeit schlechthin, die über die letzten und allgemeinsten Fragen, über den Grund und den Sinn von Wirklichkeit Auskunft gibt. Gegenüber den partikularen Wissenschaften, die sich einer solchen Absicht methodisch verschließen, weist sie die Legitimität einer solchen Letzterklärung der Dinge nach und beansprucht, die Wirklichkeit "in einer den rivalisierenden Weltanschauungen überlegenen Weise zu erklären" [7]. Die Wirklichkeit drängt von sich aus die Fragen nach einer Letzterklärung auf, und das Christentum übernimmt sie in seine Sicht der Realität, indem es den Verzicht auf eine solche Erklärung als Defizit thematisiert und seinerseits den Nachweis führt, daß eine Erklärung der Wirklichkeit nur dann befriedigend geleistet ist, wenn sie diese in Beziehung auf Gott begreift. In den Worten Allens: Das Christentum "zeigt das Erfordernis einer Anerkennung von 'Tatsachen', die nach Erklärungen rufen, die auf eine Gottheit Bezug nehmen" [20]. Obwohl dieses die kognitiven Aussagen des Christentums betonende Verständnis es nicht auf Erklärungssätze reduzieren will, sucht es den Nachweis zu leisten, der christliche Glaube sei die wahre metaphysische Erklärung der Wirklichkeit, und gute Gründe gestatteten, an ihre Wahrheit zu glauben.

Die andere, von Allen vertretene Konzeption sieht im Christentum "Wahrheitsansprüche, die, wenn sie durch die Schrift, Predigten und Sakramente dargestellt werden, ein Medium sind, das Hingabe an Gott als den erweckt, der des Menschen Bedürfnis nach Erlösung befriedigt" [4]. Mit den Aussagen über Gott und sein Verhältnis zur Welt bewahrt diese Version den Erkenntnis- und Wahrheitsanspruch des Christentums durchaus, aber dieser Anspruch der Wahrheit wird auf der Ebene, der er logisch zugehört, nicht begründet. Dieser Position zufolge formuliert das Christentum einen Begriff von Wirklichkeit, der "alle Dinge auf Gott bezieht" (passim), spricht diesem Schöpfungsbegriff auch Erkenntnisgehalt und Erklärungskraft zu, erstrebt aber die Begründung nicht in der Form des Nachweises der Wahrheit dieser Aussagen. Vielmehr sieht sie in der Effizienz der christlichen Überzeugung, das christlich verstandene Bedürfnis nach einem gelungenen Leben zu befriedigen, die Annahme gerechtfertigt, die mit dem Glauben implizit ausgesagten Behauptungen seien wahr.

Beide Konzeptionen schließen einander zwar nicht aus, implizieren aber eine gänzlich unterschiedene Einstellung zu philosophischer Kritik. Allen begründet seine Ablehnung eines argumentativ sich auf seine Wahrheit berufenden Theismus damit, daß dieser sich unnötig mit philosophisch höchst umstrittenen Problemen belaste und überdies seine Intentionen vom Christentum selbst nicht gefordert seien. Er statuiert diese Auffassung als Ergebnis der Frage, zu welchem Ausmaß das Christentum überhaupt auf Metaphysik verwiesen sei. Jede Glaubensbegründung, die sich als Metaphysik verstehe, habe auch die Möglichkeit nachzuweisen, daß trotz der erfolgreichen Metaphysikkritik in der Neuzeit ein metaphysisches System noch entworfen werden könne. Inhaltlich gilt ihm die Kritik an metaphysischer Spekulation durch den logischen Positivismus überwunden [vgl. 8-13], doch bleiben zwei auch in der Philosophie noch ungelöste Problembereiche:

Das betrifft einmal die sprachanalytische Frage, ob Worte ausschließlich in ihrem naturwüchsigen Kontext Bedeutung haben, so daß ihre Entfernung aus dieser Umgebung, etwa durch analoge Verwendung bei der Rede von Gott, einer illegitimen Verfremdung ihrer Bedeutung gleichkäme. Solche Transplantationen von Wörtern in einen neuen Kontext können zu Mißverständnissen führen, da ursprüngliche Bedeutungselemente in diesen fremden Kontext hineingetragen werden und Bedeutungskonstruktionen veranlassen, die nicht im Sprachgebrauch ihren Rückhalt haben. Die dann entstehenden Probleme sind nach Meinung der Sprachanalytiker nicht echte Erkenntnisprobleme, sondern als Scheinprobleme durch Analyse der Sprache zu durchschauen. Durch Rückführung in den natürlichen Verwendungsbereich wird den Problemen selbst der Boden entzogen und als Ergebnis der Analyse verschwindet z. B. die metaphysische Frage. Daß jede metaphysische Frage auf solchen Sprachmißbrauch zurückzuführen sei, ist nach Allen nicht bewiesen, doch rät er mit Hinweis auf die Erfolge der Sprachanalyse zu äußerster Sorgfalt bei ihrer Formulierung. Begreift sich das Christentum als metaphysische Erklärung der Wirklichkeit, setzt dies die Möglichkeit metaphysischer Fragen voraus und damit auch die Möglichkeit einer kontextfreien Verwendung von Wörtern. Kann dieses Anliegen angesichts zunehmender sprachanalytischer Toleranz gegenüber bestimmten Arten der Metaphysik vielleicht als berechtigt ausgewiesen werden, muß eine christliche Metaphysik darüberhinaus solche Fragen stellen, die nur einen transzendenten Gott zur Antwort haben dürfen. Hier wiederum sieht Allen wenig Chancen, von der Möglichkeit solcher Fragen zu überzeugen.

Das zweite Problem ergibt sich mit der Existenz rivalisierender Metaphysiken. Eine Metaphysik will die Wirklichkeit im Ganzen aussagen und tut dies mit dem Anspruch der Wahrheit. Bestreiten sich nun die Metaphysiken gegenseitig die Wahrheit ihrer Behauptungen, fragt sich, welche Kriterien benannt werden können, die eine Entscheidung zwischen ihnen ermöglichen. Zwar lassen sich Metaphysiken nach Maßstäben der Konsistenz und des Umfangs einander vergleichen, doch es bleibt ein wichtiges Problem: Wenn eine christliche Metaphysik auf Tatsachen der Erfahrung rekurriert, unter Berufung auf deren Struktur zum Gottesgedanken gelangt und jede nichttheistische Welterklärung als defizitär bezeichnet, setzt dies gemeinsame Kriterien darüber voraus, was 'Tatsachen', was 'Fakten' sind. "Man benötigt einen gemeinsamen Maßstab oder Normen, um unterschiedliche metaphysische Ansichten zu vergleichen, und eine der Normen ist eine Übereinkunft darüber, was die zu erklärenden Tatsachen sind" [19]. Will sich die theistische Metaphysik als allen anderen überlegen darstellen, so muß sie nach folgendem Schema prozedieren: Im Gegensatz zu anderen metaphysischen Positionen werden vom Christentum gewisse Tatsachen berücksichtigt, womit es einen größeren Umfang als diese erreicht, und diese werden von ihm besser als von irgendeiner anderen Konzeption erklärt [vgl. 20]. Will die theistische Metaphysik aber zudem Verbindlichkeit aussagen, erfordert dies nach Allen, daß sie "die Notwendigkeit einer Anerkennung von Tatsachen zeigt, die die Notwendigkeit von Erklärungen einschließen, die auf eine Gottheit Bezug nehmen" [20]. Ansonsten wäre die christliche Metaphysik eine unter vielen und darum von gleich geringem Interesse wie diese. Diese mit dem Versuch verbundenen Schwierigkeiten, das Christentum als spekulative Metaphysik zu begründen, läßt Allen nach ihrer Relevanz für das Christentum fragen. Er kommt zu dem Ergebnis, daß das Christentum einer metaphysischen Begründung seiner Wahrheit nicht bedürftig ist.

"Alles auf Gott beziehen" - Allens Abbreviatur für christliches Wirklichkeitsverständnis überhaupt, bezeichnet nicht eine den Kriterien der spekulativen Metaphysik verpflichtete Welterklärung, sondern ist für

Allen selbst "ein religiöser Akt" [5] und intendiert letztlich, "Gott zu preisen" [6], obwohl es sich im Modus eines metaphysischen Wahrheitsanspruchs formuliert. Beide Ebenen werden von Allen verschränkt: Kognitive Aussagen über die Wirklichkeit und eine Erklärung ihrer Bestimmung und ihres Ziels sind Inhalte des christlichen Glaubens; sie werden ihm inkorporiert, seiner Logik untergeordnet und sind darum selbst religiöse Aussagen. Um seinen Gottesbegriff und sein Verständnis der Wirklichkeit zu formulieren, bedient sich das Christentum

"all unseres verfügbaren Wissens, einschließlich der Einsichten anderer Weltanschauungen"; es "muß behaupten, weil es sich der Existenz Gottes verpflichtet weiß, daß keine Weltanschauung, die eine Gottheit ignoriert, adäquat sein kann, und es muß für sich in Anspruch nehmen, daß seine Weltanschauung die wahre Darstellung ist" [21].

Somit nimmt die christliche Wirklichkeitsauffassung durchaus kognitive Strukturen an, weigert sich aber, sich den Prüfungsbedingungen kognitiv - metaphysischer Aussagen zu unterwerfen. Es widersteht einer Einordnung unter andere Metaphysiken, weil seine Aussagen über die Wirklichkeit schon religiös begründet sind und religiöse Funktionen ausüben. Das vom Christentum vertretene Bild der Wirklichkeit artikuliert sich als Funktion des religiösen Glaubens, nicht umgekehrt. Weil der Glaube nicht das Resultat der überzeugendsten Metaphysik sein kann und dies aus sich selbst nicht sein will, braucht ihn der Streit um die Möglichkeit von Metaphysik nicht anzufechten [vgl. 7; 14]. Er behauptet, die Wahrheit auszusagen aber er entsagt sich zugleich dem Bemühen, diese Wahrheit metaphysisch zu begründen. Er ist nicht selbst ein metaphysisches System und braucht sich daher deren Bedingungen nicht zu unterwerfen. Aus diesem Grund können die benannten Schwierigkeiten, in die sich das alternative Verständnis des Christentums als bester metaphysischer Erklärung der Wirklichkeit verstrickt, diese Auffassung nicht beunruhigen. Der Glaube wird nicht durch das Tatsachenproblem berührt, noch tangiert ihn die Frage der Entscheidbarkeit zwischen gegensätzlichen metaphysischen Gesamterklärungen der Wirklichkeit, weil er ablehnt, eine theoretische Erklärung der Wirklichkeit zur eigenen Voraussetzung zu erheben. Er "bezieht alles auf Gott", "ob es nun legitime metaphysische Fragen gibt oder nicht" [14].

Da das Christentum also metaphysische Fragen und Aussagen unbefangen formuliert, muß es sich dem Vorwurf stellen, es entfremde und mißbrauche bestimmte Worte, die es dem Bereich des Endlichen entnehme, um die einzigartige und beispiellose Relation Gott-Welt auszusagen [vgl. 4; 7]. Doch betrifft dieser Sinnlosigkeitsverdacht Allen zufolge das nichtmetaphysische Verständnis des Christentums in ungleich geringerem Maße. Denn im Gegensatz zu einem sich spekulativ explizierenden Christentum ist es nicht von dem Nachweis der Möglichkeit metaphysischer Begriffsbildung abhängig. Der Verdacht, Fragen nach Gott seien durch Sprachmißbrauch und Begriffverwirrung entstandene Pseudofragen, wird zwar nicht widerlegt, aber erheblich entkräftet, denn die hier verwendete Sprache korreliert nach Allen einer existenten religiösen Lebensform, aus der sie hervorgeht, während die Metaphysik Worten und Begriffen andere Funktionen zuordnen muß als jene, die diese in ihrem ursprünglich religiösen Kontext wahrnehmen. Eine Analyse der religiösen Lebenswelt vermag präzisen Aufschluß über die Bedeutung religiöser Aussagen zu geben. "Die Fragen, die religiöser Glaube zu beantworten sucht, können mithin als legitime Fragen ausgewiesen werden, weil sie in einer Sprache gestellt werden, deren korrekte Funktion durch eine Überprüfung ihrer faktischen Verwendung im religiösen Leben angegeben werden kann" [14].

Die mit diesen Ausführungen behauptete Autonomie der religiösen Lebensform als Gesamt einer eigenständigen Lebenspraxis und eines mit ihr gegebenen Wirklichkeitsverständnisses formuliert sich in Begriffen, die ihre Herkunft aus der Philosophie Wittgensteins nicht leugnen können. Dennoch läßt sich diese Position nicht einfachhin jener Schule zuordnen, die unter Berufung auf Wittgenstein Religion als ein selbständiges Sprachspiel begreift und durch die Relativierung des Wahrheitsbegriffs auf dieses Sprachspiel dessen kognitive Gehalte selbst pragmatisch auflöst (10). Insofern Allen den als metaphysische Aussage verstandenen Wahrheitsanspruch als ein irreduzibles Moment des Christentums bewahrt und ihn an die religiöse Lebensform bindet, die religiöse Überzeugung dagegen auf der Ebene der erfahrenen eigenen Religiosität zu legitimieren unternimmt, präsentiert sich hier ein Entwurf, der nicht zu Unrecht Originalität beansprucht. Aber diese Verbindung von metaphysischen Aussagen und dem nach dem Gebrauch zu bestimmenden Bedeutungsgehalt dieser Aussagen stellt zugleich das zentrale Problem dieser Position dar, dessen Lösung über die Möglichkeit ihrer zentralen These entscheidet.

Die Interpretation der Wirklichkeit als Schöpfung Gottes impliziert den Anspruch, daß es sich bei den Aussagen des Christentums um solche Aussagen handelt, die wahr oder falsch sein können und sich darin als echte Tatsachenbehauptungen ausweisen. Die Formulierung dieser Interpretation geht von Phänomenen wie "Schrecken, Staunen, Spur eines Geheimnisses" [64] aus, und in ihnen sieht sie die Möglichkeit eines theistischen Wirklichkeitsverständnisses gegeben. Diese Möglichkeit muß nach Allen bestehen, soll der religiöse Glaube seinen Wahrheitsanspruch vertreten dürfen. Die Behauptung, daß diese Interpretation der Wirklichkeit angemessen ist, bedürfte aber einer Begründung, die die Wahrheit dieser Deutung zu belegen sucht. Eben dies wird von Allen bestritten, und darin deutet sich auch die Grenze seiner Position an. Wenn der christliche Glaube die Wirklichkeit als Schöpfung interpretiert und die Wirklichkeit als dieser Interpretation fähig aufweisen muß, dann ist diese Möglichkeit auch argumentativ zu belegen. Die Vereinbarkeit des christlichen Verständnisses mit der Wirklichkeit ist aufzuweisen, und ein solcher Aufweis ist nicht denkbar, ohne daß er sich auf Strukturen oder Phänomene der Wirklichkeit beruft. Weil dieser Diskurs Aussagen über die Wirklichkeit als ein Ganzes trifft, äußert er metaphysische Aussagen und hat damit in den philosophisch-metaphysischen Streit um das, was Wirklichkeit ist, schon eingegriffen.

Allen meint die Inhalte des christlichen Verständnisses der Wirklichkeit allein dem religiösen Sprachspiel entnehmen und damit der metaphysischen Problematik des christlichen Glaubens ausweichen zu können. Dieser Gedanke kann nicht überzeugen, denn wenn die Aussagen des Glaubens über die Wirklichkeit als Interpretation eingestuft werden, weil seine Inhalte der Wirklichkeit nicht unmittelbar abzulesen sind, dann gewinnen die Aussagen nicht schon dadurch höhere Eindeutigkeit oder Bestimmtheit, daß sie von den Gläubigen verwendet werden. Wenn der religiöse Sprachgebrauch seine Aussagen üblicherweise auch nicht problematisiert, kommt es dennoch der Theologie zu, ihre Abhängigkeit von bestimmten Fragen der Metaphysik zu klären und diese Voraussetzungen als erkenntnistheoretisch berechtigt auszuweisen. Denn nach den Auskünften Allens stellt sich die Gestalt des Begründungsproblems so dar: Dem christlichen Glauben ist wesentlich, daß er einige seiner zentralen Aussagen als metaphysische Aussagen wertet. Er behauptet die Existenz eines transzendenten Gottes und trifft Feststellungen über das Verhältnis Gottes zur Welt. Das Korpus dieser und anderer metaphysischer Aussagen kann weder aufgegeben, noch kann ihr logischer Status als Tatsachenaussagen geleugnet werden, ohne zugleich zum Christentum in Widerspruch zu geraten. Der Gläubige, der die Wahrheit dieser Aussagen behauptet, soll nun zur Begründung seiner Überzeugung keine Gründe angeben müssen, die für ihre Wahrheit sprechen, sondern kann sich auf die lebenspraktischen Erfahrungen, die er mit seinem Glauben gemacht hat, berufen. Diese positiven Erfahrungen berechtigen ihn nach Allen, an seiner Überzeugung festzuhalten, wenn es sich um solche handelt, die durch die Überzeugung umschrieben werden, ihre Wahrheit voraussetzen und darum legitim sind.

Eigentümlich ist, daß Allen die Bedeutung religiösen Sprachgebrauchs nach dem Kriterium ihrer Verwendung, ihren logischen Status aber nicht durch die Faktizität dieser Verwendung gesichert sehen will. Die Sprachspieltheorie, die Phillips seiner Interpretation des religiösen Glaubens zugrundelegt, mißt Verstehbarkeit und Gültigkeit sowie die Kriterien der Bedeutung und der Wahrheit diesem Sprachspiel selbst zu. Für Allen hingegen ist die Bedeutung religiöser Aussagen durch eine Analyse ihres Gebrauchs zu eruieren, ihr Status von Tatsachenaussagen bleibt aber eigens nachzuweisen. Dieser Nachweis sei erbracht, wenn religiöse Aussagen im Prinzip falsifiziert werden können: "Sollen religiöse Glaubensinhalte Wahrheitsansprüche sein, ... muß etwas im Prinzip fähig sein, gegen ihre Wahrheit zu sprechen. Andernfalls schließen sie nichts aus, was die Umkehrung davon ist, daß sie nichts behaupten" [46, Anm.]. Die inhaltliche Applikation dieses Kriteriums stellt die Phänomene, die ein theistisches Verständnis der Wirklichkeit gestatten, als Möglichkeitsbedingung der Schöpfungsaussage dar. "Wäre die Welt dieser Interpretation nicht fähig, könnte Hingabe an Gott nicht das wahre Leben sein, weil solche Hingabe den Glauben beinhaltet, daß die Welt seine Schöpfung ist. Der Anspruch, daß Hingabe an Gott das wahre Leben ist, wäre falsifiziert" [64].

Diese Kombination einer Bedeutungstheorie, die sich auf den religiösen Sprachgebrauch stützt und dessen Erkenntnisgehalt voraussetzt, mit einem Kriterium des Wahrheitsanspruchs, das diesen Erkenntnisgehalt über die Legitimation des Anspruchs bestätigen soll, läßt die Notwendigkeit dieses Nachweises nicht erkennen. Allen konzipiert ein Verständnis des Christentums, das den allgemeinen Verbindlichkeitsanspruch nicht aufgeben, aber zugleich nicht einlösen will. Er rekurriert dazu auf Theoreme der Vorstellung eines suisuffizienten Sprachspiels, das diesen Anspruch nicht mehr einsichtig machen kann. Wenn aber der Erkenntnisgehalt durch den Nachweis der Vereinbarkeit religiöser Aussagen mit der Wirklichkeit erst belegt werden soll, kann der Bedeutungsgehalt nicht schon als gegeben angenommen werden. Soll die Theologie den Erkenntnis- und Wahrheitsanspruch des Glaubens belegen, berührt sie metaphysische Themen und kann sich deren Problematik nicht durch den Hinweis auf die Faktizität religiöser Sprachverwendung entziehen (11).

Die These der möglichen Abstinenz von der Begründung des Wahrheitsanspruchs ist daher für die Theologie nicht zu übernehmen. Wenn der Gottesglaube als inhaltlich bestimmter eine spezifische Interpretation der Wirklichkeit voraussetzt, um sich als eine sinnvolle Behauptung überhaupt charakterisieren zu können, ist die Möglichkeit dieser Interpretation auch zu begründen. Eine solche Begründung beruft sich auf Strukturen der Wirklichkeit und formuliert mit dem Nachweis ihrer Möglichkeit ein Argument für die Wahrheit des Glaubens. Der Vorschlag des theologischen Verzichts auf Metaphysik ist darum abzulehnen; entgegen seinem Ansinnen belegen die scharfsinnigen Überlegungen Allens, daß die metaphysischen Probleme der Theologie nicht theologisch illegitime Fragen sind.

Ist also die Hauptthese Allens nicht zu akzeptieren, müssen darum seine Untersuchungen über die Relevanz der gläubigen Selbsterfahrung für die Begründungsproblematik nicht als überflüssig gelten. Sie können Aufschluß darüber geben, wieweit die gläubige Lebenspraxis einer theologisch-metaphysischen Glaubensbegründung überhaupt Bedeutsamkeit zumißt.

3. Die Beziehung gläubiger Selbsterfahrung zum Erkenntnisanspruch des Glaubens

Der Formel von der Begründung des Glaubens durch Bedürfnisbefriedigung eignet eine Fälligkeit zum bloß Angenehmen, als werde durch den Glauben Trost und Beruhigung vermittelt, auf den man nicht angewiesen ist, auf den man aber nicht verzichten möchte. Bemißt sich diese Bedürftigkeit nach dem unbestimmten Empfinden des einzelnen, scheint eine totale Privatisierung des Christentums die Folge zu sein. Es würde zum auch entbehrlichen Kulturgut, je nachdem, ob man ein ästhetisches, ein politisches oder ein anderes Interesse an ihm hat. Marx und Nietzsche haben eine von den Widrigkeiten des Lebens entlastende und über seine Unbill hinwegtröstende Religiösität zum Gegenstand ihrer Kritik am Christentum gemacht. Vom christlichen Standpunkt aus wurde diese Mentalität von kaum jemandem schärfer kritisiert als von Kierkegaard:

> "Man ist auf unerlaubte und ungesetzliche Weise wissend geworden über Christus - denn das Erlaubte ist gläubig zu werden ... ohne das Mindeste zu merken von des Ärgernisses Möglichkeit ... Es ist da in der Christenheit ein ewiges Sonntags-Geklapper wegen der herrlichen und unschätzbaren Wahrheiten des Christentums, wegen seines milden Trostes, aber freilich man merkt es, daß es achtzehnhundert Jahre her ist ..." (12).

Obwohl die von Allen verwendete Terminologie von Bedürfnis und Bedürfnisbefriedigung die Erwartung wachruft, den Glauben liberal an das ohnehin Gültige, an das gerade Opportune zu akkomodieren, verfällt er der Kritik Kierkegaards nicht. Die verschiedensten Faktoren mögen an der Ausbildung des religiösen Glaubens, so führt er aus, verursachend beteiligt sein, und unter ihnen können sich Motive befinden, die dem Christentum gegenüber höchst irrelevant oder gar entgegengesetzt sind. Allen formuliert aber ein Kriterium, das zwischen berechtigter und unberechtigter Befriedigung zu unterscheiden gestattet. Er unterscheidet zwischen Motiven, die lediglich Ursachen des Glaubens sind, zu den Faktoren seiner Entstehungsbedingungen gehören und zu den Inhalten des Glaubens keinen Bezug haben, von solchen, die die Wahrheit des Glaubens voraussetzen. "Die Basis dieser Unterscheidung ist, ob es die Wahrheit eines Wahrheitsanspruches ist oder nicht, die Bedürfnisse befriedigt und so eine Person motiviert, den Wahrheitsanspruch zu behaupten"[79]. Nur solche Motive, die in Abhängigkeit zur Wahrheit der Überzeugung stehen, für deren Befriedigung die Wahrheit des vertretenen Glaubens selbst Voraussetzung ist, beschreiben eine angemessene Relation zwischen affirmierter Wahrheit und befriedigtem Bedürfnis. Wäre jedwede Befriedigung und Erfüllung, die die Partizipation am religiösen Leben vermittelt, schon ein berechtigendes Motiv, die Wahrheit des Glaubens zu behaupten, wäre diese Beziehung zwischen Befriedigungserleben und Wahrheit "entstellt" [80]. Die Inhalte des Glaubens, ihre Wahrheit selbst, begrenzen normativ den Bereich möglicher Motive, die dazu berechtigen, den Wahrheitsanspruch des Glaubens zu übernehmen, obwohl sie darin kein Argument für die Wahrheit dieses Anspruches darstellen.

Mit diesen Ausführungen zur Möglichkeit einer Unterscheidung von Beweggründen der Glaubenszustimmung liefert Allen eine bemerkenswert differenzierte Behandlung dieses Problems. Seine Aussagen enthalten Anhaltspunkte für eine Formulierung der lebenspraktischen Aspekte der Glaubensbegründung, die die Lebensgestaltung aus dem Glauben und die darin gründende Erfüllung nicht unberücksichtigt läßt und sich zugleich dem Vorwurf der Funktionalisierung widersetzen kann. Denn zunächst verlangt das von Allen formulierte Kriterium eine Selbstverständigung des Gläubigen darüber, welche die faktischen Beweggründe seines Glaubens sind. Es verstellt nicht den Blick dafür, daß diese Beweggründe höchst verschieden sein können, mit den Inhalten des Glaubens oft nicht übereinstimmen und einander widersprechen. Glaubensvermittlung impliziert immer zwischenmenschliche Beziehungen und ist darum ebenso wie die Glaubenspraxis selbst von anderen Einflüssen bestimmt. Die Entstehung des Glaubens ist in Sozialisationsvorgänge eingebunden, und daher kann der Glaube auch in Erfahrungen motiviert sein, die zu ihm selbst keine Beziehung haben. Aus diesem Grund ist es erforderlich zu fragen, ob im Glauben erfahrener Trost, Erfüllung, Freude und Zuversicht nicht Kompensationen sind, die ihren wahren Grund nicht im Glauben, sondern in unbewältigten Ängsten und unbestandenen Konflikten haben. Solche selbstkritische Reflexion kann auch eine Form der gläubigen Vergewisserung sein, die den Glauben zwar prüft und ihn anfechten mag, aber ihn zugleich an Bestimmtheit und Authentizität gewinnen läßt. Gerade diesen Aspekt der gläubigen Selbsterfahrungen drohen jene Begründungsformen nicht in den Blick zu bekommen, die den Glauben ausschließlich abstrakt-theoretisch begründen und von den faktischen Erfahrungen des Gläubigen absehen.

Nun kann aber auch die unangefochtene religiöse Identität, die das Gelingen der Lebensführung in Gott begründet sieht, nicht umhin, viele Erfahrungen als Zweifel an der Wahrheit und als potentielle Gefährdung des eigenen Glaubens zu werten. Wie verhält sich der Gläubige gegenüber den Fragen der Religionskritik, angesichts des Glaubensverlusts anderer, die er doch nicht übersehen kann? Allen bestreitet, außer der in der Glaubenserfahrung gegebenen persönlichen Erfüllung seien noch andere Gründe erforderlich, um die Behauptung vertreten zu können, der Glaube sei wahr. Die in der religiösen Lebensgestaltung erfahrene Erfüllung ist ihm ein hinreichender Grund, an die Wahrheit des Christentums zu glauben. "... solange nicht ein spezifischer Zweifel aufkommt, der die Glaubwürdigkeit seiner religiösen Überzeugung verdächtigt, gibt es keine Notwendigkeit weiterer Gründe für seinen Glauben an sie" [69].

Die logisch möglichen Einwände gegen das Christentum brauchen den Glaubenden also nicht anzufechten. Solange die eigene Überzeugung auch angesichts Kritik und Widersprüchen vital und fest bleibt und ihr eine identitätsschaffende und -erhaltende Kraft eignet, kann der Gläubige selbst die heftigsten Anfeindungen der Religionskritik und die subtilsten 'Sinnlosigkeitsbeweise' gelassen betrachten. Erst wenn die Gründe für die Falschheit seiner Überzeugung ihm selbst plausibel werden, ist er gehalten, sich mit ihnen auseinanderzusetzen. "Solange es keine Gründe gibt, die schlüssig zeigen, daß die religiösen Glaubensinhalte falsch sind, können sie durch den Glauben als wahr behauptet werden" [89]. Nun fragt sich jedoch, wie der Gläubige sich mit den vielen Argumenten gegen religiöse Überzeugungen im allgemeinen und die christliche insbesondere, die doch zunehmend ins allgemeine Bewußtsein dringen, abfinden soll. In der Einschätzung der Relevanz einer solchen Reflexion auf die Glaubwürdigkeit der eigenen Überzeugung angesichts kritischer Gegeninstanzen wird eine Minimalisierung der Bedeutsamkeit rationaler Argumentation für die Glaubensüberzeugung als Ergebnis der Ausführungen Allens deutlich. Können in einer solchen Auseinandersetzung um die Wahrheit des Glaubens Einwände abgewiesen werden, soll nach den Aussagen Allens eine erfolgreiche Widerlegung nicht dazu beitragen, den Glauben zu stützen und seine Gewißheit zu kräftigen. Die Erkenntnis, daß eine Gegenposition kritisierbar oder gar widerlegbar ist, geht nicht in das Glaubensmotiv mit ein, noch soll die rationale Begründbarkeit den Glauben sichern oder gegenüber Kritik entlasten. Ob der Gläubige seinen Kritiker widerlegen kann, ist zwar nicht gleichgültig, aber die Intensität der eigenen Glaubensüberzeugung tangiert es nach Allen nicht. Diese weitgehende Indifferenz gegenüber einem die Wahrheit oder Falschheit des Glaubens betreffenden Diskurs gehört für Allen zu den Merkmalen religiöser Überzeugungen. Solches Verhalten ist nicht ein borniertes Festhalten trotz besserer Einsicht, sondern nach Allen völlig berechtigt. Denn, so lautet seine Argumentation, der Glaube könnte niemals Identität und Gewißheit erlangen, wäre das Glaubensmotiv von der Widerlegbarkeit von Einwänden abhängig und müßte es weiterer Einwände stets gewärtig sein. Widerlegungen von Kritik haben keine Begründungsfunktion, sondern "kommen und gehen" [73] mit der Auseinandersetzung; sie mögen "Zweifel ausräumen" [75], aber ihre Effizienz hat ihren Ort nicht im Glaubensbewußtsein. Sie haben ihre Funktion "neben" [74] den Glaubensmotiven; sie "bestätigen" das Glaubensbewußtsein, tragen zu seiner Entwicklung und Kräftigung aber nicht bei. Sie können "nicht Teil des tatsächlichen Grundes" [76] der religiösen Überzeugung sein.

Selbst wenn die Glaubensgewißheit so hoch veranschlagt wird, fragt sich, wie lange der Gläubige, werden Kritik und Einwände auch ihm plausibel, sie ertragen kann. Allen mißt auch in dieser Konstellation von Glaube und Kritik dem Glaubensbewußtsein die entscheidende Kraft zu. Er beruft sich auf das Phänomen, daß die Menschen ihren Glauben nicht aufgeben, selbst wenn sie keine Möglichkeit sehen, den Einwänden gegenüber der Wahrheit ihrer Überzeugung zu begegnen. Die eigene Gewißheit und die Möglichkeit des Irrtums im Auge, hat der Gläubige "die Entscheidung zu treffen, ob diese Erfüllung hinreichend ist, ihn zu befähigen, mit dem Zweifel zu leben oder nicht" [74]. Zwar macht Allen die Einschränkung, jede Kritik müsse im Prinzip widerlegbar sein, aber daß ein Streit um die Wahrheit seines Glaubens den Gläubigen nicht beunruhigt, statuiert er als Charakteristikum religiösen Glaubens überhaupt: "Wie es sich mit einem ungelösten Zweifel oder nicht widerlegten Einwand leben läßt, ist eines der Dinge, die in der Religion gelehrt und erlernt werden" [75].

Es ist unbestreitbar, daß Allen hier einen Wesenszug religiösen Glaubens im Ansatz korrekt beschreibt. Die religiöse Überzeugung wird nicht gleich aufgegeben, wenn ein Zweifel auftritt oder eine neue Erkenntnis gewonnen wird, die gegen die Wahrheit der Überzeugung spricht. Religiöser Glaube ist nicht ein episodisches Interesse; authentische Religiösität wird nicht unvermittelt 'abgelegt'. Ein abruptes Aufgeben des Glaubens qualifiziert eher die zuvor vertretene Religiösität. Aber trotz dieser wichtigen Beobachtung der Belastbarkeit religiösen Glaubens stellt Allen die Auseinandersetzung mit dem Zweifel einseitig dar. Er wird dazu gezwungen, weil die Glaubensmotivation von Wahrheitsbegründungen freigehalten werden soll. Folgende Ausführungen wollen andeuten, wie die Auseinandersetzung mit Kritik angemessener beschrieben und auf das Begründungsproblem bezogen werden kann, ohne die Einsichten Allens ganz verloren gehen zu lassen.

Die vielen Deutungen und Interpretationen der neuzeitlichen Verfaßtheit des Christentums variieren in der Beurteilung, aber alle markieren einen tiefgreifenden Wandel, den es in der Gegenwart zu bewältigen hat. Seine Krise ist soziologisch erhebbares Phänomen. Eine zentrale unabgegoltene Aufgabe besteht in der befriedigenden Klärung des Verhältnisses von Religion und Rationalität. Diese Situation ist Allen durchaus bewußt, aber es bleibt erstaunlich zu bemerken, wie er der 'religiösen Lebensform' und der ihr zugeschriebenen Gewißheit all jene Folgelasten aufbürdet, die die unbewältigten Probleme philosophischer Auseinandersetzungen hinterlassen, um so den Anspruch der Rationalität zu wahren. Durchgängig zeichnet seine Arbeit das Bestreben aus, den Konfrontationsbereich beider Ebenen zu minimalisieren. Weder den Strukturen der Wirklichkeit noch denen der Subjektivität eignet die Fähigkeit einer positiven Plausibilisierung des christlichen Wahrheitsanspruches. Deren Beitrag ist dem Glauben entbehrlich, und sie können unbeachtet bleiben, so sie ihn nur nicht widerlegen. Philosophie und kritisches Denken kann diese Form christlichen Selbstverständnisses kaum gefährden. Diese Entlastung wird abgegolten durch den Verzicht auf die Begründung des Wahrheitsanspruchs. Da der Begründung der Wahrheit eine positive Wirkung für die Glaubensüberzeugung von Allen weitgehend bestritten wird, scheint in Ansicht der mit ihr verbundenen Probleme der Verlust gering. Faktisch belädt Allen jedoch die Gewißheit der Überzeugung mit allen Ausgleichs- und Entlastungsfunktionen, die die philosophisch-theologische Argumentation gegenüber ihren Kritikern einmal erreichte. Alle dem Glauben zugetragenen Zweifel, Bedenken und Widersprüche sollen bis an die äußerste Grenze, den offenkundigen Widerspruch oder die Absurdität, von dieser Gewißheit auszugleichen und zu tragen sein. Dieser Gedanke ist möglich nur unter der Voraussetzung von festen Bindungen an eine autonome und eigenständige Lebensform. Eine solche von einer sozialen Gruppe repräsentierte und von ihr zu realisierende 'Lebensform' bewahrt sich allerdings Unabhängigkeit und Eigenständigkeit nur in dem Maß, wie sie ein selbständiges Lebensverständnis auszusagen und zu begründen vermag, denn damit eröffnet sie Möglichkeiten der Identifikation. Allens Ausführungen suggerieren dagegen das Bild einer nur 'von außen', durch Fremdeinflüsse bedrohten religiösen Identität und unterstellt damit eine durchaus unzureichende Darstellung der Situation, in der viele religiöse Gruppen und Individuen sich heute befinden. Als ob der Verlust religiöser Identität nicht nur zu oft in der Diskrepanz zwischen den Realisierungsformen organisierter Religion und deren Selbstverständnis und der Möglichkeit gelingender religiöser Lebensverwirklichung begründet gewesen wäre.

Daß es heute schwerer fällt, Möglichkeiten religiöser Sinnerfahrung zu thematisieren, liegt auch daran, daß der Glaube die Existenz und die Realisierungsbedingungen der Profanität zur eigenen Voraussetzung hat. Eine unanfechtbare Glaubensgewißheit kann nicht zur theologischen Prämisse erhoben werden. Daher bedarf auch die These Allens, außer den spezifisch christlichen Erfüllungserfahrungen bedürfe es keiner weiteren Begründung für den Glauben, einer wichtigen Korrektur.

Das von ihm formulierte Kriterium, das bestimmte Bedürfnisbefriedigungen als legitimen Beweggrund zum Glauben von anderen abgrenzt, bemißt diese Berechtigung an der Beziehung der Motive zur Wahrheit des Glaubens. Diese Wahrheit müsse vorausgesetzt werden; dem Gläubigen sei sie gewiß. Die unter der Voraussetzung von Wahrheit und Gewißheit auftretenden Erfüllungserfahrungen berechtigten zur Behauptung des Wahrheitsanspruchs. Diese Beziehung von Erfüllungserlebnis und Wahrheitsanspruch bleibt bei Allen unzulänglich bestimmt. Er wertet sie als Voraussetzung, als bewußtes Empfinden der eigenen Gewißheit; die Inhalte des Glaubens umgrenzten den Bereich möglicher Motive, da diese, zum Bedürfnis geworden, nur unter der Voraussetzung gehegt werden könnten, daß das Christentum wahr sei. All die möglichen Gründe, die Allen als zum Glauben berechtigende Motive aussondert, sind Resultate und Folgeerscheinungen dieser Gewißheit; sie können nicht selbst dazu beitragen, daß diese sich erst bildet. Eben hier müßte eine erkennbare inhaltliche Beziehung zwischen der inhaltlich bestimmten Wahrheit und dem Erfüllungserleben gegeben sein. Mit anderen Worten, die Erfüllungserlebnisse sind nur dann als im Sinne Allens legitim zu werten, wenn sie die Wahrheit nicht nur voraussetzen, sondern für den Gläubigen als Gotteserfahrungen im weitesten Sinn verständlich werden. Allen muß die inhaltlich bestimmten religiösen Sinnerfahrungen zurückdrängen, weil sie - mit dem Anspruch der Gotteserfahrung oder -erkenntnis verbunden, bei ihrer Rechtfertigung eine Begründung der Wahrheit des Glaubens darstellten.

Daß das Erfüllungserleben in religiöser Praxis durchaus auf diese Beziehung zu Gott hin durchsichtig werden kann, zeigt sich z.B. daran, wie Augustinus die Erfahrungen nach seiner Konversion beschreibt. Die Wahrheit des Glaubens wird nicht abstrakt vorausgesetzt, sondern das Erleben selbst wird auf Gott bezogen. Das Glück und die Erfüllung, die Augustinus empfand, kommen in folgenden Worten zum Ausdruck: "Wie süß mit einemmal war mir's geworden, der Süße des Nichtigen ledig zu sein; was zu verlieren meine Furcht gewesen, das zu verlassen war mir nun Freude" (13). Später, nach der Taufe in Mailand, heißt es:

"Ja, ich konnte nicht genug der wunderbaren Süße jener Tage kosten, nachzudenken der Tiefe Deines Planes zum Heil des Menschengeschlechts. Wie weinte ich bei den Hymnen und Gesängen auf Dich, mächtig bewegt vom Wohllaut dieser Lieder Deiner Kirche. Die Weisen drangen an mein Ohr, und die Wahrheit flößte sich ins Herz, und fromminniges Gefühl wallte über: die Tränen flossen und mir war wohl bei ihnen" (14).

Allen zufolge wäre Augustinus berechtigt gewesen, allein dieser positiven Stimmungen und der Freude über die erreichte neue Lebensorientierung wegen die Wahrheit seines neuen Glaubens zu behaupten, denn das erfüllt bereits die von Allen genannten Bedingungen. Im Gegensatz zu den Ausführungen Allens über religiöses Befriedigungserleben eignet der Freude und dem Glück Augustins jedoch eine erkennbare Beziehung zur Gotteserkenntnis; er wertet die Erfahrungen nicht als Befriedigung religiöser Bedürfnisse im allgemeinen, die die Existenz Gottes abstrakt voraussetzen. Vielmehr birgt sich noch das Bewußtsein, Gott erfahren zu haben, in diesen Stimmungen und wird als ihr konkreter, erinnerter Grund bewußt.

In seinen Ausführungen blendet Allen die Beziehung der Selbsterfahrungen des Gläubigen zur Gotteserfahrung weitgehend aus. Um die Behauptung einer erkennbaren Beziehung zwischen Befriedigungserleben und Gotteserfahrung ist seine These von der Berechtigung zum religiösen Glauben aufgrund der Befriedigung religiöser Bedürfnisse darum zu ergänzen. Der religiöse Mensch glaubt nicht darum an Gott, weil er im Glauben gewisse Bedürfnisse befriedigt sieht und gewisse Erwartungen hegen darf; er glaubt an Gott, weil er - wie dunkel und unvollkommen auch immer - irgendwann Sinnerfahrungen gemacht hat, die er als Gotteserfahrungen versteht. Die Erfahrung eines sinnvollen, zuversichtlich geführten Lebens ist nur dann ein annehmbarer Grund für den religiösen Glauben, wenn diese Erfahrung ein erkennbares Kontinuum zur Gotteserfahrung als ihrem Grund und Ursprung aufweist. In der nichtreflektierten Glaubenspraxis wird diese Beziehung zumeist als gegeben vorausgesetzt. Es ist Aufgabe der Theologie, diese Voraussetzung als berechtigt nachzuweisen.

Rückblickend auf die Konzeption von Hick stellt sich das von Allen vertretene Begründungsmodell als eine weitere Verengung und Reduzierung des von der Begründung inhaltlich Geforderten dar. Was die Begründung an kognitivem Nachweis zu erbringen hat, beschränkt sich auf die Charakterisierung der religiösen Überzeugung als einer kognitiven Deutung der Erfahrung. Was sie nicht zu leisten vermag, wird der Gewißheit der gläubigen Selbsterfahrung angelastet. Während Hick zur Begründung des Glaubens noch die Gotteserfahrung einfordert, diesen erkenntnistheoretisch jedoch nur als eine gegebenenfalls verifizierbare Behauptung werten kann, so wird bei Allen dieser Anspruch nicht bestritten, als Begründungsinstanz jedoch die allgemeine religiöse Selbsterfahrung benannt, die die Relation zu Gott nicht mehr explizit zu wahren braucht. Das Gesamt der vom Glauben eröffneten positiven Erfahrungen soll einzig darum berechtigen, an Gott zu glauben, weil sie durch den Glauben ermöglicht werden. Die Wahrheitsfrage selbst bringt sich in diesem Modell der Begründung nicht mehr konstitutiv zur Geltung.

Im Zusammenhang unserer Fragestellung nach einem möglichen Begründungskonzept ist damit dies als Ergebnis festzuhalten: Der Sinn von Begründung muß auch in der Glaubensbegründung zur Geltung kommen: der Glaube soll nicht willkürlich behauptet oder kraft einer nach Gutdünken erfolgten Zielsetzung Geltung haben. Der Geltungs- und Wahrheitsanspruch, den er impliziert, ist einsichtig zu machen. Nun ist offensichtlich, daß wie alles menschliche Verhalten auch religiöse Praxis sich nicht in bewußtseinskontrollierten Handlungen erschöpft. Was ein Mensch sagt oder tut, hat oft auch andere Beweggründe als jene, deren er sich bewußt ist: Interessen, Neigungen und Bedürfnisse. Erkenntnis, die behauptet und begründet wird, das praktische Wollen, das durch den Nachweis der Geltung des Zieles eine Handlung rechtfertigt, sind von Interessen und Neigungen nicht nur begleitet, sondern oft auch unbewußt orientiert. Dies gilt nicht zuletzt auch für die Religion. Was vordergründig als den Wünschen und Strebungen entzogene wahre Aussage oder ausschließlich zielorientierte Handlung erscheint, kann unerkannte Beweggründe zur Voraussetzung haben und von ihnen maßgeblich beeinflußt sein. Allen fordert die Befriedigung von Bedürfnissen zur Begründung des Glaubens ein, sieht aber deutlich die Gefahr seiner Funktionalisierung im Interesse ihm fremder Zwecksetzungen. Die fraglichen Bedürfnisse müssen daher durch den Glauben selbst konstituiert werden und von seiner Wahrheit abhängig sein. Diese Unterscheidung erhält ihre Bestimmtheit mit der inhaltlichen Bestimmung des Glaubens. Dieser wird von Allen in kognitiven Kategorien formuliert: Interpretation des Wirklichen im Modus der Bezugnahme auf Gott. Philosophische Probleme verhindern für Allen eine affirmative Begründung dieser Wirklichkeitsdeutung. Daher werden auch Gotteserfahrungen im engeren Sinn von ihm für die Begründung nicht in Anspruch genommen; eine Prüfung ihres Wahrheitsgehalts verstrickte in die gleichen Schwierigkeiten wie der Versuch, ihren Geltungsanspruch einzulösen. Entgegen der Auffassung Allens sind jedoch schon die Befriedigungserlebnisse als Gotteserfahrung im weitesten Sinn aufzufassen und verständlich zu machen, und ebenso ist die theistische Interpretation der Wirklichkeit auszuweisen: erst unter dieser Voraussetzung wird der Sinn solchen Interpretierens plausibel, und erst dann kann den nichtkognitiven Befriedigungserlebnissen eine Bedeutung im theologischen Begründungszusammenhang zukommen. Daher kann sich die Theologie der Geltungsprüfung der mit religiöser Erfahrung verbundenen Behauptungen ebensowenig entziehen wie der Frage nach dem Wahrheitsgehalt ihrer Wirklichkeitsdeutung. Es reicht nicht hin, den kognitiv begriffenen religiösen Glauben abseits seiner kognitiven Ansprüche begründen zu wollen. Die sich in der Konzeption Allens aufwerfenden Probleme weisen darum auf die Konzeption Hicks als einem Ansatz zurück, hinter den nicht zurückgegangen werden kann. Gleichfalls zeigt das Begründungsmodell Allens nicht, daß die dort in Auseinandersetzung mit Hick geforderte affirmative Glaubensbegründung entbehrlich wäre.

Als ein besonderer Vorzug der Konzeption Allens ist zu werten, daß sie nachdrücklich nahelegt, die Erfahrungen gläubiger Lebenspraxis aus der Geltungsproblematik nicht auszublenden. Welchen Stellenwert diese in der Glaubensbegründung möglicherweise besitzen können, will die folgende Auseinandersetzung mit der narrativen Theologie erörtern.

D Theopoiesis und narrative Vergewisserung des gläubigen Selbst
   Zum Verlust des Begründungsthemas in der narrativen Theologie

1. Anliegen und Programm der narrativen Theologie

"Narrative Theologie" ist im deutschen theologischen Sprachgebrauch bislang eher ein Schlagwort geblieben. Moden definieren sich durch Kurzlebigkeit, und daher sind sich auch die Kritiker dieser neuen theologischen Richtung noch nicht darüber einig, ob sich diese Art theologischen Denkens durchsetzen, oder ob mit ihr eine weitere theologische Marotte bald wieder vergessen sein wird. Gegenüber solchen Vorbehalten deutet aber vieles darauf hin, daß sich hinter den Etiketten "narrative", "biographische", oder "parabolische" Theologie ein ernsthaftes Anliegen und ein theologisch wichtiges Thema verbergen. Obschon die verschiedenartigen Vorstellungen der narrativen Theologie noch keine differenzierte Ausarbeitung zu einem überzeugenden systematischen Konzept gefunden haben, sollen einige Ansätze in die Erörterung der Begründungstypen von religiösen Überzeugungen aufgenommen werden. Dies vor allem darum, weil sich die narrative Theologie im deutschen Sprachraum polemisch gegen das Vorhaben einer Begründung des Glaubens eingeführt hat und Probleme anspricht, denen der Versuch einer Glaubensbegründung sich stellen muß.

Mit dem Titel "narrative Theologie" verbindet sich in Deutschland in erster Linie der Name von J.B. Metz. In Amerika sind verwandte Auffassungen schon früher und auch wesentlich differenzierter entwickelt worden (1). Dennoch kann nur mit Vorbehalten von 'der' narrativen Theologie als einer einheitlichen theologischen Bewegung gesprochen werden, denn neben einem gemeinsamen Anliegen sind zu dieser Richtung durchaus verschiedene Auffassungen und Positionen zu zählen. Weil aber der Terminus "narrative" Theologie sich in der deutschen Literatur schon eingebürgert hat, wird er hier beibehalten und als Rahmenbegriff verwendet, ohne eine bestimmte Position oder einen bestimmten Autor zu bezeichnen.

Ein grundlegendes Interesse, das die meisten zu besprechenden Autoren teilen, ermöglicht, ihre Positionen im Zusammenhang zu diskutieren. Dies ist das Bewußtsein der Notwendigkeit einer theologischen Reflexion auf die neuzeitliche Subjektivität und die konkrete Wirklichkeitserfahrung des Menschen der Gegenwart. Die Dringlichkeit einer solchen Konzentration auf Erfahrung ergibt sich für diese Autoren aus der Einsicht, daß religiöser Glaube und die konkrete Lebenswirklichkeit sich zunehmend voneinander entfernen. Der Glaube wird ort- und funktionslos, wenn die Bezüge zwischen beiden Aspekten der menschlichen Existenz nicht aufgedeckt und belebt werden. Daß die tradierte Theologie trotz immenser Geschäftigkeit beklagenswert wirkungslos bleibt, sehen sie zu dem Maß durch sie selbst verursacht, wie sie ihre herkömmliche Begrifflichkeit wahrt und durch ihre Sprache und Denkweise die Distanz zum Erfahrungshorizont des heutigen Menschen selbst reproduziert. Weil die heutige Wirklichkeits- und Selbsterfahrung als qualitativ anders eingeschätzt wird als die tradierten Denkschemata der Theologie supponieren, gilt ihnen eine systematische Reflexion auf den konkreten Erfahrungsbereich des Menschen aus theologischem Interesse als unerläßlich. Die Ablehnung der geläufigen Theologien durch die narrative Theologie ist daher weniger durch deren immanente Widersprüche, sondern vor allem in einem tiefen Unbehagen an ihrer Wirkungslosigkeit motiviert. Eine wirksame Revitalisierung traut man ihr nicht mehr zu, weil sich in der Gegenwart ein anderes Wirklichkeitsbewußtsein Geltung verschafft als jenes, das in die herkömmliche Theologie und ihre Begrifflichkeit eingegangen ist. Diese neue Einstellung zur Wirklichkeit, auf die die narrative Theologie eingehen will, ist zwar noch nicht genau bestimmbar, aber es gilt als ausgemacht, daß der Glaube an diesem Wandel teilhat und daß die Theologie dies zur Kenntnis nehmen muß:

> "... die Veränderungen in der Theologie sind Moment einer allgemeinen Umstimmung, eines Wechsels, der weder religiös, politisch, ästhetisch oder moralisch ist, sondern der all diese Bereiche so durchdringt, daß er einige Arten des Denkens in jedem von ihnen unwahrscheinlich oder gar unmöglich und andere Arten möglich oder sogar unvermeidlich macht" (2).

Religiöse Überzeugungen sind gegenüber ihren kulturellen Bezügen nicht so autark, daß ein grundlegender Wandel dieses Bereichs die religiösen Formen völlig unangetastet ließe. Die wissenschaftlich-technische Industriegesellschaft gegenwärtiger Prägung erstickt manche ihrer herkömmlichen Formen und macht andere erforderlich. Solche Veränderungsvorgänge, die sich aus der Verflechtung von Religion und gesellschaftlichen Strukturen und deren Abwandlung ergeben, sind der Theologie und Kirchengeschichte nicht fremd. Unter den theologischen Disziplinen obliegt es der Pastoraltheologie, die Voraussetzungen und Bedingungen solchen Wandels zu reflektieren und Leitlinien einer zeitgemäßen religiösen Verkündigung zu formulieren. Die Vertreter der narrativen Theologie erachten die Diskrepanz zwischen der erfahrenen Lebenswirklichkeit und den tradierten religiösen Formen jedoch als derart tiefgreifend, daß sie längst nicht mehr als bloßes theologisches "Übersetzungsproblem" begriffen werden kann. So behauptete M. Novak, einer der ersten Theologen dieser Richtung, schon vor längerer Zeit das Ende der traditionellen Theologie: "Die traditionelle 'religiöse Kultur' entgleitet unserer Zivilisation wie eine überflüssige Haut,und eine neue Sprache und eine neue Kultur übernehmen ihre Stelle" (3). Der Anspruch, Theologie zeitgemäß und erfahrungsentsprechend als narrative Theologie zu betreiben, legitimiert sich mithin auch durch eine spezifische Deutung der Gegenwart. Diese ist kurz vorzustellen, weil sonst viele Aussagen der narrativen Theologie unverständlich blieben.

Übereinstimmung herrscht darüber, daß die Ursache verschiedener Probleme der Ausbildung einer religiösen Überzeugung im säkularisierten Selbstverständnis der wissenschaftlich-technischen Welt zu suchen sind.

Diese wird jedoch nicht so beurteilt, als sei es Aufgabe der Theologie, sich auf ihre vorneuzeitlichen Traditionen zu besinnen. Vielmehr gilt als Voraussetzung, daß Theologie nur dann überzeugend von Gott reden kann, wenn sie die säkularisierte Wirklichkeit als Hintergrund und Lebenskontext der gläubigen Selbsterfahrung ernst nimmt. Nach Novak bestimmt sich die gegenwärtige Wirklichkeitserfahrung zur Religion nicht mehr durch Formen des militanten Atheismus; erstes Merkmal des Unglaubens ist heute vielmehr das eines allgemeinen Desinteresses an Religion und religiöser Praxis (4). Dieses gründet eher in einem bloßen, interesselosen Unverständnis als in einer aktiven, bewußten Ablehnung. Sowenig die Religion viele Menschen noch zu faszinieren oder zu begeistern vermag, sowenig motiviert sie noch zu ihrer kämpferischen Ablehnung. Immer weniger fordert sie dem Menschen eine positive oder negative Anteilnahme ab. Gott macht sich in der alltäglichen Lebenserfahrung immer weniger geltend; die Rede der Theologen von ihm wird unwirklich. Novak zufolge tendiert die Struktur wissenschaftlich-technisierter Gesellschaften dahin, den Bereich möglicher Transzendenzerfahrungen abzuschirmen und zu neutralisieren. "Die Schlüsselerfahrungen, durch die Gott für die Menschen wirklich wird, sind in unserer Gesellschaft systematisch blockiert" (5). Die durch szientifische Organisation bestimmte Lebenspraxis lähmt und verhindert spezifische menschliche Selbsterfahrungen, die den Zugang zum Erfahrungsbereich des Göttlichen eröffnen könnten, so etwa die Erfahrungen freier Selbstbestimmung, Erfahrungen der Aufrichtigkeit, gemeinschaftlichen Erlebens oder des Lebenswagnisses. Bürokratisierung, Technisierung und administrative Organisation vieler wesentlicher Lebensvollzüge reduzieren die freien, selbstaffirmativen Handlungen des Subjekts zunehmend auf Anpassung an herrschende Verhaltensmuster. Freies, autonomes Bestimmen des eigenen Lebenssinnes, kritische Revisionen des Wirklichkeitsverständnisses, Situationen, in denen das eigene Selbst rückhaltlos zur Entscheidung gefordert ist sowie offene und vertrauliche Kommunikation werden durch ein funktionales, objektivierendes Denken immer mehr verhindert. Das Gesellschaftssystem nimmt dem einzelnen solche Entscheidungen ab und raubt ihm damit zugleich diese Erfahrungsbereiche. Das Leben wird tendenziell risikolos, es fügt sich einer verwaltenden Ordnung.

Vor diesem Hintergrund fordert Novak mit Nachdruck dazu auf, in der Theologie wahrzunehmen, daß diese gesellschaftliche Wirklichkeit die Lebensbedingungen auch des gläubigen Menschen bestimmt. Religiöser Glaube ist selbst ein soziales Phänomen und kann darum von diesen Bedingungen nicht unbeeinflußt bleiben. Die Strukturen der gesellschaftlichen Wirklichkeit zeichnen sich in das Lebensverständnis und Wirklichkeitsempfinden auch des religiösen Menschen ein. Entzieht die technischwissenschaftliche Organisation der Lebensvollzüge zunehmend den religiösen Erfahrungsbereich, muß sich religiöse Praxis auf anderen Ebenen motivieren; sie ist dann oft in Autorität, Gewohnheit oder sozietätskonformem Verhalten begründet. Die Basis des Glaubens wird abhängig von gesellschaftlichen Organisationsformen, die den religiösen Erfahrungsraum aushöhlen. Denn anders als im Kontext religiös geprägter Gesellschaftsformen stützt diese Öffentlichkeit den Glauben nicht, sondern droht ihn auszuzehren. Der in der religiösen Sprache und in den Formen der Frömmigkeitspraxis aufbewahrte Wirklichkeitsrahmen vergangener Zeiten mindert vor diesem Hintergrund selbst die Verbindlichkeit des Glaubens; seine Gehalte erscheinen fremd und gegenstandslos. Soll unter diesen Umständen der Glaube als lebbare Überzeugung entwickelt und praktiziert werden, so ist das nach Ansicht der narrativen Theologie nur dann möglich, wenn er sich auf jene Bereiche der konkreten Selbsterfahrung stützt, die weder der Vergangenheit angehören, noch den Gesetzlichkeiten der bürgerlichen Warengesellschaft verfallen sind. S. Keen, ein aus der Gegenkultur der 60er Jahre hervorgegangener theologischer Schriftsteller, votiert emphatisch für eine solche erfahrungsnahe Theologie:

> "Mindestens für unsere Zeit müssen wir alle orthodoxen Geschichten einklammern und suspendieren, was immer von unserer an Glaubensgehalten vollen Einstellung zurückbleibt. Unser Ausgangspunkt muß die individuelle Biographie und Geschichte sein. Wenn ich das Heilige entdecken soll, dann in meiner Geschichte und nicht in der Geschichte Israels. Gibt es ein Prinzip, das der Geschichte Einheit und Sinn verleiht, muß es eines sein, das ich berühren, fühlen und erfahren kann" (6).

In diesem Sinn wird die konkrete Erfahrbarkeit zum entscheidenden Interpretationshorizont aller theologischen Aussagen. Präzise Begrifflichkeit, spekulatives Denken, Gewißheit der Erkenntnis oder Widerspruchslosigkeit der Aussagen gelten gegenüber der Erfahrbarkeit als von zweitrangiger Bedeutung. Glaube und Gotteserkenntnis sollen in der Beziehung von Erfahrung und Lebenspraxis ihren Ort und Ursprung haben. Diese Konstellation von Leben und Erkennen, die als Grundlage der Glaubenserkenntnis postuliert wird, erinnert in ihrer oft skeptischen Einschätzung des Denkens und Erkennens an die Lebensphilosophie zu Beginn dieses Jahrhunderts. Stellte man damals dem Einfluß des naturwissenschaftlichen und mechanistischen Denkens das innere Erleben und die Gemütsregungen des Menschen entgegen, so verfolgt die narrative Theologie eine Rehabilitierung von Erfahrung und Gefühl gegenüber dem abstrakt-begrifflichen Denken in der Theologie. Die abschätzige Einstellung gegenüber dem naturwissenschaftlichen Erkenntnis- und Wissensbegriff, wie Musil sie bei der Lebensphilosophie eloquent beschrieben hat, könnte sich auch bei dem einen oder anderen Vertreter der narrativen Theologie finden:

> "So ist Wissen nichts als die An-Eignung einer fremden Sache; man tötet, zerreißt und verdaut sie wie ein Tier. Begriff, das reglos gewordene **Getötete**. Überzeugung, die nicht mehr veränderliche erkaltete Beziehung. Forschung gleich Fest-Stellen. Charakter gleich

Trägheit, sich zu wandeln. Kenntnis eines Menschen soviel wie nicht mehr von ihm bewegt werden" (7).

Bildet diese skizzierte Einschätzung der Gegenwart und die Beurteilung der Möglichkeit religiöser Lebensvollzüge die Voraussetzung der narrativen Theologie, erhält Theologie auf verschiedenen Ebenen neue Akzente. So kann Glaube nicht primär 'Zustimmung' sein. Der Bezug zur im Glauben bejahten Wirklichkeit drohte dann zur rein intellektuellen, interesselosen Zustimmung zu dogmatisierten Aussagen zu verblassen. Subjektive Erfahrungen und Regungen kämen nicht in den Blick; das Subjekt würde sich in dem System abstrakter dogmatischer Sätze nicht wiedererkennen.

Obschon der Nachdruck auf Selbsterfahrung und Selbsterleben gelegt wird, melden sich doch Vorbehalte gegenüber Theologien einer weltlosen, subjektivistischen Glaubensentscheidung. Die Charakterisierung des Glaubens als einer unverfügbaren Entscheidung unterschätzt die Bindung der religiösen Überzeugung an nichtreligiöse Erfahrungsbereiche. Hier wird dem Gläubigen eine Art der Gewißheit unterstellt, der nach Meinung der narrativen Theologie seine Selbsterfahrung nicht entspricht. Ein noch so rigider Dezisionismus kann den Tatbestand nicht leugnen, daß der Glaube sich in einer Sozietät ausbildet, die in der Gegenwart selbst durch die säkularisierte Gesellschaft geprägt ist. Keine Entscheidung kann den Gläubigen aus seinen sozialen Bezügen hinauskatapultieren; der Glaube muß vielmehr in diesem Rahmen gelebt und verwirklicht werden. Die Beziehung zwischen Glaube und der nichtreligiösen Welt werden durch solche Entscheidungstheologien ignoriert; jede Form des Rekurses auf eine exklusiv innerlichkeitsorientierte Gläubigkeit bedeutete eine nachträgliche Affirmation der Trennung von Glaube und erlebter Lebenswirklichkeit. Die Entfremdung zwischen beiden Bereichen tendiert dahin, unüberwindlich zu werden, wenn man sie durch eine Subjektivierung des Glaubens zu bewältigen trachtet.

Solche Überlegungen zum veränderten Wirklichkeitsverständnis und einer ihm angemessenen Theologie sind nicht neu. Ihren spezifischen Akzent erhält die narrative Theologie jedoch durch die Reflexionen auf das Problem, wie sich das gläubige Subjekt in der sich ändernden Wirklichkeit selbst als ein änderndes erfährt. Sie macht darauf aufmerksam, daß die von der Theologie rezipierten Selbstbestimmungen philosophischen Traditionen entstammen, die die heutige Selbsterfahrung überwunden hat. Der in der Tradition des Descartes stehenden Theologie wird der Verlust eines Empfindens für die fundamentalen Erfahrungen des Subjekts vorgeworfen. Ebenso weist man darauf hin, daß auch die widrigen Erfahrungen des Selbstverlusts und der Identitätsdiffusion, sowie Erfahrungen der Veränderungen und der Zeitlichkeit hier kaum in den Blick kommen. Aber gerade auf diese soll Theologie eingehen. Sie soll von Gott in Zusammenhängen reden, in denen der Mensch sich selbst und seine Beziehungen zu Mitmenschen und zur Wirklichkeit im ganzen konkret erfährt. Vor diesem grob skizzierten Hintergrund lassen sich verschiedene Ansätze der narrativen Theologie ausmachen.

Trifft zu, daß das Selbstverständnis des Menschen sich aus seinen individuellen Erfahrungen konstituiert und sich in diesem Sinn mit seiner Lebensgeschichte deckt, stellt sich die Frage nach den Bedingungen der so begriffenen Subjektivität anders als bei den formal-abstrakten Begriffen des Selbstbewußtseins. Als Möglichkeitsbedingungen des sich aus den geschichtlichen Erfahrungen identifizierenden Subjekts und seines Selbstverständnisses werden Zeitlichkeit und Geschichtlichkeit benannt. Wäre die Erfahrung von Wirklichkeit in Zeit eine Erfahrung von zusammenhanglosen, disparaten Momenten, könnte Wirklichkeit nicht als ein sinnhafter, zeitlicher Zusammenhang erfahren werden. Daher, so wird gefolgert, muß Erfahrung in sich selbst narrativer Struktur sein. Erfahrungen lassen sich entsprechend nur narrativ vermitteln, d.h. durch Kommunikationsformen, die diesem sich zeitlich erstreckenden Zusammenhang Ausdruck zu geben vermögen. Die Entfaltung dieses narrativen Erfahrungsbegriffs steckt noch in den Anfängen; die Autoren nehmen die augustinischen Reflexionen über Zeit und Gedächtnis auf und rekurrieren auf die Phänomenologie und Transzendentalphilosophie unseres Jahrhunderts (8).

Andere Autoren setzen weniger grundsätzlich an. Sie optieren, daß Selbsterfahrung und Selbstidentität wesentlich narrativ bestimmt sind. Daher werden Begriffe wie Lebensgeschichte, Erzählung und Erinnerung zur Bestimmung der religiösen Identität herangezogen. Erfährt sich nun das Selbst vornehmlich im Modus seiner Lebensgeschichte, ist vor diesem Hintergrund auch der Begriff der Glaubenserfahrung neu zu akzentuieren. Glaubenserfahrung muß vornehmlich als Erfahrung der eigenen Glaubensgeschichte entworfen werden, als Erzählung davon, 'wie man zum Glauben kommt' (9).

Wird diese Auffassung zur theologischen Prämisse erklärt, hat sie weitreichende Konsequenzen. Ist Glaube primär Erfahrung der Entwicklung der gläubigen Identität, der eigenen Glaubensgeschichte, kann dieser am geeignetsten durch Erzählungen mitgeteilt werden, wenn andere Kommunikationsformen überhaupt als möglich erachtet werden. 'Dogmatik' läßt sich nicht jenseits der gläubigen Subjektivität mehr formulieren; sie ist eher als geronnene, erinnerte und erzählte Erfahrung zu begreifen. Sind Glaube als Vollzug und Glaubensgehalt in diesem Sinn ihrem Wesen nach verbunden, folgt die hermeneutische Konsequenz, daß Glaube ausschließlich als lebensgeschichtlich entstandene Überzeugung verstehbar und einsichtig wird. Theologie ist darum immer auch Biographie und Autobiographie. Entsprechend ergibt sich die Notwendigkeit einer angemessenen theologischen Verstehenslehre und die Forderung nach einer Revision des herkömmlichen Theologieverständnisses (10).

Die Folgen dieser neuen Konzeption von Theologie werden deutlich, wo diese von anderen Voraussetzungen ausging und ausgeht. Einerseits entstehen innertheologische Konflikte, andererseits können bislang eher vernachlässigte oder gemiedene Bereiche sich ungehinderter entfalten. Spannungen treten z.B. dort auf, wo Theologie ihren Wissenschaftscharakter nachzuweisen bemüht ist. Das Postulat der Intersubjektivität der Erkenntnisgegenstände, durch das der herrschende Wissenschaftsbegriff sich wesentlich definiert, ist hier nur partiell erfüllbar. Die narrative Theologie faßt das jedoch nicht als beunruhigendes Problem auf, sondern wertet es als Merkmal der Eigenart des Glaubens und der Gotteserkenntnis, das die Theologie selbst prägt. Der Nachweis der 'Wissenschaftlichkeit' gilt als von minderer Relevanz (11).

Weniger umstritten und deutlicher in der Beziehung gestaltet sich das Verhältnis zu Literatur und Literaturwissenschaften. Über das Problem der Bestimmung der Erzählung als literarischem Genus stellt sich die Relation zu Literatur und Sprachwissenschaft selbst ein. Zugleich gewinnt die sogenannte christliche Literatur wieder an Interesse; es entsteht eine neue Form der Hagiographie. Dabei erfahren auch bestimmte theologische Traditionen eine Aufwertung. "Die Liebenden wissen am meisten von Gott - ihnen muß der Theologe zuhören" sagt von Balthasar zur Notwendigkeit der Auseinandersetzung mit den Heiligen und den Großen der Kirche. Eine solche Vermittlung wird für manche Bereiche der Theologie konstitutiv, und durch sie erhält die Erzählung von "Lebensgeschichten vor Gott" (Metz) zentrale Bedeutung (12).

Schließlich, um diesen Problembereich nur anzudeuten, dem eine sich narrativ bestimmende Theologie gegenübergestellt sieht, fragt sich, welcher Stellenwert der Exegese als theologischer Wissenschaft noch zukommen kann. Die Verselbständigung der Bibelwissenschaften gegenüber ihrem herkömmlichen Selbstverständnis seit der Aufklärung durch die historisch-kritische, die form- und redaktionsgeschichtliche Methode war durch einen Wahrheitsbegriff veranlaßt, der sich zu jener Zeit kritisch gegenüber dem der Theologie durchsetzte. Wenn sich heute der umgekehrte Vorgang beobachten läßt, innerhalb dessen man diese Forschungstradition nun als mißverstandenen Kampf gegen den narrativen Realismus der biblischen Schriften beurteilt, erscheint das zunächst als paradox. Nicht nur darum, weil fraglich ist, ob sich ein 'narrativer Realismus' auf zweiter, aufgeklärter Ebene umstandslos restituieren läßt, sondern vor allem, weil hier das kritische Selbstverständnis der exegetischen Wissenschaften unter dem Einfluß philosophischer Theoreme erneut aufgegeben zu werden scheint. Der Einfluß exegetischer Impulse auf die narrative Theologie blieb bislang eher peripher; hier war lediglich auf diesen Ansatz hinzuweisen (13).

Schon diese groben Skizzierungen deuten an, daß sich in der narrativen Theologie möglicherweise ein neues Verständnis von Theologie und Glaube durchzusetzen beginnt. Um dem Motiv der sich hier gegenüber rationaler, argumentativer Theologie meldenden Skepsis auf die Spur zu kommen und es dem Begründungsproblem zu konfrontieren, ist es angebracht, aus dem Spektrum der angedeuteten Ansätze einige zentrale Fragen aufzugreifen, die einerseits das Anliegen der narrativen Theologie verdeutlichen und andererseits mit dem Begründungsproblem in Beziehung stehen. Zur Eruierung einiger wesentlicher Probleme eignen sich die Äußerungen von Metz, weil sie wegen ihres noch recht bruchstückhaften Charakters die Intentionen deutlich werden lassen und zudem einige Themen der narrativen Theologie engagiert exponieren.

2. Die narrativ-memorative Theologie von J. B. Metz

Die katholische Theologie der Neuzeit charakterisiert für Metz ein "Schisma zwischen theologischem System und religiöser Erfahrung" (14). Diese Beziehungslosigkeit zwischen Dogmatik, die er "zur objektivistischen Lehre" (15) verkommen sieht, und der Lebens- und Wirklichkeitserfahrung des Menschen der Gegenwart äußert sich in der Unfähigkeit der Theologie, "prägend, rettend oder verwandelnd in die religiöse Lebenswelt (einzugreifen)" (16). Dieses Unvermögen hat für Metz darin seinen Grund, daß sich die Theologie in der Neuzeit dem normativen Einfluß eines Erkenntnis- und Wissenschaftsideals fügte, für das entweder die Ausschaltung des Subjekts aus dem Bereich verbürgten Wissens konstitutiv ist, oder das Wissenschaft nach dem Maßstab der Operationalisierbarkeit ihrer Erkenntnisse begreift und den Menschen ausschließlich als funktionale Größe in den Blick bekommt (17). Die erneute Integration des von den Wissenschaften ausgeschlossenen Erfahrungsbereichs in die Theologie ist erklärtes Ziel der Aussagen von Metz. Diese Erfahrungen des Subjekts, so lautet nun seine erste These, kommen unverstellt und ohne Verkürzung eines ihrer Aspekte nur dann in den Blick, wenn das Subjekt ihnen unmittelbar Ausdruck verschaffen kann. Das Individuum bringt sich und seine Erfahrungen nicht in wissenschaftlich kontrollierbaren Aussagen zum Ausdruck, sondern teilt sie in Erzählungen und Geschichten mit. Das Erzählen empfiehlt sich daher nicht nur als besonders geeignete Kommunikationsform für die Theologie, sondern es allein gewährleistet eine unverkürzte Mitteilbarkeit der Glaubenserfahrung. Ohne solches Erzählen, so wird behauptet, bleibt "die Erfahrung des Glaubens wie jede ursprüngliche Erfahrung sprachlos" (18). Zwei Überlegungen führen Metz zu dieser Auffassung.

Zum einen behauptet er, daß Neuheitserlebnisse nicht in anderer Form als durch eine Erzählung mitgeteilt werden können: "... das Neue und noch nie Dagewesene kann nur erzählend bzw. vorauserzählend eingeführt und identifiziert werden" [335]. Der zweite Gedankengang führt zu der These: "'Anfang' und 'Ende' können nur erzählend bzw. vorauserzählend besprochen werden" [ibid]. Könnte man dem zustimmen, bräuchte nur noch gezeigt zu werden, daß theologisches Reden sich durch diese Merkmale kennzeichnet.

Das 'Neue', von dem Metz hier spricht, kann nicht das in der Erwartung schon fest fixierte, lediglich noch nicht Eingetretene meinen. Ereignisse, die bislang nicht stattgefunden haben, in der Vorstellung aber erwartet werden, sind zwar "neu", haben diesen Charakter aber auf Grund ihrer erstmaligen Faktizität. So trug etwa die erste Landung auf dem Mond dieses Merkmal, aber die erste Verwirklichung, das erstmalige Eintreten des bislang allenfalls unter bestimmten, nicht gegebenen Bedingungen für möglich Gehaltenen läßt sich wie alle "Weltrekorde" in einfachen beschreibenden Aussagen mitteilen; dazu bedarf es nicht der Erzählung. Warum also läßt sich "Neues" nur erzählend mitteilen? Wo Metz von der "unerfindbar neuen Erfahrung der Auferweckung des gekreuzigten Jesus" [335] spricht, wird sein Anliegen deutlicher. Er möchte offenbar das Erzählen als eine Art der Mitteilung von Erfahrungen akzeptiert wissen, ohne daß der nichtwissenschaftliche Charakter solchen Erzählens dieses sogleich diskreditierte. Manche Ereignisse sind wirklich und manche Erfahrungen bedeutsam, ohne daß sie in wissenschaftlich gesicherten Aussagen zur Kenntnis gebracht werden könnten. Dies trifft für Metz auf die Kundgabe von Neuheitserlebnissen zu. Er vertieft jedoch nicht, warum Glaubenskundgabe zu dieser Art des Erzählens von Neuheitserlebnissen gerechnet werden soll und unterläßt ebenfalls eine nähere Bestimmung des Verhältnisses der erfahrungsträchtigen Erzählung zum deskriptiven Bericht oder zur wissenschaftlichen Aussage. Bei ihm bleibt ungeklärt, wieweit Erzählungen Deskriptionen in sich bewahren, ob und wieweit sie fiktive Elemente enthalten, auf welche Weise sich die Wahrheitsfrage bei ihnen stellt. Um das Erzählen als vorzüglichen Modus religiöser Kommunikation herauszustellen, wäre sein Verhältnis zur Beschreibung, zum Bericht und zur Fiktion zu klären und die Behauptung seines Vorzugs für die Erfahrungsvermittlung erst noch zu begründen.

Das andere Argument für die Eignung des Erzählens zur Erfahrungsvermittlung behauptet, die Beziehung von Anfang und Ende lasse sich nur narrativ zur Darstellung bringen. Diese Überlegung wird von Metz über einige Hinweise auf die Erzählstruktur der Weltentstehungsmythen hinaus nicht weiter begründet. Die Behauptung, die Vernunft könne ihre eigene Genese nicht hinreichend rekonstruieren, läßt sich nicht bestreiten, doch wird von Metz voreilig geschlossen, die Einsicht in die Begrenztheit menschlicher Vernunfterkenntnis setze das Erzählen schon von sich aus als vorzügliche Art der Kundgabe von Erfahrungen ins Recht. Daß Metz auf eine differenziertere Erörterung seines Gedankens verzichtet, macht sich äußerst nachteilig bemerkbar. Gerade an der Problematik zeitunterschiedener Momente wie Anfang und Ende, die in Erzählungen in einen (konstruierten?) Zusammenhang gebracht werden, hätten einige Ausführungen den Erkenntniswert und die Funktionen von Erzählungen klären können. Ohne solche Präzisierung wird nicht klar, wieweit 'Erzählung' als Kategorie der Erkenntnis, der Sprache und wieweit sie als Handlungskategorie zu werten ist bzw. wieweit diese Aspekte in ihr zur Deckung gelangen. Weil Aussagen über sich zeitlich erstreckende Vorgänge mit Anfang und Ende selbst diesen Fragen unterliegen, ist eine Klärung auch aus theologischem Interesse hier unverzichtbar. Von F. Kermode werden in seinem für die amerikanische narrative Theologie sehr bedeutsam gewordenen Buch "The Sense of an Ending" (19) umfassende Zeitmuster sowie die Antizipation von Endzeiten auf das Bedürfnis des Menschen zurückgeführt, das ihn umgebende Chaos durch projizierte Ordnungsstrukturen wie etwa durch die Zeitmessung zu bannen. Dies gelinge dem Menschen dadurch, daß er sich selbst als Kulminationspunkt zwischen einer projizierten Beziehung von Anfang und Ende begreift. Damit wird bloße Dauer und leerer Zeitfluß zur sinnerfüllten Zeit als Schnittpunkt von Vergangenheit und Zukunft in eigener Gegenwart. Gerade weil Kermode und andere die Zeitbeziehung von Anfang und Ende als Projektion einer fiktiven Zeitordnung betrachten, als eine der an sich selbst sinn- und strukturlosen Zeit übergestreifte Sinnstruktur, wäre der Erkenntnis- und Wahrheitsgehalt von Geschichten und Erzählungen, die zeitunterschiedene Punkte zu einer Beziehungseinheit fassen können, von Metz nicht nur zu behaupten (20). Daß Metz die Beziehung der Erfahrung zur sprachlichen Darstellung nicht weiter erörtert, gestattet ihm, der Erzählung eine kommunikative Kraft zuzuschreiben, die er arglos der des Symbols und der Argumentation meint entgegensetzen zu können [vgl. 335]. Hinter dieser Gegenüberstellung steht ein Begriff des Symbols, der den der Erzählung noch deformiert (21).

Der Begriff des Erzählens wird von Metz weiterhin dem der Argumentation entgegengesetzt. Die Klärung dieses Verhältnisses und damit der Beziehung der Erzählung zur Vernunft kann das Anliegen der narrativen Theologie im Metzschen Verständnis weiter verdeutlichen.Metz trifft Feststellungen zu diesem Thema vom theologischen und vom philosophischen Standpunkt aus. Theologisch sucht er einsichtig zu machen, daß Zusage des Heils an den Menschen ohne narrative Elemente nicht möglich ist. "Eine Theologie des Heils", so behauptet er, "kann nicht rein argumentativ, sie muß immer auch narrativ expliziert werden; sie ist in fundamentaler Weise memorativ-narrative Theologie" [339]. Die Zusage des Heils an den Menschen soll darum nicht die Gestalt des Arguments haben können, weil sie im christlichen Sinn Erlösung des leidenden Menschen aussagen will. Das Leiden sträubt sich gegen eine argumentativ-rationale Darlegung seiner Erlösung. "Es ist das Leid, das einer affirmativen Theorie der Versöhnung zwischen Mensch und Natur widersteht" (22). Ein Begriff des Leidens würde im Aussagensystem einer 'Theorie der Versöhnung' das Leid zu einer operationalisierbaren Größe machen, was den Ernst menschlichen Leidens zynisch ignorierte. Metz wendet diese Einsicht gegen verschiedene Entwürfe der Geschichtsphilosophie und auch der Theologie. Gemeinsam ist allen theologischen Versuchen, die Erlösung des Menschen begrifflich zu fassen, sie plausibel zu machen und sie zu begründen, daß der Ernst des Leidens der Schlüssigkeit eines Aussagensystems geopfert wird. Metz wehrt sich dagegen, menschliches Leid umstandslos als Begründungselement für Aussagen über den Verlauf der Geschichte oder den Willen Gottes heranzuziehen und es auf diese Weise zu 'begründen'.

Diesem Vorbehalt kann man, ganz abgesehen davon, wieweit er die kritisierten Positionen trifft, nur nachdrücklich und bedenkenlos zustimmen. Eine Theologie der Erlösung oder eine Theodizee, die menschliches Leiden als erlöst, als gottgewollt oder als Movens des Geschichtsprozesses umstandslos erklären und legitimieren, postulieren eine Ergebenheit ins Leid, daß selbst dem Aufbegehren und der Auflehnung gegen das Leiden noch der Sinn geraubt wird. Schlicht abstrakte, theoretische Erklärungen verkennen zudem die Eigenart der Frage des Leidenden, warum und warum gerade ihn das Unglück trifft, wie T. Koch einleuchtend dargelegt hat:

"... jede derartige glatte Antwort (unterschlägt) auch die Eigenheit dieser Frage. Diese will nämlich gar keine Antworten abfragen; sie zielt nicht darauf, sich durch Auskünfte erledigen und zum Schweigen bringen zu lassen. In ihrem besten Teil erhebt sie vielmehr einen nicht zu beschwichtigenden Protest. Was sie wahrnimmt und sich nicht ausreden lassen will, ist der Einbruch des Absurden: Die Zerstörung von Sinn, auf den menschliches Leben angewiesen ist" (23).

Solchen Sinnverlust im Leiderleben kann und darf Theologie nicht leugnen, wenn sie Erlösung und Erlösungsbedürftigkeit des Menschen darlegen will. Der Gefährdung, das Leid argumentativ zu verrechnen, entgeht nun nach Metz einzig eine narrative Theologie. Wie vermag sie Heil für den Menschen auszusagen, ohne eines der beiden Elemente zu verkürzen?

Die Struktur einer solchen narrativen Vermittlung wird von Metz höchst vage beschrieben. Über negative Abgrenzungen hinaus spricht er 'Hoffnungsgeschichten' und 'Heilsgeschichten' einen "praktisch-befreienden Charakter" zu, den sie von sich aus besitzen wollen. Sie selbst nötigen zur Mitteilung an andere und dies in einer Weise, die "Erzähler und die Zuhörenden in die erzählte Erfahrung (einbezieht)" [335]. Solche Geschichten vermitteln mit sich selbst zugleich die praktische Aussageabsicht, um deretwillen sie erzählt werden und sind in diesem Sinn ihre eigene Rechtfertigung [vgl. 336]. Metz entfaltet sein Verständnis von 'Erzählung' nicht über diese Bestimmungen hinaus, sondern beläßt es bei einigen Zitaten, die vornehmlich dem jüdisch-theologischen Geistesraum entstammen. Daß Metz sich einseitig an einigen Aussagen von Benjamin, Bloch und Buber orientiert, bleibt nicht ohne Folgen. Zumal die umstandslose Verallgemeinerung der Eigenart der "Erzählungen der Chassidim" von Buber zur Qualifikation von Erzählungen überhaupt und die unbekümmerte Applikation auf die erwähnte Vermittlungsproblematik ist fragwürdig. Buber selbst stellt in seiner Einleitung zu den "Erzählungen" die enge Beziehung ihrer Eigenart zum Selbstverständnis und zur soziologischen Struktur der chassidischen Schulen heraus. So sind sie z. B. in einem sehr viel stärkeren Maß auf Handlungen und Verhaltensweisen bezogen, als man dies von der literarischen Gattung der Erzählung in ihren vielen Arten behaupten könnte (24).

Diese einseitige Orientierung läßt Metz eine Eindeutigkeit des Erzählens und der Erzählform unterstellen, die schon vom ersten Blick in eine literaturwissenschaftliche Abhandlung über Erzählformen widerlegt wird. In der Literaturwissenschaft und -geschichte zählen Roman, Biographie, Legende und Märchen ebenso zur Gattung der Erzählung wie Fabeln und Epen. Darüber hinaus ist auch der Akt des Erzählens nicht in sich eindeutig; erst die Umstände des Erzählens und der Kontext des Erzählvorgangs belehren über Intentionen und Interesse des Erzählers. "Das Faktum des Erzählens bestimmt noch nicht zureichend eine Sprechsituation. Diese selbst bestimmt vielmehr das Erzählen" (25). Da Metz das Erzählen als Grundform der Mitteilung von Glaubenserfahrungen reklamiert, scheint von ihm zugleich vorausgesetzt zu sein, das Erzählen sei eine in sich einheitliche, solcher Erfahrungsvermittlung immer genügende Form. Zwar läßt sich das Erzählen von anderen Redeformen unterscheiden, es ist aber in aller Regel mit ihnen verwoben: "Die Erzählung ist kaum jemals, wenn überhaupt, einfach und ausschließlich narrativ" (26).

Des weiteren wird von Metz stark auf das didaktische Moment des Erzählens abgehoben. Die Erzählform wird von ihm nicht zuletzt um ihres Potentials an Motivationskraft willen für Religion und Theologie beansprucht. Erzählungen können mitreißen, faszinieren und begeistern. Aber es darf nicht übersehen werden, daß die didaktische Erzählung, die belehren oder zu einer Handlung motivieren will, nur eine unter anderen Erzählformen darstellt und durchaus nicht als die vorherrschende eingestuft werden kann. Erzählungen können eine Erkenntnis mitteilen wollen, können eine 'Moral' enthalten, wie das für manche Fabeln zutrifft, aber dieses belehrende Moment ist für die Gattung der Erzählung keineswegs konstitutiv (27). Daher findet die von Metz getroffene Unterscheidung zwischen solchen Erzählungen, die zum Handeln motivieren und solchen, die diesen Impuls nicht vermitteln, keine fundierte Begründung. Sie stellt zudem die Einstellung des Hörers oder Lesers einseitig dar. Der von Metz betonte Aspekt der Mitteilung von Erfahrung in praktischer Absicht prägt in seinen Ausführungen auch die Bereitschaft und die Einstellung des Hörers. Demgegenüber wird jedoch die Haltung des Hörers in der Literaturwissenschaft sowohl als Partizipation wie als Distanz gekennzeichnet. Gerade jenes Element der Anteilnahme, die in Praxis übergeht und um die es Metz zu tun ist, kann nach Auskunft eines renommierten Werkes über erzählende Literatur nicht als allgemeine Haltung des Hörers vorausgesetzt werden. Der Hörer kann auch die Stellung des Zuschauers einnehmen, der den Ablauf der Handlung überlegen betrachtet:

> "Geschichten sprechen in erster Linie an, weil sie ein Bild des Lebens darbieten, das die Hörerschaft in die Lage versetzt, an Ereignissen teilzunehmen, ohne an den Konsequenzen beteiligt zu sein, die Ereignisse in der wirklichen Welt unausweichlich mit sich bringen" (28).

Schon aus diesen wenigen Hinweisen wird deutlich, daß die Beziehungen zwischen Erzähler, Erzählung und Hörer sich wesentlich differenzierter darstellen, als die Voraussetzungen der Äußerungen Metz' annehmen lassen. Das betrifft auch die These, Geschichten und Erzählungen rechtfertigten ihre zu vermittelnde Intention aus sich selbst und bedürften keiner weiteren Begründung. So gilt in der Tradition der Erzählformen die

Autorität des Erzählers als ein wichtiger Aspekt bei der Erforschung der
Rezeption von Erzählungen. Der Hörer oder Leser differenziert zwischen
dem Erzähler und der Erzählung; die Frage, ob der Erzähler als glaubwürdig gelten darf, beeinflußt, ob und wie die Erzählung aufgenommen
wird. Ob der Erzähler Augenzeuge, ob er des Erzählten kundig ist oder
ob es im Fall gemeinsamer Tradition selbst autoritativen Charakter hat,
ist für die Rezeption einer Erzählung nicht unwesentlich; ob und wie Erzählungen aufgenommen werden, ist somit nicht allein durch ihre Form
bedingt, sondern hängt wesentlich vom Erzähler ab (29).
Schließlich ist noch auf eine in der Gegenwart verstärkt zur Geltung
kommende Skepsis gegenüber der Erzählform hinzuweisen. Bis heute
hält man an der aristotelischen Bestimmung der Erzählform fest, daß
der Erzähler in ihr verschiedene Vorgänge, Ereignisse und Handlungen
zu einem geordneten, durch Bezüge und Verflechtungen gebildeten Zusammenhang verbindet. Gerade diese Eigenart, Wirklichkeit in sinnvollen Zusammenhängen darzustellen, läßt das Erzählen wie die literarische Gattung der Erzählung heute vielen Kritikern suspekt erscheinen.
"Zerfallen ist die Identität der Erfahrung, das in sich kontinuierliche
und artikulierte Leben, das die Haltung des Erzählers einzig gestattet"
(30). Dieser kritische Hinweis Adornos läßt sich nicht einfach mit der
Behauptung von Metz abtun, es gebe "Beispiele einer Erzähltradition,
die sich dem Bann unserer vermeintlich postnarrativen Zeit widersetzt"
[335]. Das Bewußtsein der Relativität, der Zerrissenheit und des Chaotischen der Erfahrung nährt die Skepsis gegenüber dem Erzählen und
wird zum Problem seiner theologischen Inanspruchnahme, wo narrative
Strukturen sogleich als Votum für eine narrative Theologie gewertet
werden.

Der einseitigen und unbedachten Verwendung des Begriffs der Erzählung
korrespondiert dann notwendig eine ungeklärte Bestimmung ihres Verhältnisses zu Vernunft und Argumentation. Die dem Erzählen von Metz
zugesprochene Fähigkeit, Erfahrungen zu vermitteln, wird von ihm am
Leiderleben veranschaulicht. Durch das Erzählen soll sich dem Leidenden das Heil offenbar so zusprechen lassen, daß dieser sich in einem
von ihm betroffen weiß und sein Leid zu überwinden sucht. Der Umstand,
daß Metz die Mitteilung von "ursprünglichen" Erfahrungen exklusiv fürs
Erzählen reklamiert, läßt "Argumentation" hier völlig funktionslos erscheinen. Zwar verwahrt er sich dagegen, das Erzählen dem Argumentieren abstrakt entgegenzusetzen; es gehe "um die entsprechende Relativierung der argumentativen Theologie" [340]. Wird auch nicht deutlich,
was die geforderte kritische Intervention durch Argumente für das Erzählen bedeutet - deutlich ist, daß Argumente bei der Übermittlung von
Erfahrungen und beim Erfassen ihres Gehalts nicht ihren Ort haben. Metz
unterscheidet zwischen Erzählungen, die unbewältigte Erfahrungen verklären, den Menschen entlasten und das kritische Gemüt temperieren,
von solchen, "die 'einen Rat wissen', die einen Freiheitssinn bergen
und zur 'Nachfolge' bewegen" [337]. Letztere sind die "gefährlich-be-

freienden Geschichten", "in denen frühere Erfahrungen inmitten unseres Lebens durchschlagen, und die neue, gefährliche Einsichten für unsere Gegenwart aufkommen lassen" (31). Bei diesem Verständnis von "Geschichten" bleibt uneinsichtig, warum gerade die beunruhigenden und anfechtenden zur Geltung gelangen und zur Handlung stimulieren. Unstrittig ist, daß es solche geben mag, wie auch, daß sich beim Hören von Geschichten und Erzählungen Einsichten einstellen können. Wird aber der christliche Glaube an sie als sein Mitteilungsmedium gebunden, wäre über die bloße Unterscheidung hinaus noch gefordert zu sagen, warum sie erzählt werden, warum sie überzeugen und Geltung erlangen. Wie schon gesagt, konstituiert sich die Geltung von Erzählungen nicht ausschließlich durch ihre Form. Denn man kann fragen, warum etwas erzählt wird, ob die Erzählung wahr ist, und zur Beantwortung dieser Fragen ist die Autorität des Erzählers von entscheidendem Gewicht. Metz' Auskünfte zum Problem, wie der Gehalt von Erzählungen ohne Argumentation einsichtig und verbindlich wird, bleiben zweideutig. Einerseits hat es den Eindruck, als bewirke dies ausschließlich die Form der Erzählung, deren kommunikative Kraft den Rezeptionsvorgang motiviere. Andererseits wird das Leiderleben entgegen der ausdrücklichen Intention Metz' so dargestellt, als bedürfe die Vermittlung der christlichen Heilsbotschaft seiner als dispositionelle Voraussetzung - eine ernüchternde Beobachtung hinsichtlich des Anspruchs dieses Ansatzes. In jedem Fall fragt sich, ob der Gehalt des Christentums nicht beliebig wird, wenn seine Geltung nicht argumentativ aus ihm selbst erzeugt wird, sondern an der Vermittlungsform oder an Dispositionen des Hörers festgemacht wird.

Darüber hinaus wird nicht klar, ob und wieweit sich Einsicht in den Sinn der erzählten Erlösung als Möglichkeit des je eigenen Lebens bilden kann. Weil Metz Argumentation als erfahrungsverfremdend aus den unmittelbaren Kommunikationsbezügen völlig ausschaltet, gerät die Annahme der Heilsbotschaft zu einem psychologischen, in seiner Logik nicht zu erfassenden Umschlagserlebnis, bei dem auch der Betroffene nicht sagen kann, warum er der Geschichte zustimmt. Einsicht ist hier vorgängig offenbar nicht zu haben, wie Metz selbst zu erkennen gibt: "... die kritisch-befreiende Kraft solcher Geschichten läßt sich nicht apriori beweisen noch rekonstruieren. Man muß auf sie treffen, sie hören und womöglich weitererzählen" [337].

Als vorläufiges Ergebnis der Metzschen narrativen Theologie ist eine quasifideistische Ausschaltung des Denkens und Begründens aus religiösen Kommunikationsbezügen zu beobachten. Dieses Resultat hat seine Ursache einmal in dem ungeklärten Begriff der Erzählung, in seiner verengten Auffassung der Argumentation, die Metz nicht expliziert, aber offenbar dem Beweisen als deckungsgleich erachtet. Die zentrale Stellung, die Metz den Begriffen der Erfahrung und Erzählung in der Theologie zumessen will, erfordert angesichts dieser Konsequenzen eine sorgsamere erkenntnistheoretische Erörterung. Sollen Glaubenserfahrungen ausschließlich über Formen der Erzählung zugänglich sein, wären erkenntnistheoretische Reflexionen über Erfahrung, über eine mögliche Differenzierung von unmittelbarem Erleben und Erfahrungsgehalt, über die sprachphilosophische Problematik der Umsetzung in intersubjektive Aussagen sowie die Suche nach Maßstäben zur Beurteilung ihrer Glaubwürdigkeit schon im Ansatz ein Mißverständnis. Ist der erzählerischen Form eine spezifische Evidenz schon immer gegeben, bedarf sie darum keiner nachträglichen Bestätigung durch einen "externen Diskurs über sie" [336], wird damit von Metz zugleich eine prägnante Position bezüglich der Logik religiöser Kommunikation bezogen. Er formuliert damit implizit Prämissen einer restriktiven theologischen Verstehenslehre, die alle theologischen Aussagen prägen muß. Der paradigmatischen Relevanz dieser Probleme wegen muß sich jede narrative Theologie daran messen lassen, wie überzeugend sie religiöse Erfahrung und deren Vermittlung begreift, weil sie doch die subjektiven Erfahrungen ins Recht zu setzen beansprucht. Diese Fragen sind daher nochmals aufzugreifen, und es soll kurz angedeutet werden, daß selbst in einer so fundamentalen Erfahrung wie der des Leidens die vernunftorientierte Verständigung und damit auch die Argumentation ihren Ort haben.

Metz' Theologie läßt sich ohne Berücksichtigung seiner Aussagen zum Leid nicht verstehen. Sie haben eine systematische Begründungsfunktion für das Votum einer narrativen Theologie. Die Aussagen über das Leiden werden jedoch kaum am Phänomen selbst gewonnen, sondern nach Maßgabe des Begriffs der Leidenserinnerung in praktischer Absicht entfaltet. Leiderfahrung - die eigene oder die durch Erzählungen vermittelte - erscheint als die 'geeignetste Voraussetzung' für die wesentlich als Praxis verstandene christliche Erlösungsbotschaft. Aber es läßt sich zeigen, daß das Handeln nicht so eng an die Leidenserfahrung zu binden ist, wie dies bei Metz geschieht und andererseits die Frage nach einem möglichen Sinn der widrigen Erfahrungen des Lebens nicht schon Verzweckung des Leidens sein muß. Das Streben nach Einsicht ist hier wie in anderen Erfahrungsbereichen wirksam; Einsicht bildet sich hier durch Verständigung über die eigene Lebenssituation, denn diese stellt sich dem Leidenden nicht klar oder unproblematisch dar. Fehleinschätzungen sind zu korrigieren, Mißverständnisse auszuräumen, und dabei hat auch die argumentative Vergewisserung unverzichtbare Funktionen.

Die Einstellungen zum Leiden sind sehr verschieden. Die Haltungen ihm gegenüber lassen sich nicht einfachhin verallgemeinern oder auf einen allgemeinen Nenner bringen. Manche Menschen sind ihm gegenüber abgestumpft und weitgehend unempfindlich, soweit es sie nicht selbst trifft; andere verdrängen es und suchen zu vergessen. Eine bestimmte Lebensauffassung macht es sich zum Prinzip, sich von ihm nicht berühren zu lassen und es nicht beim Namen zu nennen. Werden aber die Menschen wirklich ins Leiden verstrickt, läßt sich trotz vieler individueller Züge dieser Erfahrung beschreiben, wie sie es erleben, wie sie Selbst- und Wirklichkeitsvertrauen verlieren, wieder Hoffnung schöpfen und das Leiden bewältigen.

Leiden überschattet andere Erfahrungs- und Sinnbereiche; Freude oder reines Glück kann es neben ihm nicht geben. Mit der totalisierenden Wirkung der eigenen Fassungslosigkeit verringert sich die Möglichkeit, aus dem Leiden auszubrechen und neu zu beginnen. Mit der Empfindung, auf sich allein zurückgeworfen zu sein, verstärkt sich das Bewußtsein der Maßlosigkeit des eigenen Elends. Schließlich kann in einer grausamen Verkehrung das Leiden in der Art einer fast narzistischen Selbstbezogenheit anziehend wirken und zur Quelle der Selbsteinschätzung werden. Das Selbstwertempfinden bemißt sich nach dem Ausmaß der eigenen Qual. Augustinus sagt in seiner Bekehrungsgeschichte, er habe diese Erfahrung nach dem Tod seines Freundes gemacht und von Dostojewski wird sie verschiedentlich eingehend beschrieben (32). Mit der Verstrickung ins Elend verbindet sich darum nicht immer der Wille und schon gar nicht die Kraft, aus ihm auszubrechen. Eben dies setzt Metz jedoch voraus, wenn er das Leiden so vorstellt, als ob es stets unvermittelt zur leidüberwindenden Handlung führe. Seine Darlegungen zwingen zu unterstellen, daß schon aus der Leiderfahrung eine 'positive' Handlungsorientierung zu dessen Überwindung erwachse. Aber eben dies ist nicht der Fall. Leid wird zunächst als Destruktion von Sinn und als Sinnlosigkeit erlebt. Dies ist nicht identisch mit der Vorstellung und Ausbildung von Sinngehalten positiver Lebensbestimmungen, die eine sinnvolle Einstellung zum Leiden formulieren wollen. Das Leiden selbst bildet keine Sinngehalte aus; es ist die Erfahrung der Privation von Sinn. Erst in neu anknüpfenden Kommunikationsbezügen wird ein neuer Sinngehalt als eigene Lebensmöglichkeit ergriffen; in Gespräch und Reflexion legt er sich dem Leidenden als sinnvoll nahe. Auch im Erfahrungsaustausch kann sich seine verfahrene Situation klären; der Leidende vermag Einsicht in die eigene Lage und über die eigene Einstellung ihr gegenüber zu gewinnen. Aber weil das Leiden die Sinngehalte verdunkelt, die helfen könnten, es zu überwinden, ist das bloße Erzählen von den Leidenserfahrungen anderer noch nicht imstande, neue und positive Lebensmöglichkeiten zu vermitteln. Weil der Leidende das Zutrauen zu sich selbst und in die Realisierbarkeit von Sinn verloren hat, wird beim Erfahrungsaustausch das resignative Sichverlorengeben auch kritisiert, wird appelliert und die Selbsteinschätzung des Leidenden auf ihre Richtigkeit geprüft. Hier wird wie in anderen Kommunikationsbezügen bei der Begründung zweifelhafter Auffassungen und strittiger Meinungen argumentiert, ohne daß dies gleich ein unmenschliches Ausspielen der eigenen Überlegenheit gegenüber dem hilflos Leidenden sein muß.

Die Einlinigkeit der Aussagen von Metz über das Leiden hat auch darin ihren Grund, daß der Zusammenhang zwischen Leiderleben und Leidensverständnis nicht berücksichtigt wird. Das Leiderleben steht zu einer spezifischen Auffassung vom Leiden in einem erkennbaren Zusammenhang. Das eine ist ohne das andere oft nicht zu verstehen. Gilt das Leid etwa als ein vom Schicksal verhängtes unabwendbares Geschick, ist die Haltung ihm gegenüber anders als im Falle seiner Deutung als göttliche

Strafe. Sie unterscheidet sich ebenfalls, wenn das Leid als Ausdruck des sich durch die notwendigen historischen gesellschaftlichen Antagonismen weitertreibenden Geschichtsprozesses verstanden wird. Wegen dieser Beziehung der Leidenserfahrung zum Leidensverständnis ist auch die von Metz beschriebene, durch Leidensgeschichten vermittelte Leiderfahrung nicht von sich aus eindeutig auf eine inhaltliche Bestimmung hingeordnet. Wie das Leiden erfahren wird, ist zum Teil Ergebnis einer Leidensdeutung, die nicht selbst aus dem Leiden deduziert werden kann und darum auch anderweitiger Begründung bedarf. So sind auch die Ausführungen von Metz Elemente einer Leidensinterpretation, über deren Voraussetzungen er sich nicht Rechenschaft gibt.

Daß auch die Einstellungen zum dargestellten und erzählten Leid sich wandeln, kann ein Hinweis auf die Geschichte der Tragödie zeigen. Nach Aristoteles ist die Darstellung des Leids in der Tragödie dazu angetan, Furcht und Schrecken bei Zuhörern und Zuschauern hervorzurufen. Über dieses Ziel, rein affektive Regungen zu bewirken, suchte die Barockdichtung in der Tragödie hinaus zugleich Einsicht in die Vergänglichkeit der irdischen Wirklichkeit zu vermitteln. Erst das Bürgertum bedient sich der Tragödie zur Darstellung von Lebensbeispielen und um moralischer Imperative willen. Die Prologe vor solchen Spielen eröffnen Verstehenshilfen zum Zugang des Sinns der Tragödie (33).

Dieser Wandel der Einstellungen zum Leid - von der Empfehlung der Annahme des unabänderlichen Schicksals bis zur Aufforderung der Erkenntnis seiner behebbaren Ursachen - ist Anlaß genug, die unausgesprochenen Voraussetzungen der Deutung des Leidens bei Metz zu thematisieren. Metz ist offenbar der Meinung, jedes Wort über das Leiden müsse sich versagen ausgesprochen zu werden, sofern es nicht die Handlungsanweisung zu seiner Überwindung enthält. Seinen Bedenken gegenüber einer 'affirmativen Theorie der Versöhnung' ist soweit zuzustimmen, wie sie sich gegen eine umstandslose Verrechnung des Leidens richten. Seine Aussagen zur narrativen Vergegenwärtigung der Leiderfahrung ließen bislang jedoch ungeklärt, wie durch Erzählungen Einstellungen zum Leiden überhaupt evoziert werden können. In welcher Form läßt sich die Frage nach einem möglichen Sinn des Leidens überhaupt stellen? Oder, aus der Perspektive von Metz gefragt, wie läßt sie sich begründet abwehren? Sind die verschiedenen Theodizeen, Deutungen des Leidens in östlichen Religionen oder solche Einstellungen, die das Leid als Sühne, als Erziehung zum Mitleid, als 'Nachfolge' verstehen, schon im Ansatz falsch? - "Man muß irgendwie von neuem unser zukünftiges Glück durch Leiden erlangen ... Durch Leiden wird alles gereinigt" heißt es bei Dostojewski (34). Wie sind solche Äußerungen zu beurteilen? Wieweit kann christlich von einem möglichen Sinn des Leidens gesprochen werden, ohne dieses gleich zu verrechnen oder zu funktionalisieren? Metz weicht diesen Fragen aus und unterstellt, einer narrativen Theologie würden sie sich in dieser Form nicht stellen. Aber sie brauchen keineswegs als theologisch illegitim oder als 'unmenschlich' zu gelten. Um einerseits das Leiden nicht durch ihm zuzusprechende Funktionen aufzuwerten oder das ihm inhärente Übel zu leugnen, andererseits aber auch nicht fassungslos vor dem Leiden stehen zu bleiben und den Menschen ratlos zurückzulassen, ist eine grundlegende Unterscheidung angemessen. T. Koch hat sie in dieser Form vorgeschlagen: "Nie trägt das Leiden in sich selbst schon einen Sinn; ihm als solchen eignet keine schöpferische Kraft. Die positive Bedeutung, die es möglicherweise erhalten kann, ist nie der Grund, weshalb es geschieht" (35).

Diese Unterscheidung, daß das Leiden in sich selbst keinen Sinn besitzt, aber positive, lebensfördernde Bedeutungen annehmen kann, eröffnet einen Zugang zum Leiden, der nicht sogleich den Vorwurf seiner lebensfeindlichen Aufwertung akzeptieren muß. Zugleich wird nicht ignoriert, daß Einsicht in die unabänderlichen Existenzbedingungen wie Endlichkeit und Vergänglichkeit auch Einsichten über das Leiden aufkommen lassen, die es mildern und Sinnlosigkeitserfahrungen beenden können. Schließlich wird auch die religiöse Frage nach dem guten und allmächtigen Gott angesichts der schlechten Wirklichkeit nicht einfachhin unterdrückt oder mit 'Geschichten' versorgt. Überhaupt ist erstaunlich, wie nachdrücklich Metz das Phänomen des Leidens ins Zentrum seiner Theologie rückt und wie konsequent er die Theodizeefrage ignoriert.

Wohl gibt die Frage, warum das Leid uns trifft und warum Gott es zuläßt, einem vitalen Protest gegen es Ausdruck, und sie fragt nicht nach theoretischen Auskünften und Informationen. Zugleich mit der implizit abwehrenden Behauptung, daß das Leiden nicht sein soll, meldet sich das Interesse an einer lebbaren Antwort, einer verhaltensorientierenden Sinnbestimmung, die die Gefährdung durch das Leiden nicht leugnet. Wenn der Christ darauf beharrt, daß auch die entsetzlichsten Erfahrungen nicht die letzte Qualifikation des Lebens sind, sondern trotz ihrer umfassenden Sinn behauptet, ist von der Theologie gefordert zu sagen, welchen Ort das Leiden in der christlichen Gesamtschau der Wirklichkeit hat, wie es christlich erlitten und überwunden werden kann. Das in der Tradition entfaltete christliche Verständnis des Leidens ist mit dem anderer Religionen und dem anderer Weltanschauungen nicht identisch. Ihnen und auch der modernen Lebenseinstellung gegenüber ist es zu entfalten und einsichtig zu machen. Solange das Verhältnis der erzählerischen Formen zu Vernunft bzw. zum Gebrauch von Argumenten nicht geklärt ist, gibt es wenig Anlaß zu der Erwartung, die Theologie des Leids und der Versöhnung werde hier echte Impulse bekommen.

Metz trennt Erfahrungen und das Erzählen als Modus ihrer Vermittlung von Reflexion und Begründung so strikt, daß ihre Verbindlichkeit und ihr Erkenntniswert nicht erst durch eine Beurteilung festgestellt werden, sondern immer mit ihnen selbst gegeben sein müssen. Diese Auffassung wird besonders deutlich in den Ausführungen über den Begriff der Erinnerung. Dort sucht er herauszustellen, "daß Erinnerung inneres ermöglichendes Moment jeden kritischen Bewußtseins ist, das sich über sich selbst aufzuklären sucht" (36). Die vernünftige, selbstkritische Verständigung soll darum Erinnerung als ihren konstitutiven Teil enthalten, weil

Vernunft andernfalls zu traditions- und zu geschichtslosem Kalkül oder zur bloßen Fortschreibung vermeintlich objektiver historischer Erkenntnisprozesse würde. Vernunft wird sich dann weder szientistisch verabsolutieren noch wird sie historistisch machtlos, wenn sie sich ihrer Voraussetzungen erinnert. Diese stellen sich für Metz vor allem in dem Tatbestand dar, daß Vernunft, soweit sie Handlungen rechtfertigt und begründet, selbst Teil der Geschichte ist. Vernunft hat sich als solche zu erkennen, "die in ihrer Verwirklichung jeweils in bestimmten gesellschaftlich-geschichtlichen Begründungs- und Verweisungszusammenhängen steht"; Geschichte bleibt somit der Vernunft als "handlungsnormierender Überlieferungszusammenhang ... immanent" (37).

Metz formuliert diese Bindung der Vernunft an Tradition und Geschichte nicht theoretisch als Bedingung ihrer Möglichkeit, sondern als Problem ihrer praktischen Verwirklichung. Gegenüber der Gefahr, daß eine gegenüber der Geschichte ihre Autonomie verabsolutierende Vernunft sie gänzlich unverbindlich werden läßt, sucht Metz der Vergangenheit eine gewisse Verbindlichkeit zu bewahren. Praktische Vernunft, so führt er aus, ist vom Interesse an Freiheit geleitet. Der Begriff der Freiheit füllt sich und gewinnt seine Gültigkeit nicht erst durch Reflexion und das Urteil der Vernunft, sondern bringt sich als erinnerte Freiheit selbst zur Geltung. Die im Gedächtnis bewahrte Freiheitsgeschichte motiviert und orientiert das Freiheitsinteresse der Vernunft.

Die sich hier wiederum aufwerfende Frage, wie die Freiheitsgeschichte näherhin als Handlungsmotiv und als Handlungsnorm konkret zur Wirsamkeit gelangt, wird von Metz in der schon beschriebenen Weise beantwortet. Er bezieht die Freiheitserinnerung auf die Erinnerung an erlittenes Leiden und läßt sie aus ihm hervorgehen: "In ihrer praktischen Absicht ist diese Freiheitserinnerung primär Leidenserinnerung (memoria passionis)" (38). Freiheit soll sich in ihrem Wert und in ihrer Gültigkeit als unmittelbar aus der Leidenserfahrung ergehende Forderung vermitteln. Diesen fordernden Charakter beschreibt Metz als "Respekt vor dem geschichtlich akkumulierten Leiden" (39). Das Leiden drängt sich selbst in einem handlungsimperativen Sinn auf; nicht durch Urteile oder Geltungsreflexionen gewinnen Freiheitsforderungen Verbindlichkeit, sondern die Vernunft 'vernimmt' mit der Kenntnisnahme des Leidens schon die Verbindlichkeit dessen, was das Leiden überwindet. "In diesem 'Vernehmen' gewinnt Geschichte - als erinnerte Leidensgeschichte - die Gestalt "gefährlicher Erinnerung " ... ihre Vermittlung ist in jedem Falle praktischer Natur" (40). Als so bestimmte Erinnerung soll Freiheit sich gegen Geschichtslosigkeit und auch gegen ohnmächtige Geschichtsverfallenheit Geltung verschaffen.

Diese Gedankenführung liegt auch den Aussagen von Metz zur politischen Relevanz der Leidenserinnerung zugrunde. Den Fortschrittskalkülen gegenüber fordert er "politisches Bewußtsein ex memoria passionis" (41). Dieses könne wirksam werden, "da alle Menschen die Geschichte des Leidens wie eine 'zweite Natur' vereint" (42). Metz selbst macht darauf aufmerksam, er setze voraus, "daß sich in diesem Leid auf negative und ständig abweisende Art ein Identitätsbewußtsein meldet"; und dieses bewirkt "als negatives Bewußtsein von künftiger Freiheit und als Stimulans, im Horizont dieser Freiheit leidüberwindend zu handeln" (43). Auch diese Auskünfte führen nicht über die zuvor erörterten Überlegungen hinaus und vermögen nicht davon zu überzeugen, daß Erinnerung an erlittenes Leid das Freiheitsmotiv in sich schon enthalten und eo ipso in freiheitsverwirklichende Handlungen umschlagen. Daher bleibt die Frage bestehen, wie und warum ein narrativ vermittelter Gehalt zu normativer oder auch nur orientierender Verbindlichkeit gelangt. Sie ist durch die Konzentration auf die Leidenserfahrung und auch durch die Lesart der Geschichte als Leidensgeschichte nicht schon gelöst. Die Fortschrittsideologien mögen zur Zeit an Faszination eingebüßt haben, aber die beklagte Geschichtslosigkeit ist dadurch nicht schon überwunden, wie Metz selbst deutlich werden läßt. "Der ganze Reiz der Vergangenheit liegt darin, daß sie vergangen ist" - Dieser Satz Wilde's mag gleichfalls nicht mehr ansteckend wirken, aber er gibt einer weitgehend praktizierten Lebenseinstellung Ausdruck. Der Anspruch, dieser Bann sei durch's Erzählen zu brechen, ist nach dem bislang Gesagten nicht gerechtfertigt.

Am Anspruch der optimalen Mitteilbarkeit von Erfahrungen durch narrative Kommunikationsformen, mit dem Metz seine 'Apologie des Erzählens' einleitet, wird die Spannung zwischen diesen Argumenten für eine narrative Theologie und den dem Erzählen eingangs zugesprochenen Funktionen deutlich. Der Begriff der narrativen Vermittlung zielt bei Metz in erster Linie nicht auf einen Vorbehalt gegenüber rationalen Argumentationen, durch den die Notwendigkeit einer narrativen Theologie zunächst begründet wird. "Erzählen" ist ihm trotz der Behauptung eines "kognitiven Primats" keine Kategorie der Erkenntnis, die Einsicht auf eine spezifische Weise zu vermitteln suchte; "Erzählen" wird letztlich als ein Begriff der Handlungsanweisung und -orientierung verwendet. Das Moment der Erfahrungsvermittlung tritt in den Hintergrund; entscheidend ist der handlungsmotivierende Impuls. Die polemische Gegenüberstellung von narrativer und argumentativer Theologie, durch die Metz sein Anliegen meint veranschaulichen zu sollen, verstellt zunächst das an diesen Begriff gebundene Handlungsinteresse. Das Erzählen als nach der Auffassung von Metz angemessene Art, über Erlösung zu sprechen, erliegt nicht darum nicht der Gefahr, den Menschen oder sein Leid argumentativ zu verzwecken, weil es nicht auf die Stimmigkeit eines Erlösungs'begriffs' abhebt, noch darum, weil es sich von Erklärungshypothesen und Theorien unterscheidet. Dem Argumentationszusammenhang zufolge intendiert das Erzählen zuallererst nicht Partizipation an Erfahrungen, sondern es soll zur Handlung motivieren.

Ob sich diese Ansätze einer narrativen Theologie der politischen Theologie von Metz bruchlos komplementieren lassen (44), wieweit sie die Aporien der politischen Theologie zu lösen imstande sind oder ob sie lediglich deren Problemstand wahren (45), kann in diesem Zusammenhang unberücksichtigt bleiben. Es bleibt aber darauf hinzuweisen, daß Erzählen und Erfahrungsvermittlung sowie Erzählen und Handeln zwei verschiedene Dinge sind. Wenn Metz das Erzählen als optimalen Modus des Erfahrungsaustausches einfordert, hat diese These auch im Bereich der Erfahrungsproblematik ihre Begründung zu finden. Weil zudem die Relationen zwischen Erzähler, Hörer und Erzählung in der Erzählsituation eine höhere Komplexität besitzen, als die Ausführungen von Metz voraussetzen, sind sie in dieser Komplexität auf das Handeln als einem unterschiedenen Phänomen zu beziehen. Ohne auf die Problematik der Beziehung von Handlungsabsicht und Handlungsvollzug hier näher einzugehen, kann kaum bestritten werden, daß sich dieses Problemfeld abermals differenziert, wenn die Intention durch narrative Kommunikation erst zustandekommen soll. Das Beziehungsgeflecht der Erzählsituation vereinfacht sich nicht schon dadurch, daß das Erzählen als Aufforderung zum Handeln verstanden wird.

Die bislang letzten Äußerungen Metz' zum Thema einer narrativen Theologie greifen diese Fragen explizit nicht mehr auf. In dem "Theologie als Biographie" betitelten Aufsatz bildet aber das Anliegen, den Glauben und die Lebenspraxis sogleich in ihren Bezügen zu sehen, statt sie in der Theologie erst nachträglich in Zusammenhang zu bringen, wie bei den Ausführungen zur narrativen Theologie den sachlichen Ausgangspunkt. Die erstrebte konstruktive Verbindung veranschaulicht Metz am Verhältnis von gläubigem Subjekt und Dogmatik. Dogmatik ist für ihn so zu konzipieren, daß das Subjekt sich und seine konkreten Lebensvollzüge in der theologischen Lehre wiedererkennt und sich so von ihr angesprochen sieht. Den "narrativen" Akzent erhält die Dogmatik durch die Struktur der Subjektivität. Das Subjekt ist nicht abstrakt als Reflexionsgröße faßbar; "Subjekt ist der in seine Erfahrungen und Geschichten verstrickte und aus ihnen immer neu sich identifizierende Mensch" (46). Insofern das Subjekt nur von seiner Lebensgeschichte her greifbar wird, lebensgeschichtliche Erfahrungszusammenhänge angeblich nur narrativ zu vermitteln sind, soll diese Form auch die Dogmatik selbst prägen. Für Metz wird Dogmatik als "begrifflich abgekürzte und verdichtete Erzählung der Lebensgeschichte vor Gott" (47) bestimmbar.

Diese leider in üblicher Abbreviatur vorgetragene Konzeption wird auch durch die veranschaulichende Charakterisierung der Theologie Rahners als eines "Lebensbericht(s) aus dem zeitgenössischen Christentum" (48) in ihren Konturen nicht deutlicher. Metz selbst wirft die Fragen nach der näheren Bestimmtheit des Subjekts der Theologie, nach ihrer Wissenschaftlichkeit auf, ohne auf sie einzugehen. Die Problempalette ist durch diesen neuen Vorstoß um einige Fragen bereichert; der Klärung der Themen der Erfahrung, Erzählung, Begründung und Handlung hat sich Metz dadurch noch nicht entlastet.

Die Diskussion der Thesen von Metz wollte einige Aspekte der eingangs skizzierten Ansätze zu einer narrativen Theologie verschärft in den Blick rücken, um ihr Anliegen und dessen Beziehung zur Begründungsfrage zu verdeutlichen. Die Kritik an Metz will daher nicht als Absage an seine Intentionen verstanden werden, zumal er nicht den Anspruch erhebt, eine ausgefeilte Theorie narrativer Theologie vorzulegen. Vielmehr sollte bezüglich seines Ansinnens einer subjektorientierten, erfahrungsnahen Theologie folgendes deutlich werden:

Die theologische Verkündigung des Glaubens gefährdet ihre eigene Wirksamkeit, wenn sie die Erfahrungswelt des Menschen der Gegenwart nicht erreicht oder gar ignoriert. Soll das konkrete Subjekt den Glauben als die eigene, es selbst betreffende Angelegenheit erkennen, muß eine völlig abstrakte Theologie ebenso wirkungslos bleiben wie eine Theologie, die ausschließlich in der Vergangenheit lebt. Die Lösung dieser Probleme in narrativen Mitteilungsformen zu suchen, bleibt solange ein Sprung in die Naivität, wie übersehen wird, daß sich dem Erzählen heute ganz ähnliche Hindernisse entgegenstellen wie dem religiösen Glauben selber. Das Erzählen hat soziokulturelle Voraussetzungen, die gegeben sein müssen, wenn es in der von der narrativen Theologie beabsichtigten Weise in die Theologie eingebracht werden und ihr Gestalt geben soll. In der bei Metz sich abzeichnenden Entgegensetzung zu Vernunft und Argumentation ist das Beschwören narrativer Sprachformen nicht geeignet, die von ihm beschriebene Krise der Theologie zu überwinden. Vielmehr wäre der Begriff der Erzählung selbst zu präzisieren und zu allen theologisch relevanten Topoi in Beziehung zu bringen, soll das Anliegen der narrativen Theologie nicht schon im Ansatz scheitern. Wenn narrative Kommunikationsformen für die Theologie innovatorisch und konkretisierend wirksam werden und Glaubenserfahrungen zugänglich machen sollen, dann gewiß nur in ihrer angemessenen Hinordnung auf andere Weisen der Mitteilung und Verständigung. In diesem Sinn wollten die Ausführungen über die Leidenserfahrung zeigen, daß das Argumentieren selbst in diesem Bereich, wo Sensibilität und Skepsis gegenüber 'beweisbaren' Lösungen am wachsamsten sind, ein unentbehrliches Element der Verständigung darstellt.

Erfahrung und Subjektivität, die zwei Hauptthemen, um die die Ausführungen von Metz zur narrativen Theologie immer wieder kreisen, sind auch für das Begründungsproblem zu bedeutsam, als daß man sie als ungeklärt zurückstellen und sich anderen Fragen zuwenden könnte. Sie geben die Leitlinien ab, an denen sich die folgenden Erörterungen von Ansätzen einer von amerikanischen Autoren entwickelten narrativen Theologie orientieren.

3. Die zeitliche Struktur der Erfahrung und parabolische Theologie

a) Die narrative Beschaffenheit der Erfahrung

Metz hatte die Notwendigkeit des Erzählens als angemessenste Form der Mitteilung bestimmter Erfahrungen durch den Hinweis auf Erfahrungszusammenhänge, die durch Anfang und Ende begrenzt sind, nicht überzeugend begründen können. Die Erfahrung der Zeitlichkeit wird auch von anderen Autoren als dominantes Merkmal heutiger Wirklichkeitserfahrung angesprochen. Entgegen dem Nachdruck, mit dem dieser Aspekt der Erfahrung betont wird, bekundet er sich in vielen Schriften der narrativen Theologie jedoch zumeist nur im schillernden Vokabular, das die Glaubenserfahrung als "Reise", als "Suche", "Wanderung" oder "Aufstieg" illustriert. Ein überzeugendes Argument für eine narrative Theologie hätte demgegenüber nachzuweisen, daß Zeitlichkeit als Merkmal der Wirklichkeitserfahrung angemessen nur in narrativen Redeformen ausgedrückt werden kann. Einen solchen Ansatz hat Crites vorgelegt (49). Er sucht die These einsichtig zu machen, daß alle Erfahrung zeitlich und als solche narrativ strukturiert sei. Damit verschiebt sich gegenüber Metz die Argumentationsbasis. Während dieser das Erzählen als einen Modus der Erfahrungsvermittlung neben anderen, nichtnarrativen Formen der Mitteilung ins Recht setzen will, werden von Crites erkenntnistheoretische Voraussetzungen formuliert, die der ursprünglichen Form jeglicher Kenntnisnahme von Wirklichkeit narrative Formen zusprechen.

Was bedeutet "Zeitlichkeit" der Erfahrung? Im physikalischen und naturwissenschaftlichen Sinn meint "Zeit" die Dauer oder den Zeitpunkt von Vorgängen und Ereignissen. Zeit wird als Abfolge von Vergehen, Sein und Werden in den Zeitmodi Vergangenheit, Gegenwart und Zukunft erfahren. Physikalisch ist Zeit in verschiedenen Maßeinheiten meßbar. Als Parameter fungieren periodisch wiederkehrende Prozesse wie die Umdrehung der Erde oder die Rotation der Gestirne. Diese lassen sich in kleinere, besser übersehbare Einheiten unterteilen. Physikalische Maßeinheiten sind beliebig; physikalische Zeitmessung ist daher rein quantitativ. Als eine die Zeitquanten addierende Einteilung abstrahiert die Zeitmessung vom subjektiven Zeiterleben, wie die Anthropologie und Philosophie unseres Jahrhunderts gezeigt haben. Was der Mensch im Ablauf der Zeit als dauernde Gegenwart, als währenden Augenblick erfährt, ist kultur- und artspezifisch verschieden (50). Er erlebt Zeit ursprünglich nicht als bloße Sukzession gleicher Quanten, sondern als eine Erfahrung, die inhaltlich bestimmt ist. Crites entfaltet nun die These, daß diese inhaltliche Bestimmtheit der Zeiterfahrung Ursache dafür ist, daß der Zeiterfahrung unverfremdet nur durch narrative Formen Ausdruck gegeben werden kann. Weil die Zeiterfahrung ursprünglich inhaltlich bestimmt und daher narrativ strukturiert ist, sind alle inhaltlich bestimmten Erfahrungen selbst von dieser narrativen Beschaffenheit. Der Terminus "narrativ" wird von Crites nicht definiert; seine Bedeutung muß sich aus seinen phänomenologischen Beschreibungen der Erfahrung ergeben.

Im Gegensatz zu empiristischen Auffassungen ist das Korrelat des erfahrenden Subjekts für Crites nicht als eindimensionale Beziehung zu einem von begrifflichen Überlagerungen und Fixierungen freien Gemenge von Sinnesdaten bestimmbar. Ebensowenig kann das, was als sinnhaft strukturierte Wirklichkeit erfahren wird, einzig und ausschließlich auf den produktiven Charakter des menschlichen Erkennens zurückgeführt werden. Die grundsätzlichen sinnhaften Formen des Gegebenen können nach Crites nicht fiktive, konstruierte Sinnzusammenhänge sein, weil ihre Elemente dem Erkennen dann separat gegeben sein müßten, das es im Bewußtsein der Fiktion zu einem Konstrukt nachträglich zusammenfügte. Die letzten Voraussetzungen der Erkenntnis von Wirklichkeit können nicht zu expliziten Gegenständen des Erkennens verobjektiviert werden, um von ihnen her zu bestimmen, was Wirklichkeit ist. Jede derartige Reflexion bleibt an vorgängige Wirklichkeitserfahrung gebunden. Was als wirklich oder unwirklich gilt, ist durch diese Wirklichkeitserfahrung selbst schon bestimmt. Weil Wirklichkeit immer schon als eine sich in die Zeitdimensionen Vergangenheit, Gegenwart und Zukunft entfaltende erfahren wird, bezeichnet Crites die kulturellen Formen, die der Zeitlichkeit Ausdruck geben, als narrativ. Diese narrativen Formen gestatten, Sinnzusammenhänge zu erkennen und zu bewahren, obwohl sie aus dem unmittelbaren, gegenwärtigen Erleben sich ablösen und durch den Verlust solcher Präsenz in Vergangenheit übergehen. Diese dem Wirklichkeitsverständnis zugrunde liegenden und es definierenden narrativen Formen, die Zeiterfahrung allererst ermöglichen, bezeichnet Crites als "Geschichten" (stories), und zwar recht eigenwillig als "heilige Geschichten", da aus ihnen das menschliche Selbst- und Weltverständnis erzeugt und gebildet wird. Sie sind der "phänomenologische Mundus, der den objektiven Horizont einer partikularen Bewußtseinsform definiert" [296]. Die Strukturen dieser "heiligen Geschichten" formen das Wirklichkeitsverständnis des Menschen. Sie legen fest, was als wirklich oder unwirklich erfahren wird. Die Beziehung zwischen den narrativen Grundformen und ihrer Artikulation ist nicht als Ableitung von gegenständlich Erkanntem vorzustellen, sondern als Objektivation dessen, was in seinen Elementen nicht artikulierbar ist. Die artikulierbaren Objektivationen der "heiligen Geschichten" werden von Crites als "weltliche Geschichten" bezeichnet.

Die Umsetzung von der einen auf die andere Ebene leistet das vermittelnde Bewußtsein. Crites postuliert nach Art einer transzendentalphilosophischen Deduktion, das menschliche Bewußtsein müsse, da es im Horizont narrativer Strukturen zur Ausbildung von "weltlichen Geschichten" befähigt sei, auch selbst narrativ strukturiert sein. "Das Bewußtsein erfaßt seine Gegenstände in einer in sich zeitlichen Weise, und diese Zeitlichkeit ist einbehalten in der Einheit seiner Erfahrung als ganzer" [298].

Crites gibt zwei Begründungen für diese These. Zum einen, so führt er aus, werden vergangene Erkenntnisse in ihrer Vergegenwärtigung nicht erst aus einer noch im Gedächtnis haftenden amorphen Masse von Eindrücken zu der ehemals gehabten Erkenntnis rekonstruiert. Vielmehr zeichnen sich Eindrücke und Erlebnisse in ihrer zeitlichen Folge in das Gedächtnis ein und werden in dieser Folge vergegenwärtigt. Vergessene Begebenheiten in ihrer faktischen Folge vergegenwärtigen heißt, ihrer in ihrem zeitlichen Nacheinander bewußt werden. Sich der gewesenen Vorgänge erinnern dagegen bedeutet, sie im Rahmen einer Geschichte zur Sprache zu bringen. Darin unterscheidet sich die Erinnerung vom Gedächtnis, welches die Ereignisse bloß hinsichtlich ihrer Sukzession repräsentiert. In der Erinnerung werden die Begebenheiten in den verschiedensten Geschichten nacherzählt, verfremdet und neu gestaltet. Dies ist jedoch nur möglich, so lautet das Argument, weil die Erfahrung sich als zeitlich strukturierte im Gedächtnis bewahrt.

Das zweite Argument Crites' für die Narrativität der Erfahrung besteht nun in der Behauptung, daß alle Erfahrung von Vergangenheit, Gegenwart und Zukunft darum nur narrativ ausgedrückt zu werden vermag, weil "die innere Form jeder möglichen Erfahrung durch die Einheit dieser drei unterschiedenen Modalitäten in jedem Augenblick der Erfahrung bestimmt ist" [301]. Vergangenheit bedeutet die Abgeschlossenheit und Unumkehrbarkeit dessen, was einmal gegenwärtig gewesen ist. Was geschehen ist, läßt sich nicht ungeschehen machen. In diesem Sinn ist Vergangenheit festgelegt und nicht mehr zu ändern, und in dieser irreversiblen Folge ist sie im Gedächtnis da. Die Zukunft hingegen ist weithin unbestimmt. Was sich aus Begegnungen und Entscheidungen des einzelnen in der Zukunft auswirken wird, vermag der Mensch in der Gegenwart nie endgültig zu sagen. Die verschiedenen Einstellungen zur Zukunft in Erwartung, Planung, Hoffnung oder Befürchtung haben diese Unbestimmtheit gemeinsam. Aussagen über die Zukunft sind daher wesentlich Mutmaßungen, die nach Crites die Form antizipierter Erzählungen annehmen. Trotz dieser grundsätzlichen Unterschiedenheit der bestimmten Vergangenheit von der unbestimmten Zukunft werden beide Modalitäten der Zeit in der Gegenwartserfahrung des Subjekts zu einer eigenartigen Einheit gebracht. Der Zusammenhalt von Zukunft und Vergangenheit in der Gegenwart hebt deren qualitative Differenz nicht auf, bindet sie jedoch so aneinander, daß Erfahrung von Identität und Kontinuität möglich und die Kluft zwischen den Zeitmodalitäten überbrückt wird. Deren Einheit ist nach Crites nur sinnvoll denkbar, wenn Vergangenheit und Zukunft als Modalitäten der Gegenwart gedacht werden. "Gedächtnis und Antizipation, die Gegenwart der Vergangenheit und die Gegenwart der zukünftigen Dinge sind zerdehnte Modalitäten der Gegenwart selbst. Sie sind die Dehnung jeden Moments der Erfahrung, in dieser Gegenwart sowohl vereint als durch sie auch qualitativ differenziert" [302]. Diese Beziehung unterschiedlicher Zeitmodalitäten zu einer Einheit wiederum ist möglich - und damit endet die Argumentation -, weil Erfahrung narrativ strukturiert ist. In der Gegenwart sind Vergangenheit und Zukunft darum vermittelbar, "... weil die ganze Erfahrung, wie sie in bewußter Gegenwart konzentriert ist, eine narrative Form hat. Die Erzählung allein vermag die volle Zeitlichkeit der Erfahrung in einer Einheit der Form zu enthalten" [303].

Erfahrung von Wirklichkeit ist mithin darum als narrativ zu kennzeichnen, weil alle Erfahrung Erfahrung in Zeit ist. Die Zeitlichkeit des menschlichen Daseins bringt sich im erfahrenden Bewußtsein zur Geltung, in dem sich die Zeitmodalitäten ständig vermitteln. Es kann sie in einer einheitlichen Form ausdrücken, weil die geschichtliche Lebenswirklichkeit als Korrelat des erfahrenden Bewußtseins sich in "weltlichen Geschichten" objektiviert und als transzendentalen Horizont eine "heilige Geschichte" postulieren läßt. Crites faßt seine These zusammen:

> "So hat die narrative Qualität der Erfahrung drei Dimensionen, die heilige Geschichte, die weltlichen Geschichten, und die zeitliche Form der Erfahrung selbst: drei narrative Stränge, die alle den Lauf der anderen beständig reflektieren und beeinflussen" [305].

Zur Schlüssigkeit dieser Argumentation ist anzumerken, daß sie in einen Zirkel mündet, auf den Crites selbst aufmerksam macht. Die narrative Struktur der Lebenswelt wird aus dem Erfahrungsbegriff deduziert, die narrative Struktur der Erfahrung aus den impliziten und objektivierten "Geschichten", die die Lebenswelt ausmachen. Die phänomenologische Art der Darlegung verbietet, einen Ausgangspunkt zu postulieren, der von dieser narrativen Erfahrungswelt nicht beeinflußt wäre. Wichtiger als eine systematische Kritik dieses Ansatzes erscheint daher, einige mögliche Konsequenzen anzudeuten, die sich für eine Theologie ergeben, die sich der Thesen Crites' als Prämissen ihrer Aussagen über Erfahrung bedient.

Ist Erfahrung von Wirklichkeit ursprünglich immer und notwendig eine durch Geschichten inhaltlich bestimmte, gilt diese Qualifikation auch für den Bereich der religiösen Erfahrung. Wie ist vor diesem Hintergrund der Erkenntnis- und Wahrheitswert der religiösen Geschichten gegenüber anderen zu bestimmen? Ist Zugang zur Wirklichkeit auf der nicht abstrahierenden Ebene nur als Verstehen solcher Geschichten denkbar, stellt sich diese Frage als Problem der Entscheidbarkeit eines Konflikts dieser Geschichten. Durch die von Crites behauptete Möglichkeit der reflektierten Distanz in der Geltungsreflexion kann das Subjekt die Unmittelbarkeit zu den Geschichten erfassen. Läßt sich in einer solchen Reflexion, wie behauptet wird, Erfahrung als notwendig narrativ strukturiert aufweisen, wäre damit ein Argument gegenüber der Behauptung eines prinzipiell fiktiven Charakters dieser Geschichten gewonnen, wie ihn F. Kermode in seiner Analyse der apokalyptischen Mentalität voraussetzt. Bei ihm erscheinen die "Geschichten" als fiktive Sinnkonstruktionen, deren Funktion letztlich nur darin besteht, den fundamentalen Drang des Menschen zu befriedigen, in die chaotische und strukturlose Wirklichkeit ein Sinngefüge zu projizieren, um so den Schrecken vor dem Chaos zu bewältigen. Ließe sich die narrative Beschaffenheit der Erfahrung im Sinne Crites' überzeugend nachweisen, wäre damit ein Grund zur Ablehnung dieser reduktiven Erklärungshypothese formuliert.

Die Frage der Entscheidung zwischen gegensätzlichen Geschichten ist damit jedoch noch nicht berührt. Alle Geschichten erscheinen als Abwandlungen des inneren zeitlichen Gefüges der Erfahrung. So gibt Crites keine Anhaltspunkte dafür, wie z.B. die unterschiedlichen Konzeptionen der Geschichtszeit untereinander zu bewerten sind. Er diskutiert nicht die zyklischen Geschichtstheorien, noch die teleologischen oder verfallstheoretischen Versionen der Geschichtsphilosophie, die als Gesetzmäßigkeiten der geschichtlichen Zeit behauptet worden sind. Einziger Maßstab gegenüber Zeitbegriffen und Begriffen der Geschichte ist die Zeitlichkeit der Erfahrung selbst: sie läßt sich kritisch gegenüber zeit- und geschichtslosen Erfahrungsbegriffen affirmieren.

Dieses Problem wird bedeutsam bei der theologischen Frage, wieweit Gotteserfahrung an ihre kulturellen Formen gebunden ist. Wenn einmal unterstellt wird, daß das Wirklichkeitsverständnis sich in nichttheistischen Geschichten Ausdruck gibt, fragt sich, wie der Gottesgedanke in solchem Zusammenhang aufrechterhalten werden könnte. Wie überträgt er sich von einer Geschichte in eine andere? Wo ist entsprechend die Quelle von Gotteserfahrung zu situieren? Diese Fragen werden von Crites nicht aufgeworfen. Allerdings spricht er einen grundsätzlichen Wandel als einen Wechsel zu einem anderen narrativen Kosmos an und beschreibt seine Struktur als Konversion [vgl. 307].

Eine Antwort auf diese Frage müßte im Rahmen der Abstrahierbarkeit von der narrativen Beschaffenheit der Erfahrung gefunden werden. Die sich in Geschichten vermittelnde Wirklichkeit bildet die Grundform der Erfahrung, aber, so heißt es bei Crites, das Ausdrucksvermögen ist an diese narrativen Formen nicht unentrinnbar gebunden; es vermag sich von ihnen zu distanzieren. Solche distanzierende Abstraktion ist Voraussetzung der Naturwissenschaften; sie entkleiden die Erfahrungszusammenhänge ihrer narrativen Verflechtungen und präparieren sie auf diese Weise zu objektiven Daten. "Solche Abstraktion befähigt uns, der Erfahrung eine neue, nicht-narrative und unzeitliche Kohärenz zu geben" [308]. Diese Fähigkeit, vom erlebten Zeitfluß zu abstrahieren, wird auch den Mythen zugeschrieben. Indem sie bestimmte Ereignisse aus dem Zeitfluß herausnehmen und Zeit in einer kultischen Neuschöpfung erst aus ihnen hervorgehen lassen, geben sie den mythischen Geschichten eine Bedeutung, "die letztlich zeitlos, kosmisch und absolut ist" [308]. Eine andere Form der Distanzierung von der narrativen Erfahrung kennzeichnet Crites als Erfahrungskontraktion. Sie läßt das in Geschichten bekannte Erfahrungsgut in einem einzigen Erfahrungsmoment kulminieren.

"Hier wird die narrative Zeitlichkeit abermals zerbrochen ... durch die Einschränkung der Aufmerksamkeit auf unverbundene Unmittelbarkeiten: zu einem einzigen, vom Strom der Bilder isolierten Bild, zu einer abgegrenzten Empfindung, einem Gefühl, dem Blitz des überwältigenden Augenblicks, indem der zeitliche Kontext dieses Augenblicks verdunkelt ist ..." [309].

Diese Aussagen lassen einige Konturen sichtbar werden, doch reichen sie kaum aus, um ein Modell der Gotteserkenntnis und des Gottesbegriffs zu rekonstruieren. Die Aussagen von Crites deuten zugleich auch Denkmuster an, die die Notwendigkeit eines Gottesbegriffs überhaupt bestreiten und in der narrativen Vergötzung von Erfahrungen enden könnten. In einem späteren Aufsatz wird von ihm denn auch behauptet, 'Monotheismus' sei selbst "schon der Name eines toten Archetypus" (51). So brilliant Crites dort den durch eine zunehmende Rationalisierung theologischen Denkens verursachten Erfahrungsverlust aufzeigt, läßt er doch zugleich auch erkennen, wie nah diese narrativen Theologien dem Sturz in eine naive Ästhetisierung des Glaubens und seiner Inhalte zu kommen drohen. Ein rückhaltloses Beschwören von Erfahrungen kann auch die Form ihrer Vergötzung annehmen - das Götzenproblem scheint hier zu neuer Aktualität zu gelangen. Die Polemik gegen erfahrungsdistanziertes, rational-kritisches Denken zeigt neben dessen Gefährdungen so zugleich seine theologische Notwendigkeit auf.

Es ist Crites aber nicht zu bestreiten, dieses deutlich gemacht zu haben: Wenn narrative Theologie die intendierte Reformulierung theologischer Aussage- und Reflexionsformen durchführen will, dann ist deren Notwendigkeit an den Strukturen der Erfahrung, des ursprünglichen Weltverhältnisses darzutun. Crites gibt die Ebene an, auf der eine narrative Theologie, will sie überhaupt ein ernstzunehmendes Konzept von Theologie entwickeln, anzusetzen und ihre Aussagen einsichtig zu machen hätte (52).

Diese Einsicht in die Entwicklung einer Erfahrungstheologie einzubringen, zeichnet die Arbeiten der Amerikanerin Sallie McFague TeSelle aus. Eine Erörterung ihres Konzepts einer "parabolischen Theologie" gestattet zugleich, die soeben aufgeworfenen Fragen festzuhalten, da sie die Thesen von Crites emphatisch für die Theologie in Anspruch nimmt.

b) Theopoiesis und parabolische Theologie

In ihrem provokativen Buch (53) diagnostiziert TeSelle die Lage der herkömmlichen Theologie als höchst desolaten Zustand und bescheinigt ihr äußerste Wirkungslosigkeit. Als deren Ausdruck notiert sie einen umfassenden Glaubwürdigkeitsverlust, der sich in der Kluft zwischen theologischem Begriffssystem und der konkreten Erfahrung und damit in fast unüberwindlichen Kommunikationsbarrieren manifestiere. Die Theologie nehme noch immer nicht zur Kenntnis, daß die nichtreligiöse Lebenswelt auch Erfahrungs- und Lebensraum des religiösen Menschen sei. TeSelle fordert eine dem Rechnung tragende "Theologie für Skeptiker und für unsere Zeit" [181]. Diese dürfe die Absage an die säkularisierte Lebenswelt nicht zur Voraussetzung der Verstehbarkeit ihrer Aussagen machen, weil sie damit weite Erfahrungsbereiche des Menschen aus dem Blick verliere. Religiöse Erfahrung und Gotteserkenntnis als heute mögliche Vollzüge des Subjekts zu bestimmen, verlangt ihrer Auffassung nach von der Theologie, auf nichtreligiöse Erfahrungsbereiche einzugehen und sie ernst zu nehmen. Wenn religiöse Erfahrung und Glaube noch einen lebenspraktisch bedeutsamen Sinn gewinnen sollen, müsse er auch hier wirksam und sichtbar werden.

Das Mißverhältnis zwischen theologischer Begrifflichkeit und kirchlicher Lehre einerseits und der Lebenserfahrung des heutigen Menschen andererseits läßt sich nach TeSelle nur durch eine neue Form theologischer Reflexion beseitigen. Der Weg dorthin verlange von der Theologie eine tiefe Sensibilisierung für die Lebensäußerungen und Wirklichkeitserfahrungen des heutigen Menschen. Die Theologie habe Interesse und Empfindsamkeit dafür auszubilden, wie innerhalb dieser komplexen Lebensvollzüge religiöse Erfahrung aufkommen und mitgeteilt werden könne. Das Medium, das den Glauben als erfahrbare Wirklichkeit und als mögliche Lebensgestaltung thematisiert, das Sinnlichkeit von Erkenntnis nicht trennt, Denken und Handeln nicht auseinanderreißt, das Individuum aus seinen sozialen Bezügen nicht künstlich löst, ist für TeSelle die schöpferische Phantasie. Das Vorstellungsvermögen, die kreative Einbildungskraft kann auch in einer nichtreligiösen Welt auf Zeichen der Transzendenz aufmerksam werden, die sich im Kontext der weltlichen Erfahrungen zur Wirklichkeit bringen. Dieses Programm wird von TeSelle folgendermaßen umschrieben:

"Worum es hier geht, ist nicht einfach die Erneuerung der christlichen Symbole und traditionellen Sprache ..., sondern die grundsätzlichere hermeneutische Aufgabe eines Verständnisses der schöpferischen Phantasie als das, was uns einzig gestattet, das begrifflich nicht Wahrnehmbare und Ausdrückbare zu sehen und zu sagen" [24].

Damit ist näherhin gemeint, Geschichten, Parabeln und Metaphern als Formen der Reflexion und der Einsicht zu erkennen, die durch schöpferische Phantasie das Transzendente innerhalb der säkularisierten Lebenswirklichkeit erfahrbar werden lassen. Metaphern und Parabeln vermögen die unterschiedenen und disparaten Erfahrungsbereiche so zu umgreifen, daß sie einander nicht neutralisieren oder das Bewußtsein paralysieren, sondern es in ihrer Gegensätzlichkeit zu Erkenntnis und Einsicht gelangen lassen.

"Wir leben nicht in einer weltlichen Welt, die verworfen werden muß, wenn wir "religiös" werden, noch leben wir in einer "religiösen" Welt, die mit der weltlichen nichts zu tun hat; die parabolische Welt zeigt uns eine andere Möglichkeit ..., daß "Gott mit uns ist", in und während unserer und durch und für unsere menschliche, historische und zeitliche Welt" [6].

Metaphern und Parabeln werden nicht willkürlich von TeSelle dazu ausersehen, die Entfremdung der Religion von der Lebenswirklichkeit aufzuheben. Bevor diese Eignung weiter expliziert wird, ist zunächst die Verwendung des Begriffs der Metapher bei TeSelle zu erläutern.

'Metapher' ist eine sprachtechnische Art, neue Bedeutungsaspekte zu erzeugen. Diesen neuen Bedeutungsgehalt bewirkt die Einordnung eines Wortes in einen anderen, seiner üblichen Verwendung fremden Zusammenhang. Durch die Übertragung in einen fremden Kontext verliert das Wort einige seiner üblichen Bedeutungselemente und gewinnt zugleich andere hinzu. Es erhält "übertragene Bedeutung"; durch die eigenartige Spannung der verschiedenen Kontexte entsteht der Sinngehalt einer Metapher. Diese Bestimmung der Metapher ist von der traditionellen zu unterscheiden. In der antiken Rhetorik galt sie als bloßes Stilmittel, das die Rede um der beabsichtigten Wirkung willen mit Bildern ausschmückte. Die zeitgenössische Philosophie setzt sich von diesem Verständnis der Metapher ab und begreift sie als Sprach- und Erkenntnisform eigener Art und eigenen Rechts (54). TeSelle schließt sich diesen Auffassungen an und empfiehlt die metaphorische Rede nachdrücklich als sprachliche Form zeitgemäßen Redens von Gott.

Die Beziehung zwischen dem naturwüchsigen und dem fremden Kontext eines Wortes in der Metapher ist, so präzisiert TeSelle, nicht einlinig vorzustellen. Die verschiedenen analogen Beziehungen entstehen dadurch, daß das Wort in dem ihm fremden Kontext manche seiner konnotativen Bedeutungsgehalte verliert, andere aber behält. Nur manche der Assoziationen, die es gewöhnlicherweise hervorruft, werden in dem anderen Rahmen noch wirksam. Die mit einer Metapher verbundene Einsicht ist also das Ergebnis einer Wechselbeziehung, die sich zwischen dem ursprünglichen und dem neuen Kontext einstellt. Die Struktur dieser Wechselbeziehung beschreibt TeSelle in Anlehnung an M. Black als eine Art Raster, das die Vorstellung verzerrt. Durch den konventionellen Kontext eines Wortes wird ein anderer Kontext wie durch ein Raster betrachtet [vgl. 43]. In diesem Erkenntnisvorgang findet quasiintuitiv eine höchst sublime Selektion von Assoziationen statt, als deren Ergebnis die Bedeutung der Metapher aufscheint.

Läßt sich durch variierende Kontextualisierung neue Einsicht erzeugen, erscheint die "Weltlichkeit" der erfahrenen Wirklichkeit nicht als ein besonderes theologisches Problem, sondern nachgerade als mögliche Voraussetzung der Gotteserkenntnis, denn die Fremdartigkeit und Unähnlichkeit der Kontexte soll ja die neue Erkenntnis hervorbringen. Demzufolge ist von zentraler Bedeutung, daß die Metaphern nicht im alten Sinn als lediglich rhetorisches Schmuckmittel betrachtet werden, die zur wirkungsvollen Darbietung von etwas schon Bekanntem besonders geeignet sind. TeSelle sucht daher die metaphorische Einsicht als Form des Erkennens eigens auszuweisen und unternimmt dies anhand einer Untersuchung poetischer Metaphern. "Die Metapher schafft das Neue, sie verschönt nicht das Alte, und sie erreicht dies durch das Sehen von Ähnlichkeit im Unähnlichen" [49]. Das Charakteristische an metaphorischer Erkenntnis ist nun, daß sie sich nicht in andere Redeformen umsetzen und mitteilen läßt. Was in ihr sichtbar wird, läßt sich nicht in deskriptive Propositionen umformulieren.

"Metapher ist eher eine Art des Wissens, nicht bloß eine Art des Mitteilens. In der Metapher sind Wissen und sein Ausdruck ein und dasselbe; es gibt keinen Weg um die Metapher herum, sie ist nicht entbehrlich. Man kann darauf bestehen, daß gewisse Metaphern unkorrekt oder unangebracht sind oder nicht "passen", aber alles was man dann tun kann, ist andere Metaphern zu empfehlen, die vorzuziehen sind" [4; vgl. 10, 89].

Wenn die in Metaphern enthaltene Einsicht auf die metaphorische Form verwiesen bleibt und nicht in Behauptung oder Urteil transformierbar ist, kann ihr Spezifikum nicht in den affektiven Regungen liegen, was angenommen werden müßte, wenn sie mit der antiken Rhetorik als schmückendes Beiwerk aufgefaßt würde, obgleich diese Regungen den Gebrauch einer Metapher begleiten. In Metaphern werden Einsichten zugänglich, die weder begrifflich noch anders zu vermitteln sind. Eine solche Auflösung der metaphorischen Form, die den Gehalt begrifflich zu vermitteln trachtete, müßte diesen sogleich verlieren, weil er nur in der Konfiguration der verschiedenen konnotativen Felder gegeben ist. Begriffe dagegen gewinnen ihren Gehalt im Modus der Abstraktion und erstreben Eindeutigkeit. Die in Metaphern vorliegende innere Gegensätzlichkeit impliziert, daß sie "offen" (open-ended) sind und ihr Bedeutungsgehalt sich darum nicht fest umschreiben läßt. Die den Begriffen eigene Inhaltsbestimmtheit ist bei Metaphern nicht gegeben. "... alles, was wir vorgängig zu der Metapher wissen, ist allenfalls rudimentär und verworren, und ausschließlich in der und durch die Metapher können wir überhaupt davon sprechen" [44].

Eine weitere Präzisierung der Struktur der Metapher vertieft diese Resistenz gegenüber anderen Vermittlungsformen. Die Grundform der Metapher, ein Wort aus seinem gewöhnlichen Kontext zu lösen und von einem fremden Kontext her zu sehen, stellt noch nicht heraus, daß die Beziehung zwischen den Kontexten dialektisch ist. TeSelle beschreibt diese Dialektik als ein reziprokes Erhellen: "Die metaphorische Dialektik ist komplex: einerseits wird das Bekannte und Sinnfällige verwendet, um das Unbekannte zu evozieren und andererseits gestattet uns der fremde Kontext oder Rahmen, in den das Bekannte versetzt wird, das Gewöhnliche auf eine neue Weise zu sehen" [48].

In einem weiteren Argumentationsgang, und mit ihm ergibt sich die Verbindung zu Crites, behauptet TeSelle die metaphorische Form als Grundstruktur allen Denkens und Sprechens [vgl. 50-65]. Der alltägliche Sprachgebrauch und die Sprache der Wissenschaft hätten diese Formen mit der Zeit verloren. Dies werde in der Überlegung sichtbar, daß eine völlig eindeutige Sprache zu neuen Entdeckungen und zu Erkenntnis-

fortschritten überhaupt unfähig bliebe. Durch unklare Mutmaßungen, begrifflich nicht faßbare Andeutungen weite sich das Erkenntnisfeld und so entstehe schließlich das, was als Wirklichkeit erfahren wird. "Wirklichkeit wird erzeugt durch diesen unglaublich komplexen Vorgang metaphorischer Sprünge" [52f].
Diese Ausführungen zum konstruktiven Charakter der Wirklichkeit bleiben zu aphoristisch, als daß man in ihnen ein überzeugendes Argument für die Nichtauflösbarkeit der Metapher sehen könnte. Wenn alles Denken und Sprechen in den Grundzügen metaphorisch sein soll und daher auch Wissenschaft als 'metaphorische Frucht der Imagination' [vgl. 63] aufzufassen ist, wäre das Verhältnis zwischen beiden Ebenen und auch die Unterschiedenheit stärker zu präzisieren, als es bei TeSelle geschieht. Zudem läßt sich die Metapher nicht durch Abgrenzung zu Begriffen und Propositionen bestimmen, wenn auch diesen eine metaphorische Struktur unterstellt wird, die lediglich nicht mehr sichtbar ist. Aber dieses Argument ist für die Entfaltung des Begriffs der Metapher auch nicht notwendig; es braucht hier darum nicht erörtert zu werden.

TeSelle will auch Parabeln als metaphorische Formen gewertet wissen; sie stellt sie als erweiterte Form von Metaphern dar. Entgegen einem verbreiteten Mißverständnis kulminieren sie nicht in einer moralischen Aussage, die von ihnen ablösbar wäre, sondern repräsentieren eine eigene Sinnwelt. "... die Parabeln sind eine figurative Repräsentation eines wirklichen, umfassenden Sinnes, so daß sie nicht "für etwas stehen", sondern Leben sind " [67]. Der in Parabeln erfahrbare Sinngehalt konstituiert sich durch eine Verformung und Verfremdung der alltäglichen Wirklichkeit. Parabeln verlieren nicht den Bezug zu ihr, sondern lassen sie auf eine neue Weise sehen: "Metaphorische Sprache, parabolische Sprache nimmt uns nicht aus der alltäglichen Wirklichkeit heraus, sondern treibt uns tiefer in sie hinein, indem sie unser gewöhnliches Erfassen derart verformt, daß wir diese Realität auf eine neue Weise sehen" [70].
Weil sich der in Metaphern und Parabeln verschlossene Sinngehalt nicht aus der Distanz, nicht objektivierend beschreiben läßt, ist das Erfassen solchen Sinns nach TeSelle nur als Partizipation einsichtig zu machen, bei der sich der Verstehende in diesen Sinn einlebt. Der Sinn, den Parabeln bergen, deutet und interpretiert der Hörer - nicht umgekehrt -, und nur auf diese Art fordern Parabeln zur Stellungnahme auf [vgl. 71].
Dieser Bezug zur Handlung ist theologisch bedeutsam, denn er gibt dem hier zugrundegelegten Verständnis von Glauben und Gotteserfahrung einen spezifischen Akzent. Da Parabeln ein Sinntotum verkörpern, lassen sie sich nicht auf eine moralische Forderung oder auf eine abstrakte Erkenntnis reduzieren. Die Einsicht, die Parabeln vermitteln, richtet sich an den ganzen Menschen; nicht nur an sein Gefühl oder nur an seinen Intellekt. Sie betreffen nicht, "was wir glauben, wissen oder sind, sondern was wir in dem Prozeß unseres Glaubens, Erkennens und Werdens in unserem Leben sind" [79].

Das Verstehen von Metaphern und Parabeln umfaßt mithin neben den kognitiven Fähigkeiten des Menschen auch seine affektiven Regungen. Der Prozeßcharakter solchen Verstehens ist ein weiterer Grund, diese Form als die der menschlichen Selbst- und Wirklichkeitserfahrung angemessene Art des Glaubensverständnisses zu reklamieren [vgl. 56ff]. In parabolischen Erzählungen werden Erfahrungen transparent, wie sie wirklich erlebt werden: nicht als exklusiver momentaner Zustand, sondern als zeitlich erfahrene Lebensphase. Darin gleichen die Parabeln auch den biblischen Geschichten, über die TeSelle ausführt: "Es ist nicht ein intellektueller Glaube oder eine momentane Erfahrung, die in diesen Erzählungen offenbart werden, sondern der Stil eines Lebens oder Glaubens, erwählt durch eine Myriade von Entscheidungen" [121]. Glaube ist entsprechend an der Erfahrung des Selbstseins in den privaten und öffentlichen Bezügen des Glaubenden zeitlich zu explizieren. In dieser erzählerischen Form reflektieren sich die konstitutiven zeitlichen Strukturen menschlicher Erfahrung. "Wir alle schätzen gute Geschichten wegen der grundsätzlich narrativen Beschaffenheit der menschlichen Erfahrung; gewissermaßen handelt jede Erzählung von uns selbst" [138].

Für das rein kognitive Erkenntnisinteresse einer systematisierenden begrifflich-abstrakten Theologie erscheint TeSelle der Ausschluß des erfahrenden Subjekts konstitutiv. Die Präzision ihrer methodisch gewonnenen Aussagen erachtet sie als um den Preis der Beziehung zur konkreten Erfahrung erkauft. Ihre Alternative, durch kreative Einbildungskraft neue Dimensionen religiösen Sinns zu entdecken und von ihnen her die säkularisierte Wirklichkeit neu zu sehen, wird als Programm einer erfahrungsträchtigen, parabolischen Theologie bestimmt. Diese soll die zur Gewohnheit verflachten Verhaltens- und Wahrnehmungsmuster sowie das selbstverständlich gewordene säkularisierte Lebensverständnis schöpferisch aufbrechen, um der religiösen Erfahrungsdimension Raum zu schaffen.

Unbestreitbar gelingt es TeSelle, die Zeitlichkeit des menschlichen Lebens in ihren Aussagen über Erfahrung und Glaube zum Ausdruck zu bringen. Überzeugend wird auch die Notwendigkeit dargetan, den religiösen Glauben und die säkularisierte Wirklichkeit als Aspekte der Selbsterfahrung theologisch zu thematisieren und die darin begründeten Spannungen, die den Glauben bedrängen, nicht zu ignorieren. Daß der Vorschlag, die Vermittlung beider Erfahrungsbereiche gemäß der Struktur der Metapher durch eine im beschriebenen Sinn parabolische und metaphorische Sprache zu leisten, einen angemessenen Weg weist, unterliegt jedoch einigen Zweifeln.

Die verfremdende Kontextualisierung des Nichtreligiösen, die nach TeSelle zu metaphorischer Einsicht gelangen soll, muß als beliebig und zufällig erscheinen, solange der verfremdende Kontext, durch dessen Beziehung die Metapher sich etablieren soll, zuvor nicht näher bestimmt und als ein religiöser gekennzeichnet wird. Die Ausführungen TeSelles erwecken zuweilen den Eindruck, als ob jede Destruktion der weltlichen Plausibilitätsstrukturen und schon die ungezielte metaphorische Verfremdung des als selbstverständlich Wahrgenommenen 'Theopoiesis', dichterisch-schöpferische Rede von Gott sei. Natürlich kann das Wissen um die Ähnlichkeiten zwischen den Kontexten nicht präzise definiert sein, weil dann die spezifische Erkenntnisleistung der Metapher sich nicht einstellen könnte. Die Kontextualisierung erfordert jedoch eine Art Vorwissen, um eine Metapher als eine erkennbar religiöse überhaupt bilden zu können. Für eine konsequente Durchführung dieses Programms wäre notwendig, die hier auftretenden Zweideutigkeiten zu klären. Denn einerseits wird die gesellschaftliche Wirklichkeit unbefangen als durchgängig säkularisiert bestimmt, die sich auch für die religiöse Überzeugung lebensprägend auswirke, andererseits soll diese nichtreligiöse Wirklichkeit durch religiöse Kontextualisierung kreativ gesprengt werden und mittels der so gewonnenen metaphorischen Einsichten Transzendenz inmitten nichtreligiöser Wirklichkeit erfahrbar machen. Die Übertragung der 'weltlichen' Wirklichkeit in den ihr fremden Bereich verlangt jedoch eine gewisse Vitalität und Wahrnehmbarkeit des Religiösen, die solche Kontextualisierung allererst ermöglichen. Damit wird TeSelle jedoch gezwungen, eine eigenständige Kraft und Lebensfähigkeit des Religiösen vorauszusetzen, die zuvor als Desiderat der gegenwärtigen Wirklichkeitserfahrung markiert und das zu erfüllen die parabolische Theologie doch konzipiert wurde (55).

Zu diesem Fragekomplex gehört ebenfalls das Problem der Verstehbarkeit der Metaphern. Die tradierte religiöse Sprache und ihre Symbole werden als wirkungslos und unzugänglich beschrieben. Das Theorem der Zusammengehörigkeit von Form und Gehalt zwingt jedoch dazu, diese tradierten Metaphern beizubehalten. Entgegen der zuvor beklagten Weltlosigkeit der religiösen Sprache werden diese überkommenen Metaphern als durchaus kommunikabel übernommen. So heißt es etwa über die Bilder und Parabeln des Neuen Testaments: "... sie sind so gewöhnlich und fundamental für die menschliche Erfahrung - Geschichten von Vätern und Söhnen, Bilder von Blut, Brot und Körpern - daß sie zu anhaltender Kontemplation einladen und es den Leser mit unerschöpflicher Einsicht lohnen" [33]. Diese umstandslose Beteuerung der Verstehbarkeit der biblischen Metaphern erstaunt nicht zuletzt darum, weil TeSelle die historische Relativität von Bildern und Metaphern selbst herausstellt. Wenn bestimmte Metaphern gegenüber den Veränderungen und Abwandlungen der Lebenswelt, in der sie entstanden, resistent bleiben, wäre das eigens zu erläutern, weil die Ausführungen über die Struktur der Metaphern sonst unvollständig blieben (56).

Wenn TeSelle Aufgabe und Gegenstandsbereich der Theologie bestimmt, wird die angesprochene Problematik, zur Bildung neuer religiöser Metaphern ein gewisses Vorwissen über Gott voraussetzen zu müssen, durch einen umstandslosen Rekurs auf die biblischen Metaphern und Parabeln verdeckt. Theologie hat nach TeSelle zuvorderst die biblischen Schriften zum Gegenstand. Diese sind "Quellen für theologische Reflexion" [64]. Andere Wendungen wie "Basis" oder "Nahrung" [ibid.] verdeutlichen, daß diese Metaphern schlechthin vorgegeben sind und nicht zur Disposition stehen. Das fundamentaltheologische Anliegen, die Glaubwürdigkeit der biblischen Schriften jenseits ihrer selbst auszumachen, wird nicht aufgegriffen und muß an der These der Dependenz von Form und Gehalt ohnehin seine Grenze finden. Reflexionen und Argumentationen, die das in den Metaphern Gesagte erhellen und begründen wollen, sind daher weitgehend überflüssig. Würde die Behauptung der Unablösbarkeit des Gehalts von der metaphorischen Form konsequent durchgehalten, wäre auch die Notwendigkeit theologischer Reflexion nicht einzusehen. Theologie wäre ausschließlich Kontemplation der biblischen Metaphern und könnte sich nur im Modus des Bekenntnisses äußern. Aber einer solchen fideistischen Eingrenzung will die parabolische Theologie gerade entgegentreten. Es gebe keinen Grund, so heißt es, warum die biblischen Metaphern durch zeitgenössische nicht sollten ergänzt werden können. Diese neuen Metaphern sollen eine neue Wahrnehmbarkeit der Transzendenz erreichen. Zugleich müssen sie aber eine Kontinuität zu den biblischen Parabeln und Geschichten aufweisen. Die hier geforderte Feststellung der Übereinstimmung alter und neuer Metaphern kann nicht selbst wieder metaphorisch sein, denn sie hat ihren Ort auf der ersten Metaebene, sie ist Reflexion über die Angemessenheit von Metaphern. Die Ausführungen TeSelles verlieren nun nie diese Spannung, einerseits selbst der metaphorischen Form angeglichen werden zu sollen, andererseits aber als Reflexion auf diese Form bestimmt werden zu müssen. Theologie soll einerseits als metaphorisch, als nichtsystematische Denkform konzipiert werden, hat aber andererseits Funktionen zu erfüllen, die metaphorisches Denken nicht leisten kann. Die geforderte parabolische Theologie wird von TeSelle als eine Form bezeichnet, die ihren Ort zwischen Parabeln und Metaphern auf der einen Seite und systematisierender Theologie auf der anderen Seite hat. Die Charakterisierungen der parabolischen, 'intermediären' Theologie durch TeSelle beziehen ihre Vieldeutigkeit aus der Notwendigkeit, beide von ihr als verschieden bestimmte Denkformen im Begriff der Theologie verbinden zu müssen. Um die den Metaphern eignende Nähe zu Erfahrung und Einsicht in die Theologie selbst eingehen zu lassen, soll diese sich auf Metaphern konzentrieren und von ihnen sich formen lassen. Näherhin verlangt das eine hochmetaphorische Sprache in der Theologie, ein Verständnis ihrer selbst als Bekenntnisliteratur, ja sie soll gattungsidentisch mit ihrem Gegenstand sein und selbst wie eine Erzählung geschrieben werden [vgl. 83-85; 92ff]. Wo Theologie hingegen kritische Funktionen der Reflexion übernehmen soll, wird sie von Metaphern und Parabeln auch ihrer Struktur nach unterschieden; Theologie markiere eine kontinuierliche Linie zwischen Metaphern und Denksystem, die sich einer präzisen Formbestimmung letztlich versage [vgl. 23, 64, 177f].

Diese Auskünfte können nicht befriedigen. Wenn ein depositum fidei von Glaubensinterpretationen unterschieden werden soll - eine Forderung, die TeSelle selbst aufstellt, sind die Interpretationen und neuen Metaphern zu unterscheiden und auf Kontinuität zu prüfen. Eine solche Übereinstimmung läßt sich nach den Voraussetzungen TeSelles nicht durch einen Vergleich erreichen, der die Deckungsgleichheit in Sätzen statuierte. Daher muß die metaphorische Einsicht zugleich Einsicht darüber sein, ob eine strittige Metapher mit einer andern inhaltsgleich ist. TeSelle spricht von "Gleichzeitigkeit des Augenblicks der Einsicht und der Wahl der Metapher" [45]. Es ist jedoch zweifelhaft, ob sich etwa Dogmengeschichte und Dogmenentwicklung in diesem Sinn als intuitives Sammeln von Metaphern deuten läßt. Die kirchliche und damit gesellschaftlich-soziale Bindung von religiösen Überzeugungen impliziert die Notwendigkeit einer sprachlichen Verständigung über Eignung, Wahrheits- und Erkenntniswert von Metaphern. Solche Verständigung ist in jedem Fall auch Sprachregelung, aber doch nicht nur hinsichtlich des Wortgebrauchs, sondern bezüglich des gemeinten Sachverhaltes. Dogmatisierung intendiert in diesem Sinn zwischen wahren und falschen Aussagen zu unterscheiden. Es ist nicht einzusehen, wie diese dogmenhermeneutischen Fragen mittels einer durchgängig 'parabolischen Theologie' zu lösen sind.

Obwohl das Thema der Begründung von religiösen Überzeugungen nicht explizit aufgegriffen wird, legen die Thesen TeSelles implizit fest, wie es sich für eine 'parabolische Theologie' stellen muß. Die kritischen Gesichtspunkte gegenüber ihrer Position seien unter dieser Rücksicht zusammengefaßt.

Die narrativ-parabolische Reformulierung der Theologie verlagert den Ort der Begründungsproblematik von vermittelnden Begründungsformen auf die unvermittelte Erfahrung des Glaubens als Kritik- und Rechtfertigungsinstanz. Glaubwürdig wird für sie das Reden von Gott dann, wenn der Mensch dabei seine eigenen Erfahrungen besprochen sieht. Drei Voraussetzungen TeSelles wirken sich auf das Thema von Erfahrung und Begründung prägend aus; sie komplizieren diese Frage erheblich, verleihen ihr aber zugleich eine aspektreiche Originalität. Die Religionsphänomenologie in der Tradition Ottos diskutiert den Begriff der religiösen Erfahrung vor allem anhand der Phänomene mystischen Erlebens. Die Charakterisierung dieser ekstatischen Erfahrung hat Bezug zu anderen Erfahrungen durch deren Negation; der Erfahrende 'bricht aus' aus diesen Bereichen und erfährt eine nur vage beschreibbare Vereinigung mit Gott. Diese Unzulänglichkeit wird in der abschätzigen Verwendung des Wortes 'mystisch' im allgemeinen Sprachgebrauch noch zum Ausdruck gebracht; es gilt als Synonym für unverständliche und lebensferne Erfahrungen. Diese Entgegensetzung von sakral und profan sucht TeSelle zu überwinden, indem sie beide Erfahrungsbereiche zu konstitutiven Momenten der Gotteserfahrung zusammenfügt. Ihre dialektische Gegensätzlichkeit selbst soll Transzendenzerfahrungen ermöglichen. Die Eigenheit der Metapher, Ähnliches im Gegensätzlichen erkennbar werden zu lassen, bietet sich als außerordentlich geeignete Sprachform an, religiösen Erfahrungen Ausdruck zu geben. Die Einwände gegenüber diesem zunächst bestechend erscheinenden Einfall wollten die Notwendigkeit einer näheren erkenntnis- und sprachtheoretischen Bestimmung des Verhältnisses metaphorischen Erkennens zu anderen Formen der Kenntnisnahme und der Sprache dartun, das es überzeugender zu klären gilt, soll religiöses Sprechen nicht beliebig werden, soll Theologie bestimmbare Funktionen wahrnehmen und der Gehalt von Überzeugungen nicht durch Metaphernverwendung gänzlich ungreifbar werden. Zudem verbindet sich das Theorem der Unlösbarkeit von Form und Gehalt mit einer intuitionistischen Einschätzung der Gotteserfahrung, die ihre Rechtfertigung ausschließlich aus sich selbst erhalten kann. Entgegen der Absicht, religiöse Erfahrungsdimensionen schöpferisch neu zu eröffnen, deuten sich hier Konsequenzen an, die diese Erfahrungen ungewollt isolieren.

Die zweite Überlegung will die Narrativität der Erfahrung in Theologie und Glaubensverständnis zum Ausdruck und zur Geltung bringen. Sie ist insofern Voraussetzung der ersten, als die Metaphern Konstituentien narrativer Erfahrungsformen reflektieren. Wenn zutrifft, daß das Bewußtsein alles in zeitlichen Zusammenhängen wahrnimmt, bilden "Geschichten" die letzte, unverfremdete Bezugsebene des Erkennens. Als Implikation dieser Folgerung ergibt sich eine Ontologisierung dieser Geschichten; Wirklichkeit ist als ein narrativer Zusammenhang vorzustellen, dem der Erkennende selbst so zugehört, daß er diese Bezogenheit zwar erkennen, sie aber nicht abstrakt der Wahrheitsfrage konfrontieren kann, weil "Wahrheit" selbst nach Maßgabe der "Geschichten" bestimmt werden muß. Die sich hier ergebenden Folgen für eine Theorie der Gotteserkenntnis und Gotteserfahrung werden von TeSelle soweit gesehen, wie sie allem Erkennen metaphorische Struktur zuschreibt. Daher betreffen die gegenüber ihrer Position geäußerten Bedenken auch jede Form der narrativen Theologie, die in einer ähnlichen Weise die Thesen Crites' zur Voraussetzung erhebt.

Den Wirklichkeitsverlust theologischer Begriffe und des religiösen Sprachgebrauchs auszugleichen heißt für TeSelle, diese durch schöpferische Phantasie, neue Metaphern und Parabeln kreativ aufzubrechen und neuen Erfahrungen zu öffnen. Wenn sich die religiöse Überzeugung auf diese Weise der säkularisierten Wirklichkeit nähert, bedeutet dies nicht ihre Gefährdung, sondern die Möglichkeit einer erfahrungsträchtigen Revitalisierung. Die Verbindlichkeit des Erfahrenen soll sich mit der Erfahrung selbst ergeben. Wenn mithin das Begründungsthema nicht im herkömmlichen Sinn auf die Wahrheitsfrage zugeschnitten wird, braucht es darum noch nicht aufgegeben zu werden. Die Wahrheit und Verbindlichkeit muß sich in den geschichtlichen Zusammenhängen selbst zur Geltung und Wirkung bringen. Von dieser Überlegung gehen auch jene Autoren aus, die die religiöse Erfahrung und den Glauben im Rahmen der Lebensgeschichte des einzelnen thematisieren.

4. Selbstidentität und autobiographische Theologie

a) Selbstbewußtsein versus lebensgeschichtliche Identität

Die Frontstellung der narrativen Theologie gegenüber einer spekulativen Begrifflichkeit tritt besonders deutlich bei der Bestimmung des menschlichen Selbst in den Vordergrund. Die nachdrückliche Betonung der Erfahrbarkeit der Rede von Selbst, Selbstidentität oder Selbstverwirklichung provoziert aus sich selbst die Notwendigkeit für die narrative Theologie, den Selbstbegriff angemessener zu fassen. Nach ihrer Vorstellung ist er so auszulegen, das in ihm die Erfahrungen thematisiert werden, die das denkende, fühlende und handelnde Subjekt in seinen Selbst- und Wirklichkeitsbezügen selbst macht. Nicht selten täuscht das Pathos, mit dem die Dringlichkeit dieses Anliegens dargelegt wird, darüber hinweg, daß die Voraussetzungen eines solchen Selbstbegriffs unklar bleiben oder gar nicht erst problematisiert werden (57). Implizit richten sich aber alle narrativen Theologien gegen die herkömmlichen Weisen, die Selbst- und Weltbeziehung des Subjekts dadurch zu entindividualisieren und ihrer konkreten Lebenswirklichkeit zu entfernen, daß diese Relationen begrifflich-abstrakt gefaßt werden. Einige der im folgenden zu diskutierenden Ansätze bauen explizit auf einer Destruktion des herkömmlichen Selbstbegriffs auf. Weil dessen konsequente Ablehnung zu den Voraussetzungen gehört, auf denen diese Entwürfe einer narrativen Theologie sich erst entwickeln, ist zunächst auf den tradierten philosophischen Begriff des Selbst unter geistesgeschichtlicher und systematischer Perspektive einzugehen. Diese bewußt kurz gehaltenen Hinweise wollen in die philosophische Beurteilung dieser Entwicklung der Auflösung des Selbstbegriffs nicht eingreifen. Beabsichtigt ist lediglich, den Hintergrund dieser Polemik gegen den Selbstbegriff zu verdeutlichen. Indirekt werden damit zugleich die Probleme angesprochen, die sich mit der These der nur individuell-lebensgeschichtlich zu explizierenden Selbst-, Welt- und Gottesbeziehung ergeben. Vor diesem Hintergrund lassen sich dann die Fragen und Schwierigkeiten einer narrativ zu bestimmenden Identität und einer narrativ-autobiographischen Theologie angemessener diskutieren.

Selbstidentität, Selbstverwirklichung oder Selbstsein setzen in irgendeiner Form Selbstbewußtsein voraus. So verlangt die ethische Forderung der Selbstverwirklichung Kenntnis des Selbst als ihre Bedingung, denn nur so ergibt sich Zugang zu den angemessenen Möglichkeiten, Selbstsein zu erreichen. Mit D. Henrichs lassen sich zwei Grundformen dieser erkennenden Selbstbeziehung unterscheiden. In der einen ist Selbsterkenntnis mit einer natürlichen Vertrautheit des eigenen Wesens identisch; das Selbst wird nicht als dasjenige thematisch, das sich in der Erkenntnis seiner selbst auf eine besondere Weise bewußt werden müßte. Selbstbewußtsein ist hier einfache Selbstgegenwart. In der zweiten Grundform rückt das Erkennen seiner selbst als ein eigenständiger und unterschiedener Aspekt in die Forderung der Selbstverwirklichung selbst ein: "Der Akt der Selbsterhaltung wird zugleich auf die Bedingung des Wissens von der Besonderheit des Wesens bezogen, das der Erhaltung bedarf; nicht nur dieses Besondere, sondern ebenso der Umstand, daß es in ursprünglichem Wissen von sich auf es bezogen ist, machen zusammengenommen die Einheit des Wesens aus, das der Gegenstand der Anstrengung der Erhaltung ist" (58). Der hier angesprochene Unterschied läßt sich an dem Zerfall der mittelalterlichen Ontologie und seiner Beziehung auf den Selbstbegriff veranschaulichen.

Die teleologische Ontologie des scholastischen Aristotelismus wirkt sich in der Bestimmung des Wesens des Menschen und des Handelns nachdrücklich aus. Der Mensch ist seinem Wesen nach und von Natur aus auf bestimmte Ziele und letztlich auf die Gottesschau ausgerichtet. Diese im Handeln zu erstreben ist in sich vernünftig und gut. Die Ziele brauchen nicht erst gesucht oder legitimiert zu werden; der Mensch handelt gut, wenn er so handelt, wie es seinem Wesen entspricht. Die ethischen Prinzipien, die er dabei befolgt, drücken sich in seinen natürlichen Neigungen (naturales inclinationes) schon aus. An der Wesensnatur des Menschen, der von Natur aus sein Wesen zu verwirklichen trachtet, läßt sich das Sittengesetz unmittelbar ablesen. Dem Wesen entsprechend zu handeln, heißt das natürliche Sein zu vervollkommnen und ist daher sittlich gut.

Die Selbsterkenntnis, die für die Verwirklichung des eigenen Wesens als erforderlich vorausgesetzt wird, bringt die Wesensnatur nicht als eine solche zur Geltung, die durch Selbstbewußtsein eigens bestimmt wäre. Die Verwirklichung der natürlichen Anlagen bedarf keiner solchen expliziten, vergewissernden Kenntnisnahme des Selbst als einem seiner selbst bewußten Wesen. Eine unmittelbare Bekanntschaft mit seiner natürlichen Konstitution ist fähig, die Verwirklichung des Wesensgemäßen zu leisten. Die Verankerung des Sittengesetzes in der göttlichen Schöpfungsordnung ist ein weiteres Moment, warum für die Selbstverwirklichung als wesensgemäßem Handeln eine Reflexion auf den Menschen als selbstbewußtem Wesen nicht notwendig wird. Der Kosmos und der Mensch in ihm sind in ihrer Ordnung aus sich selbst diaphan auf Gott hin. Die Selbstverwirklichung ist damit selbst Ausdruck und Teil des universalen teleologischen Ordnungszusammenhangs; als durch göttliche Stiftung absolut gültige Ordnung verleiht sie den in ihr ausgedrückten Normen Geltung. Somit drängt die natürliche Neigung aus sich selbst auf die Verwirklichung des Wesensgemäßen, dessen Erkennbarkeit nicht problematisch ist. Selbstbewußtsein ist eine dieser Bewegung vorgeschobene Bedingung; es geht aber nicht als konstitutives, unterschiedenes Moment der Selbstverwirklichung in diese selbst ein.

Mit dem Beginn der neuzeitlichen Philosophie tritt eine grundlegende Änderung ein. Vorbereitet durch den mittelalterlichen Nominalismus, ermöglicht schon durch Motive der Scholastik sowie durch die Anfänge der Naturwissenschaft verliert der Naturbegriff zunehmend seine kosmologisch-teleologischen Qualifikationen. Eine völlig andere Einstellung zur Natur ist die Folge. Die Stufung der Seinsebenen, die über sich selbst hinaus durch bloße Anschauung auf Gott verwiesen, sind für das naturwissenschaftliche Denken nicht mehr bedeutsam, denn dieses begreift Natur als nach mathematischen Gesetzmäßigkeiten strukturierte Wirklichkeit. Ein in seinen teleologischen Ordnungsstrukturen geschlossener Kosmos ist dieser Einstellung nur hinderlich. "Dieser Wandel der Voraussetzungen rückt die Alternative der immanenten Selbstbehauptung der Vernunft durch Beherrschung und Veränderung der Wirklichkeit in den Horizont der möglichen Intentionen" (59). Läßt sich aus der Ordnungsstruktur der Wirklichkeit die Norm menschlichen Handelns nicht mehr deduzieren, ergibt sich auch für die Selbstbeziehung des Menschen eine fundamentale Veränderung. Er zieht sich gleichsam aus den Ordnungsbezügen der Natur zurück und tritt ihr als unabhängige Größe gegenüber. Er hat seine Bezüge zu Selbst, Welt und Transzendenz neu zu definieren. Damit sind die Voraussetzungen gegeben, daß er sich auf sich selbst als einem seiner selbst bewußten Wesen bezieht. Dieser Entwicklung korrespondiert die Subjektivierung des menschlichen Selbstverständnisses in der neuzeitlichen Philosophie (60). Die folgenreiche Bestimmung des Ich durch Descartes hat ihr Motiv in der Suche nach absolut gewisser Erkenntnis. Das universalisierte Zweifeln wird bei ihm zum methodischen Prinzip der Erkenntnisfindung. Nur was diesen Zweifel besteht, soll als unstrittig sichere Wahrheit gelten dürfen. Da aus diesem Prozeß des Zweifelns nur das zweifelnde Ich selbst als unbezweifelbare, wahre Gegebenheit hervorgeht, wird diese Konzeption des Selbstbewußtseins zum bevorzugten Ausgangspunkt der neuzeitlichen Metaphysik. Für die Reflexionsbewegung des Descartes und damit die Bestimmung des Ich ist konstitutiv, daß es sich bei der Bewegung seiner Erkenntnis von den erfahrbaren sinnlichen Gegebenheiten ablöst. Das den Zweifel bestehende Ich wird körperlos und unweltlich; es ist abstrakte und lebensleere, denkerische Selbstbezüglichkeit. Diese Tendenz radikalisiert sich im deutschen Idealismus; die Entwicklung dorthin kennzeichnet sich aus "durch die ständige Überhöhung des Ich, d.h. durch die ständige Eliminierung menschlicher und endlicher Züge der Ichhaftigkeit" (61).

Gegenüber dem aristotelisch-thomistischen Begriff des Menschen, der sich ungebrochen in die ontologischen Strukturen der Wirklichkeit einordnen ließ, wird die cartesianische Bestimmung des Selbstbewußtseins auch für das Selbstverhältnis nachhaltig wirksam. In den Prozeß der Selbstverwirklichung schiebt sich die Selbsterkenntnis als unterschiedenes Moment. Als abstrakte, gedachte Selbstbeziehung unterscheidet sich diese rein geistige Selbstreflexion von der Erkenntnis des Selbst als leibgebundenem Geist. Der damit etablierte Dualismus von Körper und Geist, von Ich und Welt muß auch das Gottesverhältnis des Menschen anders fassen: Bei Descartes kann das in sich selbst verfangene Ich nur durch die Vermittlung Gottes zur Welt zurückkehren (62).

Der Verlust des gottgestifteten Ordnungszusammenhangs motiviert zu

Beginn der Neuzeit eine fundamentale Veränderung des religiösen Selbst- und Weltverhältnisses. Wieweit die politischen, sozialen und geistigen Umwälzungen dieser Zeit die Andersartigkeit der religiösen Selbstverständigung herbeigeführt und geprägt haben, wo wiederum deren Wurzeln zu suchen sind, braucht hier nicht erörtert zu werden. Wie jedoch der Verlust des auf Gott hin diaphanen Weltverhältnisses das religiöse Selbstverhältnis und die Gottesbeziehung verändert hat, tangiert die Frage, wo nach Auffassung der narrativen Theologie in der Selbsterfahrung die Gottesbeziehung entdeckt werden kann.

Der Umschlag läßt sich als das Zerbrechen jener Vermittlungsebenen kennzeichnen, durch die der mittelalterliche Mensch sich mit Gott verbunden wußte. Den neuen Wissenschaften präsentiert sich Natur als Forschungsgegenstand; durch technische Verfügung wird sie beherrschbar. Das Schwinden des geozentrischen Weltbildes zerstört den Himmel über der Erde. Der Mensch kann sich aus dieser Natur nicht mehr so zu Gott vermittelt erfahren, wie es ihm zuvor möglich war. Die Selbsterfahrung wird wesentlich "... eine Erfahrung unvermittelter Existenz. Es war die Erfahrung einer Situation, in der es nichts Menschliches zwischen Gott und Mensch gibt, um den Menschen zu Gott in Beziehung zu setzen oder um ihn vor Gott zu schützen" (63). Auch die Kirche kann ihre Vermittlungsstellung zwischen dem Menschen und der übernatürlichen Welt nicht mehr überzeugend vertreten. Die reformatorische Kritik an den Sakramenten, an der Ablaßpraxis, an der Gnadentheologie oder anderen theologischen Vorstellungen, die der Kirche eine Kompetenz über das Jenseits zuschreiben, gibt durchweg dem Überzeugungsverlust der Vermittlungsebenen Ausdruck. Luther konnte die Vorstellungen von Hölle, Fegefeuer und Himmel bereits auf Erfahrungen der Verzweiflung, der Unsicherheit und der Gewißheit im Glauben an Gott angesichts der unendlichen Entfernung zwischen Gott und Mensch übertragen(64). Die gegensätzlichen Strömungen in den Frömmigkeitsformen dieser Zeit lassen sich jeweils als Versuch interpretieren, den Verlust der Vermittlungsinstanzen zu überwinden. Unter dieser Rücksicht trägt den extensiven Reliquienkult sowie andere veräußerlichende Frömmigkeitsformen der gleiche Impuls wie die verinnerlichenden Frömmigkeitsweisen der mystischen Traditionen.

Mit dem Zerfall der thomistisch-scholastischen Metaphysik verliert auch die Glaubenslehre ihr Fundament und damit den Charakter objektiv vermittelten Wissens. Die Lehre von der Erkennbarkeit Gottes in der Metaphysik des Mittelalters war am Umgang mit der Wirklichkeit direkt nachzuvollziehen, "sie besaß für den Menschen von der Welt her, der sie angehörten, unmittelbare Evidenz ... Die Rede von der Transzendenz hatte gegenständliche Bedeutung" (65). Entzieht die wissenschaftlich-technische Einstellung zur Welt ihr den Gott-vermittelnden Charakter, fällt das gläubige Subjekt auf sich selbst zurück; es muß auf eine andere Weise zu Gott finden. Theologiegeschichtlich lassen sich zwei große Strömungen als Reaktion auf diese Situation unterscheiden. In der einen erhält das Verlangen nach einer Vermittlung selbst negativen Akzent; Luther lehnte es als Kleinmut und Glaubensschwäche ab. Allein im und durch den Glauben kann der Mensch zu Gott finden. Die andere Richtung sucht die Beziehungslosigkeit zu bewältigen, indem sie die Suche nach einer Vermittlung zu Gott selbst als Ansatz einer solchen begreift (66).

Diese skizzenartigen Hinweise auf einige Entwicklungslinien der philosophischen Deutung und Differenzierung des Selbstbegriffs in der Neuzeit und die durch sie mitverursachten Änderungen des Welt- und Gottesverhältnisses wollen vermeiden, in den Streit um die philosophische Interpretation dieses Vorgangs einzugreifen (67). Es war lediglich darauf hinzuweisen, daß das Pathos der Rede von Selbstverwirklichung und Selbstsein in der narrativen Theologie nicht übersehen lassen darf, daß sie Aspekte des menschlichen Selbstverständnisses thematisiert, deren Erfahrbarkeit die Diffusion der kosmischen Ordnungs- und Sinnbezüge zur historischen Voraussetzung hat. Wenn sich mit dem Verlust einer verbindlichen, sinngebenden Ordnungsstruktur ineins die Notwendigkeit formuliert, das Selbst gegenüber dieser zuhanden gewordenen Wirklichkeit ausdrücklich zu behaupten, sind die Aussagen der narrativen Theologie daran zu messen, wie überzeugend sie den Selbstbegriff vor diesem Hintergrund darzulegen vermögen.

In einigen Schriften zur narrativen Theologie wird zu diesem Thema mit Nachdruck ausgeführt, daß das menschliche Selbst sich nicht kontextinvariant realisiere oder erhalte. Psychologie und Soziologie werden zur Begründung der These herangezogen, das 'Selbst' sei keine beständige, begrifflich faßbare Größe, sondern von unwägbaren und zufälligen Voraussetzungen abhängig, mit denen es sich verändere. Verfügbar geworden wie die Natur, sei das Selbst nicht als fester, identischer Selbstbesitz mehr vorstellbar. Jedes Ansinnen, durch einen Begriff des Selbst das überindividuelle Allgemeine zum Ausdruck zu bringen, tendiere dahin, abstrakt zu werden und das konkrete Individuum schlicht zu übersehen. Dieses werde greifbar nur noch in seinen eigenen lebensgeschichtlichen Zusammenhängen, in den Erfahrungen, die es selbst gemacht hat. Ähnliche Andeutungen fanden sich schon bei Metz. Im folgenden werden die Schriften Novaks diskutiert, der sich mehrfach und ausführlich zur Subjektivitätsproblematik geäußert hat. Anschließend läßt sich dann fragen, was es mit der Forderung der narrativen Theologie auf sich haben kann, "das konkrete Subjekt" in die Theologie einzubringen.

Das Empfinden, man selbst und mit sich identisch zu sein, verdeckt bei den vielfältigen und als selbstverständlich wahrgenommenen Bezügen, daß solche Identität Resultat eines höchst komplexen Entwicklungsprozesses darstellt, warum sie von verschiedensten Umständen abhängig und damit dauernd gefährdet bleibt. Novak radikalisiert diese Einsicht zu der These, "daß niemand ein Selbst oder eine Identität hat; in einer Gesellschaft wie der unsrigen muß er beständig Selbste erfinden" (68). Erkenntnis über den erzeugten Charakter des Selbst stellt sich ein, wenn das Selbstverhältnis seine Solidität und Festigkeit verliert. Diese Erfahrung des Selbstverlusts, die mit der Erfahrung einhergeht, sich über sich selbst völlig im Unklaren zu sein, bezeichnet Novak als "Experience of Nothingness", als Erfahrung des Nichts (69).

Die Flüchtigkeit der Wahrnehmungen, mechanische Verrichtung von Tätigkeiten, Stimmungen der Langeweile oder das Empfinden einer monotonen Gleichförmigkeit disponieren am ehesten zu dem eigentümlichen Erleben, in dem sich das Ich als aus seinen Wirklichkeitsbezügen herausgelöst und von ihnen abgetrennt erfährt. Alles Wirkliche und Verbindliche verliert in solchen Zuständen seine Beständigkeit und erscheint artifiziell und beliebig.

"Die Erfahrung des Nichts ist eine Erfahrung jenseits der Grenzen der Vernunft. Sie entsteht nahe der Grenze zum Wahnsinn. Sie ist furchterregend. Sie läßt alle Versuche, von Zweck, Zielen, Absichten, Sinn, Bedeutsamkeit, Konformität, Harmonie und Einheit zu sprechen - all solche Versuche läßt sie zweifelhaft und unecht erscheinen" (70).

In solchen Erfahrungen findet sich das Selbst eigentümlich paralysiert; der Wirklichkeitscharakter der Welt zerfällt, und Werte und Normen kollabieren zur Unverbindlichkeit. Die sich dann einstellende Erkenntnis ist die des konstruktiven Charakters der Wirklichkeit; ihre Sinnstrukturen werden als der Erfahrung durch Kultur und Selbst auferlegt, mithin als produziert erkannt. Novak stützt sich extensiv auf Wissenssoziologie und Psychologie, um Institutionen wie Staat, Religion oder Sprache als realitätssichernde und realitätskonstruierende Faktoren herauszustellen, die während der Sozialisation ein bestimmtes Wirklichkeitsempfinden vermitteln. Das vollsozialisierte Selbst erachtet als wirklich und werthaft, was in der Sozietät, in der es aufwächst, als wirklich und werthaft gilt. Um diesen konstruktiven Charakter der Wirklichkeit hervorzuheben, bezeichnet Novak das Selbst- und Wirklichkeitsverständnis als Mythos. Dieser Ausdruck soll vor allem die Relativität und den Aspekt des Produziertseins markieren und die Notwendigkeit der konkreten Verfaßtheit des Realitätsempfindens als Schein durchschauen lassen. Die Erkenntnis der Wirksamkeit unerkannter Voraussetzungen, klassen- und schichtenspezifischer Veranlagungen sowie des Unbewußten erschüttert die vermeintliche Unentrinnbarkeit eines gelebten Realismus und gelangt zu der Einsicht, daß das Wirkliche wesentlich ein produziertes Realitätsempfinden darstellt. Die das Realitätsempfinden konstituierenden Faktoren beeinflussen zutiefst Wahrnehmung und Erkenntnis; sie lassen etwas als gut, bedeutsam oder evident betrachten. Sie prägen Handlungen und Wertmuster stärker als die artikulierten Überzeugungen, nach deren Inhalten das Subjekt zu leben vorgibt.

Novaks Äußerungen lassen sich schärfer fassen, wenn sie vom erkenntnistheoretischen Standpunkt erörtert werden, denn die These vom kulturell vermittelten Charakter von Selbst- und Wirklichkeitsverständnis muß dort ihre Bestätigung finden. Er sucht die Vermitteltheit aller Erfahrung und Erkenntnis mittels der Termini "Horizont" und "Standpunkt" einsichttig zu machen:

> "Das Anliegen der Horizontmetapher ist, das Subjekt und seine Welt in einer gegenseitig definierenden Beziehung zu verbinden. Das heißt verweigern, dualistisch von einem isolierten Selbst gegenüber einer Außenwelt zu denken, als ein bewußtes, in einem Sack von Haut gefangenen Ich in einer Welt kollidierender Gegenstände. Was wir von der Welt wissen, ist ausschließlich durchs Bewußtsein gewußt, und wir sind bewußt nur dadurch, daß wir in einer Welt sind ... Ein Pol meines Horizonts ist der Bereich all dessen, was ich erfahren, verstehen, bewerten und tun kann. Der andere Pol ist der Gegenstand dieser Tätigkeiten des Erfahrens, Verstehens, Bewertens und Tuns" (71).

Wahrnehmung und Erkenntnis sind also zunächst als Erfahrung des Geformtseins dieser Tätigkeiten zu begreifen. Das Subjekt versteht, wertet und tut, was sich in seiner Welt und Kultur als mögliches Korrelat dieser Aktivitäten schon findet. Die Erfahrung des Nichts bewirkt dann die Erkenntnis, daß diese Formen kulturbezogen und darin relativ sind. Ihr produzierter Charakter erweist sich in ihrer Fähigkeit, der undifferenzierten und diffusen Erfahrung Struktur und Form zu verleihen. Die Effizienz solcher Formgebung zeigt sich in dem zähen Bestreben des Menschen, seine Wirklichkeitsvorstellungen nicht zu gefährden, sondern sie beständig abzusichern und zu bestätigen.

Als Quelle und Movens jener geistigen Aktivität, die den Gewißheitscharakter des Wirklichen dennoch bezweifelt, zur Erfahrung des Nichts gelangt und das Wirkliche darin als vermittelt erkennt, behauptet Novak "des Menschen unstrukturierten, erbarmungslosen Trieb, Fragen zu stellen" (72). Grundsätzlicher als verbales Fragen oder bewußtes Zweifeln wird dieser Trieb als ein präreflexives, unartikuliertes Interesse an Wirklichkeit bestimmt, als "die Tendenz zu verweisen, zu bemerken, zu differenzieren" (73). Vorgängig zur bewußten, erkennenden Ausrichtung auf Gegenstände und Sachverhalte ist eine Art der Aufmerksamkeit gemeint, die das Erkannte und als gegeben Erfahrene allererst zu bezweifeln gestattet. Insofern eignet diesem Trieb destruktive und indirekt konstruktive Kraft: er ermöglicht dem Menschen, das Gegebene zu hinterfragen, sich von ihm zu distanzieren und neue Erfahrungsbereiche zu entdecken.

Hier wird deutlich, daß Novak den sich aufdrängenden Konsequenzen seiner Bestimmung der Nichtserfahrung auszuweichen sucht. Wenn sich in solcher Erfahrung die Erkenntnis einstellt, daß das Wirkliche Produkt von wirklichkeitserzeugenden Vorstellungen ist, wird die Erfahrung des Chaotischen und Strukturlosen zum eigentlichen Signum von Wirklichkeit. Die Nichtserfahrung etabliert sich in der Destruktion der Sinnstrukturen nachgerade zum Erkenntnisprinzip schlechthin. Wie ist unter solchen Voraussetzungen einem erkenntnistheoretischen und ethischen Skeptizismus noch auszuweichen? Wenn als verbindlichste Einsicht die Erfahrung des Nichts, also der Sinnlosigkeit und der resultierenden Künstlichkeit der Sinnstrukturen gelten muß, wie lassen sich Vorstellungen oder Handlungsnormen dann noch rechtfertigen? Sie alle müssen dem Verdacht unterliegen, auf Motive und Interessen reduzierbar zu sein, die die gesellschaftliche Wirklichkeit sichern und legitimieren sollen und eben darin nicht die eigenen, 'wirklichen' sind. Entscheidend aber ist die Frage, worauf sich die Ausbildung von Sinnstrukturen überhaupt stützen kann. Es ist nicht verwunderlich, daß die Äußerungen Novaks zu dieser Frage die destruktive und skeptische Tendenz des Fragetriebs zuweilen einschränken, wenn es etwa heißt, dieser Trieb befähige zugleich, kulturelle Formen zu bezweifeln, zu ändern und sie partiell zu ersetzen. Das Problem, warum kulturelle Formen überhaupt ausgebildet und tradiert werden, beantwortet Novak mit dem Hinweis auf einen Trieb der Symbolisierung. Dieser dränge zur Ausbildung von Formen, um Ordnung und Struktur in die diffuse Masse der Erfahrungseindrücke zu bringen. Haben sich diese Formen einmal institutionalisiert, "organisieren sie das Chaos persönlicher Erfahrung zu einem Realitätsempfinden. Die Hauptfunktion sozialer Institutionen aller Arten und auf allen Ebenen ist die Mythenerzeugung. Institutionen sind Formgeber von Erfahrung, Wahrnehmung, Wert und Handlung" (74). Das Individuum assimiliert in der Sozialisation diese Formen und erfährt durch sie die Eindrücke als geordnete Wirklichkeit, bis gegebenenfalls die Nichtserfahrung den Schein der Gewißheit zerstört.

Wird in diesem Sinn die Wirklichkeit als grundsätzlich vermittelt und relativ durchschaut, fragt sich, worin Geltungsansprüche dann gründen können. Ist Erkenntnis letztendlich Symbolproduktion einer sinnverlangenden Subjektivität und mithin durch eine Triebstruktur reduktiv erklärbar, können Aussagen über Wirklichkeit nicht unter Berufung auf diese Wirklichkeit begründet werden, weil diese gleichermaßen reduzierbar ist. Wie also wird unter diesen Voraussetzungen Verbindlichkeit und Geltung von Erkenntnis oder ethischen Grundsätzen konstituiert? Novak muß diese Frage in seiner Grundlegung der Ethik berühren. Der Fragetrieb, so wird dargelegt, führe zur Nichtserfahrung, nötige darin zu einer ethischen Reflexion und könne in der aufrichtigen Einschätzung dieser Erfahrung Werte begründen. Die Einsicht in die Relativität ethischer Normen "verpflichtet uns nicht, ethisch indifferent zu sein; ein bloßes Faktum ist nicht normativ ... Zugegeben, daß alle Werte relativ sind, wie wünsche ich zu leben? Das ethische Problem wird eher zu einer Frage von Erfindungsreichtum und Kreativität als zu einem Problem von Gehorsam und Verpflichtung" (75). Der Verbindlichkeitsverlust sozialisierter Normen verlagert die Frage nach ihrer Geltung auf das Problem der Geltungskonstitution durch das Subjekt.

Die Einsicht in diesen Sachverhalt impliziert für Novak seine aufrichtige Anerkennung und setzt damit Wahrhaftigkeit als einen ethischen Wert. Die lebenspraktische Notwendigkeit einer Entscheidung für oder gegen das bisher praktizierte Ethos und Lebensverständnis impliziert Freiheit. Die Erkenntnis der Relativität von Ethos und Lebensverständnis mindert deren

Verbindlichkeit, zwingt aber nicht dazu, sie aufzugeben und durch andere zu ersetzen. Einen solchen Wechsel gleichwohl zu vollziehen, heißt die existentielle Bedrängnis der Nichtserfahrung zu erleben, in der ehrlichen Beurteilung Aufrichtigkeit als Wert zu setzen, in der Entscheidung Freiheit zu praktizieren und darin Mut zu beweisen. Novak sucht dem Eindruck zu wehren, Freiheit, Wahrhaftigkeit und Mut würden von ihm als individualistische Werte begriffen. Gegenüber einer verabsolutierten Autonomie des Individuums in ethischen Theorien des Rationalismus und Humanismus stellt er den sozietätsbezogenen Charakter von ethischen Werten heraus; der Mensch erkennt sich in der Nichtserfahrung als ein Gemeinschaftswesen.

Diese mit der Nichtserfahrung verbundene Einsicht in den Vollzug von Freiheit, Aufrichtigkeit, Mut und Gemeinschaft kann dazu führen, diese zu den Wertdominanten der eigenen Lebenspraxis zu erheben. Ihre ethische Wertigkeit läßt sich Novak zufolge nicht beweisen. Sie zu den Lebensgrundsätzen zu erwählen heißt Selbstbestimmung zu vergrößern, unkritische Anpassung an gewohnte Verhaltensmuster zu vermeiden, den 'status quo der eigenen Lebensgeschichte zu entsakralisieren' (76), bedeutet letztendlich, bewußter zu leben. Für eine solche Lebenspraxis zu votieren, ist mit einer Lebensoption identisch; die Erfahrungen von Freiheit, Wahrhaftigkeit, Mut und Gemeinschaft erzwingen sich nicht selbst als Wert. Die Option wird von Novak entsprechend als ein ethischer Sprung der Geltungskonstitution gekennzeichnet:

> "Von der Erkenntnis der Tatsache der Wahl und der Existenz des Fragetriebs springen wir dahin über, Wert auf ihre Ausübung zu übertragen. Nichts zwingt uns, diese Fakten in Werte zu kehren. Es zu tun, ist ein Akt der Freiheit, eine kreative Handlung, die die Nichtserfahrung zu ihrem Ausgangspunkt hat" (77).

Philosophische Ethiken beanspruchen in der Regel, sofern sie nicht bei der sprachanalytischen Beschreibung ethischer Normen verharren, die Geltung von ethischen Werten zu begründen. Dieses Anliegen der Geltungsreflexion wird von Novak über den Hinweis der individuellen Wertsetzung hinaus nicht weiter verfolgt. Es bleibt dann aber völlig uneinsichtig, warum die von ihm als Werte deklarierten Erfahrungen von Freiheit, Aufrichtigkeit, Mut und Gemeinschaft allgemein oder gar kategorisch gelten sollen. Ethiken, die eine allgemein verpflichtende Grundlegung des sittlichen Sollens unternehmen, werden von ihm als legalistisch, individualistisch, rationalistisch oder abstrakt abgelehnt. Der Verschiedenheit der Handlungssituationen wegen lasse sich ein stets Gefordertes nicht aussagen und daher nicht in universale Normen fassen. Dieses aus der Situationsethik bekannte Argument, das Novak den konkreten, handelnden Menschen als Gegenstand der ethischen Reflexion zu begreifen auffordern läßt, will von ihm nicht als Votum für diese Ethik verstanden sein. Er sucht diese Eingrenzung ethisch relevanter Einsicht durch die Beziehung auf den Handlungsbegriff zu vermeiden, den er in Anlehnung an Aristoteles als verständiges Handeln bestimmt. Das verständige Handeln verlangt Urteilsvermögen, Ideenreichtum und Berücksichtigung der Umstände. Einsicht in das Geforderte ergibt sich dem verständig Handelnden jedoch erst in der konkreten Situation. Aufgabe der Ethik ist daher nicht die Formulierung und Applikation von verpflichtenden Normen, sondern eine Sensibilisierung für verständiges Handeln. Die ethische Entscheidung obliegt dem einzelnen. Das ethisch Geforderte erblickt der Verständige in der konkreten Situation.

Es ist jedoch fraglich, ob trotz der politischen Konsequenzen, die Novak seinen Ausführungen beständig nachzuweisen sucht, dieser Ansatz einem ethischen, subjektivistischen Relativismus entgeht (78). Die Ansätze, die vier erwähnten Eigenschaften als Konstituentien des Selbst aus der Qualifikation des Wirklichen als Scheinrealität herauszulösen, indem sie im Vollzug der Destruktion von Sinnstrukturen ihre Wirksamkeit erweisen und deren Zusammenbruch nicht anheimfallen, finden als Begründung der Ethik da ihre Grenze, wo sie über den Vollzug der Destruktion hinaus ethische Verbindlichkeit sichern sollen. Es sind durchaus Situationen denkbar, die ein ethisches Handeln verlangen, das durch die Rückbindung des Sollens an die Selbstvervollkommnung im Sinne einer Ausweitung der vier Grunderfahrungen zu einer bewußten, verständigen Lebensführung nicht begründet werden können. Die Möglichkeit, diese vier Erfahrungen als ethische Prinzipien so zu formulieren, daß der Einzelne sein Selbst nur und nur soweit realisieren kann, wie er sie bei dem anderen voraussetzt und sie so als Werte in sich behauptet, ist für Novak nicht gegeben. Da die Sinnerzeugung des Symbolisierungstriebes als letzte, allem Erkennen und Werten vorgeordnete Ebene behauptet wird, betrifft der Verdacht der Scheinrealität auch die Realisationsformen des Selbst (79). Diese Probleme, vor die sich die Aussagen zur Erkenntnis und zur Geltungsfrage bei Novak gestellt sehen, waren hier ausführlich aufzuzeigen, weil sie den Hintergrund des Ansinnens skizzieren, abstrakte Begriffe des Selbst durch Konzentration auf individuelle Lebensgeschichten als überflüssig zu erweisen.

Herkömmliche Selbstbegriffe, die bei ihrer Bestimmung vom Selbstbewußtsein oder vom Leib-Seele Verhältnis ausgehen, werden von Novak strikt abgelehnt:

> "Das Selbst ist nicht irgendeine Art inneren Gegenstandes ..., nicht das bewußte Licht der analytischen Vernunft. Ich bin kein Selbst, habe niemals ein Selbst besessen, habe keine dauernde und unzerstörbare Identität und empfinde kein besonderes Bedürfnis, seine Abwesenheit zu beklagen" (80).

Aus noch darzustellenden Gründen wird das Selbst als Relationsgröße vorgestellt, die nur im Modus der Lebensgeschichte greifbar wird. "Das Bild unserer selbst ... ist die Geschichte, die wir uns selbst über uns selbst erzählen" (81). Ich möchte im folgenden zeigen, daß die Vorbehalte gegen eine abstrakte Begrifflichkeit zwar einleuchten, aber nicht hinreichen, um eine Begriffsbestimmung des Selbst überhaupt abzulehnen. Insgeheim spielt Novak die Kennzeichnungen von Individualität, die in der Tat begrifflich nicht auszusagen ist, gegen einen Begriff des Selbst aus. Er ignoriert jedoch dabei, daß die Umschreibung der Individualität auf einen Begriff des Selbst bezogen bleibt.

Von den wichtigsten Argumenten, mit denen Novak die Forderung nach einer lebensgeschichtlichen Bestimmung des Selbst begründet, betrifft das erste seine Beziehung zum Handeln. Die Frage nach dem Selbst, so wird ausgeführt, ist für das Individuum immer auch praktisch. Sie impliziert stets Elemente der Suche nach einer möglichen Handlungsorientierung und will Aufschluß über eine mögliche Lebensgestaltung (82). Handlungen sind also Ich-bezogen und können auf eine besondere Weise erhellen, als wen der Handelnde sich versteht.

Weil der Handelnde in seinen Aktionen zugleich sich selbst zur Geltung bringt, greift die Bestimmung des Handelns als bloße Ziel- oder Zweckverwirklichung zu kurz. Selbst in der Relation des Handlungszweckes und des Vorgangs seiner Verwirklichung werden noch Werteinstellungen und Überzeugungen wirksam. Indem der Mensch handelt, greift er in die allgemeine Lebenspraxis ein und äußert implizit seine Einstellung zur Wirklichkeit. Novak hat soweit Recht, als der zweckrationale Aspekt den Sinn des Handelns niemals erschöpfend darstellt. Seine Verallgemeinerung eliminierte die umfassenden Sinnbezüge, in denen der Handelnde sich und seine Tätigkeit versteht. Wegen dieser Beziehung vermag das Handeln über die Person des Handelnden Aufschluß zu geben: "Im Handeln deklarieren wir unsere Kosmologie, unsere Politik, unsere Überzeugungen, unsere Identität. Wer ich bin? Ich bin, was ich tue" (83).

Die Fähigkeit des Handelns, die Person des Handelnden selbst sichtbar werden zu lassen, gründet darin, daß sich in den Handlungen Wertdominanten und Eigenschaften des Handelnden manifestieren. Der Handelnde ist sich oft über die Motive, Gründe und Antriebe seines Verhaltens nicht völlig im klaren, vermag sie auch niemals völlig eindeutig zu Bewußtsein zu bringen. In den getroffenen Entscheidungen wird daher auch für ihn selbst sichtbar, welche Antriebe und Beweggründe sein Handeln überwiegend motivieren. Erst in der Rückschau werden die Sinnbezüge deutlicher, die einer einzelnen Handlung Plausibilität verleihen und vom Handelnden implizit bejaht wurden. Daher tritt der Mensch im Handeln aus seiner Anonymität heraus; die von ihm vollzogenen Handlungen und die von ihnen ausgehenden Wirkungen und Folgen lassen den einzelnen in seiner Einzigartigkeit sichtbar werden und binden sich an seinen Namen als seine Lebensgeschichte. Aber auch für den Einzelnen eröffnet sich in der Folge seiner Handlungen erst definitiv sein Selbst. Die Vorstellungsform, in der der Einzelne sich seiner selbst vergewissert, ist die seiner Geschichte. Der theoretische Status des vorgestellten Zusammenhangs dieser Geschichte ist der einer imaginativen Einheit; das Bild, das ein jeder sich von sich selbst macht, ist, so versichert Novak, "natürlich ein Mythos" (84). Handeln ordnet sich seiner Auffassung nach in die öffentlichen Sinnzusammenhänge ein, und darum ist auch die Geschichte, die die Handlungen des einzelnen konstituieren, mythischen Charakters.

Das zweite Argument ergibt sich aus diesen Ausführungen. Die Selbsteinschätzung, die der Handelnde im Handeln zur Geltung bringt, ist durch verschiedenste Einflüsse geprägt und darum jeweils verschieden. Die Geschichte, die das Selbst darstellt, würde als bloße Folge von Handlungen eines stets mit sich selbst gleichen Subjekts jene Veränderungen verfehlen, denen das Selbst unterliegt. Aus diesem Grund beschreibt Novak diese Geschichte als einen Weg von Transformationen und Wendepunkten. An solchen Wendepunkten ändert sich das Verhältnis zum Selbst und zur Welt; sie sind "Durchbrüche in der Art, wie man Ereignisse wahrnimmt, sich selbst vorstellt, andere versteht, die Welt erfaßt, handelt" (85). Die Lebensgeschichte formiert sich somit ständig neu; sie enthüllt sich als "Mythos", wird abgestoßen, und eine neue Version tritt an ihre Stelle. Der Anlaß zu einer solchen Veränderung kommt oft von außen. Die sozialen Bezüge des Individuums herauszustellen, ist daher ein weiteres Argument für Novak, das Ich von seiner Geschichte her zu begreifen.

Ursprünglich, so wird diese Überlegung entfaltet, ist das Selbst Resultat des in der Kindheit assimilierten Selbst- und Weltverständnisses. Reziproke Verhaltenserwartungen, Zugehörigkeit zur sozialen Gruppe, übernommene Rollen vermitteln und konstituieren im wesentlichen die erste Identität. Diese Vermittlung kann in der Selbstreflexion durchschaut werden; daß sie durchschaut wird, ist Voraussetzung einer freien, selbstbewußten Selbstaneignung. Diese Einsicht bringt zugleich den lebensgeschichtlichen Kontext, die Gruppen und Institutionen, die den Lebensraum des Selbst prägen, in den Blick. Sie werden nach Maßgabe ihres Einflusses auf die lebensgeschichtliche Entwicklung des Selbst erfaßt. Abstrakte Begriffe des Selbst verbergen nach Novak diese Strukturen und haben darum einen ideologischen Charakter. Im Gegensatz zu solchen Begriffen supponiert der Zugang zum Selbst über die Lebensgeschichte nicht eine weltlose, asoziale und ungeschichtliche Selbstheit; selbst wenn diese Bezüge gesehen werden, erscheinen sie doch in falschem Licht, weil ein autonomes, mit sich identisches Ich sie erst nachträglich wahrnimmt und sich selbst nicht in seiner Abhängigkeit zu ihnen erkennen kann.

Von Unklarheiten abgesehen (86), sind diese Ausführungen Novaks richtig in dem, was sie explizieren, falsch aber hinsichtlich des Anspruchs, den er mit ihnen verbindet. Novak beschreibt in seiner vermeintlichen Entwertung des Begriffes des Selbst zugunsten des Individuell-Besonderen der einzelnen Lebensgeschichte Aspekte der Individualität des Individuums; er leistet aber durchaus nicht, was er möchte, nämlich den Selbstbegriff als durch die konkrete 'Selbstgeschichte' entbehrlich zu erweisen.

Seine Überlegungen können als Elemente einer Umschreibung der menschlichen Individualität gewertet werden, denn das Handeln im allgemeinen, die Selbstaneignung und Formung einer Lebensgeschichte sowie die Hinordnung auf eine Sozietät sind Faktoren, die die konkrete Einmaligkeit eines Individuums prägen. Das Handeln identifiziert den Handelnden, denn sinnhaftes Handeln ist immer auch öffentlich und verstehbar. Kraft der Ich-bezogenheit des Handelns kann der Handelnde nicht umhin, sich selbst im öffentlichen Lebensraum der Allgemeinheit zur Sprache zu bringen. Dabei wird der einzelne in seiner Besonderheit sichtbar, weil Handeln zugleich die Anstrengung und den Erwerb der Individualität darstellt. Als was sich ein Individuum bestimmt und versteht, geht darum aus seinen Handlungen hervor, wenngleich auch nicht so, daß es umfassend ausgesagt oder völlig eindeutig wäre. Als was es sich im Vollzug des Handelns darlegt und bestimmt, läßt sich nicht aus seinem Begriff ableiten, nicht erschöpfend beschreiben, noch verläßlich vorhersagen. Soweit man Aussagen über das Konkret-Besondere eines Individuums treffen will, muß man sich mit seiner Geschichte befassen: "Die Individualität ist ein praktischer Vollzug, eine geschichtliche Selbstrealisierung, nicht aber ein formulierbarer mitteilbarer Inhalt. ... individuum est ineffabile ..., insofern nur die Geschichte eines Individuums mittelbar ist, nicht aber seine Individualität" (87).

Die Besonderheit eines einzelnen Menschen, seine Individualität, ist also begrifflich nicht auszusagen, denn die Aussagekraft eines Begriffes ist durch die Abstraktion vom Singulären erkauft. Umgekehrt wäre aber eine Beschränkung auf das Individuell-Konkrete, sofern sie überhaupt denkbar ist, nur um den Verzicht der Aussagbarkeit des Allgemeinen vorstellbar. Sofern Novak dies beabsichtigt, wäre es über die triviale Beobachtung hinaus, daß er der Allgemeinbegriffe ständig bedarf, um seine Vorstellungen zu erläutern, vor allem darum widersinnig, weil ein Begriff das bei seiner Verwendung Gemeinte begreifen läßt. Wenn von einem Begriff des Selbst oder des Ich die Rede ist, wird die Bedeutung dieser Termini als ihr Begriff erfaßt (88), und darin sind Begriffe für die menschliche Kommunikation unerläßlich. Zudem ist es durchaus möglich, einen Begriff des Selbst zu bilden, der die Veränderbarkeit des Individuums und die Unaussagbarkeit der Individualität als Moment in sich bewahrt (89). Entgegen seinen Intentionen läßt sich das Bestreben Novaks unter der Rücksicht einer angemessenen Begriffsbildung sogar rechtfertigen.

Der Sinn der Verwendung von Begriffen des Selbst wird auch dort deutlich, wo Novak die Einheit des Selbst erörtert. Auch seine Erwägung, das Selbst sei positiv nicht bestimmbar, sondern ein "Netz von Beziehungen" (90), die sich beständig verändern, unterstellt noch die Möglichkeit, das Selbst als eine diese Veränderungen umgreifende Einheit, nämlich als ein Relationsgefüge, vorzustellen. Die überzogenen Formulierungen, die Novak bei den Beschreibungen solcher Veränderungen wählt, erwecken zuweilen den Eindruck, als könne sich das Selbst aller Bezüge entheben und seine Identität gleichsam aus dem Nichts erzeugen. Würde er hier beim Wort genommen, wäre auch die Vorstellung einer Lebensgeschichte nicht plausibel zu machen, denn diese impliziert doch, daß sich auch an den Wendepunkten des Lebens ein Identisches durchhält. Geschichte ist ohne ein solches Moment von Kontinuität nicht denkbar, und darum kann auch die Lebensgeschichte nicht als Häufung disparater Selbstkreationen beschrieben werden. Das Moment, das den Zusammenhang erstellt, ist hier entscheidend. Die erwägbare Möglichkeit, diese Linie der Kontinuität in der Lebensgeschichte in der bloßen Bewußtheit des Subjekts repräsentiert zu sehen, sucht Novak selbst auszuschalten. Sie ist zudem logisch falsch, wie Henrichs gezeigt hat, da das Bewußtsein nicht das Individuationsprinzip des Subjekts darstellen kann; zum Begriff des Selbstbewußtseins gehört immer auch die Beziehung auf eine Wirklichkeit, die aus dem Bewußtsein selbst nicht ableitbar ist (91).

Das Anliegen Novaks, die kompakte Einheit des Subjekts, die der Selbstbegriff für ihn fälschlich unterstellt, durch eine 'Selbstgeschichte' aufzulösen, sieht sich damit wiederum vor das Problem gestellt, diese Einheit auszusagen. Die Alternative, diese Einheit unter der Rücksicht seiner Identitätswandlungen durch die 'Selbstgeschichte' zu fassen, wird von Novak bemerkenswert vage ausgeführt. Eine Geschichte biete, so heißt es, "Muster, Themen, Motive, durch die eine Person die Einheit seines oder ihres Lebens erkennt" (92). Aber selbst wenn diese Einheit nach Novak ein "Mythos" ist, also nur in der Vorstellung besteht, müßte doch das Konstruktionsprinzip dieses Zusammenhangs angebbar sein, soll die Geschichte des Selbst als eine und als die eigene überhaupt erkennbar werden. Diese Frage nach der Einheit der 'Selbstgeschichte' drängt sich umso mehr auf, als Novak des öfteren auf die Zusammenhanglosigkeit des Lebens vieler Menschen hinweist; das Leben erzähle dann nicht eine, sondern viele Geschichten, entbehre oft gänzlich kontinuierlicher Linien und verlaufe ohne ein den Zusammenhang prägendes Ziel. Die von ihm vorgenommene Differenzierung zwischen deskriptiven und normativ-kritischen Geschichten, die den Unterschied zwischen dem faktischen Verlauf der Lebensgeschichte und ihrem Idealbild ausdrücken soll, hebt dieses Problem nicht auf, sondern es stellt sich bei dem Begriff der 'Idealgeschichte' noch einmal (93). Selbst wenn die Einheit der Lebensgeschichte hinsichtlich ihres theoretischen Status als ein Konstrukt der Einbildungskraft vorgestellt wird, entbindet dies nicht von der Frage, wie sie zustande kommt. Erst dann lassen sich Erörterungen darüber anstellen, in welchem Zusammenhang die Lebensgeschichte zum Handeln und zur Selbsterkenntnis steht, und erst dann lassen sich auch die Fragen ihrer Wahrheit in einer verbindlicheren Weise klären, als dies bei Novak geschieht.

Die vorangehenden Erörterungen zum Selbstbegriff und zur Lebensgeschichte wurden unter der Leitlinie ihres möglichen Gegensatzes entfaltet, weil sie in dieser Form in den Begründungen für eine narrative Theologie auftreten. Die Aussagen Novaks berechtigen, zwei Schlüsse zu ziehen, die für die Theologie von allgemeiner Bedeutung sind und vor einer inhaltlichen Diskussion zweier Entwürfe einer "autobiographischen Theologie" kurz benannt werden sollen.

Die Gegenüberstellung von Begriffen des Selbst und einer begrifflich nicht faßbaren autobiographischen Lebensgeschichte formuliert keine sinnvolle Alternative. Sie kann in dieser Form weder Ausgangspunkt noch ein Argument für eine narrative Theologie sein. Zwar kann die Auseinandersetzung mit dieser Problematik - und darin ist das Verdienst Novaks zu sehen - zu Bewußtsein bringen, daß der Mensch der Gegenwart sich und seine Wirklichkeitsbezüge anders erfährt als in früheren Epochen. Die beschriebene Entwicklung des Selbstverständnisses, während der das Selbst sich zunächst aus seinen kosmischen Sinnbezügen herauslöste, die Selbsterhaltung aber noch als teleologische Verwirklichung erfahren konnte und in der Gegenwart die Veränderbarkeit dieser vermeintlich natürlichen Strukturen ins Auge fassen muß, nimmt sich wie ein stetig voranschreitender Prozeß der Relativierung aus. Diese Veränderungen kann die Theologie nicht ignorieren. Aber sie braucht sich darum nicht gezwungen zu sehen, die Möglichkeit jeder begrifflichen Konkretisierung der differenzierten Beziehungen des Selbst zu sich selbst, zu Welt und Gott zu bestreiten. Wenn die Formen der Selbstbeziehung nicht als reine, beziehungslose Identität mehr zu denken ist, wenn die Vermitteltheit der Identität selbst nicht statisch-gegenständlich aufzufassen ist und dieses Beziehungsgefüge vielleicht dem "vorstellenden" Denken nicht angemessen zugänglich werden kann (94), so zeigt die Geschichte der Auseinandersetzung doch auch, daß der philosophische Versuch, die Beziehungen von Vermittlung und Differenz in der Entwicklung der Identität auszusagen, von der Theologie in ihrem eigenen Anliegen kritisch in Anspruch genommen werden konnte. Die Auseinandersetzung der Theologie mit dem deutschen Idealismus, mit Kierkegaard und dem Existenzialismus hat sie doch auch befähigt, den Menschen in seinem jeweiligen Selbstverständnis der theologischen Rede von Gott angemessener in Beziehung zu setzen (95).

Die Aussagen Novaks thematisieren so zugleich auch die Gefahr einer strengen Subjektivierung der Religion und des Glaubens. Nicht nur scheint gegenüber der Welt nun die Subjektivität der einzige Ort zu sein, an dem der Sinn des Redens von Gott aufgehen kann, sondern die Subjektivität wird durch die Entgegensetzung von Ich und vermitteltem Selbst so aufgelöst, daß nur in den Brüchen der Selbstgeschichte die Möglichkeit eines Zugangs zu Gott noch gegeben ist. Diese Tendenz mancher Äußerungen Novaks weist in eine Richtung, an deren Ende eine romantisierende und ästhetisierende Entweltlichung der religiösen Überzeugung sich fast zwangsläufig einstellen muß. Es werden hier kaum noch Ansatzpunkte sichtbar, die gestatteten, den Glauben als eine lebensorientierende Überzeugung zu bestimmen. Die Frage, ob die Selbstgeschichte und deren Wendepunkte einen Rahmen zu formulieren vermag, der die Gottesbeziehung nicht als weltlosen momentanen Akt, sondern als ein Verhältnis aussagen kann, ist darum für eine narrative Theologie von entscheidender Bedeutung.

Die zweite Erkenntnis, die eine Auseinandersetzung mit Novak erbringt, bezieht sich auf die Möglichkeit, die individuellen Selbsterfahrungen in der Theologie selbst zu thematisieren. Soweit Theologie Lebensgeschichten erzählt, kann das ein selbstverständliches Recht in dem Sinn haben, wie dies einen erheblichen Bestandteil der spirituellen Literatur der theologischen Tradition ausmacht. Sie vermöchte vielleicht auch, die erstrebte Sensibilisierung für die konkreten Lebensbelange etwas voranzutreiben. Sofern aber die Lebensgeschichte die notwendige Bezugsebene aller theologischen Aussagen darstellen soll, bleibt darauf hinzuweisen, daß die Voraussetzungen der Begriffe "Geschichte" und "Lebensgeschichte" noch weithin ungeklärt und umstritten sind. Die Probleme ihrer möglichen Einheit, ihres theoretischen Status und ihres Wahrheitsbezuges wurden bei Novak sichtbar. Andere Fragen erheben sich hinsichtlich ihres Verhältnisses zum Handeln, zur Sprache und bezüglich ihrer Verstehbarkeit. Werden diese Fragen nicht geklärt, kehren sie in der Theologie um eine weitere Dimension verkompliziert wieder. Vor dem Hintergrund dieser Vorbehalte sollen im folgenden zwei Entwürfe zur "autobiographischen Theologie" diskutiert werden.

b) Die Lebensgeschichte als Thema einer autobiographischen Theologie

Theologie wird gemeinhin als methodische Reflexion auf den Glauben und seine Inhalte bestimmt und beansprucht damit die Verbindlichkeit wissenschaftlich verbürgter Aussagen. Der Ausdruck "narrative Theologie" enthält darum einen Widerspruch, zumindest aber die im Verhältnis von Reflexion und Erzählung gelegene Spannung. Man fragt sich zuweilen, warum von den Vertretern dieser Richtung wegen der so überaus hoch eingeschätzten kommunikativen Kraft des Erzählens diese Form der Rede nicht stärker verwendet wird. Die autobiographischen Einschübe, die sich in den Schriften der hier vorgestellten Autoren manchmal finden (96), bekunden wohl selbst noch die unbewältigte Schwierigkeit, Reflexion und Erzählung in einer einheitlichen Form bruchlos zu verbinden. Einen ersten Eindruck davon, wie eine solche Synthese der Formen vielleicht am ehesten gelingen könnte, vermitteln die Schriften von J.S. Dunne (97). Die bei anderen Autoren im Vordergrund stehenden methodologischen und erkenntniskritischen Erörterungen werden von ihm nicht separat von den inhaltlichen Fragen als Prolegomena behandelt, sondern die angestrebte Theologie gewinnt durch ihre inhaltliche Explikation selbst ihre Gestalt. Zugleich erschwert Dunne damit die Beurteilung seiner Auffassungen vor allem dadurch, daß er sie nicht thetisch vorlegt und begründet; zudem wird auf die Auseinandersetzung mit anderen theologischen Konzeptionen fast völlig verzichtet. Andeutungen, Analogien und Vergleiche aus Literatur, Psychoanalyse, Philosophie und Religionsphänomenologie entwerfen Bilder, skizzieren eher essayistisch die Zusammenhänge, suchen aber niemals ausdrücklich zu überzeugen. Konjunktivische und konditionale Wendungen überlassen die Auseinandersetzung um das Ausgeführte völlig dem Leser. Ob diese als meditative Spekulation vielleicht am treffendsten gekennzeichnete Art theologischen Denkens in einem zu rechtfertigenden Sinn 'narrativ' genannt werden kann, braucht hier nicht weiter erörtert zu werden. Es war nur darauf hinzuweisen, daß diese Form der Darbietung häufig verlangt, das Gemeinte aus Anspielungen und vagen Umschreibungen erst zu rekonstruieren.

Dunne formuliert die Frage nach Gott als "Eine Suche nach Gott in Zeit und Erinnerung". Der Sinn dieser enigmatischen Wendung, die einem seiner Bücher den Titel gibt, ist ihre implizite Kennzeichnung der Gegenwart als einer Zeit der Abwesenheit Gottes. In einer originellen Interpretation der Säkularisierung und der weithin positiven Einstellung gegenüber der Zukunft verbindet er beide Aspekte zu einer Deutung der Gegenwart. Dem gegenwärtigen Bewußtsein erscheine Gott allenfalls in der Vergangenheit oder in der Zukunft gegenwärtig; in der Gegenwart verlaufe jedoch alles, als ob es Gott nicht gäbe. Wie ist unter solchen Umständen Gotteserfahrung oder Gotteserkenntnis noch möglich?

Von der einzelmenschlichen Zeiterfahrung her gesehen, ist sowohl die Zeit, in die das individuelle Leben sich als ein Moment einzeichnet, wie auch die Zeit vor und nach dem Zeitalter der Menschheit nicht direkt greifbar; sie ist nicht Lebenszeit und darum nicht unmittelbar zugänglich. Wenn aber die das individuelle Leben umfassende Zeit, also die ferne Vergangenheit und die ferne Zukunft in einer Beziehung zu Gott steht, müßte Gott in dieser Zeit zu entdecken und erfahrbar sein.

"... Zeit im weiteren Sinne, die Jahrhunderte, ist nicht jemandes Lebenszeit. Es könnte angebracht sein, diese Zeit "Zeit Gottes" zu nennen. Es ist, als ob die Zeit im weiteren Sinn die Lebenszeit Gottes wäre, die weitere Vergangenheit die Vergangenheit Gottes und die weitere Zukunft die Zukunft Gottes. Dies würde bedeuten, daß man, indem man die Grenzen der Lebenszeit erreicht oder über sie hinausgeht, irgendwie Gott finden würde" (98).

Gefordert ist demzufolge, jene Zeit zu vergegenwärtigen, die dem Menschenleben vorausgeht und ihm folgt. Solche Vergegenwärtigung gleitet nach Dunne nicht in Parapsychologie oder Magie ab, sondern sie ist von jeder Autobiographie zu leisten. Um eine Selbstbiographie abzufassen, muß die Zeit in ihren verschiedenen Dimensionen zu Bewußtsein gebracht werden. Die Vergegenwärtigung der eigenen Vergangenheit und Zukunft löst aus der Verstrickung in die unmittelbaren Lebensumstände und läßt die Zeit des Lebens als durch Geburt und Tod begrenzte Lebensgeschichte sichtbar werden. Ein weiterer Schritt sieht diese Lebenseinheit als Moment der Menschheitsgeschichte, ihrer Zukunft und Vergangenheit. Ein solches Vorstellen führt zur Vorstellung der Zeit im ganzen und sieht sich der Frage konfrontiert, ob alles Leben und Werden lediglich Entwicklung und Altern ist, das über diesen Vorgang hinaus kein Ziel hat. Endet hingegen das Leben nicht in seiner Auflösung, das allenfalls der Gattung ihre Erhaltung sichert, wäre es Bewegung zu einem Sein als ihrem Sinn und Ziel. Der unmittelbare Augenblick und die Lebenszeit des Menschen wären "dialektische Momente in ... der Frage nach dem Weg, der Wahrheit und dem Leben" [2]. Läßt sich also die Lebenszeit des Menschen in diesem Sinn als Teil einer umfassenden, sinnerfüllten Zeit begreifen? Aufschluß über diese Frage bindet Dunne an die Selbsterkenntnis des Menschen. Selbstbesinnung richtet den Blick unweigerlich auf andere Menschen, um Aufschluß über sich selbst zu gewinnen. Gegenüber der Identifikation von Subjektivität und Wahrheit im Existenzialismus und gegenüber den objektiv-wissenschaftlichen Strategien der psychoanalytischen Selbsterkenntnismodelle votiert Dunne für eine Vermittlung, die den Gegensatz dieser Positionen überwindet. Die Frage nach sich selbst, so führt er aus, enthält ein praktisches Moment; die Antwort auf sie ist zugleich Bestimmung der Lebensorientierung. Sie muß vom einzelnen selbst gefunden werden, und soweit ist sie subjektiv. Die Frage nach dem Selbst des anderen hingegen ist deskriptiv und bleibt ohne diesen praktischen Aspekt. Beide Fragen haben eine gegensätzliche Logik, aber sie schließen sich nicht aus. Selbsterkenntnis bleibt unabgeschlossen und ähnelt darin sokratischem Nichtwissen, aber durch einfühlendes Verstehen anderer kann sie vertieft werden. Selbsterkenntnis ist mithin als ein vermittelndes Vorantreiben der Kenntnisnahme des Selbst und der anderen aufzufassen: Sie vergleicht das eigene Selbstverständnis mit dem Bild anderer von sich selbst sowie umgekehrt das eigene Bild vom anderen mit dessen Selbstverständnis und gelangt darin zu tieferer Einsicht über sich selbst. Diese vermittelnde Methode verabsolutiert weder den eigenen Standpunkt noch den des anderen. Sie anerkennt die Relativität allen Erkennens und bewahrt sich darin die Einsicht, daß das Verstehen des Selbst unerschöpflich ist und darum weniger eine definitive Antwort der Frage nach sich selbst als vielmehr eine nähere Bestimmung dieser Frage selbst darstellt. In diesem Sinn interpretiert Dunne die Relativität aller Selbsterkenntnis zu einem Positivum. Ihre Bedingtheit und Vorläufigkeit ergibt weder durch das Verfahren einer Reduktion auf das konstant Wiederkehrende noch im Sinne einer Addition aller Erkenntnisse schon Wahrheit. Aber sie führt zu einer inhaltlich sich zunehmend näher bestimmenden Offenheit für eine Wahrheit, die sich noch einstellen muß: "Die Relativität aller Standpunkte ... kann auf etwas deuten, was wir "Geheimnis" nennen können, wobei wir mit diesem Ausdruck nicht Unverstehbarkeit, sondern unerschöpfliche Einsehbarkeit meinen" [7].

Der Anspruch des Christentums, mehr als irgendjemand sonst habe Jesus Licht in dieses Geheimnis gebracht, das der Mensch sich selbst ist, erfordert, Jesus zunächst in seiner durch die dogmatische Tradition verstellten Menschlichkeit zu verstehen. Wer jemand ist, die Individualität eines Menschen, läßt sich auch für Dunne nicht als Gehalt einer Aussage mitteilen; darin deckt sich seine Auffassung mit den Ausführungen Novaks. Ein Verständnis des anderen Menschen ergibt sich, wenn man die Wendepunkte seiner Lebensgeschichte verfolgt. An ihnen werden Grenzen überstiegen, von denen zuvor unklar ist, was hinter ihnen folgt. Erkenntnis stellt sich mit dem Wandel ein, wo zuvor Unwissenheit vorherrschend war. Verfolgt man diese Marksteine in der Lebensgeschichte Jesu, läßt sich auch die Frage beantworten, wie er über die sein Leben umgebende Zeit, die "Zeit Gottes" gedacht hat. Das Interesse an ihm ist nicht das an objektiven Daten; dies führte lediglich zur Erkenntnis des Todes als eines objektiven Faktums. Ist hingegen die Anteilnahme an ihm in der Suche nach Selbsterkenntnis begründet, fragt der Mensch über die Lebensgeschichte hinaus nach der umfassenden Zeit und sucht dabei die eigene Todeserfahrung zu antizipieren. Dunne meint hier nicht nur den Heideggerschen Gedankengang, die Vergegenwärtigung des eigenen Sterbenmüssens im imaginativen Vorlaufen zum Tod könne aus den Verhaltensmustern des 'Man' herausführen, sondern formuliert die Frage nach der Erfahrbarkeit des Todes als Frage nach der Zeit, die das Leben des Menschen umgibt. Entsprechend heißt es bei ihm über denjenigen, der die Möglichkeit des eigenen Todes vergegenwärtigt:

> "... sein Tod wird ihm als eine subjektive Gewißheit erscheinen, die Gewißheit des "Ich werde sterben", die genau der Gewißheit des "Ich bin" vergleichbar ist. Somit bedeutet das Hinübergehen vom Standpunkt des Lebens zum Standpunkt des Todes, zu der objektiven Wahrscheinlichkeit oder der subjektiven Gewißheit des eigenen Todes zu gelangen und ist dem Akt des Sterbens analog. Und wenn das Hinübergehen vom Standpunkt des Lebens zu dem des Todes wie das Sterben ist, ist das Hinübergehen vom Standpunkt des Todes zu dem des Lebens wie das Auferstehen von den Toten" [18].

Um einen Menschen zu verstehen, muß nachvollzogen werden, was solche Antizipation der Todeserfahrung für ihn bedeutet. Ein abstrakter Zugang zu solcher Erfahrung ist nicht möglich; ein einfühlendes Verständnis der Wendepunkte des Lebens vermag jedoch Einsicht darüber zu gewinnen. Einsicht ergibt sich dann nicht im Sinne positiver Erkenntnis über die Zeit nach dem Tod, sondern sie ist als eine qualifizierte Unwissenheit zu verstehen. So gab z. B. Jesus das sich an den Wendepunkten seines Lebens immer schärfer klärende Gottvertrauen auch im Sterben nicht auf. Solches Vertrauen wäre absurd, müßte man den Tod als absolutes Ende begreifen. Ist Jesus hingegen wirklich auferstanden, erschließt ein Verständnis seiner Person möglicherweise "einen unerschöpflichen Sinn in Leben und Tod" [19]. Diesen Sinn sucht Dunne als kenotische Bewegung greifbar zu machen. In Jesus verliert sich Gott, "auf daß der Mensch geboren werden möge" [22]. Diese Bewegung läßt sich nachvollziehen, wenn auch nicht als eine Erkenntnis beweisen. Ein nachlebendes Verstehen der Wendepunkte des Lebens Jesu erreicht eine "dunkle Ahnung des Wendepunkts, der am Ende liegt" [213]. Diese "dunkle Ahnung" hat nicht die Verläßlichkeit einer Erkenntnis - "Aber das Bewußtsein der Unwissenheit, verbunden mit dem Vertrauen, das aus der Erfahrung der vorangegangenen Wendepunkte hervorgeht, kann einen gewissen Vorgeschmack von Auferstehung geben, ein gewisses Empfinden menschlichen Werdens, das sich eher aufs Sein als aufs Nichts ausrichtet" [213].

Mit der Möglichkeit der Antizipation der Todeserfahrung ist für Dunne auch die der Gotteserfahrung gegeben; er formuliert sie als ihre Bedingung. An der antizipierten Erfahrung des Todes als Umschlag zum Leben entscheidet sich, ob ein Zugang zur "Zeit Gottes", die des Menschen Leben umgibt, möglich ist. Deutlich wird herausgestellt, daß dies nicht unvermittelt postuliert werden kann. Dennoch hätte eine Auseinandersetzung mit der philosophischen Kritik am oft leichtfertigen theologischen Reden von Gott die Möglichkeit solcher Erfahrung einsichtig zu entfalten (99). Die immer wieder vorgebrachte Kritik, über den Tod könne darum nichts gesagt werden, weil man ihn während des Lebens an sich selbst nicht erfahre und sobald er eintritt, das Subjekt möglicher Erfahrungen nicht mehr lebe, ist vordergründig einleuchtend. Soll der Fehler dieser Kritik darin bestehen, daß sie von einem theoretischen Erfahrungsbegriff ausgeht, wogegen die persönliche Erfahrung zu einem "positiven Nichtwissen" über die Todeserfahrung gelange, wären die Bedingungen präziser anzugeben, die rechtfertigen, von einer Ähnlichkeit der Erfahrung der Wendepunkte und der Todeserfahrung zu sprechen (100).

Wie konstituiert sich nun inhaltlich dieses 'Nichtwissen' um Gott? Dunne antwortet darauf mit einer Analyse der Strukturen der Lebensgeschichte [vgl. 33ff; 174ff]. In der Phase der Kindheit, so wird ausgeführt, legt sich ein bestimmtes grundsätzliches Lebensgefühl fest. Dieses artikuliert sich in entsprechenden Erfahrungsmustern, die als "Bilder" bezeichnet werden. Durch sie wird der zugrundeliegende Gefühlsbereich greifbar und zugleich gewinnt der Mensch die Möglichkeit der Kontrolle seiner Gefühle; ihre Macht kann durchschaut und beherrscht werden. Die Bilder konstituieren das gesamte Selbstverständnis und fügen sich zum "persönlichen Mythos" [218], an dessen Ausbildung der Mensch bis zum Lebensende arbeitet. Erst in der Lebensphase des Erwachsenwerdens wird erkannt, daß das Selbstverständnis sich nach Maßgabe von Voraussetzungen konstituiert hat, die nicht notwendig und nicht die einzig denkbaren sind. Der Mensch durchschaut das eigene Verständnis als einen Mythos und erfährt an sich selbst, daß er das eigene Selbst zum Teil erfinden und sein Selbst aneignen muß. Diese Einsicht in die Relativität des Wissens um sich selbst führt zur Einschätzung der Selbsterkenntnis als positivem Nichtwissen, und dies ist auch die Form der Gotteserkenntnis.

Die Lebensphasen lösen einander ab; die Wendepunkte, die sie markieren, sind Übergänge von einem Zustand des Nichtwissens zur Einsicht. Diese neuen Erkenntnisse disqualifizieren, was zuvor als überzeugend und selbstverständlich galt; dies wird zum abständigen Mythos. Wie Novak faßt auch Dunne die Lebensgeschichte als Kette solcher Transformationen auf. Jede neu erworbene Identität enthält in ihrer Bedingtheit und Vorläufigkeit schon das Prinzip ihrer Auflösung. Damit stellt sich auch hier die Frage nach dem Movens dieses Identitätsstrebens. Sind alle Standpunkte im gleichen Ausmaß relativ, erscheinen sie allesamt gleich verbindlich und werden letztendlich gleichgültig. Hinsichtlich des Strebens nach wahrer Selbsterkenntnis bliebe nur die Resignation. Worauf stützt sich ein neuer Mythos, was hat er dem zuvor erworbenen voraus? Dunne sucht diesem Einwand die falsche Voraussetzung einer absoluten Gewißheit als

Erkenntniskriterium nachzuweisen: "Je ernsthafter ein Mensch nach Gewißheit strebt, desto ungewisser wird er; je angestrengter er alle Zweifel auszuräumen versucht, desto mehr Zweifel erfährt er" [217]. In gewohnt verhaltenen Formulierungen wird die Alternative vorgeschlagen:

> "Es könnte sehr wohl sein, daß Gewißheit und unzweideutige Existenz nur erlangt werden können, wenn sie nicht gesucht werden... Wer immer sich seiner Existenz zu vergewissern sucht, so könnten wir vielleicht sagen, wird von Zweifeln erfüllt und vielleicht verzweifelt werden, und wer immer der Frage nach Gewißheit entsagt, wird gewiß sein" [217f].

Die Gewißheit stellt sich gleichsam nebenbei und selbstverständlich dann ein, wenn sie in sich selbst nicht erstrebt wird. Sie ist unbefragtes Ergebnis der bewußten Lebensführung, die den mythischen Charakter aller Selbstverständnisse durchschaut und so um die Unwissenheit um den Sinn des Lebens weiß. In diesem Sinn beschreibt die Folge der Lebensphasen und ihrer Wendepunkte "eine Reise in der Zeit, die einer Frage sehr ähnlich sieht" [218]. Der fortwährenden Ausbildung von "Bildern" und der sich einstellenden Erkenntnis der Unwissenheit liegt als Movens dieser Bewegung das Streben des Menschen zu verstehen zugrunde und gibt dieser Bewegung Struktur. Die gewonnenen Einsichten motivieren ein Vertrauen, "daß es etwas zu verstehen gibt und daß er (der einzelne) etwas verstanden hat" [220]. Dieses Vertrauen in die Verstehbarkeit des Wirklichen läßt den Menschen trotz der Relativität des Erkennens nach Einsicht suchen und diese für Vertiefung und Bereicherung offenhalten.

Wie aber ergibt sich aus dieser Tendenz zu fragen eine Vermittlung zur "Zeit Gottes"? Selbst wenn diese Fragestruktur der Lebensgeschichte als sinnvolles Interpretament akzeptiert würde, gibt sie noch keinen Aufschluß über diese Vermittlung. Die Analyse der Formen der Lebensgeschichte anhand verschiedener Autobiographien ergibt, daß eine solche nicht als geschichtsinvariant behauptet werden darf. Die Formen, in denen sich die Lebensgeschichte auslegt, sind zeitgeschichtlich verschieden. So ist die Selbstverständlichkeit, mit der der neuzeitliche Mensch das Prinzip der Selbstverwirklichung bejaht, erst in der Zeit der Aufklärung langsam zur Geltung gelangt und hat kulturelle Bedingungen zur Voraussetzung. Die Formen der Lebensgeschichte sind also abhängig von den dominierenden Denk- und Lebensformen einer Epoche. Entsprechend verschieden gestaltet sich Art und Weise, wie der Zugang zu Gott vorgestellt wird. In einer faszinierenden Analyse wird von Dunne gezeigt, wie die Lebensgeschichte mit den Veränderungen zeitgeschichtlicher Umstände selbst neue Formen annimmt und zugleich den Zugang zu Gott anders begreift [vgl. 33-165]. Demgemäß rücken Fragen und Probleme in den Vordergrund, die zuvor als gänzlich unbedeutend kaum beachtet wurden. Dem neutestamentlichen Menschen war das Leben eine Folge von Taten; für Paulus mußte sich daher das Problem des theologischen Verhältnisses von Glaube und Werken stellen. In der Neuzeit beherrscht das Denken die Problematik von Entfremdung und Autonomie; vor diesem Hintergrund wird die individuelle Geschichte zur Geschichte der Selbstaneignung, und in dieser Begrifflichkeit wird auch der Zugang zum Glauben vorgestellt. In der Gegenwart ist das vorherrschende Lebensgefühl das Empfinden kultureller Relativität; ein dieser Situation angemessener Glaube nimmt das Bewußtsein des Relativismus in sich auf. Glaube ist "... eine Verpflichtung an Christus, die im Bewußtsein der Relativität aller Standpunkte gegenüber Christus möglich ist" [66].

Dieses Empfinden der Relativität nährt auch eine Skepsis gegenüber dem Prinzip der Selbstaneignung, das Kierkegaard noch als Folie der Gotteserfahrung entfalten konnte. Ein neues Bewußtsein der Prägekraft soziokultureller Umstände sowie des Unbewußten lassen die Freiheit zu solcher Selbstaneignung höchst begrenzt erscheinen. Die Vorstellung vom autonomen Selbst deckt immer weniger die Wirklichkeitserfahrung, die der Mensch mit sich selbst macht. Ein angemessener Mythos muß diese Kräfte des Unbewußten mit zur Sprache bringen. Das Selbst als Prinzip der bewußten Autonomie kann sie nicht in sich aufnehmen. Sie lassen sich gleichfalls nicht auf äußere Umstände projizieren, da der Mensch sie in seinem Innern erfährt. Dunne bezeichnet diese Kräfte, deren das Selbst aus sich selbst nicht mächtig ist, wie den Todestrieb und andere destruktive Tendenzen, als Seelenkräfte und verwendet den Ausdruck Seele in Anlehnung an Jung (101) als ein "Bild dessen im Menschen, das die Dunkelheit liebt, die dem Leben vorhergeht und ihm folgt" [221]. Hier ergibt sich ein Zugang zu jener Zeit, die des Menschen Leben umgibt und damit eine Vermittlung zu Gott. Der Mensch erfährt sie, indem er sich von der Vorstellung eines autonomen Selbst befreit und die seelischen Tendenzen vergegenwärtigt, die ihn die Abwesenheit Gottes erfahren lassen. Sie stimulieren ihn zu erwarten, "den in Tod und Zukunft verborgenen dunklen Gott zu treffen" [174].

Die destruktiven Kräfte der Seele sind nicht schon gebannt, wenn sich der Mensch ihrer bewußt wird. Ihre kreative Umformung vermag nur die mitleidende Liebe zu erreichen: "Mitleid ist eine Umwandlung der dunklen Freude, die man im Leiden findet, eine Umgestaltung des dunklen Wunsches nach dem Tod" [176]. Durch mitleidende Liebe können die auseinanderstrebenden Kräfte des Geistes und der Seele vereint werden (102). Eine solche Umwandlung ist gleichbedeutend mit der Aneignung eines neuen Selbst. Den "dunklen Gott" in den seelischen Regungen erahnen, kann dazu führen, ihn mit dem Gott Jesu zu vergleichen. Gemäß der Methode einfühlenden Verstehens bedeutet dies, den Gott Jesu anzueignen. "Den Gott Jesu zu meinem Gott zu machen, würde eine Umformung meines Selbst und meiner Seele bedeuten ... Wenn ich tatsächlich den Gott Jesu zu meinem Gott machen sollte, würde ich seinen Gott "den wahren Gott", und ich würde Jesus "meinen Erlöser" nennen" [193].

Den Unterschied, den es macht, Gott in den "dunklen Bereichen der Seele" zu erahnen, statt diese nur als "Mächte" zu verstehen, ist für Dunne nur einer der Symbolik, aber dieses andere Bild bewirkt einen grundsätzlichen Einstellungswandel gegenüber der das Leben des Menschen umgebenden Zeit:

"Die den Unterschied bewirkende Einsicht, die die dunklen Mächte im Menschen und die Relativität seines Selbst anerkennt, wäre eine sokratische Einsicht, ein Bewußtsein der umfassenden Dunkelheit. Die transformierende Einsicht, die die dunklen Mächte erlöst und das relative Selbst rettet, wäre ein Hinübergehen von der Dunkelheit zum Licht, wie an den Wendepunkten im Leben Jesu. Im Effekt würde das bedeuten, den Gott Jesu anzueignen, an seiner Beziehung zu Gott teilzuhaben" [222].

Damit schließt sich der Kreis. Eine solche Teilhabe bedeutet, die Glaubwürdigkeit Gottes zu erfahren. Diese Erfahrung vertieft sich, wenn sie "Bilder" hervorbringt, zu Einsichten führt und die Logik der Wendepunkte des Lebens bestimmt. Die Bilder zu durchschauen und Einsicht zu erlangen, bewirkt jene Gewißheit, die in sich selbst nicht erstrebt werden kann.

Die aspektreichen Ausführungen dieser Schrift und die geistreichen Analysen der Lebensgeschichten, die Dunne in seine "Suche nach Gott" einbringt, konnten hier kaum berücksichtigt werden. Wenn die Forderung nach einer schöpferischen Theologie unter den hier besprochenen Autoren in einem nichttrivialen Sinn erste Erfüllung findet, gilt das am ehesten für diese Position. Die dargebotene Fülle von Assoziationen und ungeschützten Aussagen läßt vieles offen, weil sie sich auf die gängigen Voraussetzungen von Theologie zu stützen versagt. Dennoch ist zu den zentralen Aussagen folgendes kritisch anzumerken:
  Dunne unterläßt eine zureichende Klärung des theoretischen Status der Kernbegriffe "Mythos", "Geschichte" und "Erzählung", die seinem Entwurf die Struktur geben. Unter dieser Rücksicht gelten hier die gleichen Überlegungen, die sich bei der Erörterung der Position Novaks ergaben. Es ist einfach nicht einzusehen, wie ein Selbstverständnis überzeugt gelebt werden kann, wenn es zugleich als "Mythos" durchsichtig wird. Damit verbindet sich die Problematik der Aussagen zur Gewißheit. Daß sie gegeben sei, wenn sie nicht direkt erstrebt wird, vermag darum nicht einzuleuchten, weil auch die lebenspraktische Formulierung dieser Frage bei Dunne nicht klärt, warum ein Selbstverständnis einem möglichen anderen vorgezogen wird. Selbst wenn eine solche Begründung nicht absolute Gewißheit erbringt, kann sie doch Erfahrungen benennen, aus denen sie sich bildet. Schließlich ist darauf hinzuweisen, daß Dunne die Rede von der Abwesenheit Gottes wirklich ernst nimmt. Die Interpretation dieser Situation als Erfahrung eines "dunklen Gottes" begibt sich fast aller Möglichkeiten, sinnerschließende, Glücks- und Positivitätserfahrungen als religiöse oder als Gotteserfahrung zu deuten (103). Auch dies wäre daraufhin zu diskutieren, ob die Situation einer "unvermittelten Existenz" diese Beschränkung notwendig fordert.

Zum weiteren Kreis der Versuche, Theologie durch Verbindung mit Elementen oder Formen der Autobiographie zu beleben, ist auch die Arbeit "Biographie als Theologie" von J.Wm.McClendon zu zählen (104). Dieser Autor verspricht sich die erforderliche theologische Erneuerung (105) weniger von narrativen Formen als von einer veranschaulichenden Konzentration auf religiöse Personen und Charaktere, die das Christsein exemplarisch vorgelebt haben. Ihre Lebensgeschichten bezeugen die Möglichkeit glaubwürdigen Gelingens des Christseins; sie sollen daher als vorzüglicher Ort der Vermittlung des christlichen Glaubens gelten und sind darin Hermeneutik und Begründung in einem.

Glaube wird von McClendon formal als Überzeugung innerhalb einer Überzeugungsgemeinschaft bestimmt (106). Diese Kennzeichnung gestattet sehr viel präziser, individuelle Religiösität, ihre Genese innerhalb einer kirchlichen Sozietät, Vermittlungsformen sowie Arten der Abweichung und vor allem den Glaubensgehalt zu erfassen, als dies mittels der betulichen Rede von Erzählung und Erzählgemeinschaft möglich ist (107). Ebenso umgreift der Begriff der Überzeugung die Verwurzelung des religiösen Glaubens in den kognitiven, affektiven und volitiven Schichten der Subjektivität, ohne einen dieser Aspekte schon im Ansatz zu verabsolutieren. Von Zeit zu Zeit, so argumentiert McClendon weiter, verkörpert ein Mitglied der Überzeugungsgemeinschaft ihren Glauben auf eine besonders ursprüngliche, intensive und neuartige Weise. Das fordert Hochachtung und kritische Anteilnahme ab; die Kommunität sieht ihr Selbstverständnis um neue Aspekte bereichert. Die durch Gewohnheit erzeugte Mittelmäßigkeit der Mehrheit tritt ans Licht, und dieses Mißverhältnis motiviert zu neuer Anstrengung und befruchtet theoretisch und praktisch Selbstverständnis und Verhalten der Kommunität. Auf solche herausragenden Charaktere soll Theologie sich konzentrieren. Als "Erforschung der Überzeugung einer Überzeugungsgemeinschaft, die ihre Überzeugungen entdeckt, sie interpretiert, im Licht all dessen sieht, was wir wissen können und sie nach Möglichkeit kreativ in bessere transformiert" (108), soll sie die Lebensgeschichten jener Persönlichkeiten als exemplarische Weisen des Christseins analysieren und in die Theologie einbringen.

Der von McClendon beschriebene religiöse Idealcharakter vereinigt Leben und Überzeugung derart, daß das Leben seine Richtung und Bestimmtheit aus dem Glauben erhält. Er unterscheidet sich vom Schwärmer und Fanatiker in einer ruhigen Entschiedenheit und von Zweifelnden und Befangenen in einer Gewißheit, die die Öffentlichkeit nicht scheut, sondern vielmehr die Voraussetzung seiner Handlungsfähigkeit bildet. Sein Leben und seine Überzeugung werden dem Fragenden zugänglich über bestimmte Leitvorstellungen und Orientierungen, die die geheime Logik seiner Entscheidungen einsichtig werden lassen. McClendon bezeichnet sie als "Bilder", die als Paradigmen des jeweiligen Lebensverständnisses aufzufassen sind. Sie entbergen die Leitgedanken, denen die überzeugte Persönlichkeit auch in zweideutigen Situationen folgt; aus ihnen bezieht ihr Leben Kontinuität und Einheitlichkeit. Diese These wird von McClendon anhand der Vorstellung des "Opfers" bei D. Hammarskjöld und des Bildes vom gelobten Land bei M. Luther King sowie an Bildern, die das Lebensverständnis anderer Persönlichkeiten prägen, eingängig illustriert.

Daß ein Bild das Lebensverständnis eines Menschen gerafft repräsentieren kann, wird soweit durch die Literaturwissenschaft bestätigt, als die großen Autobiographien gemäß weniger charakteristischer Situationen und dominierender Symbole den grundlegenden Leitfaden eines Lebens auch an seinen Wendepunkten offenlegen (109).

Ist auch nicht zu bezweifeln, daß manchen Menschen das Christsein exemplarisch gelingt, erheben sich gegenüber McClendon doch einige Fragen, die zum einen die von ihm entwickelte Auffassung der Persönlichkeit und ihrer Ausstrahlungskraft und zum andern den Rezeptionsvorgang ihrer Lebensbilder in die Überzeugung der Gemeinschaft betreffen. Um das Erfassen der Gehalte des Glaubens sowie den Ort und die Möglichkeit ihrer Vermittlung derart an bestimmte Personen zu binden, muß man davon ausgehen dürfen, daß die gesellschaftlichen Bedingungen einerseits die Ausbildung von Persönlichkeitsstrukturen gestatten und andererseits ein wirkliches Interesse an solchen Individuen besteht. Die sozialphilosophischen Theorien der Gegenwart stimmen darin überein, daß die neuzeitlich-bürgerlichen Auffassungen der autonomen Subjektivität auf den Menschen der wissenschaftlich-technisierten Gesellschaft der Gegenwart immer weniger angewendet werden können. Die Differenzierung der Produktions- und Verwaltungsprozesse umfaßt nahezu alle Bereiche des Lebens und schränkt in zunehmendem Maß Spontaneität und Lebensäußerungen der freien Subjektivität ein (110). Horkheimer und Adorno sehen die Entwicklung einer universalen Vermassung zutreiben, in der die Möglichkeiten zur Ausbildung einer freien Individualität ausgelöscht sind. "Das Thema dieser Zeit ist Selbsterhaltung, während es gar kein Selbst zu erhalten gibt" wird von Horkheimer lapidar konstatiert (111). Diesen Auffassungen kann jedoch entgegengehalten werden, daß die durch Wissenschaft und Technik geprägte Gesellschaft ihre eigenen Idole und Persönlichkeitsmuster hervorgebracht hat. Dieser Persönlichkeitstypus beherrscht souverän die von der Gesellschaft geforderten Verhaltensregeln, verschafft sich dadurch einen freien Aktionsraum und wirkt innovierend auf diese Gesellschaft zurück. Nach Gehlen vermag das nur der "Über-Routinier"; als Schlüsselfigur der gesellschaftlichen Entwicklung bezieht er allgemeine Anerkennung wegen seines Ideenreichtums und der Bereitschaft zur Initiative. Dieser Charakter repräsentiert sich als "der personifizierte Erfolg" (112).

Die Muster allgemeiner Wertschätzung sind also auch von gesellschaftlichen Wertskalen geprägt, und diese sind mit Inhalten des christlichen Glaubens keineswegs schon kongruent. Die Gründe allgemeiner Anerkennung bestimmter Persönlichkeiten bleiben daher sorgsam auf ihre Motive zu untersuchen. McClendon erörtert diese Fragen nicht, weil die von ihm dargelegten Lebensgeschichten ausschließlich vor dem Hintergrund des Glaubens vorgestellt und interpretiert werden. Er geht davon aus, daß in manchen Fällen der Glaube so bestechend gelebt wird, daß sich Anerkennung wie von selbst und nur auf Grund religiöser Motive einstellt. Aber auch religiöse Faszination verdeckt zuweilen Einflüsse allgemeiner Anerkennungsmuster, die sich ja in solchen "Persönlichkeiten" oft nur selbst bestätigt sehen, statt sie kritisch auf sich zu beziehen. Die Typologie der Heiligengeschichte weiß darum, daß eine naive Spiritualität sich ihre bevorzugten Heiligen nur zu oft nach eigenen Vorstellungen zugerüstet hat (113).

Die theologischen Funktionen, die McClendon einer "aufgeklärten Hagiographie" zumißt, decken sich weitgehend mit dem Aspekt der Nachahmung (imitatio) der traditionellen katholischen Lehre von der Heiligenverehrung. Wenn er mit leichtem Bedauern eine gewisse Zurückhaltung der katholischen Theologie gegenüber diesem Thema beobachtet, darf diese Befangenheit wohl auch positiv als Sensibilität gegenüber möglichem Mißbrauch der Heiligenverehrung gewertet werden. In jedem Fall ist auch bei seinem Entwurf einer falschen Heroisierung der großen Persönlichkeiten vorzubeugen.

Eine zweite Frage ist bezüglich des Verhältnisses der "Bilder" und der Überzeugung der Glaubensgemeinschaft zu stellen. Stellten diese "Bilder" als thematisch geraffte Lebensgeschichten lediglich eine originelle Synthese von Glaube und Leben dar, wären sie im Prinzip entbehrlich. Was eine solche "biographische Theologie" leisten könnte, beschränkte sich auf pädagogische Funktionen. Zudem läßt sich die literarische Gattung der Autobiographie nicht als Vermittlungsmedium einer objektiven Wahrheit veranschlagen, die in ihr lediglich publikumsgerecht präpariert würde. Autobiographien sind weder biographisch-pädagogische Lehrstücke noch ein besonders geeigneter Modus, Informationen zu vermitteln. Die Wahrheit, die der Autobiograph behauptet, ist die über das eigene Leben, nicht die einer allgemeinen Lehre. Das gilt nicht zuletzt auch darum, weil die Autobiographie als literarische Form selbst die Anstrengung einer Wahrheitsfindung darstellt, die, wenn sie gelingt, erst mit ihr sichtbar wird (114). Daher ist richtig, daß McClendon die Lebensgeschichten nicht zur direkten Nachahmung dem theologischen Interesse nahezubringen versucht. Es gehe vielmehr darum, so führt er aus, das gelungene christliche Leben in seiner Eigenheit als Herausforderung an den Glauben der Überzeugungsgemeinschaft zu betrachten und als Bereicherung in deren Überzeugung zu integrieren.

Der Tatbestand, daß ein gewisser Aspekt des Glaubens das Leben eines einzelnen nachdrücklich bestimmt und ihm dadurch neue Bedeutungsfülle gibt, was innovierend auf die Überzeugung der Gemeinschaft zurückwirkt, wird verschieden interpretiert. McClendon unterscheidet sich von den anderen Autoren dadurch, daß er den Rezeptionsvorgang als Umsetzung der "Bilder" in Aussagen und Integration in die Überzeugung der Gemeinschaft beschreibt. Der erfahrungsträchtige Impuls des "Bildes" geht damit nicht verloren, noch muß das "Bild" aufgegeben werden. Auf diese Weise lasse sich eine Beziehung von Spontaneität und Reflexion in die Theologie einbringen, die diese wirksam beleben könne (115).

TeSelle, die gleichfalls für eine autobiographische Theologie votiert, folgert aus der Eigenart der Autobiographie eine Strukturidentität mit Parabeln und Metaphern (116). Ihrer Auffassung nach lassen sich auch die zu Symbolen geronnenen Lebensgeschichten nicht in Aussagen transformieren, sondern sind als Metaphern zu betrachten. Daher führen ihre Aussagen zu dieser Problematik über ihre "parabolische Theologie" nicht hinaus.

Daß McClendon die Sprachformen des Erzählens und den metaphorischen Sprachgebrauch nicht gegen Aussagen und beschreibende Redeformen ausspielt, sondern sie in der Theologie zu vermitteln sucht, über die Form einer solchen Vermittlung aber noch keine Aussagen trifft, ist angesichts der Unklarheiten und offenen Fragen, die sich bei den erörterten Autoren beobachten ließen, nur kluge Zurückhaltung. Daher kann er auch noch Probleme wahrnehmen, die eine Bestimmung der Theologie als durchgängig metaphorisch oder narrativ aus dem Blick verliert. So wird etwa zur Wahrheitsfrage ausgeführt, Wahrheit könne nicht mit Praxis identifiziert werden, aber "zum Teil" (117) sei lebenspraktische Bewährung ein Wahrheitskriterium. Zur Wahrheit und Begründung einer Überzeugung gehöre auch die Lebbarkeit der von ihr geforderten Lebensform. In diesem Sinn bezeugen für McClendon die Lebensgeschichten der Martyrer und die exponierten Beispiele modernen Christseins die Wahrheit, die sie exemplarisch verkörpern. Damit taucht die traditionelle Kategorie des Zeugnisses in der Theologie wieder auf. Ob sich der Hinweis McClendons in ein Konzept der Glaubensbegründung aufnehmen läßt, wird später erörtert.

Mit den Aussagen McClendons schließen wir die Diskussion über Entwürfe der narrativen Theologie ab. Rückblickend auf die verschiedenen Ansätze soll eine Beurteilung der Priorität der Erfahrung gegenüber der Argumentation, die sich bei diesen Theologen geltend macht, versucht und auf das Begründungsthema bezogen werden.

5. Zum Stellenwert der Erfahrung in der Theologie

Was an den Büchern von Dunne, Novak, TeSelle und anderen Autoren der narrativen Theologie fasziniert und diesen Ansätzen eine unbestreitbare Bedeutsamkeit für heutiges theologisches Denken verleiht, sind der Ernst und das Engagement ihrer Verteidigung des individuellen Erlebens und Erfahrens gegenüber dem lebensfremden Abstrakten und Allgemeinen. Sie können in diesem Anliegen Motive der theologischen Tradition von Kierkegaard bis zum Existenzialismus aufnehmen, und es ist nicht erstaunlich, sie beim Ausbrechen aus theologischen Systemen die Lebensgeschichte als bevorzugten Bezugsrahmen theologischen Denkens reklamieren zu sehen: wo der Mensch sich selbst am nächsten ist, wo es um Erfahrungen geht, die er in seinem Leben selbst macht, dort ist auch der Ort, an dem Theologie den Sinn des Redens von Gott zu explizieren hat.

Demgegenüber geraten "Lehre", "Überzeugung" und "Wissenschaft", kurz alles, was den Erfahrungen die Unmittelbarkeit nimmt, sie anders als im unmittelbaren Erleben meint haben und erschließen zu können, eo ipso in den Verdacht der Verfestigung und der Distanzierung. Diese Einschätzung der Möglichkeit religiöser Einsicht macht sich in je verschiedener Weise und verschiedenem Gewicht bei den einzelnen Autoren geltend. Würde sie systematisch als Ausgangspunkt von Theologie genommen, bedeutete dies nicht nur den Ansatz zu ihrer Auflösung, sondern die strikte Absage an das Allgemeine tendiert dahin, die Erfahrungen des Subjekts selbst zu entwerten. Diese These soll in einem kurzen Rückblick auf die erörterten Konzeptionen einsichtig gemacht werden.

Der allgemeine Gewißheitsverlust des religiösen Glaubens, so die einheitliche Auffassung der hier vorgestellten Autoren, kann nur durch eine konsequente theologische Aufarbeitung der Strukturen der Subjektivität, einer sorgsamen Kenntnisnahme des Erfahrungsraums des konkreten Individuums überwunden werden. Theologie und Verkündigung werden aufgefordert, sich so zu artikulieren, daß Aspekte der konkreten Subjektivität von ihnen angesprochen, aufgenommen und in ihnen selbst sichtbar werden. Metz schlägt für dieses Programm die Verankerung der Rede von Gott in der Leidenserfahrung und -erinnerung vor und setzt auf die kommunikative Kraft narrativer Formen. Die Diskussion dieser Zusammenhänge stieß auf den Erfahrungsbegriff als ihr zentrales Moment, und zugleich stellte es sich als das ungelöste Kernproblem der narrativen Theologie heraus. Crites' erkenntnistheoretische Erörterungen der narrativen Beschaffenheit der Erfahrung und deren theologische Ausweitung zur Forderung metaphorischparabolischer Sprachformen für die Theologie durch TeSelle haben eine Ontologisierung dieser Geschichten zur Folge. Das von ihr damit verbundene Theorem der Unablösbarkeit des Gehalts von der narrativen Form ergab einerseits ein problematisches Verhältnis der in Metaphern und Parabeln sich formulierenden Erfahrung zu anderen Sprachformen und fand die beschworene Ausweitung des Erfahrungsbereichs in der Religion nicht bestätigt. Dies veranlaßte eine Ausweitung der Fragestellung. Religiöse Erfahrungen müßten eher kommunikabel sein, wenn man sich über ihre Bindung an intersubjektive Strukturen des individuellen Erfahrungsraums Klarheit verschafft. Der von Novak und Dunne unternommene Versuch, allgemeine Strukturen der Lebensgeschichte zu erarbeiten, könnte auch den privat-individuellen Erfahrungsraum dem Allgemeinen aufschließen. Ihre Qualifizierungen des theoretischen Status der Aussagen über Selbsterfahrung, Lebensgeschichte und Individualität ließen jedoch vor allem bei Novak eine antitheoretische und begriffsfeindliche Einstellung sichtbar werden, die Begriffsbildung in diesem Bereich um den Preis der unmittelbaren Erfahrungen erkauft sieht. Wieweit aber diese Erfahrungen ohne begriffliche Aufarbeitung sich nicht wieder verflüchtigen, wie sie in eine lebensorientierende Überzeugung eingehen und zur Ausbildung einer religiösen Identität beitragen, blieb weitgehend ungeklärt. Ebenso fragwürdig schien, daß sich Aussagen über Gott, die einzig über den individuellen Erfahrungsraum vermittelt werden, ihren kognitiven Status bewahren können. Daher ließ sich der Vorbehalt McClendons, den Gehalt der Erfahrungen wie des Glaubens nicht mit den Lebensbildern seiner autobiographischen Theologie zu identifizieren, als vorerst gerechtfertigte Zurückhaltung interpretieren.

Bei allen Autoren ist eine mehr oder minder stark hervortretende Skepsis gegenüber begrifflichem Denken, der Forderung der Formulierung der Erfahrung in klaren Aussagen und dem Postulat ihrer Begründung zugunsten der Wertschätzung der Erfahrungsunmittelbarkeit zu konstatieren. Das überindividuell Allgemeine wird alsbald verdächtigt, mit den Belangen des Individuums in seiner Einzelheit nichts zu schaffen zu haben: es erscheint als theoretische Verfremdung und distanzierende Objektivierung dessen, was angeblich nur in Unmittelbarkeit verstanden werden kann. Die angemessene Form der Äußerung sei hier die spontane, nichtbegriffliche Selbstkundgabe in Erzählungen und Geschichten. Theologische, das Subjekt betreffende Aussagen, die sich nicht auf den konkreten Erfahrungsraum beziehen, werden sogleich als Entstellung und lebensfremde Verfestigung beargwöhnt.

Im Zusammenhang mit Novaks Versuch, den abstrakten Selbstbegriff durch individuell-konkrete Selbstgeschichten zu ersetzen, war auf die negativen Konsequenzen und einige unhaltbare Voraussetzungen dieser Position hingewiesen worden. Dennoch hat das nachdrückliche Beharren auf Erfahrungen und Erfahrbarkeit durchaus dort sein Recht, wo sich die theologische Begrifflichkeit der konkreten Erfahrung und den alltäglichen Belangen des Subjekts entzieht, wo sie weltfremd und unverständlich wird. Darüberhinaus werden von diesen Autoren Aspekte der Individualität zur Geltung gebracht, die von Allgemeinbegriffen nicht abgedeckt sind. Schließlich kann die narrative Theologie Ansatzpunkte dafür bieten, den Stellenwert des Subjektiven bei der Bestimmung der Struktur von Glaubensüberzeugungen angemessen zu veranschlagen. Sie erinnert daran, daß bei aller Kritik der individualistisch überzogenen Glaubensbestimmungen die Individualität der Gottesbeziehung letztlich nicht aufgehoben werden kann.

Beanspruchen die vorgestellten Konzeptionen auch keineswegs Endgültigkeit, bleibt trotz dieser Offenheit für korrigierende Modifikationen auf mögliche Konsequenzen hinzuweisen, die eine Verabsolutierung der subjektiven Erfahrungen für die Bestimmung des Glaubens und seiner Begründung zur Folge hätte.

Dies betrifft zunächst den Gehalt der Erfahrungen des Subjekts. Novak und Dunne machen überzeugend deutlich, wie gravierend der Verlust der Vermittlungsebenen, die ehedem aus sich selbst als Zeichen der Transzendenz den Zugang zu Gott ermöglichten, das neuzeitliche Glaubensbewußtsein erschüttert hat. Diese Kluft durch die Vergewisserung der Struktur der Lebensgeschichte oder gewisser fundamentaler Selbsterfahrungen überbrücken zu wollen, droht den Eigengehalt der Gotteserfahrung im Selbsterleben dann zu verlieren, wenn zwischen dem Zustand unmittelbaren Erlebens und seinem Gehalt als einem unterschiedenen Moment nicht mehr erkennbar differenziert werden kann. So nachdrücklich die Individualität der Gottesbeziehung auch in den Blick tritt, ist doch von entscheidender Bedeutung, daß dies nicht nur Behauptung bleibt, sondern daß genau herausgestellt wird, wie das Subjekt zum Bewußtsein der Gotteserfahrung gelangt. Gelingt diese Differenzierung nicht, bleibt das bloße unterschiedslose Erleben, das den Anspruch der Gotteserfahrung schwerlich wird rechtfertigen können.

Nicht nur dieses Problem tritt auf, wenn der Zugang zu Gott exklusiv in bestimmten intensiven Selbsterfahrungen lokalisiert wird. Das Insistieren auf unmittelbaren, das Selbst gänzlich involvierenden Erfahrungen mißt ihnen zuweilen eine fast unantastbare Dignität zu, was nur unter der Voraussetzung deren innerer Transparenz haltbar wäre. Die Intensität der Erfahrung, sowie ihre befremdende Andersartigkeit treten in diesen Beschreibungen der Gotteserfahrungen derart in den Vordergrund, daß Unaussagbarkeit schließlich zu ihrer Definition gehören muß. Im Erfahrungserlebnis selbst soll alles gelegen sein; die Umsetzung in Sprache, der Versuch der Mitteilung an andere, die Frage nach lebenspraktischen Konsequenzen scheinen die Erfahrungen auf ihnen nicht gemäße Ebenen herabzuziehen, sie zu versteinern oder aufzulösen (118). Wird Gottes- und Glaubenserfahrung in diesen Kategorien expliziert, verweigert man sich prinzipiell ihrer Umsetzung in kommunikative Bezüge oder der Frage ihres Wahrheitsgehalts; sie sind von einem esoterisch selbstbezogenen Gefühlszustand schließlich nicht mehr zu unterscheiden. Dann aber mißrät Gotteserfahrung zur Vorstellung eines intransigenten, weltentrückten solipsistischen Zustands.

All dies ist, darauf sei ausdrücklich hingewiesen, den hier behandelten Autoren nicht zu unterstellen. Aber es bleibt zu fragen, wie sich in ihren Konzeptionen die Gotteserfahrung mit der beschworenen Selbsterfahrung vermittelt. Ihre Aussagen sind auch daran zu messen, wieweit sie theoretisch dazu befähigen, Gotteserfahrung von einem unbestimmten Gefühl abzugrenzen und zu unterscheiden. Denn es ist durchaus nicht ausgemacht, daß Gotteserfahrung aus sich selbst eindeutig und in ihrem Gehalt gewiß ist, wie z.B. von Dunne und Novak selbst hervorgehoben wird. Besitzen sie solche Evidenz nicht, wie ist dann die Klärung und Verständigung über sie vorzustellen? Ist die Behauptung, Gott erfahren zu haben, unmittelbarer Einsicht verpflichtet oder als Ergebnis einer Interpretation zu werten? Sind solche Erfahrungen selbstgenügsame, momentane Bewußtseinszustände ohne lebensorientierende Kraft? Diese Fragen können vor dem Hintergrund der individuellen Selbsterfahrung veranschaulicht werden, aber die verschiedenen Ausführungen ließen zuviele Probleme unbeantwortet, daß man auf ihre erneute systematische Behandlung verzichten könnte. Sie bestätigen im Gegenteil die Notwendigkeit und theologische Relevanz der von Hick und Allen aufgeworfenen Problemstellungen.

Aus dieser Perspektive ist die ablehnende Haltung mancher Autoren gegenüber Reflexion und ihrem Wert für den Glauben zu kritisieren. Wegen der Unmittelbarkeit der Erfahrungen erscheint ihnen begriffliches Denken und die durch es erreichbaren präzisen Bestimmungen und Unterscheidungen von geringerer Bedeutsamkeit. Diese leicht abschätzige Einstellung verkennt die Kraft und die Notwendigkeit der Reflexion auch für den Bereich des individuellen Selbstverhältnisses. Religiöse Erfahrungen können wie alle anderen schnell verdeckt, verdrängt oder im Einerlei des Lebensumtriebs verloren gehen. Novak hat beeindruckend verdeutlicht, wie sehr die Vergesellschaftung der individuellen Lebensvollzüge schon Voraussetzungen solcher Erfahrungen untergraben kann. Religiöse Erfahrungen werden oft nur ansatzhaft wahrgenommen, weil das Subjekt sich nicht näher mit ihnen auseinandersetzt. Sie erhalten sich nicht von selbst in der Erinnerung präsent und treten kaum auf, wenn das Subjekt nicht eine gewisse Erwartungshaltung ihnen gegenüber ausbildet. Wohl betreffen den Menschen manche Erlebnisse ganz fundamental; er erinnert sich ihrer und des Orts und der Stunde, aber diese Dringlichkeit und Intensität gehört Erfahrungen nicht wesensmäßig zu. Wenn die Lebensverhältnisse dahin tendieren, das Bewahren solcher Erinnerungen zu erschweren, ist es unerläßlich, Ahnungen und Andeutungen religiöser Erfahrungen in der Reflexion nachzugehen und sie zu klären. So werden sie aufgearbeitet, entwickeln Tragfähigkeit und können lebensorientierende Perspektiven eröffnen. Dieser reflexive Verständigungsprozeß stellt ganz undramatisch ein Moment der Selbsterkenntnis dar, und es ist nicht einzusehen, warum religiöse Erfahrungen in ihn nicht eingebracht werden sollten. Nur so wird auch der religiöse Mensch fähig, seine Überzeugung bewußt zu leben und gegenüber anderen Anschauungen zu vertreten.

Reflexion vermag also undeutliche oder in Vergessenheit geratende Erfahrungen zu klären, sie erneut bewußt und wirksam zu machen. Damit verschafft sie neuen Erfahrungen zugleich Raum und Möglichkeit. Die Vergewisserung erinnerter Erfahrung kann sich in die Erwartung ihrer Wiederholung kehren und das Subjekt eine Haltung der Aufmerksamkeit erwerben lassen, "welche die Trägheit, vom Strom der Eindrücke sich treiben zu lassen und das Erfahrene darin untergehen zu lassen, überwindet" (119). Die Reflexion hat somit bei der angestrebten Revitalisierung des religiösen Glaubens auch im Sinne der narrativen Theologie ihre angebbaren Funktionen.

Daher sei abschließend kritisch auf einige neue Entwicklungen hingewiesen, welche die hier thematisierte Tendenz zur Verabsolutierung bestimmter Selbsterfahrungen in einer radikalisierten Form unterstützen und solche subjektiven Erfahrungszustände zum Wesen der Religiosität erklären. Sie lassen deutlich werden, wie die zur Belebung von Religion und Glaube postulierte Konzentration auf Erfahrung in ihr Gegenteil umschlagen, zur Entwertung der Erfahrungen und zur Auflösung des Glaubens führen kann.

Unter Hinweisen auf den umfassenden kulturellen Wandel unserer Zeit und den gleichermaßen tiefgreifenden Plausibilitätsverlust des traditionellen Christentums wird sein herkömmliches Selbstverständnis sowie sein sich damit verbindender Geltungs- und Wahrheitsanspruch abgelehnt und als eine Welt symbolischen Sinns neben anderen interpretiert. Der Mensch sei sich nunmehr bewußt, daß er solche Sinnwelten selbst erzeuge und darum könne er ebenso souverän sie bewußt wieder aufgeben. Herkömmlich in der Religion alle Wahrheit aufgehoben zu sehen, diesen Anspruch gegenüber anderen Positionen zu äußern und zu begründen, versage sich dem Anschluß an den allgemeinen Wandel und belasse

den Menschen in der Vorstellung einer statischen, unveränderlichen
Wirklichkeit. Statt solcher Fixierung habe sich der Mensch eine vielsymbolische Religiösität zu erwerben, die völlig eklektisch Elemente der
verschiedenen Religionen nach persönlichem Gutdünken synthetisiere
und nicht auf der Vorstellung einer einzigen Wahrheit und einer einzigen
wahren Religion beharre. Der neue religiöse Mensch solle sich durch alle
Religionen bereichert fühlen können. Shepherd entwickelt die These, daß
um der religiös - symbolischen Sensibilität willen Universalisierungen,
Verbindlichkeits- und Wahrheitsansprüche, die anderes ausschließen,aus
jeder zeitgemäßen Religion zu tilgen sind.

Der Streit um die Wahrheit der Wirklichkeit zwischen Religion und Wissenschaft ist ihm ein Problem von gestern, der heute aber die aufkeimende neue Religiösität bedroht. Nicht der religionskritische Wissenschaftler, sondern wer an der Vorstellung buchstäblicher Wahrheit festhält, um
sie greifbar zu machen und zu begründen, gefährdet religiöse Spontaneität
und Empfindsamkeit:

> "Wenn Sinn nicht vergeht, lebt er nicht. Alles ist symbolisch, ist
> vorübergehend, ist unstetig. Die Verfestigung von Sinn erzeugt
> Götzen; etablierte Sinngehalte haben sich versteinert ... Es ist
> entscheidend, unsern Geist in Bewegung zu halten ... Eine christliche Transfiguration, eine heidnische Orgie: ein bacchanalisches
> Fest von Kategorien, bei dem nicht ein Glied nüchtern ist; ein proteisches Fließen der Metamorphose" (120).

Es ist eine irrige Meinung, daß Religion sich erhält, soll sie in dieser
Art als beständig neues Auftreten momentaner Sinnerfahrungen verstanden werden, die zugleich in dem Bewußtsein erlebt werden, daß sie in
Wahrheit nicht belegbare Sinnprojektionen sind. Wird darüber hinaus der
Wahrheitsanspruch nicht einmal mehr erhoben, so daß die Sinnvorstellungen, sobald sie ausgelaugt und unbefriedigend erscheinen, aufgegeben
werden, sind hier auch keine Gemeinsamkeiten zur Religion mehr zu entdecken, wenn von bestimmten ästhetischen Formen abgesehen wird.
Vermag Religion nicht mehr unter Inanspruchnahme umfassenden, allgemeinen und dauernden Sinns Bindungen zu evozieren und Verhaltensmaßstäbe zu entwickeln, dann verliert sie zudem jede lebensbestimmende
Kraft, die anthropologisch gesehen doch eines ihrer Charakteristika ist.
Es bleibt völlig unerfindlich, wie Shepherd, der obige Zeilen von N.O.
Brown emphatisch zitiert, an diese Nivellierung unterschiedlicher Symbolwelten die Erwartung knüpfen kann, sie würde religiöse Identität stabilisieren und tragfähige Kommunikationsstrukturen entwickeln helfen.
Die Fluktuation der Erfahrungen, die rastlose Suche nach stets Neuem
muß letztlich zur Beliebigkeit von Lebenseinstellungen führen, weil es
ein überindividuelles, verbindliches Allgemeines nicht gibt. Sollen Sinn-
und Glaubenserfahrungen nicht auch von ihren bewährenden Potenzen her
gesehen werden dürfen, kann es zur Reproduktion von Sinn erst gar nicht
kommen. Werden Erfahrungen aus ihren allgemeinen Lebensbezügen derart rigide gelöst, wird nicht ihre Intensivierung oder eine vertiefte Sen-

sibilität, sondern das Gegenteil, nämlich gerade ihre Entwertung erreicht. Soll der Mensch, der sich auf bestimmte Erfahrungen verläßt, auf sie baut und sich bei der Begründung seiner Überzeugung auf sie beruft, immer des Verdachts gewärtig sein, sie zu verkennen oder zu vergötzen, fragt sich, welcher Sinn außer der momentanen Faszination mit ihnen noch verbunden werden kann. Hier wird die mögliche Verläßlichkeit persönlicher Erfahrungen gänzlich untergraben. Diese Theorie beläßt den Menschen in seiner privaten Innerlichkeit; er kann seinen eigenen Sinnimaginationen keinen überindividuellen Wert zumessen, er bleibt einsam und orientierungslos (121).

Ein unqualifiziertes Beschwören der individuellen Erfahrungen kann daher die hier aufgeworfenen theologischen Probleme nicht lösen. Vielmehr bleibt zu klären, unter welchen Bedingungen religiöse Erfahrungen sich einstellen, wie sie den Bereich der Subjektivität transzendieren, mitteilbar und für das Leben wirksam werden. Dann läßt sich auch bestimmen, welchen Stellenwert sie für die Ausbildung und Begründung der religiösen Überzeugung haben und wie diese im Verhältnis zu ihnen zu bestimmen ist. Die meisten Ansätze der narrativen Theologie geben dazu Anregungen und hilfreiche Hinweise, doch machen sie eine solche Begründungsreflexion nicht überflüssig.

Die verschiedenen Konzeptionen der Glaubensbegründung, die in diesem Kapitel vorgestellt und diskutiert wurden, haben eines gemeinsam: sie denken den Glauben als eine Realbeziehung von Gott und Mensch. Diese Grundannahme ist bei Thomas, Hick, Allen und den maßgeblichen Autoren der narrativen Theologie gegeben. Ihre Glaubensdeutungen behaupten - mit Einschränkungen auch die der narrativen Theologie - ebenfalls eine Beziehung zur menschlichen Vernunft. Diese Relation wird in den einzelnen Konzeptionen unterschiedlich konkretisiert und beurteilt. Die Ausformungen der Glaubensbegründung weichen voneinander ab, weil einige grundlegende Qualifikationen des Glaubens nicht einheitlich bestimmt werden.

Thomas begreift den Glauben bezüglich der Begründungsproblematik als einen Akt verstandesmäßiger Zustimmung zu den geoffenbarten Glaubenswahrheiten. Die Aufgabe der Glaubensbegründung in seiner Konzeption ist es, diesen Akt zu rechtfertigen. Demgegenüber erläutert Hick den Glauben als die Erfahrung göttlicher Gegenwart. Diese Gotteswahrnehmung ist als eine Beziehung der Wahrheitsgewißheit dem argumentativen Begründen entzogen. Der Glaube kann sich zwar in kognitiven Aussagen artikulieren, die eigene Erfahrungsweise ihrer Struktur nach als eine Weise des Erkennens charakterisieren und den Erkenntnisanspruch als einen legitimen Anspruch behaupten, aber inhaltlich einzulösen vermag er diesen Anspruch nicht. Hick gestaltet die Begründung des Glaubens als Affirmation der Glaubensinhalte und als Zurückweisung äußerer Kritik; der Glaube kann seinen Anspruch als Anspruch legitimieren, aber nicht seine Geltung inhaltlich darlegen. Während bei Hick das Begründungsproblem noch von der Affirmation des Wahrheitsanspruchs seine Gestalt erhält, bricht Allen diese Struktur auf und bezieht das Begründungsthema auf die gläubige Lebenspraxis. Die Erfüllungserfahrung des praktizierten Glaubens soll zum Glauben an seine Wahrheit berechtigen, obwohl sie kein Argument für seine Wahrheit darstellen kann. Der Glaube behauptet inhaltlich bestimmte Wahrheitsansprüche, seine Begründung soll aber nicht diese Behauptung über Gründe für die Annahme seiner Wahrheit einlösen, sondern ist berechtigt, allein wegen der Erfüllungserfahrungen diesen Anspruch zu erheben. Begründungstheoretisch besteht der Unterschied zu Thomas und Hick darin, daß Allen die Glaubensbegründung nicht auf den Wahrheitsanspruch bezieht, sondern das Begründungsproblem von der Wahrheitssicherung löst und auf die Ebene der Praxis verschiebt. Dieses Denken tritt auch im Bereich der narrativen Theologie in den Vordergrund. Allen behält das tradierte Verständnis von Glaubensaussagen bei und präzisiert sorgsam den Unterschied zwischen Wahrheitsansprüchen und den Begründungsleistungen der Erfüllungserlebnisse. Die narrative Theologie tendiert dahin, den Glaubensinhalt so der Vollzugsform des Glaubens zu korrelieren, daß dieser Unterschied seine vorrangige Stellung verliert.

Unter systematischer Rücksicht zeigt der Vergleich dieser Begründungsmodelle eine strukturelle Akzentverschiebung vom Glauben als Verstandesakt der Wahrheitszustimmung zur Kennzeichnung des Glaubens als Erfahrung und Selbstvollzug. Der Aspekt der Erfahrung wird immer nachdrücklicher zum Bezugspunkt der Glaubensbegründung gemacht; dies deutet die objektive Bedeutsamkeit des Erfahrungsbegriffs für die Glaubensbegründung an und bleibt später wieder aufzugreifen. Hier ist zunächst festzuhalten, daß die Glaubensbegründung ihre konkrete Gestalt wesentlich dadurch erhält, wie sie den Glauben in Beziehung zur Begründungsforderung begreift und als was sie ihn begründet. Die Begründungskonzepte reflektieren daher jene Bestimmungen, die dem Glauben zuvor zugeschrieben werden. Die hier erörterten Modelle setzen die Möglichkeit der Glaubensbegründung in der einen oder anderen Weise voraus und postulieren damit die Stimmigkeit des Begründungsbegriffs und seine Verbindlichkeit auch für den religiösen Glauben. Die unterschiedlichen Charakterisierungen des Wissens bei Thomas und Hick und die abweichenden Konkretisierungen des Begriffs der Begründung deuten aber bereits an, daß über dessen angemessene Auslegung kein Konsens besteht. Dies wird vor allem deutlich, wenn wir an die Aussagen Phillips' zu diesem Thema erinnern. Der Begründungsthematik, d.h. den Fragen, was die Begründung letztlich intendiert und wie sie stimmig zu entwickeln ist, wollen wir im folgenden Kapitel nachgehen.

IV ZUR GEGENWÄRTIGEN PHILOSOPHISCHEN DISKUSSION ÜBER DIE IDEE DER BEGRÜNDUNG

Die Begründungsforderung hat in den lebenspraktischen Kommunikationsbezügen ihren ganz selbstverständlichen Ort: Begründung wird als ein Mittel vernünftiger Verständigung praktiziert. Erhebt jemand einen Wahrheits- oder einen Geltungsanspruch, so ist er gegebenenfalls gefordert, diesen Anspruch zu begründen. Die Geltung der Aussage, die er behauptet, hat Voraussetzungen, die durch Zweifel, Kritik oder durch Konfrontation mit anderen Auffassungen bestritten werden können. In solcher Auseinandersetzung wird ein Wahrheits- oder Geltungsanspruch darauf behaftet, ihn zu begründen, d.h., die Behauptung als berechtigt und zustimmungsfähig darzulegen. Der Verdacht der Falschheit einer Aussage ist nicht notwendig der Antrieb, zu ihrer Begründung aufzufordern; ihre Wahrheit kann bereits vorausgesetzt sein. Dann richtet sich die Frage lediglich auf die Genese des Wissens; sie fragt danach, wie man zu dieser Erkenntnis gelangt ist. In der Regel geht es bei der Begründungsthematik jedoch um Fragen der Geltung: Dem Anspruch der Wahrheit wird abgefordert, die Quellen dieser bestimmten Erkenntnis aufzuzeigen; es wird verlangt zu explizieren, warum diese den Geltungsanspruch autorisieren. Eine solche Darlegung macht den Geltungsanspruch auf die Erkenntnis durchschaubar, die zu ihm geführt hat; der Anspruch wird gegebenenfalls revidiert oder als berechtigt anerkannt. Ähnlich werden Glaubensaussagen auf ihre Gründe befragt. Diese sollen angeben, was dazu berechtigt, das Geglaubte für wahr zu halten. Im Bereich der Entscheidungen wird zu Begründungen aufgefordert, wenn Handlungen sich von den selbstverständlichen Lebensvollzügen unterscheiden oder ihre Ziele strittig sind. Die Angabe von Gründen läßt verstehbar werden, warum andere, gleichfalls bestehende Möglichkeiten zugunsten der getroffenen Entscheidung ausgeschlossen wurden. Die Benennung von Gründen macht eine fragliche Entscheidung dem Verstehen zugänglich und ermöglicht eine Beurteilung, ob sie angemessen und berechtigt war.

Die Begründungsforderung thematisiert in der alltäglichen Verständigung also das Verlangen, sich der Wahrheit von Behauptungen, der Gründe für Annahmen und Meinungen und der Berechtigung von Entscheidungen zu vergewissern. Ist deren Wahrheit oder Richtigkeit umstritten, soll die Begründung mögliche Zweifel ausschalten, indem sie undurchschaute Voraussetzungen prüft und bei gelingender Rechtfertigung den Geltungsanspruch legitimiert. Behauptungen und Entscheidungen werden durch die Angabe von Gründen bezüglich ihrer Geltung der Beurteilung offengelegt und verlangen Anerkennung ihres Geltungsanspruchs; indem sie Gründe angeben, eröffnen sie den Geltungsanspruch der Kritik in der Erwartung, daß er zu Recht erhoben wurde.

Inhaltlich können Begründungen Beziehungen eines fraglichen Geltungsanspruchs zu etwas anderem herstellen, das als wahr oder geltend allgemein anerkannt wird. Die Wahrheit oder Berechtigung dessen, was angezweifelt wird, gewinnt in der Darlegung dieser Beziehung Einsichtigkeit. Eine andere Möglichkeit der Begründung besteht darin, die Wahrheit oder die Geltung eines fraglichen Sachverhalts aus ihm selbst einsichtig zu machen. Begründungen finden ihre Anerkennung somit in der Stimmigkeit der Ableitung von allgemeinen Gewißheiten oder in der Einsichtigkeit des Sachverhalts selbst, d. h. in seiner Evidenz. Läßt sich über die Beziehung einer umstrittenen Aussage oder Entscheidung zum allgemein Akzeptierten oder über ihre Einsichtigkeit Übereinstimmung erzielen, dann gilt ein Geltungsanspruch als legitimiert.

In dieser selbstverständlich und vernünftig erscheinenden Verständigungspraxis bringt sich allerdings eine Auffassung von "Begründung" zum Ausdruck, die in der neuen Wissenschafts- und Erkenntnistheorie umstritten ist. Das Denkmodell der Begründung, das ihm zugrunde liegt, wird vom kritischen Rationalismus trotz des Anscheins der Kritikoffenheit als unkritisch und irrational abgelehnt. H. Albert, der bekannteste deutsche Vertreter dieser philosophischen Position, verwirft das Begründungsdenken als undurchschautes, wissenschaftlich überwundenes Denkrelikt des klassischen Rationalismus und Empirismus. Die Suche nach sicheren Gründen für ungewisse und zweifelhafte Behauptungen führe zur Frage nach der zureichenden Begründung und damit zum traditionellen Erkenntnisideal, das eine Behauptung erst dann als berechtigt gelten läßt, wenn sie sich auf ein unbezweifelbares Fundament stützen kann. Das Postulat der Begründung verwandle sich damit in die Suche nach absoluten Gewißheiten; die Meinung, solche unbezweifelbaren Wahrheiten gefunden zu haben, führe zu einer dogmatistischen, der Innovation unfähigen, jeder Kritik sich entziehenden autoritären Denkweise. Die Methode der Wahrheitssicherung durch Begründung sei darum durch die der Kritik zu ersetzen.

Aus einer anderen Perspektive wird nicht die Begründungsidee als solche, sondern die in der Philosophie der Neuzeit dominierende Verfahrensweise kritisiert, ihr Rechnung zu tragen. M. Polanyi sieht die Begründungsidee in der Philosophie der Neuzeit einem Verständnis von Wahrheitssicherung verbunden, für das die Eliminierung des Subjekts aus der Beurteilung von Erkenntnissen und damit aus der Wahrheitsthematik konstitutiv werde. Die Aktivität des Subjekts im Erkenntnisvorgang sei für diese Auffassung ausschließlich erkenntnis- und wahrheitshemmend; objektive Wahrheit fordere daher eine Methode der Erkenntnisfindung und Erkenntniskritik, die die subjektiven Einflüsse durchschaue und sie ausschalte. Demgegenüber formuliert M. Polanyi Grundzüge einer 'nachkritischen und personalen' Philosophie des Wissens und Erkennens, welche nicht nur das Thema der Subjektivität ins Zentrum ihrer Überlegungen stellt, sondern auch Geltung und Wahrheit an Überzeugungen des Subjekts bindet.

Im vorhergehenden Kapitel wurde die Problematik der Glaubensbegründung an verschiedenen theologischen Begründungsmodellen aufgezeigt. Eines seiner Ergebnisse war die Beobachtung, daß der Begründungsbegriff unterschiedlich entfaltet wird. In diesem Kapitel wird dieser theologische

Bezugsrahmen verlassen. Das Thema der Glaubensbegründung steht zwar im Hintergrund, aber das direkte Ziel ist eine philosophische Klärung des Begründungsbegriffs. Dazu greifen wir aus den zur Zeit diskutierten Stellungnahmen die angesprochenen Positionen als zwei repräsentative Auffassungen heraus. Zunächst soll anhand der Kritik der Begründungsidee im kritischen Rationalismus die philosophische Problematik der Begründung verdeutlicht werden. Entgegen dieser Konzeption der permanenten Kritik wird versucht, die Notwendigkeit der Einlösung von Geltungsansprüchen als ein Mittel der vernünftigen Verständigung herauszustellen. Anschließend wollen wir in kritischer Auseinandersetzung mit den Aussagen Polanyis untersuchen, welche Ansätze zu einem stimmigen Begründungsverfahren sich mit den Kategorien der von ihm entwickelten Konzeption formulieren lassen.

A Zur Auflösung des Begründungspostulats im kritischen Rationalismus

1. Der Dogmatismusverdacht gegenüber der Idee der Begründung

Der kritische Rationalismus, wie ihn H. Albert vertritt, greift nicht mehr in die Diskussion um angemessene Formen des Begründens ein, sondern sucht diesen Weg der Wahrheitsfindung und -sicherung als einen grundlegenden Irrtum selbst zu überwinden. Albert sieht jede Form des Begründungsverfahrens auf einen dogmatistischen Standpunkt zutreiben. Das Postulat, jede Behauptung, jede Überzeugung und jede Entscheidung sei zu begründen, müsse bei seiner konsequenten Anwendung auch die Begründungsbasis, von der zunächst ausgegangen wird, wiederum der Begründungsforderung unterwerfen. Die dann einsetzende Kette von Begründungsschritten führe zu einer logisch ausweglosen Situation. Um den Begründungsgang einem Ende zuzuführen, bleibe nur die Wahl zwischen:

> "1. einem infiniten Regreß, der durch die Notwendigkeit gegeben erscheint, in der Suche nach Gründen immer weiter zurückzugehen, der aber praktisch nicht durchzuführen ist und daher keine sichere Grundlage liefert;
>
> 2. einem logischen Zirkel in der Deduktion, der dadurch entsteht, daß man im Begründungsverfahren auf Aussagen zurückgreift, die vorher schon als begründungsbedürftig aufgetreten waren...
>
> 3. einem Abbruch des Verfahrens an einem bestimmten Punkt, der zwar prinzipiell durchführbar erscheint, aber eine willkürliche Suspendierung des Prinzips der zureichenden Begründung involvieren würde"(1).

Gegenüber allen Begründungsverfahren, die schließlich mit der Berufung auf eine selbstevidente Basis ihren Abschluß finden, von der behauptet wird, daß sie nicht mehr begründungsbedürftig sei, erhebt Albert den Vorwurf einer illegitimen Aufhebung des Begründungspostulats. Während die ersten beiden Möglichkeiten natürlich auch von Vertretern der Begründungsforderung nicht akzeptiert werden, bestreitet Albert ihnen die Möglichkeit, eine Begründungsbasis zu formulieren, die jeden möglichen Zweifel ausschließe. Albert geht dann gleich dazu über, das Begründungsdenken im ganzen ideologiekritisch als ein autoritäres Denkschema zu demaskieren. Der vordergründig vernunftorientierte und selbstkritische Eindruck des Begründungspostulats sei bloßer Schein; die einmal gefundene Basis setze diese Forderung außer Kraft und kehre damit alle von ihr abgeleiteten Aussagen in unbezweifelbare Wahrheiten. Die Berufung auf selbstevidente, allgemein zugängliche Wahrheit sei in Wirklichkeit nichts anderes als "Begründung durch Rekurs auf ein Dogma" (2).

Eine zureichende Begründung fordert nach Albert die Einheit von Wahrheit und Gewißheit. Sei ein solcher Standpunkt einmal formuliert, werde jeder Zweifel an einer in diesem Verständnis wahren Erkenntnis von vornherein als Fehlleistung bestimmbar und als solche selbst erklärungsbedürftig; die erkenntniskreative Kraft des Zweifels bleibe so gänzlich unwirksam. Albert überträgt dieses Modell auf gesellschaftliche Zusammenhänge, um so zu zeigen, wie es sich für autoritäres Denken ausbeuten läßt: Sei die evidente Erkenntnisquelle nicht überall und unmittelbar zugänglich, dann hätten Traditionen und entsprechende Instanzen sie zu vermitteln. Solche Vermittlung verlange eine autoritative Gruppe, die sich bald ein "Interpretationsmonopol" anmaße und diese Macht gesellschaftlich ausnutze. "Deutungsmonopol, Gehorsamsanspruch, Glaubenspflicht und Verfolgungen Andersgläubiger" (3) sind die für Albert unausweichlichen Folgen.

Die Struktur dieses Denkens sieht Albert in den klassischen Theorien des Erkennens grundgelegt: Die unbezweifelbare Basis finden Descartes und die rationalistische Tradition in den unbezweifelbaren Gegebenheiten des geistigen Selbstvollzugs, der Empirismus in den unmittelbar gegebenen Sinneswahrnehmungen. Albert sieht in beiden Konzeptionen die Begründungsforderung willkürlich suspendiert. Die sich durch Wahrheit und Gewißheit auszeichnende Basis sei in Wirklichkeit Ergebnis einer psychologisch motivierten Entscheidung; ihre Sicherheit werde wie jede Gewißheit durch den Menschen selbst erzeugt: "Alle Sicherheiten in der Erkenntnis sind selbstfabriziert und damit für die Erfassung der Wirklichkeit wertlos" (4). An die Stelle der Wahrheitserkenntnis trete der irrationale Entschluß, so daß die vom Begründungspostulat geforderte Suche nach Gewißheit schon selbst dem Verzicht auf Wahrheit und Erkenntnis gleichkomme: "... in dem Maße, in dem man Gewißheit zu erlangen sucht, [muß man] auf die Annäherung an die Wahrheit zu verzichten bereit sein" (5).

Die Auswegslosigkeit dieses Denkens scheint umfassend, die Bandbreite seiner Folgelasten verheerend zu sein. Albert fordert daher, sich vom Begründungsdenken und seinen Traditionen im ganzen abzusetzen. Die innere Widersprüchlichkeit und die Konsequenzen des Begründungsdenkens seien Grund genug, sich für eine andere Denkform zu entscheiden, die wandlungsfähig, kreativ und fortschrittlich ist. Albert fordert eine Einstellung, die sich über Erkenntnisse nicht beruhigt, keine Gewißheiten kennt und sich nie vom Verdacht des Irrtums löst. Dieses Denken wird von ihm zum Prinzip erhoben: "Suche stets nach relevanten Widersprüchen, um bisherige Überzeugungen dem Risiko des Scheiterns auszusetzen, so daß sie Gelegenheit haben, sich zu bewähren" (6). Dieses Prinzip der Kritik nimmt Vernunft auf eine dem herkömmlichen Denken entgegengesetzte Weise für sich in Anspruch. Die kritische Einstellung mißtraut der Erwartung, die Wirklichkeit verläßlich erkennen zu können und formuliert dieses Mißtrauen als Erkenntnisprinzip. Das Denken kann nur dann als vernünftig gelten, wenn es seine Erkenntnisse unter allen Umständen zu falsifizieren sucht. Dieser Vorbehalt ist nicht nur auf Erkenntnisse der empirischen Welt zu richten, sondern er betrifft ethische, religiöse und politische Überzeugungen ebenso wie die Auffassungen der etablierten Wissenschaft. Der Kritizismus weigert sich, "vor irgendwelchen Grenzen haltzumachen" (7). Als universales Erkenntnisprinzip betrifft er auch die lebenspraktischen Angelegenheiten - er versteht sich selbst ganz umfassend als Handlungsprinzip in allen Lebensbereichen.

Die von Albert diesem Kritizismus als angemessen zugeordnete Methode der Wahrheitsfindung bestimmt er als die von Konstruktion und Kritik. Die mögliche Falschheit allen Wissens erfordere, es beständig an gegensätzlichen Behauptungen zu erproben. Hält das bislang angenommene Wissen dieser Konfrontation stand, kann dies vorläufig als seine Bewährung gelten. Das Potential, aus dem sich Einwände und Gegenthesen entwickeln lassen, ist die menschliche Einbildungskraft. Die schöpferische Phantasie soll Alternativen ausdenken, um das bislang nicht Widerlegbare dem Bewährungstest auszusetzen. Hier erhält sogar die Metaphysik eine kritische Funktion: ihre Relevanz ist in ihrer Fähigkeit zu sehen, von den gängigen Erklärungsmustern abweichende Deutungen zu formulieren, sie in Hypothesen umzusetzen und den geltenden Theorien zu konfrontieren. Die beständige Prüfung der widerstandsfähigen Theorien bedeutet nicht, daß bei mißlingendem Test deren Wahrheit oder Gewißheit behauptet werden dürfte. Es wird lediglich erwartet, durch den beständig wiederholten Versuch, das Wissen zu widerlegen, "der Wahrheit näher zu kommen, ohne allerdings jemals Gewißheit zu erreichen" (8).

Diese Konzeption verdankt sich in den Kernaussagen der Philosophie von K.R. Popper. Popper ist durch seine Kritik am Begründungsdenken im Neopositivismus bekannt geworden, dessen Auffassung von wissenschaftlicher Erkenntnis er als Resultat einer falschen Problemstellung ablehnt (9). Der Neopositivismus suchte eine Grundlegung der empirischen Wissenschaften zu formulieren. Einfache Beobachtungsaussagen, auf denen ein System wissenschaftlich wahrer Sätze aufbauen sollte, wurden als diese Basis bestimmt. Die Problematik dieser Position ergab sich für Popper mit der Schwierigkeit, die einfachen Aussagen, die Beobachtungen protokollieren, als zweifelsfrei empirisch wahre Sätze zu bestimmen. Popper hielt dieses Problem für unlösbar und formulierte die Problemstellung neu. Er schlug vor, das Problem wissenschaftlicher Erkenntnis nicht im Sinne der herkömmlichen Erkenntnistheorien, sondern durch Rekurs auf die faktischen Forschungsprozesse zu lösen. Ein Forscher geht, so Popper, nicht von einer zweifelsfrei gesicherten Basis aus, sondern entwirft Theorien und stellt im Experiment fest, ob sie sich bewähren. Entsprechend sollen nach seiner Auffassung wissenschaftliche Theorien nicht an der Wahrheit von zweifelsfrei gesicherten Beobachtungsaussagen festgemacht werden; sie sind vielmehr als Hypothesen zu formulieren, aus denen Prognosen abgeleitet werden, deren Eintreffen überprüft werden kann. Um das Risiko des Scheiterns einer Theorie zu erhöhen, soll sie möglichst unkonventionell formuliert werden.

Zu diesem Ansatz wird Popper vor allem durch zwei Überlegungen veranlaßt. Erstens steht für ihn fest, daß die erkenntnistheoretische Problematik der Beobachtungsaussagen sich nicht beseitigen läßt. Die Beobachtungen des Forschers sind undifferenzierbar von seinen Einstellungen und dem theoretischen Rahmen geprägt, innerhalb dessen er Beobachtungen artikuliert. Beobachtungen sind daher als "Interpretationen im Lichte von Theorien" (10) zu werten. Damit hängt auch der zweite Grund zusammen, der ihn das Programm des Wiener Kreises ablehnen läßt. Wegen der Problematik der Basissätze ist ein induktives Schließen von Einzelbeobachtungen auf allgemeine Gesetzmäßigkeiten nicht möglich. Popper ersetzt die Induktionslogik daher durch eine "Lehre von der deduktiven Methodik der Nachprüfung" (11). Statt eine Erkenntnis induktiv zu verallgemeinern, sollen hypothetisch angenommene Gesetzmäßigkeiten, die als Theorien formuliert werden, durch Konfrontation mit Hypothesen über Einzelfälle widerlegt werden. Das Interesse des Forschers soll sich darauf richten, die hypothetisch geltenden Theorien scheitern zu lassen, sie zu falsifizieren. Dieses Kriterium der Falsifizierbarkeit ist nicht als Bedeutungskriterium aufzufassen. Es will vielmehr zwischen wissenschaftlichen und nichtwissenschaftlichen Sätzen unterscheiden. Die falsifizierbaren Sätze können zu Theorien ausgebaut und durch Beobachtung möglicherweise widerlegt werden. Eine Theorie ist um so besser, je leichter die Erfahrung ihr widersprechen kann. Theorien bewähren sich also in dem Maß, wie sie durch Beobachtungen nicht als falsch erwiesen werden können. Sie beanspruchen nicht verbindliches Wissen, sondern nur vorläufige Verbindlichkeit.

Dieser Ansatz Poppers einer Theorie der wissenschaftlichen Erkenntnis wird von Albert weitgehend übernommen. Die wichtigsten Fragestellungen, die mit dieser Auflösung des Begründungsproblems in Zusammenhang stehen, sollen im folgenden kurz angesprochen werden. Wir gehen dabei nicht näher auf die verschiedenen Aspekte wissenschaftsphilosophischer und erkenntnistheoretischer Probleme ein, was von einer systematischen Auseinandersetzung mit dem kritischen Rationalismus gefordert wäre. Diese werden von der philosophischen Diskussion um diese Position in aller Ausführlichkeit behandelt (12). Wir beschränken uns darauf, auf einige Probleme aufmerksam zu machen, die die innere Stimmigkeit des von Albert vorgeschlagenen Programms betreffen. Dem folgen einige Bemerkungen zum Stellenwert der Begründung von Geltungsansprüchen, die die Unverzichtbarkeit dieser Argumentationsform darlegen wollen.

2. Zur Unverzichtbarkeit der Begründung von Geltungsansprüchen

Albert nimmt die These der Theoriebestimmtheit von Beobachtungen auf und kritisiert von diesem Standpunkt aus die traditionellen Erkenntnistheorien. Er sieht sie von einer "Vakuum-Fiktion" beherrscht, der "Annahme der Existenz kontextunabhängiger Beobachtungen und vorurteilsfreier Intuitionen" (13). Wahrnehmungen werden im Horizont vorgängig akzeptierter Theorien und Interpretationen gemacht; diese Beeinflussung verursacht eine entsprechende Selektion im Wahrnehmungsvorgang. Albert stützt diese Ausführungen auf psychologische und soziologische Erkenntnisse über gruppen- und schichtenspezifische Aspekte der Wahrnehmung. Weiterhin erklärt er das Beharren des Menschen auf eingeübten Denk-und Verhaltensmustern durch Bedürfnisorientierung und Furcht vor Unsicherheit. "Denk- und Wahrnehmungsgewohnheiten" folgten einem "psychologischen und sozialen Trägheitsprinzip" (14). Die Bindung des Denkens an die gesellschaftlichen und kulturellen Gegebenheiten verhindert, die Wirklichkeit vorurteilsfrei erkennen zu können.

Wird die Kontextabhängigkeit des Denkens und Erkennens so nachdrücklich herausgestellt, ergibt sich für die Bestimmung der Basissätze im Verhältnis zu den Theorien, welche sie falsifizieren wollen, dieses Problem: Basissätze können bei ihrer Formulierung vom Einfluß theoretischer Elemente nicht freigehalten werden. Ihre Geltung, Beobachtung verläßlich zu beschreiben, ist nicht evident, sondern muß durch einen Beschluß zustande kommen. Diese Entscheidung ist nun ebenso theoriegeleitet, so daß immer die Gefahr besteht, in einen Zirkel von Theorie und Basissatz zu verfallen. Popper fordert daher, methodologische Regeln zu formulieren, die die Wirkung dieses Zusammenhangs mildern sollen - beseitigen können sie ihn nicht (15). Bei Albert findet sich das Postulat, stets Widersprüche und neue Erklärungsmöglichkeiten zu formulieren. Dieser Ansatz gewinnt Plausibilität nur unter der Voraussetzung, daß der Anspruch wahrer Erkenntnis nicht zum Ausgangspunkt des Erkenntnisprozesses gemacht werden darf. Wird diese Annahme des kritischen Rationalismus nicht geteilt, muß dieser als im Ansatz deutlich dezisionistisch erscheinen. J. Mittelstraß behauptet z. B. die Möglichkeit einer methodischen Rekonstruktion vortheoretischer Ebenen zu einer verläßlichen "Basis". Unter dieser Rücksicht erhält der Begründungsverzicht dogmatische Züge; Mittelstraß stellt den kritischen Rationalismus als eine Version des von ihm selbst kritisierten Abbruchs des Begründungsverfahrens dar (16).

Wissenschaftliche Erkenntnisprozesse beginnen dagegen für den kritischen Rationalismus bewußt mit Entscheidungen und Festsetzungen, deren Richtigkeit sich in der Bewährung der Theorien erst zeigen muß. Diese Position muß darum alles Wissen als bewährte Meinung auffassen, da gesicherte Voraussetzungen der Erkenntnis nicht gegeben sind. Der Verbindlichkeitsstatus der bislang nicht verwerfbaren Theorien ist nicht der der Wahrheit; ihre vorläufige Bewährung nimmt ihnen nicht den hypothetischen Charakter. Sie unterscheiden sich von den ungeprüften oder nicht kritisierbaren Konstruktionen durch den Nachweis des empirischen Erkenntnisgehalts. Sie gelten vorläufig wegen ihrer Widerständigkeit gegenüber Falsifikationsversuchen. Geltungsansprüche müssen daher immer den Vorbehalt implizieren, sie bei einer gelingenden Falsifikation sogleich zu revidieren.

Das in den Basisaussagen enthaltene Element der Konvention, die These von der Ungewißheit allen Erkennens und die Revidierbarkeit aller Überzeugungen könnten eine strikte Ablehnung aller realistischen Denkweisen in der Erkenntnistheorie erwarten lassen. Albert erläutert seine Konzeption jedoch als einen "kritischen Realismus" und beschwört die traditionelle Wahrheitsvorstellung als "regulative Idee" des Erkenntnisfortschritts (17). Von seinen Voraussetzungen her muß Albert darauf verzichten, ein Wahrheitskriterium zu formulieren, da es eine die Wahrheit verbürgende Instanz nicht gibt. Zugleich will er aber an dem korrespondenztheoretischen Wahrheitsbegriff festhalten und behauptet, durch die beständige Falsifikation hypothetischer Aussagen gelinge es, "ihren Wahrheitsgehalt zu prüfen und durch Korrektur unserer Irrtümer der Wahrheit näher zu kommen" (18). Faktisch kann aber eine in einem mißglückten Falsifikationsversuch erreichte Bewährung sich inhaltlich nur durch Übereinstimmung mit den bislang nicht falsifizierten Theorien auszeichnen. Damit erhält diese Position einen weiteren konventionalistischen Akzent. Denn als Ausgangspunkt von Erkenntnisprozessen werden von Konventionen und Beschlüssen abhängige Annahmen benannt. Soll nun Erkenntnis ausschließlich durch Falsifikation des bislang nicht Verwerfbaren zustande kommen, kann solche Geltung inhaltlich nur durch Übereinstimmung mit der Masse der bisher nicht falsifizierbaren Annahmen ausgemacht werden, die ihrerseits wiederum konventionalistische Elemente enthalten. Es erstaunt darum, daß Albert an der korrespondenztheoretischen Wahrheitsbestimmung festhält. Die Erwartung einer Annäherung an die Wahrheit ist eine Vermutung, die in den Begriffen der Theorie und Erfahrung, wie sie vom kritischen Rationalismus expliziert werden, keinen Rückhalt hat (19).

Diese Ungereimtheiten lassen bezweifeln, daß es sich beim kritischen Rationalismus um die angemessene Konzeption handelt, dem Begründungstrilemma auszuweichen. Was das Thema der Begründung betrifft, so wird von Albert behauptet, daß jede Form des Begründens unausweichlich in diesem Trilemma enden müsse. Die Idee der Begründung wird von ihm so dargestellt, als führe der Begründungsgang notwendig zum Regreß, dem nur durch eine willkürliche Entscheidung ein Ende gesetzt werden könne.

Albert sucht jedes Begründungsdenken auf diese Position zu zwingen; zweifelhafte Erkenntnisse würden zur unbezweifelbaren Gewißheit deklariert. Indem er den Begriff der zureichenden Begründung dahin auslegt, er fordere - wie in dieser Strenge wohl nur bei Descartes - eine absolut gewisse, prinzipiell nicht bezweifelbare Grundlegung allen Wissens, scheint der Fallibilismus mit der Ablehnung der Position Descartes' schon ins Recht gesetzt zu sein.

Die Überzeugung, die Begründungsidee pauschal widerlegt zu haben, läßt Albert auch Versuche einer Reformulierung des Begründungskonzepts als Übernahme der eigenen Position werten. Die Zustimmung, in der von ihm dargelegten Weise sei die Begründungsidee nicht haltbar, wird als Einverständnis oder als uneingestandene Bejahung des kritischen Rationalismus behandelt. R. Haller unterscheidet zwischen der Gewißheit der Erkenntnis und der Gewißheit ihrer Wahrheit (20); er hat sich damit nach Albert schon "von vornherein auf den Standpunkt des konsequenten Fallibilismus gestellt" (21). Die darin bemerkbare pauschale Ablehnung jeder Reformulierung der Begründungsidee hat bei Kritikern den Eindruck hervorgerufen, Albert müsse schon jede Einlösung von Geltungsansprüchen ablehnen. Es impliziere einen Selbstwiderspruch, wenn er sich auf Geltungsinstanzen berufe; die geforderte Bereitschaft zur Kritik werde von ihm selbst verleugnet, wenn er seine Konzeption verteidige (22).

Von solchen Einwänden, Albert begründe seine Position und beanspruche selbst Evidenz, wird die Intention des kritischen Rationalismus jedoch mißverstanden. Albert will nicht nur vermuten, sondern behaupten; er verteidigt seine Konzeption, und ein 'Plädoyer' ist um nichts besser als seine Argumente. Solche "Begründungen" bedeuten nicht schon einen Selbstwiderspruch, denn der kritische Rationalismus nimmt sich vom Kritikprinzip selbst nicht aus. Er behauptet auch für dieses Prinzip nicht eine unantastbare Gewißheit. "Dieses Prinzip sagt nämlich nur aus, daß keine Überzeugung prinzipiell unanzweifelbar ist; und dies kann man ohne Schwierigkeit auf das Prinzip selbst anwenden" (23). Der Vorwurf eines fundamentalen Selbstwiderspruchs ist also nicht gerechtfertigt, aber dennoch thematisiert sich in diesem Mißverständnis ein echtes Problem, das sich dem kritischen Rationalismus stellt.

Wenn alle Erkenntnis immer als nur vorläufig richtig eingestuft werden muß, dann kann diese Hypothetisierung auch für den kritischen Rationalismus nicht bedeuten, daß sich die Frage nach der Geltung dieses Wissens ohne Wahrheitsgewißheit nicht mehr stellt. Würde mit einer Behauptung kein Geltungsanspruch verbunden, so wäre es sinnlos, sie zu äußern. Jede Behauptung erhebt implizit diesen Anspruch; wenn sie sich überhaupt von einer beliebigen Äußerung unterscheidet, dann in diesem Anspruch der Geltung. Albert hat m.E. nicht überzeugend darstellen können, wie die divergierende Gewichtung des Behauptungsaktes als Affirmation von Geltung einerseits und der Forderung zur kritischen Prüfung als Versuch der Auflösung dieses Anspruches andererseits zueinander in Beziehung stehen.

"Begründen" meint ganz allgemein, die Berechtigung von Geltungsansprüchen darzulegen. Eine solche Argumentation braucht Albert nicht auszuschließen; er bestreitet jedoch, ein Geltungsanspruch könne sich auf Gewißheiten berufen. Da sich für ihn hinter Gewißheiten immer willkürliche Entscheidungen verbergen, ist jede Behauptung der Falsifikation auszusetzen und nur so lange aufrecht zu erhalten, wie sie sich nicht widerlegen läßt. Das Erkenntnisinteresse soll sich nicht auf die Bestätigung der Behauptung richten, nicht auf einer möglichen Einsicht beharren, sondern um Versuche der Falsifikation bemüht sein.

Dieser Konflikt zwischen Behauptung und möglichen falsifizierenden Gegeninstanzen scheint ohne nähere Bestimmungen als Erkenntnismethode nicht handhabbar zu sein, denn man kann, wie Albert sagt, "eigentlich alles ... grundsätzlich bezweifeln" (24). Muß darum jeder mögliche Einwand berücksichtigt werden, auch ein solcher, der offenkundig den alltäglichen Gewißheiten widerspricht? Albert schränkt hier ein, es seien lediglich "prüfungsrelevante Situationen" (25) heranzuziehen. Hier deutet sich die Schwäche der Falsifikationsformel als einem exklusiven Prinzip der Erkenntnisfindung an. Ihre konsequente Anwendung erforderte, bei der Erkenntnisfindung selbst schon jeden Schritt zu problematisieren, was zur Folge hätte, daß es zur Falsifikation einer ausgebildeten Theorie niemals käme. Vernünftige Kommunikation setzt Gewißheiten voraus und nimmt Geltungen in Anspruch, die zur Zeit der Rede nicht angezweifelt werden können, wenn die Kommunikation nicht abbrechen soll. Hinweise auf dieses skeptische Gefälle seiner Position hat Albert dahingehend beantwortet, er habe niemals gefordert, alles zur gleichen Zeit einer Prüfung zu unterziehen. Es gehe vielmehr um das Postulat, daß der Kritik prinzipiell nichts entzogen werden dürfe. Diese Umformulierung stellt jedoch eine Ausflucht dar: Die Forderung, "stets nach relevanten Widersprüchen" (26) zu suchen, wird eingeschränkt; ihre Bedingungslosigkeit wird aufgehoben, ohne daß Albert dies zugestehen möchte. Wenn aber die kritische Prüfung nur unter bestimmten Bedingungen sinnvoll, wenn Falsifikationsversuche damit nicht unter jedweden Umständen angebracht sind und nicht alle potentiellen Prüfsituationen Prüfungsrelevanz beanspruchen können, dann sind auch Prüfbarkeit und Kritikfähigkeit nicht als einzige Kennzeichen der kritischen Vernunft zu behaupten. Vielmehr zeigt sich, daß auch Kritik Bedingungen unterliegt, und diese sind als Maßstab ihrer Vernünftigkeit zu akzeptieren. Diese Problematik, gewisse Behauptungen von der Kritik ausnehmen zu müssen, die über den Sinn von Kritik entscheiden, eröffnet sich für den kritischen Rationalismus auf verschiedenen Ebenen. Zunächst sei auf die Thesen Kuhns über die Eigenart von wissenschaftsgeschichtlichen Entwicklungen aufmerksam gemacht.

Wie Popper verbindet auch Albert mit dem Modell des Erkenntnisgewinns durch beständige Falsifikation die Erwartung einer kontinuierlichen Vermehrung des Wissens. Die fortwährende kritische Prüfung von hypothetischen Annahmen berechtigt für ihn die Behauptung, sich der Wahrheit anzunähern. Wandlungen in den wissenschaftlichen Auffassungen sind somit als Ergebnis rationaler Entscheidung zu begreifen: haben sich Theorien bei Falsifikationsversuchen als falsch herausgestellt, sind aus dieser Erkenntnis heraus neue zu konstruieren. Diese Vorstellung von der Falsifikation einer Theorie und einer umgehenden Neuorientierung der Forschung ist vor allem seit der Diskussion um die Auffassung Kuhns, wissenschaftliche Entwicklungen vollzögen sich nicht kontinuierlich, sondern in revolutionären Sprüngen, sehr umstritten (27). Lakatos hat daraufhin zwischen einem naiven und einem "methodologischen Falsifikationismus" unterschieden und die Auffassungen Poppers zu methodischen Regeln des Annehmens und Verwerfens von Theorien zu rekonstruieren versucht (28). Ob dies nun noch als eine authentisch kritisch-rationalistische Position gewertet werden kann, ist nicht entscheidend. In jedem Fall wird bei dieser Diskussion deutlich, daß die einfache Devise von "Konstruktion und Kritik" dem komplexen Vorgang der Forschung nicht gerecht wird. Auch im Fortgang der Wissenschaft ist beständige Kritik allein kein Garant des Erkenntnisfortschritts. Wenn also Theorien trotz widersprechender Instanzen nicht sogleich verworfen werden müssen und faktisch auch nicht verworfen werden, kann dies nicht als Dogmatismus erklärt werden, der in der irrationalen Suche nach Gewißheit seine Ursache habe. Stegmüller hat in diesem Zusammenhang über den kritischen Rationalismus geäußert, "daß eine Theorie tatsächlich in hohem Grade unempfindlich ist und daß es somit einen Irrtum darstellt, zu glauben, diese Eigenschaft sei das Produkt einer verwerflichen Immunisierungsstrategie, die das rationale wissenschaftliche Denken korrumpiert" (29). Kritik hat also auch in der Wissenschaft Voraussetzungen, die darüber entscheiden, ob sie angemessen oder sinnlos ist. Wenn dies zutrifft, kann auch Albert nicht von einem undifferenzierten Begriff der Kritik und des kritischen Prüfens ausgehen und ihn zum einzigen Mittel der wahren Erkenntnis erklären (30).

Das gleiche Problem ergibt sich bei der Anwendung des Kritikprinzips auf die lebenspraktischen Bereiche. Wie verschiedentlich angedeutet, versteht sich der kritische Rationalismus nicht als wissenschaftsimmanente Methodologie. Der Verdacht des Dogmatismus wird universalisiert; alle nichthypothetischen Überzeugungen, Bindungen und Geltungsansprüche sind der Kritik auszusetzen. Das Prinzip der Kritik ist auf "Überzeugungen aller Art, also auch auf normative Konzeptionen und Wertmaßstäbe"(31) anzuwenden. Das Kritikpostulat wird zum letzten Organisationsprinzip aller Lebensverhältnisse bestimmt; entsprechend gibt sich der Kritizismus als "Entwurf einer Lebensweise, einer sozialen Praxis" (32). Das Ziel dieser Kritik der Lebensverhältnisse ist Aufklärung. Ethische und religiöse Überzeugungen sowie politische Bindungen sollen aus ihren Immunisierungen gelöst, der Kritik zugänglich gemacht werden und sich in der Erprobung an Alternativen bewähren. Die "Irrationalität des sozialen Lebens" soll gesprengt, der Mensch "zu rationalem Problemlösungsverhalten" (33) erzogen werden.

Die hier vorgeschlagene Methode, Probleme der Lebensgestaltung vernünftig zu lösen, ist von jener der wissenschaftlichen Praxis im Prinzip nicht unterschieden. Das den eingeübten und gewohnten Verhaltensweisen nicht Entsprechende, das mit ihnen Unvereinbare ist zu suchen, um in der Auseinandersetzung mit ihm gelebte Überzeugungen dem Bewährungstest auszusetzen und gegebenenfalls zu revidieren. Die "Suche nach Alternativen und nach relevanten, aber mit dem eigenen System unvereinbaren Informationen" (34) wird zur Maxime erhoben. Nur auf diese Weise kann angeblich das bloß Erworbene, unproblematisch Praktizierte einer kritischen, rationalen Einstellung Platz machen.

Diese methodische Rationalität des Problemlösungsverhaltens ignoriert jedoch fundamentale Eigenarten menschlichen Handelns und ist darum ein problematischer Transfer von Methoden der wissenschaftlichen Erkenntnisfindung auf die Gestaltungsfragen des menschlichen Lebens. Das menschliche Handeln ist auf Voraussetzungen angewiesen, deren Hypothetisierung die intersubjektiven Handlungsvollzüge notwendig scheitern ließe. Zwischenmenschliches Handeln orientiert sich in einer gemeinsamen Welt, deren Beständigkeit sichert, daß Erwartungen zu hegen nicht absurd ist, daß Handlungsprojekte die Möglichkeit ihrer Realisierung voraussetzen können, daß ein gemeinsamer Kanon von Überzeugungen befolgt wird, der das Erwarten, Planen und Handeln erst sinnvoll macht. Das menschliche Handeln lebt in einem weiteren Bereich von der Überzeugung, daß solche Voraussetzungen verläßlich gegeben sind. Hätte es diese lebenspraktische Gewißheit nicht, müßte es der Möglichkeit entraten, ein Handlungsziel überhaupt als ein bestimmtes formulieren zu können. Albert nun würde solche Voraussetzungen als bewährte Hypothesen bezeichnen. Die Forderung der Erprobung ist hier aber kein vernünftiges Anliegen mehr; die Voraussetzungen sinnhaften Handelns müssen ein höheres Maß an Gewißheit in Anspruch nehmen als die fragile Sicherheit von vorläufigen Annahmen, die bislang nicht widerlegt wurden.

Albert weist z.B. selbst darauf hin, daß eine "Konvergenz von Erwartungen ... für die Koordination menschlicher Handlungen notwendig ist" (35). Stimmt jemand das eigene Verhalten nach dem eines anderen Menschen ab, um ein gemeinsames Handlungsziel auszuführen, hegt er die Gewißheit, daß er andere das von diesem Handlungsziel Geforderte auch ausführt. Die Vernünftigkeit dieser Handlung zeichnet sich dadurch aus, daß die geeigneten Mittel und Wege ergriffen werden, die die Realisierung des Handlungszieles möglich machen. Die einzelnen Schritte dieses Handlungsprozesses haben z.B. die Gewißheit zur Voraussetzung, daß das eigene Handeln nicht wegen widriger Umstände scheitert und der andere die Absprache nicht sabotiert. Von Albert wird gefordert, diese Gewißheit zu hypothetisieren. Rational in seinem Sinne wäre die Problemlösung dann, wenn sie diese vermeintliche Gewißheit erprobt. Eine solche Suspension der Geltung hätte jedoch das Scheitern der Handlung zur Folge. Würde überdies jede mögliche Gewißheit, die das Handeln voraussetzen muß, problematisiert, würde sich nicht einmal die Bestimmtheit der Handlung vorstellen lassen. Dann aber wäre auch rationales Handeln nicht möglich.

Diese Hinweise auf die eingeschränkte Funktion der Kritik im wissenschaftlichen Erkenntnisprozeß und auf die Inanspruchnahme von Gewißheiten durch das Handeln lassen die undifferenzierte Handhabung des Begriffs der Kritik bei Albert deutlich werden. Wenn jemand eine Behauptung nicht umstandslos der Kritik preisgibt, ist das nicht schon ein Indiz für eine dogmatistische oder autoritäre Haltung. Er kann Gründe haben, die ihn auf seiner Auffassung bestehen lassen, weil vorgebrachte Kritik nicht überzeugt. Solche Berufung auf Gründe kann nicht von vornherein als irrational abgetan werden.

Diese Hinweise auf Spannungen und Inkonsistenzen im Ansatz der Version des kritischen Rationalismus bei H. Albert wollten darlegen, daß die Begründungsforderung durch das Postulat permanenter Kritik nicht einfachhin ersetzt werden kann. Die von Albert aufgezeigte Problematik des Begründungsregresses und die Gefährdung dieses Denkens, unausgewiesene Gewißheiten zu beschwören, sind nicht zu überspielen; die Alternative der Kritik ist in der von Albert vorgetragenen Form jedoch nicht geeignet, die Vernünftigkeit der Verständigung zu sichern.

Im zweiten Teil dieses Kapitels soll in Auseinandersetzung mit den Aussagen Polanyis geprüft werden, welche Möglichkeiten einer Reformulierung des Begründungsbegriffs sie enthalten.

B Die konstitutive Bedeutung der Subjektivität für Erkenntnis und Begründung nach M. Polanyi

Vorbemerkung: Die Auflösung des Szientismus in der zeitgenössischen Wissenschaftsphilosophie

Die Erkenntnistheorie Polanyis, die im folgenden vorgestellt und diskutiert werden soll, läßt sich als Vorwegnahme und Variante jener philosophischen Strömung charakterisieren, die in der Gegenwart die Auflösung des Szientismus betreibt. Durch den um die Jahrhundertwende wirksam werdenden Positivismus hatte sich unter der Aufnahme empiristischer Traditionen eine Auffassung von Philosophie durchgesetzt, die in den verschiedenen Entfaltungen dieses Ansatzes die herkömmlichen Fragestellungen der philosophischen Erkenntnistheorie und damit die Geltungs- und Begründungsproblematik aufgibt. Als normatives Erkenntnismuster gilt die naturwissenschaftliche Methodologie; diese wird universalisiert und verdrängt die Fragen, die sich die Erkenntnistheorie ehemals stellte.

Man kann die szientistische Auffassung dahingehend charakterisieren, daß sie den Prozeß des Erkenntnisvorgangs, den Erkenntnisakt in allen Aspekten aus der Beurteilung von Erkenntnissen ausschaltet. Die Trennung von Subjekt und Objekt wird radikalisiert; alle subjektgebundenen Elemente des Erkennens sollen im Interesse der Objektivität wissenschaftlicher Aussagen eliminiert werden. Wissenschaft ist so zu konzipieren, daß für sie dieses philosophische Problem nicht mehr auftaucht. Fragen nach der Entstehung der Erkenntnis und nach den Möglichkeitsbedingungen ihrer Geltung werden allenfalls im Bestreben ihrer Ausscheidung thematisch.

Im kritischen Rationalismus ist ein szientistischer Nachhall noch erkennbar: Wahrheit und Geltung werden nicht im Rahmen der Genese der Erkenntnis, nicht an der Gegenstandskonstitution expliziert, sondern nach dem Modell von Versuch und Irrtum auf die hypothetische Geltung von bewährten Theorien transponiert. Diese Methode wird ebenfalls für die Fragen der praktischen Vernunft angewendet; diese sollen nach im Prinzip gleichen Verfahren gelöst werden (1).

Für den strengen Szientismus ergibt sich mit dem Erfolg der naturwissenschaftlichen Erkenntnismethoden die Forderung nach einer strikt einheitlichen Methodologie, die ungeachtet der inhaltlichen Differenzen der Erkenntnisgegenstände in allen Bereichen Anwendung finden soll: "... alle Wissenschaften (sollen) als selbst interessefreie, rein theoretische Thematisierungen von Tatsachen ausgewiesen werden, als Erkenntnis-Operationen, die grundsätzlich derselben Methodologie, der einheitlichen "Logic of Science", gehorchen" (2).

Als Konsequenz des Programms einer solchen Einheitswissenschaft wird mit der Identifikation von Erkenntnis und wissenschaftlicher Methodologie die Erkenntnistheorie im herkömmlichen Sinn überflüssig. Mit diesem Verzicht erübrigen sich auch Erkenntnis- und Geltungsreflexion.

Werden in dieser Manier die wissenschaftlichen Methodologien zum Paradigma der Weltorientierung erhoben, gerät der Mensch als handelndes, engagiertes und urteilendes Subjekt dieses Prozesses aus dem Blick. Apel formuliert diesen Sachverhalt bezüglich des Begründungsproblems so: Für die einheitswissenschaftliche Methode gibt es "kein menschliches Subjekt der Argumentation und daher auch nicht die Möglichkeit einer Reflexion auf die für uns immer schon vorausgesetzten Bedingungen der Möglichkeit von Argumentation" (3).

In den philosophischen Diskussionen der letzten Jahrzehnte sind die Grenzen des Szientismus deutlich geworden (4). In Deutschland wurde dies vor allem durch die Schriften von Apel, Habermas und Gadamer bewirkt. Habermas, dessen Programm der Szientismuskritik als einflußreichste gelten kann, fordert dazu auf, die vom Szientismus unterschlagene Problematik der Reflexion als eine "unkenntlich gewordene Dimension des Erkenntnisproblems zu Bewußtsein zu bringen" (5). Die zentralen Aussagen der Erkenntnistheorie von Habermas, die er kritisch gegenüber positivistischen Auffassungen entwickelt, weisen Berührungspunkte zur Erkenntnistheorie Polanyis auf. Um die Richtung und den wissenschaftsphilosophischen Ort zu verdeutlichen, an dem die philosophische Position Polanyis zu lokalisieren ist, sei zunächst in groben Zügen auf den argumentativen Ansatz der Erkenntnistheorie von Habermas aufmerksam gemacht.

Habermas entfaltet in "Erkenntnis und Interesse", was ein positivistischer Zugang zur Wirklichkeit wegen der Ausschaltung der Reflexion nicht wahrzunehmen vermag: daß der Gegenstand wissenschaftlicher Erkenntnis nicht in einem naiven Sinn einfachhin "gegeben" ist. Der Reflexion auf den Erkenntnisvorgang eröffnet sich vielmehr die Einsicht, daß erfahrungswissenschaftliche Sachverhalte, die der Positivismus als Daten in Theorien einbringt, ihren Tatsachencharakter nicht aus sich schon besitzen, sondern diesen erst mit dem Erkenntnisvorgang selbst erhalten. Die Bedingungen, die die Erfahrung erst zur wissenschaftlichen Erfahrung einer Tatsache werden lassen, nimmt der Positivismus nicht wahr; er faßt wissenschaftliche Aussagen als Deskriptionen unbeeinflußter Sachverhalte und diese als objektive Tatsachen auf. Nach Habermas konstituieren sich aber die Daten des Erkennens erst unter der Anleitung durch Erkenntnisinteressen, die bestimmte Erkenntnis erst zustande kommen lassen.

Diese Interessenbedingtheit von Erkenntnis erläutert Habermas dadurch, daß Erkenntnis in all ihren Verfächerungen und auf ihren verschiedenen Ebenen einem Lebenszusammenhang entwächst, in dem Menschen handeln und sich verständigen. Indem sie handeln und sich verständigen, bringen sie Interessen zur Geltung, die ihrerseits für Erkenntnis konstitutiv sind. Als die Wurzel dieser Interessen bestimmt Habermas näherhin ein fundamentales Streben nach Freiheit und Mündigkeit; er nennt es das Interesse an Emanzipation, das als fundamentales Verlangen darauf aus ist, die menschliche Gattung zu erhalten. Ohne Arbeit und intersubjektive Verständigung könnte sich die Menschengattung nicht weiterentwickeln, noch vermöchte sie den entwicklungsgeschichtlich erreichten Stand zu wahren. "Interessen nenne ich die Grundorientierungen, die an bestimmten fundamentalen Bedingungen der möglichen Reproduktion und Selbstkonstituierung der Menschengattung, nämlich an Arbeit und Interaktion, haften" (6).

Arbeit und soziales Handeln werden durch verschiedene Interessen präformiert; in der Arbeit bringt sich ein Interesse "an der möglichen informativen Sicherung und Erweiterung erfolgskontrollierten Handelns" (7) zur Geltung. Zwischenmenschliches Handeln ist von Interesse an Verständigung getragen. Der Sprachverwendung und sozialem Handeln liegt ein Streben nach gemeinsamer Orientierung, ein Interesse "an der Erhaltung und der Erweiterung der Intersubjektivität möglicher handlungsorientierender Verständigung" zugrunde (8).

Die verschiedenen Wissenschaftsbereiche korrespondieren nun nach Habermas genau den beiden von ihm thematisierten Interessen. Die empirischen Wissenschaften fügen sich dem technischen Verfügungsinteresse; "sie erfassen Wirklichkeit im Hinblick auf eine unter spezifizierten Bedingungen immer und überall mögliche technische Verfügung" (9). Demgegenüber folgen die Geisteswissenschaften dem lebenspraktischen Interesse; "sie erfassen Interpretationen der Wirklichkeit im Hinblick auf eine für eine gegebene hermeneutische Ausgangslage mögliche Intersubjektivität handlungsorientierender Verständigung" (10).

Die Zielrichtung der Szientismuskritik wird in dieser Zuordnung der Erkenntnisdisziplinen zu verschiedenen Interessen schon deutlich. Der Szientismus geht vom faktisch erreichten Forschungsstand aus, ohne auf dessen Voraussetzungen zu reflektieren. Ihm entgeht darum die Einsicht, daß bestimmte Erkenntnisbedingungen die von ihm behauptete Objektivität vorgängig erst ermöglichen, die er objektivistisch mißversteht. Eine Reflexion auf den Kranz der Bedingungen, von denen Erkenntnis abhängig ist, läßt dagegen den Sinn von Erkenntnis, den der Erkennende in konkreten Zusammenhängen supponiert, transparent werden. "Die Bedingungen der Objektivität möglicher Erfahrung... präformieren ... nach Maßgabe des objektiven Lebenszusammenhangs ... einen jeweils bestimmten Sinn der methodischen Erkenntnisweisen selber" (11). Darum folgt: "Am Interessenzusammenhang dieser zugrundeliegenden Lebensverhältnisse bemißt sich daher der Sinn der Geltung von Aussagen" (12). Die dem Szientismus verborgene Bedingtheit und Dependenz der Gegenstände des Erkennens von erkenntnisleitenden Interessen bedeutet also, daß selbst wissenschaftliche Aussagen in einem bestimmten Funktionszusammenhang auftreten, insofern sie Verständigung oder technische Verfügung intendieren. Durch diese Rückbindung von Erkenntnis an die im Lebenszusammenhang von Arbeit und Interaktion sich auswirkenden Interessen fängt Habermas die im Szientismus vorgenommene Ausschaltung der Geisteswissenschaften als eigenständiger Disziplinen wieder auf: beide Erkenntnisweisen haben ihren Ort im Kontext praktischer Interessenlagen, was den Blick für die verschiedenen Beziehungen zwischen Sprache, Handeln und Erfahrung in den hermeneutischen Wissenschaften einerseits und in den technischen Wissenschaften andererseits wieder öffnet.

Aus dieser erkenntnistheoretischen Verschränkung von Erkenntnis und Interesse folgt für Habermas nun nicht, daß die Wahrheit und Geltung der wissenschaftlichen Aussagen von den ihre Gegenstände mitkonstituierenden Interessen selber abhängig würde. Seine Kritik am Positivismus impliziert nicht eine Relativierung des Wahrheitsbegriffs auf die Interessenlagen derart, daß der Nachweis der Wahrheit von wissenschaftlichen Aussagen auf die Interessen Bezug nehmen und sie durch diese bestätigen könnte (13). Die inhaltliche Vermittlung von Erkenntnis und Interesse tangiert nicht den Nachweis der Geltung von Aussagen im wissenschaftlichen Bestätigungsprozeß. Die angedeutete Differenzierung zwischen der Geltung von Aussagen und dem Sinn der Geltung von Aussagen grenzt die Interessenthematik von Wahrheit und Geltung ab: das Interesse an Verfügung und Verständigung ist gleichsam als Klammer des Erkenntnisvorgangs zu betrachten. Das Interesse greift in die Gegenstandskonstitution in der Art einer Finalitätsbestimmung ein. Es ist damit in die "Objektivität" von Gegenständen bereits eingegangen, weil "Objektivität" nach den Mustern des lebenspraktischen Zusammenhangs gedacht und Vergegenständlichung immer im Interesse an Verfügung vorgenommen wird. Der "Sinn der Geltung von Aussagen" thematisiert diesen Zusammenhang von Interesse und Gegenstandskonstitution, während die Geltung von Aussagen den Themenkreis der Anerkennung ihrer Wahrheit oder die Bestätigung ihrer Berechtigung meint. Die Frage der Geltung betrifft die argumentative Einlösung des Anspruchs auf Geltung; "Die Wahrheit einer Proposition kann sich nicht an der Erfüllung von Interessen bemessen" (14).

Wir haben diese Hinweise zum Ansatz von Habermas auf diese Unterscheidung konzentriert, weil er dem Positivismus die Problematik der interessenbedingten Gegenstandskonstitution wieder aufdrängt, aber die Problematik der Einlösung von Geltungsansprüchen, die Wahrheitsproblematik also, davon freihält. Eben diese Unterscheidung wird von Polanyi nicht mehr vorgenommen. Polanyi verankert Erkenntnis in unausdrücklichen Akten des Subjekts und bindet Geltung und Wahrheit an ästhetisches Empfinden, Selbstverpflichtung und Engagement; er vertritt damit eine über die Aussagen von Habermas noch hinausgehende, dem Szientismus strikt entgegengesetzte Position. Der Begriff objektiver Erkenntnis wird gegenüber der positivistischen Vorstellung auf unthematische, aber konstitutive Komponenten des Wissens, auf Sprache, Kultur und vorgängige Begriffsrahmen so bezogen, daß diese in die Struktur von Erkenntnis und Wahrheit eingehen. Während Habermas Erkenntnis und Interesse genetisch und bezüglich ihrer Objektivität verschränkt, die Wahrheits- und Begründungsthematik aber in anderen Kategorien expliziert wissen will, begreift Polanyi beides, Genese und Geltung, als fundamental durch personal-engagierte Akte des Subjekts bestimmt und strukturiert.

Dieses anspruchsvolle Programm soll im folgenden ausführlich vorgestellt und diskutiert werden. Wir nehmen es aus mehreren Gründen in unsere Überlegungen zur Begründungsproblematik auf. Im Rahmen der Positivismus- und Szientismuskritik blieben die Auffassungen Polanyis lange ignoriert; heute dagegen wird er zu den dominierenden Gestalten der "New Philosophy of Science" gezählt (15). Weil seine Konzeption im deutschen Sprachraum kaum bekannt ist, kann ihre Erörterung auch dazu beitragen, eine Informationslücke zu schließen. Inhaltlich legt es sich nahe, eine Auseinandersetzung mit Polanyi in die Diskussion der Begründungsthematik aufzunehmen, weil dieses Thema einen breiten Raum in seinem Denken einnimmt. Schließlich werden im Verlauf der Diskussion Parallelen zu einigen zuvor besprochenen Thesen von Phillips, Hick und anderen sichtbar werden, die später bei der Reformulierung des Begründungsthemas wieder aufgenommen werden sollen.

Entsprechend des Ansatzes von Polanyi suchen wir zunächst anhand der Aussagen zur Wahrnehmungstheorie und zum Handlungsbewußtsein die Struktur dessen zu eruieren, was Polanyi "unausdrückliches Erkennen" nennt. Diese Fragestellung wird dann inhaltlich auf die Themen von Sprache, Kultur und Begriffsrahmen ausgeweitet. Schließlich werden die spezifisch personalen Aspekte dieser Konzeption behandelt und in thematischer Ausrichtung auf die Wahrheits- und Begründungsproblematik kritisch diskutiert.

1. Die unausdrückliche Dimension allen Wissens und Erkennens

Die polemische Entgegensetzung von "subjektiv" und "objektiv" zielt auf die Reinigung objektiven Wissens von jenen Elementen, die das Subjekt in es hineinträgt. Wahrheit und Geltung sollen unabhängig davon bestimmt werden können, wie das Subjekt zu seiner Erkenntnis gelangt ist und was es bewegt, sie für wahr zu halten. Polanyi vertritt die entgegengesetzte Position: Für jede Erkenntnis und alles Wissen sind nicht gänzlich objektivierbare, subjektive Komponenten konstitutive Voraussetzungen, ohne die eine partikulare Erkenntnis nicht möglich wäre. Er behauptet eine Struktur des Wissens und Erkennens, die in der Verfaßtheit der Subjektivität ihren letzten Rückhalt hat. Nicht nur die Genese, sondern auch die Geltung des Wissens soll auf dieser Bindung an das Subjekt beruhen. Polanyi expliziert die Struktur dieser Verschränkung an der Eigenart der Wahrnehmungsakte. Deren Struktur gilt ihm als Grundmuster von geistigen Akten überhaupt. Dieser paradigmatischen Relevanz des Wahrnehmungsbegriffs wegen wollen wir mit ihm die Darlegung der Auffassungen Polanyis beginnen.

a) Die bipolare Struktur des Integrationsaktes der Wahrnehmung

Konträr zu herkömmlichen Versuchen vor allem der empiristischen Philosophie, das Wissen durch die Gewißheit sinnlicher Wahrnehmung zu definieren und diese als Basis der Wirklichkeitserkenntnis zu bestimmen, sucht Polanyi dieses Ideal einer sicheren Grundlage allen Wissens, das völlig objektivierbar, bis ins Detail methodisch rekonstruierbar und kontrollierbar wäre, durch die Beschreibung der Struktur des Wahrnehmungsvorgangs selbst ad absurdum zu führen. Den Kernpunkt seiner Argumentationen stellt dabei die Beobachtung dar, daß die menschliche Erkenntnis imstande ist, Dinge wahrzunehmen und Sachverhalte zu erfassen, ohne zugleich fähig zu sein, dieses Vermögen im einzelnen zu beschreiben und die Genese einer Erkenntnis als korrekt zu rechtfertigen (16).

Damit setzt Polanyi sich deutlich von den empiristischen Wahrnehmungstheorien ab, die noch in den dreißiger Jahren im angelsächsischen Raum vertreten wurden. Diesen schien wegen der Fehlbarkeit menschlichen Erkennens und Wahrnehmens die Ausschaltung des Subjekts bei der Bestimmung der Basis des Wissens erforderlich zu sein. Da allen Wahrnehmungsformen gleiche Strukturen zugesprochen wurden, gelangte man zu der Auffassung, daß es eine direkte, unvermittelte Wahrnehmung nicht geben könne. Die Suche nach dem gesicherten Ausgangspunkt mußte daher auf Gegenstandsformen zurückgreifen, die von der Wahrnehmung selbst unabhängig und unterschieden sind. Diese Bedingung schien von den Sinnesdaten [sense-data] erfüllt zu werden. Diese sind direkt bewußt, und diesem Erleben meinte man Gewißheit zuschreiben zu können. Damit entstand jedoch das Problem, wie das Erkenntnissubjekt, das von der strukturlosen Masse der Sinnesdaten ausgeht, zur Erkenntnis eines bestimmten Sachverhalts gelangt. Die zur Beantwortung dieser Frage vorgeschlagenen Lösungen von Ayer und Price gerieten in England in den letzten Jahrzehnten zunehmend unter Kritik; heute vertritt kaum jemand mehr diese Theorie in ihrer orthodoxen Fassung. Hamlyn formuliert, was sich als allgemeine Auffassung zunehmend durchsetzt: "Es gibt keinen Weg, auf dem der Glaube an eine unabhängige Welt gerechtfertigt werden oder auch nur verstehbar gemacht werden kann, sobald wir uns der Vorstellung hingeben, das, was zunächst existiere, seien die Sinneserfahrungen und daß es an uns sei zu zeigen, wie wir über sie hinausgehen können" (17). Dies entspricht auch der Auffassung des kritischen Rationalismus. Wie zuvor dargelegt wurde, ist die Annahme einer durchgängigen Bedingtheit menschlichen Erkennens gerade das Argument dafür, das Begründungsdenken aufzugeben, weil sich eine empirisch verläßlich bestimmbare Basis des Wissens nicht finden lasse.

Unter den gängigen Theorien der Wahrnehmung steht Polanyi der der Gestaltpsychologie noch am nächsten. Ihr zufolge nimmt die Wahrnehmung ihren Ausgang nicht von einzelnen Daten, sondern geht von ganzen Wahrnehmungsfeldern aus, wobei deren einzelne Bestandteile in sich nicht wahrgenommen werden. Sie denkt Wahrnehmung als ein reflexmäßiges Aufscheinen des Wahrnehmungsfeldes; Polanyi dagegen versteht Wahrnehmung als "Ergebnis eines aktiven Formens von Erfahrung, das im Streben nach Wissen durchgeführt wird" (18). Diese Aktivität des wahrnehmenden Subjekts markiert den Ansatzpunkt der Frontstellung Polanyis zu anderen Wahrnehmungstheorien. Die Beobachtung eines komplexen Gegenstandes oder Vorgangs, so wird von ihm ausgeführt, setzt seitens des Subjekts ein spezifisches Vermögen voraus, sinnvolle Muster und Zusammenhänge wahrnehmen zu können. Das "Gegebene" liegt nur scheinbar offen dar; seine Strukturen drängen sich dem menschlichen Erkennen nicht eindeutig auf. Vielmehr ist es die Aktivität des Menschen selber, das ihn "tausend unterschiedliche und sich ändernde Anhaltspunkte verbunden als ein einziges, sich nicht änderndes Objekt sehen (läßt)" (19). Eine gelingende Wahrnehmung verdankt sich also einem spezifischen Vermögen, das den Wahrnehmungsakt erst ermöglicht. Diese Aktivität, ungezählte Partikel zu einem sinnvollen Ganzen zu kombinieren, wird von Polanyi als Fähigkeit zur Integration bezeichnet. "Eine erfolgreiche Integration von tausend wechselnden Partikeln zu einer einzigen konstanten Sicht läßt mich ein reales Objekt vor mir erkennen" (20). Nicht ein passives Registrieren von Sinnesdaten also, sondern der kompetente Akt, die Masse verschiedener Eindrücke und Anhaltspunkte zu einem konstanten Wahrnehmungsbild zu integrieren, ist das Grundmuster der Wahrnehmung. Die Struktur dieses Integrationsaktes und seine Beziehung zu den von ihm integrierten Anhaltspunkten ist als Paradigma allen Erkennens nun näher zu klären.

Die Kernaussage Polanyis will einsichtig machen, daß die Wahrnehmung eines Gegenstandes von den erwähnten Anhaltspunkten in einer spezifischen Weise abhängig ist: sie werden vom Subjekt nicht direkt wahrgenommen, sind aber konstitutiv am Wahrnehmungsvorgang beteiligt und gehen in das Erscheinungsbild des Objekts ein. Es werden dazu zwei Arten von Anhaltspunkten unterschieden: Zum einen handelt es sich um Faktoren physiologischer Art, wie die Tätigkeit der Augenmuskulatur, des Gehörs und die neurophysiologische Konstitution der Sinnesorgane, die in sich selbst nicht erfahrbar sind. Dennoch bleibt jede Wahrnehmung an sie rückgebunden und wäre ohne sie nicht möglich. Weil sie direkter Beobachtung unzugänglich sind, werden sie von Polanyi als unterschwellig oder "unterbewußt" bezeichnet [subliminal]. Von diesen unterbewußten Anhaltspunkten sind jene zu unterscheiden, die direkter Beobachtung offenstehen. Diese fungieren als 'beiläufige' Stützen des Wahrnehmungsprozesses und werden "marginal" genannt.

Beide Arten von Anhaltspunkten, unterbewußte und marginale, leisten einen konstitutiven Beitrag für die Wahrnehmung von Dingen und Gegenständen. "Meine Bewußtheit von beiden Arten von Anhaltspunkten ist stützend beteiligt [subsidiary] an meinem direkten [focal] Bewußtsein jenes Objekts" (21).

Polanyi veranschaulicht die unthematische, subsidiäre Präsenz der Anhaltspunkte im Wahrnehmungsfeld anhand des Verhältnisses von Gegenstand und Hintergrund bei den Vexierbildern der Gestaltpsychologie. Der Wechsel figürlicher Konturen ist davon abhängig, was jeweils als Hintergrund gesehen wird. Der Hintergrund ist im Wahrnehmungsfeld immer nur unthematisch und undifferenziert gegenwärtig, aber durch ihn erlangt der wahrgenommene Gegenstand erst Konstanz. Der Hintergrund wird nicht direkt wahrgenommen, sondern in seiner funktionalen Zuordnung auf den Gegenstand; in dieser funktionalen Präsenz ist er bewußt. Dieses funktional-subsidiäre Verhältnis ist für jeden Wahrnehmungsakt konstitutiv. Der Akt der Integration stellt diese Beziehung her, und erst in dieser Beziehung gelangt das Subjekt zur Wahrnehmung von etwas Bestimmtem.

> "Wann immer wir unsere Aufmerksamkeit auf einen einzelnen Gegenstand konzentrieren, verlassen wir uns dazu auf unser Bewußtsein von vielen Dingen, die wir in diesem Moment nicht direkt beachten, die jedoch als zwingende Anhaltspunkte für die Art fungieren, in der der Gegenstand der Aufmerksamkeit unseren Sinnen erscheinen wird" (22).

Wahrnehmung ist nach Polanyi also als eine Aktivität des Subjekts zu verstehen, das Anhaltspunkte verschiedenster Art koordiniert und darin zur Wahrnehmung eines Gegenstandes gelangt. Die Anhaltspunkte schwinden damit nicht aus dem Bewußtsein, sondern sind in ihrer funktionalen Hinordnung auf den Gegenstand unthematisch bewußt. Von ihnen geht das Subjekt aus; es bezieht sich indirekt auf sie und wird des Gegenstands gewahr, indem es von ihnen her seine Aufmerksamkeit auf den Gegenstand konzentriert. Diese vektoriale Bezugnahme, diese "von-zu" Struktur im Akt der Integration ist Grundstruktur aller geistigen Akte.

Hier ist die Frontstellung zu anderen Wahrnehmungstheorien bereits offenkundig. Weil der Wahrnehmungsvorgang explizit nicht bewußte und detailliert nicht wahrnehmbare Elemente aktiv einbezieht und an sie gebunden bleibt, kann Wahrnehmung nicht ein passives Registrieren des sinnlich Gegebenen sein. Wahrnehmung kann darum nicht nur nicht als Instanz zweifelsfrei verbürgten Wissens gewertet werden, sondern ihre Analyse macht deutlich, daß die Intention, absolut gesichertes Wissen zu finden, selbst illusionär bleiben muß. Das Hauptargument für diese Auffassung ist bei Polanyi die Leibgebundenheit des Wahrnehmungsaktes, das die Rückbindung der geistigen Akte an die körperliche Konstitution des Menschen weiter präzisiert.

Wahrnehmung ist immer an den Leib des Menschen gebunden. Dieser Körpergebundenheit der Wahrnehmung kommt eine sie strukturierende Bedeutung zu. Anders als manche Formen des Rationalismus und Empirismus sucht Polanyi das dort supponierte Weltverhältnis als Beziehung zwischen reiner Natur und einem unbeteiligten, reinen Bewußtsein schon durch den Nachweis der Leibgebundenheit der Wahrnehmung zu überwinden. Der Mensch schaut die Wirklichkeit nicht wie von außen an, sondern gehört ihr in jedem Wahrnehmungsakt selbst schon zu. Eben dieser Umstand wird von Polanyi an der Partizipation des Körpers am Wahrnehmungsvorgang dargelegt. "Immer wenn wir einen Sinngehalt in der Welt ausmachen, bauen wir auf unser unausdrückliches Wissen von Einwirkungen der Welt auf unseren Körper und der komplexen Reaktionen unseres Körpers auf diese Einwirkungen. Dergestalt ist die exzeptionelle Position unseres Körpers im Universum" (23).

Diese Einsicht der Verankerung jeglichen Empfindens und Wahrnehmens im eigenen Leib als deren letzter Basis ist von Merleau-Ponty in seiner "Phänomenologie der Wahrnehmung" beschrieben worden: "Der eigene Leib ist in der Welt wie das Herz im Organismus; er ist es, der alles sichtbare Schauspiel unaufhörlich am Leben erhält, es innerlich ernährt und beseelt, mit ihm ein einziges System bildend" (24). Auch für Polanyi ist nicht das Bewußtsein im engen Verständnis, sondern in einem bestimmten Sinn der gesamte menschliche Leib und seine Organe das Subjekt der Wahrnehmung. Die Einbeziehung der Sinnesorgane und ihre Hinordnung auf den wahrzunehmenden Gegenstand wird bewirkt durch den unausdrücklichen Akt der Integration, der nebst den im Wahrnehmungsfeld zugänglichen Anhaltspunkten auch die körperlichen Wahrnehmungsorgane auf die Wahrnehmungssituation einstellt:

> "In all unseren Auseinandersetzungen mit der Welt um uns her benützen wir unseren Körper als unser Instrument ... Unsere Augen auf ein sich bewegendes Objekt zu heften und korrekt zu sehen, was es uns darstellt, heißt eine aufmerksame, verständige Handlung auszuführen. Diese interpretiert zusammenfassend Dutzende von Anhaltspunkten in unseren Augen, in unseren Gedächtnissen, in unseren Muskeln jeder Art und in dem Labyrinth in unserem Gehirn" (25).

Körperliche Regungen und Vorgänge haben für sich selbst keine Bedeutung, sondern erhalten ihren Sinn von den Funktionen, die sie z.B. im Wahrnehmungsprozeß ausführen. Wahrnehmung verläßt sich und gründet sich auf sie und gibt ihnen im jeweiligen Wahrnehmungsakt ihre subsidiäre Bedeutung. Diese ordnende Ausrichtung ist selbst Teil des Wahrnehmungsvorgangs; ein Akt der Erkenntnis, der nicht ausdrücklich wird und darum von Polanyi als unausdrücklich, als stumm [tacit] bezeichnet wird. Gelungene Wahrnehmung beruht auf einer durch unausdrückliches Erkennen bewirkten Koordinierung der für sie erforderlichen Anhaltspunkte.

Wie an der Art der Relation von Gegenstand und Hintergrund bei Wahrnehmungsakten verdeutlicht, fungieren äußere Gegenstände als Anhaltspunkte für die Wahrnehmung. Es eignet ihnen der gleiche untergeordnete Status wie körperlichen Komponenten, wenn sie Momente des Wahrnehmungsfeldes, aber nicht Wahrnehmungsgegenstand sind. Insofern das Bewußtsein sich auf deren Tragfähigkeit verläßt, sich ihrer mit dem expliziten Gegenstand der Wahrnehmung als subsidiärer Anhaltspunkte zugleich bewußt ist und von ihnen her zur Wahrnehmung des Gegenstandes gelangt, sind "in diesem Sinne alle subsidiären Elemente dem Körper, in dem wir leben, innerlich" (26). Diese in späterem Kontext noch zu diskutierende

Einbeziehung äußerer Dinge in den Bereich des Subsidiären, der die gleichen Funktionen wie die körperlichen Organe für die Wahrnehmung erfüllt, nennt Polanyi Angleichung, Verinnerlichung oder Assimilation. "Der Prozeß der Integration gleicht sie (die äußeren Dinge) unserem Körper an und in diesem Ausmaß beraubt er sie ihren Charakters als äußere Gegenstände" (27).

Als Konsequenz dieser Beschreibung des Integrationsaktes der Wahrnehmung verliert sich die in anderen Erkenntnistheorien fundamentale Bedeutung der Subjekt-Objekt Spaltung. Der Gegensatz von "Innen" und "Außen" wird bei Polanyi aufgehoben zugunsten der beiderseits zu lokalisierenden Anhaltspunkte. Da bei der Wahrnehmung die Anhaltspunkte beider Bereiche funktional auf den Gegenstand bezogen sind und nur in dieser Beziehung ihre Bedeutung haben, ist es für die Wahrnehmung ohne Belang, ob sie dem Körper oder der Außenwelt angehören. Die Funktionalisierung nimmt ihnen ihren Eigengehalt in dem Maß, wie sie unter der Rücksicht des Wahrnehmungsgegenstandes unthematisch wahrgenommen werden.

Dieser Ansatz der Wahrnehmungstheorie verlagert die Last der Erklärung ganz auf den unausdrücklichen Akt der Integration. Die Unterscheidung von subsidiär-funktionaler Bewußtheit der Anhaltspunkte und explizit-fokaler Bewußtheit des Wahrnehmungsgegenstandes, die Auflösung der Subjekt-Objekt Spaltung und die Leibgebundenheit der Wahrnehmung werden nur durch den Akt der Integration verständlich. Die ihm eigene Struktur ist nicht das Addieren von Anhaltspunkten oder ein explizites Folgern auf den wahrgenommenen Gegenstand. Insofern Anhaltspunkte nur unter der Rücksicht dessen bewußt werden, was sie nicht selbst sind, kann der Integrationsakt nicht Addition oder Folgerung sein, denn damit würde gerade das nicht geleistet, was Polanyi diesem Akt zuschreibt. Die Anhaltspunkte würden explizit präsent und hätten damit bereits ihre subsidiär-funktionale Stellung verloren; das Muster des Wahrnehmungsfeldes, dem sie zugehören, würde kollabieren. Das Wahrnehmungsfeld wird vielmehr vom Subjekt, das diese Integration leistet und aufrechterhält, in der Stufung von subsidiären Bezügen und fokalem Wahrnehmungsgegenstand als Ganzheit wahrgenommen. Indem die subsidiären Anhaltspunkte unausdrücklich die Wahrnehmung eines Gegenstandes ermöglichen und begleiten, wird das Zustandekommen dieser "von-zu" Relationen durch den unausdrücklichen Akt der Integration bewirkt. Dieser Struktur des Wahrnehmungsaktes wegen müssen die Integrationen unausdrücklich bleiben, und das Einbeziehen der Anhaltspunkte ist in diesem Sinn "unspezifizierbar" (28).

Neben dieser Unausdrücklichkeit des Integrationsaktes ist eine weitere wichtige Bestimmung der ihm eigene Rationalität. In ihm manifestieren sich verständiges Bemühen und Fähigkeit des Subjekts; gegenüber theoretischem Wissen besitzt er die Verständigkeit praktischen Könnens. Diese Fähigkeit muß erlernt werden; obwohl Erwachsene sich ihrer kaum mehr bewußt sind, muß sie von Kindern angeeignet werden, bis sie das Wahrnehmen intuitiv vollziehen und absichtslos beherrschen. Diese Fähigkeit kann durch Übung vertieft werden und verlangt bei der Wahrnehmung von Strukturen in schwach differenzierten Wahrnehmungsfeldern "das gesamte Vermögen unserer Intelligenz" (29).

Wahrnehmen ist also - so lassen sich die wichtigsten Aussagen Polanyis zusammenfassen - ein höchst komplexes Geschehen, das die verschiedensten Anhaltspunkte aus dem Bereich des Körpers und des Wahrnehmungsfeldes einbezieht und durch deren Integration zur Wahrnehmung eines fixen Objekts, eines bedeutungsbeladenen Musters gelangt. Die Anhaltspunkte sind unthematisch präsent, aber diese subsidiäre Bewußtheit sichert die Konstanz des Wahrnehmungsinhaltes und seine Bestimmtheit. Ohne dieses nichtverbalisierte, unausdrückliche Bewußtsein um die subsidiären Bereiche des Wahrnehmungsfeldes wäre Wahrnehmung eines bestimmten Sachverhalts nicht möglich; in diesem Sinn ist das unausdrückliche Wissen für jedes explizite Wissen konstitutiv. Diesem Akt eignet Rationalität, obgleich er unausdrücklich und quasiintuitiv erfolgt. Sein Vollzug muß erlernt werden und verlangt bei nichtroutinisierten Wahrnehmungen konzentrierte Aufmerksamkeit und erhebliche Anstrengung der menschlichen Intelligenz. Dieser Aspekt praktischer Rationalität des unausdrücklichen Integrationsaktes soll nun am Handlungsbewußtsein insbesondere bei der Ausübung von Fertigkeiten weiter präzisiert werden.

b) Die Rationalität unausdrücklichen Wissens bei der Ausübung von Fertigkeiten

Der Begriff der Geschicklichkeit oder Fertigkeit [skill] wird von Polanyi herangezogen, um Erkennen und Wissen als wesentlich von der Partizipation des Subjekts geprägte, von ihr nicht zu trennende und in ihre Einzelheiten letztlich nicht auflösbare Vorgänge einsichtig zu machen. Als eine weitere Beschreibung subjektabhängigen Wissens ordnet sich seine Analyse der Geschicklichkeit in die Reihe der Argumente gegen die szientistische Konzeption des Wissens ein.

Wie beim Integrationsakt der Wahrnehmung handelt es sich auch hier um unausdrückliches Wissen: "Die Absicht einer geschickten Ausführung wird durch die Beachtung einer Reihe von Regeln erreicht, die als solche der Person nicht bewußt sind, die sie befolgt" (30). Um dieses unthematische Handlungsbewußtsein darlegen zu können, ist zunächst die Eigenart einer Fertigkeit zu beschreiben, um dann die Qualifikationen vorzustellen, die in Polanyis Bestimmung des Begriffs eingehen.

Fertigkeit ist die sich durch besondere Geschicklichkeit und Gewandtheit auszeichnende Handhabung von Werkzeugen oder Instrumenten sowie die Leichtigkeit bestimmter körperlicher Bewegungen in Spiel und Sport. Zu den Beispielen in den Schriften Polanyis zählen der Umgang mit Werkzeugen, Musik- und technischen Instrumenten und verschiedene Sportarten. Allen Fertigkeiten ist gemeinsam, daß ein üblicherweise komplexer und darum schwieriger Vorgang oder Bewegungsablauf mit einer ihm nicht selbstverständlichen Leichtigkeit ausgeführt wird. Bewegungsabläufe und komplexe Handlungen sind in ihren Einzelphasen theoretisch faßbar. So stehen etwa die Bewegungsabläufe, die die Balance beim Fahrradfahren durch Korrektur und Gegenkorrektur vermittels des Ausschwenken des Lenkers bewirken, in einem genau berechenbaren Verhältnis zur Geschwindigkeit, mit der der Fahrer sich vorwärts bewegt (31). Erst wenn die Einzelbewegungen diesen Gesetzmäßigkeiten entsprechend harmonisch ineinandergreifen, kommt der ungestörte Bewegungsablauf des Fahrens zustande. Polanyi sucht nun nachzuweisen, daß eine detaillierte Kenntnis dieser Gesetzmäßigkeiten nicht ausreicht, die Handlung in der Praxis auszuführen. Die bei der theoretischen Bestimmung der Gesetzmäßigkeiten nicht berücksichtigten Faktoren werden erst bei der praktischen Einübung einer Handlung bewußt. Da bei solchen Übungsvorgängen deren theoretische Explikation hinter dem Wissen um ihre praktische Durchführung immer zurückbleibt, solche Handlungen zudem oft eine gewisse Begabung voraussetzen, ist die in ihnen bewiesene Fertigkeit oft mit Kunst in Verbindung gebracht worden. So etwa beim Tanz oder in der Musik:nur wer sein Instrument souverän zu handhaben weiß, gilt als Künstler. Auch Polanyi zieht diese Verbindung und führt aus: "Regeln für die Kunst können nützlich sein, aber sie bestimmen nicht die Ausübung einer Kunst; sie sind Maximen, die als Anleitung zur Kunst nur dann dienen können, wenn sie in das praktische Wissen der Kunst integriert werden können. Sie können dieses Wissen nicht ersetzen" (32).

Das durch theoretisches Wissen nicht zu vermittelnde, den Fertigkeiten eigene Geschick bei der Handhabung bestimmter Instrumente stellt sich oft erst nach langem Training ein, durch das die anfängliche Fremdheit und Widerständigkeit des Werkzeugs überwunden wird. Ein Musikinstrument oder ein Werkzeug erscheint im Koordinationszusammenhang von Künstler oder Handwerker und Instrument zunächst als Fremdkörper. In dem Maß, in dem sich diese Gegensätzlichkeit verliert, entsteht eine Harmonie zwischen beiden Komponenten, die den Vorgang zu einer bruchlosen Einheit werden und die Einzelmomente funktional einander angleichen läßt. In dieser komplexen Ganzheit ist ihre Partikularität aufgehoben.

Das theoretische Wissen um die Einzelelemente einer komplexen Handlung ist bei der Durchführung nicht explizit bewußt. Unter dieser Rücksicht besteht ein fundamentaler Unterschied zwischen theoretischer Kenntnis und dem Handlungswissen. Das Handlungswissen integriert die notwendigen Komponenten einer Handlung zu einer Ganzheit, ist sich jedoch dieser Integration bei ihrer geschickten Ausführung nicht als expliziter Addition einzelner Handlungsphasen zu einem koordinierten Handlungsablauf bewußt, sondern erfährt die Handlung als Ganzheit. Die Bestätigung dieser Charakterisierung sieht Polanyi in dem Tatbestand gegeben, daß eine komplexe Handlung nicht durchführbar ist, sobald in ihrem Verlauf eine Einzelbewegung zum Gegenstand expliziter Reflexion gemacht wird: "Die Identifikation der Teilbewegungen einer Tätigkeit tendiert dahin, ihre Ausführung zu lähmen" (33). Machte sich ein Pianist reflex bewußt, was gefordert ist, einen begonnenen Fingerlauf fortzusetzen, wäre die Handlung schon unterbrochen. Die theoretische Darstellung einer Handlung vermag sie also nicht zu erschöpfen und unterscheidet sich von ihrer praktischen Durchführung. Umgekehrt impliziert theoretisches Wissen aber solche nichttheoretischen Elemente.

Weil Fertigkeiten theoretisch nicht zureichend beschrieben werden können, folgt, daß ihre Vermittlung sich nicht auf Theorie beschränken kann. "Geschicklichkeit kann nur durchs Beispiel mitgeteilt werden, nicht durch Vorschrift" (34). Polanyi macht auf die lange Lehrzeit bei praktischen Berufen aufmerksam. Indiz dafür, daß zum Erwerb von Fertigkeiten die Selbsterfahrung gehört, zu der ein Lehrer praktisch anleiten muß, ist der Umstand, daß die Anleitung durch den in der Sache erfahrenen Lehrer Vermittlung von Eigenerfahrung ist. Sie ist ohne Praxis nicht erlernbar. Da bestimmte Geschicklichkeiten nur durch Präsentation und Imitation vermittelbar sind, bestehen sie nur solange - von Polanyi als soziologische Gesetzmäßigkeit formuliert - wie sie durch technische Produktionsverfahren nicht ersetzbar sind. Werden handwerkliche Fähigkeiten durch Technik verdrängt, gehen sie verloren.

Es ergibt sich, daß zwischen dem theoretisch-analytischen Wissen um die Teile eines komplexen Ganzen und der Anwendung dieses Wissens in der Durchführung einer Handlung ein grundlegender Unterschied besteht. Wie die Struktur des Erwerbs von Fertigkeiten verdeutlicht, kann das Handlungswissen durch theoretische Analysen weder erschöpfend beschrieben noch gelehrt werden. Dennoch wissen die Menschen in vielen Fällen, wie ein Werkzeug zu gebrauchen ist, obwohl sie ihre Fertigkeit sprachlich nicht vermitteln können. Daher erscheint ein objektivistisches Verständnis von Erkennen und Wissen prinzipiell unzureichend.

Die angeführte Differenz veranlaßt Polanyi zur Unterscheidung von zwei Arten des Erkennens und des Wissens. Sucht man durch eine Handlung mittels des Gebrauchs eines Instruments einen Zweck zu verwirklichen, treffen diese beiden Wissensarten zusammen: Das menschliche Bewußtsein richtet sich auf Werkzeug und Absicht zugleich, doch "auf unterschiedliche Weise" (35). Der Zweck der Handlung, der durch sie bewirkt werden soll, ist explizit bewußt; auf ihn konzentriert sich die Aufmerksamkeit des Handelnden. Diesen Status expliziter Aufmerksamkeit bezeichnet Polanyi als "Brennpunktbewußtheit", als fokales Wissen vom durch die Handlung zu verwirklichenden Zweck. Krankheitsdiagnosen mittels einer Sonde oder das Eintreiben eines Nagels in eine Wand sind einige der von Polanyi genannten Beispiele. Die Instrumente, mittels deren Anwendung der fokal gewußte Zweck erreicht werden soll, sind bewußt, aber nicht expliziter Gegenstand des Interesses, sondern unthematisch präsent. Sie sind bewußt, insofern sie zur Handlung beitragen, sie stützen und gelingen lassen. Der Handelnde weiß um sie in ihrer behelfsmäßigen Funktion; ihr kognitiver Status ist der subsidiärer Bewußtheit, eine subsidiär bewußte Präsenz. Wie in den Analysen von Fertigkeiten ein Verschmelzen von Handelndem und dem Instrument, dessen er sich bedient, zu beobachten war, so sind alle an diesem Prozeß beteiligten, nicht explizit bewußten

Faktoren subsidiär bewußt. Explizit ist dem Handwerker der Nagel und die Absicht, ihn einzutreiben, gegenwärtig. Daß er zugleich die verschiedensten Einzelbewegungen, wie das Heben des Hammers, die Ausrichtung der Hand, die Muskelanspannung usw. zu einer harmonischen, gerichteten Bewegung integriert, ist ihm nur insofern bewußt, als diese Momente auf den Zweck der Handlung bezogen sind und von ihm ihren Sinn erhalten. Das Werkzeug verliert den Charakter eines Gegenstandes, indem mittels seiner der Zweck der Handlung verwirklicht wird. Bei instrumentellen Handlungen bleiben Werkzeuge "notwendig auf unserer Seite von ihm, formen einen Teil unserer selbst" (36).

Diese Parallelisierung der Eigenart der Wahrnehmungsakte und der Merkmale der Ausübung von Fertigkeiten läßt an beiden Vorgängen die Struktur des Aktes unausdrücklicher Integration sichtbar werden, die Polanyi als Grundstruktur aller Akte des Wissens und Erkennens erachtet. Im Gegensatz zur Idealvorstellung eines sicheren, objektivierbaren und methodisch kontrollierbaren Wissens soll Wissen in Wirklichkeit auf einer Erkenntnisleistung beruhen, deren Eigenart es ist, methodisch nicht detailliert rekonstruierbar und sprachlich nicht angemessen verbalisierbar zu sein. Diese provozierende Gegenthese zur Vorstellung objektiver, methodisch verbürgter Erkenntnis kann nun unter systematischer Rücksicht näher befragt werden.

c) Die Formalstruktur unausdrücklicher Erkenntnisleistungen

Die Darlegungen über die Wahrnehmung und das Handlungsbewußtsein wollten den Ansatz der Erkenntnistheorie Polanyis paradigmatisch veranschaulichen. Die dort zentralen Aussagen wurden der Absicht der Darstellung wegen nicht kritisiert und bleiben darum im folgenden zu diskutieren. Die Probleme der subsidiären und fokalen Gegenständlichkeit, der Kritik des Objektivismus und des Erkenntnisaktes sind daher als Bestandteile einer systematischen Erkenntnistheorie vorzustellen und zu beurteilen.

Polanyis Theorie der Wahrnehmung sowie seine Analyse der Fertigkeiten suchen zu verdeutlichen, daß menschliches Erkennen und Handeln stets zu vorgegebenen Faktoren und Komponenten in Abhängigkeit steht. Das Erkennen ist abhängig von Voraussetzungen und Umständen, unter denen das Subjekt und auch das zu Erkennende sich befinden. Da diese Umstände zu Bedingungen des Erkenntnisaktes werden, kann Erkenntnis nicht naiv-realistisch als ein unvermitteltes Erfassen von Gegenständen oder Zusammenhängen begriffen werden, das unabhängig von den Bezügen sich gestaltete, in die das Subjekt und der Erkenntnisgegenstand zuvor schon einbezogen sind. Wenn aber dieser Bezüge wegen der Gegenstand als Teil einer umfassenderen Wirklichkeit zu gelten hat, kann er nicht jenseits dieser Einordnung, nicht einlinig und unmittelbar erkannt werden. Ergebnisse der Wahrnehmungs- und Gestaltpsychologie, auf die Polanyi verweist, zeigen, daß Wahrnehmen nicht als Erfassen eines für sich und von dem Erkenntnisbezug unabhängig seienden Gegenstandes aufgefaßt werden kann. Ob und wie ein Gegenstand erkannt oder wahrgenommen wird, vollzieht sich nicht jenseits und unabhängig von den Umständen, die als Bedingungen des Erkenntnisvorgangs die Erkenntnisrelation selbst beeinflussen.

Da der Kontext des zu Erkennenden vom Subjekt in den Erkenntnisakt einbezogen wird, dieses mithin beim Erkennen tätig ist, kann Erkenntnistheorie diese konkrete Verfaßtheit des Subjekts nicht außer acht lassen. Tätigkeit des Subjekts besagt, daß über die kognitiven Bereiche hinaus andere Bereiche bei der Erkenntnis beteiligt sind: Erkenntnis ist von Emotionen und konativen Komponenten bleibend beeinflußt und unterliegt Interessen, Wertvorzugsskalen und affektiven Regungen. Diese Bedingtheit von Erkenntnis kann nicht wahrgenommen werden, bestimmt man sie als die eines isolierten Gegenstandes durch ein gleichermaßen unbeeinflußtes, abstraktes Bewußtsein. Entgegen objektivistischen Versuchen, diese Einwirkung der Umstände auf den Erkenntnisvorgang sowie die Bezogenheit von Subjekt und Objekt als Beeinträchtigung von Objektivität und Verbindlichkeit aufzufassen, bezieht Polanyi diese Bedingungen in den Erkenntnis- und Wissensbegriff ein. Nicht nur das, was dem Subjekt als zu Erkennendes gegenübersteht, sondern auch das, was diese Beziehung erst ermöglicht, gehört dem Erkennen zu. Das, worauf sich der Erkennende ausdrücklich und unausdrücklich bezieht, ist für die Erkenntnis von Bedeutung und darum nicht auszuschaltendes Beiwerk, sondern selbst konstitutiv für die Form des Wissens und Erkennens.

Diesen Sachverhalt sollten die Ausführungen über Fertigkeiten und Wahrnehmung klarlegen: Erkennen, Wahrnehmen und Handeln werden in ihrer Struktur von Momenten mitbestimmt, die nicht explizit bewußt, oft nicht einmal explizit verbalisierbar sind, ohne die aber das Subjekt weder handeln noch erkennen könnte. Die Eigentümlichkeit der kunstfertigen Handlung besteht darin, daß sie die divergierenden Momente umstandslos so zusammenzufügen weiß, daß die Handlung gelingt, obwohl methodisch nicht voll präzisiert werden kann, wie diese Zuordnung im praktischen Vollzug erfolgt. Dieses Unvermögen, Wissen zu verbalisieren, zeichnet auch die Wahrnehmung aus. Der ihr eigenen Selbstverständlichkeit ist kaum abzulesen, daß in diesen höchst komplexen Integrationsprozeß die verschiedensten Anhaltspunkte eingehen, die selbst nicht aktuell bewußt, oft nicht thematisierbar sind. In diesem Sinn ist Polanyis fortlaufend wiederkehrende Redewendung zu verstehen, daß wir "mehr wissen, als wir sagen können" (37). Wie und ob dieses sprachlichnicht kommunizierbare Wissen immerhin an Sprache gebunden bleibt und in den Erkenntnisakt einbezogen wird, bleibt später zu erörtern. Zunächst sei festgehalten, daß es sich bei diesem nicht verbalisierten Wissen um Komponenten des Erkennens handelt, die diesem als Strukturmomente selbst zugehören und darum nicht als irrationalistische Überlagerungen gewertet werden können.

Der Wahrnehmungsbeschreibung und der Analyse der Fertigkeit zufolge gehen in beide Arten geistigen Erfassens Elemente praktischen Könnens ein. Das Element der Fertigkeit in der Wahrnehmung wurde bei den Hinweisen auf ihre komplexen Formen herausgestellt. Diese Spur praktischer Verständigkeit geht selbst in den hoch theoretischen Formen des Wissens nicht verloren. Polanyi verwendet daher vornehmlich die Worte "erkennen" und "wissen" (knowing) anstatt "Erkenntnis" und "Wissen" (Knowledge), um diesen aktivischen Charakter zu betonen. Wissen und Können sind strukturverwandt und "keines ist je präsent ohne das andere" (38). Vor allem dieses Merkmal der Tätigkeit des Subjekts im Erkenntnisvorgang ist Hinweis darauf, daß Erkenntnis unter bestimmendem Einfluß nicht explizit thematisierter Faktoren steht. Diese aktivische Struktur des Erkennens manifestierte sich bei der Wahrnehmung und im Gebrauch von Instrumenten durch eine unausdrückliche Integration zunächst disparater Elemente. Solche formende Koordinierung hält Polanyi für die Grundgestalt von Erkenntnis überhaupt: "Dieses Formen oder Integrieren halte ich für das große und unentbehrliche unausdrückliche Vermögen, durch das alles Wissen entdeckt und, ist es einmal entdeckt, für wahr gehalten wird" (39). Dieses unausdrückliche Erkennen läßt sich zunächst durch den Gegensatz zu explizitem Wissen näher bestimmen.

Explizit sind nach Polanyi jene Erkenntnisse, deren Inhalte sich eindeutig identifizieren lassen. Sie lassen sich sprachlich mitteilen, sind also intersubjektiv; sie werden in Wissenschaftssprachen formalisiert und lassen sich propositional beschreiben. Unausdrücklich hingegen ist das Erkennen, welches sich nicht durch diese Merkmale bestimmen läßt. Seine Bedeutung liegt in der Hinordnung auf den expliziten Erkenntnisgegenstand, ist also primär funktional. Es läßt sich oft nicht explizit verbalisieren und darum auch methodisch nicht rekonstruieren. Da das unausdrückliche Erkennen eine Qualifikation des Erkenntnisaktes und seiner Struktur, nicht aber auf eine Klasse möglicher Erkenntnisgegenstände bezogen ist, bezeichnet es den Vorgang, der explizites Erkennen ermöglicht, ohne selbst ausdrücklich zu werden. Unausdrückliches Erkennen ist in der Regel, aber nicht notwendig auf explizites Erkennen bezogen. Umgekehrt bleibt dieses dagegen auf den unausdrücklichen Erkenntnisakt als seine Voraussetzung angewiesen. Alles Erkennen ist Tätigkeit des Subjekts. Diese Partizipation manifestiert sich im unausdrücklichen Erkennen, führt zu Urteil, Geltungs- und Wahrheitsanspruch und zur Annahme oder Ablehnung von Behauptungen. Die expliziten Formen der Erkenntnis bleiben so auf allen Ebenen an die unausdrücklichen Komponenten gebunden. "... explizites Wissen muß sich darauf stützen, unausdrücklich verstanden und angewendet zu werden. Daher ist alles Wissen entweder unausdrücklich oder in unausdrücklichem Wissen verwurzelt. Ein gänzlich explizites Wissen ist undenkbar" (40).

Polanyi sucht einer Identifikation des unausdrücklichen Erkennens mit dem Vor- oder Unbewußten aus der Psychoanalyse Freuds sowie mit dem Gedanken der "Bewußtseinsränder" bei James vorzubeugen (41).

Gegenüber der Behauptung unscharfer Randzonen des Bewußtseins läßt sich sein Anliegen dahingehend verstehen, diese nicht expliziten Konstituentien des Erkenntnisvorgangs nicht im Interesse vermeintlicher Objektivität dem Bereich des Irrationalen zuzuordnen, sondern als in ihren Funktionen dem Erkennen unentbehrlich und durch die Reflexion noch greifbar nachzuweisen. Die unausdrückliche Integration ungezählter Anhaltspunkte bei jeder Wahrnehmung sind, wie ausgeführt, wohl bewußt, aber nicht expliziter Gegenstand des Erkennens. Insofern aber der Gegenstand vermöge dieses Integrationsaktes als ein Gegenstand erst erscheint, nimmt das unausdrückliche Integrieren bestimmbare Funktionen wahr. Der Bewußtseinsstatus des Aktes ist untergeordnet, subsidiär auf den fokalen Gegenstand bezogen, darum aber nicht mit von der Psychoanalyse behaupteten vorbewußten Bewußtseinsschichten zu identifizieren.

Ist unausdrückliches Erkennen somit selbst ein Akt des Bewußtseins, so bleibt aber der schon bei der Wahrnehmung festgestellte Unterschied zwischen fokalem und subsidiärem Bewußtseinsstatus bestehen. Die sich von anderen wissenschaftstheoretischen Positionen nahelegende Forderung, diese unausdrücklichen Voraussetzungen als nicht eindeutig fixierbar aus dem Wissensbegriff auszuscheiden, sofern sie expliziter Prüfung nicht zugänglich sind, übersieht diesen von Polanyi behaupteten Unterschied. Das in solchen Forderungen dominante Interesse mißachtet die Struktur der Beziehung von unausdrücklich-subsidiären Komponenten und explizitem Wissen. Denn der Versuch, die unausdrückliche Dimension selbst explizit zum Gegenstand zu machen, übersieht, daß sich eben die Beziehung der unausdrücklichen Subsidiaria zum Erkenntnisgegenstand bei einer solchen Umsetzung ändert, sie als unausdrückliche Komponenten nicht in den Griff bekommt. Bei der Wahrnehmung bezeichnet die Relation von Momenten des Wahrnehmungsfeldes und dem Wahrnehmungsgegenstand diese unaufhebbare Bipolarität: Was als unthematischer Anhaltspunkt subsidiär bei der aktuellen Wahrnehmung wirksam ist, bestimmt sich inhaltlich selbst aus dieser Relation. Wird ein solcher subsidiärer Anhaltspunkt selbst expliziter Gegenstand des Erkennens, verändern sich sogleich die Bezüge des Wahrnehmungsfeldes und die zuvor geleistete Funktion des Anhaltspunktes verschwindet aus dem Blickfeld. Daher ist die relationale Bestimmtheit als eine unausdrückliche niemals völlig gegenständlich zu machen; es handelte sich sogleich um einen anderen Gegenstand (42). "Tacit Knowing" bezeichnet demnach nicht einen Bereich vorwissenschaftlichen Erkennens, noch ist es in irgendeinem Sinn als inferiore Form expliziter Erkenntnis gemeint. Es ist die Form, in der alles Erkennen von Wirklichkeit Kenntnis nimmt. Die vektoriale Beziehung, die durch den Integrationsakt von Anhaltspunkten auf den Erkenntnisgegenstand hin erstellt wird, ist daher von fundamentaler Bedeutung. "Jegliches Denken enthält Komponenten, deren wir uns im fokalen Gehalt unseres Denkens subsidiär bewußt sind. ... Es hat eine von - zu Struktur" (43). Als Struktur jeder Erkenntnis kann Polanyi sie so formalisieren:

"Wenn wir uns auf unser Bewußtsein von etwas (A) stützen, um etwas anderes (B) zu beachten, sind wir uns (A) nur subsidiär bewußt. Das Ding (B), auf das wir uns fokal beziehen, ist dann die Bedeutung von (A). Der fokale Gegenstand ist immer identifizierbar, während Dinge wie (A), deren wir uns subsidiär bewußt sind, nicht identifizierbar sein können. Die beiden Arten des Bewußtseins sind gegenseitig exklusiv: Wenn wir unser Bewußtsein umstellen auf etwas, dessen wir uns bislang nur subsidiär bewußt waren, verliert es seine vorgängige Bedeutung. So ist kurz die Struktur unausdrücklichen Erkennens" (44).

Polanyi verdeutlicht diese Struktur neben Hinweisen auf Fertigkeiten und Wahrnehmung oft auch durch deiktische Handlungen: Zeigt jemand auf einen Gegenstand mit der Aufforderung, ihn anzuschauen, so folgt der andere dem ausgestreckten Finger und erblickt den gemeinten Gegenstand. Der Finger fungiert als subsidiärer Anhaltspunkt für die Wahrnehmung des Gegenstandes, der als fokales Zentrum das Wahrnehmungsfeld beherrscht. Der unausdrückliche Erkenntnisakt leistet die Integration der Anhaltspunkte zu einem sinnvollen Muster. Das Bewußtsein beider Momente, der subsidiären Anhaltspunkte und des Gegenstandes, ist gegenseitig exklusiv. Richtet sich die Aufmerksamkeit auf den Finger, so verliert er seine subsidiäre Bedeutung und wird fokaler Bezugspunkt. Aber auch bei einem solchen Wechsel bleibt die Struktur unausdrücklichen Erkennens erhalten: Andere Momente fungieren als subsidiäre Anhaltspunkte. Immer bleibt diese Integration an das Erkenntnissubjekt rückgebunden, da von ihm diese Integration im Erkenntnisakt geleistet wird. Erkenntnis ist daher immer an dieser von-zu-Struktur zu verdeutlichen. "Erkennen ist ein Prozeß in zwei Stufen, der subsidiären und fokalen, und diese zwei können ausschließlich mittels des unausdrücklichen Aktes definiert werden, der sich auf die erste stützt, um auf die zweite zu verweisen" (45).

Um die eigentümliche Einordnung und Angleichung von Anhaltspunkten an den Erkenntnisapparat sowie deren Verweisstruktur zu verdeutlichen, bedient sich Polanyi der Termini Verinnerlichung, Angleichung und Innewohnen. Indem sich der Erkennende auf Anhaltspunkte stützt und diese subsidiär auf das Erkannte bezieht, bleiben sie im Lichte dieses Erkannten unthematisch bewußt. Sie strukturieren sich gemäß der Ausrichtung der physiologischen Erkenntnisapparate bei der Wahrnehmung und der Koordinierung von Körper und Instrument bei der instrumentellen Handlung. Wie erwähnt, reduziert sich dann der Gegenstandscharakter der Anhaltspunkte zugunsten des fokalen Bewußtseinspols. Sie sind Teil des Koordinationszusammenhangs, der die subsidiären Anhaltspunkte wie das fokale Zentrum zugleich umfaßt. Das Bewußtsein der verschiedenen Anhaltspunkte ist gleich; ob Hand, Instrument oder anderes, sie sind subsidiär präsent hinsichtlich des fokalen Zwecks. Der eigene Körper, das wichtigste 'Instrument' allen kundigen Handelns und Erkennens, ist zunächst und normalerweise subsidiär bewußt. Diese Vermittlungsinstanz und Konfrontationsstelle von Ich und Ich-Außen verliert er, wenn Teile des Körpers selbst zum Gegenstand des Erkennens werden. Beim Umgang mit Dingen der Außenwelt dagegen kommt dem Körper für deren Wahrnehmung subsidiäre Bedeutung zu. Polanyi sucht nachzuweisen, daß die dem Köper nicht zugehörenden Anhaltspunkte sich dann auf der einen kognitiven Ebene subsidiären Bewußtseins befinden. "Wann immer wir einen äußeren Gegenstand subsidiär erfahren, empfinden wir ihn auf eine ähnliche Weise wie wir unsern Körper empfinden. Und darum können wir sagen, daß in diesem Sinn alle subsidiären Elemente dem Körper, in dem wir leben, innerlich sind. Zu diesem Ausmaß sind wir aller subsidiär erfahrenen Dinge inne" (46).

Der Konzentration auf ein Erkenntnisobjekt geht also eine Angleichung der Anhaltspunkte an den Erkenntnisapparat des Subjekts konform. Der Gegensatz zwischen inneren und äußeren Anhaltspunkten schwindet, weil ihre Bedeutung in der funktionalen Stützung des Bezugs zum Erkenntnisgegenstand besteht. Diese erkenntnistheoretische Funktion macht einsichtig, warum Polanyi von einer Extension des Körpers spricht:

> "Bedeutung entsteht entweder durch die Integration von Anhaltspunkten in unserem eigenen Körper oder durch Integration von äußeren Anhaltspunkten, und alle erkannte äußere Bedeutung ist auf unsere subsidiäre Behandlung der äußeren Dinge zurückzuführen, die wir wie unsern Körper behandeln. Wir können sagen, daß wir diese Dinge verinnerlichen oder uns selbst in sie ausgießen. Indem wir ihnen innewohnen, lassen wir sie das bedeuten, worauf wir unsere Aufmerksamkeit richten" (47).

Eingangs wurde auf die Verschränkung von Erkenntnis und Interesse bei Habermas hingewiesen; das letzte Zitat läßt Berührungspunkte zu anderen erkenntnisanthropologischen Positionen erkennen, die gleichfalls das leibliche Engagement des Menschen betonen. Apel z.B. spricht von einem "Leibapriori der Erkenntnis" (48) und bezeichnet damit den Sachverhalt, daß das leibhafte Engagement des Erkennenden selbst als Bedingungsmöglichkeit von Erkenntnis angesehen werden muß. Statt eines Vergleichs der Aussagen Polanyis mit diesen Positionen seien einige Hinweise zum Verstehensbegriff Diltheys angefügt. Eine Verdeutlichung des Unterschieds zwischen "unausdrücklichem Erkennen" und hermeneutischem Verstehen bei Dilthey kann die Charakterisierung des unausdrücklichen Erkenntnisaktes abschließen.

Von der sachlichen Problematik abgesehen, bleibt zunächst uneinsichtig, warum Polanyi sich der Termini aus der romantischen Hermeneutik bedient, um lediglich die gleiche Struktur von Körper und Anhaltspunkten als erkenntnistheoretisch funktionale Größen auszusagen. Polanyi unterläßt eine Auseinandersetzung mit Lipps und Dilthey, auf die er sich beruft und von deren Begrifflichkeit des Einfühlens und Nacherlebens er eine Parallelität mit seinem Begriff des unausdrücklichen Erkennens behauptet. Freilich unterscheidet er sich von Dilthey schon darin, daß dieser die grundsätzliche Unterscheidung von Natur- und Geisteswissenschaften nicht aufgegeben hat.

Dilthey unternahm eine Begründung der Autonomie der Geisteswissenschaften gegenüber den Naturwissenschaften. Der Ort dieser Begründung war ihm die innere Erfahrung des persönlichen Seelenlebens im Gegensatz zur Begründung der Naturwissenschaften in der äußeren, empirischen Erfahrung. Der Schwerpunkt seiner Verstehenslehre liegt auf den Voraussetzungen des zwischenmenschlichen Verstehens, sowie bei den historischen Quellen. Die Relevanz des Handlungsverstehens bei Polanyi findet bei Dilthey jedoch keine Entsprechung, sondern dieses dient ihm zur Veranschaulichung der Logik des Fremdverstehens (49). Verstehen bestimmt Dilthey allgemein als die "Aufgabe, einen Lebenszusammenhang aufzufinden" (50). Der Zusammenhang intersubjektiven Lebens ist beim Verstehen aufzudecken und zwar in Form eines "Sichhineinversetzen(s), sei es in einen Menschen oder in ein Werk". Historisches Verstehen prozediert zunächst als eine "dem Wirkungsverlauf selber inverse Operation"; seine ideale Form hat das Verstehen jedoch erst im "Nacherleben" gefunden, in einem "Schaffen in der Linie des Geschehens" selbst (51).

Näherem Zusehen wird allerdings deutlich, daß die von Polanyi behauptete Übereinstimmung mit Dilthey so bruchlos nicht ist. Während Polanyi den Begriff des Innewohnens auf die Anhaltspunkte und deren unthematische Präsenz im Bewußtsein bezieht, bezeichnet Dilthey die Verstehensrelation im ganzen als 'Einfühlen', kennt aber nicht die Unterscheidung von zwei Arten von Wissen in jedem Erkenntnisakt. Der Verstehende vollzieht ihm zufolge die 'Objektivationen' des Geistes, ein geschichtliches Ereignis oder die Gedanken anderer, wobei aber die Unterscheidung von Verstehendem und Verstehensobjekt noch deutlich bleibt. Polanyi hebt das Gewicht dieser Unterscheidung für die subsidiären Komponenten der Erkenntnis auf; sie verinnerlichen oder ihnen innewohnen bedeutet für ihn, sie nur als Anhaltspunkte auf einen Erkenntnisgegenstand zu beziehen und ihnen mit dieser Relation ihre Bedeutung zu geben. Diese Einbeziehung in den Erkenntnisapparat des Subjekts läßt den Unterschied zwischen Erkenntnissubjekt und den ihm nicht zugehörenden Anhaltspunkten im aktuellen Erkenntnisakt nicht mehr deutlich werden. Diese Unterscheidung ist bei der Verstehenskonzeption Diltheys noch gegeben. Er bezeichnet Verstehen auch als "Übertragung des eigenen Selbst in einen gegebenen Inbegriff von Lebensäußerungen", die aber eine "Präsenz des eigenen erlebten Zusammenhangs" (52) gleichwohl bewahrt. Die Differenz von Ich und dem zu erfassenden Gegenstand, die Polanyi doch im subsidiären Wissen aufgehoben sieht, ist durchaus noch Moment des "innewohnenden Verstehens" bei Dilthey.

Daher erscheint eine umstandslose Identifizierung unausdrücklichen Erkennens mit dem Verstehensbegriff Diltheys problematisch. Allerdings ergeben sich deutlichere Parallelen dort, wo Dilthey von 'Erleben' spricht. Die von Polanyi erstrebte Charakterisierung des subsidiären Wissens als unmittelbarer kognitiver Präsenz deckt sich unter der Rücksicht der Beziehung zum Subjekt mit dem Begriff des Erlebens:

"Erleben ist eine unterschieden charakterisierte Art, in welcher Realität für mich da ist. Das Erlebnis tritt mir nämlich nicht gegenüber als ein wahrgenommenes oder vorgestelltes; es ist uns nicht gegeben, sondern die Realität Erlebnis ist für uns dadurch da, daß wir ihrer inne werden, daß ich sie zu mir in irgendeinem Sinne zugehörig unmittelbar habe" (53).

In der Tat schreibt auch Polanyi dem subsidiären Wissen eine spezifische Art seiner Erfahrung zu. Der Verlust des Charakters der Eigenständigkeit von Gebrauchsinstrumenten bei ihrer Verwendung und ihre implizit gegebene Anwesenheit im Bewußtsein läßt sich auch als Erleben bezeichnen. Das wird deutlich, wenn es bei Dilthey etwa heißt "Das Erlebnis steht nicht als ein Objekt dem Auffassenden gegenüber, sondern sein Dasein ist für mich ununterschieden von dem, was in ihm für mich da ist" (54). Allerdings kann diese Parallele nur für das Bewußtsein der Anhaltspunkte gelten, und damit treten die Bezugslinien zwischen Polanyi und Dilthey wieder auseinander. Denn auf die schon angedeutete Unterscheidung, die der Erlebnisbegriff nicht gestattet, kann Polanyi nicht verzichten. Der Erlebnisbegriff kann sich nur als Verdeutlichung des subsidiären Bewußtseins anbieten, bezüglich des fokalen Bezugpunktes ist er verfehlt. Erleben ist für Dilthey, so formuliert es Gadamer, "ein nicht mehr auflösbares Innesein" (55). Zudem geriete auch der Integrationsakt, der die erlebnishafte Präsenz der Anhaltspunkte erst etabliert, aus dem Blick. Zwar wird er beim Erkennen nicht explizit erfahren, gehört ihm aber konstitutiv zu. Der Erlebnisbegriff wahrt dieses Moment nicht als ein unterschiedenes: "Denn was Erlebnis ist, ist nicht mehr unterschieden in einen Akt, etwa das Innewerden, und einen Inhalt, das, dessen man inne wird" (56). Eine Parallelisierung des unausdrücklichen Erkennens mit dem Verstehen im Sinne Diltheys ist daher nur partiell möglich. Einerseits ähnelt die rekonstruktive Erfahrung nachvollziehenden Verstehens dem unausdrücklichen Wissen, objektiviert aber den Vorgang zu sehr, als daß man es als eine Beschreibung der kognitiven Präsenz der Anhaltspunkte werten könnte. Andererseits trifft der Begriff des Erlebens wohl den Bewußtheitsstatus der subsidiären Anhaltspunkte, differenziert aber nicht mehr zwischen diesen und dem fokalen Erkenntnisobjekt. Ebenso geht hier die Bedeutsamkeit der Erkenntnis als eines Integrationsaktes verloren.

Polanyi weiß zudem, daß Dilthey die Unterscheidung zwischen Geistes- und Naturwissenschaften aufrecht erhielt und diese Differenz in seiner Konzeption der Geisteswissenschaften zu begründen suchte. Seine Bestimmungen blieben jedoch einem den Naturwissenschaften entlehnten Objektivitätsbegriff verhaftet; Gadamer und Habermas haben dies als einen Rückfall in den Objektivismus kritisiert (57).

Das Anliegen Polanyis - damit können wir den Vergleich mit dem Verstehensbegriff abschließen - ist dem Diltheys entgegengesetzt: Nicht um die Rechtfertigung der Geisteswissenschaften gegenüber einem naturwissenschaftlich inspirierten Objektivitätsbegriff ist es ihm zu tun, sondern gerade um den Nachweis, daß die naturwissenschaftlichen Erkenntnisse und damit der Objektivitätsanspruch selbst von Akten des Subjekts getragen sind, die für sie einen konstitutiven Stellenwert haben. Objektivität kann nicht als 'Rückzug' des Subjekts aus dem Erkennen zugunsten einer neutralen, interesselosen und anonymen Methodologie ausgelegt werden. Dem im Integrationsakt des Erkennens assimilierten Zusammenhang kann sich nicht nur das Verstehen von Objektivationen des menschlichen Geistes nicht entziehen; das Erkennen der natürlichen Dinge ist solchem Verstehen strukturidentisch. Auch dieses ist für Polanyi nur als Assimilation von Anhaltspunkten vorstellbar, die den Unterschied von Erkenntnissubjekt und Natur partiell aufhebt. Diese These, die zur Ablehnung der grundsätzlichen Unterschiedenheit der Erkenntnisweisen führen muß, wird einsichtiger, wenn der Begriff des unausdrücklichen Erkennens über seine formale Struktur hinaus inhaltlich präzisiert wird. In dieser Absicht wird im folgenden Abschnitt die inhaltliche Ausweitung dieser Erkenntnisstruktur untersucht. Polanyi spricht der Sprache, dem Begriffsrahmen des Denkens und den kulturellen Formen bei ihrem aktualen Gebrauch bei Sprechen und Denken die gleiche, nichtobjektivierbare, unthematische Präsenz zu. Mit diesen Themen nähern wir uns schon der Begründungsthematik, denn aus diesen Charakterisierungen von Denken und Sprechen ergeben sich für die möglichen Formen der Begründung erhebliche Konsequenzen.

2. Die Veränderung und Stabilisierung von Sprache, Kultur und Begriffsrahmen als Leistungen unausdrücklichen Wissens

Die Darstellung des Erkenntnisbegriffs bei Polanyi hob in erster Linie auf seine formale Struktur ab. Doch schon bei der Veranschaulichung durch den Wahrnehmungsprozeß und die Fertigkeiten wurde deutlich, daß das Erkennen als unausdrückliche Integration von Anhaltspunkten inhaltlich eng an die soziale Lebenswelt gebunden ist. Ein unabhängig von und jenseits der konkreten Wirklichkeitserfahrungen existierendes und so weltloses Subjekt vermöchte überhaupt nicht zu erkennen. Erkenntnis und Wahrnehmung sieht Polanyi an die körperliche Konstitution des Menschen gebunden; weil sich der soziokulturelle Kontext über die Anhaltspunkte vermittelt, kann der Vorwurf einer idealistischen Weltlosigkeit des Subjekts nicht auftauchen. Die Konstanz des Wahrgenommenen wird auf den stabilisierenden Einfluß der sozialen Lebenswelt zurückgeführt, die die Anhaltspunkte und damit auch die Erkenntnis prägt und so Kontinuität der Erkenntnis, Erinnerung und das Wiedererkennen gewährleistet. Verstehen, Wahrnehmen und Erkennen sind somit von Voraussetzungen abhängig, die das erkennende Subjekt nicht erst schaffen oder methodisch objektivieren könnte. Wäre ein erster Erkenntnisakt denkbar, könnte dieser nicht von einem absolut voraussetzungslosen Ausgangspunkt 'beginnen'. Erkennen vollzieht sich innerhalb einer soziokulturell bestimmten Lebenswelt, die von der Erkenntnis vorausgesetzt werden muß. Die Gesamtheit von schon verstandenen Voraussetzungen nennt Polanyi den Interpretationsrahmen des Erkennens. Der vornehmliche Ort seiner Aneignung ist die Sprache. "Indem es zu sprechen lernt, nimmt jedes Kind eine Kultur an, die auf den Prämissen des traditionellen Verständnisses errichtet (und) im Idiom der Gruppe, in die es hineingeboren wird, verwurzelt ist" (58). Sprache ist kulturspezifisch; sie bildet mit Kultur ein nicht zu trennendes Gesamt. Wegen dieser Verwurzelung der Sprache in je spezifischen Kulturen beinhaltet Spracherwerb zugleich die Annahme jener fundamentalen Prinzipien des Wirklichkeitsverständnisses, das jede Kultur ausbildet. Die Sprache selbst reflektiert die Grundüberzeugungen einer Kultur, und mit dem Erwerb der Sprache eignet das Kind auch diese der Sprache inhärenten Überzeugungen an: "Unsere am tiefsten verwurzelten Überzeugungen werden durch das Idiom bestimmt, in dem wir unsere Erfahrung interpretieren und mittels derer wir unsere artikulierten Systeme errichten"/287/.

Der Verständnisrahmen, innerhalb dessen sich intersubjektive Verständigung und Erkenntnisgewinn vollzieht, wird also nicht erst geschaffen, sondern ist durch die verwendete Sprache schon vorgegeben. Dies übersehen zu haben ist der Irrtum der Theorien der Bezeichnung, die das Erfassen der gegenständlichen Wirklichkeit als von Sprachverwendung unabhängig dachten und hier eine mögliche Basis methodisch geregelter Kommunikation konzipieren wollten. Ebenso werden die einer bestimmten Kultur eigenen Überzeugungen und ihre Grundvoraussetzungen nicht als Resultat sprachunabhängiger Reflexion erst etabliert, sondern entwickeln sich mit der Sprache selbst, die jeder, der sie verwendet, zunächst implizit übernimmt. Dieses durch Verwendung von Sprache unkritisch angeeignete Weltverständnis prägt Erfahrung im ganzen, wie Polanyi mit einer Analogie verdeutlicht: "Der begriffliche Rahmen, durch den wir Dinge manipulieren und beobachten, ist wie ein Raster gegenwärtig zwischen uns selbst und diesen Dingen" [197]. Vor einer Präzisierung dieser Aussagen über die Präsenz und normative Kraft des kulturellen Rahmens im Umgang mit der Wirklichkeit sei noch erwähnt, wie Polanyi die Übernahme und den Erwerb sprachrelativer Überzeugungen vorstellt.

Sprache ist an Sozietäten gebunden. Das Individuum bejaht unausdrücklich als Glied einer solchen Sozietät den soziokulturellen Zusammenhang und damit zugleich das geltende Weltverständnis, indem es sich in ihn einlebt.

> "Unausdrückliche Zustimmung ..., Teilnahme an einem Idiom und einem kulturellen Erbe, Zugehörigkeit zu einer gleichgesinnten Kommunität: solchermaßen sind die Impulse, die unser Bild von der Natur der Dinge formen, und auf die wir uns für unsere Beherrschung der Dinge verlassen" [266].

So mögen die Internalisierung des Wirklichkeitsverständnisses im Kindesalter und gelingende Sozialisation beschrieben werden. Aber der der Reflexion fähige erwachsene Mensch kann diesen Zusammenhang durchschauen.

Was ist nun letztlich das Movens der Annahme einer Wirklichkeitsinterpretation schon im frühkindlichen Stadium, während dessen solche Annahme unbewußt geschieht? Polanyi thematisiert als Grund dafür ein fundamentales Interesse des Menschen, seiner Umgebung Bedeutung und sinnvolle Orientierungsmuster abzugewinnen. Die Sozialisation in einer konkreten Welt bestätigt und erfüllt dieses Interesse. Der Bestätigung des Interesses korrespondiert die Erwartung, innerhalb des gewonnenen Verständnisrahmens weiterhin Orientierung, Kontakt mit der Wirklichkeit zu finden.

"Warum betrauen wir unsere Begriffe mit unserem Leben und mit der Leitung unserer Gedanken? Weil wir glauben, daß ihre offenkundige Rationalität ihrem Kontakt mit Bereichen der Wirklichkeit zuzuschreiben ist, von der sie einen Aspekt erfaßt haben. ... Wir gestehen den Begriffen, die wir angenommen haben, Autorität über uns zu, weil wir sie anerkennen als Andeutungen - vom Kontakt, den wir durch sie mit der Wirklichkeit haben, bezogen - einer unendlichen Folge neuer künftiger Gelegenheiten..." [104].

Die Struktur der Inhalte des Erkenntnisrahmens und der Modus ihrer Präsenz im Erkenntnisakt läßt sich jetzt klären. Wie Werkzeuge bei kundiger Handhabung dem menschlichen Körper gleichgeordnet werden und so in den subsidiären Erkenntnisbereich eingehen, in dieser Weise assimiliert das Subjekt den kulturellen Kontext, in dem es aufwächst, als den ihm selbstverständlichen Modus, sich zur Wirklichkeit zu verhalten und in ihr Bedeutung zu finden. "Wenn wir eine gewisse Reihe von Voraussetzungen annehmen und sie als unsern Interpretationsrahmen benützen, kann man sagen, daß wir ihnen innewohnen wie unserem eigenen Körper. Ihre vorläufig unkritische Annahme besteht in einem Prozeß der Assimilation, durch den wir uns mit ihnen identifizieren" [60]. Diese Konsequenzen des Umstands, daß der Zugang zum Verständnis von Wirklichkeit nur über die zunächst unkritische Annahme eines schon entwickelten Weltverständnisses möglich ist, sind erheblich: Sozialisation, die Entwicklung von Selbstverständnis und Identität, die eine Kultur bestimmenden Deutungsmuster werden zu einem erheblichen Ausmaß als schon inhaltlich bestimmte anerworben. Daher rührt die Vertraulichkeit und das Selbstverständliche im Umgang mit den Dingen, die der Mensch erinnert und wiedererkennt. Die Erfahrung völliger Sinnlosigkeit der Wirklichkeit kommt der Destruktion dieser Sinnbezüge gleich. Die Erfahrungsmuster verlieren ihre Vertrautheit, Verläßlichkeit und Konstanz; die Wirklichkeit wird im privativen Sinn bedeutungslos. Weil das Selbstverständnis des Subjekts in diese Bezüge eingebunden ist und im Umgang mit ihnen Identität findet, betrifft solche Erfahrung der Sinnlosigkeit der Wirklichkeit notwendig das Subjekt selbst.

Die Verankerung der Grundüberzeugungen im Begriffs- und Interpretationssystem der Sozietät wird transparent, wenn die Gruppe oder der einzelne mit anderen, ihm fremden Überzeugungen konfrontiert wird. Jede

Behauptung von Sinn impliziert stillschweigend Universalität und erhebt damit einen Geltungsanspruch für den anderen (59). Polanyi exemplifiziert den Konflikt, der bei gegenseitigem Unverständnis entsteht, mit Beispielen aus der Kunstgeschichte. Neue, die jeweils moderne Kunst oder Musik müssen sich gegen den Widerstand des zuvor Geltenden durchsetzen, weil das neue Kunstverständnis seinen Anspruch, die 'wahre Kunst' zu sein, auf Kosten der herkömmlichen Auffassungen behauptet. "... solch eine Verneinung ist ein Schock für die Überzeugung des anderen und zu dem Ausmaß ein Angriff auf sein Sein, wie dieser in seiner Überzeugung lebt" [200f].

Diese Zusammenhänge sind gemeint, wenn Polanyi von der Assimilation von Interpretationsrahmen und Begriffssystemen spricht. Das Subjekt bezieht von ihm Deutungs- und Orientierungsmuster, die als "unausdrückliches Wissen" in sein Verhalten und Denken eingehen. Die Struktur solcher Begriffssysteme zeichnet die Eigentümlichkeit aus, daß sie nicht völlig explizit faßbar sind. Ein solcher Versuch wäre möglich nur unter der Voraussetzung, daß ein Begriffssystem sich explizit thematisieren ließe, ohne die erlernte Sprache oder diese unter Verzicht der in ihr grundgelegten Kategorien zu verwenden. Die zweite Möglichkeit scheitert, weil Sprache und die sich in ihr explizierenden Voraussetzungen nicht zu trennen sind; die erste scheitert, weil sich der Mensch im Erkennen nicht völlig vom erworbenen Verständnis frei machen, sich nicht aus dem anerworbenen kulturellen Zusammenhang gänzlich herausreflektieren kann. Auch die distanzierte Beschreibung des Interpretationsrahmens kann sich von diesem nicht lösen; dieser Rahmen geht selbst konstitutiv in solche Deskription ein, ja normiert, was als 'Deskription' gelten kann und warum sie gefordert ist. Polanyi schreibt in diesem Sinn über die Grundkategorien, die den Menschen seine Umgebung als sinnvoll erfahren lassen: "Sie werden nicht behauptet und können nicht behauptet werden, denn eine Behauptung kann nur innerhalb eines Rahmens gemacht werden, mit dem wir uns fürs erste identifiziert haben; da sie selbst unsern äußersten Rahmen abgeben, sind sie wesentlich unartikulierbar" [60].

Da die Voraussetzungen des Interpretationsrahmens im Sinn unausdrücklichen Erkennens in Denken und Verhalten, im Erkennen und Wahrnehmen wirksam sind, betrifft diese Unartikulierbarkeit gleichermaßen die Voraussetzungen der Wissenschaften. - "Unser Geist lebt in Tätigkeit, und jeder Versuch, seine Voraussetzungen zu spezifizieren, produziert eine Reihe von Axiomen, die uns nicht sagen können, warum wir sie annehmen sollten." [267]. Das dem Begriffsrahmen eigentümliche Unvermögen, seine Voraussetzungen zu objektivieren, erhellt auch aus der Struktur der einem Begriffssystem inhärenten Überzeugungen. Polanyi greift auf ethnologische Forschungen von Evans-Pritchard zurück, der die Resistenz von Glaubens- und Begriffssystemen gegenüber Außeneinflüssen anhand der Konfrontation des afrikanischen Volksstamms der Azande mit der abendländischen Kultur dargestellt hat.

In den mythischen Vorstellungen der Azande nimmt ein kultisches Gift die Funktion eines Orakels ein. Sie gewinnen es von einem Kriechtier, doch erweist das Gift seine Fähigkeit nur, wenn es innerhalb eines Ritus gewonnen wird. Um nun festzustellen, worauf z. B. Verzauberungen zurückzuführen sind, wird das Orakel befragt. Das Gift wird einem Huhn eingegeben; stirbt dieses daran, ist eine zuvor alternativ formulierte Frage entweder mit nein oder mit ja beantwortet. Wären die Auskünfte dieses Orakels widersprüchlich, erschiene solche Widersprüchlichkeit einem Europäer zugleich ein Argument gegen den Orakelglauben selbst. Die Azande hingegen verfügen über eine Reihe von nachträglichen Deutungen, die den Orakelspruch selbst nicht antasten, sondern die Ungereimtheit anders erklären: Das Gift war falsch gemischt, das Kriechtier verzaubert oder der Vollzug des Ritus enthielt Fehler. Daß das Gift seine Wirkung kausalursächlich ausübt, würden die Azande nicht verstehen, da ihr Begriffssystem eine solche Vorstellung zu fassen keine Voraussetzungen hat. Obwohl nach Auskunft der Ethnologen die Azande keine 'Dogmatik' für die Interpretation des Giftorakels besitzen, gewinnen alle Deutungen innerhalb ihres Verständnisrahmens Plausibilität. Ihre Vorstellungen haften an "einem Idiom, das alle relevanten Tatsachen mittels Zauberei und Orakelmächten interpretiert" [287].

Diese Resistenz von Überzeugungen, die in Kultur und Sprache verwurzelt sind, behauptet Polanyi in gleichem Sinn von Überzeugungen, die in fortgeschrittenen Gesellschaften der abendländischen Kultur auftreten. So sagt er von den neuzeitlichen Begriffssystemen des Freudianismus oder des Marxismus: "Niemand wird bestreiten, daß jene, welche die Idiome beherrscht haben, in denen diese Überzeugungen enthalten sind, auch höchst geistreich innerhalb dieser Idiome argumentieren, obwohl sie - wie die Azande - unweigerlich alles ignorieren, was das Idiom nicht deckt" [288].

Diese Merkmale kulturvermittelter Überzeugungen und Grundkategorien, ihre Unartikulierbarkeit und ihre Widerständigkeit gegenüber Gegeninstanzen werden von Polanyi mittels wissenssoziologischer Überlegungen als Konsequenz von drei Eigenschaften dargelegt, die ein Begriffssystem stabilisieren.

a) Die umfassenden Begriffssystemen eigene <u>Zirkularität</u> stabilisiert diese, indem neue Erfahrungskonstellationen immer analog zu ähnlichen Erfahrungen aus dem System heraus interpretiert werden. Die Argumentationsketten, die die Deutungen neuer Erfahrungen begründen oder auf Kritik von außen antworten, bestätigen nun umgekehrt das System als Ganzes. Diese zirkuläre Struktur der Selbstbestätigung greift auf den Bereich der Sprache und den praktischen Lebensbereich aus. Selbst wenn ein einzelner aus dem System ausbricht, braucht seine Reintegration nicht notwendig mit Gewalt oder Manipulation verbunden zu sein: Andere Ebenen des Verständnisses binden ihn an das von ihm bezweifelte System, so daß ihm selbst Zweifel über die Richtigkeit seiner Ablehnung kommen.

b) Stabilität gewinnt ein Begriffssystem weiterhin durch seine <u>natürliche</u>

Expansion. "Alle größeren Interpretationsrahmen haben eine epizyklische Struktur, die eine Reserve von subsidiären Erklärungen für schwierige Situationen bereithält" [291]. Konkrete Erfahrungen evozieren Deutungen. Ihnen ähnliche Erfahrungen werden vor dem Hintergrund des schon Bekannten verstanden, und auf diese Weise wird das Interpretationssystem unmerklich ausgeweitet.

c) Den erwähnten die Stabilität des Interpretationssystems absichernden Faktoren korrespondiert ein dritter der "unterdrückten Aufspaltung"; dieser bezeichnet die Eigenart, daß gegensätzliche Interpretationssysteme sich nur durch eine gewisse Plausibilität in anderen festsetzen können. Sie müssen selbst einen Interpretationszusammenhang im anderen System etablieren, der eine Reihe von Daten umgreift. Eben dies sucht das alte Interpretationssystem zu verhindern, indem es alle Einwendungen mit der gängigen Interpretation abwehrt. Auf diese Weise werden Daten und Zusammenhänge im Bereich der alten Interpretation nochmals affirmiert, die andernfalls zur Evidenz für die Gegeninterpretation werden könnten. Ein Interpretationssystem läßt sich nach Möglichkeit nicht durch ein anderes tangieren. Es sucht zu verhindern, sich aufspalten zu lassen.

Diese wissenssoziologische Bestätigung der Verklammerung von Begriffssystem, Denken und Handeln scheint den Begriffsrahmen eine Eigengesetzlichkeit zuzusprechen, die sich kaum aufbrechen läßt. Wird die Widerstandsfähigkeit dieser Systeme gegen Kritik von außen dermaßen hoch veranschlagt, erscheint fraglich, wie eine durch die genannten Faktoren in der Auseinandersetzung sich noch verfestigende Deutung überhaupt neue Erfahrungen integrieren, wie sie neue Erfahrungskonstellationen verarbeiten kann. Diese Frage verschärft sich zu der nach der grundsätzlichen Verstehbarkeit fremder Begriffssysteme. Wie sich schon andeutete, wird die Trennung zwischen verschiedenen Begriffssystemen recht rigide markiert. "Verschiedene Vokabulare für die Interpretation der Dinge trennen die Menschen in Gruppen, die der anderen Art, die Dinge zu sehen und sich nach ihnen zu richten, nicht verstehen können. Denn verschiedene Idiome legen verschiedene Muster möglicher Emotionen und Handlungen fest" [112]. Dieses Problem der Veränderung des Begriffsrahmens wird nicht nur unter dem Aspekt seiner Stabilisierung diskutiert, sondern Polanyi erörtert es auch unter den Stichworten der Modifikation und Antizipation neuer Erfahrungen. Die Veränderung des Begriffsrahmens vollzieht sich durch Veränderung der Sprache. Polanyi veranschaulicht diesen Modifikationsprozeß auf drei Ebenen [vgl. 104-119].

a) Rezeptive Veränderung während des Spracherwerbs: Falsche Denotation und irrige Verallgemeinerung von Begriffen werden beim Spracherwerb des Kindes, zumal wenn es Worte phonetisch noch nicht präzis artikulieren kann, von der Umwelt korrigiert. Das Kind erwirbt den Sprachschatz der Umwelt durch eigene Mutmaßungen und Bestätigung bzw. Ablehnung seiner Umwelt. Dieser Vorgang der korrigierenden Modifikation in der Sprachverwendung hält bis ins Alter an; so offensichtlich ist er dann allerdings nur noch beim Erlernen von Fremdwörtern.

b) Sprachveränderung durch linguistische Innovationen von Dichtern oder Wissenschaftlern: Wissenschaftliche Entdeckungen sind mit Veränderungen und Verbesserungen der sprachlichen Fixierung bestimmter Fragestellungen und Probleme verbunden, die ihrerseits neue Forschungsaufgaben präziser zu formulieren vermögen. Solche Entdeckungen, sind sie grundlegend genug, zerstören die herkömmliche, folgenlose Bestimmung von Problemen. Solche neuen Begriffe werden schnell vom Wissenschaftsbetrieb aufgenommen und verändern so den Begriffsrahmen, indem sie gängige Lesarten verwerfen und Erfahrung neu interpretieren. "Jede solcher Entscheidungen enthält das Formen von Bedeutung im Lichte unserer Normen von Klarheit und Vernunft" [109f].

c) Reformulierung und Selbstinterpretation der Umgangssprache in Bezug auf die sich wandelnde Wirklichkeit: Dieser Prozeß ist nicht Resultat eines objektivierten, geregelten Vorgangs. Im Bestreben, der Erfahrung Sinn und Bedeutung zu entnehmen, werden ungewöhnliche Ereignisse so interpretiert, daß sie durch Einordnung in sinnhafte Bezüge selbst sinnvoll erscheinen. Dabei vollzieht sich unmerklich eine Bedeutungsverschiebung der Begriffe im Modus unausdrücklichen Erkennens. Der Gewißheit, Wirklichkeit auszusagen, fügen sich die Begriffe. Polanyi widersetzt sich dem Verdacht, die Sprache nominalistisch von der Wirklichkeit zu trennen, mit einer Kritik an der sprachanalytischen Philosophie: Gegensätzliche Begriffe von den Dingen und unterschiedener Sprachgebrauch lassen sich nicht durch Sprachanalyse beseitigen, weil die Opponenten einer bestimmten Erfahrungsinterpretation immer der Überzeugung sind, die Dinge seien in Wirklichkeit so, wie sie diese vorstellen. Sprache hängt an Realität, insofern das sie verwendende Subjekt sich ihrer mit der Überzeugung bedient, Wirklichkeit mittels ihrer aussagen zu können. Diese Relation zur Überzeugung, durch Sprache mit der Wirklichkeit Kontakt zu haben, ist Ursache dafür, daß sprachliche Innovationen sich zugleich auf Selbst- und Wirklichkeitsverständnis auswirken.

> "Denn unser Idiom zu modifizieren heißt den Bezugrahmen zu modifizieren, innerhalb dessen wir künftig unsere Erfahrung interpretieren; es heißt uns selbst zu modifizieren...: es enthält eine Konversion zu neuen Prämissen, die durch keine exakte Argumentation von den vormals angenommenen aus zugänglich ist. Es ist eine Entscheidung ... ein irreversibler heuristischer Akt, der unsere Weise zu denken, zu sehen und zu beurteilen transformiert" [105f].

Die Bereitschaft, sich neuen Sprachregelungen zu fügen, gründet letztlich in der Überzeugung, daß eine neue Begrifflichkeit die Realität besser zum Ausdruck bringt als die zuvor verwendete. Das Subjekt glaubt, seine Erfahrungen angemessener zu verbalisieren, wenn es neue Worte und andere Begriffe in der Kommunikation verwendet. Im Vermögen, die Verschiedenheit einzelner Erfahrungskonstellationen sprachlich zum Ausdruck zu bringen, zeigt sich die Fähigkeit, subjektive Erfahrungen intersubjektiv zugänglich zu machen. Diese Fähigkeit ähnelt anderen geistigen Akten darin, daß sich der Sprechende der vielen Anhaltspunkte, die in Sprachbeherrschung eingehen, nicht explizit bewußt ist, sondern sie unthematisch berücksichtigt. Das Maß dieser Fähigkeit ist verschieden, schichtenspezifisch und nach Fach- und Alltagssprache different. Der Fach- und der Alltagssprache ist jedoch die Fähigkeit gemeinsam, sich ändernden Erfahrungen anzupassen und sie sprachlich auszudrücken. Neues und bislang Unbekanntes kann so erfaßt und mitgeteilt werden. Diese Fähigkeit, ungewohnte und unbekannte Erfahrungen als den gewohnten und bekannten ähnlich zu identifizieren, nennt Polanyi das "erfassende Antizipationsvermögen" [103], das nicht nur bei der Verwendung von Sprache, sondern auch bei Fertigkeiten, Wahrnehmung etc. wirksam ist. In diesen Bereichen tritt bei unerwarteten und neuen Vorgängen nicht völliges Unverständnis auf, weil der Umgang mit den gewohnten Erfahrungen die Möglichkeit, Ungewohntes, Neues zu erfassen, schon enthält. Die Konfrontation mit etwas Neuem bleibt, wenn sie auftritt, nicht ohne Konsequenz für den Verständnisrahmen. Zwar vorweggenommen und darum verstehbar, muß eine neue Erfahrung, wenn sie auftritt, dem Begriffsrahmen integriert werden. Ihre Neuartigkeit verändert dann den Begriffsrahmen. "Jedesmal wenn unser bestehender Verständnisrahmen sich mit einem von ihm antizipierten Ereignis befaßt, hat er sich zu einigem Ausmaß entsprechend zu modifizieren." [103]. Die Erfahrung des Neuen kann also antizipiert und darum bewältigt werden. Sie wirkt auf den Verständnisrahmen zurück und nötigt so zu neuen antizipatorischen Extrapolationen.

Wissenserwerb und neue Erfahrungen werden sprachlich vermittelt. Der Modifikation des Verständnisrahmens korrespondiert daher eine Veränderung der Sprache. "... Jede Verwendung der Sprache appliziert, um Erfahrung in einer sich ändernden Welt zu beschreiben, Sprache auf einen partiell beispiellosen Fall ihres Gegenstands und modifiziert ein wenig die Bedeutung der Sprache wie auch die Struktur unseres Begriffsrahmens" [104]. Im Anschluß an Piaget bezeichnet Polanyi die Modifikation von Begriffen und die resultierende Änderung ihres Gehalts als Folge von Assimilation und Adaptation. Assimilation bezeichnet die Einordnung neuer Erfahrungen in gängige Begriffe; bei der Adaptation neuer Erfahrungen werden Begriffe reformuliert oder neu geprägt, um die Erfahrungen fassen zu können. Im Gegensatz zur Assimilation, die mechanisch und nach Regeln erfolgen und wiederholt werden kann, bezeichnet Adaptation in ihrer Idealform einen schöpferischen Akt. In diesem Sinn sind neue Begriffe in der Dichtkunst zu verstehen [vgl. 105].

Die verschiedenen Aussagen Polanyis über die Veränderung und Stabilisierung von Begriffssystemen, zum Verhältnis von Sprache und Erfahrung und zur Verstehbarkeit und Selbsterhaltung von Begriffswelten weisen Bezugspunkte zu den Auffassungen von Hare und Phillips auf. Diese wurden hier gleichwohl nicht konkretisiert, weil weder diese Beziehungen noch die inhaltliche Stimmigkeit der Behauptungen Polanyis problematisiert werden sollten, sondern diese Zusammenhänge bezüglich des unausdrücklichen Wissens darzustellen waren. Die inhaltliche Problematik von Erkenntnis, Sprache und Wirklichkeit wird im Zusammenhang der Thematik von Wahrheitsanspruch und Begründung noch behandelt. Im Rahmen des Referats der Auffassungen Polanyis können wir nach dieser Darlegung der Konsequenzen der formalen Bestimmung des unausdrücklichen Erkenntnisaktes in den Bereichen von Sprache und Begriffsrahmen nun den eigentlichen Kern der Konzeption Polanyis ansprechen, die Bestimmung unausdrücklichen Wissens und Erkennens als wesentlich personaler Akte des Subjekts.

3. Die personale Struktur des Wissens: Selbstverpflichtung und Erkenntnisleidenschaft

Nach Polanyi ist das Erkennen wesentlich als Handlung, als Tätigkeit des Subjekts zu verstehen. In einer unthematischen, vektorialen Bezugnahme von Anhaltspunkten auf einen expliziten Erkenntnisgegenstand gelangt das Subjekt zur Erkenntnis. Gegenüber herkömmlichen Erkenntnistheorien verliert die Subjekt-Objekt Unterscheidung gegenüber dem Akt der Integration ihre dominierende Stellung. Diese Unterscheidung bleibt bezüglich der Anhaltspunkte, die den 'subjektiven' und den 'objektiven' Pol der Erkenntnisrelation umgreifen, sekundär. Entscheidend ist die Fähigkeit des Subjekts, sich und die Außenwelt zum funktional unterschiedslosen Kranz der nichtthematisierten Aspekte des Erkenntnisaktes zu verschmelzen. Diese Struktur hält sich in der Beziehung des erkennenden Subjekts zu Sprache und Begriffsrahmen durch; es steht diesen nicht wie Gegenständen gegenüber, sondern wohnt ihnen in den Akten des Erkennens, Denkens und Sprechens inne.

Diese konstitutive Bedeutung der Partizipation des Subjekts für den Erkenntnisvorgang wird von Polanyi über die Bestimmung der Erkenntnis als einer Leistung hinaus auf die Bereiche der Emotionen und Affekte ausgedehnt. Polanyi versteht im Gegensatz zum Szientismus die emotionalen Überlagerungen und affektiven Voraussetzungen des Erkennens nicht als Gefährdung von Objektivität, sondern als deren konstitutiven Bestandteil. Sie sind Elemente des Erkenntnisaktes selbst und gehen in die Beurteilung der Geltung von Erkenntnissen ein. Selbst die Wahrheit von Erkenntnissen sieht Polanyi von diesen Momenten abhängig: "Die Behauptung einer großen wissenschaftlichen Theorie ist zum Teil Ausdruck des Entzückens. Die Theorie hat eine unausgesprochene, ihre Schönheit anerkennende Komponente, und diese ist wesentlich für den Glauben, daß sie wahr ist" [133].

Diese These führt zu den zentralen Aussagen der Erkenntnistheorie Polanyis. Emotionen, Interessen und Strebungen des Erkennenden werden nicht in ihrer Gegensätzlichkeit und Andersartigkeit zum Erkenntnisgehalt gesehen, sondern in ihrer konstitutiven Funktion für den Erkenntnisvorgang selber. Die Präsenz der emotionalen und volitiven Komponenten wird daher nicht erkenntnispsychologisch analysiert; Polanyi denkt Partizipation des Subjekts am Erkenntnisvorgang als echte Aktivität. Erkennen ist ihm 'Erfassen' im aktiven Verständnis.

Weil die Wirklichkeit dem Erkennenden schon immer in der Situation seines Eingriffs in sie erscheint, läßt sich das Erkennen an der Subjekt-Objekt Spaltung nicht verständlich machen. Das Wirkliche erscheint nur nach Maßgabe von Sprache und Begriffsrahmen, deren Bild der Wirklichkeit im Akt des Erkennens unthematisch schon anerkannt wird. Da die gesamte Erkenntnissituation also durch den Akt des Subjekts bestimmt ist, beschreibt Polanyi sie in personalen Kategorien. Er verwahrt sich dagegen, Erkenntnis damit subjektivistisch auszulegen. Seine Deutung will das Erkennen weder als einen willkürlich-beliebigen Akt verstehen, noch als eine passive Erfahrung, die das Subjekt aus dem Begriff des Erkennens ausschaltet. Das Erfassen von Wirklichkeit wird vielmehr als ein Akt personaler Verantwortung charakterisiert, der überzeugt ist, objektive Wirklichkeit zu erkennen. Die Erkenntnisbedingungen und die Bindung an unausdrückliche Erkenntnisleistungen verhindern, die Wahrheit oder den Gehalt einer Erkenntnis im Sinne des Positivismus zu 'beweisen'. Polanyi bestimmt das Wissen als Glaubensakt; der Erkennende ist überzeugt, von der Wirklichkeit Kenntnis zu haben, und dieser Überzeugung weiß er sich leidenschaftlich verpflichtet.

Inwieweit Polanyi sich durch diese personale Konkretisierung der Formalstruktur des unausdrücklichen Erkennens von erkenntnistheoretischen Selbstverständlichkeiten der Neuzeit entfernt, wird darin deutlich, daß er zu Augustinus zurückgeht, um seine Auffassung vom Glauben als integralem Bestandteil des Wissens zu veranschaulichen. Seit dem Einfluß des griechischen Rationalismus auf das mittelalterliche Denken sei diese Auffassung des Glaubens als Quelle des Wissens zurückgedrängt und in der Neuzeit vollends durch seine Bewertung als einer subjektiven, ungewissen Annahme ersetzt worden. Seine Behauptung, daß alles Erkennen aufgrund von vorhergehenden Glaubensannahmen gestützt, bestimmt und für wahr gehalten wird, - nisi credideritis, non intellegitis - läßt Polanyi dazu auffordern, "den Glauben erneut als Quelle allen Wissens anzuerkennen" [266].

Die Bezüge zur Erkenntnispsychologie des Augustinus gehen über einige Parallelen in der Begrifflichkeit hinaus. Für Augustinus gehen die Akte des Willens denen des Erkennens voraus und ermöglichen sie. Ohne ein das Erkenntnisobjekt anzielendes Streben ist Erkenntnis für ihn nicht denkbar. Solche Nachträglichkeit des Erkennens gegenüber einem interessenehmenden Ausgriff auf Wirklichkeit ist bei Polanyi mit der Fundierung der Erkenntnis in einer geistigen Strebedynamik ausgesagt, die er als ein aktives, dynamisches Prinzip begreift, das sich in einem Akt des Interesses an Erkenntnis und in einem Akt der Selbstverpflichtung an das Erkannte zur Geltung bringt.

Polanyi bezeichnet diese interessenehmenden Strebungen als "Erkenntnisleidenschaft" [intellectual passion] und erläutert Geltungsanspruch und Wahrheit als Ausfluß und Umsetzung dieser Erkenntnisdynamik in einen Akt der Selbstverpflichtung an das Erkannte [commitment]. Dieser personalen Deutung des Erkennens und Wissens wollen wir nun durch eine Entfaltung dieser Begriffe nachgehen.

a) Erkenntnisleidenschaft: Antrieb des Entdeckens, Erkennens und Überzeugens

Die zuvor erwähnte ästhetische Komponente der Behauptung der Wahrheit von Erkenntnissen bestimmt Polanyi als Manifestation und Ausdruck einer geistigen Strebedynamik, deren Differenzierungen er mit dem Sammelbegriff "geistige Leidenschaften" [intellectual passions] zusammenfaßt. Er bindet diese Erkenntnisleidenschaften an ein natürliches Plausibilitätsstreben, an ein fundamentales Bemühen des Menschen zurück, seiner Umgebung Bedeutung und Orientierungsmuster abzugewinnen. Dieses Plausibilitätsstreben begegnete bereits bei dem Integrationsakt der Wahrnehmung. Polanyi weist verschiedentlich darauf hin, daß dieses Streben bereits an Formen tierischer Intelligenz abzulesen ist. Diese sich im tierischen Spiel manifestierenden Formen von Intelligenz sind beim Menschen ausgeweitet und weiterentwickelt "zu einem komplexen System emotionaler Antworten, durch die wissenschaftlicher Wert und Geschicklichkeit vielerlei Arten in Naturwissenschaft, Technologie und Mathematik anerkannt werden" [133]. Wissenschaftliche Erkenntnis und Theoriebildung geben diesem leidenschaftlichen Streben also nicht nur Ausdruck, sondern dieses erfüllt für die Erkenntnis selber relevante Funktionen. Daher ist es aus der Beschreibung der Erkenntnis nicht auszuschalten; seine Funktionen und der von ihnen eingenommene Ort im Wissenschafts- und Erkenntnisprozeß ist einsichtig zu machen:

> "Ich möchte aufweisen, daß wissenschaftliche Leidenschaften nicht bloß psychologisches Nebenprodukt sind, sondern eine logische Funktion haben, die ein unentbehrliches Moment zur Wissenschaft beiträgt. Sie respondieren einer wesentlichen Qualität in einer wissenschaftlichen Aussage und können entsprechend richtig oder falsch genannt werden, abhängig davon, ob wir diese Qualität in ihr anerkennen oder verneinen" [134].

Diese logisch für die Wissenschaften unverzichtbaren Funktionen, die die geistigen Leidenschaften erfüllen, werden von Polanyi auf drei Ebenen expliziert: an ihrer Wirksamkeit in Entscheidungsprozessen, bei der Ausprägung und Beurteilung heuristischer Vorstellungen und am Überzeugungsstreben, das die Mitteilung und den Wahrheitsanspruch motiviert.

a) <u>Selektionsfunktion</u>: Wissenschaftliche Forschung ist immer selektiv. Infolge zunehmender Spezialisierung kann der einzelne Wissenschaftler allein niemals alle Aspekte eines sich ihm stellenden Problems überschauen. Gleichwohl hat er Stellung zu nehmen. Wenn er über Forschungsprobjekte oder Lösungsstrategien entscheidet, legt er fest, was für die Wissenschaft von Bedeutung ist, und er scheidet aus, was ihm belanglos und irrelevant erscheint. Solche Einschätzungen sind von geistigen Leidenschaften geleitet:

> "... positive Leidenschaften [positive passions] behaupten, daß etwas wertvoll ist. Das Entzücken eines Wissenschaftlers, der eine Entdeckung macht, ist eine geistige Leidenschaft, die besagt, daß etwas geistig wertvoll ist und näherhin, daß es für die Wissenschaft von Wert ist. Und diese Behauptung formt einen Teil der Wissenschaft" [134].

In der Regel wird die Relevanz wissenschaftlicher Entdeckungen nach ihrer Konformität mit der herrschenden Auffassung der Gemeinschaft der Wissenschaftler bemessen. Diese beurteilt ihre Leistungen nach Sicherheit, Genauigkeit, nach systematischer Relevanz und nach ihrem intrinsischen Interesse. Dieses intrinsische Interesse eines Erkenntnisgegenstands sprengt die Kriteriologie der Wissenschaften und ist von ihr methodisch nicht zu erfassen. Polanyi nennt die Erforschung des Menschen und des Universums als Beispiele von Forschungsrichtungen, die in sich selbst bedeutsam sind. Die differenzierten Wissenschaften, die sich unter den verschiedensten Rücksichten mit ihnen befassen, bleiben trotz der innerwissenschaftlichen Kriterien an dieses Interesse rückgebunden. Verlöre die Wissenschaft diesen Bezug, würden ihre Aussagen irrelevant; für das menschliche Erkenntnisinteresse wären sie bedeutungslos. Genau darum ist das Projekt einer Einheitswissenschaft im Sinne streng objektiver, interesseloser Methodologien abzulehnen.

Daß Erkenntnisse wichtig und bedeutsam sind, wird vom Wissenschaftler behauptet. Dieses Urteil ist letztlich methodisch nicht zu begründen, denn die Einschätzung der Werthaftigkeit verdankt sich dem leidenschaftlichen Drang nach Einsicht in die Wirklichkeit, der einer bestimmten Erkenntnis diesen Wert zuschreibt oder abspricht. Entscheidungsprozesse in der Wissenschaft folgen nicht ausschließlich objektiven Verfahrensregeln; die persönliche Entscheidung eines Wissenschaftlers gibt den Ausschlag. Das ist nicht purer Dezisionismus; Wertstellungnahmen, die Relevanz und Werthaftigkeit behaupten, lassen sich korrigieren, aber sie begründen sich in der Form eines Aktes der Verantwortung.

b) Heuristische Leidenschaften: Neben der Fundierung selektiver Maßnahmen manifestieren sich die geistigen Leidenschaften in ihren heuristischen Funktionen. In ihrem Bestreben, noch unklare und unausgewiesene Problemlösungen zu prüfen und schließlich die wahre Lösung zu erkennen, sind die Forscher von heuristischen Leidenschaften geleitet. Polanyi veranschaulicht das heuristische Streben an der Spannung zwischen einem Problem und dem Entdecken seiner Lösung. Wissenschaftliche Probleme führen zu Ratlosigkeit und Verwirrung. Die Lösung eines echten Problems ist methodisch nicht zu erreichen; der Forscher entwirft vielmehr ein neues Bedeutungsmuster, indem er von Anhaltspunkten und Mutmaßungen ausgeht und zu einer Lösung gelangt, die die divergierenden Momente und Aspekte in einem sinnvollen Ganzen aufhebt [vgl. 120ff]. Das vorläufige Bild der Lösung ist nicht verbürgtes Wissen, sondern Orientierungsmuster der Erkenntnisbemühung. Obwohl möglicherweise falsch, leitet diese Vorstellung die Erkenntnisoperationen bei den Lösungsversuchen. Das Vermögen, Sinnmuster zu antizipieren, sie zu erproben und durchzusetzen, ist von heuristischen Leidenschaften getragen. Nicht alles, was für die Lösung möglicherweise bedeutsam sein könnte, wird begründet ausgeschlossen; zumeist wird es einfach ignoriert, wenn es der heuristischen Vorstellung, die der Forscher verfolgt, nicht konform geht.

In der von heuristischen Leidenschaften motivierten Antizipation sinnvoller Bezüge liegt der Ursprung von Originalität und Kreativität. Etwas grundlegend Neues läßt sich nicht durch fortgesetzte Anwendung der gültigen Methodologie erreichen; nur Mutmaßungen und kühne heuristische Entwürfe führen zu neuen Entdeckungen. Ist eine solche Entdeckung den herkömmlichen Erklärungsmustern nicht vereinbar, verändert sich mit ihr auch der Interpretationsrahmen des Wissenschaftlers. "Größere Entdeckungen verändern unsern Interpretationsrahmen. Darum ist es logisch unmöglich, sie durch fortwährende Applikation unseres vormaligen Interpretationsrahmens zu erreichen" [143]. Bei einem solchen Umwandlungsprozeß ist der Forscher mit seiner ganzen Existenz beteiligt; Erkenntnis wird hier getragen vom Engagement - nur so kann er den Bruch mit der Forschergemeinschaft durchhalten.

c) **Das Überzeugungsstreben** [persuasive passion]: In den Versuchen des Forschers, die allgemeine Gültigkeit seiner Entdeckung den anderen nahezubringen, äußert sich das leidenschaftliche Bestreben, sie von der Richtigkeit der eigenen Auffassung zu überzeugen. Erkenntnisse werden als Behauptungen mit Geltungsanspruch mitgeteilt. Bestätigt eine Entdeckung nicht die allgemeinen wissenschaftlichen Theorien, wird sie aber vom Forscher als richtig vertreten, entstehen wissenschaftliche Kontroversen. Einzelne Behauptungen hängen immer an einem umfassenden Begriffssystem, das als Interpretationsrahmen bei solchen Kontroversen wirksam ist. Was innerhalb des einen Rahmens als richtig gilt, wird innerhalb eines anderen kaum verstanden, geschweige denn akzeptiert. Dieser logische Bruch zwischen verschiedenen Denkweisen ist nicht durch Beweise zu überwinden, da die grundlegenden Voraussetzungen eines Denksystems jeweils festlegen, was als ein Beweis gelten kann. So muß die Leidenschaft zu überzeugen sich anderer Mittel bedienen:

> "Proponenten eines neuen Systems können ihre Hörer nur überzeugen, wenn sie zunächst ihre intellektuelle Sympathie für eine Lehre gewinnen, die sie noch nicht verstanden haben. Solche, die wohlwollend zuhören, werden für sich selbst entdecken, was sie andernfalls niemals verstanden hätten. Solche Annahme ist ein heuristischer Vorgang, eine selbstmodifizierende Handlung, und zu diesem Ausmaß eine Konversion" [151].

Diese Ausführungen deuten Themen und Zusammenhänge an, denen heute in der Wissenschaftstheorie und Wissenschaftsgeschichte viel Aufmerksamkeit entgegengebracht wird. Es sei hier lediglich darauf hingewiesen, daß Polanyi wesentliche Aspekte dessen vorwegnimmt, was unter den Stichworten Paradigmenwechsel und Forschergemeinschaft in den letzten Jahren verstärkt diskutiert wird. Es ist darum nicht erstaunlich, daß gegen Polanyi ähnliche Argumente vorgebracht werden, die im Rahmen der Kritik an der These Kuhns über die Eigenart der Wissenschaftsentwicklung zu finden sind. Manchen Kritikern scheint gerade wegen des von Polanyi so hoch veranschlagten Einflusses der Leidenschaften seine Philosophie in einen rigiden Subjektivismus abzusinken, da wissenschaftliche Erkenntnis von affektiven, volitiven und interessebestimmten Komponenten abhängig wird. Der Status dieser Leidenschaften ist über ihre beschriebenen Funktionen hinaus daher stärker zu präzisieren.

Daß die Kriterien methodischer Kritik und rationaler Entscheidung letztlich nicht selbst zum Gegenstand voraussetzungsloser, neutraler Argumentation erhoben werden können, ist in ihrer Verankerung in der Erkenntnisdynamik und den geistigen Leidenschaften begründet. Weil diese nicht nur das volitive Movens des Erkenntnisaktes darstellen, sondern zugleich die in Erkenntnisprozessen zu treffenden Entscheidungen maßgeblich beeinflussen, greifen hier die Ebenen von Emotion, Interesse, Affekt und Erkenntnis unauflöslich ineinander. Das Bedeutungsspektrum des Begriffs "geistige Leidenschaften" umfaßt all diese Aspekte. Wie schon gesagt wurde, bindet Polanyi die Leidenschaften an ein triebhaftes Streben tierischer Intelligenz zurück und sucht sie im Rahmen von Emotionen zu begreifen. Diese teleologische Struktur, die auch bei tierischem Appetenzverhalten sichtbar ist, haben die Leidenschaften in ihren verschiedenen Funktionen gemeinsam. Das Streben der Triebe, der Emotionen und des Erkennens setzt die Möglichkeit einer Erfüllung voraus. In diesem Sinn stimulieren die geistigen Leidenschaften zu einer Erwartungshaltung, indem sie die Erkenntnisobjekte mit "Emotionen beladen, die sie anziehend oder abstoßend machen; positive Leidenschaften behaupten, daß etwas wertvoll ist" [134]. Die Konstitution von Relevanz bei der Erkenntnis, die Einschätzung ihres Wertes und ihres Vorzugs verdankt sich also wesentlich den Leidenschaften. Hall hat diesen Aspekt ihrer Wertkonstitution präzis charakterisiert:

> "Die geistigen Leidenschaften schließen den ganzen Bereich unserer affektiven und volitiven Erfahrungen ein ..., insofern diese am kognitiven Unterfangen beteiligt sind. Diese Emotionen, Leidenschaften, Gefühle, Impulse und Einstellungen konstituieren die Wertdimension unserer Erfahrung, insofern sie die Weisen sind, Dinge als gut oder schlecht, als etwas, das getan oder nicht getan werden sollte, zu erfahren..." (60).

Damit ist einsichtig, daß "Leidenschaften" gegen eine inhaltsleere Bestimmung bloßer Intensität abzugrenzen sind. Die geistigen Leidenschaften können verschieden intensiv die Handlungen prägen; die Bedeutung von Engagement, Interesse und Identifikation ist eingeschlossen [vgl. 172]. Über ein solches Verständnis geht Polanyi aber dort hinaus, wo er die Leidenschaften an einen kognitiven Gehalt bindet und ihnen selbst solchen Gehalt zuspricht. Dieser wäre als Zweck von Handlungen wiederum fehlgedeutet. Leidenschaften können nicht als das bloße Streben bei der Verwirklichung eines Zwecks aufgefaßt werden, weil sie eine Dynamik bezeichnen, die trotz eines begrifflich nicht eindeutig vorgegebenen Ziels einer Handlung wirksam ist. Aus diesem Grund verdeutlicht Polanyi den Begriff mittels seines Stellenwerts innerhalb einer Entdeckung. Bei Problemlösungsversuchen verläßt sich das Subjekt auf Anhaltspunkte, die allein keine Erkenntnisfindung garantieren können. Dennoch läßt ein Forscher nicht davon ab, sie zu 'verfolgen'. Das, was den Forscher trotz Enttäuschungserfahrungen zu weiterem Bemühen anhält, was ihm die mögliche Entdeckung begehrenswert, von Interesse und wissenswert erscheinen läßt, sind eben die Erkenntnisleidenschaften. Ihre Manifestationen sind verschieden; unter heuristischer Perspektive gewinnen sie eine sinn- und erkenntnisantizipierende Komponente und damit zugleich handlungsorientierende Funktion.

Weiterhin sind die geistigen Leidenschaften von bedürfnispsychologischen Spannungsempfindungen abzugrenzen. Solche Empfindungen verlieren sich bei Bedürfnisbefriedigung und bleiben nur latent präsent. Zudem sind sie zumeist privater Natur. Die geistigen Leidenschaften dagegen präsentieren sich "öffentlich; nicht privat" [174]; anders als subjektive Vorlieben sind sie intersubjektiv und schlagen sich im kulturellen Rahmen nieder, in dessen Kontext sie auftreten. Da an ihnen die Wertdimension des Erkannten hängt, weil sie zu Erkenntnisanstrengungen motivieren, sind selbst die formalen Wissenschaften durch sie bestimmt. Sie müssen daher als ein konstitutiver Teil wissenschaftlicher Aussagen gelten. Daher fordert Polanyi,

"daß wir solche leidenschaftlichen Wertungen rechtfertigen ... Die Wissenschaft kann mithin nicht länger auf einer Insel positiver Fakten zu überleben hoffen, um die herum das übrige geistige Erbe des Menschen zum Status subjektiven Emotionalismus absinkt. Sie muß beanspruchen, daß gewisse Emotionen richtig sind..." [134].

Wenn geistige Leidenschaften also "behaupten, daß etwas wertvoll ist" [134], impliziert dieser Geltungsanspruch auch die Notwendigkeit, ihn zu begründen. Um so mehr, da nicht nur das, worauf sie sich richten, sondern sie selbst "gänzlich fehlgeleitet" oder "schon an sich irrig" [144] sein können. Durch diesen Behauptungscharakter setzt Polanyi die geistigen Leidenschaften zugleich von einem Verständnis ab, das sie als subjektive, bloß emotionale Regungen dem Erkennen entgegenstellt. Die geistigen Leidenschaften statuieren affirmativ einen Gehalt und können richtig oder falsch sein.

Diese Behauptungen über das Erkenntnisstreben berühren bereits das zweite Themenfeld, das mit dem personalen Aspekt des Erkennens von

Polanyi verbunden wird. Die Erkenntnisleidenschaft ist nicht nur das dynamische Prinzip, das das Erkennen antreibt, Probleme zu lösen, Ahnungen und Mutmaßungen trotz ihrer Ungewißheit nicht aufzugeben, Bedeutungsmuster auszubilden und gewonnene Erkenntnis mitzuteilen. Zugleich äußert sich dieses Erkenntnisstreben auch als jene Kraft, die erkannte Sachverhalte für wahr halten läßt. Affirmation von Wahrheit und Geltung wird im personalen Bereich von Polanyi als Verpflichtung an das Erkannte expliziert.

b) Die Affirmation des Wissens als Selbstverpflichtung an einen universalen Geltungsanspruch

Die sich verfächernde Erkenntnisdynamik der geistigen Leidenschaften überträgt sich, wenn sie zur Erkenntnis gelangt, in den Akt der Behauptung. Diese Bindung von Aussagen, Überzeugung und Wissen an für sie konstitutive und sie strukturierende Akte des Subjekts ist letztlich das, was Polanyi als "personale Komponente" allen Wissens bezeichnet. Um über diesen Kernpunkt seiner Auffassungen zu einer Stellungnahme zu gelangen, ist zunächst der Begriff des "Commitment" zu erörtern, mittels dessen Polanyi die subjektiven Faktoren des Erkennens zusammenfaßt.

Für das Wort "commitment" fehlt im Deutschen ein eindeutiges Äquivalent; "to commit" bedeutet zunächst übergeben, übertragen, dann auch anvertrauen, sich verpflichten, sich binden an. "Commitment" bezeichnet entsprechend den Akt des sich Verpflichtens, konnotiert aber auch die resultierenden Haltungen und Einstellungen der Verpflichtung und Bindung, des Engagements und des Überzeugtseins.

Die Bestimmung des Erkenntnisaktes als aktive, weitgehend unausdrückliche und von den Leidenschaften motivierte Integration von Anhaltspunkten, die die Erkenntnis gewinnen läßt, beinhaltet schon, was Polanyi als Commitment bezeichnet. Beim Erkennen sind die subsidiären Komponenten des Erkenntnisfeldes unthematisch präsent. Sie konstituieren den Erkenntnisakt unausdrücklich mit, insofern der Erkennende sich auf sie stützt, sie voraussetzt und auf sie bauend zur Erkenntnis gelangt. Indem sich der Erkennende auf die Anhaltspunkte als zuverlässig verläßt, bindet er sich an sie als gültige Voraussetzungen seines Erkennens. Dieses nicht explizit begründete Voraussetzen der Verläßlichkeit der Erkenntniskonstituentien ist die Grundform des Commitments, der Verpflichtung: "Dieses Sich-verlassen ist eine personale Verpflichtung, das in allen Akten des Verstandes beteiligt ist, durch die wir einige Dinge subsidiär dem Zentrum unserer fokalen Beachtung integrieren" [61]. Solches sich-Verpflichten an Voraussetzungen, die für sich selbst nicht Erkenntnisinhalt sind, strukturiert alle Ebenen und Bereiche geistigen Erfassens. An der Wahrnehmung, dem Handlungsbewußtsein und der Korrelation unausdrücklichen und ausdrücklichen Wissens wurde diese Struktur dargestellt. Die

Verpflichtung unterscheidet sich darin vom bloßen Gefühl oder vom psychischen Zustand, daß sie in der Behauptung den Bereich des Subjektiven durchbricht und alle Erkenntnis erst intersubjektiv macht. Sie bleibt an subjektive Empfindungen gebunden, und darum ist keine Erkenntnis 'objektiv' im Sinne subjektunabhängiger Wirklichkeit. Aber sie impliziert immer eine Behauptung von etwas, das "jenseits ihrer selbst" liegt [300]. Das Commitment anerkennt etwas ihm Äußeres als "unabhängig von ihm selbst" [300] und anerkennt es damit als eine von ihm nicht erzeugte Wirklichkeit. Verfolgt etwa ein Wissenschaftler, angetrieben durch heuristische Leidenschaft, ein wissenschaftliches Problem, so ist der Vorgang seiner Lösung von einer bestimmten Lösungsvorstellung geleitet. Die Überzeugung, diese Vorstellung sei wahr und werde das Problem lösen, ist nicht methodisch nachweisbar. Angetrieben von leidenschaftlichem Erkenntnisdrang, ist eine sich einstellende Entdeckung von Empfindungen tiefer Befriedigung begleitet. Aber zugleich formuliert der Forscher seine Erkenntnis als eine Behauptung mit universalem Geltungsanspruch. Er verpflichtet sich ihr in "universaler Absicht"; "zwingend für ihn selbst wie für jedermann sonst" [301]. Obwohl seine Erkenntnis nicht absolut gewiß und ihre Wahrheit nicht unbezweifelbar ist, fordert der Wissenschaftler Anerkennung ihrer Wahrheit ein, und in diesem Sinn beansprucht er für sie Objektivität. "Commitment ist eine persönliche Entscheidung, ein Suchen und gegebenenfalls ein Annehmen von etwas, das ... als nichtpersonal gegeben geglaubt wird" [302].

> "Die innere Struktur dieses fundamentalen Aktes personalen Erkennens läßt uns notwendig an seiner Formung partizipieren und seine Ergebnisse in universaler Absicht anerkennen... Es ist der Akt des Verpflichtens in seiner vollen Struktur, der personales Erkennen davor bewahrt, lediglich subjektiv zu sein. Geistiges Sich-verpflichten ist eine verantwortliche Entscheidung, in Unterordnung gegenüber den zwingenden Ansprüchen, die ich mit gutem Gewissen als wahr erachte" [65].

Die Verpflichtung, die aus dem Überzeugtsein resultierende Behauptung strukturiert die Komponenten des Erkenntnisaktes und erhebt sie damit über den Status subjektiver Meinungen. In diesem Sinn spricht Polanyi von Commitment-Situation. Innerhalb ihrer erhält das Erkannte einen anderen Status. Erkenntnisse werden zu beliebigen Informationen, Meinungen oder Auffassungen, wenn das Überzeugtsein entfällt. Es erscheint als subjektiver Glaube, was innerhalb des Rahmens der Verpflichtungs-Situation mit personaler Leidenschaft als Wahrheit vertreten wird. Entfällt dieser Rahmen, stellen sich Äußerungen als bar jeden affirmativen Gehalts dar; sie bleiben ohne jeden Verbindlichkeitsanspruch für die anderen. "Die fiduzialen Leidenschaften, die eine vertrauensvolle Äußerung über Tatsachen herbeiführen, sind personal, weil sie sich den Fakten als universal gültig fügen, aber wenn wir auf diesen Akt unverbindlich [noncommittally] reflektieren, ist seine Leidenschaft zu Subjektivität reduziert." [303]. Außerhalb der Verpflichtungssituation besteht zu den Fakten eine Distanz, weil der Geltungsanspruch in dieser Neutralität nicht geäußert werden kann. Neutralität verzichtet auf Geltungsanspruch und Verbindlichkeit.

Der Stellenwert der geistigen Leidenschaften und ihre Verbindung zu dem Akt des Commitments innerhalb der Philosophie Polanyis sind damit vorgestellt. Aus einem natürlichen Plausibilitätsstreben hervorgegangen, drängen sie zur Erkenntnis und motivieren das Subjekt, dies in der Entscheidung anzunehmen oder abzulehnen und bilden so einen konstitutiven Anteil des Verpflichtungsaktes. Was die geistigen Leidenschaften letztlich erstreben und affirmieren, ist nach Polanyi ein Empfinden "geistiger Schönheit". Diesem entspricht eine geistige Befriedigung, und diese ist für den Erkennenden Signum von Objektivität [vgl. 3-17; 145ff]. Dieses ästhetische Moment geht mithin in Erkenntnis, Geltungsanspruch und Anerkennung ein, denn die "intellektuelle Schönheit einer Theorie ist ein Anhaltspunkt ihres Kontaktes mit der Realität" [147]. Man könnte im Vergleich mit Habermas, der die Erkenntnisinteressen als Streben nach Freiheit, intersubjektiver Verständigung und technischer Verfügung erläutert und damit wesentlich praktisch bestimmt, bei Polanyi von einem letztlich kontemplativen Erkenntnisinteresse sprechen, das sich auf Ordnung, Kohärenz der Bedeutungszusammenhänge und Schönheit richtet.

Die Darlegung der formalen Struktur des Aktes unausdrücklichen Erkennens, seine Veranschaulichung an Wahrnehmung und Fertigkeit, die Charakterisierung seiner Gestalt in Sprachgebrauch und begrifflichem Denken führte zu seiner personalen Konkretisierung durch Erkenntnisleidenschaft und Verpflichtung an das als wahr Erkannte. Dieser Grundgedanke Polanyis stellt zugleich seine Pointe der Szientismuskritik dar. Wir wollen ihn kurz resümieren, um dann den Ort der Position Polanyis im Gesamtzusammenhang dieser Untersuchung anhand ihrer Beziehung zum theologischen Begründungsproblem kurz zu verdeutlichen.

Alles Erkennen, so läßt sich die Auffassung Polanyis zusammenfassen, ist ein Ausgriff des Subjekts auf Wirklichkeit; ein fundamentales Interesse an Plausibilität der Erfahrung und an Kohärenz der Bedeutungsgehalte treibt den Menschen an, dem ihm Begegnenden Sinn und Orientierungsfähigkeit abzugewinnen. Dieses leidenschaftliche Streben nach Erkenntnis stellt sich in der aktualen Erkenntnisbemühung als eine Art praktischen Wissens dar; es ist die Fähigkeit, den Erkenntnisapparat und die begegnenden Anhaltspunkte unausdrücklich so zu integrieren, daß der Akt der Erkenntnis gelingt. Dieses praktische Element unausdrücklicher Koordinierung ist Komponente noch des abstraktesten theoretischen Wissens; alle explizite, verbalisierbare Erkenntnis bleibt an diesen unthematischen Akt rückgebunden.

Dieser unausdrückliche Akt des Erkennens stellt in doppelter Hinsicht ein Argument gegen einen verabsolutierten Rationalismus und Empirismus dar. Zum einen beweist er eine Rationalität praktischen Könnens, das nicht methodisch rekonstruierbar ist; die Limitierung des Vernünftigen auf das methodisch Rekonstruierbare und schlüssig Beweisbare stellt sich damit als Verengung des Wissens auf schlußfolgernde Erkenntnis dar. Gegen Szientismus und Positivismus stellt diese Deutung des Erkennens heraus, daß jeder Akt der Erkenntnis von Wirklichkeit zugleich einen Eingriff in diese Wirklichkeit darstellt, der sich nicht im Sinne der Subjekt-Objekt Spaltung auftrennen läßt. Weil sich die Differenz von Welt und Ich beim Akt der Integration im Bereich des Subsidiären funktional auflöst, muß jeder Versuch, daß Wissen als absolut gesichertes, subjektunabhängiges Darstellen von Wirklichkeit ein falscher erkenntnistheoretischer Ausgangspunkt sein.

Die Verschränkung der personalen Strebungen und der objektiven Wirklichkeit sucht Polanyi vor dem Abgleiten in einen haltlosen Subjektivismus dadurch zu bewahren, daß er den Anspruch des Wissens als Behauptung universaler Geltung expliziert. Die Form dieses Anspruchs leitet sich nicht von der Erfahrung von Selbstevidenz oder zwingender Beweiskraft her, sondern ist eine Verpflichtung des Subjekts an das Erkannte als ein von Aufrichtigkeit und Erkenntnisinteresse motivierter Glaubensakt. Die Überzeugung, Wahrheit erkannt zu haben, kann sich nicht anders äußern als in einem universalen Geltungsanspruch und in der Einstellung gegenüber dem Erkannten als objektiver Wirklichkeit. Sie bringt sich darin zur Geltung, daß diese Selbstverpflichtung an Wahrheit die Erwartung beinhaltet, diese Wirklichkeit künftig immer wieder bestätigt zu sehen.

Mit dem Akt des Commitments wird dennoch die Denkmöglichkeit des Irrtums und der Täuschung nicht ausgeschlossen. Weil der Erkennende weiß, daß seine Überzeugung Unwägbarkeiten zur Voraussetzung hat, weil die Integration nicht einlinige Schlußfolgerung von objektivierten Prämissen ist, kann die Möglichkeit des Irrtums nicht ausgeschlossen werden. Nur darum ist es für Polanyi auch möglich, den Akt des Geltungsanspruchs als einen Akt der Verantwortung auszulegen. Verantwortung setzt voraus, daß das, wofür Verantwortung übernommen wird, nicht zwingend notwendig ist, sondern sich auch anders verhalten kann. Zugleich ist mit dieser Charakterisierung des Geltungsanspruchs die strikte Trennung zwischen Deskription und Präskription, zwischen Tatsachen und Wertungen geleugnet. Die Geltung von Wahrheit meint zwar auch für Polanyi Objektivität, aber diese besteht letztlich, weil das Subjekt sie als solche gelten läßt und sich ihr als objektiver Wirklichkeit verantwortlich verpflichtet. Den damit angeschnittenen Themenkreis der Begründung werden wir im folgenden Abschnitt ausführlich zur Sprache bringen. Zuvor sei auf den Stellenwert hingewiesen, den die Position Polanyis für uns im Rahmen der theologischen Begründungsproblematik einnimmt.

Die Frage von Erkenntnis und Begründung wurde zuvor in sprachphilosophischen und theologischen Zusammenhängen verschiedentlich behandelt. Hare löst den Gottesglauben dezidiert in eine bestimmte Wirklichkeitseinstellung auf. Gott wird zum Inbegriff einer inhaltlich bestimmten Symbolstruktur der Wirklichkeitskonstitution und -erhaltung. Auf sprachphilosophischer Ebene weist die Position von Phillips entgegen vordergründigem Anschein zu dieser Bestimmung des Glaubens viele Parallelen auf. Glaube meint für ihn die aktive Beteiligung am Sprachspiel Religion, wobei die Bestimmungen von Glaube, Sprache und Wirklichkeit in ihrer jeweiligen Beziehung inhaltlich so entfaltet werden, daß der Gottesgedanke als vom Menschen unabhängige, von ihm nicht erzeugte Wirklichkeit mit diesem begrifflichen Instrumentarium nicht mehr gedacht werden kann. Beide Autoren tragen in ihrer Konzeption von ihrem jeweiligen Standpunkt aus dem Sachverhalt Rechnung, daß religiöser Glaube erkenntnistheoretisch als eine bestimmte Wirklichkeitsbeziehung zu bestimmen ist und ein bestimmtes Wirklichkeitsverständnis beinhaltet. Beide verabsolutieren dieses Moment jedoch so, daß der Gottesgedanke in die Wirklichkeitseinstellung oder in das Sprachspiel aufgelöst wird. Von Hick wird diese Problematik sehr differenziert gesehen. Seine Erläuterung dieses Sachverhalts in der erkenntnistheoretischen Ausdeutung des Glaubens als einer spezifischen Erfahrungsweise oder Wirklichkeitsinterpretation wahrt den Gottesgedanken durchaus, so daß seine Konzeption als überaus klare Exposition der Problematik gewertet werden kann. Die von Hick entwickelte Lösung schien uns aber die Erfahrungseinstellung derart zu verfestigen, daß das Begründungsthema keine ihm angemessene Berücksichtigung mehr finden kann.

Diese Zusammenhänge wurden in verschiedenen Kontexten auch bei der Erörterung des erkenntnistheoretischen Ansatzes von Polanyi berührt. Sprache und Begriffsrahmen prägen nach seiner Auffassung notwendig die Erfahrung von Wirklichkeit, weil diese ohne jene Voraussetzungen nicht ansichtig wird. Gleichwohl behauptet Polanyi, Erkenntnis beanspruche, objektive Wirklichkeit zu erfassen; dies äußert sich in einem universalen Geltungsanspruch. Ob die Entfaltung dieses Ansatzes in der theologischen Problematik weiterführen kann, den Glauben erkenntnistheoretisch als eine bestimmte Erfahrungsweise von Wirklichkeit zu bestimmen, ohne den Gottesgedanken zu tangieren, bleibt später noch zu erörtern. Von zentraler Bedeutung für dieses Thema sind auch die Fragen nach Kommunikabilität und Begründungsfähigkeit einer bestimmten Wirklichkeitsauffassung. Dieser Thematik von Wahrheitsanspruch und Begründung wollen wir uns im letzten Abschnitt der Auseinandersetzung mit Polanyi zuwenden.

4. Wahrheit, Geltung und Begründung

Die zentrale Problematik des Ansatzes von Polanyi ist mit der Frage angesprochen, ob die von ihm vorgenommene personale Auslegung des Wissens in den Kategorien der Erkenntnisleidenschaft und Selbstverpflichtung dem Wissen nicht jene Qualifikationen wieder bestreiten muß, die ihm die Tradition zugesprochen hat: Wahrheit und objektive Geltung. Bei der Darlegung des Glaubensbegriffs des Thomas von Aquin konnten wir die Verbindung von Wahrheit und Gewißheit im Wissensbegriff beobachten. Vom Wissen unterscheidet sich für ihn das Meinen darin, daß es seiner Wahrheit nicht gewiß ist: es wird durch den Willensakt bewegt, dem zuzustimmen, von dem es nicht weiß, ob es wahr ist. Diese Qualifikation der Wahrheit als einer notwendigen Bedingung des Wissens scheint Polanyi diesem wieder entziehen zu müssen, da er die Möglichkeit subjektunabhängiger, voraussetzungsloser Erkenntnisgewißheit bestreitet. Wenn das Wissen nicht in dem Sinne Objektivität beanspruchen kann, daß es unabhängig von der Einstellung des Subjekts gilt, dann entfällt entweder die Wahrheitsbedingung des Wissens, oder der Wahrheitsbegriff muß selbst anders entfaltet werden, als dies in der Tradition geschah.

Mit diesem Problem ist auch das der Geltung verbunden. Wissen und Wahrheit gelten, d.h., ihnen wird die Berechtigung zugestanden, Zustimmung zu verlangen. Die Bereitschaft zur Anerkennung der Berechtigung dieses Anspruchs ist mit der Idee der Wahrheit selbst ausgesagt: Die Behauptung von Wahrheit meint immer einen zustimmungsfähigen, einlösbaren Geltungsanspruch. Die Begründung nimmt diese Einlösung vor; sie zeigt auf, daß das, wovon Wahrheit behauptet wird, wahr und darum zustimmungsfähig ist. Die Begründung macht den Geltungsanspruch damit zugleich überprüfbar.

Die Erhebung des Geltungsanspruchs setzt also voraus, daß die Begründungsfähigkeit auch inhaltlich nachgewiesen werden kann; nur darum darf der Anspruch die Bereitschaft zur Zustimmung und die Bejahung des Geltungsanspruchs erwarten. Dieses im Geltungsanspruch schon enthaltene Moment der Bereitschaft zur Begründung sichert die Vernünftigkeit der Verständigung. Jeder Geltungsanspruch fordert die Zustimmung anderer ein; ohne diese Voraussetzung bliebe er ohne Sinn. Soll aber derjenige, dem die Anerkennung abverlangt wird, nicht blind zustimmen müssen, so sind ihm die Gründe anzugeben, die den Anspruch auf Geltung rechtfertigen und annehmbar machen. Durch die Angabe von Gründen wird daher zugleich die Freiheit der Zustimmung bejaht. Nicht Unkenntnis, Informationsentzug oder gar Zwang, sondern das Wissen um die Gründe ist die Voraussetzung der Zustimmung zu Geltungsansprüchen:

> "Mit der Anerkennung der Selbständigkeit jedes Menschen, seiner Anerkennung als 'Person', ist der Verzicht verbunden, die Anerkennung der eigenen Meinungen und Wünsche durch andere ohne weitere Prüfung zu verlangen. Liegen daher Ansprüche vor, so ist die Forderung nach Rechtfertigung ihrerseits gerechtfertigt" (61).

Diese Zusammenhänge sind mit dem Fragekomplex von Wahrheit, Geltung und Begründung angesprochen; wir greifen mit ihnen explizit die Thematik dieses Kapitels wieder auf. Von der Beobachtung ausgehend, daß der Begründungsbegriff in der Theologie nicht genügend geklärt ist, wurde zunächst der kritische Rationalismus auf die Gründe befragt, die ihn die Begründungsidee ablehnen und durch die Idee der Kritik ersetzen lassen. Gegenüber dieser Position wurde die Notwendigkeit des Begründens als rationaler Einlösung von Geltungsansprüchen hervorgehoben; dies setzt allerdings voraus, daß sich ein stimmiges Begründungsmodell auch formulieren läßt.

Die Einschätzung der Begründungsproblematik durch Polanyi weist durchaus Ähnlichkeiten zu der des kritischen Rationalismus auf. Beide Positionen sehen das Denken und Erkennen tiefgreifend von den Gegebenheiten der Sprache, der natürlichen Bedürfnisstruktur des Menschen und seinen Interessen beeinflußt. Der kritische Rationalismus zieht aus dieser Einsicht die Folgerung, die Wahrheitsthematik müsse vom Empfinden der Gewißheit abgekoppelt werden. Weil er keine Möglichkeit sieht, zwischen Vorurteilen, emotionalen und affektiven Einflüssen und der Wahrheitsgewißheit verläßlich differenzieren zu können, verzichtet er darauf, die Wahrheit im herkömmlichen Sinn zu sichern. An die Stelle der Gewißheitssuche tritt die beständige Kritik von Überzeugungen, die den Anspruch auf Wahrheitsgewißheit aufgeben müssen. Nur durch permanente Falsifikationsversuche dessen, was als wahr beansprucht wird, meint man sich der Wahrheit nähern zu können.

Weil Polanyi alle Erkenntnisse als Leistungen des Subjekts durch Interesse und Engagement nicht nur beeinflußt, sondern wesentlich konstituiert sieht, kann er das Begründungsproblem ebenfalls nicht nach dem Schema der Dissoziierung von Subjekt und Objekt entfalten. Wenn sich aber keine Ebene des Denkens und Erkennens angeben läßt, die zum Maßstab des Wahrheitsanspruchs und seiner Begründung darin bestimmt werden könnte, daß sie von ihren erkenntnisanthropologischen Bedingungen und Voraussetzungen isoliert würde, dann muß die Begründung von Wahrheits- bzw. Wissensansprüchen auf eine andere Weise unternommen werden.

Die Darstellung und Diskussion der Aussagen Polanyis zu diesem Fragekomplex wird inhaltlich aufgegliedert. Wir erörtern zunächst seine Interpretation des Wahrheitsbegriffs und gehen in einem zweiten Abschnitt näher auf die Frage der Begründung von Wahrheits- und Geltungsansprüchen ein. Die Wahrheitsthematik behandeln wir zunächst unter der Rücksicht des Wahrheitsanspruches als dem Akt des Subjekts, der Wahrheit behauptet. Dann wird der referentielle Pol der Wahrheitsbehauptung in der Deutung Polanyis diskutiert.

a) Zur Problematik der nichtdeskriptiven Deutung von
Wahrheitsanspruch und Wahrheitsurteil bei Polanyi

Der Wahrheitsbegriff steht als ein Grundbegriff der Philosophie stets in systematischer Beziehung zu erkenntnistheoretischen Theoremen, die ihn explizieren. Auch bei Polanyi sind die Prämissen des Wahrheitsbegriffs in seinen Bestimmungen des Erkenntnisbegriffs schon implizit festgelegt. Um die Charakteristika seiner Bestimmung von 'Wahrheit' zu verdeutlichen, sei kurz an die klassische Wahrheitsbestimmung und ihre Problematik erinnert.

Die klassische Bestimmung definiert Wahrheit als Übereinstimmung zwischen einer Erkenntnis und ihrem Gegenstand [adaequatio intellectus et rei]. Das anhand dieser Definition entwickelte Wahrheitsverständnis hat die philosophische Tradition beherrscht und kann nach Puntel als positiver oder negativer "Ausgangspunkt oder Bezugspunkt" (62) aller Wahrheitstheorien gewertet werden. Die Einwände gegen diesen Wahrheitsbegriff betreffen vor allem erkenntnistheoretische Probleme, die sich mit seinen Voraussetzungen ergeben. 'Übereinstimmung' meint hier eine Erkenntnis, die sich ihrem Gegenstand so angleicht, wie er 'wirklich' ist. Der vorausgesetzte Erkenntnisbegriff fordert, die Wahrheit als Beziehung von Bewußtsein und von ihm unabhängiger, reiner Wirklichkeit zu denken. Dieser hier postulierte unvermittelte Zugang zur Wirklichkeit ist durch die Erkenntnisse der Transzendentalphilosophie und die Philosophie der Sprache problematisch geworden. Die Diskussionen um die Möglichkeit und Wahrheit von Protokollaussagen im Neopositivismus kann als der vorläufig letzte Versuch angesehen werden, den Wahrheitsbegriff an einer durch das Denken nicht beeinträchtigten Beziehung von Erkenntnis und Wirklichkeit festzumachen.

Diese Problematik bringt sich dann entscheidend bei der Frage des Nachweises der Wahrheit zur Geltung. Der Nachweis der Übereinstimmung von Erkenntnis und Wirklichkeit fordert dazu auf, eine Position einzunehmen, die die an sich schon problematische Beziehung von Erkenntnis und 'reiner' Wirklichkeit als bestehend nachweisen soll, ohne selbst eine solche Beziehung zu etablieren. Diese Forderung der Eliminierung aller Einflüsse der Sprache und des Denkens, um der Wahrheit direkt ansichtig zu werden, läßt sich nicht einlösen. Die Relation von Aussage und Wirklichkeit, von Erkenntnis und Sein, die das Wahrheitsurteil als gegeben behauptet, ist selbst nur im sprachlichen Zusammenhang erkennbar und aussagbar. Eine nichtvermittelte Beziehung des behaupteten Sachverhalts zur Wirklichkeit wird daher von vielen Philosophen als der falsche Ausgangspunkt bei der Bestimmung des Wahrheitsbegriffs angesehen (63).

Der neuzeitlichen Kritik am korrespondenztheoretischen Wahrheitsbegriff gehen die Auffassungen Polanyis konform. Mit dem Erkenntnisideal, das sich ihm verbindet, lehnt Polanyi jeden Wahrheitsbegriff ab, der Wahrheit als Differenzierung von Subjekt und Objekt im Erkenntnisbezug explizieren will: "Der Objektivismus hat unsern Begriff der Wahrheit gänzlich verfälscht, indem er verherrlichte, was wir wissen und beweisen können" [286]. Polanyi verbindet mit diesem Objektivismus die Vorstellung, nur solche Aussagen könnten wahr sein, die mit Gewißheit objektive Erkenntnis beinhalten und als Bedingung ihrer Wahrheitsfähigkeit die Spuren der Behauptung durch das Subjekt beseitigt haben. Mit einer von den personalen Strukturen von Erkennen und Wissen ausgehenden Erkenntnistheorie ist dies unvereinbar. Polanyi hat den Wahrheitsbegriff entsprechend neu zu formulieren. "Das Ideal einer unpersönlich abgesonderten Wahrheit wäre neu zu interpretieren, um den innerlich personalen Charakter des Aktes zu berücksichtigen, mit dem Wahrheit behauptet wird" [71; vgl. 112].

Wie am Begriff der Erkenntnis dargestellt, ist dieser personale Akt der sich-verpflichtenden Behauptung für alle Aussagen über Wirklichkeit schlechthin zentral. Polanyi sucht auch das Spezifische der Wahrheitsbehauptung am Akt des Subjekts zu verdeutlichen:

> "Jede denkbare Behauptung von Tatsachen kann in gutem Glauben oder als Lüge gemacht werden. Die Aussage bleibt in beiden Fällen die gleiche, aber ihre unausdrücklichen Komponenten sind unterschiedlich. Eine wahrhaftige Aussage verpflichtet den Sprecher zum Glauben an das, was er ausgesagt hat ... Eine unwahrhaftige Aussage hält diesen Glauben zurück" [253].

Der Behauptungsakt ist also für die Wahrheit von Aussagen konstitutiv. Daher steht eine Ablehnung von kriteriologischen Regeln für den Nachweis der Wahrheit durch Polanyi nur zu erwarten: "Jeder Versuch, diesen personalen Koeffizienten zu eliminieren, indem man genaue Regeln für das Aufstellen und Überprüfen von Behauptungen über Tatsachen vorschreibt, ist von Anfang an zur Sinnlosigkeit verurteilt" [254]. Alle Kenntnisnahme, alles Erkennen beruht für Polanyi wesentlich auf den vorgängigen personalen Zustimmungsakten und einer auf ihnen beruhenden Erwartungshaltung. Die unausgesprochenen, aber notwendigen Komponenten des Erkenntnisaktes verleihen einer Äußerung erst den Charakter einer Behauptung über die Wirklichkeit. Dieser Zustimmungsakt ist mithin der Ort, an dem Polanyi die personalen Komponenten der Wahrheitsbehauptung explizieren kann.

Polanyi unterscheidet bei einer Aussage den Akt der Behauptung von dem in der Aussage behaupteten Sachverhalt. Um diese Unterscheidung deutlich zu machen, hatte Frege das Behauptungssymbol in die Logik eingeführt ($\vdash$). Dieses besagt als Präfix vor Aussagen, daß der Aussagende diese Aussage als wahr behauptet und sie nicht lediglich erwägt oder über sie nachsinnt. In der neueren Logik bezeichnet es nicht mehr die subjektive Überzeugung, sondern einen objektiven Verbindlichkeitsanspruch. "$\vdash$" wird etwa gelesen als "Es ist ein Lehrsatz, daß p" (64). Polanyi lehnt solche objektivierenden Deutungen des Behauptungssymbols ab. Verbindlichkeit kann für ihn nicht anders als durch die im Behauptungsakt gelegene Selbstverpflichtung zustandekommen. Er interpretiert das Behauptungssymbol daher als Ausdruck der bejahenden Einstellung zum Ausgesagten: "Die Bedeutung meines Niederschreibens von ' ⊦ p' ist die Tatsache, daß ich glaube, was der Satz p sagt. Die korrekte Lesart von ' ⊦ p', von mir in gutem Glauben niedergeschrieben, ist daher 'ich glaube p', oder andere Worte, die den gleichen Glaubensakt ausdrücken" [28]. Behauptungen sind nicht distanzierte, interesselose Äußerungen; in ihnen bekundet sich Überzeugung und Engagement. Ihnen eignet kraft der Dynamik, die dazu treibt, eine Behauptung zu machen, eine leidenschaftliche Qualität, der Niederschlag der sich in der Commitment-Situation zur Geltung bringenden geistigen Leidenschaften.

Behauptungen sind Bekundungen dessen, wovon man überzeugt ist. "Sie geben einer Überzeugung denen gegenüber Ausdruck, an die sie addressiert sind" [27]. Sie werden daher von Emotionen des Überzeugtseins, der Gewißheit und Befriedigung begleitet. Um diesen Akt des Subjekts zum Ausdruck zu bringen, müßten nach Polanyi alle Behauptungssätze mit dem Präfix 'Ich glaube' versehen werden [vgl. 299]. Der Behauptungsakt legt die Modalität einer Äußerung oder eines Satzes erst fest; an ihm wird sichtbar, daß eine Äußerung nicht als Ausruf, Frage oder Befehl verstanden werden soll [vgl. 27]. Die bejahende Identifikation des Behauptenden mit dem, was er behauptet, wird durch den Behauptungsakt zum Ausdruck gebracht und gibt der Äußerung erst ihre definite Bedeutung. Ein Satz, das bloße Wortgebilde, wird erst durch den Akt der Behauptung zu einer Aussage über die Wirklichkeit. Damit stellt sich die Frage, in welcher inhaltlichen Beziehung das Präfix 'Ich glaube' zum Aussageinhalt steht.

Die Behauptung "Ich glaube daß p" könnte nämlich selbst als Aussage über denjenigen verstanden werden, der diese Aussage macht. Neben dem behaupteten Inhalt würde dann zugleich die Tatsache mitgeteilt, daß der Behauptende von ihr überzeugt ist. Das Präfix bekäme damit selbst deskriptive Bedeutung. Unter dieser Voraussetzung wäre eine Aussage nur dann voll beschrieben, wenn sie zugleich den Anspruch dessen beschreibt, der sie behauptet. Die Folge wäre jedoch ein infiniter Regress. Meinte der als Behauptung geäußerte Anspruch nicht den Inhalt der Aussage, sondern zugleich den Tatbestand des Behauptens, dann lägen in einer Aussage bereits zwei Ansprüche vor, die getrennt aufgeführt und begründet werden müßten. Der Anspruch, den Polanyi mit dem Präfix verbindet, wäre auf sich selbst anzuwenden und fortzusetzen. Die Behauptung 'Ich behaupte daß p' würde zur unendlichen Reihe 'Ich behaupte, daß ich behaupte daß p', ad infinitum.

Um diesem Regress auszuweichen, interpretiert Polanyi die Behauptung als Handlung. Handlungen können nicht behauptet werden; sie sind nicht wahr oder falsch. "Ich glaube daß p" hat demnach außer dem gemeinten Inhalt keine weitere deskriptive Bedeutung. Die Behauptung bezieht sich nicht auf sich selbst, sondern auf das, was durch sie als Aussage über die Wirklichkeit konstituiert wird. Die Bedeutung der Behauptung ist "nicht, daß ich eine Behauptung mache, sondern daß ich mich ihr verpflichte" [28]. An diesen Akt des Sich-verpflichtens bindet Polanyi, wie zuvor dargelegt wurde, den Wissens- und Geltungsanspruch. In dem Akt der Behauptung drückt sich die Überzeugung aus, daß der Inhalt der behaupteten Aussage wirklich besteht. Behauptungen konstituieren Geltungsansprüche in universaler Absicht. Die Wahrheitsbehauptung, so ist festzuhalten, behauptet nach Polanyi also nur den Inhalt der Aussage, die sie als wahr behauptet.

Mit der nichtdeskriptiven Deutung des Wahrheitsanspruchs verbindet Polanyi gleichfalls eine nichtdeskriptive Interpretation des Wahrheitsurteils. Damit lehnt er jene Erläuterungen des Wahrheitsbegriffs ab, die ihn als Einlösung des Wahrheitsanspruchs bestimmen. In ihnen wird das Urteil als Aussage zweiter Ordnung verstanden; die Wahrheitsaussage bezieht sich auf Aussagen, die sich ihrerseits auf die Gegenstände der Erfahrung beziehen. Das Wahrheitsprädikat bekommt dann einen deskriptiven Status; mit dem Wahrheitsurteil wird ausgesagt, daß die betreffende Aussage mit den Tatsachen übereinstimmt, daß der Geltungsanspruch eingelöst ist, oder daß die Wahrheitsbedingungen erfüllt sind.

Polanyi bestreitet dagegen, daß der Ausdruck 'ist wahr' ein Prädikat sei. Diesen Ausdruck versteht er als besondere Einkleidung einer Behauptung. Als Handlungen sprechen Wahrheitsbehauptungen einer Aussage nichts zu, was diese nicht schon selbst enthielte. Sie prädizieren nicht Übereinstimmung mit den Tatsachen, sondern drücken die bejahende Einstellung des Subjekts zu der von ihm geäußerten Aussage aus:

> "'p ist wahr' erklärt, daß ich mich selbst mit dem Inhalt der Tatsachenaussage p identifiziere, und diese Identifikation ist etwas, was ich tue, und nicht eine Tatsache, die ich beobachte. Der Ausdruck "p ist wahr" ist darum nicht selbst ein Satz, sondern lediglich die Behauptung eines (andernfalls nichtbehaupteten) Satzes, des Satzes p. Zu sagen 'p ist wahr' heißt eine Verpflichtung zu unterschreiben oder eine Annahme zu signieren" [254].

Die Ablehnung eines deskriptiven Verständnisses des Wahrheitsurteils durch Polanyi berührt sich mit der Wahrheitsauffassung bei vielen Vertretern der sprachanalytischen Philosophie, die gleichfalls bestreiten, der Ausdruck 'ist wahr' habe deskriptive Bedeutung (65). Sie gelangen zu dieser Auffassung, weil sie Äußerungen grundsätzlich als Handlungen, als Sprechakte des Subjekts verstehen, die nur unter bestimmten Umständen eine Erkenntnis ausdrücken oder einen Sachverhalt beschreiben wollen. Die Intention, die ein Sprecher mit der Verwendung des Ausdrucks 'ist wahr' verfolgt, ist nach Meinung der Sprachanalytiker nicht, eine besondere Behauptung über die Wirklichkeit zu machen. So behauptet z.B. auch Strawson: "Der Ausdruck 'ist wahr' hat niemals eine Aussagefunktion" (66). Die Bedeutung dieses Ausdrucks, über die seine Verwendung Aufschluß gibt, ist nach Strawson vielmehr eine Bekundung des Überzeugtseins und der Bekräftigung der mit ihm verbundenen Aussage. Der Ausdruck bestätigt oder bekräftigt die fragliche Aussage. "Mit Hilfe des Wortes 'wahr' können wir etwas bestätigen, ohne es zu wiederholen" (67).

Auf Ungereimtheiten dieser quasiperformativen Lesart des Wahrheitsurteils ist auch aus dem Bereich der sprachanalytischen Philosophie aufmerksam gemacht worden. Es wurde darauf hingewiesen, daß der Ausdruck 'ist wahr' durchaus nicht immer Bestätigungsfunktion hat. Konditionalsätze wie 'wenn es wahr wäre, dann...' und andere Wendungen werden von dieser Interpretation nicht erfaßt (68). Gebrauchstheoretische Explikationen erläutern die Bedeutung von Ausdrücken stets durch vermeintlich bedeutungsgleiche Äquivalente. Wenn aber der Ausdruck 'ist wahr' nichts anderes meint als 'ich bestätige', 'ich betone', dann ist mit Danto schlicht zu fragen, warum diese Ausdrücke nicht auch gebraucht werden. Solange dies nicht stimmig erklärt werden kann, ist anzunehmen, daß bei der performativen Auslegung des Wahrheitsurteils ein Teilaspekt dieser Aussage verabsolutiert wird (69).

Polanyi stimmt weitgehend mit der sprachanalytischen Kritik an herkömmlichen Wahrheitsbegriffen überein, doch ist seine Reformulierung nicht mit den gebrauchstheoretischen Bestimmungen des Wahrheitsausdrucks zu identifizieren. Dies ist festzuhalten, auch wenn sein eigener Vorschlag gleichfalls nicht unproblematisch ist. Seine These, der Ausdruck 'ist wahr' sei als nichtprädikatives Moment von Behauptungen selbst zu verstehen, hat sich an der gängigen Unterscheidung zwischen Aussagen und wahren Aussagen zu bewähren.

Macht es wirklich keinen Unterschied, ob eine Aussage behauptet oder die Wahrheit dieser Aussage behauptet wird? Die Behauptung von Aussagen erhebt einen Geltungsanspruch. Dieser Anspruch unterscheidet das Ausgesagte von unverbindlichen Meinungen und beliebigen Auffassungen. Der Behauptende legt sich fest und fordert mit dem Geltungsanspruch die Anerkennung anderer ein. Dieser Anspruch auf Geltung wird mit der Wahrheitsbehauptung explizit gemacht und mit dem Wahrheitsurteil als berechtigt anerkannt.

Für Polanyi ist der Geltungsanspruch in beiden Fällen nicht unterschieden. Er ist nicht erst mit der Behauptung der Wahrheit einer Aussage, sondern mit der Behauptung der Aussage selbst schon im Vollsinn gegeben. In diesem Geltungsanspruch sieht er die personale Komponente allen Wissens; er stellt ihn als notwendige Voraussetzung und als Ermöglichung von Erkenntnis überhaupt heraus. Nur weil das Subjekt sich dem Erkannten als wahr und verbindlich verpflichtet, kann es überhaupt Aussagen über die Wirklichkeit geben. Nur kraft der Bindung an den behaupteten Gegenstand sind Äußerungen als Behauptungen erkennbar. Dieser Geltungsanspruch begleitet jede ernsthafte Aussage. Der Objektivismus übersieht mit ihm eine "notwendige Komponente allen Wissens" [312], denn schon in jedem Erkenntnisakt ist er unausdrücklich präsent. Um einen Gegenstand zu erkennen, verläßt sich das Subjekt auf Voraussetzungen und Anhaltspunkte und schreibt ihnen implizit Geltung zu. Wie in den Darlegungen über die geistigen Leidenschaften und das Commitment deutlich gemacht, ist nach Polanyi jeder erkennende Kontakt mit der Wirklichkeit durch die interessenehmenden Akte des Subjekts begründet.

Die geistigen Leidenschaften motivieren das Erkenntnisstreben und lassen eine erlangte Erkenntnis als universal gültig behaupten. Dieser universale Geltungsanspruch wird für Polanyi durch den Wahrheitsanspruch zum Ausdruck gebracht; er ist aber in jeder Behauptung schon gegeben. Mit diesem Anspruch kehrt der Erkennende das, was er nach objektivistischen Maßstäben 'nur' glaubt, in eine Behauptung über objektive, von ihm unabhängige Wirklichkeit. Er akzeptiert für sich selbst das Erkannte als Wirklichkeit und richtet sein Denken und Handeln nach ihm aus. Der den Akt der Verpflichtung umschreibende Ausdruck 'ich glaube daß p' meint entgegen seiner üblichen Verwendung zur Bezeichnung einer tentativen, unsicheren Auffassung bei Polanyi also die engagierte Verpflichtung, die sich als Überzeugung der Wahrheit bekundet. Zwischen Glauben und Wissen besteht für ihn kein qualitativer Unterschied derart, daß dem 'Wissen' die Wahrheit zugeordnet würde, 'Glauben' hingegen einen zweifelhaften, ungewissen Schwebezustand des Subjekts meinte. Allem Wissen sind Glaubensakte vorgeordnet; nicht als inferiore Form des Wissens verstanden, sondern als feste Überzeugung und Verpflichtung, die im Geltungsanspruch ausgedrückt werden. "Indem sie versuchen, etwas Wahres über eine Wirklichkeit auszusagen, von der man glaubt, daß sie unabhängig davon existiert, daß wir um sie wissen, tragen alle Tatsachenaussagen notwendig einen universalen Anspruch" [311].

Weil jede Aussage als solche schon den Wahrheitsanspruch impliziert, erklärt Polanyi die Wahrheitsbehauptung über eine Aussage als redundant. Die Aussage der Wahrheit fügt einer Aussage, auf die sie sich bezieht, nichts hinzu. Wenn sich die Behauptung einer Aussage nicht von der Behauptung ihrer Wahrheit unterscheidet, wenn sie vielmehr als "Teil eines nichtkritischen Aktes der Affirmation" [253] zu nehmen ist, scheint der Disput um die Wahrheit von Aussagen ohne Sinn zu sein. Polanyi übersieht jedoch nicht, daß der Wahrheitsanspruch in erster Linie geäußert wird, wenn Geltungsansprüche zweifelhaft werden und der Anspruch gegenüber Kritik als berechtigt nachgewiesen werden soll. Er interpretiert diesen Streit als hypothetischen Entzug des Geltungsanspruchs. Wenn zweifelhafte Aussagen sich bei einer kritischen Prüfung bewähren, ist dies nicht als eine neue Erkenntnis zu nehmen. Die entzogene Geltung wird lediglich erneut affirmiert, die Aussage wird nochmals behauptet: "Diese erneute Behauptung mag explizit gemacht werden, indem man sagt, daß der ursprünglich behauptete Satz wahr ist" [254].

Die Behauptung der Wahrheit wird bei Polanyi mit dem Akt der Behauptung identisch. Obwohl er den pragmatischen Kontext von Wahrheitsansprüchen nicht ignoriert, bleibt dieser für seine Wahrheitsbestimmung folgenlos. Es macht für den deskriptiven Gehalt einer Aussage keinen Unterschied, ob die Aussage behauptet oder ob ihre Wahrheit behauptet wird. Es ist aber nicht einzusehen, daß die Wahrheitsaussage auf den nichtdeskriptiven Akt der Behauptung zurückgeführt werden muß. Wenn nach der Wahrheit gefragt wird, bringt sich gegenüber der ursprünglichen Behauptung ein neuer Aspekt zur Geltung. Man fragt, ob wahr ist, was sie be-

hauptet und fordert den Nachweis der Berechtigung dieses Anspruchs.
Die Wahrheit wird als Kriterium der Berechtigung von Geltungsansprüchen
thematisiert; sie ist dem eigenen Überzeugtsein oder dem Akt des Commitments nicht identisch. Die Wahrheitsproblematik wird von Polanyi
dagegen allein am Pol des Subjekts innerhalb der Erkenntnisrelation expliziert. Die Schwierigkeit dieser Position ist, plausibel zu machen,
warum sich die Frage nach der Wahrheit umgangssprachlich deutlich als
eine Aussage darstellt, die sich auch auf den objektiven Pol des Erkenntnisbezugs richtet.

Damit ist der zweite Problemkreis angesprochen, den eine Wahrheitsbestimmung zu erörtern hat. Wahrheit besagt auch für Polanyi einen
Geltungsanspruch in universaler Absicht. Wie ist nun das beschaffen,
wofür Geltung beansprucht wird? Die Korrespondenztheorie der Wahrheit interpretiert die Wahrheitsaussage als deskriptiv. Die Aussage
stimmt, wenn sie wahr ist, mit den Tatsachen überein. In der Formulierung eines zeitgenössischen Vertreters dieser Position: "Zu sagen daß
das, was gesagt wird, wahr ist, heißt zu sagen, daß das, was gesagt
wird, einer Tatsache korrespondiert; zu entdecken ob das, was gesagt
wird, wahr ist, heißt zu entdecken, ob es eine solche korrespondierende
Tatsache gibt" (70).

Wenn der Wahrheitsanspruch sich auf Tatsachen berufen kann, räumt
er Zweifel an sich aus. Tatsachen besagen, wie die Welt beschaffen ist.
"Wenn die Dinge so sind wie ich sage, daß sie sind, dann habe ich eine
Tatsache behauptet, und was ich gesagt habe ist wahr" (71). Die Tatsächlichkeit des ausgesagten Sachverhalts impliziert Geltung. Wer sich auf
Tatsachen beruft, akzeptiert sie als solche und verbindet damit die Erwartung, daß sie von anderen als Autorität angenommen werden. Aussagen werden als wahr akzeptiert, wenn ihr ausgesagter Sachverhalt als
Tatsache ansichtig wird. Aussagen werden nicht als Meinungen oder Vermutungen verdächtigt, sondern als wahr und objektiv anerkannt, wenn
sie auf Tatsachen verweisen können. Kraft dieser Objektivität können
Tatsachen unausgewiesene Wahrheitsansprüche legitimieren.

Die Möglichkeit einer solchen Explikation des Wahrheitsbegriffs wird
von Polanyi nachdrücklich bestritten. Er argumentiert, eine solche Berufung auf Tatsachen erwecke die falsche Vorstellung, Wahrheit sei gegeben, wenn die subjektiven Vorstellungen zu den objektiv gegebenen Fakten 'passen'. Die Wahrheit von Aussagen als Übereinstimmung mit den
Tatsachen zu erläutern, sei nur unter der Voraussetzung eines völlig
verfehlten Verständnisses von 'Tatsache' und 'Objektivität' möglich.
Dies wird vor dem Hintergrund seines Erkenntnisbegriffs plausibel:
Aussagen über die Wirklichkeit erheben Geltungsansprüche. Wer sie
äußert, glaubt fest, Wirkliches zu erkennen und mitzuteilen. Was er so
als Erkenntnis vorbringt, hat diesen Charakter nach Polanyi nur, weil
er das Erkannte als solches glaubt. Die allgemeine Verbindlichkeit, die
er seiner Erkenntnis zuschreibt, ist nach 'objektiven' Maßstäben nicht

nachweisbar. Die jede Erkenntnis tragende und ermöglichende affirmative Einstellung ist eben jene mit dem Akt der Verpflichtung gegebene personale Komponente, die auch Aussagen über Tatsachen erst zustandebringt und als solche behauptet.

Für den Begriff der Tatsache hat dies zur Folge, daß die in ihm gemeinte Objektivität nur darum besteht, weil das Subjekt sie als solche annimmt und ihr diesen Charakter im Akt der Verpflichtung übereignet. "Die 'wirklichen Tatsachen' sind beglaubigte Tatsachen [accredited facts], wie sie innerhalb der Commitment-Situation gesehen werden" [304]. Unter dieser Voraussetzung muß die Idee der Korrespondenz zum Widerspruch führen. Die Vorstellung von Tatsache, die sich mit ihr verbindet, besagt ja, daß die Beschaffenheit von Wirklichkeit zum Kriterium für die Wahrheit von Aussagen erhoben wird. Die darin gemeinte Objektivität der Wirklichkeit thematisiert Objektivität als Unabhängigkeit von subjektiven Einschätzungen. Für Polanyi hebt sie damit die Möglichkeit von Objektivität gerade wieder auf, denn diese besteht nicht anders als kraft der Einschätzung und Verpflichtung durch das Subjekt. Der Verbindlichkeitsanspruch von Aussagen gründet ebenso wie der Status von Tatsachen darin, welchen Geltungsgrad das Subjekt seinen Erkenntnissen zuschreibt. Darum muß die Vorstellung einer nichtpersonalen, neutralen und unabhängigen Objektivität den Tatsachen ihren Verbindlichkeitscharakter wieder nehmen. Wenn nur innerhalb von Commitment-Situationen sinnvoll von Tatsachen gesprochen werden kann, wenn 'Tatsache' durch den Glauben an ihre Tatsächlichkeit konstituiert wird, würde ein Tatsachenbegriff, der dieses Element der Anerkennung wieder ausscheidet, sie zum Inhalt einer unverbindlichen Meinung absinken lassen. Polanyi kann von daher den Vorwurf formulieren, die korrespondenztheoretische Bestimmung der Tatsache und ihre Verbindung zur Wahrheitsrelation sei widersprüchlich; sie fordere, gleichzeitig an eine Aussage zu glauben und, insofern sie als objektiv wahre Tatsache gesehen werde, nicht an sie zu glauben. Er zieht die Konsequenz: "Der Logik des Commitments zufolge ist Wahrheit etwas, das nur gedacht werden kann, indem man an sie glaubt" [305].

Wenn man sich die Implikationen des Glaubensbegriffs bei Polanyi nicht vor Augen hält, müssen dessen Ausführungen zur Wahrheit als ein unqualifizierter Relativismus und Subjektivismus erscheinen (72). Vor dem Hintergrund seiner Bestimmung des Erkenntnisaktes und des Tatsachenbegriffs läßt sich die Ausgangsfrage, wie sich diese nichtdeskriptive Deutung des Wahrheitsausdrucks für das auswirkt, wofür Geltung beansprucht wird, wieder aufwerfen. Wir greifen dazu einige Bestimmungen auf, die B. Puntel zur Präzisierung des Wahrheitsbegriffs vorgeschlagen hat. Seine Aussagen wahren den korrespondenztheoretischen Rahmen, vermögen das Anliegen Polanyis aber zu erhellen.

Der mit Wahrheitsaussagen erhobene Geltungsanspruch, so Puntel, bleibe leer, solange nicht gezeigt werde, "als was 'p' einen Geltungsanspruch besagt" (73). Die Adaequatio Formel lasse hier nicht genügend deutlich werden, daß die Wahrheit einer Aussage nicht in einer von außen konstatierten Übereinstimmung von Wirklichkeit und ausgesagtem Sachverhalt bestehe. "Wahrheit besagt gerade, daß Sachverhalt und Sache selbst zur Deckung gelangen, ein Identisches darstellen" (74). Dieses geschieht, wenn Erkenntnis sich in Behauptungen formuliert. Hier tritt die Unterscheidung von Sache und behauptetem Sachverhalt nicht mehr auf; an ihre Stelle tritt die aktuale Erkenntnis der Sache selbst. Der Wahrheitsanspruch ist dann als der mit der Artikulation der Erkenntnis zugleich erhobene Geltungsanspruch zu verstehen. "... die Affirmation (das Bezeichnen, das Erfassen usw.) stößt nicht irgendwie auf die Sache selbst, sondern dadurch wird die Sache selbst erkannt, d.h. offenbar gemacht. Die Erhebung des Geltungsanspruches ... ist die Weise, wie die Sache selbst offenbar (gemacht) wird" (75). Indem der Erkennende Wahrheit erkennt, artikuliert er, was er erkennt, als wahr.

Diese Explikation des Wahrheitsanspruchs kommt der Aussageabsicht Polanyis sehr nahe. Was Puntel als integrales Geschehen von Wahrheitsanspruch und dessen Einlösung beschreibt, wird von Polanyi mit dem Hinweis ausgedrückt, Wahrheitserkenntnis vollziehe sich immer im Kontext einer Commitment-Situation. Die Wahrheitsrelation ist nur innerhalb der Dimension der Erkenntnis als eines engagierten, der Erkenntnis verpflichteten Aktes zu lokalisieren. Mit dem Wahrheitsanspruch erkennt und anerkennt das Subjekt den Gegenstand seiner Erkenntnis. Aussage und erkannter Sachverhalt werden für Polanyi nicht nachträglich einander zugeordnet; mit der Behauptung einer Aussage erhebt der Behauptende den Geltungsanspruch dafür, was er erkennt, und indem er ihn behauptet, anerkennt er die Erkenntnis als wahr.

Puntel schreibt weiter, die angemessene Formulierung der Wahrheitsbehauptung sei nicht 'Ich behaupte, daß p wahr ist', sondern der Wahrheitsanspruch besage schlicht "Die Sache verhält sich so" (76). Diese Lesart des Wahrheitsurteils deckt sich im Ergebnis mit der Interpretation der Wahrheitsaussage als Handlung. Die Behauptung der Wahrheit meint nicht sich selbst, sondern den Erkenntnisgegenstand. Wofür Geltung behauptet wird, stellt sich dem Behauptenden als objektive Wirklichkeit dar. Polanyi drückt dies so aus: "... zu sagen 'p ist wahr' statt 'ich glaube p' bedeutet, die Betonung innerhalb des eigenen Commitments vom personalen zum äußeren Pol zu verlegen" [305]. Dabei ist freilich immer zu beachten, daß die Sache selbst, die erkannt und behauptet wird, nur kraft des engagierten Aktes der Behauptung als anerkannte besteht, durch den das Subjekt erkennt, seine Erkenntnis als universal verbindlich erfaßt und darin als wahr akzeptiert.

Die Aussagen Polanyis zum referentiellen Pol der Wahrheitsrelation lassen sich mithin so zusammenfassen: Was als wahr behauptet, was als geltend beansprucht wird, ist der Inhalt der Erkenntnis, 'die Sache selbst'. Das Wahrheitsurteil ist in jedem Erkenntnisanspruch, in jeder ernsthaften Aussage selbst schon enthalten. Es ist deren unausdrücklicher, aber konstitutiver Bestandteil. Daher ist die Wahrheitsaussage für Polanyi nicht eine von der Artikulation und Behauptung der Erkenntnis unterschiedene, eigenständige deskriptive Aussage; jede ernsthafte Behauptung beansprucht selbst schon Wahrheit. Wahrheit bedeutet für Polanyi, daß und wie sich das Subjekt dem universalen Geltungsanspruch einer als wahr erkannten Sache im Behauptungsakt angemessen verpflichtet.

Die Darlegung des Wahrheitsbegriffs bei Polanyi entwickelt lediglich Implikationen seiner Bestimmung der Begriffe der Behauptung und der Erkenntnis. Wie bei der Aussage der referentielle Bezug der Erkenntnis durch die Haltung des Erkennenden expliziert wird, so stellt sich bei strukturell gleicher Erläuterung des Wahrheitsbegriffs die sachliche Unterschiedslosigkeit von Geltungs- und Wahrheitsanspruch heraus. Der dagegen erhobene kritische Einwand, die in der Umgangssprache geläufige und in manchen Wahrheitstheorien explizierte Unterschiedenheit der Wahrheitsfrage könne nicht aufgegeben werden, ohne die Intention dieser Frage nach Wahrheit befriedigend zu klären, ist mit den Aussagen Polanyis zum referentiellen Pol der Erkenntnisrelation und seiner Bestimmung des Wahrheitsausdrucks noch nicht beantwortet. Die Frage nach der Wahrheit fragt nach der Berechtigung von Wahrheitsansprüchen. Soweit sie nicht deskriptiv erklärt wird, kann die Problematik der Einlösung des Geltungsanspruchs, die sie verlangt, nicht thematisch werden. Daher ist nur folgerichtig, daß die andernorts als für den Wahrheitsanspruch konstitutiv erachtete Einlösbarkeit des Wahrheitsanspruches (77) bislang nicht auftauchte. Gleichwohl wird die Frage der Begründung von Geltungsansprüchen von Polanyi nicht unterschlagen. Sie nimmt vielmehr eine sehr zentrale Stellung in seiner Philosophie ein. Wir lösen dieses Thema im folgenden von der Wahrheitsproblematik ab und werden es separat diskutieren.

b) Grenzen der Einlösbarkeit von Geltungsansprüchen

Die Auslegung des Wahrheitsbegriffs durch Polanyi deutete bereits die Richtung an, in der das Problem der Begründung von ihm expliziert wird. Weil für das Erkennen die engagierten Haltungen des Subjekts konstitutiv sind, müssen diese auch in die Einlösung von Geltungsansprüchen eingehen. Polanyi kritisiert daher jeden Versuch, Geltung und Begründung an der Entgegensetzung von Subjekt und Objekt festzumachen, als einen Restbestand rationalistischer Denkformen. Seinen erkenntnistheoretischen Ausführungen parallel, wird auch die Geltung von Aussagen im Akt der Verpflichtung fundiert. Objektiv gültig ist nicht das, was sich wissenschaftlich methodisch exakt und zweifelsfrei feststellen ließe; verbindlich ist vielmehr das, was der Erkennende als objektiv zu akzeptieren bereit ist: Objektivität stellt sich selbst als Ausdruck von fundamentalen Überzeugungen dar, die in Glaubensakten ihre letzte Voraussetzung haben. Die Berufung auf objektive Tatsachen im Vorgang der Begründung ist als Selbstdarstellung der eigenen Überzeugungen zu verstehen. Polanyi gibt diesem Ansatz emphatisch Ausdruck:

"Dies also ist unsere Befreiung vom Objektivismus: zu realisieren, daß wir unseren letzten Überzeugungen nur aus dem Innern unserer Überzeugungen Ausdruck geben können - vom Innern des ganzen Systems von Annahmen, die logisch jedweder partikularen Behauptung unserer selbst vorausgehen, vorgängig zu der Behauptung irgendeiner Einzelheit des Wissens. Wenn eine letzte logische Ebene erreicht werden und ausdrücklich gemacht werden soll, muß dies eine Erklärung meiner persönlichen Anschauungen sein" [267].

Begründungen, die die Berechtigung von Geltungsansprüchen dartun wollen, können nicht an einem voraussetzungslosen Ausgangspunkt beginnen; sie beruhen selbst schon auf vorgängigen Entscheidungen und Annahmen, und diese finden ihre Verbindlichkeit in der Anerkennung durch das Subjekt als letzter Instanz. Die traditionelle Unterscheidung zwischen zureichender und unzureichender Begründung thematisierte auch die Forderung, eine Überzeugung gegebenenfalls aufzugeben. Wenn es keinen 'objektiven' Maßstab der Angemessenheit von Begründungen gibt, sondern diese Frage dem Subjekt anheimgestellt wird, drängt sich der Verdacht eines subjektiven Irrationalismus, einer ungebundenen Beliebigkeit in seinem ganzen Gewicht wieder auf. Polanyi formuliert ihn selbst in aller Schärfe:

"... wenn die Kriterien der Vernünftigkeit, denen ich meine eigenen Überzeugungen unterordne, letztlich durch mein Vertrauen in sie aufrechterhalten werden, kann der gesamte Vorgang des Rechtfertigens solcher Überzeugungen als eine nutzlose Autorisierung meiner eigenen Autorität erscheinen [256].

Ob es Polanyi gelingt, den Objektivismus zu überwinden, ohne in einen Subjektivismus zurückzufallen, muß sich an seinen Aussagen zur Begründungsfrage entscheiden. Polanyi bindet die Begründung an das Erkenntnisstreben der geistigen Leidenschaften und sieht die Fähigkeit der Beurteilung bereits in den unausdrücklichen Akten des Erkennens und Wahrnehmens wirksam. Bereits die Wahrnehmung befolgt implizit gewisse Normen, die im Vorgang des Wahrnehmens schon angewendet und berücksichtigt werden.

ba) Die unausdrückliche Erfüllung selbstgesetzter Normen
    als unthematischer Bestandteil der Begründung

Die Form einer impliziten Begründung wird von Polanyi als unausgesprochene Korrektur von divergierenden Wahrnehmungseindrücken expliziert. Aus der Masse möglicher Anhaltspunkte formt das Subjekt aktiv das Wahrnehmungsbild; es ist sich ihrer im Horizont des Wahrgenommenen subsidiär bewußt. Der unausdrückliche Akt der Integration ist in hohem Maße selektiv; er bezieht sich auf die relevanten Anhaltspunkte und gelangt schließlich zur Affirmation des Gegenstandes. Diese nichtartikulierte Integration folgt keinem begrifflich aussagbaren Selektionsprinzip, das als explizite Regel die Methode der Konstruktion angeben könnte. Diese Vorstellung zu widerlegen, ist ja gerade das Anliegen Polanyis. Das Ganze des Wahrnehmungsbildes ist nicht die durch Addition erreichte Summe seiner Teile. Gleichwohl läßt sich die Integration von Wahrnehmungsstandards leiten, an denen sie sich unausdrücklich orientiert. Diese unthematische 'Applikation' von Standards ist als selbständige Korrektur dem Wahrnehmungsvorgang selbst inhärent. Die Wahrnehmung kann demnach während ihres Verlaufs als unzureichend empfunden werden; der unausdrückliche Akt der Integration wird dann korrigierend tätig und erfüllt auf diese Weise gewisse Normen oder Standards des Wahrnehmens.

Diese Charakterisierung der Wahrnehmung als standardorientierter Aktivität wird von Polanyi mit Beispielen aus der Wahrnehmungspsychologie veranschaulicht. Sie zeigen, daß der Wahrnehmungsapparat optische Täuschungen, Störfaktoren oder Unschärfen des Wahrnehmungsfeldes selbst ausgleicht und sogar gravierende Entstellungen wie z. B. künstlich verursachtes höhenverkehrtes Sehen bald gewohnheitsmäßig korrigiert. Die Aktivität der Integration gleicht Verzerrungen aus und erreicht durch die normative Organisation der Anhaltspunkte schließlich eine Kohärenz der Wahrnehmung, "so daß unser subsidiäres Bewußtsein von ihnen mittels dessen, was wir sehen, uns darin befriedigen wird, die gesehenen Dinge richtig erfaßt zu haben" [97].

Der Wahrnehmungsvorgang folgt also bestimmten Standards, die den Akt der Integration leiten und gegebenenfalls korrigieren lassen. Diese Verquickung von Form und 'Beurteilung' des erlangten Wahrnehmungseindrucks im Vorgang der Wahrnehmung selbst nennt Polanyi die Applikation "selbstgesetzter Standards"; Wahrnehmung ist eine "Aktivität, die Normen zu erfüllen sucht, die sie sich selbst setzt" [96]. Das leidenschaftliche Bestreben, der Umgebung Bedeutungsmuster abzugewinnen und die Wirklichkeit zu erfassen, setzt sich bei der Wahrnehmung in die unthematische Anerkennung des Wahrgenommenen als einer richtigen Erkenntnis um. Daß der selbstgesetzte Standard erreicht und die Wahrnehmung ihm angemessen ist, läßt sich im Bereich des nichtartikulierten Wissens nicht anders als in der vorläufigen Auflösung und Entspannung des Erkenntnisdranges feststellen. Das Empfinden der Erfüllung, die das gelingende Wahrnehmen mit sich bringt, wird an der Faszination bei der Wahrnehmung des Schönen erst voll spürbar. Aber es ist bei der Wahrnehmung des Alltäglichen schon gegeben, und indem es sich einstellt, stimmt das Subjekt seiner Wahrnehmungsleistung unausdrücklich zu. Indem die Anspannung mit dem Akt der Integration sich auflöst, wird die Wahrnehmungsleistung als angemessen bestätigt. Diese Form der unausgedrückten Bestätigung wird von Polanyi als das Grundmuster dessen bezeichnet, was er als Erfüllung "selbstgesetzter Normen" in den Bereichen der Fertigkeiten, des Spracherwerbs, der Kunst und Musik weiter veranschaulicht (78). Während diese Grundform der Rechtfertigung hier als Moment des unartikulierten Aktes der Integration unthematisch bleibt, gewinnt das Begründen im Bereich des artikulierten Wissens partiell explizite Gestalt.

Auch im Bereich artikulierten Wissens sind die geistigen Leidenschaften wirksam; sie treiben zum Erfassen des Unbekannten an, fundieren Kreativität und Erkenntnisfortschritt, und in der Gestalt der Verpflichtung lassen sie für erlangte Einsicht den Geltungsanspruch erheben. Diese Erkenntnisdynamik bewirkt, daß Geltung beansprucht wird; als leidenschaftliches Wahrheitsstreben gibt sie auch dem Begründungsproblem seine Gestalt. In allem Erfassen und Behaupten, so Polanyi, "... ist eine personale Komponente gegenwärtig, unartikuliert und leidenschaftlich, die unsere Wertstandards angibt, uns antreibt, sie zu erfüllen und unsere Ausführungen nach diesen selbstgesetzten Standards beurteilt" [195].

Die sich hier andeutende Struktur des Begründungsthemas ist in der Differenzierung von Subjekt und Objekt nicht mehr zu fassen. Von einem triebhaften Plausibilitätsstreben ausgehend, überwindet die Erkenntnisdynamik die privatistische Ebene des Triebhaften: sie drängt auf allgemeine Wirklichkeit. In der Suche nach neuen Entdeckungen und im Wahrheitsanspruch bei erreichter Einsicht manifestiert sich ihr intentionaler Charakter. Die Erkenntnisdynamik ist Interesse an Wirklichkeit und Wahrheit. Indem dieses Streben dazu anhält, Erkenntnis als wahr und universal verbindlich zu affirmieren, überwindet es mit diesem Anspruch den Status bloß subjektiver Bewußtseinszustände. Die mit Geltungsanspruch behauptete Erkenntnis besitzt aber diesen Status letztlich darum, weil ihr Geltung zugesprochen wird; die Ebenen des Subjektiven und des nur im Modus des Gegenstands von Anerkennung und Verpflichtung gegebenen Wissens verschränken sich in jedem Erkenntnisakt.

Die Rede von Commitment, von leidenschaftlicher Verpflichtung bei Polanyi meint diese Verschränkung beider Ebenen zur personalen Struktur des Erkennens. In Behauptungen über die Wirklichkeit bedingen das Personale und nichtpersonale Objektive sich gegenseitig; in der Erkenntnisbeziehung wird der eine Pol durch den anderen konstituiert. Das Personale im Sinn subjektiver, verantwortbarer Einstellungen konstituiert sich mit der Behauptung subjektunabhängiger Wirklichkeit; das Universal-Wirkliche ist der intentionale Bezugspunkt dieser Behauptung. Trotz der konstruktiven Elemente im Erkenntnisvollzug wird das Erkannte als vorgegebene Realität angenommen. Das Erkenntnisstreben kehrt sich bei solcher Affirmation in den Akt des Commitments; es verpflichtet sich der Erkenntnis als universal verbindlicher Wirklichkeit, und nur kraft dieser Einstellung kommt objektive Wirklichkeit zum Vorschein. Die affirmative Einstellung, die Commitment-Haltung, ist darum der einzig mögliche Weg der Wirklichkeitserkenntnis. Wird der durch diesen Verpflichtungsakt erzeugte Rahmen zerstört, fällt das Personale und mit ihm der Geltungsanspruch auf den Status unverbindlichen Meinens wieder zurück.

Diese Struktur von Behauptung und Geltungsanspruch hat zur Folge, daß denkbare Alternativen nicht durch Hinweis auf objektive Kriterien ausgeschlossen werden können. Daher ist die Möglichkeit des Irrtums auch durch objektive Verfahrensregeln nicht auszuschließen:

"... personales Wissen in der Wissenschaft wird nicht gemacht, sondern entdeckt, und als solches beansprucht es, Kontakt mit der Wirklichkeit herzustellen jenseits der Anhaltspunkte, auf die es baut. Es verpflichtet uns leidenschaftlich und weit über unsere Einsicht hinaus einem Bild von Wirklichkeit. Dieser Verantwortung können wir uns nicht entziehen, indem wir objektive Kriterien der Verifizierbarkeit oder Falsifizierbarkeit aufrichten ... Denn wir leben in ihm wie in unserer eigenen Haut" [64].

Dieser für jede Aussage über die Wirklichkeit konstitutive Zusammenhang ist Ursache der vorrangigen Stellung des Begründungsproblems und auch der Grund für die von Polanyi vertretene Begründungsform. Menschliche Erkenntnis ist fehlbar; sie kann ihre Wahrheit nicht zweifelsfrei garantieren. Geltungsansprüche können sich nicht auf schlechthin evidente Gewißheiten berufen. Aber die Erkenntnis kann von ihrer Wahrheit überzeugt sein, obwohl sie zugleich ihren Vorstellungscharakter einräumen muß. Gleichwohl sind die Vorstellungen, die der Mensch sich von der Wirklichkeit macht, nicht beliebig: "etwas Realität zuzuschreiben heißt, den Glauben auszudrücken, daß deren Gegenwart sich in einer unbegrenzten Anzahl noch unvorhersehbarer Weisen zeigen wird" [311]. Weil alles Wissen auf Glaubensannahmen gegründet ist, kann auch die Begründung sich dieser Struktur des Wissens nicht entziehen. Da aber Glaubensaussagen, die ein Wissen behaupten, universale Geltung beanspruchen, sind solche Ansprüche zu rechtfertigen. Polanyi reklamiert für seine Theorie des Commitments den Vorzug, daß sie die Annahme unbewiesener Behauptungen - und letztlich hat alles Wissen diesen Status - nicht als irrational qualifizieren mußt:

"... den Rahmen der Verpflichtung als die einzige Situation zu akzeptieren, in dem echte Behauptungen gemacht werden können, heißt im voraus (wenn überhaupt etwas je behauptet werden soll) Behauptungen als berechtigt anerkennen, gegen die Einwände erhoben werden können, welche nicht widerlegt werden können. Es erlaubt uns, uns selbst einer Evidenz zu verpflichten, die, abgesehen vom Gewicht unseres eigenen personalen Urteils, andere Konklusionen gestatten würde. Wir dürfen fest glauben, was wir denkbarerweise bezweifeln könnten; und wir dürfen für wahr halten, was denkbarerweise falsch sein könnte" [312; vgl. 214, 268].

Das Defizit an eindeutiger Evidenz, das jede Behauptung zu bewältigen hat, weil ihre Anhaltspunkte die Aussage nicht erzwingen, zu der der Behauptende in der Integration gelangt, scheint durch einen rational nicht motivierten Entschluß ausgeglichen werden zu sollen. Polanyi behauptet jedoch nicht eine Gleichwertigkeit aller bestehenden Möglichkeiten, von denen einer durch eine dezisionistische Wertsetzung ein Vorzug gegenüber den anderen zugesprochen würde. Die rationale Auseinandersetzung mit verschiedenen Lösungsmöglichkeiten eines Problems muß solchen Entscheidungen vorangehen. Ausschlaggebend ist jedoch die Entscheidung, der Akt des Commitments. Dieser kann kritische Auseinandersetzung und Reflexion nicht ersetzen wollen. Dem sucht Polanyi dadurch Rechnung zu tragen, daß er die Behauptung als ethische Handlung, als verantwortbaren Akt darstellt. Die Verantwortung, die der Behauptende trägt, bindet Polanyi an die universale Absicht, mit der jeder Geltungsanspruch vertreten wird:

> "Während die fraglichen Entscheidungen willkürlich egozentrischen Entscheidungen offenstehen, erhält ein Verlangen nach dem Universalen ein konstruktives Bemühen aufrecht und verringert diese Beliebigkeit zu dem Punkt, an dem der die Entscheidung Treffende feststellt, daß er nicht anders kann. Die Freiheit der subjektiven Person zu tun, wie ihr beliebt, wird überwunden durch die Freiheit der verantwortlichen Person zu handeln, wie sie muß" [309].

Dieses Wahrheitsethos, das den Erkennenden sich erst dann zufrieden geben läßt, wenn er von der Wahrheit seiner Erkenntnis überzeugt ist, verbietet jeden willkürlichen Geltungsanspruch. Aber der Weg, auf dem die Wahrheit erreicht wird, meint nicht die methodisch kontrollierte Falsifikation alternativer Möglichkeiten. Polanyis Skepsis gegenüber der Verläßlichkeit von Methoden verlagert das Gewicht dieser Problematik ganz auf die mögliche Zustimmung, die die Forscher ihrer Einsicht erst geben, wenn sie von ihrer Wahrheit überzeugt sind. Wie sie dorthin gelangen, läßt sich methodisch-kritisch nicht präzis bestimmen. Der Forscher traut seinen kognitiven Fähigkeiten, wendet sie wegen der mit dem universalen Anspruch gegebenen Verantwortung nach bestem Wissen an, bis er zu der Überzeugung gelangt, seine Einsicht sei zwingend. Die unausdrücklichen Komponenten des Erfassens lassen seine Erkenntnis nicht 'objektiv' beweisen, seine Anhaltspunkte und Gründe sind partiell nicht einmal artikulierbar, und die Darlegung der Methodik ist gleichfalls nicht zwingend. In Methoden ist zumeist nicht mehr Zuverlässigkeit gegeben als in den "Maximen einer Kunst" [311]. Unbeugsames Wahrheitsstreben, die fachliche Kompetenz und das Verantwortungsbewußtsein durchdringen sich und führen zum Geltungsanspruch als einem verantworteten Urteil. Der Forscher glaubt fest, einen Aspekt der Wirklichkeit entdeckt zu haben und erwartet, die Wahrheit seiner Entdeckung werde sich in Zukunft unter nicht absehbaren Umständen je erneut bestätigen. Dieser Glaube ist Überzeugung. Der Forscher verpflichtet sich ihr unthematisch in seinen weiteren Denkoperationen und hält an ihr trotz bestehender Einwände, anderer Möglichkeiten und anderer Überzeugungen fest.

Die Frage nach den Gründen, die zur Darlegung der Berechtigung von Geltungsansprüchen benannt werden, ist dem kritischen Rationalismus zufolge müßig, weil sich bald die Frage aufwirft, ob diese Gründe angemessen und adäquat sind. Dies treibe schließlich zu Forderung unbezweifelbarer Evidenz und damit zu der von Albert gekennzeichneten Situation des Trilemmas. Polanyi setzt sich mit dieser Problematik nur beiläufig auseinander, weil für ihn die Zirkelhaftigkeit von Begründungen unaufhebbar ist. Aber er gibt die Begründungsforderung darum nicht auf, sondern sucht ihre Struktur einsichtig zu machen.

Jede Behauptung, jeder Geltungsanspruch ist durch die Merkmale der Commitment-Situation bestimmt; ihre letzte Wurzel ist der zuversichtliche Glaube an die Wahrheit. Die Gründe, die für sie benannt werden, haben in ihrer Beziehung zum Subjekt die gleiche Struktur. Sie rücken in den Rahmen der Commitment-Situation ein und unterliegen ihren Bedingungen. Die Einschätzung ihrer Begründungskraft, die Relation der Gründe zum begründungsbedürftigen Geltungsanspruch, leisten letztlich die unausdrücklichen Erkenntnisakte. Beurteilungskriterien sind daher nicht 'objektiv', sind dem Zusammenhang der Commitment-Situation nicht äußerlich. Kriteriologisch ist darum die Begründungsforderung inhaltlich so zu formulieren, daß Behauptungen inhaltlich mit ihrer erkenntnistheoretischen Struktur übereinstimmen müssen:

> "... die Rechtfertigung personalen Sinns ist selbst-rechtfertigend, wenn sie nur ihren eigenen personalen Charakter bejaht. Sie lizenziert gewisse Bedingungen der Artikulation, die zwangsläufig offenbar werden müssen, wenn wir auf diesen Vorgang des Lizenzierens reflektieren, die aber nicht angenommen werden können, um sie für ungültig zu erklären, weil sie schon im Licht dieses Lizenzierens annehmbar sein sollten" [253].

Um etwa Behauptungen über die Sprache zu rechtfertigen, wird mit dem Sprechakt die Sprache schon in Anspruch genommen; die Begründung kann nur die Bedingungen aufzeigen und dartun, daß der fragliche Anspruch mit ihnen übereinstimmt. Diese Begründungsstruktur ist bei allen grundlegenden Anschauungen [fundamental beliefs] anzunehmen. Sollen sie begründet werden, müssen sie die Konsistenz dieser Struktur aufweisen. Der Akt des Commitments ist für Polanyi eine solche Bedingung dafür, daß überhaupt etwas erkannt und behauptet werden kann. Eine Entscheidung, ein Akt des Commitments, ist demnach so zu rechtfertigen, daß sie selbst die Bedingungen der Selbstverpflichtung erfüllt: "Jede Prüfung unserer grundsätzlichen Anschauungen kann nur konsistent sein, wenn sie ihre eigenen Konklusionen voraussetzt. Sie muß intentional zirkelhaft sein" [299]. Diese an transzendentale Formen der Geltungsreflexion erinnernde Ausführung wird von Polanyi nicht weiter präzisiert. Er beläßt es bei dieser Charakterisierung der Geltungsreflexion.

Die Struktur dieses Begründungsmodells ist in den wesentlichen Bestimmungen jedoch klar: Begründung als Einlösung von Geltungsansprüchen kann für Polanyi nicht im rationalistischen oder empiristischen Sinn vorgenommen werden. Weil jeder Geltungsanspruch unumgänglich voraussetzt, was Sprache, Begriffsrahmen, Kultur usw. schon implizit affirmieren, muß die Begründung diese Gegebenheiten als Voraussetzungen akzeptieren. Polanyi spricht in quasireligiösen Begriffen von der Annahme der Bedingungen menschlicher Existenz und menschlichen Erkennens als der Bejahung einer "Berufung" [322].

Mit der willigen Akzeptation der Fehlbarkeit und Endlichkeit menschlichen Erkennens wird deren Konstitution als Bedingung anerkannt. Das schon unausdrücklich wirksame Streben nach Wahrheit in Form von Selbstkorrektur überträgt sich im Bereich expliziten Wissens in die leidenschaftliche Verpflichtung an Wahrheit. Wahrheit kann nicht jenseits der Erkenntnisbedingungen erkannt werden; das Anliegen einer unbezweifelbaren Verifikation von Behauptungen muß sie schon im Ansatz leugnen. Dies hat zur Folge, daß Begründungen nur nach Maßgabe der Commitment-Situation stimmig entwickelt werden können. Begründungstheoretisch bedeutet dies, Übereinstimmung des zu Begründenden mit den Bedingungen des Commitments als der Form der Wahrheitserkenntnis aufzuweisen. Eine Behauptung zu begründen heißt dann, sie trotz der verbleibenden Unwägbarkeiten verantwortlich zu äußern, sie im Akt der Selbstverpflichtung zu "autorisieren": "Wahrheit wird zur Richtigkeit einer Handlung; und die Verifikation einer Aussage wird umgesetzt in die Angabe von Gründen für die Entscheidung, sie zu akzeptieren, obwohl diese Gründe niemals gänzlich spezifizierbar sein werden" [320]. Die Bedingungen, unter denen eine solche Entscheidung als zustimmungsfähig anerkannt werden kann, faßt Polanyi mit dem Begriff der Verantwortung zusammen. Die Beliebigkeit und Willkürlichkeit des Behauptens wird eingeschränkt durch die dem Streben nach Wahrheit verbundene Wahrhaftigkeit, durch ein Höchstmaß der Anstrengung kognitiver Fähigkeit, durch Selbstkritik und die Selbstverpflichtung an das Erkannte als objektiver Wahrheit von universaler Geltung.

Vor diesem Hintergrund läßt sich die Frage noch einmal aufwerfen, die sich zum Schluß der Darlegung des Wahrheitsbegriffs bei Polanyi gestellt hatte, um von ihr her diese Deutung des Begründungsthemas kritisch zu beleuchten. Beim Wahrheitsbegriff war ungeklärt geblieben, wie Polanyi die Einlösung von Geltungsansprüchen konzipiert. Der nichtdeskriptiven Deutung des Wahrheitsausdrucks wegen tauchte diese Frage für den Wahrheitsanspruch selbst nicht auf. Wenn der Wahrheitsanspruch gesondert keine Erkenntnis reklamiert, besteht nicht die Notwendigkeit, die Begründung der Behauptung von der Begründung des Wahrheitsanspruchs für die behauptete Aussage zu unterscheiden. Weil Polanyi den Wahrheitsanspruch als eine Form des Aktes der Behauptung bestimmt, stellt sich das Problem der Begründung von Wahrheitsansprüchen als das der Begründung von Behauptungen. Seine daraufhin vorgestellte Begründungskonzeption läßt sich nun darauf befragen, was die Begründung nach dieser Auffassung leisten kann.

bb) Zur Problematik des Verhältnisses von verantwortlicher
    Selbstverpflichtung und intersubjektiven Gründen

Das polemische Interesse der Kritik am Objektivismus prägt auch die Charakterisierung von Geltungsanspruch und Begründung bei Polanyi. Er entgeht dabei nicht ganz der Gefahr, die Begründungsproblematik aus der Perspektive der unthematischen Voraussetzungen und Komponenten des Erkenntnisprozesses zu verzeichnen. Er kritisiert zu Recht den Objektivismus und die Illusion des Empirismus, und er führt überzeugend aus, daß absolute Gewißheit, unbeeinträchtigte Objektivität auch vom wissenschaftlich methodischen Erkennen nicht erreicht werden können. So eindringlich gezeigt wird, daß jegliches Erkennen als eine Handlung, als Leistung des Subjekts zu verstehen ist, die ohne die unausdrücklichen Annahmen nicht möglich wäre, so drohen die fiduzialen Aspekte, die er dem Erkennen nachweist, bezüglich ihres Einflusses und ihres Stellenwerts den Bereich des expliziten Wissens so einzuschränken, daß der Sinn von Geltungsansprüchen verstellt wird und die Unterscheidung von Glauben und Wissen ihre Berechtigung verliert. Polanyi zeigt einleuchtend, daß unbewiesene und nach einer engen Begriffsauslegung unbeweisbare Annahmen allem Erkennen vorausgehen. Die Darstellung der nichtartikulierten und unausdrücklichen Komponenten des Wissens verdrängt aber weitgehend die Frage nach dem eigenen Stellenwert der bei der Einlösung von Geltungsansprüchen angegebenen Gründe.

Polanyi sucht die Reichweite und die Grenze von Begründungen darzustellen, indem er ihre Bindungen an das Subjekt beschreibt, kennzeichnet aber nur unzureichend, was sie gleichwohl leisten können. Begründungen sind trotz ihres subsidiär-personalen Rückhalts gegen den von diesen unthematischen Komponenten getragenen Behauptungsakt nicht auszuspielen. Die Aussagen Polanyis zu diesem Themenkreis vermögen nie den Eindruck ganz zu beseitigen, daß mangels zwingender Evidenz die Begründung von Geltungsansprüchen gegenüber dem Akt der Verpflichtung überhaupt zweitrangig werde. Die Begründung droht ihr Eigengewicht, ihren kritischen Wert gegenüber dem Akt der Behauptung und der Entscheidung zu verlieren.

Indem Polanyi den Akt der Behauptung einerseits an einen universalen Geltungsanspruch bindet und andererseits das Erkennen als ein Wahrheitsstreben erläutert, das Widersprüche, Fehler und Täuschungen aus eigenem Drang auszuschließen sucht und unter selbstkritischen Erwägungen schließlich zur Behauptung als einem verantwortlichen Urteil führt, bestätigt er selbst dieses Anliegen. Unzureichend bleibt jedoch die Einbeziehung dessen, was die Behauptung intersubjektiv zu einem verantwortlichen Urteil macht. Die Benennung expliziter, allgemein erkennbarer Gründe wird bei der Erkenntnisfindung und Begründung nicht angemessen veranschlagt. Diese Vernachlässigung des artikulierbaren Wissens zugunsten der unausdrücklichen 'Anteile' des Erkenntnisaktes bestätigt sich an Polanyis Einschätzung der Kritik und des Zweifels als Mittel der Erkenntnisfindung.

Polanyi thematisiert die Frage der Kritik in seiner Erörterung des Zweifels als möglichem Erkenntnisprinzip. Er verbindet die Methode des Zweifels, wie sie sich seit Descartes entwickelt hat, mit dem Objektivismus und unterzieht die rationalistische Zweifelsbestimmung der gleichen Kritik [vgl. 269-298; 317]. Die Erkenntniskraft des Zweifels sei maßlos überschätzt worden; das Gebot des universalen Zweifels, allem die Geltung zu bestreiten, was nicht schlüssig bewiesen werden könne, setze die Illusion des reinen Bewußtseins voraus und müsse bei konsequenter Anwendung zur skeptischen Destruktion allen Wissens und letztlich zur Sprachlosigkeit führen.

Polanyi seinerseits sucht die konstitutiven, nichtkritischen Voraussetzungen jeder Kritik offenzulegen. Kritik, so wird ausgeführt, muß sich in einem Rahmen von Annahmen bewegen, der die Möglichkeit des Kritisierbaren nichtkritisch umschreibt. Der Zweifel muß sich auf etwas stützen, das er vernünftigerweise nicht bezweifeln kann. Den Zweifel an explizit artikulierbarem Wissen bestimmt Polanyi als Ablehnung zugunsten anderer Behauptungen. In der affirmativen Wendung dieses Zweifels ist somit die Behauptung mit all ihren unausdrücklichen, nichtkritischen Komponenten gegeben. Auch jene Formen des Zweifels, die sich nicht in Affirmationen ihres Gegenteils kehren lassen, werden vor einem Hintergrund von Annahmen geäußert, die den Zweifel erst sinnvoll machen [vgl. 272ff]. Die Absurdität des Zweifels als einzigem Erkenntnisprinzip wird darin offenkundig, daß nur die Behauptung artikulierter Formen explizit bezweifelt und kritisiert werden kann. Ihre unartikulierten Voraussetzungen sind notwendig unkritisch-affirmativ. Aber diese unartikulierten Akte will Polanyi nicht dem Bereich des Irrationalen überantworten; gemäß seinen Aussagen über die selbstgesetzten Normen sind sie nicht willkürlich, sondern werden nach anderen als denen der expliziten Kritikfähigkeit beurteilt. Obwohl Polanyi der Kritik die Erkenntniskraft somit nicht abstreitet, sondern ihr den ihr angemessenen Ort zuweisen will, ist bezeichnend, daß er diesen Aspekt systematisch nicht entfaltet.

Er spricht durchaus von der Notwendigkeit der Kritik und erwähnt, das "verantwortliche personale Urteil" beinhalte die Notwendigkeit eines äußersten Maßes an Selbstkritik [vgl. 299]. Ebenso wird die Notwendigkeit der Geltungsreflexion nicht bestritten, aber der Wert der Kritik als Mittel der Erkenntnisfindung wird nicht systematisch expliziert. Die polemische Frontstellung gegenüber dem Objektivismus hindert Polanyi daran, jene Möglichkeiten der Einlösung von Geltungsansprüchen weiter zu entwickeln, die die Grenzen methodischer Rationalität sprengen, aber die Begründung nicht gänzlich den unausdrücklichen Erkenntnisakten anlasten. Eine solche Begründungskonzeption bräuchte den Grundzügen seiner Position nicht zu widersprechen, würde aber Entscheidungen stärker durch Kritik und Argumentation begründen können.

Eine Möglichkeit, die Begründungsproblematik im Horizont der Philosophie Polanyis voranzutreiben, könnte darin bestehen, die geistigen Leidenschaften und ihre Konstellation im Erkenntnisprozeß selbst zum Gegenstand der Geltungsreflexion zu machen. Diese Leidenschaften bezeichnen für Polanyi Erkenntnisinteresse, Wahrheits- und Plausibilitätsstreben sowie die Wertdimension der Erkenntnisgegenstände in einem. Sie motivieren Erkenntnisfortschritt, leiten unausdrücklich Selektionsprozesse, führen zum Behauptungsakt und zur Überzeugung. Um diese Komponenten nicht als ungreifbare, psychische Begleitphänomene einschätzen zu müssen, hat R. Hall eine epistemologische Beurteilung der geistigen Leidenschaften gefordert und ansatzhaft skizziert. Ihre erkenntniskonstituierende und -leitende Kraft müsse rationaler Argumentation zugänglich gemacht und sie selbst müßten begründet werden. Mittels einer "kognitiven Theorie der Werterfahrung" (79) soll nach Hall der kognitive Status dieser Leidenschaften aufgewiesen werden können. Die Setzungen von Wert und Relevanz, die aus ihnen hervorgehen, könnten so gerechtfertigt werden; interessenehmende Akte und Leidenschaften wären einer Beurteilung nicht mehr entzogen.

Aber kann das Problem der Wahrheitssicherung der Erkenntnisse durch die unausgesprochenen Akte der Beurteilung dadurch gelöst werden, daß über Relevanz und den Wert möglicher Erkenntnisinhalte eine rationale Entscheidung herbeigeführt wird? Hall beschränkt die Breite der geistigen Leidenschaften auf die durch sie geleistete Wertkonstitution. Aber selbst wenn man sich argumentativ darauf berufen könnte, warum eine Erkenntnis nützlich, eine heuristische Entscheidung fruchtbar oder ein Akt des Commitments angebracht ist, wäre damit noch nicht geklärt, ob die von ihnen abhängige Erkenntnis wahr ist. Damit taucht das von Polanyi in den Behauptungsakt aufgelöste Wahrheitsproblem nur wieder auf. Weiterhin ist schwer auszumachen, wie die von Hall angestrebte Theorie kognitiver Werterfahrung sich überzeugend durchführen ließe. Unter den gegenwärtig geläufigen Theorien findet er bezeichnenderweise keine Position, die sein Anliegen in der von ihm projektierten Richtung stützen würde. Sein Versuch, die Kognitivität der Werterfahrung durch eine Parallelisierung zur Wahrnehmung nachzuweisen, kommt über die Skizze eines Ansatzes nicht hinaus.

Dennoch weist der Versuch von Hall in die richtige Richtung. Wenn es zutrifft, daß Begründungen nicht gänzlich und ausschließlich als die methodische Anwendung von Regeln konzipiert werden können, dann muß ein Urteil die Geltungsfrage entscheiden. Begründungstheoretisch stellt sich damit das Problem, unter welchen Bedingungen ein methodisch nicht voll kontrollierbares Urteil rational genannt werden kann. Polanyi weitet den Begriff der Rationalität auf die Bereiche unausdrücklichen Wissens aus; für ihn ist die Geltungsbehauptung eine vernünftige Entscheidung dann, wenn sie als ein Akt der Selbstverpflichtung vollzogen wird. Daß dabei unausdrückliche Wertsetzungen oder ästhetische Momente den Ausschlag geben können, ist nach seiner Auffassung keine Gefährdung der Rationalität von Behauptungen und Entscheidungen; diese gehören vielmehr zur Struktur der Selbstverpflichtung als ihre konstitutiven Momente. Hall ist in der Forderung Recht zu geben, diesen Akt des Commitments als einen Akt begründeten Behauptens eigens auszuweisen. Ob sein eigener Vorschlag hier weiterführt, scheint allerdings fraglich.

Die Fähigkeit zu rationalen, nicht methodisierten Urteilen wäre durch die Angabe bestimmter Bedingungen also zu präzisieren. Die von Polanyi genannten Bedingungen Wahrhaftigkeit, Widerspruchsfreiheit usw. enthalten bereits Bestimmungen, die in eine Theorie der Begründung aufgenommen werden könnten. Er bindet sie jedoch wiederum so an den Akt des Commitments und den durch diesen erzeugten Rahmen, daß vor allem das zuvor angedeutete Problem der Beziehung der Gründe zur Geltungsentscheidung zu klären wäre. Bei Polanyi tendiert die Explikation dieser Beziehung dahin, den Gründen ihr Eigengewicht gegenüber dem Akt der Behauptung zu nehmen. Wenn aber die Begründungsidee letztlich die Minimalisierung von Beliebigkeit und Willkürlichkeit meint, dann muß der Status angegebener Gründe intersubjektiv ausweisbar sein. Hier wäre auch der Ort, an dem das Problem der Beziehung von Argumenten untereinander im Fall der Kumulation von Evidenz gestellt werden müßte.

Schließlich sind unter theologischer Rücksicht die Aussagen Polanyis zur Begründungsfähigkeit von Grundüberzeugungen von Interesse. Er beschreibt ihre Form als Selbstexplikation einer Überzeugung, deren Begründung notwendig zirkelhaft sei, weil sie nur von ihrem eigenen Standpunkt vorgenommen werden könne. Auf gewisse Parallelen zur theologischen Begründungsproblematik war zuvor schon hingewiesen worden. Die erkenntnistheoretische Bestimmung des Glaubens durch Hick als einer umfassenden Interpretation der Wirklichkeit zeigt in der Thematisierung der Grenzen der Begründungsfähigkeit dieser Interpretation Ähnlichkeiten zu den Aussagen Polanyis über die Begründbarkeit fundamentaler Überzeugungen. Die Wirklichkeitsdeutung und der Commitment-Rahmen sind selbst letzte, nicht mehr begründungsfähige Bezugspunkte der Begründung. Hick schien uns das theologische Begründungsproblem richtig zu stellen, aber mit der Charakterisierung des Glaubens als eines festen interpretativen Weltverhältnisses ihm wieder auszuweichen. Im folgenden Kapitel wird der Versuch unternommen, diese Beziehung zwischen Commitment-Rahmen oder Wirklichkeitsverständnis und den für sie angebbaren Gründen zu reformulieren und analog die theologische Begründungsproblematik neu zu bestimmen.

V DIE BEGRÜNDUNGSFÄHIGKEIT DER RELIGIÖSEN ÜBERZEUGUNG

1. Ein Vorschlag zur Reformulierung des theologischen Begründungsproblems

Von den verschiedensten Standpunkten aus wird dem Ansinnen, das Verhältnis von Rationalität und Glaubensüberzeugung positiv zu bestimmen, Sinn und Möglichkeit bestritten. Die zeitgenössische Theologie ignoriert und leugnet weithin seine theologische Legitimität; erkenntnistheoretische und sprachphilosophische Argumente liegen bereit, dieses Bestreben einer Dissoziierung von Glaube und Rationalität zu stützen. Wird dennoch die Begründungsbedürftigkeit religiöser Überzeugungen behauptet und das Anliegen einer inhaltlichen Einlösung ihrer Geltungsansprüche nicht aufgegeben, bleibt der Versuch einer Rekonstruktion der Begründungsproblematik nur dann nicht spielerisch-unverbindlich, wenn diese in Auseinandersetzung mit den themenrelevanten Konzeptionen in Philosophie und Theologie der Gegenwart vorgenommen wird. Die theologische Selbstverständigung erfordert aus ihrem eigenen sachlichen Gefälle, die Kritik an diesem Unterfangen als ihr eigenes Anliegen zu erörtern.

Aus diesem sachlichen Interesse wurde die Begründungsfrage im vorhergehenden den verschiedenen Einwänden aus philosphischer oder theologischer Perspektive konfrontiert. Die gleiche Absicht verfolgte die Erörterung repräsentativer theologischer Positionen, die das Thema von einem jeweils anderen, aber bedeutsamen Standpunkt behandeln. Die Begriffe der Begründung und des Glaubens sollten durch diese Erörterung aus der Sicht verschiedener philosophischer und theologischer Perspektiven in ihren Voraussetzungen problematisiert werden und in der Diskussion an Bestimmtheit gewinnen. Die Ergebnisse dieser Untersuchungen können jetzt erinnert und als Aspekte der Reformulierung des Begründungsproblems konstruktiv aufgenommen werden.

a) Unstimmigkeiten der philosophischen und sprachanalytischen Kritik

Religiöser Glaube ist nicht schlüssig auf einer einzigen Ebene des Denkens, Fühlens oder Handelns zu explizieren; er fächert sich in die verschiedenen Dimensionen von Erkennen, Fühlen und Handeln auf und umfaßt diese Ebenen zugleich. Der vor dem Hintergrund der neopositivistischen Philosophie formulierte Sinnlosigkeitsverdacht gegenüber dem Anspruch der Möglichkeit kognitiver religiöser Aussagen zwingt die theologischen Vertreter dieser Position, dem philosophischen Denken die Kompetenz im Bereich des Glaubens zu bestreiten oder den Glauben nichtkognitiv zu interpretieren. Entweder ist der Glaube eine Erkenntnisform eigener Ordnung, die sich von anderen Erkenntnisbereichen derart grundsätzlich unterscheidet, daß eine Forderung der Rechtfertigung ihrer Ansprüche selbst schon ein Mißverständnis darstellt, oder er ist als ein nichtkognitives Verhalten zu verstehen, das den Erkenntnisanspruch des

Glaubens als ein Selbstmißverständnis aufzugeben hat. Die anhand der Aussagen MacIntyres veranschaulichte Position der Selbstisolierung der religiösen Überzeugung verabsolutiert die Unterschiedenheit des Glaubens zur Beziehungslosigkeit gegenüber nichtreligiösen Wirklichkeitsauffassungen; sie formuliert die Destruktion der Bezüge zu nichtreligiösen Erfahrungsbereichen als ihre konstitutive Voraussetzung. Sie kann ihren Erkenntnisanspruch nur behaupten, muß aber zwangsläufig darauf verzichten, ihn zu begründen.

Demgegenüber ist die nichtkognitive Auslegung des Glaubens nur als ein Bruch mit dem tradierten christlichen Selbstverständnis möglich. Hare fordert ihn, um die religiöse Haltung in ihrem Kern als eine weltkonstituierende Einstellung plausibel machen zu können, die für ihn im strengen Sinn keine Erkenntnisansprüche beinhaltet. Religion ist ihm Welterrichtung und Weltsicherung durch eine theistische Vorstellungswelt. Die aktive Bezugnahme zum Heiligen, die Beziehung zu Gott geht hier gänzlich verloren; der Sinn und die Berechtigung einer religiösen Vorstellungswelt verlieren jede inhaltliche Relevanz. Ihr Inhalt ist gegenüber ihrer Funktion der Weltsicherung gleichgültig.

Diese Distanz zum herkömmlichen Christentum und die Preisgabe spezifischer Inhalte des Gottesglaubens bei Hare setzen die von ihm kritisierten Positionen, die einen kognitiven Anspruch des Glaubens behaupten, philosophisch nicht schon ins Recht. Die Erschütterung der empiristischen Voraussetzungen der sprachanalytischen Kritik gestatten es aber, das Pathos, mit dem die nichtkognitiven Deutungen des Glaubens sich zur Geltung brachten, gelassener zu betrachten. Die Grundvoraussetzung nichtkognitiver Glaubensinterpretationen, nur das Empirische lasse sich durch eine eindeutige Kriteriologie verbindlich als sicheres Wissen ausweisen, ist mit der zunehmenden Einsicht in die Voraussetzungen auch empirischer Erkenntnis selbst zweifelhaft geworden. Die Hinweise auf die Selbstdestruktion des Verifikationskriteriums im Neopositivismus zeigten die Brüchigkeit des positivistischen Ansatzes. Die Erkenntnis der Theorieabhängigkeit von Beobachtungen und die Paradigmenabhängigkeit von Theorien haben die Voraussetzungen untergraben, von denen her Ayer, Flew und andere den Sinnlosigkeitsverdacht gegenüber religiösen Aussagen formulierten.

Die Auflösung des Gottesbegriffs in nichtkognitive Einstellungsmuster und bestimmte Verhaltensweisen verliert damit ihren vermeintlich wissenschaftlichen Zwang, aber die Problematik des kognitiven Anspruchs des Glaubens ist damit noch nicht gelöst. In der Wirksamkeit dieser Ansätze bringt sich der ametaphysische Charakter des Denkens der Gegenwart deutlich zur Geltung, von dem diese Debatte um den Status religiösen Sprachgebrauchs getragen war. Zwar hat sie diesen nicht selbst erzeugt, sondern gab bestimmten philosophischen Traditionen nur erneut Ausdruck; der Wirksamkeitsgrad dieser Auseinandersetzungen bezeugt jedoch eindringlich, in welchem Ausmaß der Gebrauch traditioneller Kategorien religiösen Sprachgebrauchs seine Selbstverständlichkeit verloren hat. Vor diesem Hintergrund ist immerhin bemerkenswert, daß die Andersartigkeit des religiösen Glaubens bei Hare im Begriff der 'eigenen Welt' noch aufscheint und darin ein Wesenszug des Glaubens bewahrt wird. Diese Unterschiedenheit wird expliziert als Eigenart der Weltkonstitution, die ihrerseits Wahrnehmung und Erkenntnis bestimmt. Die Erläuterungen Hares zu diesem Thema blieben fragmentarisch; aber an MacIntyres Ausführungen ließen sich die Konsequenzen einer verabsolutierten Separierung der religiösen Überzeugung von den Bezügen, in denen sie als Überzeugung des geschichtlichen Menschen gleichwohl steht, betrachten. Andererseits ist nicht zu bestreiten, daß religiöser Glaube als eine Einstellung zur Wirklichkeit eigener Art bezeichnet werden muß: der Gläubige erfährt die Welt anders als sein nichtreligiöser Mitmensch. Für die Bestimmung des Glaubensbegriffs und das Begründungsthema ist es deshalb von entscheidender Bedeutung, wie dieses Verhältnis bestimmt wird. In welchem Sinn lebt der religiöse Mensch in einer 'eigenen Welt'? Wieweit läßt sich sein Denken und Sprechen in allgemeinen, nichtreligiösen Kategorien überhaupt fassen und beurteilen? Hat die Auseinandersetzung zwischen ihm und dem Nichtgläubigen den Charakter eines echten Disputs um die Geltung von Erkenntnisansprüchen? Lassen sich Möglichkeiten benennen, einen solchen Auffassungskonflikt zu beheben?

Dieser Fragen hätte man sich mit einem Schlage entledigt, wenn die Grundvoraussetzungen einer Geltungsprüfung religiöser Wahrheitsansprüche aufgehoben würde, die beinhaltet, daß auch religiöse Wahrheitsbehauptungen und Geltungsansprüche allgemeinen Kriterien der Beurteilung folgen und nicht eine 'autonome', eigene Kriteriologie zur Voraussetzung haben. Genau diese These wird von Phillips durch die Bestimmung der religiösen Überzeugung als eines eigenständigen Sprachspiels behauptet. Die Frage nach Erkenntnis und Begründung wird in die unkritisierbare Gegebenheit von Sprachspielen aufgelöst: Das dem Sprachspiel zugrundeliegende Regelsystem erschließt der Analyse die nur für es geltenden Bedeutungs- und Wahrheitskriterien. Diese definieren den religiösen Bereich von Wirklichkeit und die Kriterien von Wahrheit und Rationalität. Aber hinter der vordergründig einleuchtenden Charakterisierung des religiösen Glaubens als dem absoluten Maßstab des religiösen Denkens und Handelns verbirgt sich eine einseitige Methode der Bedeutungsbestimmung religiöser Überzeugungen und der Bedeutung des religiösen Sprachgebrauchs. Die Frage der Gotteserkenntnis und ihrer möglichen Ausweisbarkeit wird nicht unvoreingenommen geklärt, wie Phillips zu tun vorgibt, sondern durch die exklusiv gebrauchstheoretische Bedeutungsbestimmung zuvor schon implizit festlegt. Phillips' Bestimmung des Bedeutungsgehalts religiöser Vorstellungen hat die Auflösung des Gottesbegriffs zur Konsequenz. 'Gott' wird zum Namen für das Orientierungs- und Verständigungssystem einer Vorstellungswelt, die den Horizont möglicher Handlungs- und Denkweisen umschreibt. Diese Handhabung der sprachanalytischen Methode der Bedeutungsbestimmung spricht dem religiösen Sprachgebrauch einen kognitiven Charakter zwar nicht ab; dieses Problem des kognitiven Status wird aber nicht offen diskutiert, sondern methodologisch vorentschieden. Die Begründungsproblematik kann nicht sichtbar werden, weil diese Art gebrauchstheoretischer Bedeutungsbestimmung dies nicht zuläßt.

Die Differenz dieser Konzeption zum faktischen Sprachgebrauch in religiöser Praxis und Theologie machte deutlich, daß die Frage nach der Begründungsfähigkeit auf diese Weise nicht umgangen werden kann. Das Thema der Begründungsfähigkeit religiöser Überzeugungen steht darum weiterhin an. Von der sprachanalytischen Philosophie kann sich die Erörterung dieses Themas darüber belehren lassen, daß Kriterien der Geltungsprüfung nicht unbesehen anzuwenden, sondern bezüglich ihrer Angemessenheit zu problematisieren sind; die Fragestellung selbst wird dadurch nicht aufgelöst, sondern inhaltlich präzisiert. Das sprachanalytische Denken fordert zu Recht, die Möglichkeit einer Kontextabhängigkeit von Geltungskriterien zu bedenken. Es besteht jedoch kein Anlaß, diese wie Phillips in ihrer härtesten Form affirmativ vorauszusetzen.

Nicht nur nichtkognitive und sprachspieltheoretische Deutungen des Glaubens kritisieren unsere Frage als eine falsche Problemstellung. Die Forderung nach Glaubensbegründung stellt nur dann ein vernünftiges Anliegen dar, wenn es auch Möglichkeiten des Begründens gibt, die den Anspruch der Begründungsidee einlösen können: Geltungsansprüche als berechtigt auszuweisen, die Freiheit der Zustimmung durch die Darlegung von Gründen zu sichern. Diese Idee vernünftiger Verständigung wird vom kritischen Rationalismus als vernünftig bejaht, aber er bestreitet die Möglichkeit, ihr durch die Einlösung von Geltungsansprüchen, durch das Begründen entsprechen zu können. Weil es für ihn keine Instanz gibt, die die Wahrheit von Aussagen über die Wirklichkeit verläßlich sichern könnte, ersetzt er die Methode der Begründung durch die der Kritik: Nur der beständige Versuch, vermeintlich wahre Erkenntnisse zu testen, sie solchen Umständen zu konfrontieren, an denen sie scheitern könnten, soll zur Wahrheitserkenntnis führen. Diese Auflösung des Begründungspostulats und seine Ersetzung durch das Prinzip uneingeschränkter Kritik vermochte nicht zu überzeugen. Geltungsansprüche zu erheben, sie aber zu hypothetisieren, statt sie einzulösen, wird weder den Erfordernissen vernünftiger Kommunikation, noch den Eigenarten der Forschungsprozesse in der Wissenschaft gerecht.

Die Ausführungen zur Begründungskonzeption von Polanyi wollten mit ihr eine Konzeption vorstellen, die an der Möglichkeit des Begründens festhält, die vom kritischen Rationalismus thematisierte Problematik aber nicht überspielt. Seine Charakterisierung des Geltungsanspruchs als Glaubensakt der Selbstverpflichtung an das als wahr Erkannte und die Bestimmungen der Bedingungen einer vernünftigen Einlösung dieses Anspruchs weiten den Begriff der Rationalität gegenüber dem kritischen Rationalismus erheblich aus: die unausdrücklichen, unthematischen Komponenten des Wissens und Erkennens werden nicht als Gefährdung von Wahrheitserkenntnis betrachtet, sondern als deren konstitutive Bestandteile. Obwohl die Bestimmung der Beziehung von Erkenntnis und Bezugsrahmen, die nichtdeskriptive Deutung von Wahrheitsanspruch und Wahrheitsurteil und die Zuordnung des Begründungsvorgangs zum Akt der Selbstverpflichtung nicht uneingeschränkt akzeptiert werden konnten, enthält die Konzeption Polanyis doch Anhaltspunkte, die eine Reformulierung des theologischen Begründungsproblems in sich aufnehmen kann.

Das Bestreben der sprachanalytischen Kritik, dem Glauben den kognitiven Geltungsanspruch zu bestreiten, stellt darum - so läßt sich jetzt begründet behaupten, kein wirkliches Hindernis für das Vorhaben der Glaubensbegründung mehr dar. Ebensowenig ist vom kritischen Rationalismus aufgezeigt worden, daß prinzipiell keine Form des Begründens denkbar sei, die die Intention des Begründens, Geltungsansprüche auf Erkenntnis und Einsicht zu gründen, einlösen kann. Scheint aus der Sicht sprachanalytischer und philosophischer Kritik der Weg für die Glaubensbegründung wieder offen, so begegnet auch das theologische Denken der Glaubensbegründung mit erheblichen Vorbehalten, wie im Verlauf der Diskussion deutlich wurde.

b) Unstimmigkeiten der theologischen Kritik und die Möglichkeit der Glaubensbegründung

Die Darstellung und Erörterung verschiedener theologischer Begründungsmodelle wollte aufzeigen, wie sich die inhaltliche Gestaltung der Glaubensbegründung selbst dort unterscheidet, wo ein Grundkonsens darüber besteht, als was religiöser Glaube zu begründen ist. Neben der klassischen, am Modell des Thomas veranschaulichten Konzeption brachten die Ansätze aus dem zeitgenössischen theologischen Denken auch Aspekte zur Geltung, die die klassische Apologetik noch nicht wahrnehmen konnte. Es soll jetzt versucht werden, unter der Rücksicht der an diesen Positionen geäußerten Kritik das Begründungsproblem aus theologischer Perspektive zu rekonstruieren.

Glaube an Gott besagt implizit einen Erkenntnis- und Wahrheitsanspruch. Wie dessen erkenntnistheoretische Bestimmung auch vorgenommen werden mag - der religiöse Glaube setzt sich zu Gott als einer Wirklichkeit in Beziehung, von der er in irgendeiner Form weiß und die er im Leben irgendwie erfährt. Dieser Anspruch wird weder von Hick und Allen, noch von den Hauptvertretern der narrativen Theologie geleugnet, aber alle meinen auf eine argumentative Einlösung dieses Anspruchs verzichten zu sollen. Hick und Allen fordern die Vereinbarkeit des religiösen Glaubens und seiner Erkenntnisansprüche mit dem, was der Mensch sonst über sich und die Welt noch weiß; hier sehen sie die Aufgabe der theologischen Auseinandersetzung mit Philosophie, Wissenschaft und Religionskritik. Ihre Konzeptionen sind jedoch bis ins Detail darauf ausgerichtet, den Glauben von einer affirmativ-inhaltlichen Begründung zu entlasten. Die bei Hick noch sichtbaren Ansätze finden ihre Grenze in der Berufung auf eine religiöse Gewißheit, die selbst nicht problematisiert und nicht einsichtig gemacht werden kann. Allen verweist auf die Fähigkeit religiöser Überzeugungen, mit ungelösten Zweifeln zu leben und rechtfertigt diese Haltung durch den Versuch ihrer Legitimation mittels religiöser Befriedigungserlebnisse.

Diese Ablehnungen einer affirmativen Begründung - das suchte die Kritik verständlich zu machen - ist weder vom Begriff des Glaubens noch von dem der Begründung gefordert. In der Konzeption Hicks gilt der Glaube als absolut gewiß; Reflexion und Argumentation können allenfalls die Strukturidentität mit anderen Weltsichten aufzeigen und den Erkenntnisanspruch des Glaubens als legitim ausweisen, ihn jedoch nicht selbst begründen. Das theologische Argument für den Begründungsverzicht wertet diesen als dem Glauben angemessen und von ihm her erforderlich: eine Begründung würde ihn in die Abhängigkeit von nichtreligiösen Faktoren bringen und ihn so hypothetisieren, d.h. mit der Gewißheit ein Wesensmerkmal des Glaubens auflösen. Allen expliziert den gleichen Vorbehalt als Unfähigkeit zur gläubigen Identität; der Glaube könne als begründungsbedürftige Einstellung nie die Kontinuität einer lebensbestimmenden Haltung erreichen.

Diese Einwände drängen beide Autoren zu einer Bestimmung des Glaubens, der eine wirkliche Gefährdung nicht kennt. Sie können darum auch die Notwendigkeit der Auseinandersetzung mit Gegenpositionen, die sie beide behaupten, nicht wirklich konsequent vertreten. Für die religiöse Überzeugung selbst soll diese Auseinandersetzung und der Nachweis ihrer Vereinbarkeit mit dem Wissen in anderen Bereichen folgenlos bleiben. Dem ist zuzustimmen, insoweit es sich um die Abhebung des Glaubens von Hypothesen, von vorläufigen Annahmen handelt: Religiöser Glaube ist in seinem Kern nicht distanzierte Kenntnisnahme; sein lebensbestimmendes Maß unterscheidet ihn von episodischen Einstellungen und kurzlebigen Engagements. In der religiösen Überzeugung definiert der religiöse Mensch sein Verhältnis zur Wirklichkeit und bestimmt sich zu dem, was nach seiner Überzeugung Wahrheit und daher von fundamentaler Bedeutung für ihn ist. Mit dieser Überzeugung gibt er sich zugleich darüber Auskunft, was er selbst ist und sein will. Diese Überzeugung aber hat Voraussetzungen und lebt von Erfahrungen, die eine solche Einstellung ermöglichen und stützen. Sie ist unter den Bedingungen der pluralistischen Kultur in ständigem Kontakt mit gegensätzlichen Auffassungen und erkennt darin, daß die eigene Überzeugung nicht unumgänglich ist. Wenn der Glaubende in diesem Kontext seine Überzeugung begründet, sich der Verläßlichkeit ihrer Voraussetzungen vergewissert, widerspricht er sich nicht. Er kann die Gründe angeben, ihre Geltung aufzuzeigen versuchen und sich so selbst der Wahrheit vergewissern. Freilich hat die Geltungsprüfung hier eine andere Form als z.B. die bei einer strittigen Lösung mathematischer Probleme, aber sie ist durchaus möglich und entspricht der Struktur der Glaubenshaltung. Hick, Allen und manche Vertreter der narrativen Theologie lassen sich von einer unangemessenen, verengten Vorstellung des Begründungsbegriffs dazu verleiten, dessen Bedeutsamkeit für die religiöse Überzeugung zu bestreiten.

Hick verwendet den Begriff der Begründung im Sinne des schlußfolgernden Beweises. Der Abhängigkeit eines Schlusses von seinen Voraussetzungen wegen sieht er sich gezwungen, ihn dem Glauben als unbedingter, freier Einstellung entgegenzusetzen. Die Orientierung an diesem verengten Begründungsbegriff veranlaßt ihn, mit diesem Begriff die Begründungsidee im religiösen Kontext überhaupt zu verwerfen und seine Konzeption polemisch gegen sie zu entwickeln. Allen identifiziert die Möglichkeit einer argumentativen Wahrheitssicherung des Glaubens an Gott mit der Möglichkeit von Metaphysik. Er skizziert ihre Problematik als die der geschlossenen Systeme der Wesensontologie, weist die Schwierigkeiten ihrer überzeugenden Durchführung auf und konzipiert einen Glaubensbegriff, der einer solchen Begründung nicht bedarf. Aber weder die Begründungsidee noch die Frage der Möglichkeit einer Bestimmung des Ganzen der Wirklichkeit sind notwendig in der von Hick und Allen dargestellten Weise zu explizieren. Es ist durchaus eine Form des Begründens denkbar, die der Eigenart der religiösen Überzeugung nicht widerspricht und doch den Anspruch von Rationalität mit dem Nachweis seiner Begründungsfähigkeit in sich aufnimmt. Ebenso braucht das Anliegen nicht aussichtslos genannt zu werden, eine Wirklichkeitsbestimmung zu entwickeln, die nicht wesensmetaphysisch denkt, sondern die Wirklichkeitsauffassung als Interpretation der Gesamtheit der Erfahrungen entfaltet.

Ein Verzicht auf argumentative Sicherung und Geltungsprüfung der religiösen Überzeugung ist also weder vom Glaubensbegriff noch von der Begründungsidee her gefordert. Das Begründen nimmt vielmehr Aspekte der Überzeugung selbst auf, die ein sachliches Gefälle zu diesem Anliegen aufweisen. Zwar hat die religiöse Überzeugung ihren primären Ort in der Lebenspraxis, aber sie beinhaltet Wahrheits- und damit Geltungsansprüche und beruht auf bezweifelbaren Voraussetzungen, die weder ignoriert noch ausgeschaltet werden müssen, sondern als Voraussetzungen der Geltungsansprüche des Glaubens begründet werden können.

Dies gilt auch für die Thematik der religiösen Erfahrung. Die vorgestellten Begründungsmodelle sehen ausnahmslos die Bedeutsamkeit der Erfahrungsproblematik, die ihr unter den pluralistischen Bedingungen der Gegenwart für die religiöse Überzeugung zukommt. Für Hick nimmt Erfahrung Ort und Stellenwert der herkömmlichen Begründungsform ein, Allen bestimmt sie als das schlechthin relevante theologische Problem, und die narrative Theologie rückt auf ihre Weise das Thema der Erfahrung ins Zentrum der Aufmerksamkeit. Darin spricht sich eine problembewußte Einschätzung der Gegenwart und ihrer Bedeutung für die Ausbildung einer religiösen Überzeugung aus, aber die theologische Veranschlagung der Erfahrung und ihre Einordnung in den Zusammenhang der jeweiligen Konzeption, die Bestimmung des Erfahrungsbegriffs also, wird der Begründungsidee entzogen oder entgegengesetzt.

Hick bescheinigt der religiösen Erfahrung eine der natürlichen Welterfahrung vergleichbare Gewißheit. Glaube sei eine Art der Welterfahrung, die in der Welt unabweisbar die Präsenz Gottes wahrnimmt. Diese 'Sehweise' erhält in seiner Konzeption eine Rigidität, die durch das Phänomen der religiösen Einstellung im allgemeinen nicht gedeckt wird und sich erkenntnistheoretisch nicht rechtfertigen läßt. Religiöse Erfahrungen sind erkenntnistheoretisch nicht selbstevident; sie verbürgen nicht selbst den Inhalt, den der Gläubige in ihnen wahrnimmt. Hick trägt dem in der erkenntnistheoretischen Bestimmung des Erfahrungsbegriffs zu einigem Ausmaß Rechnung, integriert die Erfahrung jedoch so einem Modus der Wirklichkeitserfahrung, daß er eine unaufbrechbare Korrespondenz zwischen dem Erfahrungsakt und dem Erfahrungsinhalt behaupten muß. Eben dies ist zu bestreiten. Die auch der religiösen Erfahrung eigenen Spuren der Unsicherheit und Ungewißheit sind durch die zweifellos gegebene Stabilität der religiösen Überzeugung nicht zu überspielen. Mit diesem Problemkreis bleibt daher zu fragen, wie der Anspruch der Gotteserfahrung als ein rationaler Geltungsanspruch eingelöst werden kann.

Das erfordert unter anderem, den Erfahrungsbegriff zu klären. Dazu gehört, zwischen Erfahrung als lebensgeschichtlich gewonnener Erkenntnis, als Erfahrungsakt oder Erlebnis zu unterscheiden, um die Möglichkeit der Reflexion auf Erfahrung und die Mitteilbarkeit des Erfahrungsinhaltes darlegen zu können. Diese Differenzierung, die eine Erörterung des Verhältnisses von Erfahrung und Deutung gestattet, muß möglich sein. Der Protest gegen eine solche "Vergegenständlichung" oder "Objektivierung" der Erfahrung seitens einiger Vertreter der narrativen Theologie als eine die Authentizität von Erfahrungen verfremdende Distanzierung ist unangebracht; solche Behauptungen beziehen ihr Pathos von einer Ästhetisierung des religiösen Glaubens, die mit seiner lebenspraktischen Form kaum noch Gemeinsamkeiten aufweist. Die Vorbehalte gegenüber Abstraktionen und Verallgemeinerungen auf Kosten der Unmittelbarkeit der individuellen Erfahrung haben ihr partielles Recht, sind aber weit davon entfernt, die Möglichkeit und Nützlichkeit der Reflexion auf Erfahrung zu widerlegen. Novak, Dunne und McClendon u. a. suchen denn auch die Lebensgeschichte als den angemessenen Bezugsrahmen der religiösen Erfahrung zu begreifen.

Die mit dem Begründungsproblem in Zusammenhang stehenden Themen des Glaubens, der Erfahrung und der Erkenntnis selbst stehen einer Begründung der religiösen Überzeugung also nicht entgegen. Sie verlangen vielmehr eine Begründungsform zu entwickeln, die den angemerkten Qualifikationen dieser Begriffe gerecht wird. Im folgenden Abschnitt suchen wir die These plausibel zu machen, daß die geforderte Begründungsform die Begründungsidee nicht als zwingenden Beweis, sondern als 'kumulative Rechtfertigung' von Geltungsansprüchen explizieren muß. Diese Form des Begründens beansprucht, die dem Glauben eigene Struktur zu wahren, aber zugleich den Anspruch von Rationalität einzulösen, der auf die Form des schlüssigen Beweises nicht beschränkt zu werden braucht. Wir folgen in der Darlegung dieser Begründungsform B. Mitchell (1), der sie in ihren methodologischen Grundzügen entwickelt und auf die theologische Begründungsfrage bezogen hat.

2. Die kumulative Begründungsfähigkeit des christlichen Glaubens

a) Die Struktur einer kumulativen Begründung

Die Diskussion um die Begründungsfähigkeit religiöser Überzeugungen hat wenig Lösungsaussichten, solange sie als Streit um jene Alternative geführt wird, die entweder den strengen Wahrheitsbeweis fordert, diesen aber nicht formulieren kann, oder aber die Fragestellung selbst als theologisch illegitim abweist. Die Fruchtlosigkeit dieses Disputs ist vor allem durch den Tatbestand verursacht, daß kein anderes Paradigma der Begründung diskutiert wird als das des strengen Beweises. Es macht den Rang des Buches von Mitchell aus, daß es sich konsequent von den Voraussetzungen dieser aussichtslosen Debatte befreit und das Problem von Rationalität und Glaubensüberzeugung anders formuliert. Seine These lautet:

> "Es ist tatsächlich möglich, für und gegen ein religiöses Glaubenssystem eine vernünftige Begründung vorzubringen, aber es ist eine Begründung, die auf einer Reihe von untereinander zusammenhängenden Argumenten beruht, die dem gewöhnlichen Muster deduktiven oder induktiven Begründens nicht entsprechen" (2).

Diese Möglichkeit einer nicht schlußfolgernden Begründungsform bezeichnet Mitchell als 'kumulativ'. Gemeint ist eine Begründungsstruktur, die der Begründungsidee als rationaler Einlösung von Geltungsansprüchen nicht durch Beweise folgt, sondern verschiedene Argumente formuliert und aus ihnen einen Begründungszusammenhang bildet, der aber eine rationale Beurteilung durchaus gestattet und darin der Begründungsidee gerecht wird. Aus den Ausführungen Mitchells lassen sich einige Bedingungen herauskristallisieren, denen eine solche kumulative Begründung genügen muß.

1) Die Einzelargumente einer kumulativen Begründung sind aufeinander bezogen und stützen sich gegenseitig (3). Zur Stützung eines Geltungsanspruchs reicht es nicht hin, Argumente zu häufen, deren gemeinsame Beziehung zum zu Begründenden und deren Beziehung untereinander nicht erkennbar wäre oder nicht besteht. Kumulation meint nicht die beziehungslose Häufung disparater Argumente; es ist vielmehr ein erkennbarer Begründungszusammenhang zu formulieren.

2) Die Einzelargumente dürfen nicht falsch sein. Wie eine schlußfolgernde Begründungskette nur so stark ist wie ihr schwächstes Glied, so gilt von kumulativen Argumentationen, daß falsche Argumente in ihnen nicht auftreten dürfen. Die Erstellung einer kumulativen Begründung meint nicht, falsche Argumente erhielten in einem Begründungszusammenhang plötzlich Begründungskraft.

3) Kumulative Begründungen müssen Kohärenz und Stimmigkeit erreichen. Diese ist jedoch nicht ungebrochen: Die Begründung kann Spannungen enthalten und ausgleichen, durch die sie nicht widerlegt wird. Das naheliegende Beispiel aus der Theologie ist die Theodizee. Nicht alle Erfahrungen und Einsichten bestätigen den religiösen Menschen in seiner Überzeugung; er erkennt vielmehr Sachverhalte, die seiner Auffassung widersprechen. Die Theodizee muß daher zeigen, daß das Böse in der Welt den Gottesgedanken nicht widerlegt. Diese Vereinbarkeit muß auch bei neuen Forschungsergebnissen aufgewiesen werden, wenn sie Dinge betreffen, die für den Glauben konstitutiv sind. Die kumulative Begründung hat Gegenargumente daher nicht zu ignorieren, sondern in ihrem Stellenwert zu beurteilen und in den Begründungszusammenhang einzubringen.

4) Die Begründung muß in ihren wesentlichen Zusammenhängen ohne Glaubensvoraussetzungen verstehbar sein. Als Beispiel kann hier wiederum die Theodizee herangezogen werden. Der Glaubende und der Atheist erkennen beide die Bedeutung, die die Existenz des Bösen für den Gläubigen hat. Der Atheist bezieht es in die Begründung seiner Auffassung ein; der Christ sucht nachzuweisen, daß es seine Überzeugung nicht widerlegt. Wenn die Einschätzung auch differiert, so ist doch für beide Auffassungen erkennbar, was im einzelnen als eine Bestätigung oder eine Gefährdung der jeweils anderen Position anzusehen ist.

Eine kumulative Begründung hat also, wenn die genannten Bedingungen schlagwortartig zusammengefaßt werden sollen, Verstehbarkeit, Richtigkeit und Zugehörigkeit zum Begründungsgesamt für die Einzelargumente nachzuweisen, damit sie zusammengenommen einen stimmigen Begründungszusammenhang bilden. Dieses hier in seiner Struktur erst angedeutete Begründungsmodell bietet m.E. die wesentlichen Möglichkeiten, ein Verfahren der Begründung und Geltungsprüfung für religiöse Überzeugungen zu entwickeln. Eine Durchführung dieses Programms hat zu zeigen, daß erstens der Begründungsidee durch eine kumulative Argumentation angemessen Rechnung getragen wird und zweitens, daß sich die theologische Begründungsproblematik in dieser Form bewältigen läßt.

Um die erste These zu belegen, veranschaulicht Mitchell die kumulative Begründungsform an Argumentationsverfahren in Literaturkritik und Geschichtswissenschaft beim Streit um die richtige Auslegung von Texten (4). Wir nehmen im folgenden einige seiner Aussagen zur Begründung von Textinterpretationen auf und ziehen dann einige Stellungnahmen zur Grundlagendiskussion der Literaturwissenschaft heran, um darzulegen, daß Geltungsansprüche einer rationalen Rechtfertigung durch eine kumulative Begründung fähig sind und in der Literaturwissenschaft auf diese Weise begründet werden. Dabei handelt es sich zunächst nur um die Darlegung einer der theologischen Frage analogen Problematik, die mit ihr nicht uneingeschränkt identifiziert werden kann.

b) Kumulative Begründungen in der Literaturwissenschaft

Die Bedeutung komplexer Texte ist häufig ambivalent. Unklare Formulierungen und divergierende Bedeutungsströme lassen das Verstehen eines Textes zum Problem werden. Diese Unklarheit verlangt vom Leser, die Bedeutung durch eine Interpretation zu ergründen. Der Interpret versucht, die Bedeutung herauszufinden, indem er die ambivalenten Bedeutungselemente derart in Beziehung setzt, daß sie in einem plausiblen und sinnvollen Zusammenhang erscheinen. Wenn er zu der Auffassung gelangt ist, die Bedeutung des Textes richtig verstanden zu haben, schließt er den Interpretationsvorgang ab. Für seine Deutung beansprucht er Richtigkeit; dieser Anspruch beinhaltet die Bereitschaft, seine Überzeugung in der Diskussion zu vertreten. Tritt der Interpret in eine öffentliche Geltungsprüfung ein, hegt er die Erwartung, daß er andere von seiner Auffassung überzeugen kann und daß gegenteilige Meinungen modifiziert oder gar aufgegeben werden. Dieser Anspruch führt zu Kontroversen. Andere Interpretationen erheben gleichfalls den Anspruch der Richtigkeit. Weil beide nicht zu gleichem Ausmaß richtig sein können, ergibt sich die Notwendigkeit der Geltungsprüfung, die die jeweilige Interpretation auf ihre Richtigkeit prüft.

Bei dem einsetzenden Disput um die richtige Auslegung eines Textes wird jeder Interpret die eigene Auslegung als die stimmige zu verteidigen und die des Kontrahenten zu entkräften suchen. Der Interpret A geht von einer bestimmten Passage aus, die er für den Schlüssel zum Verständnis des Ganzen hält. Fügen sich nicht alle Passagen des Textes seiner Deutung, so wird er das einräumen. Er betrachtet solche Spannungen aber nicht als Widerlegung seiner Interpretation, sondern sucht sie zu beurteilen, ihr Gewicht für seine Interpretation zu relativieren oder ihnen eine eigene Bedeutung zuzumessen, die mit seinem Verständnis des Textes in Einklang stehen. Interpret B dagegen behauptet einen anderen Ansatz als den entscheidenden Zugang zum wahren Verständnis des Textes. Damit ergibt sich auch für die einzelnen Passagen eine andere Deutung. Ist diese Interpretation nicht ohne Plausibilität, dann wird sie sich ebenfalls durch Argumente stützen können.

Der Disput der Geltungsprüfung ergibt in der Regel nun nicht gleich einen Konsens über die strittigen Ausgangspunkte; einer der beiden Interpreten hätte damit schon eingeräumt, daß er schlecht interpretiert hat. Der Interpret B wird vielmehr zu zeigen versuchen, daß der von A gewählte Ausgangspunkt den Sinn des Textes entstellt, die Intentionen des Autors nicht trifft, oder er wird unter hypothetischer Annahme des Ausgangspunktes von A die nach seiner Auffassung dann resultierenden Unstimmigkeiten aufzeigen. Der Interpret B wird seinen Kontrahenten jedoch von der Richtigkeit der eigenen Auffassung nur überzeugen können, wenn er auf diese Weise beide Interpretationen vergleicht und alle relevanten Passagen gegeneinander abwägt. Nur so wird Interpret A seine Auffassung begründet ändern können. Den gleichen Versuch wird seinerseits auch Interpret A unternehmen und den fraglichen Stellen genau jenes Gewicht und die Bedeutung zumessen, die sie nach seiner Auffassung wirklich besitzen. Läßt sich auf diese Weise keine Übereinstimmung erreichen, wird der Bereich des Textes verlassen und man sucht außertextliche Anhaltspunkte heranzuziehen, die die jeweilige Deutung stützen können. Die Intention des Autors, der literarische Genus des Textes, zeitgeschichtliche und soziokulturelle Gesichtspunkte können auf diese Weise herangezogen werden (5). Eine der beiden Interpretationen erhält bei diesem argumentativen Dialog eine höhere Bestimmtheit ihrer Aussagen und insgesamt eine dichtere Plausibilität. So ergibt sich die Möglichkeit für einen der Kontrahenten, die eigene Auffassung zugunsten der anderen als eine vernünftige Entscheidung zu modifizieren. Solche kumulativen Begründungsformen können dann als ein vernünftiges Verfahren gelten, wenn der Vorgang der Begründung in seinen Schritten nachvollziehbar ist und so eine Prüfung gestattet.

Diese Möglichkeit wird der Interpretation und Textkritik zuweilen bestritten; manche Literaturwissenschaftler und manche Richtungen der Hermeneutik schätzen die Möglichkeit kontrollierbaren Erfassens sehr niedrig ein und lehnen Methodenreflexion in diesen Zusammenhängen als gänzlich unangemessen ab. Solchem Intuitionismus, auf den sich diese Positionen berufen (6), steht als ein gegenteiliges Extrem "eine radikale und einseitige Rationalisierung des literaturwissenschaftlichen Erkenntnisprozesses in Form einer Reduzierung auf statistische, linguistische und grammatische Methoden" (7) gegenüber. Untersuchungen über die Verwendung von Argumenten bei Textinterpretationen haben jedoch gezeigt, daß beide Extreme dem faktischen Vorgang von Geltungskontroversen bei Textinterpretationen nicht gerecht werden. Die Interpreten berufen sich nicht auf unzugängliche, unkontrollierbare Intuitionen, sondern suchen rational die Bedeutung eines Textes zu erfassen und wollen ihre Interpretation in der Geltungsprüfung rechtfertigen (8). Sie verwenden dabei verschiedene Argumentationstypen, die sie bei der Beurteilung von Interpretationen anwenden. Erreichen diese auch nicht das rationalistische Methodenideal, so heißt dies nicht, daß eine Interpretation nicht problematisiert und unter bestimmten Umständen nicht aufgegeben würde. Es ist nicht schon ein Hinweis auf ein irrationales Beharren auf der eigenen Auffassung, wenn diese Umstände im voraus nicht präzis angegeben werden können. Dazu Mitchell:

> "Es gibt Umstände, unter denen der Gelehrte bereit wäre, seine Theorie aufzugeben, obgleich es nach der Natur der Sache nicht möglich ist, sie im voraus genau anzugeben. Das ist es solange

nicht, bis die vollständige Theorie entworfen worden ist. Dann ist er in der Regel fähig zu beanspruchen, die Evidenz, auf die er bei jedem Abschnitt verwiesen hat, bestätige seine anfängliche Hypothese über allen vernünftigen Zweifel oder er kann schließlich entscheiden, wieviel Gewicht einer einzelnen Passage zugemessen werden sollte" (9).

Mit dem Standpunkt, die Textinterpretation sei kein überprüfbarer, rationaler Vorgang, verbindet sich manchmal auch die Auffassung, die Interpretation führe nicht zu wahrheitsfähigen Aussagen und wolle solche auch gar nicht formulieren. Der Umstand, daß Interpretationen zugleich auch Argumentationen sind, läßt sich jedoch nicht anders verständlich machen als durch den impliziten Anspruch auf Geltung und Wahrheit. Hirsch betont diese Absicht der Interpretation sehr nachdrücklich: "Das Ziel der Geltungsprüfung ist es, eine bestimmte interpretative Hypothese als richtig festzustellen und dadurch die einzig mögliche Grundlage für einen consensus omnium bezüglich des Textes herzustellen" (10). Die Intention der Textkritiker, ihre interpretativen Aussagen als richtig zu vertreten, ist darum nicht zu bestreiten. Der Anspruch wäre unangebracht, wenn ihre Interpretationen nicht wahrheitsfähig wären.

Diese Hinweise auf Argumentationsstrukturen bei der Begründung von Textinterpretationen sichern nicht schon die Rationalität von religiösen Überzeugungen, aber es werden doch die vier Qualifikationen sichtbar, die Mitchell einer kumulativen Begründung zuschreibt. Die Einzelargumente formieren sich zu einem Begründungszusammenhang, in dessen Rahmen sie einander gegenseitig stützen und verstärken. Die damit erreichte andere Gewichtung der Begründungsmomente ist nur dann zu akzeptieren, wenn die Einzelargumente nicht falsch sind. Der Interpretationskonflikt bei der Geltungsprüfung durch kumulative Begründungen hängt weiterhin nicht von intuitionistischen Vorgaben ab; so diffizil der Verständigungsprozeß sich auch gestalten mag, bedeutet dies doch nicht, daß ein Verstehen nicht möglich wäre. Die Geltungsprüfung hat die Verstehbarkeit der kontroversen Inhalte zu ihrer Voraussetzung. Ob eine kumulative Begründung den Geltungsanspruch einlöst, muß von demjenigen beurteilt werden, der die relevanten Anhaltspunkte in Betracht zieht. Dieses Entscheidungsmoment ist nicht auszuschalten, aber es braucht darum nicht eine unbedachte, irrationale Entscheidung zu sein, wie Walsh einsichtig darlegt:

> "Wichtig ist allerdings, daß es der Leser ist, der die letzte Entscheidung zu treffen hat: es gibt nicht so etwas wie eine wissenschaftlich verbürgte Interpretation, der wir alle beipflichten müßten, ob wir in ihr etwas erkennen oder nicht. Aber daß dies so sein sollte, braucht keinen Alarm zu verursachen, denn im Bereich der Literatur und der Künste können Verstehen und Erfahrung nicht reinlich getrennt werden" (11).

Wenn dies als eine groblinige, aber korrekte Beschreibung literarkritischen Argumentierens gelten kann, ist nicht einzusehen, warum solchen

Formen des Begründungsverfahrens Rationalität und Wahrheitsfähigkeit bestritten werden sollte. Wenn die Effektivität solchen Argumentierens auch begrenzt ist und es die Auffassungen nicht leichthin und unvermittelt ändert, so heißt dies noch nicht, die jeweilige Auffassung sei der Kritik unzugänglich oder beruhe auf einer irrationalistischen Entscheidung. Wenn die argumentativen Dialoge in diesem Bereich auch nicht bis ins Detail festgelegten methodischen Regeln folgen und ebensowenig die genauen Falsifikationsbedingungen ihrer Auffassung anzugeben imstande sind, ist dies noch kein Hinweis auf Irrationalismus oder auf eine bornierte Immunisierungsstrategie, wie wiederum Walsh präzis beschrieben hat:

> "Die Tatsache, daß es kein definitives Verfahren gibt, eine kritische Theorie abzulehnen, zeigt nicht, daß alle solche Theorien willkürlich übernommen werden müssen (und) noch weniger, daß sie gänzlich der Bedeutung entbehren. Selbst der wildeste Kritiker stützt seine Sache mit Gründen einer gewissen Art; er hofft, andere zu überzeugen, daß die Ansicht, die er vertritt, richtig ist, was soviel heißt wie zu sagen, sie sei intersubjektiv gültig" (12).

Wir können resümieren, daß kumulative Begründungsformen in der Literaturwissenschaft verwendet werden und als ein rationales Begründungsverfahren gelten können. Für die theologische Begründungsfrage stellt dies jedoch nicht mehr als eine gewisse Parallele dar; mit dem Glauben an Gott erhält die zu begründende Überzeugung eine andere Gestalt. Diesem Thema ist im folgenden nachzugehen.

3. Die Eigenart des theologischen Begründungsproblems

Der christliche Glaube unterscheidet sich von anderen Bereichen, in denen kumulative Begründungen Verwendung finden. Im Gegensatz zu den angedeuteten Textinterpretationen bezieht er sich nicht auf einen überschaubaren Gegenstand; mit dem Gottesgedanken bezieht er sich auf das Ganze der Wirklichkeit. Der Glaube sieht alles, was ist, in Beziehung auf Gott. Wie diese Relation von Gott und Welt begrifflich auch gedacht werden mag - diese Beziehung zum Ganzen der Wirklichkeit ist dem christlichen Glauben wesentlich. Würde Gott lediglich auf einen 'Ausschnitt', auf einen partikularen Aspekt der Wirklichkeit bezogen, wäre damit das christliche Gottesverständnis bereits zugunsten einer animistischen oder latent polytheistischen Vorstellung aufgegeben. Das Christentum thematisiert diese Beziehung zum Ganzen im Schöpfungsgedanken: Als Schöpfung ist die Wirklichkeit umfangen von einem universalen Sinn. Von dieser Wirklichkeitsauffassung her bestimmt der Christ sein Selbstverständnis; sie prägt sein Denken und Handeln, in ihren Kategorien deutet er seine Erfahrungen - sie ist 'seine Welt'.

Diese Metapher will andeuten, daß sich die religiöse Überzeugung mit dem Bezug auf das Ganze der Wirklichkeit auf Tatsachen, Werte und Handlungsweisen zugleich bezieht. Ihnen entsprechend sucht der gläubige Mensch sein Leben zu gestalten. Zu den Inhalten seiner Überzeugung bekennt er sich in seinen Entscheidungen; sie orientieren sein Denken, Fühlen und Handeln und sind darin der Inhalt seiner Lebensperspektive. Indem sich der Christ zu ihnen als seinem Lebenssinn bestimmt, gewinnt seine Lebenspraxis von seiner Überzeugung her Einheit und Gestalt. In seiner religiösen Überzeugung gibt sich der Christ Antwort darauf, was der Sinn des Ganzen und damit der seiner eigenen Bestimmung ist. Daher bedeutet die Auseinandersetzung um die Wahrheit der Inhalte seiner Überzeugung einen Wahrheitskonflikt, der fundamental auch ihn selbst betrifft.

Dieses Selbstverständnis bildet sich im Zusammenhang mit der Wirklichkeitsauffassung des Christen und ist ihr inhärenter Bestandteil. Dieses Wirklichkeitsverständnis ist nicht beliebige Deutung; es behauptet vielmehr, die Wirklichkeit in ihren fundamentalen Zügen zu erfassen und sie angemessener zu verstehen als andere Positionen. Daher ist es unangebracht, dem religiösen Glauben Erklärungsintention zu bestreiten. Die fundamentalen Fragen des Lebens, die der Gläubige durch seine Überzeugung beantwortet, sind nicht von ihm selbst konstruiert. Die Frage, ob die Wirklichkeit einen Sinn hat, ist für ihn eine echte Frage; er behauptet Gott als den Inbegriff dieses Sinns.

Ebenso leugnet der Gläubige nicht die Fragen, die sich für ihn selbst mit den Erfahrungen der Sinnlosigkeit und des Widersinns ergeben. Er anerkennt die mit ihnen gegebene Spannung zu seiner Überzeugung und sucht sie in ihrer Bedeutung für seine Überzeugung zu erfassen. Den Sinn, den er trotz ihrer und durch sie hindurch noch wahrnimmt, kann er ihnen gegenüber nicht so demonstrieren, wie etwa eine bislang unbekannte Tatsache als bestehend aufgewiesen wird. Der Gläubige versucht vielmehr, die Wirklichkeit so darzustellen, wie er sie in seinem Glauben erfährt. Solche Darlegung von Bedeutungszusammenhängen verfährt ähnlich der Darlegung einer behaupteten Bedeutung von Texten. Wir erinnern noch einmal an die Darlegung eines bestimmten Verständnisses von Texten, die Walsh sinnfällig beschreibt:

> "Bei der Beurteilung der Arbeit eines Literaturkritikers schauen wir nach Qualitäten wie Tiefe, Scharfsinn, Einsicht. Wir erwarten, daß ein guter Kritiker uns Aspekte der geprüften Schriften enthüllt, deren Bedeutung gemeinhin übersehen wird, und uns so befähigt, das mit neuen Augen zu sehen, was wir gut zu kennen glaubten. Es ist Erhellung oder in einem bestimmten Sinn des Wortes Verstehen, das wir von einem solchen Kritiker zu gewinnen hoffen" (13).

Mit diesem Anspruch eines anderen, angemesseneren Wirklichkeitsverständnisses setzt sich die theistische Auffassung von anderen Wirklichkeitssichten ab. Sie erhebt darin einen Geltungsanspruch, und die Rationalität ihrer Position ist daran zu bemessen, wie überzeugend sie ihn einzulösen vermag. Daher ist es unerläßlich, daß sie reduktionistischen Erklärungen der Religion ihr Recht bestreitet. Dieser Vorwurf der Reduktion ist aber positiv auf eine Begründung zu stützen, die die Wirklichkeit der fraglichen Phänomene verstehbar und einsichtig macht. Eine kumulative Begründung des christlichen Wirklichkeitsverständnisses vermag einen solchen Geltungsnachweis zu leisten. Sie löst den Geltungsanspruch nicht durch syllogistische Beweisverfahren ein, sondern durch kumulative Organisation von Argumenten, die dem Kontrahenten einsichtig machen, warum die eigene Sicht den strittigen Fragen angemessener gerecht wird. Es bestehen jedoch wesentliche Unterschiede zu den erwähnten Argumentationsformen in der Textkritik, die zunächst zu bestimmen sind.

Die theistische Wirklichkeitsauffassung kann nicht in der gleichen Weise wie Textauslegungen begründet werden, denn deren Prüfinstanzen stehen nicht in so deutlicher Beziehung zur Deutung, wie das bei der theistischen Wirklichkeitssicht der Fall ist. Der Textkritiker kann mit guten Gründen von verschiedenen Annahmen ausgehen, die er im Umgang mit verschiedenen anderen Texten gewonnen hat. Ein Text hat in der Regel einen Autor; dieser wird durch seinen Standort beeinflußt, der in bestimmten Bezügen zur zeitgeschichtlichen Situation während der Textabfassung steht. Solche Voraussetzungen können im gleichen Maß von theistischen Wirklichkeitsdeutungen, die sich auf Gotteserfahrungen berufen, so einfach nicht gemacht werden. Die Plausibilität der Fragen, die an einen Text gestellt werden, beruhen auf den Vergleichsmöglichkeiten zu vielen, von diesem Einzelfall unabhängigen Fällen, bei denen das entsprechende Problem gelöst wurde. Hingegen gilt für die religiösen Sinnerfahrungen, daß sie in dieser Weise nicht mit Erfahrungen verglichen und durch sie in ihrem Anspruch bestätigt werden können, von denen man mit Sicherheit schon weiß, daß sie Gotteserfahrungen sind (14). Ein solches Verfahren käme einer bloßen Wiederholung, aber nicht einer kumulativen Begründung gleich.

Weiterhin besteht ein Unterschied bezüglich der in der Textkritik analogielosen Unbeschränktheit umfassender Deutungssysteme. Die Auffassungsunterschiede zwischen einem Theisten und einem Atheisten reichen in ihren jeweiligen Weltauffassungen weiter als die Meinungsverschiedenheiten von Kritikern beim Disput um das richtige Verständnis eines Textes. Es ist daher aufzuzeigen, daß beim Konflikt zwischen umfassenden Wirklichkeitsauffassungen die jeweilige Position kumulativ begründbar ist. Dieser Unterschied läßt sich als Begriffsdifferenz bezeichnen, die eine Verständigung zwangsläufig erschwert. Fragliche Evidenzen sind von beiden Standpunkten zu einigem Ausmaß in ihre Auffassung zu integrieren und lassen sich von den jeweiligen Interpretationsprinzipien deuten. Die Struktur eines solchen Deutungskonflikts kann am Beispiel der Auseinandersetzung zwischen einem Materialisten und einem Theisten veranschaulicht werden (15): Christen und Theologen zumal werfen dem Materialismus vor, zentrale Bereiche der Erfahrung als illusorisch oder nichtig außer acht zu lassen, wenn er das Geistige und damit auch Religion ausschließlich auf Materie oder auf durch sie konstituierte Bedingungen zurückführt. Die Auseinandersetzung wird daher durch Begriffsdifferenzen bestimmt, wie am folgenden Beispiel eines theologischen Arguments sichtbar wird:

"Ist denn das spezifisch Humane nichts? Sind denn Vertrauen und Mißtrauen, Angst und Hoffnung, Egoismus und Liebe keine Mächte, die die Welt verändern? Kann eigentlich die Liebe nichts oder ist sie eine Macht, die eine Welt aufbaut, weil sie Intuition, Schauen und Hören erschafft und damit Kräfte entbindet, die die Welt verwandeln? (16)

Ein Materialist wird freilich nicht zugestehen, er würde die Erfahrungen der Liebe, der moralischen Verpflichtung oder religiöse Erfahrungen einfachhin ignorieren. Er wird vielmehr auf materialistische Erklärungen dieser Phänomene hinweisen und argumentieren, sie auf die einzig vernünftige Weise zu erklären. Seine Argumentation wird sozialwissenschaftliche Theorien in Anspruch nehmen und zu zeigen versuchen, welche sozialen und psychischen Ursachen dazu führen, daß die Menschen religiöse Vorstellungen ausbilden. Der Gläubige wird demgegenüber einräumen, zwar gebe es solche Bedingungen, aber der kognitive Gehalt religiöser oder ethischer Erfahrungen gehe bei der materialistischen Erklärung völlig verloren. Der Materialist wird darauf antworten, eben dies sei die Pointe seines Standpunktes; er wisse nicht nur um die verschiedenen Entstehungsbedingungen dieser Phänomene, sondern auch, warum ein kognitives Verständnis z.B. religiöser Erfahrungen falsch und illusorisch sei.

Die grundlegende Schwierigkeit solcher Auseinandersetzungen um die Wirklichkeit religiöser Erfahrungen ist also nicht nur, daß konträre, umfassende Theorien alle Phänomene und Erfahrungen auf ihre Weise interpretieren, sondern daß damit verschiedene Auffassungen darüber herrschen, wie die Wirklichkeit im ganzen beschaffen ist. Verschiedene Voraussetzungen, die als Deutungsprinzipien wirksam sind, lassen einen Disput darüber entstehen, was wirklich und unwirklich, was Tatsache und Fiktion ist.

Den christlichen Glauben zu begründen heißt vor diesem Hintergrund, die Geltung eines Wirklichkeitsverständnisses darzutun, das von nichttheistischen Wirklichkeitsauffassungen differiert und gegenüber der nichttheistischen Position die Geltung der eigenen Sicht behauptet und begründet. Was in der Konzeption Phillips in der Beziehungslosigkeit völlig verschiedener, autonomer Sprachwelten verschwindet, was bei Hare in Erkenntnisdispositionen aufgelöst wird, was bei Hick der Glaubensgewißheit wegen abgelehnt wird, stellt für religiöse Überzeugungen das Begründungsproblem dar: In der Geltungsprüfung Argumente zu benennen, die einsichtig werden lassen, warum man von der Wahrheit der eigenen Weltsicht überzeugt ist. Die Geltungsprüfung stellt sich darum als der Ort von Interpretationskonflikten dar, die die Ganzheit des Wirklichen zum Thema haben. Die Aufgabe der Glaubensbegründung besteht darin, die Möglichkeit der Rationalität von Begründungsformationen zu behaupten und inhaltlich auszuführen, bei denen die eine Position gegen eine andere vertreten wird, deren Richtigkeit durch unproblematische Nachweise bestehender

Tatsachen nicht belegt werden kann, weil auch zur Debatte steht, was 'Tatsachen', 'Wirklichkeit' und andere Begriffe bedeuten.

Dies sind metaphysische Fragestellungen: der Begriff der Ganzheit des Wirklichen ist ein metaphysischer Begriff. Daß die übliche Skepsis gegenüber metaphysischen Fragestellungen keinen wirklich sachlichen Grund mehr für sich zitieren kann, läßt sich anhand des Konflikts zwischen wissenschaftlichen Grundauffassungen zeigen. Bereits Polanyi hat die Struktur solcher Konflikte beschrieben, die bei wissenschaftlichen Kontroversen auftreten, wenn ihnen verschiedene begriffliche Bezugsrahmen zugrundeliegen. In einem solchen Fall ist es nicht möglich, die gegensätzliche Position einfachhin zu widerlegen, weil von ihr aus das kontroverse Problem sich anders darstellt. Erst wenn die begrifflichen Voraussetzungen akzeptiert werden, kann die Problemlösung des Opponenten plausibel erscheinen. Die Annahme der Voraussetzungen des Kontrahenten ist jedoch von der eigenen Position her nicht zu begründen. Dieses Problemfeld ist seit den Untersuchungen Kuhns zur Entwicklung der Wissenschaftsgeschichte intensiv diskutiert worden. Seine Behauptung, diese Entwicklung vollziehe sich als Wechsel von Paradigmen und seine Ausführungen über die Struktur solcher Wandlungen zeigen deutliche Parallelen zum theologischen Begründungsproblem, wie es hier bestimmt wurde.

a) Eine Parallele: Das Problem der Rationalität von Paradigmenwechseln

Die Entwicklung wissenschaftlicher Erkenntnis wurde bis in die Gegenwart als ungebrochener Fortschritt, als kontinuierliche Vermehrung des Wissens vorgestellt, die sie durch Verfeinerung ihrer Methoden und durch Bildung neuer Theorien erreicht. Vor allem von Kuhn ist diese Auffassung grundsätzlich in Frage gestellt worden (17). Kuhn deutet die Entwicklung der Wissenschaft nicht als konstante Erweiterung wahrer Erkenntnis, sondern als einen Wechsel des wissenschaftlichen Erkenntnisrahmens und seiner Implikationen, als Veränderung des "Paradigmas". Als einen solchen Paradigmenwechsel bezeichnet Kuhn die Umwälzung aller relevanten Voraussetzungen und Inhalte der bisher geltenden Wissenschaft. Mit solchen "wissenschaftlichen Revolutionen" ändert sich auch die wissenschaftliche Auffassung von Wirklichkeit; der Wissenschaftler sieht den Gegenstandsbereich seiner Forschung anders als zuvor:

> "Deshalb muß zur Zeit einer Revolution, da sich die normal-wissenschaftliche Tradition verändert, die Auffassung des Wissenschaftlers von seiner Umgebung neu gebildet werden - in manchen vertrauten Situationen muß er eine neue Gestalt sehen lernen. Wenn er das getan hat, wird die Welt seiner Forschung hie und da mit der vorher von ihm bewohnten nicht vergleichbar erscheinen" (18).

Diese Unvereinbarkeit weist für Kuhn darauf hin, daß es sich bei Para-

digmenwechseln nicht um den bloßen Austausch von Interpretationen handeln kann, "während die Beobachtungen selbst ein für allemal durch die Natur der Umwelt und des Wahrnehmungssystems fixiert sind" (19).
Der Konflikt ist nicht als ein Streit um die Richtigkeit von Interpretationen zu verstehen, der sich durch das Auffinden von Tatsachen bereinigen ließe. Die Kontroverse findet nicht in dem gleichen Bezugsrahmen statt, und darum erscheinen die Tatsachen selbst vom jeweiligen Standpunkt anders. Der Unterschied zwischen verschiedenen Paradigmen und den auf ihnen aufbauenden Theorien ist daher nicht der verschiedener Interpretationen, die sich auf den gleichen Gegenstand richten; vielmehr sind

> "... die von Wissenschaftlern gesammelten Daten selbst schon verschieden ... Der ein neues Paradigma aufnehmende Wissenschaftler ist weniger ein Interpret, als daß er einem gleicht, der Umkehrlinsen trägt. Er steht denselben Konstellationen von Objekten gegenüber wie vorher, und obwohl er das weiß, findet er sie doch in vielen ihrer Einzelheiten durch und durch umgewandelt" (20).

Kuhn beschreibt Paradigmenwechsel auch als "Wandlungen des Weltbildes" (21); die Forscher, die einen Paradigmenwechsel vollzogen haben, sehen ihren Forschungsgegenstand anders als zuvor. Die Veränderung des Weltbildes, die wir den Entdeckungen des Kopernikus zuschreiben, findet analog bei jedem Paradigmenwechsel statt. Kuhn sieht die Schwierigkeit, dem Terminus der "anderen Welt" einen genauen Sinn zu geben, meint aber, nur mit diesem Ausdruck die fragliche Unterschiedenheit ausdrücken zu können (22). Die vordergründige Widersprüchlichkeit der Aussage, zwei Forscher stünden den gleichen Objekten gegenüber, diese konstituierten für sie aber jeweils eine andere Welt, muß nach Kuhn dahingehend ausgelegt werden, daß die Welt sich zwar nicht ändert, der Wissenschaftler sie aber gleichwohl anders sieht und in diesem Sinn auch in einer anderen Welt lebt: "Wenn auch die Welt mit dem Wechsel eines Paradigmas nicht wechselt, so arbeitet doch der Wissenschaftler danach in einer anderen Welt" (23).

Wenn die Wissenschaften in der beschriebenen Weise auf verschiedenen Paradigmen beruhen und Wissenschaftsentwicklung als ein Wechsel solcher Paradigmen vorzustellen ist, dann kann dieser Wechsel aufgrund der Unvereinbarkeit der Paradigmen nicht durch das abgelöste Paradigma begründet werden. Die gesamte Auffassung von wissenschaftlicher Erkenntnis gerät nach Kuhn vielmehr in eine Krise und macht nach einem verzweigten Prozeß einem neuen Paradigma Platz. Der Forscher, der sich mit neuen Problemlösungen von den Überzeugungen der Forschergemeinschaft löst, erlebt, wenn er dieser Lösung erstmals gewahr wird, einen Gestaltwandel seines Problems. Der Vorgang des Paradigmenwechsels ist daher nicht Ergebnis von Beweisen und kann durch solche auch nicht gerechtfertigt werden: "Gerade weil es ein Übergang zwischen unvereinbaren Dingen ist, kann er nicht Schritt um Schritt vor sich gehen, von

Logik und neutraler Erfahrung erwirkt" (24). Der Distanz zwischen verschiedenen Paradigmen wegen ist unvoreingenommene Kommunikation zwangsläufig nicht möglich. Kuhn verwendet den Terminus der "Konversion" für den Übergang eines Wissenschaftlers von einem alten zu einem neuen Paradigma. Es ist eine Umwandlung, so führt er aus, bei der es "weder um Beweis noch um Irrtum geht. Die Übertragung der Bindung von einem Paradigma an ein anderes ist eine Konversion, die nicht erzwungen werden kann" (25).

Schon diese wenigen Hinweise auf die Ausführungen Kuhns über die Grundlagen der wissenschaftlichen Erkenntnis und Entwicklung zeigen, daß Mitchell berechtigt ist, auf Parallelen zwischen dem Vorgang des Paradigmenwechsels und einigen Aspekten des theologischen Begründungsproblems aufmerksam zu machen. Näherhin werden von ihm folgende Ähnlichkeitsbeziehungen herausgestellt (26): Die Auseinandersetzung bei paradigmenabhängigen Kontroversen ist dem Disput zwischen einem Gläubigen, der seine Überzeugung begründen will und dessen Kontrahenten sehr ähnlich. Was dem einen zum Verständnis der Wirklichkeit höchst bedeutsam erscheint, hat für den anderen keine Relevanz; ihre verschiedenen Perspektiven lassen sie die Wirklichkeit anders erfahren. Für den Gläubigen sind die Fragen nach dem Grund der Wirklichkeit oder nach dem Sinn allen Seins Fragen, die er im Glauben an Gott beantwortet. Der Atheist bestreitet diesen Fragen Notwendigkeit und Plausibilität; für ihn ist es kein Problem, warum die Welt existiert. Ihre Einstellungen differieren hinsichtlich dessen, was die Wirklichkeit in ihren relevanten Aspekten ist. Damit ist eine weitere Parallele schon angesprochen. Kuhn beschreibt den Unterschied zwischen Anhängern verschiedener Paradigmen als den zwischen "verschiedenen Welten". Die Unterschiedenheit, die zwischen einer religiösen und einer atheistischen Wirklichkeitsauffassung besteht, reflektiert ihrerseits die Kommunikationsbarrieren zwischen Anhängern verschiedener Paradigmen. Schließlich greift Kuhn selbst zum Vokabular des religiösen Sprachgebrauchs, um den Übergang zu einem neuen Paradigma verständlich zu machen. Mitchell weist zu Recht auf die überraschenden Parallelen der Aussagen Kuhns über diesen Vorgang zur Charakterisierung der religiösen Sprache als 'disclosure'-evozierendem Sprachgebrauch von I.T. Ramsey hin (27); die Bezüge zum Vorgang der religiösen Konversion sind offensichtlich.

Diese Parallelisierung des theologischen Begründungsproblems zur Struktur von Paradigmenwechseln wollte dem Einwand begegnen, daß die Frage der Begründungsfähigkeit der religiösen Überzeugung schon darum als aussichtslos abzutun sei, weil es sich um eine metaphysische Fragestellung handelt. Wir hatten gesehen, daß schon der kritische Rationalismus die empiristische Wunschvorstellung der Auflösung der Metaphysik aufgegeben hat und ihr einen zwar vorwissenschaftlichen Status, aber immerhin eine echte Funktion für wissenschaftliche Theoriebildung zumißt. Wenn aber die Falsifikationsbedingungen von wissenschaftlichen Theorien nicht immer präzis im vorhinein angegeben werden können und damit ein Sachverhalt gegeben ist, der als 'metaphysisch' bezeichnet werden muß, dann tritt das Problem der Metaphysik inmitten der Wissenschaft wieder auf (28). Der Vorwurf der Unwissenschaftlichkeit gegenüber der theologischen Fragestellung hätte darum seinerseits erst nachzuweisen, wie der Konflikt zwischen umfangreireichen Theorien in der Wissenschaft ohne solche 'metaphysischen' Fragestellungen denkbar ist. Rationalität kann nicht länger an einfachen empirischen Falsifikations- oder Verifikationskriterien gemessen werden. Vernunft ist nicht ausschließlich 'Methode'. Die Bedeutung dieser Parallele für das theologische Begründungsproblem läßt sich jetzt formulieren. Zunächst wird aber der bisherige Argumentationsgang kurz rekapituliert.

4. Glaubensbegründung als kumulative Einlösung des christlichen Wahrheitsanspruchs

Die Auseinandersetzung mit den theologischen Begründungsmodellen hatte zu dem Ergebnis geführt, daß der religiöse Glaube von sich aus einer Begründung nicht entgegensteht. Seiner Eigenart entsprechend sei vielmehr eine Art der Begründung gefordert, die nicht in der Form von Beweisen vorgenommen wird, aber doch dem Sinn des Begründens gerecht wird. Als eine solche, nicht zwingend schlüssige Begründungsform wurde das Modell einer kumulativen Begründung von Mitchell aufgenommen und anhand der Begründung in der Literarkritik veranschaulicht. Damit sollte gezeigt werden, daß in diesem Bereich Geltungsansprüche durch kumulative Begründungen eingelöst werden können und hier als ein rationales Verfahren gelten, ohne nach dem Muster eindeutiger Falsifikationsverfahren Geltungshypothesen auszuschalten. Im Gegensatz zu literarkritischen Geltungsansprüchen trifft jedoch der Glaube Aussagen über das Ganze der Wirklichkeit; hier hat die Parallele ihre Grenze: Die theologische Kontroverse geht um das Wirkliche im ganzen. Da fundamentale Begriffsdifferenzen diesen Disput bestimmen, waren Muster von argumentativen Kontroversen zu suchen, die diesen Aspekt begrifflicher Differenz aufweisen, um so die Begründungsthematik von Weltsichten näher zu klären. Es wurde auf die Aussagen Polanyis über wissenschaftliche Entdeckungen hingewiesen und dann die Hinweise Mitchells auf die Thematik des Paradigmenwechsels aufgenommen, um zu zeigen, daß in der Wissenschaft tatsächlich ähnliche Probleme zur Diskussion stehen. Die Bedeutung dieser Parallelen für den Nachweis der Begründungsfähigkeit religiöser Überzeugungen läßt sich damit so formulieren:

Der Disput zwischen Theismus und Atheismus ist ein Streit um die Wahrheit der Wirklichkeit im ganzen. Als umfassende Wirklichkeitsdeutungen behaupten sie, die Wirklichkeit besser zu verstehen und angemessener darzulegen als ihre Kontrahenten. Es ist nun die Eigenart des Konflikts von Wirklichkeitsauffassungen, daß es völlig "neutrale" Tatsachen, die zu einem schnellen Konsens führen könnten, nicht gibt. Die Einsicht in die Paradigmenabhängigkeit von Theorien und die Konsequenz der Paradigmenwechsel zeigt zunächst, daß diese Probleme, keine eindeutigen Falsifikationsbedingungen nennen zu können, nicht ausschließlich bei der Geltungsprüfung von religiösen Überzeugungen auftreten. "Fakten" sind nach Polanyi "beglaubigte" Tatsachen; Kuhn bestimmt sie als theorienrelativ.

Die Frage der Falsifikation von Theorien ist daher ungleich komplizierter, als der kritische Rationalismus und der Neopositivismus sich vorgestellt haben. Die Dependenz der Fakten von Theorien deutet darauf hin, daß Wahrnehmung und Erkenntnis innerhalb eines Rahmens stattthaben, die das Subjekt als "Welt" erfährt.

Dieses Thema "Welt" war in je verschiedener Weise bei den zuvor diskutierten theologischen Begründungskonzeptionen festgestellt worden; die an ihnen geäußerte Kritik wollte die isolierenden Bestimmungen durch den Nachweis der Begründungsfähigkeit überwinden. Das systematische Problem, das sich der Begründungsforderung damit stellt, läßt sich vor diesem Hintergrund als Beziehung von Wirklichkeitsauffassung und Beurteilungskriterien formulieren. Die religiöse Auffassung sucht den Wahrheitsanspruch zu rechtfertigen, daß sie die Wirklichkeit besser versteht und sinnvoller erklärt als rivalisierende Auffassungen. Wenn nun diese Wirklichkeitsauffassung ein unbefragbares, vorauszusetzendes "Sprachspiel" darstellte, oder einen "blik" oder eine "Sehweise", dann würde nach Maßgabe dieser Voraussetzungen auch zu bestimmen sein, was als "Faktum" und was als "Evidenz" gelten kann. Der Anspruch des Vorzugs gegenüber rivalisierenden Auffassungen müßte diesen Anspruch nach den eigenen Kriterien explizieren und damit ihre Gültigkeit voraussetzen. Die Entscheidung zu dieser Wirklichkeitsauffassung kann darum nicht getroffen werden, ohne mit ihr zugleich die Kriterien der Geltung als gültig anzunehmen. Mit andern Worten, die Wirklichkeitsauffassung selbst ist unbegründbar. Diese These haben Hick, Phillips und andere je auf ihre Weise affirmativ als Grenze theologischen Argumentierens akzeptiert.
Ein Verständnis der Begründung und des Glaubens, das sich auf solche Selbstdarstellung nicht beschränkt, hat als sein zentrales Problem darum aufzuzeigen,
a) wie die Abhängigkeit der Kriterien von der Wirklichkeitsauffassung zu denken ist und
b) in welchem Sinn und unter welchen Bedingungen eine Entscheidung zu einem umfassenden Wirklichkeitsverständnis rational genannt werden kann.

Zur Aufhellung dieser Fragestellung scheint auch die Parallele zu Paradigmenwechseln nicht viel beitragen zu können, denn Kuhn behauptet ja die Unvereinbarkeit von Paradigmen und in deren Konsequenz eine im üblichen Sinn nicht zu begründende Entscheidung für ein neues Paradigma. Die hier resultierende Frontstellung zu Kuhn wird von Mitchell klar bezeichnet; er unternimmt daher eine Kritik der Aussagen Kuhns, die er auf zwei Probleme konzentriert: Zum einen kritisiert er die Auffassung, paradigmenrelative Kontroversen seien prinzipiell durch Berufung auf Tatsachen nicht zu lösen und weiterhin wird von ihm bestritten, Kriterien der Beurteilung seien wegen ihrer Paradigmendependenz prinzipiell nicht benennbar.

Zur Problematik der 'Tatsachen' wird ausgeführt, Kuhns Beschreibung treffe nur dann zu, wenn eine Entscheidung zwischen hochgradig differenzierten Theorien zu treffen sei, bei denen die zu erklärenden Tatsachen selbst theoretischen Charakter haben, wie z.B. in der Mikrophysik. Eine solche Auseinandersetzung, so räumt Mitchell ein, sei durch Benennung von Tatsachen nicht zu klären, weil alle verfügbaren Tatsachen zur Lösung des Konflikts selbst Theorien sind. Aber neben diesen Fakten, die durch die strittigen Theorien festgelegt sind, sei eine ungleich größere Menge von Tatsachen gegeben, die zwischen den rivalisierenden Paradigmen nicht strittig sind (29).

Mitchell sucht mit diesem Argument dem Paradigmenwechsel ein partikulares, begrenztes Feld zuzuweisen, so daß der Streit nur ein untergeordnetes Problemfeld betrifft, das innerhalb einer unstrittigen, umfassenderen Weltsicht seinen Ort hat. Die Frage ist aber, ob und wie durch diesen Bereich von übereinstimmenden Auffassungen der Paradigmenwechsel selbst beeinflußt wird. Mitchell behandelt diese Frage äußerst knapp. Er rechnet zu diesem Konsens alle Theorien, die zwischen den Anhängern rivalisierender Paradigmen unstrittig gelten und weiterhin die natürliche Welteinstellung und ihre Implikationen, die die Wissenschaft selbst zur Voraussetzung hat und aufgrund derer sie überhaupt möglich ist. Die Kontroversen um Paradigmen bleiben also auf den Horizont der allgemeinen Weltorientierung bezogen, die die Tatsachen angibt, die zu erklären der unbestreitbare Sinn der Wissenschaft ist. "In der Tat, wenn dies nicht der Fall wäre, würden rivalisierende wissenschaftliche Theorien nicht nur nicht prüfbar sein, sondern sie würden überhaupt keine rivalisierenden Theorien sein, denn ihre Gegensätzlichkeit besteht darin, daß sie vorgeben, alternative Erklärungen derselben Tatsachen anzubieten" (30). Mitchell weist mit diesem Argument mit Recht auf die Notwendigkeit eines allgemeinen, einheitlichen Bezugrahmens hin, soll der Begriff "Paradigmenwechsel" nicht selbst seinen Sinn verlieren. Wären keine solchen Bezugspunkte gegeben, würden Entscheidungen zwischen Theorien völlig beliebig, und der Sinn von Wissenschaft wäre aufgehoben. Kuhn hat in Repliken auf diesen Einwand, der von anderen Autoren ähnlich formuliert wurde, den Paradigmenbegriff verdeutlicht und herausgestellt, daß solche Beziehungslosigkeit nicht intendiert gewesen sei. Das bedeutet für die Entscheidung zwischen paradigmenrelativen Theorien, daß der Raum möglicher Wechsel durch einige grundlegende Qualifikationen der natürlichen Weltorientierung eingegrenzt bleibt. Eine indirekte Korrektur, eine Eingrenzung möglicher Paradigmenwechsel müßte damit gegeben sein.

Das zweite von Mitchell aufgeworfene Problem betrifft die Abhängigkeit der Kriterien vom fraglichen Paradigma. Kuhn zufolge ist bei der Ablösung eines Paradigmas ein neues Paradigma nur durch es selbst zu verteidigen. Mitchell geht bei der Erörterung dieses Problems zunächst auf Modifikationen und Klärungen ein, die Kuhn in seinen Auseinandersetzungen mit der Popper-Schule an seiner Konzeption vorgenommen hat (31). Diesem veränderten Konzept stimmt Mitchell als korrekte Beschreibung wissenschaftlichen Erkennens zu, kritisiert aber die damit verbundene

Einschätzung von Rationalität. Kuhn hatte gegenüber Popper und anderen seine Konzeption gegen den Vorwurf des Irrationalismus und Relativismus verteidigt und klargestellt, daß die Entscheidung zwischen Theorien nach seiner Auffassung durchaus von Argumentationen begleitet sei; es gebe Gründe, eine Theorie einer anderen vorzuziehen. Kuhn nennt "Genauigkeit, Reichweite, Einfachheit, Fruchtbarkeit und ähnliches" (32) als solche Beurteilungsmaßstäbe. Der Streit bewegt sich in erster Linie nicht darum, daß in den Wissenschaften Entscheidungen getroffen werden, sondern der zentrale Meinungsunterschied ist nach Mitchell, wie die Entscheidungen und die für sie angeführten Gründe zu beurteilen sind. Kuhn unterscheidet die für einen Paradigmenwechsel angeführten Gründe von ihrer allgemeinen Einschätzung als Verfahrensregeln und bezeichnet sie als "Werte": "Ich leugne weder die Existenz guter Gründe noch, daß diese Gründe meistens so sind, wie man sie gewöhnlich beschreibt. Aber ich bestehe darauf, daß solche Gründe eher Werte sind, die bei der Wahl berücksichtigt werden sollen als Regeln für die Wahl" (33). Die Anwendung dieser Werte ist jedoch verschieden:

> "Obwohl alle Wissenschaftler sich auf dieselbe Weise zu diesen Werten bekennen ..., wenden sie diese Prinzipien nicht auf dieselbe Weise an. Einfachheit, Reichweite, Fruchtbarkeit und selbst Genauigkeit können durch verschiedene Personen sehr unterschiedlich beurteilt werden. Damit sage ich nicht, daß dieses Urteil willkürlich sein muß" (34).

Diese Unterschiedenheit der Beurteilung hat dazu veranlaßt zu diskutieren, ob solche 'Wertentscheidungen' rational sind oder lediglich in ihren Folgen soziologisch beschrieben werden können. Mitchell kritisiert diese Debatte als einen Streit um falsche Voraussetzungen:

> "Es scheint von beiden Seiten angenommen zu werden, solange es nicht möglich ist, Regeln für die Wahl anzugeben, d.h. solange das Wählen nicht genaugenommen eine Sache der Logik ist, könne es nur Material der Psychologie der Wissenschaftler oder der Soziologie der Wissenschaft sein" (35).

Diese Bindung des Rationalitätsbegriffs an genaue, zuvor angebbare Regeln für Entscheidungsverfahren sei die unverstandene falsche Voraussetzung zwischen Kuhn und seinen Kritikern. Kuhn sei mit seiner Beschreibung der Wissenschaft im Recht, folgere aber ohne Notwendigkeit, die Entscheidungen zwischen Theorien könnten letztlich nur soziologisch dargestellt werden. Diese Auffassung sei mit seinen Kritikern abzulehnen; im Gegensatz zu diesen stimmt Mitchell den Ausführungen Kuhns über das Verhalten der Wissenschaftler zu - sie sei eine "scharfsichtige Darstellung der Art des Begründens, die wirklich stattfindet" (36). Die Absicht Mitchells, in der wissenschaftstheoretischen Grundlagendiskussion Anhaltspunkte für einen revidierten Begriff der rationalen Begründung zu finden, der nicht an strenge logische Verfahrensregeln gebunden ist, endet mit dieser Ausweitung des Rationalitätsbegriffs gegenüber Kuhn. Mitchell will die Unterschiede zwischen wissenschaftlichen Theorien und religiösen Überzeugungen nicht überspielen und benennt eine Reihe von Merkmalen, die eine enge Parallelisierung oder gar den "extravaganten Anspruch" (37), zwischen Religion und Wissenschaft bestünden keine Unterschiede, nicht zulassen. Gleichwohl gibt es Parallelen, die das Begründungsproblem von hier aus erneut aufzugreifen gestatten. Mitchell faßt diese Ähnlichkeitsbeziehungen in folgenden Punkten zusammen: Beim Konflikt zwischen Paradigmen ist jedes in der Lage, alle Einsichten zu berücksichtigen. Welches die angemessenere Theorie ist, bleibt dem Urteil der Wissenschaftler überlassen. Die Kriterien dieser Entscheidung lassen sich im voraus nicht präzis angeben. Die Beurteilung muß und kann sich berechtigt auf 'Werte' wie Kohärenz, Konsistenz und Einfachheit verlassen, denn diese sind nicht paradigmenrelativ. Darum können die nach diesen Kriterien vorgenommenen Entscheidungen zu Recht als rational gelten (38).

Die einzelnen Behauptungen, die Mitchell hier als Ergebnis seiner Erörterung wissenschaftstheoretischer Probleme vorträgt, ließen sich gewiß erneut problematisieren. Die Diskussion um Kuhn hält an, und dieser fährt fort, seine Auffassungen zu modifizieren. Aber trotzdem ist nicht zu bestreiten, daß ein kumulatives, nichtdeduktives Begründungsmodell in dieser Debatte wichtige Anhaltspunkte erhalten kann. Die sich allmählich Geltung verschaffende veränderte Selbsteinschätzung der Wissenschaft sichert noch nicht die Rationalität theologischen Begründens, aber sie zeigt, daß der Rationalitätsbegriff gegenüber den Auffassungen des Neopositivismus entscheidend zu korrigieren ist. Mitchell behauptet nun, die zuvor genannten Qualifikationen der Wissenschaften könnten "mutatis mutandis" von Weltsichten oder metaphysischen Systemen behauptet werden. Wir wollen dieses Problem gleich im theologischen Zusammenhang aufwerfen und die Struktur kumulativen Begründens an der christlichen Weltsicht darstellen.

Die christliche Überzeugung bezieht sich als umfassendes Wirklichkeitsverständnis vom religiösen Standpunkt auf das Ganze der Wirklichkeit. Es behauptet, das theistische Verständnis sei der Wirklichkeit angemessener als andere Auffassungen. Insofern es sich auf Gott als transzendente Wirklichkeit bezieht, ist dieser Geltungsanspruch metaphysisch. Die rationale Einlösung dieses Anspruchs ist daran zu bemessen, wieweit sie fähig ist, die Wirklichkeit in ihrer Beziehung zu Gott, die Gesamtheit der Erfahrung des Wirklichen authentischer und ihr angemessener zur Geltung zu bringen.

Dieser Wahrheitsanspruch kann im strengen Sinn nicht bewiesen werden. Er behauptet jedoch die Möglichkeit, seinen Vorzug gegenüber anderen Weltsichten einsichtig zu machen. Dieses Bemühen, dem Andersdenkenden das religiöse Verständnis der Wirklichkeit darzulegen, seine Ausgangspunkte und Differenzierungen zu verdeutlichen und die Überzeugung von seiner Wahrheit zu begründen ist nicht, wie zuvor angedeutet wurde, eine Frage der Addition von bislang Unbekanntem, das lediglich zur Kenntnis genommen werden müßte. Einsicht gewinnen heißt hier vielmehr, das

Ganze auf eine andere Weise zu verstehen, nach anderen Gesichtspunkten zu betrachten und anderen Prinzipien zu erklären. Dieses Eindringen in ein anderes Wirklichkeitsverständnis läßt die Wirklichkeit in einem anderen Zusammenhang erkennen. Walsh hat dies dem Erkenntnisgewinn verglichen, der mit dem Verstehen einer großen Metaphysik erreicht wird. Sie befähige, "eine zusammenhängende Sicht von vielen verschiedenen Arten von Tatsachen zu gewinnen, und sie dabei von neuem zu sehen und in ihnen neue Bedeutung zu finden" (39). Den hier angesprochenen Zusammenhang gewinnt die christliche Wirklichkeitsauffassung von ihren grundlegenden Voraussetzungen und Prinzipien her. Diese brauchen nicht unbegriffen und unbegründet hingenommen zu werden. Die Frage der Geltung und Begründung ist als die Überzeugungskraft eines umfassenden Wirklichkeitsverständnisses zu explizieren.

Umfassende Wirklichkeitsdeutungen bestimmen nach ihrer eigenen Begrifflichkeit, was 'Wirklichkeit' ist. Der Geltungsdisput zwischen Theismus und Atheismus ist eine Auseinandersetzung zwischen verschiedenen Begriffssystemen; die darin gründenden Schwierigkeiten machen die Last theologischer Verständigung mit anderen Wirklichkeitsauffassungen aus. Beide können sich nicht leichthin auf Faktenbestimmungen einigen, sondern es steht zur Debatte, wie die Wirklichkeit im letzten beschaffen ist. Dies hat zur Folge, daß eine kompetente Geltungsprüfung dem zugemutet werden muß, der die jeweilige Begrifflichkeit beherrscht:

> "Tatsachen existieren, oder vielleicht sollten wir sagen, sie haben Geltung nur von bestimmten Standpunkten aus, und hier sind Standpunkte umstritten. Die Folge davon ist, daß der Metaphysiker notwendig Richter in seinem eigenen Fall ist, denn obwohl er die Verpflichtung anerkennen muß, alle Tatsachen in Betracht zu ziehen, wie er sie sieht, ist es als letzter Ausweg an ihm zu sagen, was Tatsache ist und was nicht. Sein Amt überträgt ihm die Pflicht, eine umfassende Interpretation zu geben, aber gestattet ihm zugleich, sein Veto gegen alles einzulegen, was nicht in sein Schema paßt" (40).

Das Unbehagen, es bei diesen Differenzen und Zuständigkeiten einfach belassen zu sollen, motivierte unsere Kritik an den einschlägigen Konzeptionen von Phillips bis zur narrativen Theologie. Walsh, dessen Buch über Metaphysik die treffende Darstellung des Problems entnommen ist, deutet an, wie ein behauptetes Wirklichkeitsverständnis in seiner Verbindlichkeit ansichtig wird:

> "... was wir zu tun haben, ist erstens, die interpretativen Prinzipien klarzumachen und dann zu zeigen, daß sie wahre Erhellung verschaffen, wenn sie auf die einzelnen Tatsachen angewendet werden. Argumentation kann und wird hier wirksam sein, aber letztlich ist es eine Angelegenheit der Einladung an den Leser, die Prinzipien zu verwenden und selbst zuzusehen" (41).

Ist aber Einsicht und Verständnis möglich, dann kann auch die Frage der Geltung gestellt werden. Die Verwendung von Argumenten ist hier nicht wirkungslos; sind die herangezogenen Maßstäbe auch dem betreffenden begrifflichen Zusammenhang entnommen, so kann doch beurteilt werden, ob die strittigen Aussagen ihnen gerecht werden. Walsh benennt Widerspruchslosigkeit, Genauigkeit und Reichweite als Kriterien, wenn die Deutung und Artikulation von Erfahrungen und Einsichten beurteilt werden soll:

> "Es gibt gewiß Raum für objektive Argumentation darüber, ob dieses Werk der Artikulation gut oder schlecht geleistet wird, obgleich die Kritik wird von innen geübt werden müssen ... Und die Frage, ob die unterschiedenen Teile eines metaphysischen Systems wahrhaft kohärent sind, ist gleichfalls eine, die objektiv bestimmt werden kann, sobald die Kraft seiner verschiedenen Behauptungen erfaßt worden ist" (42).

Walsh grenzt in seinen Ausführungen die Begründungsfähigkeit metaphysischer Systeme von der Präzision wissenschaftlicher Methodik ab, aber dies bedeute nicht, die Annahme metaphysischer Prinzipien sei grundlos oder sie selbst gegenüber allen Einwänden immun: "... es gibt Umstände - das Versagen, alle Tatsachen zu erfassen oder sie angemessen zu erfassen - unter denen ein aufrichtiger Metaphysiker keine Wahl hat, als seine Prinzipien aufzugeben" (43). Ein Wirklichkeitsverständnis, das Geltungsansprüche erhebt, ist also nicht mit allem vereinbar; es gibt einen Punkt, an dem es unvernünftig wäre, es weiter aufrechtzuerhalten. Diese Charakterisierungen der Metaphysik durch Walsh werden von Mitchell aufgenommen. Wenn die von Walsh skizzierte Anwendung von Argumenten bei umfassenden Deutungssystemen als eine vernünftige Beurteilung gelten kann, so wird von ihm gefolgert, dann besteht kein Grund zu der Annahme, die Kriterien seien nur innerhalb des Systems anwendbar, sie selbst seien unbefragt vorauszusetzen.

Die hier behauptete Vergleichbarkeit von verschiedenen Wirklichkeitsdeutungen stellt kein unlösbares Problem mehr dar, wenn eine methodisch nicht festgelegte Kompetenz zu vernünftigem Urteil angenommen werden darf. Wenn im Gegensatz zur mißtrauischen Einschätzung des kritischen Rationalismus eine Urteilskompetenz des Erfahrenen vorausgesetzt werden kann, dann wird auch die kumulative Einlösung des Anspruchs, den der christliche Glaube für sein Wirklichkeitsverständnis erhebt, nicht darum als irrational abgetan werden können, weil er methodisch nicht ganz formalisierbar ist. Von Polanyi wird die Fähigkeit zu rationalem, nicht methodisierten Urteil nachdrücklich behauptet; die Explikation des Begriffs der Selbstverpflichtung sucht gerade diese These zu belegen. Mitchell argumentiert, die Charakterisierung von Rationalität als Befolgen von Regeln müsse für die Bestimmung des Regelbegriffs oder für die Beurteilung ihrer Anwendung selbst wieder methodisch-regelhaftes Vorgehen postulieren und gerate zwangsläufig in einen infiniten Regress, wenn nicht die Fähigkeit zu vernünftigem Urteil anerkannt werde, das nicht als Regelanwendung bestimmbar sei (44). Wenn also solche Urteilskompetenz unter bestimmten Bedingungen zugestanden werden kann, dann muß ein rationaler Vergleich zwischen Weltsichten und damit eine rationale Entscheidung für oder gegen das christliche Wirklichkeitsverständnis und eine kumulative Begründung seines Anspruchs möglich sein.

Mit dieser Charakterisierung der Glaubensbegründung ist allerdings erst die formale Grundlegung kumulativer Begründungsfähigkeit geleistet. Die Begriffe 'Ganzheit, Wirklichkeit, Wirklichkeitsverständnis' wären ebenso noch zu präzisieren wie das Begriffspaar 'Verstehen und Erklären'. Daß diese zum Teil in den Problembereich metaphysischer Begriffsbildung fallen, stellt jedoch kein zwingendes Argument gegen diesen Ansatz der Glaubensbegründung mehr dar. Die Beurteilung dieser Frage im späten kritischen Rationalismus kann ebenso als Hinweis auf eine Neueinschätzung der Möglichkeit von Metaphysik gelten wie die in den letzten Jahren im Rahmen der Theologie vorgelegten Ansätze zu Grundlegungen der Metaphysik (45). Ebenso wäre theologisch die Frage zu behandeln, wie die Themen der klassischen Fundamentaltheologie vor diesem Hintergrund zu formulieren und in den kumulativen Begründungszusammenhang eingebracht werden können. Statt diese Fragen weiter auf methodologischer Ebene zu verfolgen, soll im folgenden affirmativ ein Argument entwickelt werden: Die Berufung auf Erfahrung. Zuvor sei der Hauptgedankengang dieses Kapitels kurz zusammengefaßt.

Mit dem Gottesgedanken bezieht sich der christliche Glaube auf die Wirklichkeit im ganzen. Dieses Wirklichkeitsverhältnis ist nicht als Wirklichkeitskonstitution zu denken, sondern als ein Wirklichkeitsverständnis zu erläutern. Dieses spezifische Wirklichkeitsverständnis des Glaubens erhebt Erkenntnis- und Wahrheitsansprüche. Als eine solche Überzeugung ist der Glaube zu begründen.

Diese kognitive Selbstauffassung des Glaubens behauptet darum zugleich die Fähigkeit, die eigenen Geltungsansprüche zu begründen. Dies steht in Einklang mit den grundlegenden Merkmalen religiöser Gläubigkeit und mit den Forderungen der Begründungsidee. Die Charakteristika der religiösen Einstellung, Hingabe und Vertrauen, werden durch die Begründung des Glaubens nicht geleugnet oder aufgelöst; deren Inhalte und Voraussetzungen gewinnen durch die Begründung vielmehr Einsichtigkeit und Transparenz. Glaubensbegründung unterscheidet sich von strengen Wahrheitsbeweisen, aber weit davon entfernt, eine Immunisierungsstrategie als Begründung bloß zu kaschieren, löst sie die Wahrheitsansprüche des Glaubens durch eine kumulative Argumentation ein. Eine solche kumulative Begründung ist nicht eine spezifisch theologische Form des Argumentierens: in der Literaturwissenschaft und bei komplexen wissenschaftlichen Theorien stellen sich die Begründungsthemen auf eine ähnliche Weise.

Die religiöse Überzeugung formuliert sich in spezifischen Begriffen und verwendet Deutungsprinzipien, mit denen sie ihre Wirklichkeitserfahrung artikuliert. Diese Begriffe - Gott, Welt, Schöpfung usw. - müssen widerspruchsfrei verwendbar sein, aber es ist nicht möglich, für das mit ihnen ausgesagte Wirklichkeitsverständnis Falsifikationsregeln oder methodische

Beweisverfahren anzugeben, die jenes widerlegen oder seine Wahrheit beweisen könnten. Gleichwohl entspricht die kumulative Begründungsform der Idee der Begründung. Sie zwingt dazu, das religiöse Wirklichkeitsverständnis in begrifflicher Klarheit darzulegen, um Verstehbarkeit zu sichern. Weil Kumulation nicht die additive Häufung disparater Argumente meint, ist in dieser Begründungsform selbst das Bemühen um innere Stimmigkeit und die unverfälschte Deutung der Erfahrung des Wirklichen angelegt.

Im Überzeugungskonflikt mit Gegenpositionen sucht der Glaube zunächst diese Stimmigkeit der eigenen Auffassung nachzuweisen. Darum ist die Möglichkeit immanenter Kritik von dieser Begründungsform keineswegs ausgeschlossen: Die Struktur kumulativen Begründens legt den Glaubenden im argumentativen Dialog darauf fest, den inneren Zusammenhang der vorgebrachten Argumente zu prüfen und thematisiert so selbst ein Prinzip kritischer Selbstprüfung. Dem Gegner sucht diese Argumentationsform die Unhaltbarkeit seiner Position nachzuweisen, indem sie Widersprüche benennt, seine Grundannahmen negiert und sie zu ihren abgelehnten Konsequenzen treibt. Weil ein Wahrheitsbeweis im strengen Sinn für diese Argumentation nicht möglich ist, bleibt sie gerade darum gehalten, sich zu verschiedenen Aspekten in Beziehung zu setzen und sich in allem Ernst mit den Auffassungen des Gegners zu befassen. Der kumulativen Begründung eignet daher die Fähigkeit, sich zu anderen Auffassungen in Beziehung zu setzen und so an Allgemeinheit zu gewinnen.

Im folgenden Kapitel soll ein möglicher Ansatz einer kumulativen Glaubensbegründung vorgestellt werden. Inhaltlich wird entfaltet, in welchem Sinn sich der Glaubende auf religiöse Erfahrung berufen kann, um seine Überzeugung zu begründen.

VI ERFAHRUNG UND BEGRÜNDUNG

Den Begriff der Erfahrung kennzeichnet eine verwirrende Vieldeutigkeit. Erfahrung wird als Quelle des Wissens betrachtet, streng auf sinnliche Erfahrung beschränkt oder als Kriterium allen Wissens bestimmt. Einerseits gilt sie als Instanz von Gewißheiten, andererseits als zweifelhaft und ungewiß. Die theologischen Parallelbegriffe "religiöse Erfahrung", "Gotteserfahrung" oder "Glaubenserfahrung" werden recht unbekümmert verwendet und entbehren ebenfalls einer einheitlichen Bestimmung.

Die Konzeptionen von Hick, Allen und die der narrativen Theologie können als Versuche einer Bestimmung des Verhältnisses von Glaube und Erfahrung gelesen werden; die Unterschiede in der Verwendung dieses Begriffs sind offensichtlich. Allen tendiert dahin, mit dem Verzicht auf eine affirmative Begründung des Glaubens den Begriff der religiösen Erfahrung dem Empfinden der Befriedigung religiöser Bedürfnisse gleichzusetzen. Er leugnet die Möglichkeit einer kognitiv gedachten Gotteserfahrung nicht; die Ausschaltung dieses Problems aus der Begründungsthematik und die einhergehende Konzentration auf die Selbsterfahrungen des gläubigen Subjekts drängen jedoch zu einer sehr einseitigen Konsequenz: der Gläubige trifft in den Erfahrungen, auf die er nach Allen sich als Begründungsinstanz seines Glaubens soll berufen dürfen, letztlich immer nur sich selber an.

Demgegenüber begreift Hick religiöse Erfahrung als Gotteserfahrung im strengen Sinn: Im Umgang mit der Wirklichkeit vermittelt sich dem Glaubenden auf eine letztlich nicht aufzuschlüsselnde Weise die Gegenwart Gottes. Obwohl der mit dieser Erfahrung verbundene kognitive Anspruch sich nicht problemlos einlösen läßt, ist derjenige, der diese Erfahrungen macht, sich seiner Gottesbeziehung gewiß und darin nach Hick berechtigt, sie als wahr zu behaupten.

Manche Autoren der narrativen Theologie lösen den Erfahrungsbegriff weitgehend aus dem Problemkreis der Gotteserkenntnis und ihrer argumentativen Sicherung. Erfahrung als umfassender Begriff der unmittelbaren lebensgeschichtlichen Selbstvollzüge des Subjekts wird vielmehr als der Raum bestimmt, innerhalb dessen Gotteserfahrung statthaben und als solche wahrgenommen werden kann. Gotteserfahrung hat ihren Ort und gewinnt ihre Mitteilbarkeit in dieser Konstellation von Leben und Erkennen; in der Rede von Gott ist daher immer auch die Rede von dem, der diese Erfahrung macht. Wegen dieses lebensgeschichtlichen Bezugrahmens werden Gotteserfahrungen am ehesten greifbar in narrativen Formen der Kommunikation.

Schon diese Hinweise lassen die systematische Verschränkung des theologischen Erfahrungsbegriffs mit anderen Themen wie Gottesfrage, Glaube oder Lebensgeschichte deutlich werden, durch den dieser eine jeweils spezifische Akzentuierung erhält (1). Die Fragestellung nach dem Stellenwert der Berufung auf Erfahrung als Argument innerhalb einer kumulativen Begründung macht daher eine vorgängige Klärung des Erfahrungsbegriffs erforderlich. Dies insbesondere auch bezüglich der Wandlungen im Erfahrungsverständnis und in der Einstellung zur Erfahrung, auf die im ersten Kapitel aufmerksam gemacht wurde. In einem zweiten Abschnitt sollen dann "Sinnerfahrungen" erörtert werden, um vor diesem Hintergrund das Phänomen der religiösen Erfahrung erkenntnistheoretisch und in bezug auf das Begründungsthema zu erläutern.

1. Der Begriff der Erfahrung

Die einflußreichste Konkretisierung des Erfahrungsbegriffs wird heute von den 'Erfahrungs'wissenschaften formuliert; ihre umfassende Geltung läßt das von ihnen vorausgesetzte Erfahrungsverständnis als schlechthin verbindlich erscheinen. Die empirischen Wissenschaften beziehen sich derart auf Erfahrung, daß ihre Aussagen und Erklärungen im Prinzip für jedermann an der Erfahrung sich ausweisen müssen. In dieser öffentlichen Überprüfbarkeit an Erfahrung gründet ihre "Objektivität". Unmittelbar nicht beobachtbare Komponenten und Voraussetzungen der Erfahrung, z.B. individuelle und geschichtliche Aspekte, werden methodisch ausgeklammert. Dieser aus der Perspektive der Wissenschaftspraxis festgelegte Erfahrungsbegriff verstellt leicht den Blick dafür, daß Erfahrung hier nicht, wie häufig angenommen, in ihrer reinen, ursprünglichen Form gegeben ist, sondern vielmehr eine Theorie zur Voraussetzung hat, die den Begriff der Erfahrung zuvor schon in dieser spezifischen Absicht festlegt. Eine solche vorgängige Einstellung, die nur bestimmte Aspekte dessen thematisiert, was Erfahrung im Vollsinn ist, läßt sich mit einigen Hinweisen auf den empiristischen Erfahrungsbegriff andeuten (2).

Im Empirismus wird der Begriff der Erfahrung im Kontext des Wissens- und Erkenntnisbegriffs bestimmt und erhält durch diese Zuordnung seine spezifische Prägung. Die Frage nach dem Anfang des Wissens führt den Empirismus zunächst zur Sinneserfahrung. Gleichermaßen hat auch der aristotelisch-thomistische Lehrsatz "nihil est in intellectu quod non prius fuerit in sensu" den Anfang des Wissens in den Sinneserfahrungen lokalisiert. Im Gegensatz dazu gelangt der Empirismus darin zu der ihm eigentümlichen Auffassung, daß er Erfahrung strikt mit Sinneserfahrung identifiziert und dies derart, daß Erfahrungserkenntnis wesentlich als Rezeption von Sinnesdaten bestimmt wird. Die für diese Bestimmung maßgebende Suche nach einer sicheren Basis des Erkennens, die zugleich Ausgangspunkt und Wahrheitskriterium sein soll, läßt die Erfahrung in der Erkenntnisrelation so veranschlagen, daß das Subjekt aus dieser Beziehung ferngehalten werden soll. Erfahrung bedeutet demnach, den Gegenstand wahrzunehmen, ohne daß die Strukturen der Wahrnehmung diesen Gegenstand nur irgendwie berührten. Weil als sicherstes Wissen das gilt, was dem Zugriff des Subjekts entzogen und "rein" gegeben ist, darf diese Basis nicht schon begrifflich fixiert sein. Daher ist es notwendig, den Anfang des Wissens nicht in den Gegenständen, sondern in den Sinnesdaten zu sehen, aus denen ein solcher Gegenstand konstruiert wird. Die Einsicht, daß das Erkannte mit den Sinnesdaten nicht identisch sein kann, hat zu den für empiristische Auffassungen typischen Problemen geführt, wie der Vorgang der Erkenntnis vorzustellen ist, d.h. wie es von den Sinnesdaten als subjektiven Bewußtseinsinhalten zur Erkenntnis einer öffentlichen, intersubjektiven Welt kommen kann.

Hier brauchen nicht die Einwände rekapituliert zu werden, die bis hin zum kritischen Rationalismus gegenüber diesem Erfahrungsbegriff vorgetragen worden sind; wir haben sie im Zusammenhang mit der Wahrnehmungstheorie Polanyis berücksichtigt. Es ist lediglich deutlich zu machen, daß es sich bei der empiristischen Auffassung um eine von vielen Theorien handelt, deren Erfahrungsbegriff durch theoretische Vorgaben maßgeblich bestimmt wird - hier durch die Vorstellung einer sicheren Basis allen Wissens. Die zentrale empiristische These eines unmittelbar, vorsprachlich und denkunabhängig gegebenen Bewußtseinsinhalts stellt eine Hypothese dar, die keineswegs, wie vom Empirismus unterstellt wird, unmittelbar einsichtig ist (3). Wird zugestanden, daß hier eine Theorie zur Diskussion steht und nicht Erfahrung 'selbst', leuchtet die daraus sich ergebende Schwierigkeit der Formulierung und Verteidigung eines angemessenen Begriffs der Erfahrung ein. Es ist nicht möglich, sich unvermittelt auf Erfahrung zu berufen, da die vorausgesetzte Theorie selbst schon den Bereich dessen ausgrenzt, was Erfahrung heißen kann. Es liegt hier ein Problem jener Struktur vor, die zuvor am Streit zwischen Paradigmen dargestellt worden ist. Eine solche vorgängige theoretische Einstellung ist auch bei den Erfahrungswissenschaften gegeben. Die von ihnen verfolgte Objektivierung von Erfahrung in der Absicht von Wiederholbarkeit und Prüfbarkeit ist solange nicht zu monieren, wie dieser Erfahrungsbegriff nicht totalisiert und seine unausgesprochenen Voraussetzungen nicht geleugnet werden.

Im folgenden soll der Begriff der Erfahrung umfassend als Vorgang und Resultat der Auseinandersetzung des Menschen mit der Wirklichkeit entwickelt werden, bei dem das Subjekt spezifische Leistungen aufbringt und ein besonderes Verhältnis zu seinen Erfahrungen gewinnt. Es wird mithin vor allem darauf abgehoben, was der Empirismus aus dem Erfahrungsbegriff zu tilgen trachtet: was das Subjekt selbst tut, wenn es Erfahrungen macht. Wir gehen in dieser Absicht zunächst auf einen frühen Aufsatz von A.Gehlen ein, der den Erfahrungsbegriff aus der Verflechtung in erkenntnistheoretische Probleme löst und anthropologisch ausweitet (4).

Gehlen setzt nicht mit der Frage nach der Gegebenheit des Wirklichen in der Erkenntnis ein, um den Erfahrungsbegriff zu klären, sondern fragt nach den Leistungen, die das Subjekt aufbringen muß, um Erfahrungen zu machen. Aus dieser Perspektive erscheint die erkenntnistheoretische Problemstellung einseitig und verengt. Ähnlich wie Polanyi betont Gehlen den aktivischen Charakter der Erfahrung; Erfahrung ist nicht passive Rezeption, sondern wesentlich eine produktive Tätigkeit, sie ist "Ausübung, Auswahl und Verwerfung, Schöpfung und Aufbau" (5). Dieser Tätigkeitscharakter der Erfahrung läßt einsichtig werden, daß das erkenntnistheoretische Problem in seiner empiristischen Bestimmung von Voraussetzungen absieht, die der Erfahrung die Vielfalt ihrer Aspekte verleihen. Erfahrung bedeutet ganz allgemein Auseinandersetzung mit der Wirklichkeit; dabei bietet sich aber die Wirklichkeit nicht ungebrochen und von den Regungen und Interessen des Erkennenden, von seinem Wirklichkeitsverständnis nicht unbeeinflußt dar. Diese Vorstellung übersieht, "daß die Dinge für uns überhaupt nur insofern da sind, als sie uns 'angehen', und daß Erfahrungen mit ihnen machen heißt, die Art und Weise dieses Angehens eindeutig zu künftiger Verfügbarkeit festlegen" (6). Erst durch die Stellungnahmen des Subjekts in der Auseinandersetzung mit der vielseitigen und vieldeutigen Wirklichkeit erhält diese ihre Bestimmtheit und das Erkenntnisproblem hat erst hier seinen Ort, wo es um das Erfassen der geschichtlich gewordenen Bestimmtheit der Dinge geht.

Die Erfahrung ist unverkürzt also als schöpferische Leistung der Auseinandersetzung mit der Wirklichkeit aufzufassen. Am Beispiel des Erwerbs von Fertigkeiten stellt Gehlen dar, daß unter vielen erfolglosen und mißlingenden Versuchen einige Bewegungskoordinierungen schließlich gelingen, die durch das Ausscheiden von Gefährdungsmomenten zu größerer Beherrschtheit und Bestimmtheit der Bewegung führen. Die einzelnen Momente des Lernvorgangs fügen sich zur Einheit einer Erfahrung, wenn dieser abgeschlossen ist und zum Schatz der möglichen Vollzüge gerechnet werden kann, deren das Subjekt jetzt fähig ist. An diesem Beispiel sind bereits die Merkmale ersichtlich, die Gehlen der Aneignung einer jeden Erfahrung zuspricht: "Erledigung" und "Verfügbarkeit". In jeder Erfahrung, so Gehlen, werden zwei verschiedene Leistungen erbracht, die sich aufeinander beziehen und wechselseitig bestimmen. Erfahrungen konfrontieren den Menschen mit etwas; sie verlangen Auseinandersetzung und Stellungnahme. Um aus solcher Auseinandersetzung etwas zu bewahren - eine Einsicht, größere Fertigkeit - bedarf es der konzentrierten Aufmerksamkeit. Solche Aufmerksamkeit ist selektiv; sie muß von dem absehen, was für die Aneignung und Einübung des Erfahrungsinhaltes belanglos oder hinderlich ist. Ein ungerichtetes, interesseloses Verhalten bliebe ohne Resultat; wer einer Situation oder Aufgabe hilflos und unentschlossen gegenübersteht und sich zu einer Handlung auf Kosten von anderem nicht entschließen kann, bleibt eben unerfahren. Erfahrung als Auseinandersetzung ist also ein Bewahren, das den Verzicht und die Ausschaltung von anderem zur Bedingung hat. Diese eigentümliche Leistung der Auswahl und Ausscheidung dessen, was die Aneignung der Erfahrung behindern würde, bezeichnet Gehlen als Erledigung. Nur unter dieser Voraussetzung der Ausscheidung und des Verzichts, die ein bestimmtes Verhalten erst ermöglicht, kann der Mensch Fähigkeiten und Fertigkeiten ausbilden - kann er erfahren werden. Diesen Aspekt der in einer aktualen Erfahrung erworbenen Fertigkeit, den Erwerb des Könnens nennt Gehlen Verfügbarkeit. Um zu solcher Fähigkeit zu gelangen, muß der 'negative' Aspekt der Erledigung gegeben sein, "so daß immer eine auswählende und erledigende Erfahrung in den Dienst der festzuhaltenden und auszubauenden tritt" (7). Wird auf diese Weise aus einer aktualen Erfahrung ein Gewinn bezogen, so geht dieser in den Vorrat der möglichen gelingenden Verhaltensweisen ein. Der in einer bestimmten Hinsicht Erfahrene wird von ähnlichen Situationen nicht überwältigt, denn sie sind ihm nicht mehr fremd. Er weiß sie mit einer gewissen Leichtigkeit und Souveränität zu bestehen.

Diese Erläuterung des Erfahrungsvorgangs durch Gehlen streicht deutlich heraus, was der empiristische Erfahrungsbegriff zumal in seiner erkenntnistheoretischen Fixierung nicht zu fassen vermag: Erfahrung ist nicht passive Rezeption, sondern tätige, konstruktive Auseinandersetzung mit dem, was dem Subjekt widerfährt. Erfahrung ist Vorgang und Resultat des Ausscheidens und Bewahrens von Eindrücken und Auseinandersetzungen mit der Wirklichkeit, die als eine Fähigkeit angeeignet und erlernt werden muß.

So sehr es Gehlen gelingt, den aktivischen Charakter der Erfahrung zu verdeutlichen, läßt sich dies sowohl bezüglich dessen, was das Subjekt erfährt, wie auch hinsichtlich der Wirkung auf das Subjekt selbst noch weiter präzisieren und vertiefen. Indem Gehlen die Erfahrung als ausschließlich durch Erledigen und Verfügen bewerkstelligte Leistung begreift, gerät das Moment des Einflusses dessen, an dem sich Erfahrung bildet, zu sehr aus dem Blick. Die Terminologie der aktiven Handhabung, wie sie sich in dem Wortgebrauch des Verfügens, Beherrschens, Aneignens oder Könnens ausdrückt, läßt den Inhalt der Erfahrung fast nur als Material der Ausbildung von Fähigkeiten sichtbar werden. Erfahrung ist nicht das schlichte Gegenteil ihrer begrifflichen Konkretisierung durch den Empirismus. Das Subjekt steht nicht so souverän den Erfahrungssituationen gegenüber, wie diese Terminologie es nahelegt. Zur Auseinandersetzung wird es auch durch die Wirklichkeit genötigt; diese drängt sich auf und bestimmt auch ihrerseits das Verhalten des Subjekts. Weiterhin geht es aus den wirklich bedeutsamen Erfahrungssituationen selbst nicht unverändert hervor. Erfahrung ist nicht nur die in Erfahrungen gewachsene und erworbene Fähigkeit. Was Erfahrungen für Gehlen beim Subjekt hinterlassen, ähnelt zu sehr und zu ausschließlich einem Rezeptwissen, aufgrund dessen sich die Problemsituationen quantitativ verringern, weil das Subjekt Fertigkeit und praktisches Wissen erworben hat. Hier wird kaum sichtbar, daß grundlegende Erfahrungen das Subjekt auch dazu drängen können, etwas an sich selbst aufzugeben, sich selbst zu modifizieren und zu verändern. Diese Zusammenhänge werden wesentlich schärfer in den Erläuterungen des Erfahrungsbegriffs bei Gadamer zum Ausdruck gebracht.

Gadamer löst wie Gehlen den Erfahrungsbegriff aus seinen verfestigten erkenntnistheoretischen Zusammenhängen (8). Jene Erfahrung, auf die die Wissenschaft sich beruft, hat nach Gadamer einen Abstraktionsprozeß zur Voraussetzung, der die Erfahrung von ihren ursprünglichen Bezügen zur Lebenswelt und sozio-kulturellen Prägungen reinigt und sie auf diese

Weise erst zum wissenschaftlich verfügbaren Gegenstand präpariert. So erwirbt die wissenschaftlich relevante Erfahrung erst ihre wichtigste Eigenschaft: sie ist im Experiment beliebig wiederholbar. Wer die Erfahrung macht, ist für die wissenschaftliche Untersuchung belanglos. Indem Wissenschaft die Erfahrung so objektiviert, tilgt sie Momente ihrer ursprünglichen Form. Diese verliert ihre personalen und situativen Eigenheiten und gewinnt dadurch Unabhängigkeit und Allgemeinheit. Erfahrung in ihrem ursprünglichen Gegebensein ist dagegen situationsbezogen; sie "wird nicht in vorgängiger Allgemeinheit gewußt" (9). Ihr eignet nicht die Abgeschlossenheit der wissenschaftlichen Erkenntnis, des methodisch geprüften Wissens. Gadamer folgert daraus eine grundsätzliche Unterschiedenheit von Erfahrung und Wissenschaft: "Erfahrung selber kann nie Wissenschaft sein ... Die Dialektik der Erfahrung hat ihre eigene Vollendung nicht in einem abschließenden Wissen, sondern in jener Offenheit für Erfahrung, die durch die Erfahrung selbst freigespielt wird" (10).

Diese "Offenheit für Erfahrung", die Gadamer als ihr wesentliches Merkmal erarbeitet, resultiert aus ihrer Endlichkeit, Negativität und Geschichtlichkeit. Erfahrungen werden nicht, wie die umgangssprachliche Wendung es will, umstandslos 'gesammelt'. Zum Erwerb von Erfahrung führt nur die Auseinandersetzung, die jedem abgefordert wird, der eine Erfahrung 'macht'. Die bloß bestätigende Wiederholung einer Erfahrung erspart und enthält nicht, was der Erwerb von Erfahrung im Vollsinn verlangt, nämlich Auseinandersetzung mit Neuem und Unbekanntem und damit auch, vertretene Auffassungen als vorläufig zu durchschauen und aufzugeben. Dieses Aufgeben meint nicht nur den unproblematischen äußeren Verzicht der Selektion, den Gehlen als Erledigung beschreibt, sondern eine Änderung des Menschen selbst. Zuwachs an Erfahrung kommt als Neueinschätzung des Selbst zustande, wenn es sich zuvor Akzeptiertes, sein vermeintliches Wissen durch Erfahrung widerlegen läßt.

Diese eigentümliche Produktivität der Erfahrung wird mithin durch die Negation von lebenspraktischen Erwartungen und Verallgemeinerungen hervorgebracht. Die Enttäuschung von Erwartungen kann darin zur Erfahrung werden, daß sie nicht nur als Erkenntnis des Irrtums und des Fehlschlags genommen wird, sondern als Eröffnung einer Einsicht, die ohne das Scheitern von Erwartungen sich nicht einstellt: "die eigentliche Erfahrung ist immer eine negative" (11). Das durch Tradition und Lebenspraxis vermittelte Wissen erweist sich bei Verallgemeinerungen unerwartet als unzulänglich; es wird durch Erfahrung widerlegt und zwingt dazu, das übernommene Wissen überhaupt als vorläufig einzuschätzen. Die Konfrontation mit Fremdem und Unerwartetem führt somit nicht nur zu einer neuen Erkenntnis über einen partikularen Gegenstand, sondern bestimmt den Erwartungshorizont des Menschen neu. In solcher Erfahrung gewinnt der Mensch "einen neuen Horizont ... innerhalb dessen ihm etwas zur Erfahrung werden kann" (12). Weil solche selbstverwandelnde Erfahrung durch Negation von Erwartungen zustande kommt, treibt diese Dialektik nicht, wie Gadamer mit Nachdruck betont, zu universalem Wissen. Vielmehr erbringt Erfahrung, wenn ihre Besonderheit anerkannt wird, die Einsicht in die Vorläufigkeit von Erfahrungen selbst. Insofern diese Einsicht durch Negativität gewirkt ist, führt Erfahrung den, der sie als solche anerkennt, zur Einsicht in menschliche Endlichkeit. Was eine Erfahrung an inhaltlicher Erkenntnis einbringt, ist nie unüberholbar. Weil nur aus dieser Einstellung neue Erfahrungen gemacht werden können, ist als erfahren derjenige zu bezeichnen, der sich in der Anerkenntnis menschlicher Endlichkeit für neue Erfahrungen offenhält.

Diese Endlichkeit wird von Gadamer näherhin als Geschichtlichkeit bestimmt. Erfahrungen können wegen ihrer Situationsbezogenheit nicht über die Erwartungsoffenheit hinaus vorweggenommen und auch nicht administrativ veranstaltet werden. Sie sind wesentlich unvorhersehbar; als fremdartig und neu sind sie unvertretbar vom einzelnen selbst zu bestehen. Was in einer aktuellen Erfahrung erarbeitet und erworben wird, ist auf die einmalige geschichtliche Situation bezogen und im strengen Sinn nicht wiederholbar. Was Erfahrung ausmacht und sie letztlich konstituiert, ist nach Gadamer nicht ihre bestätigende Wiederholung, auch nicht der Inhalt der Erfahrung, sondern die grundsätzliche Offenheit für neue Erfahrungen.

Diese Explikation des Erfahrungsbegriffs durch Gadamer thematisiert Aspekte des Erfahrungsvollzugs, die bei Gehlen nicht greifbar werden. Über die Aktivität des Erfahrens hinaus bringt sie Geschichtlichkeit, die Selbstverwandlung des Subjekts und die Andersartigkeit des Erfahrenen zur Geltung. Jedoch sollen die Implikationen des Gadamerschen Erfahrungsbegriffs hier nicht übernommen werden. Diese haben ihren systematischen Ort im Rahmen seiner Hermeneutik. Den Charakteristika der Erfahrung sollen die der hermeneutischen Erfahrung entsprechen. Die hermeneutische Erfahrung stellt sich im Bezug zur Überlieferung ein, welche ihrerseits allgemein als Sprache bestimmt wird. Sprache ist nun nicht instrumentell als bloßes Mittel der Information und Verständigung begriffen, sondern ihr korrespondiert Welt, Wirklichkeit im ganzen: Sprache impliziert ein Verhältnis zur Wirklichkeit, denn diese ist gegenwärtig nur in Sprache. Daher ist das Weltverhältnis fundamental nicht eines methodischen Erkennens, der Reflexion oder der Kritik, sondern aufgrund der Sprachlichkeit der Welterfahrung ein Verhältnis des Verstehens. Das Gespräch und das Verstehen sind die Ebenen, von der Gadamers Ausführungen über Erfahrung letztlich bezogen und von Wissenschaft, Erkenntnis und Reflexion abgesetzt werden. Dies nun führt zu Konsequenzen, die nicht überzeugen. Sie im einzelnen zu diskutieren, erforderte eine Auseinandersetzung mit den zentralen Topoi der Gadamerschen Hermeneutik von Sprache, Geschichte, Verstehen, Horizontverschmelzung usw. im ganzen. Statt einer solchen Diskussion (13) wird lediglich auf zwei Themenkreise hingewiesen, die im Gegensatz zur Auffassung Gadamers in direkter Beziehung zur Erfahrung stehen.

Die personale Struktur der Erfahrung läßt Gadamer Aussage, Reflexion, Geltungsanspruch und Wahrheitsfrage aus dem Vorgang der Erfahrung eliminieren. Wenn ein Erfahrungsinhalt mit Geltungsanspruch ausgesagt wird, ist für ihn die Ebene der Erfahrung schon verlassen: die Aussage sieht er "in einem äußersten Gegensatz zu dem Wesen und der Sprachlichkeit der menschlichen Welterfahrung überhaupt" (14). Es sollen Unterschiede zwischen der aktualen Erfahrung und dem Aussagen ihres Inhalts nun keineswegs geleugnet werden, aber im Unterschied zu Gadamer wird die Beziehung zwischen beiden nicht als Gegensatz gesehen. Wenn Erfahrungen gemacht werden, wenn Einsichten sich bilden und diese nicht unumstritten sind, stehen Aussage, Reflexion und kritische Vergewisserung im Kreis der Erfahrung selbst. Nicht alles in der Erfahrung läßt 'man sich gesagt sein', wie Gadamer die Rezeption im wesentlichen umschreibt.

In diesen Zusammenhang gehört auch die Wahrheitsproblematik. Weil Gadamer das Wirklichkeitsverhältnis im wesentlichen als ein Verhältnis zur Sprache und diese Beziehung in den personalen Kategorien des Gesprächs faßt, kann auch Wahrheit von ihm nicht im korrespondenztheoretischen Rahmen expliziert werden. Diese Problematik wurde bereits im Zusammenhang mit der nichtdeskriptiven Deutung des Wahrheitsbegriffs von Polanyi berührt; hier sei lediglich nochmals erwähnt, daß die Schwierigkeiten des korrespondenztheoretischen Wahrheitsbegriffs nicht dazu zwingen, die Idee im ganzen aufzugeben, die in ihm artikuliert wird. Wenn das, was in Erfahrungen wahrgenommen wird, nicht stets von zwingender Eindeutigkeit ist, dann gehört die Frage, ob das Erfahrene wirklich ist, ob seine Artikulation einen Sachverhalt trifft oder nicht, auch zu den im Kreis der Erfahrung selbst aufbrechenden Fragen (15).

Eingangs hatten wir Erfahrung allgemein als Vorgang und Resultat der Auseinandersetzung mit der Wirklichkeit bestimmt, um gegenüber der Fixierung des Erfahrungsbegriffs auf Erkenntnistheorie andere Aspekte der Erfahrung hervorzuheben. Im Unterschied zu den Positionen von Gehlen und Gadamer, die dazu die wesentlichsten Anhaltspunkte formulieren, soll hier aber das Erkenntnisthema in der Erfahrung selbst lokalisiert werden. So erhält das Gewicht des Inhalts der Erfahrung, dessen Bezug zum Subjekt, die ihm angemessene Relevanz. Vor diesem Hintergrund ist die anfängliche Bestimmung nun weiter zu präzisieren.

Erfahrung als Bezeichnung des Weltverhaltens im ganzen verdeckt die Leistung, die dem aktualen Erfahrungsvollzug abgefordert wird. Erfahrungen können sich im Modus ihrer Wiederholung zu flüchtigen Eindrücken und oberflächlichen Kenntnisnahmen ohne bleibendes Interesse einspielen. Gleichwohl liegt auch dem stark routinisierten Verhalten Erfahrung zugrunde, die als erworbene Fertigkeit keine sonderliche Aufmerksamkeit mehr verlangt und im Vollzug kaum bewußt wird. Gehlen spricht in diesem Zusammenhang von der Entlastungsfunktion der Erfahrungssymbole; Polanyi berücksichtigt diesen Sachverhalt, da er in jedem Wissen und Erkennen ein Moment des Könnens aufgehoben sieht. Diese Einebnung von Erfahrungen zu selbstverständlichen und gewohnten Verhaltensschemata besitzt im Bereich des Handelns Notwendigkeit und ist hier Zeichen selbsterworbener Fähigkeit. Bezüglich des Inhalts der Erfahrungen kann gemachte Erfahrung jedoch auch zu Verfestigung und Verschlossenheit führen, mithin das Gegenteil der von Gadamer als ihr inneres Telos bestimmten Offenheit bewirken. Sie wird zur sich abschirmenden Repetition des Altbewährten: erworbene Erfahrung kann benutzt werden, sich Neuem und Unbekanntem zu verschließen (16). Solche Verfestigung wie auch die mit ihr verbundene unbeteiligte und schnell vergessene Kenntnisnahme ist nicht notwendig das Ergebnis von Erfahrungen; diese sind nicht "an sich flüchtig" (17). Zwar unterliegt es bestimmten Bedingungen, ob sie bewahrt und für das Leben dessen, der sie macht, wirksam werden. Verschlossenheit und Distanz können neue Erfahrungen verhindern, Wachsamkeit und Interesse dagegen zu neuen Erfahrungen disponieren. Diese ihrerseits können verflachen und zur Routine werden, aber dies darum, weil die in ihnen gewonnene Einsicht oder Fertigkeit in den selbstverständlichen Vollzug des Weltverhaltens integriert worden ist. In ihrem ursprünglichen Sinn impliziert das Erfahrung-machen die Auseinandersetzung mit Neuem und Unbekanntem; flüchtige Eindrücke sind keine Erfahrungen.

Wird nun der Aspekt des Inhalts einer Erfahrung statt der Fähigkeit, ihn zu verarbeiten, betrachtet, so ist richtig, daß die Einsicht, die sich mit einer Erfahrung einstellt und als eine verbindliche anerkannt wird, sich nicht von selbst erhält. Sie muß anerkannt und vergegenwärtigt werden, damit ihr nichtrealisiertes Bedeutungspotential wahrgenommen werden kann. Auf solche Weise der Aneignung können Erfahrungen den Menschen in seinen Einstellungen ändern. Die aus enttäuschter Erwartung erworbene Einsicht zeichnet sich in das Wirklichkeitsverständnis ein, prägt eine neue Erwartungshaltung und schafft so Raum und Möglichkeit zu neuer Erfahrung. Diese eigentümliche Erweiterung des Horizonts, die solcher Selbstveränderung entspricht, deutet den engen Zusammenhang von Erfahrung und Individualität an. Die spezifische Auseinandersetzung, die der Erwerb von Erfahrung dem Menschen abfordert, kann nicht stellvertretend von jemand anders geleistet werden. Bloße Information und Wissensvermehrung, das didaktisch-methodisch organisierte Lernen decken sich nicht mit der Erfahrung im hier bestimmten Sinn. Erst im interessierten Selbsteinsatz stellt sich für das Subjekt Erfahrung ein, und die ihr verbundenen Enttäuschungen können ihm nicht erspart bleiben. Die existentialistische Rede von der "Schmerzhaftigkeit" der Erfahrungen, vom "Mut", den sie erfordern, weil mit ihnen "ein Erleiden, ein Ausgeliefertsein an die Widerwärtigkeiten des Lebens" verbunden sei (18), enthält durchaus einen Kern erfahrungsmäßiger Wahrheit.

Diese Dialektik von Gewinn und Verlust im Vorgang der Aneignung von Erfahrungen fügt sich dem, der für Erfahrungen offen ist, zur Lebenserfahrung. Erfahren ist derjenige - um einige Bestimmungen von Bollnow aufzunehmen - der das ihm unerwartet Begegnende in der Auseinandersetzung leicht besteht und nicht unter das Diktat der Umstände gerät. Lebenserfahrung entsteht, wenn man dem Gefährdenden nicht aus dem Wege geht, wenn bestandene Auseinandersetzungen nicht vergessen, sondern bewußt angeeignet und verarbeitet werden. Wird gewonnene Einsicht bewahrt, kann sie in der Lebensgestaltung positiv wirksam werden. Nur kraft solcher besonnenen Aufmerksamkeit kann sich Lebenserfahrung bilden (19).

Die eigentümliche Spannung des Erfahrungsbegriffs, der sowohl das Erfahrensein wie auch die aktuale Erfahrung und ihren Inhalt umfaßt, kann nur um den Preis eines dieser Bedeutungsaspekte aufgehoben werden. Das Resultat wiederholter Erfahrung: Kennerschaft, Kompetenz oder Fähigkeit, ist ein Moment der Erfahrung, erschöpft sie aber nicht. Erfahrung ist nicht lediglich ein Können, und daher ist das Erfahrensein nicht auf Kosten der Problematik der aktualen Erfahrung zu explizieren. Innerhalb der Erfahrung hat das Erkenntnisproblem trotz der Kurzschlüssigkeit des Empirismus und des Einspruchs Gadamers seinen unbestreitbaren Ort. Der Inhalt einer Erfahrung ist weder offenkundig noch eindeutig. Daher stellen sich beim Vollzug des Erfahrens selbst die Probleme der Erkenntnis im weitesten Sinne ein. Wenn der Inhalt der Erfahrung nicht eindeutig ist, sondern verstanden und auf seine Bedeutung bedacht werden muß, ergibt sich die Frage nach der Eigenart solchen Erfassens. Wenn diese Unterscheidung zwischen Erfahrungsvorgang und Erfahrungsinhalt berechtigt ist, muß weiterhin geklärt werden, wie der Inhalt mitteilbar wird. Wenn darüber hinaus relevante Erfahrungen sich als Wendepunkte in die Lebensgeschichte einzeichnen, wenn bestimmten Erfahrungen nicht nur individuelle Bedeutsamkeit, sondern allgemeine Geltung zugemessen wird, dann ist auch gefordert zu sagen, ob und wie ein solcher Anspruch legitimiert werden kann. Diese Themen erschöpfen die Aspekte des Erfahrungsbegriffs nicht - darin ist Gehlen und Gadamer Recht zu geben. Aber ebensowenig sind sie aus der Erfahrung zu eliminieren; sie haben im Vollzug der Erfahrung selbst ihren Ort.

Für eine terminologische Klärung dieser in Beziehung auf das Erkenntnisproblem thematisierten Aspekte des Erfahrungsbegriffs bieten sich einige Kategorien aus der Philosophie Polanyis an. Der aktuale Vorgang einer partikularen Erfahrung verlangt explizite, bewußte Konzentration auf den Inhalt der Erfahrung. Die in solcher Auseinandersetzung erlangte Einsicht, das Resultat dieser Erfahrung, geht in den Wissenshorizont oder das Vermögen des Subjekts ein. Auf diese Weise bilden Erfahrungen eine Art Vorverständnis und disponieren positiv oder negativ für neue Erfahrungen. Dieser Aspekt des Erfahrenseins ist im Vorgang der aktualen Erfahrung bewußt, aber nicht explizit thematisch. Gleichwohl ist es nicht unbewußt und kann darum nicht wahrnehmungspsychologisch als antrainiertes Verhalten aufgefaßt oder dem Bereich des Unbewußten zugerechnet werden. Erarbeitete Erfahrung ist in neuen Erfahrungen wirksam: Das Subjekt weiß, wenn es in ähnlichen Situationen steht, um diese früheren Erfahrungen. Diese sind ihm unthematisch gegenwärtig und können mit Polanyi als subsidiäres, unausgesprochenes Wissen bezeichnet werden. Sie sind nicht direkt Bewußtseinsinhalt, sondern wahren eine eigentümliche Stellung zwischen dem Unbewußten und dem, was in Wahrnehmung oder Reflexion dem Bewußtsein direkt gegenwärtig ist.

Vor dem Hintergrund dieser Konkretisierung des Erfahrungsbegriffs lassen sich jetzt Sinnerfahrung und religiöse Erfahrungsweisen inhaltlich beschreiben.

2. Sinnerfahrung

Erfahrung haben, Erfahrungen machen, etwas erfahren - die Bedeutungsaspekte dieses Sprachgebrauchs haben deutlich werden lassen, daß die Berufung auf Erfahrung, die Möglichkeit ihrer Einschätzung und Verwendung als Argument, sich nicht von selbst versteht. Wieweit sie als ein solches im Zusammenhang einer theologischen kumulativen Argumentation verstanden werden kann, bleibt noch zu prüfen. Da solches Legitimieren sich im Bereich religiöser Erfahrung auf den Inhalt und nicht auf die Kompetenz des Subjekts bezieht, liegt nahe, das Verhältnis von Erfahrungssubjekt und Erfahrungsinhalt weiter zu präzisieren. In dieser Absicht gehen wir zunächst auf "Sinnerfahrungen" ein, um Struktur und Eigenart der religiösen Erfahrung dann aus einer anderen Perspektive zu klären. Damit ist jedoch nicht direkt jener Themenkreis angezielt, der in der Theologie unter dem Etikett "Sinnfrage" zunehmend die unbehagliche Selbstverständlichkeit eines theologischen Topos gewinnt. Vielmehr soll unter Verzicht auf theologische Prämissen Struktur und Eigenart jener Erfahrungen geklärt werden, denen das Subjekt eine bestimmte Relevanz für die Lebenspraxis zumißt.

In Anlehnung an T.Koch (20) wird hier mit dem Ausdruck "Sinn" nicht der bloße Bedeutungsgehalt von Worten oder die Intention von Handlungen bezeichnet. Nicht alles intentionale Verhalten richtet sich auf Sinn, wie auch die Bedeutung von Worten nicht immer als "Sinn" zu explizieren ist. Ebenso soll dieser Ausdruck von kommerziellen Zielentwürfen und Zweckbestimmungen abgegrenzt werden. Zwar wird in der Umgangssprache häufig dasjenige als "sinnvoll" bezeichnet, was zur Verwirklichung des als "Sinn" einer Handlung verstandenen Zieles oder Zweckes dienlich oder notwendig ist. Die hier zu erläuternde Sinnerfahrung hat ihren Ort jedoch nicht in zweckrationalen Verhältnisbestimmungen und wird mithin weder als Ziel oder Zweck von Handlungen noch als Prädikation der Zweckdienlichkeit eines Mittels gedeutet (21). Diese terminologische Abgrenzung gestattet, den Ausdruck "Sinn" jenem Bereich vorzubehalten, der nicht möglicher Gegenstand beliebiger Zwecksetzung sein kann. Sinn ist nicht das, was seinen Wert und seine Relevanz durch Funktionen erhält, die es in Beziehung auf ein anderes erfüllt, sondern nach der Formulierung von Koch meint "Sinn" das, "was Bedeutung und Wert in sich selber ... und so Bedeutung für das Subjekt hat" (22). Dieser Eigenständigkeit und des intrinsischen Wertes wegen kann Sinn nicht in anderer Absicht gemacht oder dekretiert werden. Man kann ihn leugnen oder wünschen, daß es ihn gebe, aber er wird nicht durch das Wollen und Wünschen des Menschen erzeugt.

Die Nichtproduzierbarkeit tritt darin zutage, daß Erfahrungen von Sinn ihren Ort zwar in der alltäglichen Wirklichkeit haben, aber zugleich eine eigentümliche Distanz ihr gegenüber wahren. Sinnerfahrungen fügen sich nicht den Regeln der zweckorientierten Lebenspraxis und ihren Gesetzlichkeiten. An den alltäglichen Dingen kann vielmehr eine Wahrnehmung zur Erfahrung werden, deren Gehalt als in sich sinnvoll, als einfachhin werthaft bejaht wird. Eine gelingende Beziehung, Erfahrungen der Liebe und des Vertrauens, das Engagement für ein ethisches Ideal werden nicht nur darum als sinnvoll erachtet, weil sie dem, der sie erfährt, etwas eintragen; sie gelten dessen ungeachtet als in sich richtig und gut. Wenn solche eigenständige Sinnhaftigkeit in der Erfahrung transparent wird, macht der Mensch Erfahrungen von Sinn. Sie drängen sich in der Öffentlichkeit nicht auf, evozieren nicht "Geschrei und Gelächter" (Kaschnitz), aber demjenigen, der solche Erfahrungen kennt, sind sie schlechthin wichtig; sie können ein Leben verändern. In Literatur und Dichtung der Gegenwart scheinen heute Überdruß, Negativität und Skepsis das vorherrschende Lebensempfinden zu sein; eine technisch-spröde Sprache ist zudem nicht sehr geeignet, Sinn angemessen zur Sprache zu bringen. Aber bei näherem Hinsehen lassen sich auch in unserer Zeit genügend Zeugnisse finden (23).

Sinnerfahrungen wahren eine enge Beziehung zur alltäglichen Wirklichkeitserfahrung, aber sie lassen sich in den Kategorien des Zweckmäßigen nicht formulieren und gehen in den zweckdienlichen Regelmäßigkeiten der Lebensgestaltung nicht auf - sie sind 'anders'. In ihrer Andersartigkeit erwecken sie Aufmerksamkeit und veranlassen dazu, sich über ihre Bedeutung klar zu werden. Sinn wird nicht distanziert betrachtet oder flüchtig zur Kenntnis genommen. Das Subjekt nimmt ihn in seiner eigenen Werthaftigkeit zugleich als Anspruch und Aufforderung wahr, als Möglichkeit, ihm im Handeln zu entsprechen. Sinnerfahrung eröffnet also Möglichkeiten sinninspirierten Handelns, ihr eignet der "Charakter positiver Ermöglichung" (24). "Möglichkeit" wäre indessen als das bloße Bewußtwerden einer konkreten Handlungsgelegenheit mißverstanden. Gemeint ist vielmehr eine bleibende Entfaltungsmöglichkeit und Realisierbarkeit erfahrenen Sinns. Sinn erschöpft sich nicht darin, daß er realisiert wird, sondern gelangt so zu tieferer Bedeutungsfülle. Dies hat eine Analogie zur Erfahrung im allgemeinen: diese enthält einen Überschuß an Handlungsmöglichkeiten über die Erfahrungssituation hinaus und verdichtet sich durch die Bewältigung ähnlicher Situationen zu umfassenderem Können. Was hier in der Kompetenz des Erfahrenen gründet, ist bei der Sinnerfahrung die Unerschöpflichkeit möglicher Realisierungen des erfahrenen Sinns; Sinn "schließt eine Potentialität weiterer Sinnverwirklichungen ein"(25). In einer jeden Realisierung bekundet sich sein intrinsischer Wert neu; in der Präsenz über die Erfahrungssituation hinaus und in der Verbindlichkeit jenseits einer partikularen Realisierung besteht seine transsituative und transsubjektive Allgemeinheit.

Die eigentümliche Selbstwertigkeit des Sinns verhindert nicht seine freie Aneignung, sondern fordert sie heraus. Das Subjekt kann solche Erfahrungen beiläufig übergehen, sich der in ihnen eröffnenden Möglichkeiten versagen. Aber indem es sich zum erfahrenen Sinngehalt als Handlungsziel entscheidet, gewinnt es selbst Freiheit. Koch schärft gegen verbreitete Theoreme nachdrücklich ein, daß Freiheit nicht als bedingungslose und voraussetzungslose Selbstsetzung aufgefaßt werden kann. Der Mensch bringt sich nicht selbst hervor, sondern ist darauf angewiesen, daß er Möglichkeiten und Inhalte vorfindet, durch die er eine wertbestimmte Identität ausbilden kann.

> "Das nach Freiheit verlangende Ich ist darauf angewiesen, daß ihm solcher Inhalt zukommt - allerdings so, daß es darin im Anderen seiner, sich d.h. Möglichkeiten seiner selbst, zu erkennen vermag. Der einzelne als Subjekt kommt zu sich selbst und realisiert sein Selbst in ... Beziehung zu anderem, an dem es sich bildet, eine gehaltvolle unverwechselbar einzige Identität seiner selbst ausformt" (26).

Diese Bestimmung freier Selbstaneignung vermag den Ort der Sinnerfahrung in der Lebenspraxis und das Ineinander von Selbstbestimmung und Sinnbejahung anzuzeigen. Sinn, so wurde gesagt, ist unverfügbar, und er gewinnt Bedeutsamkeit für das Subjekt erst, wenn dieses sich zu ihm bestimmt. Erst indem es sich ihm öffnet, bekommt das, was es tut, einen seine Zwecksetzungen übergreifenden Sinn. Diese Bezugnahme ist darum für Sinnerfahrung schlechthin konstitutiv: Bliebe Sinn ein äußerer beziehungsloser Bestand, würden die Handlungen des Subjekts im Bereich des Zweckrationalen aufgehen. In der Sinnerfahrung muß daher ihr Gehalt, wie Welte formuliert, "aktiv ergriffen werden" (27). So wird freier Selbstvollzug möglich und ist doch durch den Sinngehalt inhaltlich bestimmt.

Diese Beziehung zwischen dem Subjekt und dem erfahrenen Sinn wäre noch zu präzisieren; wir deuten die sich aufdrängenden Themen nur an, weil sie zu anthropologischen Fragestellungen führen. Es könnte der Eindruck entstehen, als sei mit der Charakterisierung erfahrenen Sinns als eines durch das Wollen des Menschen nicht konstituierten, intrinsischen Wertes eine Beziehung ausgesagt, die mit dem 'natürlichen' Wollen und Streben des Menschen zunächst nichts gemein habe. Das Problem, inwieweit der Mensch von sich aus auf solchen Sinn schon angelegt ist, ob ihm eine natürliche Verwiesenheit auf Sinnerfahrung schon eignet, so daß mit der aktualen Erfahrung eine latent schon gegebene Struktur von Frage und korrespondierender Erfüllung lediglich ausdrücklich würde - diese Frage kann ohne weitere existenzanalytische und anthropologische Aussagen nicht entschieden werden. Nur dies wird hier behauptet: Relevanz und Werthaftigkeit des Gehalts der Sinnerfahrung werden nicht durch den Menschen konstituiert; jene bestehen nicht kraft der Setzung einer Nutzenbestimmung durch das Subjekt. Aber die eigenwertige Andersartigkeit des Sinns ist dem Menschen nicht das völlig Fremde, etwas ihm gänzlich Entgegengesetztes: Das Subjekt kann den in bestimmten Erfahrungen wahrnehmbaren Sinn aneignen, seine Werthaftigkeit als verbindlich anerkennen und sich ihm in seiner Lebensgestaltung verpflichten. In solcher sinnorientierten Bestimmung des eigenen Tuns tritt es aus sich heraus und gewinnt

Identität und Freiheit in dem, was es aus sich selbst nicht hervorbringen könnte. Diese Struktur der Sinnerfahrung läßt sich jetzt inhaltlich konkretisieren. Implizit weist sie eine Tendenz zum Ganzen des Wirklichen auf, die sich in der Sinnerfahrung als von transsituativer und transsubjektiver Verbindlichkeit und Werthaftigkeit bekundet.

Der sinnbestimmte Selbstvollzug offenbart zunächst die transsituative Eigenart des Sinns; dieser wird durch die partikulare Handlung, die ihn realisiert, nicht erschöpft, denn seine Sinnhaftigkeit und Verbindlichkeit werden dadurch nicht angetastet. Dies genau wäre die Definition des Zwecks, der mit dem Handlungsvollzug aufhört, Zweck zu sein und utilitaristisch seinerseits als Mittel für etwas anderes genutzt werden kann. Etwas als in sich sinnvoll anzuerkennen heißt demgegenüber Anerkenntnis von Verbindlichkeit über den Handlungsvollzug hinaus. Kraft dieser transsituativen Qualität des Sinns kann das Subjekt ihn zum bleibenden Inhalt seines Handelns bestimmen. Weil dieser sich in den Gestalten seiner Verwirklichung nicht verliert, kann er in das Handeln eingehen und dem Leben des Subjekts Richtung geben; er befähigt es, ein "dauerhaftes Selbstbewußtsein als Sinn-Bestimmtes" (28) auszubilden. Annahme und Bejahung des Sinns beziehen das Subjekt mithin derart auf sich selbst, daß es in ihm sich selbst bejaht. So wird durch freie Aneignung der Gehalt einer Sinnerfahrung zum Prinzip der Lebensgestaltung erhoben und dies befähigt das Subjekt, seinem Leben Bestimmtheit und Kontinuität zu geben, indem es im sinnorientierten Selbstvollzug Indifferenz, Orientierungslosigkeit und Negativität überwindet. Diese Umsetzung der Sinnerfahrung in den Selbstvollzug ist als Grundgestalt ihrer Aneignung festzuhalten. Sinnerfahrung hat dort für das Subjekt ihre unmittelbarste Erfahrungsdichte, wo ihr Gehalt im Selbstvollzug als eigene Bestimmung ergriffen und bewußt bejaht wird. Wo solcher Sinn- und Selbstvollzug gelingt, kann er selbst zu Quelle erneuter Sinnerfahrung werden. Die stimmige Entsprechung zwischen Sinn und eigenem Sein läßt Sinn als "Übereinkunft meiner mit mir selbst" (29) erfahren.

Die Explikation der Sinnaneignung vor dem Hintergrund der individuellen Lebensgeschichte ist freilich nur über eine Abstraktion von ihren intersubjektiven Bezügen möglich. Das Selbst bildet sich, weil es zur Identitätsfindung auf transsubjektive Sinngehalte verwiesen ist, nie ohne den anderen. Die isolierte Existenz würde die Selbstaneignung gerade verfehlen. "Ich werde, was ich bin, erst in der Folge der Begegnungen" (30). Die verschiedenen Bezüge, in denen das Subjekt unausweichlich steht, kurz die 'Welt' des einzelnen, kann vom Sinn nicht ausgenommen sein. Wenn etwas in sich sinnvoll ist, dann ist es dies nie nur für den einzelnen allein. Die Konkretisierung, die Potentialität möglicher Gestaltungen erfahrenen Sinns meint nicht den Handlungsraum der Selbstbeziehung, sondern Sinnrealisierung in einer umfassenderen, transsubjektiven Allgemeinheit. Ein Verständnis von Sinn als nur den einzelnen angehend verkennt und entstellt ihn und würde das Selbst in seine einsamen Selbstvollzüge zurückdrängen. Als Sinn in sich beansprucht dieser über Erfahrungssituation und erfahrendes Subjekt hinaus auch für den anderen Wert und Gültigkeit.

Diese transsubjektive Allgemeinheit des Sinns ist schon daran ersichtlich, daß die bloß private Erfüllung, die exklusive Selbstbezogenheit als unvollkommen und mangelhaft erfahren wird. Weil der Mensch sich erst in der Beziehung zum andern entfaltet, ist ihm erfahrener Sinn erst dann wirklich, wenn er diese Beziehung und damit den anderen umgreift. So fragmentarisch und gebrochen die Negativität der Welt Sinn auch erfahren läßt, er gewinnt seine volle Gestalt erst in den überindividuellen Beziehungen. In unverstellten, wahrhaften Kommunikationsbezügen erfährt der Einzelne, daß das Erstreben von Vertrauen, Liebe oder Wahrhaftigkeit Sinn hat, weil Liebe oder Vertrauen in sich selbst sinnvoll sind. Indem er sie als Möglichkeiten seines Handelns ergreift, bejaht er in ihnen sich selbst und erfährt die Wirklichkeit solcher Beziehungen als Sinn der eigenen Existenz: "so, in solchen Bezügen stehend, so befriedigt, so befreit, so erlöst, so bin ich mir selbst recht. Indem mir meine Welt recht ist, bin ich in ihr mir selbst recht" (31). Diese Entsprechung von Selbstverhältnis und Verhältnis zur Welt in der Erfahrung von Sinn ist im Ergreifen der durch solche Erfahrung eröffneten Möglichkeiten selbst angezielt. Wo die Beziehung zur Welt in der Beziehung zu sich selbst nicht ihren angemessenen Ort findet, bliebe die Erfahrung defizitär, privativ und wäre eben darin nicht Erfahrung von Sinn. Welte hat dieses Entsprechungsverhältnis im sinninspirierten Selbstvollzug so formuliert: "Sinn ist die mögliche Übereinkunft meiner mit mir selbst als Übereinkunft mit meiner Welt" (32).

Die volle Bedeutung dieser Verschränkung des Verhältnisses zu Selbst und Welt ist bezüglich der Sinnerfahrung damit noch nicht thematisiert. Selbstvollzug hat seinen Ort in Augenblick und Geschichte als Konkretionen der Zeitlichkeit und in Situation und Welt als Konkretionen der Räumlichkeit, und diese Dimensionen sind im ganzen gemeint, wenn angemessen gedacht werden soll, was sich in der Sinnerfahrung bekundet.

Der Augenblick des Sinnerlebens ist begrenzt; durch erinnernde Vergegenwärtigung und durch Bestimmung zu ihm als Inhalt und Ziel des Handelns wird er dem Vergessen entzogen. Der einförmige Ablauf des Lebens wird zur potentiell sinnerfüllten und verantworteten Zeit. Doch könnte eine solche Erfahrung kaum vorbehaltlos und ihr Gehalt nicht als in sich sinnvoll anerkannt werden, hätte er nur Gültigkeit für den kurzen, verfließenden Augenblick. Wenn er sich nicht auf die Lebenszeit im ganzen bezöge, nicht ihr potentieller Inhalt sein könnte und über die Möglichkeit einer bestimmten Handlung hinaus nicht von Wert und Gültigkeit wäre, dann könnte auch der partikulare Augenblick nicht uneingeschränkt als sinnvoll bejaht werden. Die sinnorientierten partikularen Handlungen leben davon, daß es Sinn im ganzen gibt, daß keine potentielle Handlungen von ihm ausgenommen ist. "Sinn als eigentlichen und echten gibt es je und je für jedes Wort und jede Tat und jedes kurze Glück in der Gegenwart jedes Menschen nur dann, wenn es Sinn im Ganzen seines Lebens (gibt), ... im ganzen Kreise, der nichts, was mir zugehört, außer sich hat" (33). Und dies gilt nicht nur für Augenblick und Lebenszeit, sondern nicht minder für die intersubjektiven Beziehungen, von denen sich der konkrete Selbstvollzug ohnehin nicht trennen läßt. Nicht nur diese oder jene Situation, nicht nur die eine oder andere Beziehung, sondern Wirklichkeit im ganzen ist vom Gehalt einer Sinnerfahrung gemeint. Verschließt der einzelne sich nicht in der eigenen Erfüllung, ist er offen für das, was ihm nicht unmittelbar zugehört, kann er nicht "für sich selbst Ruhe und Sinn und Frieden haben, solange nicht das Ganze des Seins Sinn und im Sinn seinen Frieden hat" (34). Die Sinnerfahrung läßt solche Übereinkunft mit dem Ganzen erahnen; in der Anerkennung und Aneignung des Sinns wird sie implizit bejaht und erstrebt.

Es ist hier festzuhalten, daß diese Auslegung der Sinnerfahrung als das Ganze betreffend das Sinnwidrige und Sinnlose nicht leugnet. In der Erfahrung wird vielmehr bewußt, daß das Sinnlose nicht sein soll. Obwohl der Sinn das Ganze meint, ist darum die Erfahrung des Absurden nicht zu leugnen. Wie dieses Problem begrifflich auch konkretisiert werden mag - unbestreitbar ist, daß in der Erfahrung diese Tendenz auf das Ganze des Wirklichen spürbar ist. M. L. Kaschnitz weiß von Erfahrungen, in denen man zur Wirklichkeit rückhaltlos ja sagen kann; "Augenblicke wirklichen Glücks" - "schwebend leicht, ein heller, nicht feierlicher Einklang mit dem Du der Schöpfung, zugleich leicht und ungeheuerlich, persönlich und überpersönlich zugleich" (35). Und sogar ein Denker wie Adorno thematisiert den Begriff des Sinns, und zwar als von einer "Objektivität jenseits allen Machens". Obwohl sich ihm die gesellschaftliche Wirklichkeit zum universalen Verblendungszusammenhang verkehrt, nimmt er in den Brüchen ihrer Geschichte die "Perspektive einer Versöhnung des Ganzen" wahr - ohne freilich diese Möglichkeit konkretisieren zu wollen. "Glück wäre erst die Erlösung von der Partikularität als dem allgemeinen Prinzip". Solche "Erlösung" zieht Adorno in Vergangenheit und Zukunft aus. Er spricht von der "Idee einer Verfassung der Welt, in der nicht nur bestehendes Leid abgeschafft, sondern noch das unwiderruflich vergangene widerrufen wäre" (36).

Obgleich sich in der Erfahrung von Sinn diese Valenz zum Ganzen erspüren läßt und nichtchristliche Denker in ein theologisches Vokabular verfallen, um sie auszudrücken, erzwingt diese Erfahrung nicht selbst ihren theistischen Begriff. Dieser ist von der Erfahrungsweise, der Erwartungshaltung und vom Wirklichkeitsverständnis des Subjekts nicht deutlich zu trennen. Ob und wie Sinn erfahren wird, ist nicht unabhängig davon, was zu erfahren und wie die Erfahrung zu verstehen der Mensch bereit ist. So streng auf der Nichtproduzierbarkeit des Sinns zu bestehen ist, so gilt doch zugleich, daß das "Ergreifen", die Umsetzung in Praxis ihm auf eine gewisse Weise zugehört, und zwar in "einer Einheit von Annahme und Stiftung, von Erkenntnis und Entscheidung-zu, die sich prinzipiell nicht auflösen läßt" (37).

Diese Überlegungen zur Gestalt der Sinnerfahrung, zur Struktur ihrer Aneignung und zu ihrem Stellenwert für den freien Selbstvollzug haben die

Fragen nach der Erkennbarkeit des Sinngehalts noch nicht problematisiert. Wie eine solche Erfahrung artikuliert wird, wie sich Einsicht über seine Verbindlichkeit einstellt, diese Fragen sind hier zumindest angemessen zu formulieren, um Aufschluß über dieses Thema im Bereich der religiösen Erfahrung geben zu können. Welte bezieht den Begriff des Sinns auf den Begriff des Handelns und bestimmt ihn als Bedingung jeden Handlungsvollzugs. Weil jede Handlung notwendig einen Sinn als ihr Ziel ergreift, schwingt in jeder schon der Ausgriff auf umfassenden Sinn unausdrücklich mit. Diese unausdrückliche Präsenz sucht Welte einsichtig zu machen als "Urhandlung, die jeder Einzelhandlung erst den ermöglichenden Grund vorgibt" (38). Welte charakterisiert dies beeindruckend als Grundgestalt jeden Glaubens, aber diese Explikation des Sinnbegriffs als apriorischem Grund allen Handelns hebt jene Unterscheidung zwischen Zweck und Sinn wieder auf, die im Anschluß an Koch anfangs eingeführt wurde. Unbeschadet der Möglichkeit einer solchen apriorischen Auslegung halten wir auch darum an der Unterscheidung fest, weil Sinnerfahrung eine bewußte Präsenz meint, die bei Welte erst durch Reflexion ans Licht gehoben werden muß.

Koch erörtert diese Fragen nach Gehalt und Geltung der Sinnerfahrung vor dem Hintergrund der freien Selbstbestimmung, d.h. bezüglich ihres Ortes in der Lebenspraxis. Wenn Sinnerfahrungen zu Änderungen von Einstellungen führen können, indem das Subjekt sich dem Gehalt der Erfahrung frei verpflichtet, fragt sich, wie hier die Themen der Erkenntnis, der Mitteilbarkeit und Begründungsfähigkeit zu veranschlagen sind. Um den Vorgang der Aneignung zu klären, unterscheidet Koch zwischen der Erfahrung als unmittelbarem Erleben und dem Erfassen ihres Gehalts in praktischer Absicht und expliziert diesen Vorgang als "Ablösung des Sinngehalts aus der Aktualität des Erfahrungsaktes" (39). Diese Differenzierung erhält für die Beantwortung der genannten Fragen zentrale Bedeutung, weil sie die Voraussetzungen ihrer angemessenen Formulierung bereitstellt. Mit dieser Unterscheidung lassen sich die verschiedenen Gestalten der Sinnerfahrung und auch ihre 'Fehlformen' erfassen. Sie ermöglicht, den Aspekt der freien Entscheidung im sinnorientierten Selbstvollzug zu erhellen. Sie verhindert zudem, daß die Sinnerfahrung der Reflexion und die an sie geknüpften Behauptungen möglicher Kritik entzogen werden. Durch das Postulat der Mitteilbarkeit des Gehalts der Sinnerfahrung, die durch diese "Ablösung" erreicht werden soll, gelingt es mittels dieser Unterscheidung auch, das Geltungs- und Begründungsproblem angemessen zu situieren. Diese vier Aspekte der "Ablösung des Sinngehalts aus dem unmittelbaren Erleben" sind im folgenden kurz zu konkretisieren. Damit läßt sich zugleich ein Muster der Erörterung der religiösen Erfahrung gewinnen, auf die anschließend einzugehen ist.

Wird die Sinnerfahrung lediglich als ein außergewöhnlicher Bewußtseinszustand gekennzeichnet, läßt sich weder die Bedeutung und Wirksamkeit solcher Erfahrung für das Subjekt noch der Anspruch auf die in ihr gewonnene Einsicht verständlich machen. Zudem tendiert eine solche Charakterisierung dahin, gegenüber dem Erleben die sinnorientierte Praxis als völlig sekundär zu betrachten. Soll hingegen nicht ignoriert werden, daß Sinnerfahrungen sich auswirken, ist zu klären, wie das Subjekt die Erfahrung in der Erinnerung präsent hält, und dies nicht nur als sentimentale Reminiszenz eines vergangenen Erlebens. Die transsituative Verbindlichkeit des erfahrenen Gehalts ist darum als Möglichkeitspotential künftiger sinnorientierter Handlungen aufzufassen und einsichtig zu machen - ein Sachverhalt, dessen die Einschätzung der Erfahrung als selbstgenügsames Erleben nicht gewahr werden kann. Sinnerfahrungen können in der Tat verdeckt, ignoriert und unverstanden vergessen werden; ihre über die Erfahrungssituation hinausreichende Orientierungsfähigkeit drängt sich nicht gegen den Willen des Subjekts auf. Der Sinngehalt übertrifft in seiner Bedeutung die Aktualität der Situation, aber dieser Überhang an Bedeutungsfülle muß auch wahrgenommen werden. Dieser Bedeutungsschatz unerkannter Möglichkeiten wird nur dann erfaßt, wenn das Subjekt sich über die Bedeutung der Erfahrung klar wird, den Sinngehalt "ablöst" und sich zu ihm als Ziel seines künftigen Handelns bestimmt. Wird so der Sinngehalt als Orientierungsprinzip ergriffen, droht auch die erfahrene innere Werthaftigkeit des Erlebens nicht vom Subjekt als ein Zustand suisuffizienter Anspruchslosigkeit ausgelegt zu werden. Es wird vielmehr der Differenz zum Sinnlosen gewahr und sieht sich so befähigt, Enttäuschungen und Einbrüche der Sinnleere zu überwinden. Mithin ist Sinnerfahrung nicht wirkungsloses Erfülltsein, sondern eine Erfüllung, die aus sich zu sinnhaftem Handeln antreibt. Das Subjekt realisiert "in seinem Lebensvollzug jene Differenz zwischen dem erfahrenen Sinn und dessen Potentialität als Spannung" [137]. Kraft solcher Offenheit verschließt sich das Subjekt nicht, sondern kann Sinn auch in der Zukunft noch erwarten.

Die intrinsische Werthaftigkeit der Sinnerfahrung kann den freien Selbstvollzug, den sie ermöglichen sollte, auch verzerren und erdrücken. Einstellungen zu sinnhaftem Erleben können auch die Form der Flucht vor sich selbst oder die freiheitsvergessener Unterordnung annehmen. Das selbstverlorene, ekstatische Erleben, eine verbohrte Suche nach dem 'anderen Zustand' verhindern die freie Selbstentfaltung des Subjekts. Umgekehrt vermögen Formen der Verdinglichung des Sinns gleichermaßen die freie Bestimmung zu unterdrücken (40).

Es ist daher unerläßlich, den Ort der Sinnerfahrung im freien Selbstvollzug und ihre Beziehungen angemessen zu bestimmen. Die aktuelle Wahrnehmung, das Erleben selbst kann nicht die endgültige, volle Form der Sinnerfahrung sein. Um sich frei und bewußt auf den wahrgenommenen Gehalt zu beziehen, hat sich das Subjekt über dessen Bedeutung zu verständigen und zu klären, wie der Sinngehalt ihm "die Erfüllung seiner Suche nach sich selbst ... (und) darin seine inhaltlich bestimmte Freiheit" [136] erbringen kann. Zu solcher Selbstverwirklichung bedarf es der bewußten Bestimmung zum Sinngehalt, und diese ist nicht möglich ohne die Bewahrung des Sinngehalts über das bloße Erleben hinaus.

Lassen sich schon die Bestimmungen der Realisierung von Sinn und die freie Aneignung nicht ohne die angesprochene Differenzierung denken, so gilt dies besonders für die intersubjektiven Bezüge. Sinn impliziert Verbindlichkeit über die Erfahrungssituation hinaus; er bezieht sich auch auf den anderen. Koch attestiert darum dem Sinngehalt "wesenhaft Mitteilungscharakter" [132]. Wenn er frei und bewußt als verbindlich bejaht werden soll, "setzt dies eine kommunikative Struktur des objektiven Sinngehalts voraus" [135]. Seiner Allgemeinheit wegen muß er sprachlicher Mitteilung fähig und einem intersubjektiven Verstehen offen sein, d. h. vom Erleben differenziert werden können. Es fehlt nicht an Kritik gegenüber diesem Postulat der Einsichtigkeit und Mitteilbarkeit. Sie reicht vom Vorwurf der Entstellung und Verflachung des Erlebens bis zur Empfehlung strikten Schweigens. Das Insistieren Kochs auf Mitteilbarkeit hat aber darin seine unbestreitbare Berechtigung, daß Sinnerfahrung in ihrer Allgemeinheit selbst auf Mitteilung angelegt ist. Zudem wird so der Tatsache Rechnung getragen, daß Reflexion und Mitteilung Voraussetzung und Eröffnung neuer Erfahrung sein können. Aber dies ist nur denkbar, wenn die Erfahrung nicht als ein zusammenhangloses, privates Erleben bestimmt wird.

Schließlich ermöglicht der Ansatz Kochs, die Beziehung der Erfahrung zum Begründungsproblem angemessen zu formulieren. Seine Ausführungen berühren dieses Thema nur beiläufig, doch lassen sich die Hinweise konstruktiv aufnehmen. In der Sinnerfahrung, so wird ausgeführt, bringe sich der Gehalt als ein allgemeiner selbst zur Geltung; wer ihn behaupte, mache sich "argumentationspflichtig" [132]. Die transsubjektive Verbindlichkeit ist also aufzuweisen. Koch beschreibt nun die Sinnerfahrung einerseits als selbstevident, deren Verbindlichkeit sich in der Erfahrung selbst verbürgt: "Sinn erschließt sich" [133]; das Sinnhafte sei in sich selbst bedeutsam und werthaft - "mithin objektiv" [132]. Andererseits finden sich auch Formulierungen, die die Ausdifferenzierung der Sinnerfahrung, ihre Aneignung und Realisierung in der Lebenspraxis, der Objektivität des Gehalts dieser Erfahrung noch zurechnen. Einsichtig wird die Erfahrung demnach erst im Vorgang der Ablösung ihres Gehalts, in der aktiven Aneignung durch das Subjekt. Erst in dieser Auseinandersetzung werde der Gehalt "als Sinn rezipiert" [136]; hier bilde sich Einsicht in seine Gültigkeit. Die Objektivität scheint daher an die Erfahrung der Bewährung der Sinnerfahrung selbst gebunden zu sein. Sinn sei nicht als "das pure 'Außerhalb' des Subjekts" [134] festzuschreiben, sondern seine Objektivität umfasse "Ereignisse, die sich in die eigene Lebensgeschichte einzeichnen" [134f]. Geltung scheint also dem Sinngehalt einmal aus sich selbst, dann aber auch kraft seiner lebenspraktischen Wirkungen zuzukommen.

Diese von Koch nur am Rande notierten Hinweise tragen vordergründig eine gewisse Spannung in die Argumentation hinein; in Wirklichkeit handelt es sich jedoch um verschiedene Aspekte der Sinnerfahrung, die in ihrer Verschiedenheit für sich selbst die Verbindlichkeit und Objektivität des Sinns einsichtig werden lassen. Bei der Begründungsfrage sind sie zu unterscheiden und als eigenständige Argumente zu formulieren. Diese Differenzierung ist festzuhalten. Wir werden sie im Zusammenhang der Glaubensbegründung durch Berufung auf Erfahrung wieder aufgreifen. Zuvor ist jedoch zu klären, was "religiöse Erfahrung", "Gotteserfahrung" oder "Glaubenserfahrung" näherhin meinen.

3. Gotteserfahrung

a) Religiöse Erfahrungsweisen

Fast einhellig treffen jüngere Publikationen über religiöse Erfahrung Feststellungen über die Abwesenheit Gottes in der Erfahrung unserer Zeit. "Religiöse Erfahrung" sei dem Menschen der Gegenwart fremd und unwirklich geworden; die Eigenart der Welterfahrung der Neuzeit lasse ihr keinen Raum. Als Aussage über die Unterschiedenheit der religiösen Erfahrung haben solche Aussagen ein sachliches Recht; als kultur- und zeitdiagnostische Charakterisierungen sind sie in dieser Form jedoch undifferenziert.

Wenn Erfahrung als das unmittelbare Verhältnis zu den anschaulichen Dingen verstanden wird, ergibt sich von selbst, daß von Gotteserfahrung in diesem Sinn nicht die Rede sein kann. Die gegenständlichen Dinge, die der Mensch in seiner alltäglichen Welt wahrnimmt, sind für ihn einfachhin 'da'. In dieser Weise ist Gott dem Menschen in der Erfahrung nicht gegenwärtig. Mit dem Hinweis auf die Abwesenheit Gottes wird unter theologisch-systematischer Rücksicht letztlich nur die Unterschiedenheit von Gott und Welt zum Ausdruck gebracht. Diese Unterscheidung hat die Tradition in ihrer Aussage thematisiert, man müsse über die Welt hinausgehen, sie transzendieren, um Gott zu erfahren.

Diese inhaltliche Qualifikation der religiösen Erfahrung wird heute oft so ausgelegt, als ob die Voraussetzungen und Bedingungen religiöser Erfahrung, zu denen ein Weltverhältnis gehört, das möglicherweise auf Gott hin transzendiert werden kann, durch die wissenschaftliche Zivilisation zusehends untergraben und neutralisiert würden. Kulturtheoretische und geschichtsphilosophische Analysen gipfeln dann zuweilen in der Vorhersage einer absehbaren Auflösung der Religion. Religionssoziologische Erhebungen über zeitgenössische religiöse Praxis scheinen solche Prognosen zu unterstreichen. Wie alle Aussagen über die Zukunft enthalten aber Prognosen immer Faktoren der Ungewißheit, und diese vergrößert sich mit der Komplexität des Gegenstandes und der Dauer der veranschlagten Zeit. Diese Ambivalenz von Aussagen über die Religion und ihre zeitgeschichtliche Entwicklung hat sich in den letzten Jahren sehr deutlich bestätigt. Neue Jugendreligionen, charismatische Bewegungen und 'Aufbruchsbewegungen' in den Kirchen haben Formen neuer Religiosität etabliert und manchen Soziologen zur Korrektur seiner Erwartungen veranlaßt. P. L. Berger fragt, ob nicht Ausmaß und Unumkehrbarkeit der Säkularisierung überschätzt worden seien (41) und A. MacIntyre räumt ein: "... das Überleben religiöser Weisen des Empfindens und Fragens auf sehr verschiedenen Ebenen in unserer Kultur weist auf etwas hin, das Nietzsche und Feuerbach verkannten" (42). Die Rede von der Abwesenheit Gottes in der Erfahrung ist darum so undifferenziert nicht zu übernehmen. Die Vielfalt der Stellungnahmen und die Unterschiede in Beurteilung und Charakterisierung der zeitgeschichtlichen Situation drücken selbst die Unsicherheit solcher Einschätzungen aus. Unstrittig sind die tiefgreifenden Veränderungen, die die Situation der Profanität und des weltanschaulichen Pluralismus mit sich bringen.

Aber dies bedeutet nicht, daß religiöse Erfahrungen nicht mehr möglich wären. Ihr Bezugsrahmen und auch die Deutung, die man ihnen gibt, haben sich zum Teil verändert, wie z.B. Untersuchungen von Maslow und Greely zeigen (43). Solche Veränderungen des soziokulturellen Rahmens wirken auf die Erfahrungsweisen zurück; sie lassen daher den Eindruck entstehen, als sei mit der tradierten sprachlichen Konkretisierung auch ihr Inhalt verloren. Zugleich haben diese Veränderungen aber die Erfahrungsweisen in der Religion selbst differenziert. Wir werden daher im folgenden Transzendenzerfahrung, Glaubenserfahrung und Gotteserfahrung als verschiedene Weisen religiöser Erfahrung unterscheiden. Vor diesem Hintergrund lassen sich dann die Fragen der Erkenntnis und der Begründung aufwerfen.

Mit dem Entstehen der Möglichkeit eines explizit nichttheistischen Weltverhältnisses in der Neuzeit ergab sich zugleich die eines nicht im herkömmlichen Sinn ausgelegten Verständnisses von Transzendenzerfahrung. Wurde 'Transzendenz' im Zeitalter der Aufklärung noch fast ausschließlich der Religion zugeordnet, so haben sich zumal in der Gegenwart Formen eines Transzendenzverständnisses gebildet, die solche Erfahrungen durchaus nicht leugnen, sie aber nicht theistisch als Gotteserfahrungen auffassen. Der amerikanische Psychologe A. Maslow hat solche Transzendenzerfahrungen entschlossen aus ihrem theistischen Rahmen gelöst und als "Höhenerfahrungen" [peak-experiences] beschrieben (44). Gemeint ist ein Erleben des Guten oder des Schönen, in dem die Wirklichkeit als geordnetes, einheitliches Ganzes und das Subjekt in einer festen Beziehung zu dieser Ganzheit erfahren wird. Die alltägliche Erfahrung in ihren quantitativen Strukturen von Raum und Zeit, die Wirklichkeit als Feld der eigenen Interessen und Maßnahmen wird verlassen und überstiegen; in der Höhenerfahrung nimmt das Subjekt die "höhere" Bedeutsamkeit des Wirklichen wahr. Es verliert die Einstellung, die die Welt als Material von Handlungen, als Objekt und Mittel der selbstgesetzten Zwecke betrachten läßt. Die Wirklichkeit erscheint als in sich selbst sinnvoll und gut, und dies derart, daß auch das Böse in ihr seinen Ort hat. In dieser Erfahrung nimmt der Mensch die Wirklichkeit als sinnvolle Ganzheit in allem an. Solches Erleben in der Höhenerfahrung umfaßt den Erlebenden selbst: Er verliert seine Angst, sein rastloses Interesse, seine Frucht vor der Zerrissenheit und dem Chaotischen, weil sie für ihn ihre Macht verloren haben. Mit der Wirklichkeit akzeptiert die Person in der Höhenerfahrung so zugleich sich selbst: Sie gelangt zu höherem Selbstwertempfinden, weil sie von dieser Erfahrung des Glücks und der Erfüllung weiß, daß sie Unabhängigkeit und Selbständigkeit gegenüber den Widrigkeiten des Lebens in ihrem Wissen um Sinn und Wert des Lebens besitzt.

Eine stärker am christlichen Verständnis orientierte Phänomenologie der Transzendenzerfahrung hat P.L. Berger in seinem Buch über "Signale der Transzendenz" (45) vorgelegt. Berger beschreibt Erfahrungen, die in der alltäglichen Wirklichkeit ihren Ort und ihre Verständlichkeit haben, über diese aber zugleich hinausreichen. Urbildliche, immer wiederkehrende Gebärden und Gesten können zu Zeichen der Transzendenz werden, wenn sie aus den Verflechtungen alltäglicher Wirklichkeit gelöst werden. Sie symbolisieren eine andere Dimension des Wirklichen, indem sie die Fraglichkeit und Künstlichkeit des Alltäglichen offenbar werden lassen. Diese andere Dimension erscheint als eine Wirklichkeit, "die über und jenseits aller Relativität steht" (46). Berger benennt als solche Zeichen der Transzendenz die Erfahrung der Verläßlichkeit und Ordnung des Wirklichen, die zeitzerdehnende Eigenschaft von Kreativität und Spiel, den Protest gegen den Tod, die spontane Verdammung des Verbrechens und andere.

Von Transzendenzerfahrung im beschriebenen Sinn soll Glaubenserfahrung unterschieden und mit ihr ganz allgemein die Erfahrung der Welt-, Selbst- und Gottesbeziehung des Glaubenden vom Standpunkt und im Horizont seiner religiösen Überzeugung bezeichnet werden. Die zuvor explizierten Aspekte des Erfahrungsbegriffs treten im Kreis des Glaubens und durch ihn bestimmt wieder auf: Aus der Perspektive der Praxis, des Erfahrungserwerbs ist Erfahrung hier Aneignung und Einübung in die christliche Existenz, ein Hineinwachsen und aktives Erwerben der christlichen Lebensform. Die Unvertretbarkeit des Erfahrungmachens kommt auch hier zur Geltung; Glaubenserfahrung ist ein Kennenlernen all dessen, was der einzelne 'mit' seinem Glauben erfahren kann als Resultat einer Praxis, die er unvertretbar selbst zu bestehen hat. Aneignung der christlichen Lebensform besagt weiterhin, daß der Glaubende die Welt von seinem religiösen Standpunkt aus betrachtet und erfährt. Die zentralen Themen des christlichen Glaubens, Gott, Schöpfung, Offenbarung, Sünde und Erlösung, machen den Horizont seiner Welterfahrung aus. Von ihm her versteht und deutet er die Wirklichkeit; innerhalb seiner kann ihm alles zur Erfahrung im Glauben werden.

Wenn im Glauben die Gegenwart Gottes aktuell erlebt, bewußt erfahren wird, sprechen wir von Gotteserfahrung. Ihr eignet weitgehend die Struktur der zuvor erörterten Sinnerfahrungen, doch treten einige Merkmale besonders hervor. Gotteserfahrungen haben den Charakter einer neuen Einsicht. Sie sind Entdeckungen nicht in dem Sinn, wie etwa eine partikulare Erkenntnis als Entdeckung bezeichnet wird. Gotteserfahrungen lassen vielmehr das zuvor Bekannte in einer anderen Perspektive sehen; dieses erscheint in einem neuen, anderen Licht. Gotteserfahrungen strahlen aus auf das Ganze des Lebens, das Ganze der Wirklichkeit; was in ihrem Licht gesehen wird, 'sieht anders aus'. Die universalisierende Tendenz der Sinnerfahrungen wird hier als bestehende Wirklichkeit erfahren: Gott ist jener umfassende Sinn, auf den der Glaube sich ausrichtet und von dem her er lebt. Was der Glaubenserfahrung im Modus von Bekenntnis und Tradition bekannt ist, wird in den Situationen der Gotteserfahrung aktuell gegenwärtig: Gott ist wirklich.

Die Unterschiedenheit vom gewöhnlichen Glaubensvollzug wird deutlich in jenen Augenblicken des Lebens, in denen der Gläubige sich der Gegenwart Gottes zu vergewissern sucht. Vor Entscheidungen, die dem Leben eine neue Richtung geben, wenn etwa an den Lebenswenden die künftige Gestalt des Lebens noch ungewiß ist, dann erinnert der Gläubige die Gegenwart Gottes und sucht so dem beginnenden neuen Lebensabschnitt Bestimmung und Kontur zu geben. Anläßlich solcher Augenblicke wird gebetet und gefeiert; die Sinnfülle des Augenblicks soll das ganze Leben umfassen und durchdringen. Was hier Gegenwart im Modus der erinnernden Vergegenwärtigung ist, wird in der Gotteserfahrung bewußt als wirklich erfahren; es enthüllt sich die Wirklichkeit umfassenden Sinns. Leben und Wirklichkeit erscheinen aus dieser Perspektive sinnvoll und verläßlich - auch die Eindrücke des Sinnlosen können dies nicht zerstören. Solche Erfahrung kann das Leben verändern: Nimmt das Subjekt sie an, wird sie zur Bestimmung seines Lebenssinns. Wenn die Gegenwart Gottes erfahren wird, dann geht es immer ums Ganze: um das Ganze der Wirklichkeit, das Ganze des Lebens.

Auch dann, wenn in Gebet und Ritus die Gottesbeziehung im Glauben vergegenwärtigt wird, ist Gotteserfahrung darum nicht produzierbar. Ebensowenig ist sie Ergebnis diskursiv-denkerischen Bemühens; solche Erfahrung läßt sich nicht bewerkstelligen oder erzwingen, sondern widerfährt dem Menschen, ohne daß er darüber verfügen könnte. Sie fügt sich den üblichen Erfahrungsmustern nicht umstandslos ein; "unverwiesene Augenblicke"(47), äußerlich zufällig und unscheinbar, werden für den, der solche Erfahrungen macht und sich ihrer Bedeutungsfülle offenhält, zum Angelpunkt seines Lebens. Die Dialektik der willentlichen Bestimmung zum Erfahrungsgehalt und der Bestimmung durch den Gehalt der Erfahrung ist hier mit Koch so zu verdeutlichen, daß es dieser Gehalt ist, "der das sich darauf beziehende Subjekt bestimmt, und durch den sich das menschliche Subjekt - einverständig mit ihm - bestimmen läßt" (48). Erfahrung ist hier willentliche Annahme als "Empfangen" (49). Wie die Erfahrung selbst, so wird auch das, was sie positiv ermöglicht, als durch Gott gegeben, letztlich ihm verdankt erfahren. Wozu der Mensch sich von ihr her bestimmt und in Bekenntnis und Handlung entscheidet, dazu weiß er sich von ihr zugleich aufgefordert und befähigt. "Das Geglaubte und sein eigenes Glauben, das heißt, sich selber, erfährt er als Gabe; beides muß er bereit sein, sich schenken zu lassen"(50).

Empfangen, Gabe, Geschenk - das ist nicht schon versponnen - beschauliches Reden, sondern der Versuch, mitzuteilen und verstehbar werden zu lassen, was in solcher Erfahrung gegenwärtig ist. Um sie zu klären und angemessener zu verstehen, sind sprachliche Mitteilung und nachträgliche Reflexion unverzichtbar, aber sie bleiben nachträglich und dürfen die Erfahrung selbst nicht ersetzen wollen. Diese wird auch in ihrer Artikulation und begrifflichen Konkretisierung nie voll und ganz erfaßt; gegenüber der Erfahrung bleibt sie unzulänglich und durch neue Erfahrung überholbar. Darum läßt Gotteserfahrung sich nicht andemonstrieren. Sie ist mitteilbar, und es muß die Absicht ihrer Beschreibung sein, Gott als Gehalt möglicher Erfahrung allgemeinverständlich zur Sprache zu bringen. Wie weit ein Diskurs über Gotteserfahrung führen kann, werden wir später noch erörtern.

Wie kaum eine andere Erfahrung vermag die Gotteserfahrung das Leben zu formen und ihm Bestimmtheit und Einheitlichkeit zu verleihen. Aus Erfahrung weiß der Gläubige um die Möglichkeit der Ausgestaltung des Erfahrenen in seinem Leben. Sie "vermittelt dem einzelnen die einheitliche, Identität gebende Gerichtetheit seines Handelns und Lebens: deren gewiß, weiß er, wofür er lebt, weil er das Ziel seines Lebens weiß" (51). Diese Integrationskraft läßt sich daran veranschaulichen, wie institutionalisierte Religion die Lebensgeschichte in einen Rahmen wiederholter Begegnung mit Gott einzuordnen und ihr so Richtung und Kontinuität zu geben versucht. Nicht nur anläßlich der erwähnten Lebenswenden wird diese Beziehung erinnert, sondern die Bezugnahme auf Gott soll die Zeit selbst organisieren. Die geschichtliche Gotteserfahrung des Christentums wird im Modus der Erinnerung und des liturgisch festlichen Gedenkens im Verlauf eines Jahreskreises 'wiederholt'. Der Gläubige ordnet sein Leben in diesen Kreis ein, führt und gestaltet sein Leben 'vor dem Angesicht Gottes'.

Diese Charakteristika der Gotteserfahrung, der Erschließungscharakter, Widerfahrnis und Betroffenheit sowie die integrative Kraft verweisen auf die zuvor getroffene Unterscheidung zwischen unmittelbarem Erleben und Erfahrungsgehalt. Sie wären ohne diese nicht einmal formulierbar. Die Entscheidung zum Gehalt der Erfahrung in der Form freier Selbstbestimmung, Mitteilbarkeit, Kritikfähigkeit und Begründungsfähigkeit gelten mit den entsprechenden Akzentuierungen nicht weniger auch hier. Diese Erörterungen verschiedener Erfahrungsweisen haben zugleich deutlich werden lassen, daß einerseits die Beschränkung des Erfahrungsthemas auf das Erkenntnisproblem unzulässig ist. Die Aspekte des Lernens, der Fähigkeit und der Unvertretbarkeit des Individuums werden in je verschiedener Betonung sichtbar. Ebenso wurde deutlich, daß "Ablösung" des Erfahrungsgehalts aus unmittelbarem Erleben nicht die rein kognitive, isolierte Abtrennung einer Erkenntnis ist, sondern einen Vorgang der Umsetzung meint, der in die Bezüge der Lebenspraxis eingebunden ist. Andererseits kann aber auch kaum mehr bestritten werden, daß das Erkenntnisproblem hier seinen Ort hat. Transzendenzerfahrung, Glaubenserfahrung und Gotteserfahrung berühren alle andere Themen als nur die Frage nach dem Status des Gehalts der Erfahrung, aber diese blieben unvollständig geklärt, würde diese Frage hier nicht aufgeworfen und beantwortet. Wenn Gotteserfahrung nicht als bloßes Erleben mißverstanden werden soll, wenn sie freie Anerkennung des Subjekts einfordert, wenn sie weiterhin mitteilbar sein und in die Glaubensbegründung eingebracht werden soll, dann ist dem Problem nicht auszuweichen, ob und wie der einer Erfahrung entnommene Gehalt erkannt wird, wie er in der Erfahrung gegenwärtig ist, ob seine Behauptung wahrheitsfähig und begründbar ist oder nicht. Dieses Themenfeld steht vor allem dann zur Debatte, wenn Erfahrungen als Argument angeführt werden. Sind solche Argumente als berechtigt anzuerkennen oder geben sie nur Auskunft über die Motive des Gläubigen, die nichts über den kognitiven Charakter der Erfahrung aussagen? Die Relevanz dieser Fragen scheint offenkundig, doch wird schon der Fragestellung aus theologischer Perspektive ihr Recht bestritten. Die Erörterung der erkenntnistheoretischen Fragen wollen wir daher mit einigen Bemerkungen zu einer solchen Auffassung einleiten.

b) Erfahrung und Erkenntnis

Eine erkenntnistheoretische Analyse der religiösen Erfahrung und ihres Vollzugs lasse sich, so lautet der Einwand, nur bei Strafe des Verlusts ihrer Eigenart unternehmen. Alles über die Mitteilung hinausgehende Fragen nach der Wirklichkeit dieses Phänomens, nach seinen Voraussetzungen oder nach seiner Verbindlichkeit werde von der Erfahrung selbst untersagt. Dieser Einspruch ist neuerdings von D. Sölle wieder nachdrücklich formuliert worden. Erkenntnistheoretische Reflexionen, die Problematisierung des Wirklichkeitsgehalts von religiösen Erfahrungen sei "selber ein Ablenkungsmanöver" (52); die religiöse Erfahrung sei "ihrem Wesen nach unduldsam gegen alles, was Interpretation heißt" (53). Zwar erhält die Frage nach der Authentizität religiöser Erfahrungen im Rahmen einer Theologie, die die traditionellen Gottesbegriffe aufgibt, eine andere Gestalt. Aber selbst das unter dieser Voraussetzung konzipierte Buch von D. Sölle zeigt noch deutlich die Notwendigkeit dieser Fragestellung. Die Schwierigkeit, religiöse Erfahrungen sprachlich mitzuteilen, ihre soziokulturelle Prägung, ihre identitätsbildende Kraft - dies sind Themen, die eine Beschreibung religiöser Erfahrungen nicht vermeiden kann. Bezeichnend an den Aussagen von D. Sölle ist denn auch, daß der "Versuch, religiöse Erfahrungen darzustellen und zu vermitteln" (54) sich dieser Fragen durchaus nicht enthält und sich beständig darauf einläßt, was die Autorin methodisch verbietet: nachdenklich wird von religiösen Erfahrungen berichtet, ihre Formen und Möglichkeiten werden bedacht und ihre Voraussetzungen und Gefährdungen werden kritisch thematisiert.

Die Notwendigkeit einer kritischen Klärung dieser Zusammenhänge besteht in der Theologie nicht nur darum, weil jede Beschreibung von religiösen Erfahrungen nicht umhin kann, einen bestimmten Erfahrungsbegriff vorauszusetzen. Wie an den Positionen von Hick, Allen und anderen dargelegt, taucht er in den Erörterungen theologischer Grundfragen unumgänglich auf. In den systematischen Zusammenhängen werden ihm explikative Funktionen zugemessen: er wird als Begründungsinstanz oder als Ort religiöser Erkenntnis verstanden und ist gerade darin nicht unbefragt vorauszusetzen. So wissen sich die Ausführungen Sölles über religiöse Erfahrung stark der Tradition der Mystik und damit der Vorstellung einer Gott-unmittelbarkeit, einem unterschiedslosen Erleben verpflichtet. Hier wirkt die herkömmliche Alternative möglicher Gotteserkenntnis noch nach: Entweder handelt es sich um die reine, unvermittelt gegebene, in mystischer Vereinigung erlebte göttliche Gegenwart, oder um das schlußfolgernde Schließen der Vernunft. Im ersteren Fall wird die Erfahrung in einer strikten Separation von den allgemeinen Lebensvollzügen beschrieben, im anderen ist nicht Gott in der Erfahrung gegenwärtig, sondern die Welt oder ihre Eigenschaften. Um deren Verstehbarkeit willen wird Gott postuliert; über einen Schluß der Vernunft gelangt der Denkende zur Gotteserkenntnis. Die Nachteile dieser Alternative wurden von Hick deutlich herausgestellt. Sein Versuch, sie zu überwinden, weist in die richtige Richtung, mißlingt aber dort, wo die Implikationen seiner Bestimmung der Gotteserfahrung als Bewußtsein direkter Präsenz durch Vermittlung der Welt nicht gesehen werden. Hick charakterisiert die religiöse Erfahrung als Wahrheitsgewißheit der Wirklichkeit Gottes, die sich auf eine nicht in ihre konstituierenden Elemente auflösbare Weise in das religiöse Weltverhältnis des Glaubenden überträgt. Im Interesse von Kommunikabilität und Begründungsfähigkeit wurde von uns die Auflösung dieser Beziehung in eine Wirklichkeitssicht postuliert, die einer kumulativen Begründung fähig ist. In welchem bestimmten Sinn religiöse Erfahrung durch Sprache und Praxis vermittelt wird, soll im folgenden beschrieben werden. Wir suchen Gotteserfahrung als eine Beziehung einsichtig zu machen, die Vermittlungen zwar impliziert, aber doch als Realbezug zu verstehen ist und von der Weltsicht selber unterschieden werden kann. Diese Vermittlungsstruktur wird zunächst aufgegliedert in die Ebenen Wirklichkeitsverständnis, Sprache und Begriffsrahmen und religiöse Lebenspraxis.

Gotteserfahrung ist nicht die unvermittelte, reine Gegenwärtigkeit Gottes. Diese Vorstellung einer von jeglichen vermittelnden Größen freien Relation, die durch nichts anderes konstituiert würde als diese Beziehung selbst, hat eine ihrer Wurzeln im empiristischen Denken. In dieser Weise ist nicht einmal die sinnliche Wahrnehmung verständlich zu machen, wie Polanyi gezeigt hat. Bei der Gotteserfahrung ist diese Vermittlungsstruktur zumeist schon äußerlich sichtbar: die Menschen erfahren Gott an etwas anderem und durch etwas anderes, als was er selbst ist. Die Eindrücke des Schönen, eine besondere Begegnung, ein besonderes Erlebnis können zu einem Anlaß der Gotteserfahrung werden; an ihnen und durch sie gewahrt der Mensch göttliche Gegenwart. Ein Erlebnis, ein Ereignis oder eine Beobachtung werden zu Zeichen, die über sich hinaus auf das Göttliche verweisen. Im Erleben treten sie eigentümlich zurück, sind nur noch Zeichen für das, was der Mensch gleichwohl ohne sie nicht erfahren kann.

Grundsätzlicher als diese Präsenz von Gegenständen und Situationskontexten in der Gotteserfahrung ist der Sachverhalt der Vermittlung durch die Sprache und das vorgängige Wirklichkeitsverständnis gegeben. Was Polanyi über unausdrückliche Faktoren der Wahrnehmung schreibt, was zuvor über den aktivischen Charakter der Erfahrung gesagt wurde, gilt nicht minder auch hier, und darum ist Gotteserfahrung als voraussetzungslose, unbeeinflußte und ungetrübte Beziehung nicht denkbar. Das Wirklichkeitsverständnis bestimmt als 'Interpretationsrahmen' wesentlich mit, ob und wie ein möglicher Inhalt der Erfahrung aufgenommen und verstanden wird. So wird ein durch und durch überzeugter Materialist kaum eine Gotteserfahrung machen und die der anderen nicht anerkennen, weil seine Wirklichkeitsauffassung für sie 'keinen Raum' läßt. Seine Erwartungshaltungen schließen schon die Möglichkeit aus. Das Wirklichkeitsverständnis umschreibt den Möglichkeitsrahmen für das Auftreten nichtalltäglicher Wahrnehmungen und Erfahrungen. Wie der Gläubige dazu neigt, mehrdeutige Erfahrungen als Gotteserfahrungen zu verstehen, so wird sie ein orthodoxer Marxist oder Freudianer in der Regel schon innerhalb des kategorialen Rahmens dieser Denksysteme wahrnehmen und auf die von ihnen bereitgestellten Erklärungsmöglichkeiten zurückgreifen. Zur Gotteserfahrung gehören daher auch die Offenheit, die Bereitschaft und die kognitiven Voraussetzungen, sie als solche zu erfahren. Ohne eine solche vorgängige, 'mittelnde' Haltung würde gar nichts zur Erfahrung werden können.

Diese Vermitteltheit religiöser Erfahrungen wird insbesondere an den Veränderungen deutlich, denen Erfahrungsweisen selbst unterliegen. Wirklichkeitsdeutungen sind geschichtlichen Veränderungen gegenüber nicht resistent; mit ihnen verändern sich die Erfahrungsweisen. Tradierte Formen und Ausdeutungen der Erfahrung können an Verbindlichkeit, die sie konkretisierenden Begriffe an Aussagekraft verlieren. Die Erfahrungen werden anders aufgenommen und auf andere Begriffe gebracht. So hat z.B. H. Krings eine Reformulierung des Gottesbegriffs vorgeschlagen, weil die religiösen Erfahrungsweisen in der Gegenwart mit den Begriffen der aristotelisch-thomistischen Philosophie nicht mehr angemessen thematisiert werden könnten: "Begriffe dieser Provenienz sind nicht falsch, sondern sie sind leer, weil sie eine Erfahrung interpretieren, welche der neuzeitliche Mensch nicht mehr in der Art macht, wie sie der Begriff eines ontologischen Primum voraussetzt" (55). Die Eigenart der Erfahrungsweisen ist also auch davon abhängig, welcher Begriffsrahmen bereitsteht, sie zu deuten.

Den engeren, der Gotteserfahrung näheren Bezugsrahmen, in dem sie als solche verstanden wird, formuliert die religiöse Praxis, der Glaubensvollzug. In Riten, Gebeten und religiöser Unterweisung wird beständig das Gottesverhältnis vergegenwärtigt. Die Glaubenspraxis erhält eine Ahnung der Begegnung mit Gott aufrecht und lebendig, die eine Gotteserfahrung dann als solche erleben und verstehen läßt. Die Art der Präsenz dieses Verständnisrahmens kann mit Polanyi als vorgängiger Interpretationsrahmen bestimmt werden. Die religiösen Deutungs- und Verhaltensmuster werden durch die religiöse Praxis unthematisch erhalten und bilden so den Horizont, innerhalb dessen religiöse Erfahrungen zur Geltung gelangen und als solche identifiziert werden können. Diesem Rahmen 'wohnt der Gläubige inne'; er orientiert sich vor diesem Hintergrund als in 'seiner Welt', und von ihm her deutet und verarbeitet er seine Erfahrungen.

Diese drei Aspekte des religiösen Weltverhältnisses, Wirklichkeitsverständnis, Begriffssystem und Sprache sowie religiöse Praxis bilden Schichten des einen Interpretationsrahmens, in dem eine Erfahrung zur Gotteserfahrung werden kann. Religiöse Erfahrung geschieht also nicht 'unvermittelt', sondern der Gläubige wird erst vor diesem Hintergrund der göttlichen Wirklichkeit gewahr. Dieser Rahmen enthält das Potential von Begriffen, Ausdrucksmitteln und Verhaltensweisen, die der Gläubige kennt und die ihm ermöglichen, das Erfahrene zu bejahen, zu ihm in der Praxis sich zu bestimmen, es zu artikulieren und mitzuteilen. Dieser Rahmen der Erfahrungssituation und des Erfahrungsvollzugs 'vermittelt' also nicht derart, wie ein umgangssprachliches Verständnis dies nahelegen könnte. Vermittlung ist hier nicht als eine 'Zwischeninstanz' zu denken, von der man derart abstrahieren könnte, daß die Erfahrung unvermittelt in den Blick käme. Gemeint ist nicht ein methodisch zu handhabendes Interpretationsprinzip, das seinen Gegenstand fixierbar vor sich hätte und ihn deutete, sondern der Horizont, der 'Raum' dieser Erfahrung. Zugleich aber ist diese Differenz zwischen Erfahrung und Verständnisrahmen nicht aufzugeben; einer solchen Angleichung des christlichen Glaubens an eine bestimmte Einstellung suchte die Auseinandersetzung mit Hare und Phillips gerade vorzubeugen. Die Gotteserfahrung ist nicht anders als im Horizont einer bestimmten Sprache erfahrbar und mitteilbar, macht sich aber in einer eigentümlichen Selbständigkeit gegen ihre sprachlichen und begrifflichen Artikulationen geltend: sie ist Widerfahrnis, das der Glaubende als Gotteserfahrung versteht. Diese Differenz sollte auch die Unterscheidung zwischen Glaubenserfahrung als Weltverhältnis des Gläubigen und Gotteserfahrung als aktualem Erleben kennzeichnen. In dem Rahmen der Glaubenserfahrung kann ein bestimmtes Erlebnis, ein Ereignis oder eine Situation zum Zeichen werden, an dem göttliche Gegenwart widerfährt.

Zwischen der Vermittlung durch den Interpretationsrahmen und der Vermittlungsfunktion, die die auslösenden Zeichen ausüben, ist zu unterscheiden. Der Interpretationsrahmen ist der kognitive Horizont der Erfahrung, nicht das, was zum Zeichen und Anlaß einer Gotteserfahrung werden kann. Er vermittelt das Erfahrene unthematisch, d.h., er ist nicht selbst intentionaler Bewußtseinsinhalt. Die Gegenstände, Situationen oder Personen, die zum Zeichen der Gotteserfahrung werden, sind dagegen als solche bewußt; lassen aber zugleich eine Wirklichkeit als gegenwärtig erfahren, die sie nicht selbst sind. Die Struktur solcher Vermittlung ist darum anders als die des Verständnisrahmens aufzufassen. Wie aber ist möglich, daß etwas von eigenständiger Realität etwas anderes erfahren läßt, was nicht es selbst, sondern eine qualitativ unterschiedene Wirklichkeit ist? Vermittlung besagt, daß etwas nicht ohne die mittelnde Funktion von etwas anderem, sondern nur kraft dieser zugänglich wird. Das mittelnde Zeichen ist darum nicht ausschließlich Inhalt der fraglichen Erfahrung, sondern durch es macht sich eine Wirklichkeit geltend, die nicht die des mittelnden Zeichens ist. Wenn also Gotteserfahrung über eine vermittelnde Größe zugänglich werden soll, besagt dies, daß die Präsenz dieses Vermittelnden für diese Erfahrung konstitutiv ist, aber nicht ihr eigentlich intendierter Inhalt sein kann. Stellt sich damit nicht zwangsläufig die klassische Denkfigur ein, daß nicht Gott, sondern ein endlicher Gegenstand erfahren wird, und daß Gott nicht erfahren, sondern durch den Schritt der Schlußfolgerung erkannt und damit nicht erfahren, sondern gedacht wird? Wenn Gotteserfahrung als Realbezug einsichtig werden soll, kann diese Beziehung nicht durch schlußfolgernde Schritte gebrochen sein; in der Erfahrung ist Gott direkt gegenwärtig. Das Bewußtsein der Gegenwart Gottes darf sich nicht erst konsekutiv einstellen. Wenn aber das vermittelnde Element mit dem, was es über sich hinaus erfahrbar macht, nicht identisch ist, dieser Erfahrung aber gleichwohl konstitutiv zugehört, wie ist dann Einheit der Erfahrung und Differenz der Erfahrungsinhalte, wie die Struktur des Erfahrungsaktes selbst vorzustellen?

Dieser Frage, wie Realbezug und Vermittlung in der Erfahrung ineins gedacht werden können, hat sich vor allem J.E.Smith gewidmet (56). Er erläutert die Gotteserfahrung durch den Begriff der "Begegnung", weil nach seiner Auffassung die Beziehung in der Begegnung die Gestalt einer durch ein "Medium" vermittelten Relation hat, ohne die Form der Folgerung anzunehmen. Smith veranschaulicht diese Beziehung durch die Erkenntnis von Personen. Eine Person wird nicht dadurch erkannt, daß von äußerem Verhalten auf ihre Existenz geschlossen wird. Um das Verhalten als menschliches Handeln zu verstehen, ist die Kenntnis menschlichen Handelns vielmehr schon vorauszusetzen. Dieses Vorverständnis weiß um die Anwesenheit einer Person in der Begegnung. Um deren Selbst und Individualität zu erkennen, bedarf es hingegen der Selbstvermittlung, der Selbstmitteilung der Person durch das Medium der Sprache, der Mimik und Gebärde. Über solche Vermittlung wird die Person erkannt, obwohl sie selbst direkt gegenwärtig ist. Die Alternative von Unmittelbarkeit und Folgerung scheint Smith so überwunden: Die Gegenwart einer Person wird sogleich erkannt; ihre Präsenz ist nicht problematisch. Wer sie ist, ihre Individualität erschließt sich erst über das Medium seiner Mitteilungen und Äußerungen, die zu interpretieren und zu deuten sind.

Bei der Gotteserfahrung sollen sich Erfahrung und Interpretation in ähnlicher Weise durchdringen; Gotteserfahrung ist direkte Begegnung und Interpretation zugleich. Diese Unterscheidung von Erfahrung der Gegenwart und Deutung der vermittelnden Zeichen verlangt, daß ein Vorwissen gegeben sein muß, welches die Erfahrung als eine bestimmte zu erfassen gestattet. Smith sieht die Möglichkeit einer solchen Identifikation durch die vorgängige "religiöse Dimension der Erfahrung" gegeben. Die Frage nach einer letzten Bestimmung des Lebens, die Erfahrung der Endlichkeit und die des Heiligen lassen eine Gottesvorstellung ausbilden, die dem Subjekt ermöglicht, eine Gotteserfahrung als solche zu erfassen (57). Die definitive Gestalt der Gottesvorstellung bildet sich in Ausdeutung der Offenbarungszeichen. Im Christentum sind diese Quellen der Gotteserkenntnis vor allem die Zeugnisse der Propheten, die Ordnung in der Natur und die Offenbarung durch Jesus Christus. Sie sind die Medien, in denen und durch die Gott erfahren und erkannt wird. Was sie inhaltlich offenbaren, liegt jedoch nicht offen dar: "Solche Zeichen tragen nicht ihre Bedeutung an ihrer Oberfläche; sie müssen gelesen und interpretiert werden" (58).

Diese Ausführungen über den Vorgang der Vermittlung in der Erfahrung verlieren nicht eine gewisse Zweideutigkeit. Die Rede von Vermittlung besagt, wie Smith selbst ausführt, daß das Medium eine gewisse Funktion in der Wahrnehmung selbst erfüllen muß; es darf seinen Bedeutungsgehalt auch als Zeichen dessen nicht gänzlich verlieren, was es erfahren läßt und der Deutung erschließt. Die Bedeutungsverschiebung bestimmt Smith als ein "Zurücktreten", als "Selbst-negieren" (52) des eigenen Bedeutungsgehalts zugunsten jener Bedeutung, die ihm als Medium zukommt. Dieses Beieinander zweier verschiedener Bedeutungen im aktualen Erfahrungsakt wird jedoch unzureichend geklärt; es läßt sich mittels der Aussagen Polanyis zum Vorgang der Wahrnehmung weiter präzisieren.

Wir erinnern an die Grundstruktur des Erfassens von Bedeutungsgehalten, wie Polanyi sie in seiner Wahrnehmungs- und Erkenntnistheorie bestimmt. Alles Wissen und Erkennen wurzelt in unausdrücklichen Erkenntnisleistungen. Beim Wahrnehmungsakt werden auf eine methodisch letztlich nicht regulierbare Weise verschiedenste Anhaltspunkte so integriert, daß ein kohärentes Bedeutungsganzes aufscheint. Das Erkenntnissubjekt bezieht sich von den Anhaltspunkten auf den fokalen Bezugspunkt der Erkenntnis, und während dieser durch solche Bezugnahme erkannt wird, sind jene unthematisch, subsidiär präsent. Diese Bezugnahme des Integrationsaktes ist nicht ein logischer Schluß; in der Integration verlieren sie die ihnen in anderen Zusammenhängen eigene Bedeutung und erscheinen im Licht des fokalen Erkenntnisinhalts. Wegen dieser Bedeutungsverschiebung können die Anhaltspunkte nicht die Art ihrer Integration erzwingen. Eine heuristische Vorstellung ist vielmehr erkenntnisleitend wirksam und läßt solche Integration gelingen. Nach diesem Muster läßt sich auch die Gotteserfahrung erkenntnistheoretisch verdeutlichen.

Religiöse Erfahrungen ereignen sich nicht voraussetzungslos. Aus den verschiedenen Aspekten des vorgängigen Interpretationsrahmens fügt sich ein Vorverständnis, das als heuristische Vorstellung dem Gläubigen präsent ist. Religiöse Praxis induziert und erhält eine Ahnung und ein Interesse aufrecht, die Gotteserfahrung erwarten lassen. Dieses Vorverständnis umschreibt den Raum, innerhalb dessen Gotteserfahrung wirklich werden kann. Solcher Aufmerksamkeit kann sich bei bestimmten Lebensumständen, Entscheidungssituationen oder Erfahrungen jene Erfahrung von Sinn und Erfüllung einstellen, die als Erfahrung der Wirklichkeit Gottes verstanden wird.

Die bei Smith beobachtete Problematik der Vermittlung der Gotteserfahrung durch die Erfahrung eines "Mediums" braucht nicht als die eines Bedeutungsgefüges vorgestellt zu werden, in dem autosemantische Bedeutungsgehalte präsent sind. Vielmehr ist das, was Smith als "Medium" bezeichnet, erkenntnistheoretisch als heuristisch verstandener Anhaltspunkt aufzufassen. Die Anhaltspunkte verlieren in einer aktualen Gotteserfahrung ihre alltägliche Bedeutung und nehmen in ihr die funktionale Bedeutung der Beziehung zum Bezugspunkt der Erfahrung an. Unter dieser Voraussetzung läßt sich der Erfahrungsakt so bestimmen, daß die Alternative von Unmittelbarkeit und Folgerung nicht zum Problem seiner Beschreibung wird. Der fokale Bezugspunkt wird als real gegeben erfahren, aber dieser Präsenz wird der Mensch über Anhaltspunkte inne. Obwohl die Erfahrung durch das Empfinden des Ergriffenwerdens und des Widerfahrnisses bestimmt ist, wird sie durch Anhaltspunkte geleitet, getragen und ermöglicht. Diesen eignet kein zwingendes Verständnisprinzip; sie sind nicht Prämissen einer Schlußfolgerung. Die Erfahrung als Akt der Integration leitet nicht ab, folgert nicht, sondern formiert das Erfassungsvermögen so, daß der Erfahrungsinhalt aufscheinen kann. Die Vermittlung ist mithin so zu erläutern, daß die Anhaltspunkte im Akt der Erfahrung vom Verständnisrahmen assimiliert, zu seinen Komponenten werden und im Modus subsidiärer Funktionalität die Erfahrung des Bezugspunkts stützen. Diese Bedeutung verlieren sie, wenn sie selbst zum Bezugspol einer Erkenntnis werden, denn dann kommen sie gerade als das in den Blick, was sie als Anhaltspunkte nicht sind. Im Unterschied zur Erläuterung der Struktur der Gotteserfahrung durch Smith tritt das "Medium" in den Rahmen von Anhaltspunkten ein; solche Integration eröffnet ein direktes Erleben von Sinn, das Gewahren göttlicher Gegenwart.

Wie solche Erfahrungen ohne eine gewisse vorgängige Bereitschaft nicht denkbar sind, sie als solche wahrzunehmen, so ist auch die Ausdifferenzierung ihrer Bedeutung in Reflexion und Lebensgestaltung notwendig, um sie ganz zu erfassen. Solche Bewahrung und "Anwendung" des Erlebten ist implizit schon die Anerkennung seiner Wahrheit und Verbindlichkeit. Erkenntnistheoretisch ist damit problematisiert, was zuvor mit Koch als "Ablösung des Bedeutungsgehalts aus der Aktualität des Erlebens" bezeichnet wurde.

Die Erfahrung wird zugänglich im Medium der Sprache. Indem das Subjekt sich zum Erfahrungsgehalt als verbindlich bestimmt, wird dieser als wahr anerkannt. Solche Anerkennung ist implizit in religiöser Praxis, explizit in Bekenntnis und theologischer Behauptung gegeben. Diese Formen der Affirmation sind der Modus, in dem der "abgelöste Gehalt" der Erfahrung der Reflexion und Kritik zugänglich sind. Von den erkenntnistheoretischen Überlegungen her ist deutlich, daß Reflexion auf Erfahrung nicht so vorgestellt werden darf, als sei sie vorsprachlich, in ihrem "unverstellten Wesen" faßbar. Es besteht keine Möglichkeit der Differenzierung zwischen Erfahrung und Erfahrungsgehalt derart, als könne dieser seinen Vermittlungen konfrontiert werden. "Ablösung" ist vielmehr Artikulation des Erfahrungsgehalts als einer Erfahrungsbeziehung; sie bringt zur Sprache, wie der Gehalt in der Erfahrung dem Erfahrungssubjekt erscheint.

Trotz dieser Relativität des Erfahrenen auf Sprache und Interpretation ist die Unterscheidung zwischen Sprache und Erfahrungsinhalt notwendig. Diese Unterscheidung aufzugeben, führte in die Aporien der Position von D. Z. Phillips . Weil die Artikulation an die Bedingungen gebunden bleibt, die Wirklichkeitsverständnis und Sprache vorgeben, ist die Unterschiedenheit des Erfahrungsgehalts von seinen interpretativen und sprachlichen Vermittlungen nur sprachlich zu bezeichnen. Legt der Ausdruck "relativ auf sprachliche Vermittlungen" auch das Mißverständnis nahe, als sei der Erfahrungsgehalt nichtsprachlich vorstellbar, hat er doch darin sein Recht, daß die Artikulation der Erfahrung nicht beliebig ist und ihre Bestimmtheit nicht ausschließlich durch Sprache und Interpretation erhält. Diese Nichtbeliebigkeit drückt sich darin aus, daß in den unterschiedlichen Artikulationen eine vorgängige Bestimmtheit erkennbar ist - nicht alles kann von solcher Erfahrung gesagt werden. Eine vorgängige Bestimmtheit ist mithin nicht zu leugnen, obwohl Gotteserfahrung auf verschiedene Begriffe gebracht und verschieden versinnbildlicht werden kann. Das Bewußtsein der Unverfügbarkeit des Erfahrenen, seiner eigentümlichen Werthaftigkeit und Mächtigkeit ist z.B. in den Gottesbildern des Vaters, des Königs oder Richters und in den Gottesbegriffen des höchsten Seins, der Liebe oder der vollkommenen Freiheit gleichermaßen zum Ausdruck gebracht. Der Erfahrungsgehalt ist also nicht beliebig, aber gleichwohl einer näheren Interpretation und begrifflichen Konkretisierung fähig. Indem die Erfahrung artikuliert wird, wird sie zugleich bestimmt; in dieser Verfaßtheit kann über sie reflektiert, kann ihr Wahrheitsanspruch erhoben oder problematisiert werden.

Von hier wird auch ersichtlich, warum es nicht berechtigt ist zu sagen, Gotteserfahrung sei nicht kommunikabel. Verglichen mit der Intensität des Erlebens mag die sprachliche Artikulation unangemessen und klischeehaft erscheinen, aber dies bedeutet noch nicht, die Erfahrung sei sprachlich nicht mitteilbar. Dennoch ist mit diesen Vorbehalten ein sachliches Problem thematisiert; die negative Theologie hat darauf immer wieder hingewiesen. Die Sprache ist zugeschnitten auf den praktischen Umgang mit der Welt. Nichtalltägliche und insbesondere religiöse Erfahrungen fügen sich diesem Sprachhorizont nicht bruchlos ein. Die Begriffe und Bilder, die der religiöse Interpretationsrahmen bereithält, religiöse Erfahrungen zu thematisieren, können ihre Herkunft aus dem raumzeitlichen, menschlichen Bereich nicht abstreifen. Der Gehalt der Erfahrung übersteigt seine Artikulation; er wird von ihr nicht voll erfaßt. Aber umgekehrt gilt auch: ohne diese zwar unzureichende Sprache, ohne tradierte Begriffe und Deutungen würde auch die Erfahrung nicht ausgesagt, ja nicht einmal gemacht werden können.

Diese erkenntnistheoretische Reflexion wurde durch die Frage veranlaßt, wie die verschiedenen Erfahrungsweisen im Bereich der Religion einzuschätzen seien, ob es Gotteserkenntnis aus Erfahrung geben könne, die zu Geltungsansprüchen berechtigt. Die Gotteserfahrung wurde als Erleben göttlicher Gegenwart von anderen religiösen Erfahrungsweisen unterschieden und durch die Merkmale der Erschließung, des Widerfahrens und der lebensorientierenden Kraft charakterisiert. Der eigentliche Erfahrungsakt sollte als eine kraft Vermittlungen bestehende Realbeziehung einsichtig werden. Die Vermittlungsebenen Sprache, Wirklichkeitsverständnis und religiöse Praxis umschreiben den Horizont möglicher Gotteserfahrung; die partikularen Elemente, die in solcher Erfahrung zum Zeichen werden, gehen als subsidiäre Anhaltspunkte in diesen Horizont ein.

Als Ergebnis ist mithin festzuhalten, daß Gotteserfahrung nur in solchen Vermittlungen Realität sein kann. Der von verschiedenen Autoren wiederholt genannte Hinweis auf die Unmittelbarkeit religiösen Erlebens ist hier durchaus berücksichtigt, wenn diese im Unterschied zur Folgerung als ein Realbezug einsichtig wird. Aber 'Unmittelbarkeit' kann eben nicht als eine von anderen Momenten freie Relation verstanden werden; diese Forderung wäre gleichbedeutend mit Beziehungslosigkeit. Das Beschwören der ungedeuteten, spontanen Erfahrungen übersieht, daß wirkliche Erfahrungen sich auswirken, im Leben des Menschen Veränderungen hervorrufen, Einsichten erbringen und in der Erinnerung bewahrt werden. So erst kann man mit dem in der Erfahrung Wahrgenommenen auch neue Erfahrungen machen. Dazu aber bedarf es eines Ausdrucksmediums: Die Sprache und das in ihr ausgedrückte Wirklichkeitsverständnis vermögen die Erfahrung festzuhalten; in Beziehung zu ihm wird sie verstehbar und mittels ihrer läßt sich ihr Bedeutungsgehalt aussagen. Richtig ist, daß dieses Ausdrucksmedium als ein allgemeines die konkrete individuelle Färbung des Erlebens verblassen läßt. Aber erst dank solcher sprachlichen Vermittlung durch tradierte Sprache und Anweisung kann dem Individuum der Zugang zu solchen Erfahrungen eröffnet werden. Sprache, Interpretationsrahmen, Wirklichkeitsverständnis - ohne einen solchen Rahmen wäre das Subjekt der Erfahrung nicht fähig.

Unter den erörterten Begründungskonzeptionen nimmt vor allem Hick Erfahrungen in Anspruch, um mit ihnen den Geltungsanspruch des Glaubens zu begründen. Die erkenntniskritischen Beurteilungen der Erfahrung haben deutlich gemacht, daß auch religiöse Erfahrungen nicht die Wahrheit des Erfahrungsgehalts verbürgen. Der Geltungsanspruch, den sie für sich selbst erheben, kann bezweifelt werden und ist darum auch zu verteidigen. Gotteserfahrungen sind als solche erst einsichtig zu machen, bevor sie als ein Argument gelten können. Wie eine solche Begründung des Glaubens durch Berufung auf Erfahrung konzipiert werden könnte, soll im folgenden Abschnitt dargelegt werden.

4. Erfahrung als Argument im Rahmen einer kumulativen Glaubensbegründung

Der Gang dieser Untersuchung sicherte in den ersten Kapiteln den kognitiven Anspruch des Glaubens: dieser kann nicht als eine jeder inhaltlichen Erkenntnis unfähige Wirklichkeitseinstellung begriffen werden. Ebensowenig läßt er sich als eigengesetzliches Sprachspiel bestimmen. Die Charakterisierung des Glaubens als eine Überzeugung mit Erkenntnis- und Wahrheitsanspruch formuliert die Ebene, auf der die Frage nach ihrer möglichen Begründung gestellt werden muß. Zu begründen ist eine Überzeugung, die Erkenntnisansprüche impliziert. Ob und wieweit nichtkognitive und lebenspraktische Sachverhalte in eine solche Begründung eingebracht werden können, ist damit noch nicht entschieden; die Begründung der religiösen Überzeugung hat deren Status und Anspruch jedoch zu wahren. Eigenart und Inhalt der Überzeugung bestimmen, wie sie möglicherweise begründet werden kann. Dieser Vorbehalt leitete die Erörterung von verschiedenen Begründungsmodellen ein. Diese behaupten alle den kognitiven Wahrheitsanspruch des religiösen Glaubens, begründen ihn jedoch jeweils verschieden: Thomas durch den Wunderbeweis, Hick durch die Erfahrung der Gegenwart Gottes, Allen durch die Erfüllungserfahrung der gläubigen Existenz und die meisten der Autoren der narrativen Theologie durch eine Vermittlung von Gottes- und Selbsterfahrung, wobei das Begründungsthema jedoch fast aus dem Blick gerät. Diese Differenzen der Begründungsformen ließen nach dem Begriff der Begründung selbst fragen. In Auseinandersetzung mit dem kritischen Rationalismus wurde die Notwendigkeit des Begründens darzulegen versucht; die Diskussion der Position Polanyis zeigte Ansätze einer revidierten Begründungsform auf.

Ausgehend von der in den Auseinandersetzungen mit den verschiedenen Begründungskonzeptionen gewonnenen Einsicht, daß Glaube und Begründung sich nicht ausschließen, wurde eine Reformulierung des Begründungsproblems versucht und in Anlehnung an Mitchell die Struktur einer kumulativen Begründung vorgestellt. Vor diesem Hintergrund stellt sich die Aufgabe der Glaubensbegründung nicht als Erfordernis des Beweises ihrer Wahrheit, sondern als ein kumulatives Begründen der theistischen Wirklichkeitsdeutung dar. Die religiöse Überzeugung ist begründungstheoretisch ein umfassendes Verständnis der Wirklichkeit, das seine Geltungsansprüche kumulativ rechtfertigt.

Die Positionen von Hick, Allen und vor allem die der narrativen Theologie ließen eine zunehmende Gewichtsverlagerung auf die Inanspruchnahme konkreter, unmittelbarer Erfahrung erkennen. Um diese Einforderung der Erfahrung zu prüfen, wurden der Begriff der Erfahrung diskutiert, religiöse Erfahrungsweisen beschrieben und die Struktur der Gotteserfahrung dargelegt. Dieser Hintergrund gestattet jetzt, eine Antwort auf die Frage nach dem Stellenwert der Berufung auf Erfahrung in einer kumulativen Begründung zu versuchen.

Wenn der Gläubige zur Begründung seiner Überzeugung anführt, er habe Gott erfahren, so ist dieses Argument nicht zwingend. Die Evidenz dieser Erfahrung wird beeinträchtigt durch die Vermittlungsstrukturen des vom christlichen Wirklichkeitsverständnis formulierten Interpretationsrahmens. Die Erfahrung muß als solche bewußt angenommen werden; ihre inhaltliche Bestimmung und konkrete Bedeutsamkeit hat sie nicht ohne die Einstellung und Reflexion des Subjekts. Ob das Subjekt sie als Gotterfahrung wahrnimmt, hängt auch davon ab, wie es dieses Erleben auszudifferenzieren bereit ist. Weil es nicht möglich ist, zwischen der Erfahrung und sprachlichen Interpretation präzis zu unterscheiden, sind Gotteserfahrungen nur in den sprachlichen Formen und begrifflichen Konkretisierungen, in denen sie vom Erfahrenden mitgeteilt werden, gegeben. Wie das Subjekt die Erfahrung versteht, wie es das Erfahrene bewahrt, so teilt es sie mit und so ist Gotteserfahrung dem allgemeinen Verstehen zugänglich.

Darum ist die religiöse Erfahrung nicht selbstevident, obwohl sie sich als ein nachhaltiges Erleben zur Geltung bringen kann. Die Differenzierung Kochs macht auch hier darauf aufmerksam, daß die Berufung auf Erfahrung genau genommen nicht die Erfahrung, sondern die Einsicht, die man in und mit ihr gewinnt, anführen kann. Das Subjekt behauptet den Erfahrungsgehalt als wirklich; in der Erfahrungssituation mag es ihn als unzweifelhaft gegeben empfunden haben, aber die Wahrheit dieser Behauptung kann bezweifelt werden. Der Theologie kommt es zu, solche Erfahrungen in Auseinandersetzung mit Religionspsychologie und Religionskritik einsichtig zu machen; ihre begriffliche Konkretisierung muß sie zumindest als eine echte Möglichkeit verständlich werden lassen.

Dieser Tatbestand der Kritikfähigkeit und Fraglichkeit von Behauptungen über religiöse Erfahrung besagt nun nicht, diese sei ohne evidentiellen Wert und ohne jedes argumentative Gewicht. Gemäß der von Mitchell formulierten Bedingungen darf ein einzelnes Argument im kumulativen Begründungszusammenhang nicht falsch sein. Wird einem Wahrheitsanspruch, der mit religiösen Erfahrungen verbunden wird, die Berechtigung bestritten, so wäre von einem solchen Einwand der Gegenposition auf die gleiche Weise die Einlösung dieses Geltungsanspruchs zu verlangen. Die Theologie hat in den Streit um die Wirklichkeit dieser Erfahrungen einzugreifen; sie kann von vornherein die Möglichkeit einer anderen Erklärung nicht ausschließen. Aber die Religionskritik kann ihrerseits das Auftreten von religiösen Erfahrungen nicht leugnen; sie hat entsprechend aufzuweisen, daß sie dieses Phänomen besser erklärt als die Auslegung des Gläubigen dies vermag.

Wenn also die religiöse Erfahrung die Möglichkeit verschiedener Interpretationen aus sich selbst nicht ausschließen kann, so besagt dies nicht, daß alle Deutungen gleichwertig wären und keine den anderen vorzuziehen sei. Einer Interpretation, wie sie z.B. von Maslow vorgelegt wird, kann auch der Skeptiker nicht bestreiten, daß sie dem christlichen Verständnis ungleich näher liegt als etwa den Aussagen des frühen Ayer oder einer vulgär-marxistischen Religionskritik. Der Theologie kommt es allerdings zu, ihr Verständnis religiöser Erfahrungen an dem Phänomen selbst und in Beziehung zum Selbstvollzug des Subjekts, zur Freiheit und zu anderen Themen darzulegen und dabei auch die Interpretationen der Religionskritik nicht zu ignorieren. Dennoch zwingt dies den Skeptiker nicht, die religiöse Überzeugung allein darum als wahr anzuerkennen. Religiöse Erfahrung beweist ihre Wahrheit nicht und kann darum auch nicht die christliche Überzeugung, die sich auf ihren evidentiellen Wert stützt, im engen Sinn 'beweisen'.

Dieses Verhältnis von Überzeugung und Begründung verändert sich, wenn zudem in Rechnung gezogen wird, was im Rahmen der zuvor beschriebenen Glaubenserfahrung "Erfahrung der Gnade" heißen kann. Der Gläubige weiß nicht nur in bestimmten exzeptionellen Erfahrungen um die Wirklichkeit Gottes, sondern glaubt sich von Gott in seinem ganzen Leben umfangen, getragen und befreit. Die zuvor beschriebene integrative Kraft der Gotteserfahrung, die von Koch präzisierte Entfaltung einer inhaltlich bestimmten Identität, erfährt der Gläubige nicht als Eigenleistung, sondern als begnadete Aneignung der christlichen Existenz. Gotteserfahrung macht sich hier weniger als Wahrnehmung seiner Gegenwart, sondern eher als seine begnadende Aktivität geltend, die den Christen dazu befähigt, was er aus eigenen Kräften nicht vermöchte. Die Erfahrung des Gelingens dessen, was Koch als "Verarbeitung" oder "Aneignung" der Sinnerfahrung beschreibt, ist als eine eigene Form der Erfahrung zu unterscheiden und als Gnadenerfahrung zu explizieren (60). Paulus hat dies als die christliche Erfahrung schlechthin bezeichnet, die im gelebten Glauben erreichbare Erfahrung, "daß Christus in euch ist" [2 Kor 13,5] (61).

Wenn die Gotteserfahrung zu einem Leben aus dem Glauben inspiriert und dieses Leben selbst zu einer Erfahrung wird, die der Christ in und mit seinem Glauben macht, dann kann zur Verdeutlichung und Klärung dieser Erfahrung mit Recht auf jene Menschen verwiesen werden, in deren Leben sie klarste und prägnanteste Gestalt gewinnt: auf die Heiligen. Sie machen durchsichtig und auch dem Nichtglaubenden verstehbar, was Gotteserfahrung im Vollsinn meint. Vom christlichen Standpunkt zeichnet die Heiligen nicht ein fades Heroentum aus, und erkennbar werden sie schon gar nicht durch die Selbstidentifikation - "wenn sie echt sind, zeigen sie nie auf sich; sie sind zur Widerschein... " (62). Heilig ist nach christlichem Verständnis jener, an dem exemplarisch und ursprünglich die christliche Wahrheit Gestalt gewinnt, mit Paulus jener, der wirklich "den neuen Menschen anzieht" [Gal 3.27]. Die Neigung einer sentimentalisierenden Frömmigkeit, die Heiligen zu heroisieren, ist einer wohltuenden Ernüchterung gewichen, die den Sinn der Rede von den Heiligen wieder unverstellt sichtbar werden läßt. Daß das Nachdenken über die Heiligen auch heute nicht als völlig unzeitgemäß angesehen werden muß, war zuvor an den Aussagen McClendons schon sichtbar geworden (63), und daß das Gemeinte durchaus noch faszinieren kann, macht H.U. von Balthasar deutlich:

> "Warum ich in der Kirche bleibe? Weil sie die Kirche der Heiligen ist, der verborgenen und einiger, die wider Willen in das Tageslicht gestoßen sind. Sie widerlegen den törichten Einwurf, der Christ wisse nichts Besseres als seinen hingegebenen Gott zu empfangen und er vergäße darüber, sich selbst mit Mut und Phantasie in unbekannte Abenteuer zu überschreiten ... Sie werden von seiner Hingabe zu solchen Entwürfen und Verwirklichungen beflügelt, wie keiner, der bei sich selbst bleibt ... Der Heilige beweist das christliche Ganzseinkönnen, aus der Gnade, aber besser als Natur" (64).

Der Heilige als "Beweis"? Dies wiederum nicht im Sinne einer schlüssigen, zwingenden Identifikation der Gnadenerfahrung, die in einer "kausalen" Relation auf Gott verweisen könnte und so bezüglich der Wahrheit des christlichen Glaubens keinen Zweifel ließe. Die inhaltliche Bestimmung dieses Phänomens geschieht durch Begriffe, die erst im Kontext der christlichen Wirklichkeitsinterpretation ihre Bedeutung erhalten und von hier aus verstanden werden. Aber das Phänomen ist auch dem Nichtglaubenden verständlich; es "zeigt", was die Rede vom Heiligen für den Christen meint. Wenn die christliche Lebenspraxis nicht den geringsten Unterschied machte, so würde dies durchaus gegen die Wahrheit des Christentums sprechen. Daher kann man mit P.Sherry die "Heiligung" durchaus als eine Wahrheitsbedingung des Christlichen auffassen (65).

Der Atheist versteht also diese Zusammenhänge, lehnt aber die Begriffe des religiösen Sprachgebrauchs zu ihrer Beschreibung ab. Die eigentümliche Transformation des heiligmäßigen Lebens bestimmt er z.B. mit Hilfe von Erklärungsmustern der Soziologie oder der Psychologie. Aber vom Versuch einer solchen reduktiven Erklärung gegen das Zeugnis des Heiligen selbst wird man mit Mitchell auch verlangen dürfen, daß er nicht nur ihre Möglichkeit behauptet. Sie ist zu explizieren und an ihrer eigenen Erklärungskraft zu messen (66). Wenn ein solcher Anspruch der Gnadenerfahrung auf diese Weise nicht widerlegt wird (67), dann ist der Gläubige berechtigt, ihr evidentielle Kraft zuzumessen und sie als ein Argument zu werten, das unabhängig von anderen für die Wahrheit seiner Überzeugung spricht, durch andere Argumente aber zugleich gestützt wird.

Vor diesem Hintergrund läßt sich die Einschätzung der religiösen Erfahrung als Argument innerhalb einer kumulativen Begründung im Rückblick auf den Gedankengang präzisieren. Die Aussagen Kochs über Sinnerfahrung als Erleben und als von dieser Erfahrung inspirierte Lebenspraxis wurden als zwei verschiedene Arten der Erfahrung ausgelegt. Die religiösen Erfahrungsweisen waren entsprechend als Gotteserfahrung und als Glaubens- oder Gnadenerfahrung zu unterscheiden. Die erkenntniskritischen Überlegungen zeigten, daß sie die Wahrheit ihres christlichen Verständnisses nicht zwingend beweisen. Gleichwohl eignet ihnen evidentielle Kraft, die als Argument formuliert und in eine kumulative Rechtfertigung des christlichen Glaubens eingebracht werden kann. So ist die Gotteserfahrung von vielen Voraussetzungen abhängig und kann in ihrem Anspruch bezweifelt werden. Sie beweist nicht, aber ist dennoch geeignet, den Wahrheitsanspruch des christlichen Glaubens darin zu legitimieren, daß sie ihn von einer bloß willkürlichen Dezision unterscheidet. Wird dieses Argument durch ein weiteres ergänzt, wie das durch die Hinweise auf das Phänomen der Heiligkeit versucht wurde, ist damit der Ansatz eines Begründungszusammenhangs formuliert, der durch weitere Argumente ergänzt werden kann. Mitchell hat z.B. die Gottesbeweise als Argumente einer kumulativen Begründung interpretiert (68). Ohne darauf einzugehen, dürfte die Leistung und Struktur einer kumulativen Begründung deutlich geworden sein:

Die Argumente sind eigenständig. Wenn der Geltungsanspruch, den sie für sich selbst erheben, bestritten oder angezweifelt wird, ist in der Auseinandersetzung mit der Kritik zumindest nachzuweisen, daß sie nicht falsch sind. Als von jeweils eigenem argumentativen Gewicht stützen sie im Zusammenhang den Wahrheits- und Geltungsanspruch des Glaubens. Indem die Einlösung des Geltungsanspruchs auf verschiedenen Ebenen und unter verschiedener Rücksicht vollzogen wird, eröffnet das kumulative Begründen zugleich ein tieferes und umfassenderes Verständnis der christlichen Überzeugung selbst. Würde z. B. die Gotteserfahrung lediglich behauptet, ohne sie zu anderen Themen in Beziehung zu setzen, minderte sich damit zugleich ihr evidentieller Wert. Die gegenseitige Beziehung der Argumente in einer kumulativen Begründung läßt zugleich das zu Begründende einsichtiger werden.

Diese tiefere Einsichtigkeit betrifft auch die kontroverse Beurteilung der einzelnen Argumente. So wird etwa die Religionskritik nicht einfach abgewiesen; ihr mögliches Recht fordert den Glauben heraus, seine Voraussetzungen zu klären und die eigene Auffassung zu präzisieren. Solche Reflexion kann auch zu neuer Erkenntnis und zu höherer Bestimmtheit des einzelnen Arguments führen. Wie zuvor an der Eigenart des Konflikts zwischen verschiedenen Wirklichkeitsdeutungen aufgewiesen, ist davon kein schneller Konsens zu erwarten, aber solche Auseinandersetzung ist im Gegensatz zur Auffassung von Phillips nicht ohne Sinn: sie macht dem Andersdenkenden die eigene Auffassung in ihren Zusammenhängen verständlich und zwingt dazu, die eigene Einschätzung eines Arguments zu prüfen. Damit werden die zwei weiteren Postulate, die Mitchell für eine kumulative Begründung erhebt, erfüllt: die Verstehbarkeit der eigenen Behauptungen ist gesichert, und es wird der Nachweis geführt, daß ein Einzelargument nicht falsch ist. Stellte sich seine Falschheit in dieser Auseinandersetzung heraus, wäre es aufzugeben.

Damit ist auch bereits das vierte Postulat, das Mitchell von einer stimmigen kumulativen Begründung zu erfüllen verlangt, berührt. Die Spannung zu Phänomenen und Sachverhalten, die der Überzeugung des Glaubens widersprechen, ist nicht zu bestreiten oder zu ignorieren, sondern als solche wahrzunehmen und im Begründungszusammenhang zu beurteilen. Die Kohärenz kumulativer Begründungen ist davon abhängig, wieweit sie die eigene Stimmigkeit gegenüber dem, was sich ihr nicht fügt, plausibel zu machen imstande ist. Hier hat auch das Theodizeeproblem seinen unbestreitbaren Rang für das theologische Denken.

Mit dieser Sicht der Begründung der religiösen Überzeugung wird auch der Vorbehalt ausgeräumt, das Begründen sei erfahrungsdistanziert, verunsichere den Gläubigen oder entstelle die gläubige Haltung des Vertrauens. Eine kumulative Begründung untergräbt weder die Haltung des Vertrauens, noch erübrigt sie die Offenheit für Erfahrung, sie macht diese vielmehr tiefer verständlich. Indem sie sich selbst auf Erfahrungen bezieht, klärt sie deren Eigenart und zeigt die Ursprünge und Gründe des christlichen Wahrheitsanspruches in der Erfahrung auf.

Von hier erhellt auch, wie der Versuch Allens, Argumente für den Glauben zu finden, ohne seine Wahrheit zu begründen, in eine kumulative Begründung eingebracht werden könnte. Gegen seine Konzeption ist darauf zu bestehen, daß Argumente für den Wahrheitsanspruch der religiösen Überzeugung selbst zu formulieren sind. Wenn aber diese Linie zum kognitiven Selbstverständnis des Glaubens gewahrt ist, kann durchaus auch das Erfüllungserleben eingebracht werden, wie das zuvor anhand der Hinweise auf die Gnadenerfahrung angedeutet wurde. Die Gestalt, die der praktizierte Glaube einem Leben verleiht, seine Wirkungen und Folgen brauchen dann nicht mehr als "Zwecke" beargwöhnt zu werden, denen gegenüber der Glaube das "Mittel" wäre. Sie können unbefangen den Stellenwert einnehmen, den sie im Leben des Gläubigen auch faktisch besitzen. Ebenso könnte in diesem Zusammenhang auch Berücksichtigung finden, was Dunne, Novak, McClendon und andere über die lebensgeschichtliche Formung des Subjekts im Glauben ausführen. Die Erfahrungen des Subjekts würden in die Glaubensbegründung eingeholt.

ANMERKUNGEN UND LITERATURVERZEICHNIS

ANMERKUNGEN

Soweit nicht anders vermerkt, wurden die Zitate aus englischsprachigen Büchern von mir übersetzt.

I Der Glaube im Spannungsfeld von Vernunft und Erfahrung

1) Vgl. M. Landmann (1975) 91-166
2) J. B. Metz (1973/74) 392
3) H. Böll (1977)27
4) Vgl. hierzu W. Schulz (1974) 11-245; H. M. Baumgartner (1973/74); J. Habermas (1968) 48-119; St. Hampshire (1977)
5) H. M. Baumgartner (1973/74) 1743
6) H. Arendt (1960) 288
7) F. Tenbruck (1972) 9
8). D. Bell (1976) 9
9) P. L. Berger u. a. (1975) 59ff
10) Ebd. 63
11) Ebd. 66
12) Ebd. 71
13) J. Habermas (1973) 130
14) D. Bell (1976) 9f; vgl. ebd. 19ff
15) Ebd. 23
16) Ebd. 25
17) Ebd. 28
18) T. Koch (1976) 111, 109f; vgl. ebd. 109-116
19) D. Bell (1976) 99
20) Ebd. 30
21) Ebd. 29
22) Ebd. 135
23) Ebd. 150
24) Ebd. 66
25) Ebd. 68
26) Ebd. 50
27) Ebd. 10
28) M. Horkheimer z. B. steht diesen Aussagen an kulturellem Pessimismus nicht nach; vgl. ders. (1967); vgl. auch J. Habermas (1973) 168ff
29) M. Landmann (1975) 40ff
30) H. Arendt (1960) 141
31) J. Habermas (1973) 100
32) Ebd. 99
33) Ebd. 104
34) Vgl. F. Platzer (1976) 31-61
35) P. L. Berger u. a. (1975) 74
36) Vgl. ebd. 157-184
37) Th. Roszak (1971) 63f
38) Ebd. 100
39) Ebd. 91
40) Ebd. 91
41) Zum Thema 'Zeitgeist' vgl. E. Biser (1975) 11-24

42) K. Rahner (1975) 19-22; vgl. ders. (1976) 20
43) J. Schmitz (1969) 197
44) Zur Auslegungsgeschichte vgl. A. Lang (1962) 39f
45) Vgl. dazu E. Biser (1975) 24-46; J. Schmitz (1969); J. B. Metz (1972)
46) K. Krenn (1976) 311
47) N. Schiffers (1975) 105
48) Zu dieser Unterscheidung vgl. P. Henle (1969) 168-234
49) Repräsentativ für den Versuch einer solchen Vermittlung im 19. Jahrhundert ist die Theologie des Kardinal Dechamps; vgl. hierzu B. Hidber (1978)
50) Vgl. den Überblick bei J. Schmitz (1968) 203-220
51) Zum Beziehungsgefüge von Glaube und Unglaube vgl. J. B. Metz (1965)

II A Die Auflösung des Begründungsproblems durch nichtkognitive Deutungen des Glaubens

1) J. Hick (1976) VII
2) Die umfangreichste deutsche Bibliographie zum Thema findet sich in I. U. Dalferth (1974) 283-302. Vgl. auch die Einleitung von Dalferth zu diesem Band, ebd. 9-58. Die kenntnisreichsten Darstellungen dieser Auseinandersetzungen um den kognitiven Gehalt des religiösen Sprachgebrauchs stammen von M. L. Diamond; vgl. ders. (1967); (1974) und die Einleitung zu M. L. Diamond/Th. V. Litzenburg (1975) 3-54. Vgl. aber auch die gründlichen Analysen von R. S. Heimbeck (1969)
3) W. N. Clarke (1967) 63
4) A. MacIntyre (1970) 156-201
5) Ebd. 196
6) Ebd. 172
7) Ebd. 178
8) Ebd. 201
9) Ders. (1966) 130f
10) Vgl. dazu: P. Helm (1973) 42ff
11) Vgl. die Literaturangaben in Anmerkung 2
12) C. G. Hempel (1959) 114
13) Das Anliegen der Formulierung eines solchen Kriteriums hat seine Faszination bis heute nicht verloren. Vgl. die Beiträge in Diamond/Litzenburg (1975)
14) A. J. Ayer (1970)
15) Ebd. 154, 159
16) A. Flew (1972) 96-99; 106-108; dieser Artikel wird zitiert im Wortlaut der Übersetzung von I. U. Dalferth (1974) 84-87; 92-95
17) Ebd. 106
18) Vgl. z. B. Ijob 10.2
19) Vgl. B. Mitchell (1972)
20) A. Flew (1972) 107; vgl. die klareren Ausführungen von Flew in ders. (1962) 319f und ders. (1976) 74f

21) Hier wird eine Inkonsistenz der Argumentation Flews bemerkbar, die von uns nicht weiter diskutiert wird. Die von ihm herangezogenen Beispiele lassen deutlich werden, daß die den Glauben falsifizierenden Bedingungen für ihn faktisch bestehen. Er sieht keine redliche Möglichkeit, den "Glauben an einen liebenden Gott angesichts der Wirklichkeit einer herzlosen und gleichgültigen Welt aufrechtzuerhalten" (1972) 108. Der Nachweis des kognitiven Gehalts religiöser Aussagen und deren möglicher Wahrheit ist in Wirklichkeit für ihn nicht mehr offen - obgleich Flew das Gegenteil behauptet. Würde die Existenz des Bösen als eindeutiger Widerspruch akzeptiert, dann wären die religiösen Aussagen kognitiv signifikant, aber falsch; würde dieser Widerspruch bestritten, wären sie nicht falsch, aber ohne kognitive Bedeutung.
22) A. Flew (1972) 98
23) Ebd. 98
24) Vgl. R.S. Heimbeck (1969) 77-123, bes. 87ff
25) Vgl. A. Flew (1976) 76f
26) Ders. (1972) 99
27) Vgl. den Nachtrag Hempels zu seinem Artikel über das Verifikationskriterium (1959)
28) Vgl. A. Plantinga (1967) 161; Plantinga formuliert das Kriterium Flews zu einem Verifikationskriterium um.
29) Vgl. a. Flew (1976) 77
30) So z.B. A. Plantinga (1967); R.S. Heimbeck (1969); J. Kellenberger (1969)
31) Vgl. A. Plantinga (1969) 167f
32) Vgl. R.M. Hare (1973) 396-406
33) Ebd. 415
34) Ders. (1972) 101; zitiert nach Dalferth (1974) 87-90
35) Ebd. 101f
36) Ders. (1973) 404
37) Ebd. 405
38) Ebd. 403
39) Ebd. 407
40) Vgl. ders. (1968) 182
41) Ders. (1973) 413
42) Ebd. 413
43) Ebd. 409
44) Vgl. ders. (1968) 192; ders. (1973) 414
45) Demgegenüber gewinnt man den Eindruck einer additiven, der empirischen Wirklichkeit übergestülpten religiösen Sinndeutung in der Absicht der Weltsicherung bei der Religionstheorie von P.L. Berger (1973).
46) R.M. Hare (1968) 190
47) Ebd. 192
48) Vgl. ders. (1972) 102
49) N. Schiffers (1972) 207

50) Die Auseinandersetzung um Hare verengte sich bei den meisten Stellungnahmen zu einem Streit um das angemessene Verständnis der mißverständlichen Exposition seiner Auffassung in seiner Replik auf Flew (1972). Der Versuch, die Weltdetermination durch fundamentale Einstellungen anhand einer an Verfolgungswahn leidenden Person zu illustrieren, wurde von Hare mit dem Anspruch der "Richtigkeit" der christlichen Grundeinstellung verbunden. Das damit gestellte Problem der Begründung einer Grundeinstellung, eines 'blik', provozierte die Kritiker zu dem Nachweis der Inkonsistenz der Position Hares: Sei der christliche Glaube ein 'blik', dann lasse er sich nicht begründen; wahre er aber den Anspruch der Richtigkeit, dann sei der Glaube nicht als ein 'blik' beschreibbar. Dieser Widerspruch ist bei Hare vorhanden; die Konzentration auf dieses Problem verstellte jedoch den Blick für das Anliegen Hares. Vgl. z.B. A.B.Gibson (1957); H.J.N.Horsburgh (1956); D.R.Duff-Forbes (1961).

II B Das Begründungsproblem aus der Sicht einer gebrauchstheoretischen Bedeutungsbestimmung der religiösen Sprache.

1) D.Z.Phillips ist lediglich der konsequenteste und daher am meisten diskutierte Autor dieser Richtung. P.Holmer (1972), W.D.Hudson (1974), (1975); D.S.Klinefelter (1974) vertreten ähnliche Auffassungen. Bibliographische Hinweise zur Diskussion bei I.U.Dalferth (1974) 293f
2) A.Lang (1957) Bd. 1, 9
3) P.Winch (1975) 63f
4) D.Z.Phillips (1970) 132
5) Ders. (1965) 50
6) Ders. (1970) 21; vgl. ebd. 4, 11, 17, 146
7) Ebd. 17; vgl. 63ff; ders. (1965) 9ff
8) Ders. (1970) 12
9) L.Wittgenstein (1971) § 23
10) D.Z.Phillips (1970) 9
11) Vgl. ebd. 111-122
12) Ders. (1965) 8; vgl. ders. (1970) 126-133
13) Vgl. Wittgenstein (1968); ders. (1971) § 23; eine vorzügliche Darstellung der Position Wittgensteins zu theologischen und religionsphilosophischen Fragen gibt W.D.Hudson (1975). Vgl. auch ders. (1974); R.H.Bell (1969); P.Holmer (1972); D.F.Pears (1971) 119ff
14) L.Wittgenstein (1971) § 654
15) Ders. (1970) Nr. 559
16) Zum Begriff des Sprachspiels vgl. A.Kenny (1974) 186-207
17) Vgl. P.S.Sherry (1972) bes. 161f; R.H.Bell (1969) 6ff; F.G.Downing (1972)
18) P.S.Sherry (1972); ders. (1972a)
19) Beispiele einer ersten Rezeption sprachanalytischer Fragestellungen zur inhaltlichen Explikation theologischer Probleme liefern W.D.Just (1975); K.Füssel (1975); H.Peukert (1976)

20) D. Z. Phillips (1970) 142
21) Ders. (1970) 19
22) Vgl. H. Palmer (1974)
23) D. Z. Phillips (1970) 130
24) Vgl. ebd. 29-33; 62-68 (deutsch: Dalferth (1974) 247-252)
25) Vgl. ebd. 66ff; vgl. ders. (1965) 2f
26) Ders. (1965) 83
27) Vgl. ebd. 16-28
28) Vgl. ders. (1970) 114
29) Vgl. ebd. 30
30) Ders. (1965) 31f
31) Vgl. ebd. 20
32) Dieser Gedanke wird in theologischem Zusammenhang auch von A. MacIntyre (1970) 167 expliziert.
33) L. Wittgenstein (1971) § 123; § 124
34) D. Z. Phillips (1965) 10
35) Die bloße Bekundung des Nichtverstehens prägt vor allem die Replik von Phillips auf Kritik von Hick und Palmer; vgl. Phillips (1970) 62-76 (deutsch: Dalferth (1974) 247-257)
36) Vgl. z. B. Phillips (1965) 4-11
37) Dieses Verdikt richtet Phillips u. a. gegen J. Hick, B. Mitchell, E. Mascall, I. T. Ramsey; vgl. ders. (1970) 123-145
38) J. Ratzinger (1973) 148f
39) D. Z. Phillips (1970) 108; zitiert nach der Übersetzung von Dalferth (1974) 258-282
40) K. Nielsen (1967) 208
41) Zum folgenden vgl. Phillips (1965) 115-121; ders. (1970) 98-110
42) Ähnliche Einwände formuliert R. T. Allen (1971); zur Theologie des Gebets vgl. J. Ratzinger (1973) 119-132
43) D. Z. Phillips (1965) 121
44) Ebd. 67
45) Vgl. ders. (1970) 77-110
46) Ebd. 100
47) Ebd. 98f
48) Ebd. 98
49) Vgl. hierzu W. H. Austin (1976) 82-91; die hier kritisierte Position wird auch in den jüngsten Äußerungen von Phillips zum Thema nicht aufgegeben. Vgl. ders. (1976a)
50) D. Z. Phillips (1970) 98
51) Eine solche Neuformulierung versucht z. B. H. Krings (1970)
52) D. Z. Phillips (1965) 22
53) Ebd. 14
54) J. Hick (1973) 29. Dieses Argument stammt aus der Auseinandersetzung um den Gottesbeweis Anselms, welche anläßlich sprachanalytischer Interpretationen in der angelsächsischen Religionsphilosophie engagiert geführt wurde. Vgl. dazu J. Hick (1976) 84-100; bes. 91f; vgl. auch die umfangreiche Bibliographie zu diesem Thema ebd. 136-146

55) D.Z.Phillips (1970) 158
56) Ders. (1965) 149
57) Zum Wahrheitsproblem vgl. K.Füssel (1975). Diese Arbeit zeichnet eindrucksvoll die Entwicklung der Diskussion um den Wahrheitsbegriff nach. Sie verzichtet leider auf eine Auseinandersetzung mit Phillips, dessen Konzeption auch als Version eines konsenstheoretisch-pragmatischen Wahrheitsbegriffs gelesen werden kann. Eine konsenstheoretische Fundierung und pragmatische Explikation des Wahrheitsbegriffs in der Theologie muß sich auch daran bemessen lassen, wie konsequent sie sich von der Position Phillips abzusetzen vermag.
58) D.Z.Phillips (1970) 123-145. In fast gleichlautenden Formulierungen werden diese Argumente in der Veröffentlichung von Phillips über den religionsphilosophischen Ansatz von I.T.Ramsey wiederholt; vgl. ders. (1976)
59) Ders. (1970a) 55
60) Ders. (1970) 134
61) Ders. (1970a) 55
62) Vgl. dazu die Ausführungen über Glaube und Glaubensverlust: Phillips (1970) 111-122, bes. 117f
63) J.Habermas (1973) 167
64) D.Z.Phillips (1970) 90
65) Vgl. ders. (1965) 10
66) Vgl. ebd. 24f; ders. (1970) 70f, 124
67) Zu dieser entstellenden Parallele vgl. P.S.Sherry (1972a) 21f
68) D.Z.Phillips (1970) 90
69) Ders. ebd. 90
70) Ders. ebd. 92
71) Vgl. ebd. 128f
72) Vgl. ebd. 81
73) Vgl. W.Pannenberg (1972) 16; J.Ratzinger (1971) 17-19
74) B.Mitchell (1972a) 184
75) Vgl. z.B. W.P.Alston (1964) 103-106; K.Ward (1974)
76) Dies ist deutlicher als von anderen Kritikern von P.Helm herausgestellt worden: "... die 'grammatischen' Feststellungen, die Phillips über die Hoffnung trifft, oder über einen religiös angemessenen Gottesbegriff oder über das Schweigen Gottes ... beruhen auf einer a priori Ansicht darüber, wie religiöse Äußerungen und Tätigkeiten aussehen müssen" (P.Helm (1973) 51).

III A Glaube und Glaubensbegründung bei Thomas von Aquin

1) Auf die mit dieser Formulierung gegebene Verengung paulinischer Glaubenstheologie weist G.Muschalek hin; vgl. ders. (1968) 21f
2) Vgl. Thomas von Aquin, S.th. II II 4.1; Die Haupttexte des Thomas zur Glaubenstheologie sind S.th. II II 1-16; De Veritate q. 14 und III Sent., dist. 23-25. Einen textsynoptischen Vergleich bietet T.W.Guzie (1965). Wir stützen uns in erster Linie auf die Texte der Summa. Längere Zitate werden in den Anmerkungen im Wortlaut der deutschen Ausgabe der Summa aufgeführt.

3) "Der Glaube ist ein Gehaben des Geistes, mit dem das ewige Leben in uns beginnt, und das den Verstand dahin bringt, solchem beizustimmen, was er nicht sieht." S.th. II II 4.1
4) S.th. II II 1.1
5) Zur Unterscheidung zwischen natürlichen und gotthaften oder theologischen Tugenden sowie zur Problematik des Begriffs des habitus vgl. T. Penelhum (1977) 135ff
6) S.th. II II 2: "De actu interiori fidei"; II II 3: "De exteriori actu fidei"
7) "Denn das äußere Aussprechen ist darauf ausgerichtet, das, was im Herzen gedacht wird, kundzutun." S.th. II II 3.1
8) S.th. II II 6.1
9) S.th. II II 2.1: "Utrum credere sit cum assensione cogitare"
10) A. Lang (1962) 29
11) Zum Einfluß der Aristoteles-Rezeption auf theologische Fragestellungen vgl. A. Lang (1962) 15-52, 72-76; W. Betzendörfer (1931) 145ff; H. Lang (1929) 1-18; G. Muschalek (1968) 25f
12) Zum aristotelischen Begriff des Wissens informiert sehr klar H. Stachowiak (1971); vgl. auch J. Hirschberger (1965) 161-185
13) "Die im Wissen gegebene Beistimmung aber unterliegt nicht freier Entscheidung, denn der Wissende sieht sich durch die Durchschlagskraft der Beweisführung zur Beistimmung genötigt." S.th. II II 2.9 ad 2
14) Vgl. S.th. II II 1.4
15) "... im Wesen des Meinens aber liegt es, daß man von dem Gemeinten annimmt, es könne sich auch anders verhalten." S.th. II II 1.5 ad 4
16) "... der Verstand gibt seine Zustimmung zu etwas, nicht weil er von dem Gegenstand als solchem hinreichend bewegt würde, sondern vermöge einer Wahlentscheidung, die sich willentlich mehr nach der einen als nach der anderen Seite wendet." S.th. II II 1.4
17) Vgl. S.th. II II 4.1
18) "Glaube aber ist unmittelbar ein Akt des Verstandes, denn der Gegenstand dieses Aktes ist das Wahre, das in ausgesprochener Weise dem Verstande zugehört." S.th. II II 4.2
19) "Der Akt aber, der Glauben heißt, besagt festes Anhangen an eine Seite, worin der Glaubende mit dem Wissenden und dem Einsehenden übereinkommt. Und dennoch ist seine Erkenntnis noch nicht vermöge einsichtiger Schau vollkommen, worin er übereinstimmt mit dem Zweifelnden, dem Vermutenden und dem Meinenden." S.th. II II 2.1
20) Vgl. S.th. II II 2.1
21) "Der Verstand des Glaubenden wird nicht durch die vernünftige Beweisführung, sondern durch den Willen in einer Richtung festgelegt. Demnach steht hier Beistimmung für den Verstandesakt, insofern dieser vom Willen auf eines hin festgelegt wird." S.th. II II 2.1 ad 3
22) "Der Akt des Glaubens aber ist auf den Gegenstand des Willens, welcher das Gute ist, als auf sein Ziel hingeordnet." S.th. II II 4.3
23) "Der Akt des Glaubens aber ist das Fürwahrhalten, das ein Akt des Verstandes ist, der auf Geheiß des Willens auf Eines hin bestimmt ist. So hat also der Glaubensakt eine Hinordnung einerseits auf den

Gegenstand des Willens, der das Gute und das Ziel ist, andererseits auf den Gegenstand des Verstandes, der das Wahre ist. (der Glaube) ... hat das nämliche zum Gegenstand und zum Ziel." S.th. II II 4.1

24) "Der Wille kann aber nur unter Voraussetzung irgendwelcher Wahrheitserkenntnis in rechter Weise auf das Gute hingeordnet sein, denn Gegenstand des Willens ist das erkannte Gute." S.th. II II 4.1

25) S.th. I 2.1 ad 1

26) S.th. I 2.1 ad 1

27) J. Alfaro (1957) 249

28) S.th. II II 10.1 ad 1

29) "... wohl aber liegt es in der menschlichen Natur, daß das Denken des Menschen dem inneren Antrieb und der äußeren Verkündigung der Wahrheit nicht widerstrebe." S.th. II II 10.1 ad 1; zum Begriff des Glaubensinstinkts bei Thomas vgl. M. Seckler (1961)

30) "... es ist aber nötig, daß der Wille des Menschen von Gott durch die Gnade dazu bereitet wird, um sich zu dem zu erheben, was über die Natur hinausgeht." S.th. II II 6.1 ad 3

31) "Da nämlich der Mensch, indem er dem beistimmt, was des Glaubens ist, über seine Natur hinausgehoben wird, so muß dies in ihm notwendig auf Grund eines übernatürlichen Wirkgrundes geschehen, der ihn innerlich bewegt, und dies ist Gott. Demnach stammt der Glaube hinsichtlich der Beistimmung, welche der ausschlaggebende Akt des Glaubens ist, von Gott, der innerlich durch die Gnade dazu bewegt." S.th. II II 6.1

32) S.th. II II 6.1

33) "Das Erkannte ist im Erkennenden nach der Weise des Erkennenden. Es ist aber die eigentümliche Weise menschlichen Verstehens, daß es durch Zusammenfügen und Trennen die Wahrheit erfaßt." S.th. II II 1.2

34) "... von der Seite des Glaubenden her ... ist der Glaubensgegenstand etwas Zusammengesetzes nach Art einer Aussage." S.th. II II 1.2

35) Die Bestimmungen des Begriffs des Glaubensartikels finden sich in S.th. II II 1.6 bis 1.10; eine zusammenfassende Darstellung und Interpretation bietet A. Lang (1942/43).

36) A. Lang (1962)

37) Ders. ebd. 38

38) Vgl. S.th. II II 7.2

39) Vgl. S.th. II II 2.10; Vor diesem Hintergrund wird auch die Bestimmung der Theologie als scientia subalternata verständlich. Vgl. hierzu: S.th. I 1, bes. die articuli 2 bis 8.

40) "... der Glaube ist gewisser ... denn der Glaube stützt sich auf die göttliche Wahrheit." S.th. II II 4.8

41) S.th. II II 1.5

42) S.th. II II 1.5

43) Das schlüssig Beweisbare wird unter das zu Glaubende gerechnet, nicht weil sich darauf bei allen der Glaube schlechthin bezieht, sondern weil es vorgefordert ist für das, was (an sich) unter den Glauben fällt und wenigstens glaubensmäßig von solchen im voraus angenom-

men werden muß, die den Beweis dafür nicht zu eigen haben." S.th. II II 1.5 ad 3
44) Vgl. S.th. II II 2.4; S.th. I 1.1
45) Zur theologiegeschichtlichen Entwicklung des Begriffs der praeambula fidei vgl. G.Muschalek (1957)
46) S.th. I 2.2 ad 1
47) Vgl. hierzu A.Lang (1962) 99
48) Ebd. 58
49) Vgl. S.th. I 1.8
50) "(Die Gründe) räumen nur Hindernisse des Glaubens hinweg, indem sie zeigen, es sei nicht unmöglich, was im Glauben vorgelegt wird." S.th. II II 2.10 ad 2
51) Vgl. S.th. I 1.8
52) "Sollte aber der Gegner die göttliche Offenbarung im Ganzen ablehnen, so bleibt uns keine Möglichkeit, die Glaubensartikel irgendwie zu begründen; wir können nur noch versuchen, die Gründe zu entkräften, die der Gegner etwa gegen den Glauben vorbringt." S.th. I 1.8
53) "... der Autoritätsbeweis, der sich auf die göttliche Offenbarung stützt, ist von allen der durchschlagendste." S.th. I 1.8
54) "Das, was dem Glauben unterliegt, kann auf doppelte Weise in Betracht gezogen werden. Einerseits in seiner Besonderheit, und so kann es ... nicht in einem geschaut und geglaubt sein. Andererseits in einem allgemeinen Bezug, nämlich unter dem allgemeinen Begriff des Glaubwürdigen. Und auf diese Weise wird es von dem, der glaubt, gesehen; denn er würde nicht glauben, wenn er nicht sähe, daß hier geglaubt werden muß, entweder dank der Einsichtigkeit der Zeichen oder vermöge irgendetwas dergleichen." S.th. II II 1.4 ad 2
55) A.Lang (1962) 159
56) Vgl. die Erörterung des Wunderbeweises bei A.Lang, ebd. 114-119; dort auch viele Stellenangaben.
57) Vgl. S.th. II II 5.2 ad 1
58) S.th. II II 5.2
59) "der Verstand des Zuschauers würde auf Grund dieses Zeichens genötigt zu erkennen, daß jene Aussage offensichtlich von Gott stammt, der nicht die Unwahrheit sagt." S.th. II II 5.2
60) "... der Verstand wird zu dem Urteil genötigt, es sei zu glauben, was (ihm) gesagt wird, auch wenn er nicht durch die Einsicht in den Sachverhalt dazu genötigt wird." S.th. II II 5.2
61) A.Lang (1962) 184
62) Vgl. ebd. 154-158
63) J.Hick (1974) 12f; vgl. das ganze Kapitel zum thomistisch-katholischen Glaubensbegriff 11-31
64) Vorsichtig und differenziert wird dies von Penelhum (1977) geäußert, sehr nachdrücklich von Muschalek (1968) 36, Anm. 48
65) G.Muschalek (1968) 30
66) O.H.Pesch (1967) 722
67) Der von Pesch angesprochene Text ist S.th. I II 113.4; vgl. Pesch (1967) 732ff

68) Ders. ebd. 722
69) Ebd. 734
70) Ebd. 733
71) St. Pfürtner (1961) 62
72) Ebd. 58f
73) Ebd. 75
74) Vgl. ebd. 73ff; die betreffende Textstelle: S.th. II II 4.8
75) Vgl. ebd. 82ff
76) M. Seckler (1961) 71, 73
77) Ebd. 103
78) Ebd. 102
79) Ebd. 155
80) Ebd. 156; vgl. 261

III B Die Position von J. Hick

1) Zur Position Hicks informieren kritisch: W.H. Brenner (1971); J.H. Gill (1971); P. Helm (1973) 140-164. Biographische Angaben und Information zum theologischen Werdegang Hicks finden sich in ders. (1974) V-VII
2) J. Hick (1974); Erstauflage 1957; revidierte Fassung 1967, Taschenbuchausgabe mit neuem Vorwort 1974. Die im Text angegebenen Seitenzahlen beziehen sich auf dieses Buch, Ausgabe 1974.
3) J. Hick (1969) 51
4) Ebd. 55
5) Ders. (1973) 39
6) Vgl. ebd. 45
7) Ebd. 46f
8) Ebd. 42
9) Ebd. 8
10) Ebd. 8
11) Ebd. 14
12) Ebd. 17
13) Ebd. 24
14) Ebd. 25
15) Hick entwickelte dieses Konzept erstmals in der Erstauflage von 'Faith and Knowledge' und in dem 1960 erschienenen Artikel 'Theology and Verification' (deutsch: Dalferth (1974) 146-166); eine Auseinandersetzung mit den wichtigsten Stellungnahmen wurde der Neuauflage von 'Faith and Knowledge' eingefügt (193-199), einige Verdeutlichungen auch im Vorwort (1974) VI-VIII. Jüngst hat Hick noch einmal zu der gesamten Debatte Stellung genommen (1977); dort auch die umfangreichste Bibliographie zu diesem Thema. Die aufschlußreichste Diskussion zur Frage der eschatologischen Verifizierbarkeit führten K. Nielsen (1963); (1965); G.J. Mavrodes (1964) und J.C.S. Wernham (1967).
16) Dieses Problem wird von Hick durchaus gesehen; er hält an dem Kriterium fest, da es seine Funktion erfülle, ohne daß eine definitive For-

17) mulierung des Kriteriums vorausgesetzt werden müsse; vgl. Hick (1977) 192f
17) Vgl. A. Olding (1970)
18) R. M. Hare hat sich in diesem Sinn geäußert. Er bestreitet nicht die Möglichkeit, sinnvolle Aussagen über ein Leben nach dem Tod zu bilden, lehnt die Vorstellung selbst jedoch ab: "Ich glaube, daß diese Aussage sinnvoll, aber unglaublich ist." R. M. Hare (1973) 419
19) Vgl. J. Hick (1977)
20) Vgl. ders. (1976)
21) A. MacIntyre (1970) 199
22) "Es gibt in der Tat keine logischen Gottesbeweise, und wenn es sie gäbe, würden sie tatsächlich die Möglichkeit einer freien Glaubensantwort ... ausräumen." J. Hick (1966) 241
23) J. Hick (1971) 78
24) Vgl. ders. (1976) 109, 116
25) Vgl. ebd. 102, 114f, 120f, 151ff
26) Hick geht von einem bestimmten Begriff der Ganzheit aus, ohne diesen jedoch über die Konkretisierung bezüglich seiner Begründbarkeit hinaus näher zu erörtern. Eine solche Reflexion scheint theologisch unerläßlich. Die Scholastik z. B. suchte mittels der Lehre von den Transzendentalien die Einheit der Wirklichkeit auszusagen. Pannenberg erreicht diesen Ausgriff auf Totalität durch bedeutungstheoretische und geschichtsphilosophische Überlegungen; vgl. ders. (1973) 70ff u. ö.; vgl. auch K. Krenn (1976)
27) J. Hick (1970) 103
28) Vgl. die ersten Artikel in Hick (1973)
29) J. W. Robbins (1974) 113
30) Ebd. 110
31) Ebd. 109
32) Vgl. J. Hick (1976) 113
33) Hick gibt für diese These eine theologische Begründung: Damit im Glauben die Freiheit des Menschen gewahrt bleibe, müsse "Gott deus absconditus sein" ders. (1974) 135. Über die Stimmigkeit dieses Arguments und seine theologische und erkenntnistheoretische Entfaltung hat eine längere Diskussion stattgefunden: vgl. die Stellungnahmen D. F. Henze (1967); D. R. Duff-Forbes (1969); B. Miller (1972); P. Helm (1973) 140-164; - Die Stellungnahmen Hicks finden sich in ders. (1967), (1971).
34) Vgl. Hick (1976) 110; ders. (1969) 55; ders. (1967) 273; ders. (1977) 198f
35) Vgl. ders. (1976) 110
36) Ebd. 110
37) Vgl. C. D. Rollins (1967); D. W. Hamlyn (1970) 215ff
38) B. Mitchell (1973) 109

III C Die Position von D. Allen

1) R. Spaemann (1972) 58
2) M. Horkheimer (1967) 173
3) H. U. von Balthasar (1963) 35
4) D. Allen (1968) XIII
5) D. Allen (1968); die im Text angegebenen Seitenzahlen beziehen sich auf dieses Buch.
6) M. Scheler (1954) 351f
7) Ebd. 352
8) N. Luhmann (1972) 22
9) Ebd. 22
10) Das Referat der Auffassungen Allens bei F. McLain verzeichnet dessen Position, da sie der Sprachspieltheorie unterschiedslos zugerechnet wird; vgl. F. M. McLain (1969) 29ff
11) vgl. eine ähnliche Argumentation bei McLain, ebd. 35ff
12) S. Kierkegaard, Einübung im Christentum, 41f
13) Augustinus, Confessiones IX, 1.1
14) Ders. ebd. IX, 6.14

III D Theopoiesis und narrative Vergewisserung des gläubigen Selbst

1) Dies bestätigt die Übersicht über deutschsprachige Veröffentlichungen zum Thema von B. Wacker (1977). Die bislang einzige deutsche Studie, die sich nicht in "nur einleitenden Bemerkungen, Ermunterungen, kleinen Apologien" (ebd. 8) erschöpft, sondern sich den mit einer "narrativen" Theologie thematisierten Grundlagenproblemen stellt, ist m. W. die Arbeit von F. Platzer (1976); sie wird von Wacker allerdings nicht berücksichtigt. Eine kurze bibliographische Übersicht zu amerikanischen Publikationen findet sich bei G. W. Stroup III (1975/76); der Informationsgehalt bleibt jedoch gering. Einen recht informativen Einblick in die Entwicklung dieser Theologie in Amerika vermittelt J. B. Wiggins (1975a). Herrn Prof. Wiggins danke ich für Literaturhinweise.
2) W. M. McClendon (1974) 13
3) M. Novak (1965) 40f; vgl. ebd. 16
4) Vgl. ders. (1965) 33-44; ders. (1971a)
5) Ders. (1971a) 8
6) zitiert bei McFague TeSelle (1975) 11
7) R. Musil, Der Mann ohne Eigenschaften, 555f; unter zeitgenössischen Schriftstellern könnte man ähnliche Äußerungen bei P. Handke, G. Wohmann u. a. finden. Vgl. z. B. die Rede von P. Handke anläßlich der Verleihung des Büchnerpreises, in: Handke (1974).
8) Diesen oder einen ähnlichen Ansatz verfolgen Ch. E. Winquist (1974); St. Crites (1971). Zu nennen sind in diesem Zusammenhang auch die nichttheologischen Arbeiten F. Kermode (1967); J. Olney (1972)
9) Hier sind zu nennen: S. McFague TeSelle (1975); dies. (1975/76) R. McAfee Brown (1975/76); J. B. Wiggins (1975/76)

10) Diese Themen werden aufgegriffen von J. S. Dunne (1975); D. B. Burrel (1974); J. B. Metz (1976); J. Wm. McClendon (1974)
11) Ein Streit um diese Frage hat sich vor allem an dem Buch von M. Novak (1971) entzündet. Vgl. dazu R. E. Crouter (1972) und die Replik von Novak (1972).
12) Vgl. dazu das Heft "Literatur und Theologie" Concilium 5, 1976; ebenso: W. G. Doty (1975); G. B. Gunn (1975)
13) Die exegetische Diskussion um den Charakter der biblischen Geschichten lassen wir hier unberücksichtigt. Zur umfangreichen Literatur vgl. die Hinweise bei G. W. Stroup III (1975/76); G. Lohfink (1974); J. D. Crossan (1973); H. Frei (1974)
14) J. B. Metz (1976) 311
15) Ebd. 311
16) Ebd. 311
17) Vgl. ebd. 313; ders. (1972a) 402
18) Ders. (1973) 334; Die im Text angegebenen Seitenzahlen beziehen sich auf diesen Artikel.
19) F. Kermode (1967) bes. Kapitel 2 und 3; den Einfluß dieses Buches bestätigen explizit Crites (1971); TeSelle (1975).
20) Es ist charakteristisch, daß auch Weinrich mit einer Kritik des theologischen Wahrheitsverständnisses einsetzt; vgl. ders. (1973) 330.
21) Zur Symbolverwendung in erzählender Literatur vgl. z. B. B. Hardy (1975) X
22) J. B. Metz (1972a) 403
23) T. Koch (1974) 16; zu den folgenden Aussagen vgl. die prägnanten Ausführungen Kochs in diesem Artikel. Zum Thema 'Leiden' vgl. auch N. Schiffers (1972a)
24) Vgl. M. Buber (1949), bes. Vorwort und Einleitung
25) K. Stierle (1973) 351; Ein Blick in diesen Sammelband mit Beiträgen von Philosophen, Sprachwissenschaftlern und Historikern gibt Aufschluß darüber, wie wenig die Grundbegriffe 'Ereignis', 'Erzählung', 'Geschichte' usw. geklärt sind.
26) B. Hardy (1975) X
27) Vgl. Kellogg-Scholes (1972) 12-15; 106ff
28) Ebd. 241
29) Vgl. dazu ausführlich ebd. 242-282
30) Th. W. Adorno (1958) 62
31) J. B. Metz (1972a) 402
32) Vgl. Augustinus, Confessiones IV, 5; - Bei Dostojewski heißt es: "Mir schien, als bohre sie absichtlich in ihrer Wunde herum und empfinde ein Verlangen hiernach - das Bedürfnis nach Verzweiflung, nach Leiden ... und das ist häufig der Fall bei einem Herzen, das viel verloren hat." F. M. Dostojewski, Die Erniedrigten und Beleidigten, Teil 4, Kapitel 5
33) Vgl. P. Szondi (1973) 25-46
34) F. M. Dostojewski a. a. O. Teil 1, Kapitel 15
35) T. Koch (1974) 19
36) J. B. Metz (1973/74) 392

37) Ebd. 392
38) Ebd. 394
39) Ebd. 394
40) Ebd. 394
41) Ders. (1972a) 401
42) Ebd. 401
43) Ebd. 403
44) Die Analysen von G. Bauer (1976) sind von exegetischer Sorgfalt, gewinnen aber nicht die Distanz, dieser Probleme gewahr zu werden; vgl. ebd. 225-253
45) Vgl. dazu K. Lehmann (1973/74)
46) J. B. Metz (1976) 312
47) Ebd. 311
48) Ebd. 313
49) Vgl. St. Crites (1971); die im Text angegebenen Seitenzahlen beziehen sich auf diesen Aufsatz.
50) Vgl. J. Splett (1967) 43ff
51) St. Crites (1975) 52
52) Es erstaunt, daß im angelsächsischen Raum bislang kaum Impulse von der Geschichtstheologie ausgegangen sind, eine narrative Theologie zu konzipieren; zu diesem Thema vgl. F. Platzer (1976).
53) S. McFague TeSelle (1975); Eine Kurzfassung der Aussagen dieses Buches enthält der Artikel TeSelle (1974); vgl. auch dies. (1975/76). D. C. Noel (1975) unternimmt eine im wesentlichen positive Würdigung der Konzeption TeSelles. - Die Seitenangaben im Text beziehen sich auf TeSelle (1975).
54) E. Jüngel (1974) und P. Ricoeur (1974) entwickeln ihre Auffassung vom Begriff der Metapher in kritischer Absetzung zum traditionellen Verständnis.
55) Ähnliche Bedenken äußert D. C. Noel (1975) 780; E. Jüngel thematisiert dieses Problem in der angemessenen Weise, wenn er bemerkt, daß für eine metaphorische Theologie "die Vertrautheit mit Gott erst hergestellt werden muß" (ders. (1974) 114). Wenn er daraus die Konsequenz zieht, man werde es "folglich darauf ankommen lassen müssen, daß Gott selbst menschliche Vertrautheit mit sich ermöglicht" (ebd. 115), löst diese Auskunft aber nicht das hier aufgeworfene Problem. Denn die Erkenntnis, daß Gott diese "Vertrautheit" ermöglicht hat, ist gegenüber dem von metaphorischer Erkenntnis unterschiedenem Vorwissen nachträglich.
56) J. B. Wiggins zieht in diesem Zusammenhang die Archetypenlehre von C. G. Jung heran; vgl. ders. (1975/76). - Wenn gewisse Bilder von archetypischer Wirksamkeit sind, können sie nicht in dem von TeSelle ausgeführten Sinn kontextdependent sein. Daher ergibt sich beim Verständnis der Metaphern ein anderer Ausgangspunkt.
57) Charakteristisch in dieser Hinsicht ist leider auch Metz. Der Kritik Wittgensteins am Kantschen Begriff des Selbstbewußtseins zugunsten einer Auffassung vom Selbst, das seine Einheit narrativ zur Geltung bringt, wird zugleich die Legitimationslast für den "kognitiven Pri-

mat erzählter Erinnerung" zugeordnet, ohne auch nur anzudeuten, wie sich die Einheit des Selbst unter diesen Voraussetzungen bilden könnte. Vgl. J.B.Metz (1973/74) 394f
58) D. Henrich (1973) 457
59) H. Blumenberg (1974) 158
60) Vgl. dazu W.Schulz (1974) 257ff, 384ff; W. Becker (1972) 45ff
61) W. Schulz (1974) 257
62) Vgl. ebd. 260
63) J.S. Dunne (1975)112
64) Vgl. ebd. 79
65) K.H. Haag (1972) 3f
66) Vgl. J.S. Dunne (1975) 113
67) Zur Komplexität dieses Problems vgl. L. B. Puntel (1976)
68) M. Novak (1970) 1
69) Vgl. ebd. Kapitel 1,2,4
70) Ebd. 12
71) Ebd. 27
72) Ebd. 45; vgl. 44-51
73) Ebd. 45
74) Ebd. 94
75) Ebd. 52f
76) Vgl. ebd. 61
77) Ebd. 58
78) Gleichwohl beeindrucken die kulturkritischen Ausführungen Novaks. Der Gedanke, ethische Wertskalen als 'Mythen' durchschauen zu können und schon dadurch die Bereitschaft zu ihrer Revision zu erzeugen, ist ein ständig wiederkehrendes Motiv seiner Überlegungen. Daß aber sein Entwurf der ethischen Normierung politischen Handelns dazu neigt, in einen Relativismus abzusinken, wird deutlich in einer Diskussion, die Novak mit anderen Autoren über die Ethik politischen Handelns geführt hat. Vgl. M. Novak (1970a)
79) Dies ändert sich auch nicht, wenn Wertvorstellungen als 'stories' formuliert werden. Vgl. M.Novak (1970a); ders. (1971) 60ff
80) M. Novak (1970) 55
81) Ebd. 87
82) Vgl. ebd. 86ff; ders. (1971) 2, 45ff; ders. (1971a) 24ff
83) Ders. (1971) 46
84) Ders. (1970) 87
85) Ders. (1971) 53
86) Zwar ist zuzugestehen, daß es einen allgemein akzeptierten Handlungsbegriff nicht gibt, wie z.B. ein Blick auf die Grundlagendiskussion in der Soziologie beweist; vgl. Habermas (1970) 71-308 . Aber der Handlungsbegriff bei Novak bleibt derart vage, daß sich das Gemeinte nur schwer eruieren läßt.
87) A. Pieper (1973/74) 734; Vgl. Ch.Winquist (1974) 102; Durch eine andere Überlegung gelangt H.Arendt (1960) zu der gleichen Auffassung; vgl. ebd. 164ff
88) Vgl. H.Seiffert (1970) 41

89) Vgl. A. Pieper (1973/74); D. Henrich (1973)
90) M. Novak (1971) 55
91) Vgl. D. Henrich (1973) 458. - Auch Soziologie und Sozialpsychologie behaupten beim Identitätswandel dauernde und sich durchhaltende Beziehungen zu den verschiedenen Bereichen der soziokulturellen Umwelt. Diese Beziehungen werden nicht allesamt abgebrochen; darum kann Identität nicht erfunden oder arbiträr erzeugt werden. Vgl. J. Habermas (1974) 27f; E. H. Erikson (1975) 36f; Einschränkende Formulierungen finden sich aber bei Novak (1971) 60.
92) M. Novak (1971) 60
93) Vgl. ebd. 60ff
94) Zur Abhebung der Identitätsbeziehung von objektivierten Denkinhalten vgl. M. Heidegger (1957)
95) Ein bedenkenswertes Beispiel solcher Auseinandersetzung liefert Novak selbst in seinem Buch (1965).
96) Vgl. z. B. J. Wm. McClendon (1974); M. Novak (1965) 9-13
97) J. S. Dunne (1973); (1975)
98) Ders. (1975) 2; die Seitenangaben im Text beziehen sich auf dieses Buch.
99) Die These, der Mensch könne seinen Tod nicht erfahren und darum sei es nicht möglich, Aussagen über den Tod zu machen, wird heute vor allem von P. Edwards vorgetragen; Vgl. z. B. ders. (1976a) bes. 417
100) Eine behutsame und klare Analyse der antizipierten Todeserfahrung findet sich bei P. L. Landsberg (1973)
101) Zu C. G. Jung vgl. Dunne (1975) 132-134; 161-164; zur Abgrenzung gegenüber dessen Theorie der 'anima': 172-176
102) Den Begriff der 'mitleidenden Liebe' expliziert Dunne als gemeinsames Element der Weltreligionen; vgl. (1975) 176, 194
103) Vgl. demgegenüber die Ausführungen über religiöse Erfahrung bei M. Novak (1971a)
104) J. Wm. McClendon (1974)
105) Diese geforderte Erneuerung begreift er als Moment eines umfassenden Einstellungswandels, den er an neuen Entwicklungen in der Ethik zu belegen sucht (vgl. Kapitel 1: 'An Ethics of Character'). Wie weit ähnliche Ansätze auch im deutschen Sprachraum noch von einer stimmigen Grundlegung der Ethik entfernt sind, läßt sich an den Ausführungen von D. Mieth (1975) beobachten.
106) Vgl. McClendon (1974) 32ff
107) Der Terminus 'Erzählgemeinschaft' wird von Metz und Weinrich verwendet. Auf die Problematik dieses Ausdrucks macht aufmerksam: E. Rau (1975)
108) McClendon (1974) 35
109) R. Pascal stellt dieses Merkmal in seiner faszinierenden Studie über die Biographie so heraus: "Die Wahrheit einer Biographie liegt im Aufbau einer Persönlichkeit mit Hilfe der Bilder, die sie sich von sich selbst macht, die ihre Art, die Außenwelt aufzunehmen und auf sie zu reagieren, verkörpern, und in jedem Augenblick und im Fortgang vom Vergangenen zur Gegenwart aufs innigste aufeinander bezogen und miteinander verbunden sind." (1965) 221.

110) Vgl. die erörterten Aussagen von Novak; zudem: J. Habermas (1973) 162
111) M. Horkheimer (1967) 124
112) A. Gehlen (1957) 115
113) Vgl. J. Splett (1972) 226f
114) Vgl. R. Pascal (1965) 208ff
115) Vgl. McClendon (1974) 178; dem kommen die Aussagen Rahners bemerkenswert nahe: vgl. ders. (1967) 111-126
116) Vgl. McFague TeSelle (1975) 145-183
117) McClendon (1974) 110
118) "Glaube darf nicht eine Stunde alt sein! Das ist es!" - R. Musil, Der Mann ohne Eigenschaften, 755
119) T. Koch (1975) 136
120) N. O. Brown, zitiert bei W. C. Shepherd (1974) 81
121) Diese Tendenz ist auch an der zur Zeit vor allem in Amerika betriebenen Auseinandersetzung mit den Schriften des Anthropologen Castaneda nicht zu übersehen. Der mit "Don Juan" vorgestellte Menschentyp ist hilfsbereit, doch fehlt ihm das Empfinden für echte Solidarität. Er nimmt Probleme und Belange anderer Menschen wahr, aber er kann sich diesen selbst nicht mitteilen - ihn umgibt eine Atmosphäre heroischer Einsamkeit. Vgl. C. Castaneda (1973); (1974)

IV A Zur Auflösung des Begründungsproblems im kritischen Rationalismus

1) H. Albert (1975) 13; Diese dritte Auflage enthält ein Nachwort (183-210), in dem Albert zu inzwischen veröffentlichter Kritik Stellung nimmt.
2) Ebd. 14
3) Ebd. 18
4) Ebd. 30
5) Ebd. 35
6) Ebd. 43
7) Ebd. 6
8) Ebd. 35
9) K. R. Popper (1973)
10) Ders. ebd. 72, Anm.
11) Ebd. 5
12) Vgl. z. B. H. Peukert (1976) 110-121; J. Mittelstraß (1974) 57ff C. F. Gethmann (1975)
13) H. Albert (1975) 39; vgl. 52
14) Ebd. 41; vgl. 27f, 51ff, 60f, 91-97; ders. (1976) 45ff
15) K. R. Popper (1973) 50ff
16) J. Mittelstraß (1974) 57ff
17) H. Albert (1976) 44
18) Ders. (1975) 33
19) Dieser Vorwurf wird von Peukert ebenfalls gegen Popper erhoben und als Spannung zwischen Konventionalismus und Realismus expliziert. Vgl. ders. (1976) 119f. Eine ähnliche Auffassung vertritt auch Mittelstraß; die Erwartung der Approximation an die Wahrheit

sei "ein bloßer Glaube" (61), da er sich nur auf zufällige, "gerade geltende Annahmen" (60) stützen könne (Mittelstraß (1974)). Albert hat solche Einwände zur Kenntnis genommen, hält aber an der "Idee der Approximation an die Wahrheit fest" (1976) 44; vgl. 52.
20) Vgl. R. Haller (1974) 112
21) H. Albert (1975) 188; ebenso wird informiert, die Vertreter der Erlanger Schule seien "implicite zum Fallibilismus übergegangen" ebd. 199; vgl. 191.
22) Vgl. G. Ebeling (1973) 21f
23) H. Albert (1975a) 122
24) Ders. (1975) 14
25) Ebd. 43
26) Ebd. 43
27) Vgl. Th. S. Kuhn (1973); dazu: die Textsammlungen I. Lakatos/A. Musgrave (1974) sowie W. Diederich (1974)
28) Vgl. I. Lakatos (1974) 89-128; ob dies noch als eine Position des kritischen Rationalismus gelten kann, ist umstritten. Vgl. dazu J. Agassi (1973) 396
29) W. Stegmüller (1974) 174; Stegmüller formuliert seine Ablehnung des Falsifikationsprogramms von Popper sehr scharf: Das Programm sei hinsichtlich seiner Forderungen nicht mehr kritisch, sondern eher "überspannt" (193). - "Eine Verwirklichung der rationalistischen Forderungen dürfte einen entscheidenden Beitrag nicht zur Optimalisierung, sondern zur Auslöschung der Naturwissenschaften auf diesem Planeten führen" (204).
30) Es ist bezeichnend, daß Albert einer ausführlicheren Auseinandersetzung mit den Thesen Kuhns bislang aus dem Wege ging. Die Provokation, die sie seiner Position gegenüber bedeuten, wurde von Albert in der ersten Auflage seines "Traktats über kritische Vernunft" nicht problematisiert. Im Nachwort zur 3. Auflage kritisiert er an Kuhn einen 'Rest von Soziologismus' (199f), ebenso in (1976) 52, ohne aber ein Argument auch nur anzudeuten.
31) H. Albert (1975) 73
32) Ebd. 41
33) Ebd. 88
34) Ebd. 96
35) Ders. (1973) 32

IV B Die Bedeutung der Subjektivität für Erkenntnis und Begründung nach M. Polanyi

1) Vgl. K. O. Apel (1973) I, 12-22; dazu: H. Albert (1975a)
2) Ders. ebd. II, 102f
3) Ebd. 406
4) Vgl. dazu die Übersicht bei Peukert (1976) 67-205
5) J. Habermas (1973a) 369
6) Ebd. 242
7) Ders. (1968) 157

8) Ebd. 158
9) Ders. (1973a) 241
10) Ebd. 241
11) Ebd. 240f
12) Ebd. 240
13) Vgl. ebd. 404 (Nachwort)
14) Ebd. 405
15) Vgl. Th. Kisiel (1971); E. McMullin (1973/74); J. Agassi (1973); Polanyi nennt Autoren, deren Auffassungen den seinigen nahekommen, in: (1964) 7-19; Aus der Sekundärliteratur sind aufschlußreich die Beiträge in der Festschrift Langford/Poteat (1968). Vgl. auch die Dissertationen R. L. Gelwick (1965); R. Hall (1973); Musgrave (1968); K. H. Tiedemann (1971); D. Wiebe (1975).
16) Vgl. M. Polanyi (1969) 123
17) D. W. Hamlyn (1970) 176
18) M. Polanyi (1967) 6
19) Ders. (1969) 139; Vgl. zum folgenden R. Innis (1973)
20) M. Polanyi (1969) 139
21) Ebd. 140
22) Ebd. 113
23) Ebd. 147
24) M. Merleau-Ponty (1966) 239; vgl. dazu: K. H. Tiedemann (1971) 58f
25) M. Polanyi (1969) 183
26) Ebd. 183
27) Ebd. 184
28) Ebd. 126
29) Ebd. 115
30) Ders. (1958) 49; vgl. 49-65
31) Ebd. 49
32) Ebd. 50
33) Ders. (1969) 126
34) Ders. (1958) 54
35) Ebd. 55
36) Ebd. 59
37) Ders. (1967) 4
38) Ebd. 7
39) Ebd. 6
40) Ders. (1969) 144
41) Vgl. ebd. 194f
42) Vgl. Poteat (1968) 451ff
43) Polanyi (1967) X
44) Ders. Vorwort zur Torch-Book Edition von Personal Knowledge, zitiert bei R. Hall (1973) 28
45) Ders. (1969) 179
46) Ebd. 183
47) Ebd. 183
48) Vgl. z. B. K. O. Apel (1973) II 96ff
49) Vgl. O. F. Bollnow (1967) 185

50) W. Dilthey, Gesammelte Schriften VII, 213
51) Ebd. 214
52) Ebd. 214
53) Ders. Bd. VI, 313
54) Ders. Bd. VII, 139
55) H. G. Gadamer (1975) 209
56) Ebd. 209
57) Vgl. ebd. 218-228; vgl. J. Habermas (1973a) 223-233
58) M. Polanyi (1958) 112; - Die Seitenangaben im Text beziehen sich auf dieses Buch.
59) Vgl. dazu Abschnitt 4: Wahrheit, Geltung und Begründung, S. 301ff
60) R. Hall (1973) 172
61) K. Lorenz (1973/74) 222
62) L. B. Puntel (1973/74) 1651
63) Dies bedeutet nicht, daß die Idee der Korrespondenz aus dem Wahrheitsbegriff völlig getilgt werden müßte; vgl. A. R. White (1970); L. B. Puntel (1973/74)
64) A. Musgrave (1968) 134
65) Vgl. dazu die Übersicht bei White (1970) 99ff
66) P. F. Strawson (1968) 108
67) Ebd. 108
68) A. R. White (1970) 101
69) Vgl. A. C. Danto (1968)
70) A. R. White (1970) 109
71) Ebd. 86
72) Vgl. z. B. A. Musgrave (1968) 127-144; 308-337
73) L.B. Puntel (1973/74) 1655
74) Ebd. 1657
75) Ebd. 1658
76) Ebd. 1658
77) Vgl. ebd. 1654f; vgl. auch J. Habermas (1973b)
78) Vgl. Polanyi (1958) 138f, 193ff; ders. (1975) 42ff, 85-108
79) R. Hall (1973) 198

V Die Begründungsfähigkeit der religiösen Überzeugung

1) B. Mitchell (1973)
2) Ebd. 34f
3) Vgl. dazu die veranschaulichende Parabel ebd. 43ff
4) Vgl. ebd. 39-57
5) Grewendorf unterscheidet 9 Typen von Argumenten; vgl. ders. (1975) 18-23
6) Vgl. z. B. E. D. Hirsch (1972) 15-42; Grewendorf (1975) 72f
7) Grewendorf (1975) 72
8) Vgl. Hirsch (1972) 215
9) B. Mitchell (1973) 55
10) E. D. Hirsch (1972) 216. Daß dies von den Interpreten faktisch vorausgesetzt wird, zeigt die Studie von Grewendorf. Zur Möglichkeit einer

stärkeren Methodisierung vgl. die Grundlegung einer 'argumentierenden Literaturwissenschaft' bei S. J. Schmidt (1975)
11) W. H. Walsh (1966) 180
12) Ebd. 179f
13) Ebd. 181
14) Vgl. B. Mitchell (1973) 60f
15) Dieser Konflikt wird sinnfällig dargestellt bei Walsh (1966) 177f
16) J. Ratzinger (1973) 120
17) Vgl. Th. S. Kuhn (1973); ebenso die verschiedenen Beiträge in W. Diederich (1974) und in Lakatos/Musgrave (1974)
18) Th. S. Kuhn (1973) 152
19) Ebd. 163
20) Ebd. 164
21) Ebd. 151; vgl. 151-180
22) Vgl. ebd. 164
23) Ebd. 164
24) Ebd. 199
25) Ebd. 200
26) Vgl. B. Mitchell (1973) 69-71
27) Vgl. I. T. Ramsey (1957)
28) Nach Lakatos enthalten die wissenschaftlichen Forschungsprogramme Prinzipien, die 'metaphysisch' sind. Insofern diese konstitutiver Bestandteil der Wissenschaft selbst sind, lehnt Lakatos die Unterscheidung zwischen Wissenschaft und Metaphysik ab: "... ja, ich benutze den Terminus 'metaphysisch' überhaupt nicht mehr. Ich rede nur von wissenschaftlichen Forschungsprogrammen, deren harter Kern unwiderlegbar ist ..." (I. Lakatos (1974) 177. Zu diesem Einstellungswandel gegenüber dem Problem der Metaphysik vgl. auch Peukert (1976) 142ff.
29) Vgl. Mitchell (1973) 79
30) Ebd. 80
31) Einen Überblick zu dieser Kontroverse bietet W. Diederich in der Einleitung des von ihm edierten Bandes (1974)
32) Th. S. Kuhn (1974) 253
33) Ders. ebd. 253
34) Ebd. 254
35) B. Mitchell (1973) 82
36) Ebd. 84
37) Ebd. 91
38) Vgl. ebd. 95
39) W. H. Walsh (1966) 181
40) Ders. ebd. 178
41) Ebd. 181
42) Ebd. 182
43) Ebd. 183
44) B. Mitchell (1973) 89
45) Vgl. dazu Mitchell (1973) 71-74; K. Krenn (1976); F. B. Dilley (1964) und vor allem: D. Tracy (1975)

VI Erfahrung und Begründung

1) Dies gilt auch für die Tradition des Erfahrungsbegriffs in der Theologie. Vgl. H. U. v. Balthasar (1961) 211-290
2) Vgl. A. S. Kessler, S. Schöpf, Ch. Wild (1973/74); J. E. Smith (1968) 21-45
3) Dies wird eingängig erläutert bei J. E. Smith (1968) 28ff
4) A. Gehlen (1961) 26-43 (Erstveröffentlichung: 1936)
5) Ebd. 28
6) Ebd. 34
7) Ebd. 31
8) H. G. Gadamer (1975) 329-344
9) Ebd. 334
10) Ebd. 338
11) Ebd. 335f
12) Ebd. 336
13) Vgl. dazu die einschlägigen Beiträge in J. Habermas u. a. (1971); F. Platzer (1976) 229ff
14) H. G. Gadamer (1975) 444
15) Vgl. F. Platzer (1976) 231
16) Vgl. O. F. Bollnow (1970) 132ff
17) T. Koch (1975) 136
18) O. F. Bollnow (1970) 131
19) Vgl. ebd. 142-152
20) Die folgenden Ausführungen stützen sich vor allem auf Aussagen von T. Koch (1975) und B. Welte (1965); vgl. auch J. Splett (1973) 46-60
21) Eine solche Erläuterung findet sich bei R. Schaeffler (1973/74); vgl. auch Welte (1965)
22) T. Koch (1975) 132
23) z. B. bei M. L. Kaschnitz, I. Silone, E. Zeller
24) T. Koch (1975) 132
25) Ebd. 133
26) Ebd. 134; vgl. zu diesem Thema ders. (1976) 109ff
27) B. Welte (1965) 22
28) T. Koch (1975) 133
29) B. Welte (1965) 20
30) J. Splett (1967) 37; Splett entwickelt die Anthropologie der Selbstaneignung aus den Dimensionen von Zeitlichkeit und Räumlichkeit; vgl. ebd. 27-72
31) B. Welte (1965) 19
32) Ebd. 20
33) Ebd. 21
34) Ebd. 22
35) M. L. Kaschnitz (1971) 136
36) Th. W. Adorno (1975) 369, 301, 346, 395
37) J. Splett (1973) 57
38) B. Welte (1965) 23

39) T. Koch (1975) 136; die Seitenangaben im Text beziehen sich auf diesen Aufsatz
40) Vgl. dazu die Kritik am autoritären Religionsverständnis, ebd. 120-125; auch Splett weist auf diese Zusammenhänge hin (1967). Er legt Sinnerfahrung als "Anspruch des Unbedingten" aus, welcher schlechthin "gebietet" und darin "zur entscheidenden Demütigung des menschlichen Wollens" (71) werden kann. In den Schlußkapiteln dieser Anthropologie zeigt Splett jene Einstellung auf, der solcher "Anspruch" nicht zum Selbstverlust, sondern zur Erfüllung und Entfaltung führt.
41) P. L. Berger (1973) IX
42) A. MacIntyre (1967) 12; vgl. D. Bell (1973) 178-206
43) A. Maslow (1964); A. Greely (1974)
44) A. Maslow (1964)
45) P. L. Berger (1970)
46) Ebd. 96; vgl. 75-108
47) So der Titel von M. Paffard (1976)
48) T. Koch (1975) 140
49) Ebd. 140
50) J. Splett (1973a) 19
51) T. Koch (1975) 141
52) D. Sölle (1975) 86
53) Ebd. 93
54) Ebd. 16
55) H. Krings (1973/74) 629
56) J. E. Smith (1968) bes. 68-98
57) Vgl. Ebd. 46-67
58) Ebd. 90
59) Ebd. 79f
60) Mitchell unterscheidet diese Erfahrungen nicht (vgl. (1973) 41f), doch läßt sich diese Differenzierung durchaus vornehmen, wie von P. J. Sherry (1977) aufgewiesen wird.
61) Eine Auslegung der paulinischen Erfahrungstheologie findet sich bei H. u. v. Balthasar (1961) 216ff; vgl. auch die nachdenklichen Anmerkungen zur Gnadenerfahrung bei N. Schiffers (1975)
62) H. U. v. Balthasar (1971) 189
63) Vgl. die Ausführungen zu McClendon S. 234ff; zum Verständnis des Heiligen vgl. auch P. J. Sherry (1977)
64) H. U. v. Balthasar (1971) 188; Zeitgenössische Zeugnisse finden sich in K. Magiera (1974).
65) Vgl. P. J. Sherry (1977) 32
66) Vgl. B. Mitchell (1973) 41
67) Dabei wäre auch die Stimmigkeit der Position des Skeptikers zu prüfen. Heiligkeit stellt für die atheistische Position "unvermeidlich ein Problem" dar (B. Mitchell (1973) 41). So hat Hick darauf aufmerksam gemacht, daß die wirklich selbstlose, offenkundig ethische Handlung von einer humanistisch-utilitaristischen Ethik als falsch und unvernünftig charakterisiert werden muß. Vgl. J. Hick (1976) 59-67
68) Vgl. B. Mitchell (1973) 7-35

LITERATURVERZEICHNIS

Adorno, Th. W. (1958) Noten zur Literatur I, Frankfurt
- (1975) Negative Dialektik (1966), Frankfurt

Agassi, J. (1973) Rationality and the Tu Quoque Argument, in: Inquiry 16, 395-406

Albert, H. (1975) Traktat über kritische Vernunft, Tübingen[3]
- (1973) Plädoyer für kritischen Rationalismus, München[3]
- (1975a) Transzendentale Träumereien, Hamburg
- (1976) Erkenntnis, Sprache und Wirklichkeit. Der kritische Rationalismus und das Problem der Erkenntnis, in: B. Kanitscheider (Hg), Sprache und Erkenntnis, Innsbruck, 39-53

Alfaro, J. (1957) Art. Desiderium Naturale, in: Lexikon für Theologie und Kirche, Freiburg[2], III, 248-250

Allen, D. (1968) The Reasonableness of Faith. A Philosophical Essay on the Grounds for Religious Belief, Washington

Allen, R. T. (1971) On Not Understanding Prayer, in: Sophia 10, 1-7

Alston, W. P. (1964) Philosophy of Language, Englewood Cliffs

Apel, K. O. (1973) Transformation der Philosophie, 2 Bde., Frankfurt

Arendt, H. (1960) Vita activa oder vom tätigen Leben, Stuttgart

Augustinus, Confessiones, Übersetzt v. J. Bernhart, München 1955

Austin, W. H. (1976) The Relevance of Natural Science to Theology, London

Ayer, A. J. (1970) Wahrheit, Sprache und Logik, Stuttgart

Balthasar, H. U. von (1961) Herrlichkeit. Eine theologische Ästhetik Bd. 1, Einsiedeln
- (1963) Glaubhaft ist nur Liebe, Einsiedeln
- (1971) Klarstellungen, Freiburg

Bauer, G. (1976) Christliche Hoffnung und menschlicher Fortschritt, Mainz

Baumgartner, H. M. (1973/74) Art. Wissenschaft, in: Krings/Baumgartner/Wild (1973/74) 1740-1764

Becker, W. (1972) Selbstbewußtsein und Spekulation. Zur Kritik der Transzendentalphilosophie, Freiburg

Bell, D. (1976) Die Zukunft der westlichen Welt. Kultur und Technik im Widerstreit, Frankfurt

Bell, R. H. (1969) Wittgenstein and Descriptive Theology, in: Religious Studies 5, 1-18

Berger, P. L. (1970) Auf den Spuren der Engel. Die moderne Gesellschaft und die Wiederentdeckung der Transzendenz, Frankfurt
- (1973) Zur Dialektik von Religion und Gesellschaft, Frankfurt

Berger, P. L. u. a. (1975) P. L. Berger, B. Berger, H. Kellner, Das Unbehagen in der Modernität, Frankfurt/New York

Betzendörfer, W. (1931) Glauben und Wissen bei den großen Denkern des Mittelalters, Gotha

Beumer, J. (1953) Theologie als Glaubensverständnis, Würzburg

Biser, E. (1975) Glaubensverständnis. Grundriß einer hermeneutischen Fundamentaltheologie, Freiburg

Blumenberg, H. (1974) Säkularisierung und Selbstbehauptung, Frankfurt

Bollnow, O. F. (1967) Dilthey. Eine Einführung in seine Philosophie, Stuttgart[3]

Bollnow, O. F. (1970) Philosophie der Erkenntnis, Stuttgart
- (1975) Das Doppelgesicht der Wahrheit, Stuttgart
Böll, H. (1977) Einmischung erwünscht. Schriften zur Zeit, Köln
Brenner, W. H. (1971) Faith and Experience: A Critical Study of J. Hick's Contributions to the Philosophy of Religion, (Diss.) Ann Arbor
Buber, M. (1949) Die Erzählungen der Chassidim, Zürich
Burrel, D. B. (1974) Exercises in Religious Understanding, Notre Dame
Castaneda, C. (1973) Die Lehren des Don Juan, Frankfurt
- (1974) Eine andere Wirklichkeit. Neue Gespräche mit Don Juan, Frankfurt
Clarke, W. N. (1967) Analytical Philosophy and Language about God, in: G. McLean (Ed), Christian Philosophy and Religious Renewal, Washington, 39-73
Crites, St. (1971) The Narrative Quality of Experience, in: Journal of the American Academy of Religion 39, 291-311
- (1975) Angels we have heard, in: J. B. Wiggins (Ed) Religion as Story, 23-63
Crossan, J. D. (1973) Parable as Religious and Poetic Experience, in: The Journal of Religion 55, 330-359
Crouter, R. E. (1972) M. Novak and the Study of Religion, in: Journal of the American Academy of Religion 47, 208-215
Dalferth, I. U. (1974) Sprachlogik des Glaubens. Texte analytischer Religionsphilosophie und Theologie zur religiösen Sprache, München
Danto, A. C. (1968) Analytical Philosophy of Knowledge, London
Diamond, M. L. (1967 Contemporary Analysis: The Metaphysical Target and the Theological Victim, in: Journal of Religion 47, 210-232
- (1974) Contemporary Philosophy and Religious Thought. An Introduction to the Philosophy of Religion, New York
-/Litzenburg Jr., Th. V. (Ed), The Logic of God. Theology and Verification, Indianapolis
Diederich, W. (1974) (Hg), Theorien der Wissenschaftsgeschichte, Frankfurt
Dilley, F. B. (1964) Metaphysics and Religious Language, New York
Dilthey, W., Gesammelte Schriften, Stuttgart-Göttingen^4, Bd. VI, VII
Dostojewski, F. M., Die Erniedrigten und Beleidigten, München o. J.
Doty, W. G. (1975) The Stories of our Times, in: J. B. Wiggins (1975) 93-121
Downing, F. G. (1972) Games, Families, the Public and Religion, in: Philosophy 47, 210-232
Duff-Forbes, D. R. (1961) Theology and Falsification again, in: The Australasian Journal of Philosophy 39, 143-154
- (1969) Faith, Evidence, Coercion, in: The Australasian Journal of Philosophy 47, 208-215
Dunne, J. S. (1973) Time and Myth. A Meditation on Storytelling as an Exploration of Life and Death, New York
- (1975) A Search for God in Time and Memory (1967), London
Ebeling, G. (1973) Kritischer Rationalismus? Tübingen
Edwards, P. (1967) (Ed), The Encyclopedia of Philosophy, London-New York
- (1967a) My Death, in: ders. (1967) V, 416-419
Erikson, E. H. (1975) Dimensionen einer neuen Identität, Frankfurt
Estess, T. L. (1974) The Inenarrable Contraption: Reflections on the Metaphor of Story, in: The Journal of The American Academy of Religion 42, 414-434

Flew, A. (1972) Theology and Falsification, in: A. Flew/A. MacIntyre (1972) 96-98; 106-108
Flew, A./MacIntyre, A. (Ed) (1972) New Essays in Philosophical Theology (1955), London[8]
- (1962) Falsification and Hypothesis in Theology, in: The Australasian Journal of Philosophy 40, 318-323
- (1975) "Theology and Falsification" in Retrospect, in: M. L. Diamond/ Th. V. Litzenburg (1975) 269-283
- (1976) The Presumption of Atheism, London
Frei, H. W. (1974) The Eclipse of Biblical Narrative, New Haven-London
Füssel, K. (1975) Die sprachanalytische und wissenschaftstheoretische Diskussion um den Begriff der Wahrheit in ihrer Relevanz für die systematische Theologie, Münster (Diss.)
Gadamer, H. G. (1975) Wahrheit und Methode (1960), Tübingen[4]
Gehlen, A. (1957) Die Seele im technischen Zeitalter, Reinbeck
- (1961) Anthropologische Forschung, Reinbeck
Gelwick (1965) M. Polanyi: Credere aude. His Theory of Knowledge, Ann Arbor (Diss.)
Gethmann, C. F. (1975) Logische Deduktion und transzendentale Konstitution. Zur Kritik des kritischen Rationalismus am methodologischen Theorem der Begründung, in: Czapiewski, W. (Hg), Verlust des Subjekts? Zur Kritik neopositivistischer Theorien, Kevelaer, 11-76
Gibson, A. B. (1957) Modern Philosophers consider Religion in: The Australasian Journal of Philosophy 35, 170-185
Gill, J. H. (1971) J. Hick and Religious Knowledge, in: International Journal for Philosophy of Religion 2, 129-147
Grant, P. (1974) Michael Polanyi: The Augustinian Component, in: New Scholasticism 48, 438-463
Greely, A. (1974) Ecstasy, A Way of Knowing, Englewood Cliffs
Grewendorf, G. (1975) Argumentation und Interpretation, Kronberg
Gunn, G. B. (1975) American Literature and the Imagination of Otherness, in: J. B. Wiggins (1975) 65-92
Guzie, T. W. (1965) The Act of Faith according to St. Thomas, in: The Thomist 29, 239-280
Haag, K. H. (1972) Zur Dialektik von Glauben und Wissen, in: W. F. Niebel u. D. Leisegang (Hg), Philosophie als Beziehungswissenschaft, Frankfurt, VI/3-14
Habermas, J. (1968) Technik und Wissenschaft als 'Ideologie', Frankfurt
- (1970) Zur Logik der Sozialwissenschaften. Materialien, Frankfurt
- (1973) Legitimationsprobleme im Spätkapitalismus, Frankfurt
- (1973a) Erkenntnis und Interesse (1968). Mit einem neuen Nachwort, Frankfurt
- (1973b) Wahrheitstheorien, in: H. Fahrenbach (Hg), Wirklichkeit und Reflexion. Festschrift W. Schulz, Pfullingen, 211-265
- (1974) Zwei Reden (mit D. Henrich), Frankfurt
Hall, R. (1973) The Structure of Inquiry: A Study in the Thought of M. Polanyi, Ann Arbor (Diss.)
Haller, R. (1974) Über das sogenannte Münchhausentrilemma in: Ratio 16, 113-126
Hamlyn, W. D. (1970) The Theory of Knowledge, London and Basingstoke

Hampshire, St. (1977) The Future of Science, in: New York Review of
 Books 24, 14-18
Handke, P. (1974) Als das Wünschen noch geholfen hat, Frankfurt
Hardy, B. (1975) Tellers and Listeners, London
Hare, R. M. (1968) Religion and Morals, in: B. Mitchell (Ed), Faith and
 Logic, London[3], 176-193
- (1972) Theology and Falsification, in: A. Flew/A. MacIntyre (1972) 99-103
- (1973) The Simple Believer, in: G. Outka and J. P. Reeder Jr. (Ed), Religion and Morality, New York, 393-427
Heidegger, M. (1957) Identität und Differenz, Pfullingen
Heimbeck, R. S. (1969) Theology and Meaning, London
Helm, P. (1973) The Varieties of Belief, London
Hempel, C. G. (1959) The Empiricist Criterion of Meaning, in: A. J. Ayer
 (Ed), Logical Positivism, New York, 108-129
Henrich, D. (1970) Selbstbewußtsein, in: R. Bubner, K. Cramer, R. Wiehl
 (Hg) Hermeneutik und Dialektik Bd. I, Tübingen, 257-284
- (1973) Selbsterhaltung und Geschichtlichkeit, in: R. Kosselek u. W. D.
 Stempel (Hg) Geschichte-Ereignis und Erzählung, München, 456-463
Henze (1967) Faith, Evidence, and Coercion, in: Philosophy 42, 78-85
Henle, P. (1969) (Ed) Sprache, Denken, Kultur, Frankfurt
Hick, J. (1966) Sceptics and Believers, in: ders. (Ed), Faith and the Philosophers, New York[2], 235-250
- (1967) Faith and Coercion, in: Philosophy 42, 272-273
- (1969) Christianity at the Centre, London[2]
- (1970) Philosophy of Religion, Englewood Cliffs[2]
- (1971) Faith, Evidence, Coercion again, in: The Australasian Journal
 of Philosophy 49, 78-81
- (1972) Mr. Clarke's Resurrection also, in: Sophia 11, 1-3
- (1973) God and the Universe of Faiths, London
- (1973a) Resurrection Worlds and Bodies, in: Mind 82, 409-412
- (1974) Faith and Knowledge (1957; 1966[2]), London[2]
- (1976) Arguments for the Existence of God, London
- (1977) Eschatological Verification Reconsidered, in: Religious Studies
 13, 189-202
Hidber, B. (1978) Glaube-Natur-Übernatur. Studien zur Methode der Vorsehung von Kardinal Dechamps, Frankfurt/Bern
Hirsch, E. D. (1972) Prinzipien der Interpretation, München
Hirschberger, J. (1965) Geschichte der Philosophie Bd. I, Freiburg[8]
Holmer, P. L. (1972) Wittgenstein und die Theologie, in: D. M. High (Hg)
 Sprachanalyse und religiöses Sprechen, Düsseldorf 23-32
Horkheimer, M. (1967) Zur Kritik der instrumentellen Vernunft, Hg.:
 A. Schmidt, Frankfurt
Horsburgh, H. J. N. (1956) Mr. Hare on Theology and Falsification, in:
 The Philosophical Quarterly 6, 256-259
Hudson, W. D. (1974) Eine Bemerkung zu Wittgensteins Darstellung des
 religiösen Glaubens, in: I. U. Dalferth (1974) 211-225
- (1975) Wittgenstein and Religious Belief, New York

Innis, R.E. (1973) Polanyi's Model of Mental Acts, in: New Scholasticism 47, 147-178
Just, W.D. (1975) Religiöse Sprache und analytische Philosophie, Stuttgart
Jüngel, E. (1974) Metaphorische Wahrheit, in: ders/P.Ricoeur, Metapher, München, 71-122
Kaschnitz, M.L. (1971) Tage, Tage, Jahre, Frankfurt
Kellenberger, J. (1969) The Falsification Challenge, in: Religious Studies 5, 69-76
Kellogg, R. / Scholes, R. (1972) The Nature of Narrative, London
Kenny, A. (1974) Wittgenstein, Frankfurt
Kermode, F. (1967) The Sense of an Ending, Studies in the Theory of Fiction, New York
Kessler, A.S./Schöpf, A./Wild, Ch. (1973/74) Art. Erfahrung, in: Krings/Baumgartner/Wild (1973/74) 373-386
Kierkegaard, S., Einübung im Christentum, Deutsch v. Th.Haecker, München 1950
Kisiel, Th. (1971) Zu einer Hermeneutik naturwissenschaftlicher Entdeckung, in: Zeitschrift für allgemeine Wissenschaftstheorie 2, 195-221
Klinefelter, D.S. (1974) D.Z. Phillips as Philosopher of Religion, in: Journal of the American Academy of Religion 42, 307-325
Koch, T. (1974) Das Leiden bestehen, in: Radius, Heft 2, 16-20
- (1975) Religion und die Erfahrung von Sinn, in: H.E.Bahr (Hg), Religionsgespräche zur gesellschaftlichen Rolle der Religion, Darmstadt/Neuwied, 120-145
- (1976) Selbstregulation des Politischen? Von der Notwendigkeit kollektiver Handlungsziele, in: Stimmen der Zeit 194, 105-116
R.Kosselek/Stempel, W.D. (1973) (Hg) Geschichte - Ereignis und Erzählung, München
Krenn, K. (1976) Das 'Systematische' in der Theologie. Versuch einer Kosten-Nutzen-Analyse, in: Theologie und Glaube 66, 300-312
Krings, H. (1970) Freiheit - Ein Versuch, Gott zu denken, in: Philosophisches Jahrbuch 77, 225-237
- (1973/74) Art. Gott, in: ders./Baumgartner/Wild (Hg) Handbuch philosophischer Grundbegriffe, München, 614-616; 629-641
- Baumgartner, H.M./Wild, Ch. (1973/74) (Hg), Handbuch philosophischer Grundbegriffe, München (Studienausgabe, 6 Bde.)
Kroger, J., Polanyi and Lonergan (Unveröffentl. Mskrpt.)
Kuhn, Th.S. (1973) Die Struktur wissenschaftlicher Revolutionen, Frankfurt
- (1974) Bemerkungen zu meinen Kritikern, in: Lakatos/Musgrave (1974) 223-269
Lakatos, I. (1974) Falsifikation und die Methodologie wissenschaftlicher Forschungsprogramme, in: ders./Musgrave (1974) 89-189
Laktos, I./Musgrave, A. (Hg) (1974) Kritik und Erkenntnisfortschritt, Braunschweig
Landmann, M. (1975) Entfremdende Vernunft, Stuttgart
Landsberg, P.L. (1973) Die Erfahrung des Todes, Frankfurt
Lang, A. (1942/43) Die Gliederung und die Reichweite des Glaubens nach Thomas von Aquin und den Thomisten, in: Divus Thomas 20, 207-236; 335-346; 21, 79-97

Lang, A. (1957) Fundamentaltheologie Bd. I, Die Sendung Christi, München
- (1962) Die Entfaltung des apologetischen Problems in der Scholastik des Mittelalters, Freiburg
Lang, H. (1929) Die Lehre des hl. Thomas von Aquin von der Gewißheit des übernatürlichen Glaubens, Augsburg
Langford, Th. A. /Poteat, W. H. (1968) (Ed), Intellect and Hope, Durham
Lehmann, K. (1973/74) Wandlungen der neuen 'politischen Theologie' in: Internationale Katholische Zeitschrift 2, 385-399; 3, 42-55
Lohfink, G. (1974) Erzählung als Theologie. Zur sprachlichen Grundstruktur der Evangelien, in: Stimmen der Zeit 192, 521-532
Lorenz, K. (1973/74) Art. Beweis, in: Krings/Baumgartner/Wild (1973/74) 220-232
Luhmann, N. (1972) Religiöse Dogmatik und gesellschaftliche Evolution, in: K.W. Dahm, N. Luhmann, D. Stoodt, Religion - System und Sozialisation, Darmstadt/Neuwied, 15-132
MacIntyre (1966) Is Understanding Belief Compatible with Believing? in: J. Hick (Ed) Faith and the Philosophers, New York^2, 115-132
- (1970) The Logical Status of Religious Belief, in: ders. u.a. (Ed), Metaphysical Beliefs, London^2, 156-201
- (1967) A Sociology of English Religion, London
Magiera, K. (1974) (Hg), Menschen - Christenmenschen, Kevelaer
Manno, B. V. (1974), M. Polanyi on the Problem of Science and Religion, in: Zygon. Journal of Religion and Science 9, 44-56
Maslow, A. H. (1964) Religions, Values, and Peak-Experiences, New York
Mavrodes, G. J. (1964) God and Verification, in: Canadian Journal of Theology 10, 187-191
McAfee Brown, R. (1975/76) My Story and 'The Story', in: Theology Today 32, 133-143
McClendon Jr., Wm. (1974) Biography as Theology, New York/Nashville
McFague TeSelle, S. (1974) Parable, Metaphor and Theology, in: Journal of the American Academy of Religion 42, 630-645
- (1975) Speaking in Parables. A Study in Metaphor and Theology, Philadelphia
- (1975/76) The Experience of Coming to Belief, in: Theology Today 32, 159-165
McLain, F. M. (1969) Analysis, Metaphysics, and Belief, in: Religious Studies 5, 29-39
McMullin, E. (1973/74) Two Faces of Science, in: Review of Metaphysics 27, 655-676
Merleau-Ponty, M. (1966) Phänomenologie der Wahrnehmung, Berlin
Metz, J. B. (1965) Der Unglaube als theologisches Problem, in: Concilium 1, 484-492
- (1972) Art. Apologetik, in: Herders theologisches Taschenlexikon, Freiburg, Bd. 1, 158-165
- (1972a) Zukunft aus dem Gedächtnis des Leidens, in: Concilium 8, 399-407
- (1973) Kleine Apologie des Erzählens, in: Concilium 9, 334-341
- (1973/74) Art. Erinnerung, in: Krings/Baumgartner/Wild (1973/74) 386-396

Metz, J. B. (1976) Theologie als Biographie. Eine These und ein Paradigma, in: Concilium 12, 311-315
Mieth, D. (1975) Narrative Ethik, in: Freiburger Zeitschrift für Philosophie und Theologie 22, 297-328
Miller, B. (1972) The No-Evidence Defence, in: International Journal for Philosophy of Religion 3, 44-50
Mitchell, B. (1972) Theology and Falsification, in: A. Flew/A. MacIntyre (1972) 103-105
- (1972a) Die Rechtfertigung des religiösen Glaubens, in: D. M. High (Hg) Sprachanalyse und religiöses Sprechen, Düsseldorf 1972, 176-195
- (1973) The Justification of Religious Belief, London and Basingstoke
Mittelstraß, J. (1974) Die Möglichkeit von Wissenschaft, Frankfurt
Muschalek, G. (1957) Art. Praeambula fidei, in: Lexikon für Theologie und Kirche, Freiburg², VIII, 653-657
- (1968) Glaubensgewißheit in Freiheit, Freiburg
Musgrave, A. (1968) Impersonal Knowledge: A Criticism of Subjectivism in Epistemology (Diss. Univ. London)
Musil, R. Der Mann ohne Eigenschaften, Stuttgart o. J.
Navone, J. (1976) Communicating Christ, Slough
- (1977) Towards a Theology of Story, Slough
Nielsen, K. (1963) Eschatological Verification, in: Canadian Journal of Theology 9, 271-281
- (1965) God and Verification again, in: Canadian Journal of Theology 11, 135-141
- (1967) Wittgensteinian Fideism, in: Philosophy 42, 191-209
Noel, D. C. (1975) Retrenchments in Religious Thought: Christian Parabolic Theology, Post-Christian Poetic Para-Theology, in: Journal of the American Academy of Religion 43, 779-786
Novak, M. (1965) Belief and Unbelief. A Philosophy of Self-Knowledge, New York
- (1970) The Experience of Nothingness, New York
- (1970a) 'Story' in Politics, New York
- (1971) Ascent of the Mountain, Flight of the Dove: An Invitation to Religious Studies, New York
- (1971a) The Unawareness of God, in: J. B. Whelan (Ed), The God - Experience, New York, 6-29
- (1972) The Identity-Crisis of us all: Response to Prof. Crouter, in: Journal of the American Academy of Religion 40, 65-78
Olding, A. (1970) Resurrection Bodies and Resurrection Worlds, in: Mind 97, 581-585
Olney J. (1972) Metaphors of Self: The Meaning of Autobiography, Princeton
Paffard, M. (1976) The Unattended Moment, London
Palmer, H. (1974) Zuerst Verstehen, in: I. U. Dalferth (1974) 237-247
Pannenberg, W. (1972) Das Glaubensbekenntnis, Hamburg
- (1973) Wissenschaftstheorie und Theologie, Frankfurt
Pascal, R. (1965) Die Autobiographie, Stuttgart
Pears, D. F. (1971) Ludwig Wittgenstein, München
Penelhum, T. (1977) The Analysis of Faith in St. Thomas Aquinas, in: Religious Studies, 13, 133-154
Pesch, O. H. (1967) Theologie der Rechtfertigung bei Martin Luther und Thomas von Aquin, Mainz

Peukert, H. (1976) Wissenschaftstheorie, Handlungstheorie, Fundamentale Theologie. Analysen zu Ansatz und Status theologischer Theoriebildung, Düsseldorf
Pfürtner, St. (1961) Luther und Thomas im Gespräch. Unser Heil zwischen Gewißheit und Gefährdung, Heidelberg
Phillips, D. Z. (1965) The Concept of Prayer, London
- (1970) Faith and Philosophical Enquiry, London
- (1970a) Death and Immortality, London and Basingstoke
- (1976) Infinite Approximation, in: Journal of the American Academy of Religion 44, 477-487
- (1976a) Religion without Explanation, Oxford
Pieper, A. (1973/74) Art. Individuum, in: Krings/Baumgartner/Wild (1973/74) 728-737
Plantinga, A. (1967) God and other Minds, New York^2
Platzer, F. (1976) Geschichte, Heilsgeschichte, Hermeneutik, Gotteserfahrung in geschichtsloser Zeit, Frankfurt/Bern
Polanyi, M. (1964) Science, Faith and Society (1946), Chicago and London
- (1958) Personal Knowledge. Towards a Post-Critical Philosophy, London
- (1967) The Tacit Dimension, London
- (1969) Knowing and Being (Ed.: M. Grene), London
- (1975) Meaning (mit H. Prosch), Chicago and London
Popper (1973) Logik der Forschung, Tübingen^5
Poteat, W. H. (1968) Appendix, in: Langford/Poteat (1968) 449-455
Puntel, L. B. (1973/74) Art. Wahrheit, in: Krings/Baumgartner/Wild (1973/74) 1649-1668
- (1976) Art. Deutscher Idealismus, in: W. Brugger (Hg), Philosophisches Wörterbuch, Freiburg ^{14}, 61-64
Rahner, K. (1967) Die Kirche der Heiligen, in: ders. Schriften III (1956), Einsiedeln-Zürich-Köln^7, 111-126
- (1975) Glaubensbegründung heute, in: ders. Schriften XII, Einsiedeln-Zürich-Köln, 17-40
- (1976) Grundkurs des Glaubens, Freiburg
Ramsey, I. T. (1957) Religious Language, London
Ratzinger, J. (1971) Einführung in das Christentum (1968), München
- (1973) Dogma und Verkündigung, München-Freiburg
Rau, E. (1975) Leben, Erfahrung, Erzählen, in: Wissenschaft und Praxis in Kirche und Gesellschaft 64, 342-355
Reeves, G., Polanyi and Popper: A Conjunction? (unveröffentl. Mskrpt.)
Robbins, J. W. (1974) J. Hick on Religious Experience and Perception, in: International Journal for Philosophy of Religion 5, 108-118
Ricoeur, P. (1974) Stellung und Funktion der Metapher in der biblischen Sprache, in: Ders./E. Jüngel, Metapher, München, 45-70
Rollins, C. D. (1967) Art. Solipsism, in: P. Edwards (1967), VII, 487-491
Roszak, Th. (1971) Gegenkultur, Düsseldorf-Wien
Schaeffler, R. (1973/74) Art. Sinn, in: Krings/Baumgartner/Wild (1973/74) 1325-1341
Scheler, M. (1954) Der Formalismus in der Ethik und die materiale Wertethik, Bern

Schiffers, N. (1972) Art. Religion, in: Herders theologisches Taschenlexikon, Freiburg, Bd. 6, 203-212
- (1972a) Die Spuren des Leidens in der Geschichte und die Spur Gottes, in: Concilium 8, 413-418
- (1975) Gnadenerfahrung, in: H. Roßmann/J. Ratzinger (Hg), Mysterium der Gnade (Festschrift J. Auer), Regensburg, 105-118

Schilling, S. P. (1974) God Incognito, Nashville-New York

Schmidt, S. J. (1975) Literaturwissenschaft als argumentierende Wissenschaft, München

Schmitz, J. (1969) Die Fundamentaltheologie im 20. Jahrhundert, in: H. Vorgrimler, R. Van der Gucht (Hg), Bilanz der Theologie im 20. Jahrhundert, Freiburg-Basel-Wien 197-245

Schulz, W. (1974) Philosophie in der veränderten Welt, Pfullingen^2

Seckler, M. (1961) Instinkt und Glaubenswille nach Thomas von Aquin, Mainz

Seiffert, H. (1970) Einführung in die Wissenschaftstheorie Bd. I, München^2

Shepherd, W. C. (1974) On the Concept of 'Being Wrong' Religiously, in: Journal of the American Academy of Religion 42, 66-81

Sherry, P. J. (1972) Is Religion a "Form of Life"? in: American Philosophical Quarterly 9, 159-168
- (1972a) Truth and the "Religious Language Game", in: Philosophy 47, 18-37
- (1977) Philosophy and the Saints, in: The Heythrop Journal 18, 23-37

Smith, J. E. (1968) Experience and God, New York

Sölle, D. (1975) Die Hinreise, Stuttgart

Spaemann, R. (1972) Die Frage nach der Bedeutung des Wortes 'Gott', in: Internationale Katholische Zeitschrift 1, 54-72

Splett, J. (1967) Der Mensch in seiner Freiheit, Mainz
- (1972) Heiligengeschichte, in: Herders Theologisches Taschenlexikon, Freiburg, Bd. 3, 226-232
- (1973) Gotteserfahrung im Denken, Freiburg/München
- (1973a) Reden aus Glauben, Frankfurt

Stachowiak, H. (1971) Rationalismus im Ursprung, Wien/New York

Stegmüller, W. (1974 Theoriendynamik und logisches Verständnis, in: W. Diederich (1974) 167-209

Stierle, K. (1973) Geschichte als Exemplum-Exemplum als Geschichte, in: R. Kosselek/W. D. Stempel (Hg), Geschichte - Ereignis und Erzählung, München, 347-375

Strawson, P. F. (1968) Wahrheit, in: R. Bubner, Sprache und Analysis, Göttingen, 96-116

Stroup III, G. W. (1975/76) A Bibliographical Critique, in: Theology Today 32, 133-143

Szondi, P. (1973) Die Theorie des bürgerlichen Trauerspiels, Frankfurt

Tenbruck, F. H. (1972) Zur Kritik der planenden Vernunft, Freiburg/München

Thomas von Aquin, Summa Theologica, Hg.: H. M. Christmann, München-Heidelberg, Graz-Wien-Salzburg 1933ff

Tiedemann, K.H. (1971) Personal Knowledge: The Epistemology of
  M. Polanyi, Ann Arbor (Diss.)
Tracy, D. (1975) Blessed Rage for Order, New York
Wacker, B. (1977) Narrative Theologie? München
Walsh, W.H. (1966) Metaphysics, London²
Ward, K. (1974) The Concept of God, Oxford
Welte, B. (1965) Auf der Spur des Ewigen, Freiburg-Basel-Wien
Weinrich, H. (1973) Narrative Theologie, in: Concilium 9, 329-333
Wernham, J.C.S. (1967) Eschatological Verification and Parontological
  Obfuscation, in: Canadian Journal of Theology 13, 51-62
White, A.R. (1970) Truth, London and Basingstoke
Wiebe, D. (1975) Science, Religion and Rationality. Problems of Method
  in Science and Theology, Ann Arbor (Diss.)
Wiggins, J.B. (1975) (Hg), Religion as Story, New York
- (1975a) Within and Without Stories, in: Ders. (1975) 1-22
- (1975/76) Re-Imagining Psycho-History, in: Theology Today 32, 151-158
Winch, P. (1975) Was heißt "Eine primitive Gesellschaft verstehen?" in:
  R. Wiggerhaus (Hg) Sprachanalyse und Soziologie, Frankfurt 59-102
Winquist, Ch.E. (1974) The Act of Story-Telling and the Self's Home-
  coming, in: Journal of the American Academy of Religion 42, 101-113
Wittgenstein, L. (1968) Vorlesungen und Gespräche über Ästhetik, Psychologie und Religion, hg. v. C. Barett, Göttingen
- (1970) Über Gewißheit, Frankfurt
- (1971) Philosophische Untersuchungen, Frankfurt